Der Wolf
im
Schafspe
Global Player
JOHN PLAYER
SPECIAL
REEMTSMA
DYNASTIE OHNE SKRUPEL
EHRMACHTSAUSSTELLUNG
Demontage der Dilettante
Flasko für die angeblichen Volksaufklärer Reemtsma und Heer: Die Bilderschau wird wegen schwerer Fehler gestoppt
Die Bilderschau wird wegen schwerer Fehler gestoppt
Ohne Wehrmacht kein Holocaust
West

BONUS

Houston Writes

REEMTSMA

Von der Feldzigarette zur Anti-Wehrmachtausstellung

BONUS

Titelseitengestaltung: Jörg Bauer

Die Deutsche Bibliothek – CIP-Einheitsaufnahme

Writes, Houston:
Reemtsma: Von der Feldzigarette zur Anti-Wehrmachtausstellung / Houston Writes. –
Selent : Bonus, 2002
ISBN 3-935962-00-2

ISBN 3-935962-00-2

BONUS-Verlag
D-24236 Selent, Postfach 10

Gedruckt in Österreich

»Das Vermögen, das ich besitze,
ist die Erinnerung an meine Eltern.«
Herman van Veen

Vorwort

Im Oktober 2001 verlieh der Börsenverein des Deutschen Buchhandels in der Paulskirche zu Frankfurt am Main dem Philosophen Jürgen Habermas seinen Friedenspreis. In der Begründung der Jury heißt es, Habermas habe die Kommunikation als Weg zu friedvoller Verständigung freigelegt, ferner habe er sich um das demokratische Gemeinwesen Meriten erworben und Freiheit und Gerechtigkeit wieder in Erinnerung gerufen. Warum mag der Börsenverein auf eine so schwülstige Beliebigkeitsbegründung zurückgreifen? Und: Wer ist der Träger des Friedenspreises überhaupt? Jürgen Habermas war von 1956 bis 1959 Assistent Theodor Adornos am Frankfurter Institut für Sozialforschung und habilitierte 1961 bei Wolfgang Abendroth. Kommunistisch ausgerichtet wie Abendroth und Adorno wurde Habermas bald eine treibende Kraft der Frankfurter Schule, wie man den Zusammenschluß jener Denker nennt, der nach dem Zweiten Weltkrieg im Dienst der westlichen Besatzungsmächte an der Reeducation der Deutschen arbeitete. Diese marxistisch inspirierte Gruppe legte in ihren Schriften Grundzüge für eine linke Ideologie nieder, der – besonders im Falle von Habermas – ein hoher Grad an utopischem Gehalt und geringe praktische Relevanz bescheinigt wurde. Charakteristisch für dieses Weltbild ist die Negation, und zwar mit dem Schwerpunkt der Ablehnung hierarchischer Strukturen, die als Zwang angesehen werden, von dem es sich zu befreien gilt. Dieser Zwang wurde von der Frankfurter Schule im Alltag gesehen, im Staat, in der Familie, in der Universität... Gegen alle Institutionen, von denen behauptet oder empfunden wurde, daß sie Zwang ausübten, richtete sich der Zorn der Jünger der Frankfurter Schule: der deutschen Studenten. Die Eskalationen des Jahres 1968 sind die unmittelbare Folge der Lehren jener Protagonisten, zu denen damals bereits Habermas als einer der jüngeren Vertreter der Frankfurter Schule zählte. 1969 entwarf Habermas den Schlachtplan für die Erringung der Macht im Staate: Die Studenten sollten Parteien, Kulturbetriebe, Justiz und vor allem die Presse infiltrieren. Der „lange Marsch durch die Institutionen", wie man diese schleichende Machtergreifung bezeichnete, hatte begonnen.

Drei Jahrzehnte nach dieser Entwicklung sitzen in der Frankfurter Paulskirche würdig ergraute Herren in dunklen Maßanzügen und mit einer Miene, die ernste

Nachdenklichkeit ausdrückt. Es sind Gesichter, die aus Zeitschriften und Fernsehen dieser Tage allgemein bekannt sind. Bekannt kommen die Gesichter aber auch jenen vor, die Bilder von den Studentenunruhen kennen, von den Schlägereien und Straßenschlachten des Jahres 1968. Die ehemaligen Jünger der Frankfurter Schule sind alt geworden und tun beschaulich. Zur Verleihung des Friedenspreises des Deutschen Buchhandels sind sie zusammengekommen, weil Jürgen Habermas und seine Werke ihnen natürlich ein Begriff sind. So manchem der Anwesenden werden Reminiszenzen an die Tage des Bürgerkriegs, in dem sie sich für Partisanen hielten, durch den Kopf gehen und daran, was Habermas damals für sie bedeutete. Natürlich kann man die Rolle von Habermas in diesem Schauspiel nicht so benennen, wie sie sich damals tatsächlich dargestellt hat, denn heute sind sie, die ehemaligen Revolutionäre, die Mächtigen. Der Staat, an dessen Spitze heute die Achtundsechziger stehen, ist ein guter und kein „autoritärer Staat“ (Max Horkheimer) mehr. Wenn man zu laut von der Romantik des antiautoritären Widerstandes schwärmte, könnte am Ende auch die jüngere Generation Gefallen an einem Revoluzzerleben finden, wie die würdig wirkenden Herren im Paulskirchenpublikum es in ihrer Jugend führten. Das wäre aber fatal, schließlich sitzen doch heute die „Richtigen“ an den Krippen der Macht. Deshalb empfiehlt sich eine allgemein gehaltene Begründung für die Verleihung, und da sie in große Worte gefaßt ist, wirkt sie auch nicht so schmalbrüstig, wie sie sich in Wirklichkeit darstellt.

Jürgen Habermas ist als Stichwortgeber der APO-Generation ein maßgeblicher Mitgestalter der Bundesrepublik Deutschland. Er wird umschwärmt von seinen geistigen Kindern. Wer aber soll die Laudatio halten? Es muß jemand sein, der in dieses Szenario paßt, jemand, der ebenfalls zur geistigen Habermas-Fraktion gehört.

Jan Philipp Reemtsma stiftete 1984 das private Hamburger Institut für Sozialforschung. Es fällt auf, daß die Bezeichnung des Instituts identisch ist mit jenem um das herum sich die Frankfurter Schule gruppierte. Diese wiederum ging auf das 1923 in Frankfurt am Main ins Leben gerufene Institut für Sozialforschung zurück. Es war von Max Horkheimer und Friedrich Pollock gegründet worden und sollte „in erster Linie dem Studium und der Vertiefung des wissenschaftlichen Marxismus zu dienen haben“[1]. Das Institut war der Frankfurter Universität lose angegliedert, sein Direktor wurde der bekennende Marxist Carl Grünberg, der 1930 von Horkheimer abgelöst wurde. Da 1931 bereits ein Zweitinstitut in Genf eröffnet worden war, konnten die Institutsmitarbeiter relativ problemlos ausweichen, als ihr deutsches Institut am 13. März 1933 wegen „staatsfeindlicher Umtriebe“ geschlossen wurde. Die Arbeit ging deshalb sozusagen nahtlos im Ausland weiter, besonders folgenschwer in den Vereinigten Staaten: Unter der englischen Übersetzung des Institutsnamens firmierte es ab 1934 als Institute of Social Research an der Columbia-Universität in New York. Nach dem Ende des Zweiten Weltkrieges kehrte das Institut im Zuge der amerikanischen Besatzung nach Frankfurt zurück. So etablierte sich die Frankfurter Schule, die in der entstehenden Bundesrepublik Deutschland offener neomarxistisch auftreten konnte als in den USA.

Der Hamburger Jan Philipp Reemtsma, millionenschwerer Erbe des Reemtsma-Tabakkonzerns, ist bekennender Anhänger der Frankfurter Schule und glühender Verehrer von Jürgen Habermas. Aber Frankfurt ist weit, und Erbe eines in der Weimarer Republik angehäuften und im Dritten Reich kräftig gemehrten

Jürgen Habermas (links oben) wird am 14. Oktober 2001 in der Frankfurter Paulskirche der Friedenspreis des Deutschen Buchhandels verliehen, die Laudatio hält Jan Philipp Reemtsma (rechts).

Nach seiner Rede (oben Mitte) erhält der linke Theoretiker Beifall. Im Publikum sind u.a. Bundestagspräsident Wolfgang Thierse, Bundeskanzler Gerhard Schröder und Jan Philipp Reemtsma zu sehen.

Millionenreichtums zu sein ist zwar angenehm, aber auch moralisch etwas problematisch: Da kauft Reemtsma sich von seinen Millionen die Zutaten für ein eigenes Institut zusammen. Seine Stiftung mit dem Namen des Frankfurter Instituts gibt sich ganz seriös: sie bringt eine Zeitschrift heraus, hat einen eigenen Verlag, eine Bibliothek, ein Archiv, betreibt Presse- und Öffentlichkeitsarbeit und kooperiert mit einer Reihe mehr oder weniger international bekannter Institute, Bibliotheken und Universitäten. Das Institut für Sozialforschung vergibt Stipendien und Forschungsaufträge zu diversen Themen, die jedoch alle gemeinsam haben, thematisch oder perspektivisch linksideologisch, meist neomarxistisch, geprägt zu sein. Es hat nur einen Makel: Im Gegensatz zu seinem Frankfurter Großen Bruder kennt es keiner.

Aber das bleibt nicht so. Mit der Inszenierung der Wanderausstellung „Vernichtungskrieg. Verbrechen der Wehrmacht 1941 bis 1944“ wird das Institut 1995 auf einen Schlag bundesweit bekannt. 800.000 Besucher, meist geschlossene Schulklassen, werden durch das Foto-Panoptikum geschleust, und der vorbestrafte, linksradikale Ausstellungsleiter Hannes Heer frohlockt: „Die Ausstellung hat es geschafft, den Vernichtungskrieg in die Familien zu kippen [...]“[2] Die Ausstellung wird Gegenstand lebhafter, gesellschaftlicher Kontroversen, denn ihre Intention ist allzu offensichtlich: Die Wehrmacht als Ganzes soll als unmenschliche und verbrecherische Organisation dargestellt werden. Von linken Politikern wird die Schau gefeiert, und mehrere Städte stellen ihr öffentliche Gebäude zur Verfügung. Historiker nehmen sie nicht ernst, denn ihre agitatorische Tendenz läßt sie unseriös wirken. Als ihr schließlich konkrete Falschdarstellungen nachgewiesen werden – insbesondere zeigen die Fotos häufig nicht das, was die Bildbetextungen behaupten –, sehen sich die Ausstellungsmacher genötigt, die Schau zu stoppen und grundlegend zu überarbeiten. Dies ist inzwischen geschehen, und seit Ende November 2001 tourt sie wieder durch die Lande.

Da kommt Reemtsma die Einladung, die Preisrede auf Habermas – knapp zwei Monate vor seiner eigenen Ausstellungseröffnung – zu halten, gewiß gelegen. Die Anwesenheit so vieler Persönlichkeiten bei einem derartigen Ereignis dürfte auch positiv auf seine Stiftung abfärben und sich zudem als Werbung für seine erneut anlaufende Anti-Wehrmachtausstellung ganz gut machen. Reemtsma tankt inmitten dieser illustren Gestalten Seriösität.

Reemtsmas Laudatio hebt Habermas' philosophischen Einfluß hervor, und der Redner glaubt als einen der maßgeblichen Züge im gesamten Habermas'schen Werk „Das Prinzip der Anschließbarkeit“ zu erkennen, wie er die Lobrede auch betitelt. Hiermit bezieht er sich auf Habermas' Wertung der Kommunikation, die in dessen Ideologie eine zentrale Stellung einnimmt. Reemtsma assoziiert aber auch anderes mit einer solchen Anschließbarkeit, nämlich etwa den Anschluß an den Westen nach dem Zweiten Weltkrieg: Über Habermas' Wirkung in der Bundesrepublik meint Reemtsma, daß dessen Mitlenkung derselben hin zu „einer intellektuellen Westbindung [...] ein wichtiger Teil der Mentalitätsgeschichte der Bundesrepublik“[3] ist. Er spricht Habermas einen „Erfahrungshintergrund“[4] für seine Überzeugungen zu. Damit will er auf die Begründung des Münchner Universitätssenats anspielen, mit der dieser 1980 Habermas einen Lehrstuhl verweigerte. Hier hieß es, bei Habermas spiele das Erfahrungswissen eine allzu geringe, das Utopische hingegen eine zu große Rolle.[5] Die Kritik, daß es sich bei den Habermas'schen Gedankengebäuden um Gebilde in luftleerem Raum handele, die sich tautologisch nur auf sich selbst stützen, wird seit Jahrzehnten von Kritikern aller Couleur wiederholt. Reemtsma bestreitet dies vehement und ist bemüht, Habermas zu einem Philosophen von zentraler Bedeutung zu stilisieren.

Wirklich herausragend erscheint Habermas Reemtsma aber besonders deshalb, weil er einen Beitrag zu der Aufgabe „geleistet hat, geschichtsphilosophische Motive in sozialwissenschaftliche Rekonstruktionen und Hypothesen zu transformieren“[6]. Hier treffen sich Jürgen Habermas, der Stichwortgeber der Achtundsechziger, und Jan Philipp Reemtsma, der Schirmherr der Anti-Wehrmachtausstellung. Den interdisziplinären Forschungsansatz, den das Hamburger Institut für Sozialforschung hochhält, kann man nun auch verstehen: Hier heißt es, daß die Aufhebung der „scharfe[n] Trennungen zwischen Wissenschaften und ihrem sozialen Umfeld und zwischen den einzelnen Disziplinen“[7] ein Anliegen des Instituts ist. Das Resultat einer unkontrollierten Vermischung wissenschaftlicher Disziplinen ist, daß Methoden, die wohl für die eine oder andere, nicht aber für alle Disziplinen in der Erkenntnisfindung angemessen sind, auch dort angewandt werden, wo sie ungeeignet sind. Überdies begünstigt eine solche Art der Forschung das subjektive Zusammenstellen von Informationen und Erkenntnissen und infolgedessen ihr leichtes Einpassen in vorgefertigte Schablonen etwa ideologischer Art. Die Umformung von geschichtswissenschaftlichen Leitgedanken in soziologische Hypothesen führt allerdings zu utopischen Ergebnissen, und man stellt fest, daß vor einem solchen Hintergrund die Thesen der Anti-Wehrmachtausstellung gar nicht mehr verwundern.

Bei der Verleihung des Friedenspreises ist die Herde der Utopisten versammelt, alle Gutmenschen mit weißer Weste, betroffen, wenn sie betroffen sein sollen, (verbal) zivilcouragiert, wenn sie zivilcouragiert sein sollen, und sie feiern ihren Hirten, denn sie kommen alle aus demselben Stall. Bundesrepublikanische Politiker, linke Intellektuelle, Prominente und solche, die es gerne wären oder sich dafür halten. Sie alle gefallen sich in ihrer Selbstgerechtigkeit und sind außer sich vor Freude, daß sie in den einst verhaßten Hierarchien so weit emporgekommen sind, daß sie nun selbst am Drücker sitzen, sich zur gegenseitigen Bestätigung Orden und Auszeichnungen verleihen zu dürfen.

Aus dieser Herde ragt Reemtsma heraus. Nicht nur, weil er die Ehre hat, die Laudatio für seinen geistigen Vater zu halten, der ihm möglicherweise den eigenen, früh verstorbenen ersetzte. Sondern auch, weil er – ausgestattet mit seinem Millionenerbe – seinen Weg am bewußtesten frei gewählt hat, seinem Vorbild Habermas am konsequentesten gefolgt ist und sich jetzt anschickt, selber Hirte einer Herde zu werden.

Die Wahl Reemtsmas zum Laudator auf Habermas ist also eine prächtige, passende Wahl. Freilich auch eine entlarvende. Wir erleben zwei Agitatoren im Duett, die sich nicht scheuen, ihre Abscheu vor ihrem eigenen Volk und Land offen zu bekennen. Beider erklärtes Ziel ist es, die deutsche Geschichte umzuschreiben und ein entspanntes Verhältnis zur eigenen Nation zu diskreditieren. Sie schicken uns auf einen gefährlichen deutschen Sonderweg, den die Linke postuliert. Dieser Weg ist dadurch gekennzeichnet, daß man den Deutschen nicht zugestehen will, ein Volk wie andere Völker zu sein.

Wer ist dieser Mann, der in die Fußstapfen seines Idols Jürgen Habermas treten möchte? Was sind die Motive seines Handelns? Die Annäherung an Jan Philipp Reemtsma kann nicht mit dem Datum seiner Geburt am 26. November 1952 beginnen. Sie muß tiefer schürfen: in der Geschichte seines Familienklans. Diese

Spurensuche folgt den eigenen Prämissen des Erben für die Neuauflage seiner Anti-Wehrmachtausstellung: „Es geht [...] um das Angebot sehr detaillierter Informationen. Aber es gibt keinen Gegensatz zwischen Information und Detail auf der einen und Emotion auf der anderen Seite.“[8] Es ist eine erstaunliche Geschichte voller brisanter Enthüllungen über Profit, Macht und zeitgeistiges Trendsetting.

Houston Writes

Teil I

Der Reemtsma-Tabakkonzern im Wandel der politischen Systeme

Der Aufstieg des Hauses Reemtsma in der Weimarer Republik

Reemtsma, Schnur, Neuerburg – das Dreigestirn des deutschen Tabakmonopols

Angesichts der Jahrzehnte währenden wirtschaftlichen und gesellschaftspolitischen Bedeutung der Tabakindustriellen-Familie Reemtsma ist das vielleicht Bemerkenswerteste, daß lange Zeit über sie kaum Einzelheiten bekannt geworden sind. Dies erscheint um so ungewöhnlicher, als sonstige Familien, die aufgrund ihres Vermögens bzw. ihrer unternehmerischen oder anderer Tätigkeiten Gegenstand des sogenannten öffentlichen Interesses werden, eher selten das Licht der Öffentlichkeit scheuen.

Daß gerade Reemtsma eine Ausnahme bildet, liegt in der Vergangenheit des Hamburger Tabakimperiums begründet, dessen Wurzeln bis 1910 zurückreichen. In diesem Jahr erwirbt Bernhard Reemtsma, der Großvater Jan Philipp Reemtsmas, aus der Verwertungsmasse der Militärbehörde in Straßburg die kleine Zigarettenfabrik Dixi in Erfurt, die vier Jahre zuvor von Emil Konczinski gegründet worden war. Zuvor hatte Bernhard Reemtsma sein Brot als einfacher Gastwirt bzw. Betreiber einer Kantine sowie als Händler und Zigarrenmacher verdient. Bevor er seine Kolonialwarenhandlung in Erfurt verkaufte, war er Teilhaber der Zigarrenfabrik Riechers & Co. in Osterholz-Scharmbeck bei Bremen gewesen, die sich auch mit der Herstellung von Zigaretten befaßte. Eine Zeit, in der die Händlernatur Reemtsma genügend Erfahrungen sammeln konnte, um sich nun mit Dixi als Alleininhaber einer Zigarettenfabrik zu etablieren, die indessen noch eine der unbedeutendsten unter den etwa tausend, die in ganz Deutschland existieren, ist. Bernhard Reemtsma vertreibt zunächst vor allem Zigaretten der Ein- und Zweipfennigpreislage, die er als Fertigprodukte von verschiedenen Zulieferern bezieht. Teurer sind die selbstgefertigten Zigaretten seiner als reiner Handarbeitsbetrieb geführten Fabrik. Die erfolgreichste unter diesen ist „Thüringer Gold", die bereits stolze fünf Pfennig kostet.

In dieser für Bernhard Reemtsma als Orientierungsphase geltenden Zeit bricht 1914 der Weltkrieg aus. Dieser Umstand bringt insofern eine enorme Schwierigkeit mit sich, als der Tabakfreund nun kaum noch auf direktem Wege zu erreichen ist, weder über Zigarettenanzeigen noch mit der beworbenen Ware selbst – da er im Soldatenrock zu Millionen an den Fronten im Feld steht. Doch der im besten Mannesalter befindliche Deutsche, Hauptverbraucher des relativ erschwinglichen Genußmittels, raucht auch im Schützengraben gern, und hier sicherlich besonders ausschweifend. Denn das soldatische Dasein mit den ständig lauernden Giftgasangriffen, Maschinengewehrsalven, Splittergranaten, Nahkampfeinsätzen und Luftkriegsschikanen war eine nervenaufreibende Angelegenheit, zu deren Erleichterung das Inhalieren von nikotinhaltigen Dämpfen als willkommenes Gegenmittel wesentlich beitragen konnte.

Dies erkannte auch die deutsche Tabakindustrie und reagierte prompt auf die gänzlich neue Situation: Die auf den Hauptverbraucher zugeschnittene und durch dessen plötzliche Absenz mit einem Schlage nahezu wirkungslos gewordene Illustriertenreklame mußte einen neuen Ansprechpartner finden, eine Art Mittelsperson. Was lag da näher, als die nächsten Verwandten, die mit ihren Lieblingen über die Feldpost Kontakt hielten, ins Visier der Werbemaßnahmen zu nehmen, an ihre Gefühle etwa als Mutter oder Braut zu appellieren und sie dazu anzuhalten, den für das Wohl des Vaterlandes Streitenden mit Liebesgabenpäckchen zu erfreuen, die selbstredend Zigaretten und nochmals Zigaretten enthielten?

Der Versandhandel mit Rauchwaren wird auch dem ehemaligen Zigarrenmacher Bernhard Reemtsma erste lohnende Profite eingebracht haben. Ein Motiv hierfür mag durchaus ein persönliches Interesse gewesen sein, feldpostmäßig verpackte Zigaretten in die Hauptkampfzonen zu verschicken. Immerhin dienten auch seine Söhne Hermann Fürchtegott und Philipp Fürchtegott als treue Patrioten in der kaiserlichen Armee (wo es letzterer sogar bis zum Rang eines Fliegeroffiziers brachte), und schließlich bewegen ja auch einen Vater Gefühle der Sehnsucht – wie auch des Stolzes.

1917, noch vor Ende des Weltkrieges, kehren Hermann und Philipp nach Hause zurück und treten beide als Mitinhaber in den väterlichen Betrieb ein. Spätestens jetzt zeigt sich, daß die frühen Bemühungen des Tabakophilen Bernhard Reemtsma, seinen beiden Sprößlingen bei Eintritt in die Lateinschule über die Lektüre lateinisch geschriebener Bücher eine Passion für den blauen Dunst anzutrainieren, keine Fehlinvestitionen gewesen waren. Hierzu zählten etwa die 1622 erschienene *Tabacologia* des Bremer Arztes Neander sowie andere Werke, die die Geschichte des Tabakanbaus und die erste Begegnung der Europäer mit dem in Amerika heimischen Tabak zum Gegenstand hatten.[1] Insbesondere der gerade 24jährige Philipp, der, bevor er ins Feld zog, seine Lehrzeit bei einer Hamburger Exportfirma verbracht hatte, erweist sich trotz seiner zwei schweren Verwundungen, die seine Gesundheit für immer untergruben, bald als tatkräftiger Jungmanager, der sich schnell in Sachen Verkaufsstrategie und Werbewirksamkeit des Unternehmens profiliert – so daß er bereits 1919 die kaufmännische Leitung der kleinen Firma übernimmt.

Heutigen offiziellen Darstellungen zufolge soll die bahnbrechende unternehmerische Grundidee, die Zigarette zu einem echten Markenartikel zu machen, auf ihn zurückgehen. Doch bereits der aus St. Petersburg emigrierte Joseph Baron von Huppmann, der 1862 mit seiner Companie Laferme als erster deutscher Zigarettenhersteller von Bedeutung mit einem Tabakschneider und sechs Arbeiterinnen in der damaligen Tabakmetropole Dresden auftauchte, hatte erkannt, daß das im Zuge der industriellen Revolution und der erhöhten Produktionskapazität hervorgerufene Überangebot nach neuen Absatzstrategien verlangte, was einerseits durch eine territoriale Markterweiterung, andererseits durch Werbung und die Erfindung bestimmter unverwechselbarer Markennamen zu bewerkstelligen war.[2]

Die Wiege des deutschen Tabakmonopols steht in der Schillerstraße in Erfurt (links). Hier vertreibt Bernhard Reemtsma, der Gründervater des späteren Zigarettenimperiums, ab 1910 von seiner Siebenzimmeretage aus billige Fertigzigaretten und fabriziert seine ersten eigenen Rauchwaren per Hand. Zwei Jahre nach Ende des Ersten Weltkrieges zieht er mit seinen beiden Söhnen Philipp und Hermann in eine ehemalige Gewehrfabrik am Erfurter Dom (unten). Vorbei sind die Zeiten der Feldpostsendungen, und mit Übernahmen, wie später etwa der Firma Waldorf-Astoria, beginnt ein unaufhaltsamer wirtschaftlicher Höhenflug.

Dennoch scheint das, was unter heutigem Marketingverständnis längst als Binsenweisheit gilt, für die Verhältnisse um 1920 als regelrecht revolutionäres Vorgehen aufgefaßt worden zu sein: Die Zigarette, deren Tabakmischung damals nicht nur von Jahr zu Jahr, sondern zudem fast von einer Partie zur anderen variierte und damit keine Kontinuität des Geschmacks garantierten konnte, sollte nunmehr durch eine gleichmäßige Qualitätszigarette ersetzt werden, die dem Raucher einer bestimmten Sorte jederzeit den gewohnten gleichen Genuß gewährleistete sowie dem Hersteller darüber hinaus dessen Identifikation mit „seiner" Marke. Endziel dieses Prinzips, das auf der Entdeckung des „Beharrungstriebs" des Konsumenten beruhte, war die heute sogenannte Kundenbindung oder Produkttreue. Ob es tatsächlich die Familie Reemtsma war, der ein berechtigter Anspruch auf das Urheberrecht an dieser Idee zukommt, wird sich noch zeigen. Wahrscheinlicher ist, daß sie sie von irgendwoher immerhin aufgriff, verfeinerte und – im Vergleich mit allen anderen deutschen Tabakhändlern – möglicherweise am geschicktesten in pures Gold umzuspinnen wußte. Immerhin werden nun die beiden ersten Reemtsma-Marken „Haus Reemtsma" und „Reemtsmagold" kreiert und mit ersten Erfolgen abgesetzt.[3]

Daß es hierbei aber natürlich auch um eine adäquate Unternehmenspräsentation gehen mußte, war nur die konsequente Schlußfolgerung aus dieser Strategie, eine unverwechselbare Produktmarke zu komponieren. Auch in diesem Sinne wußten sich die drei Reemtsmas äußerst geschickt in Szene zu setzen. Bereits 1920 wird das auch heute noch in leicht abgewandelter Form bekannte Firmenzeichen offiziell eingeführt. Anläßlich des zehnjährigen Bestehens der nunmehr als „Cigarettenmanufaktur Bernhard Reemtsma & Söhne" firmierenden Fabrik hatten die Inhaber einen Wettbewerb für die Gestaltung von Zigarettenpackungen ausgeschrieben. Bisher war es üblich gewesen, aus den von den Kartonlieferanten vorgeschlagenen Entwürfen auszuwählen, doch nun sollte ein Einheitssignet für einen unverkennbaren Stil sorgen.

An dem Wettbewerb beteiligte sich neben Plakatkünstlern wie Gipkens, Oppenheim und Puhonny auch der Berliner Graphiker Wilhelm Deffke, ein damals bedeutender Gestalter von Warenzeichen und Handelsmarken.[4] Eine Jury aus Sachverständigen und Journalisten entschied sich ohne Zögern und einstimmig für den Vorschlag Wilhelm Deffkes: den abstrahierten Bugsteven eines Wikingerschiffes vor einer aufgehenden roten Sonne. Laut dem Urteil der Gutachter verband es eine ebenso einfache wie klare Linienführung mit einer kraftvollen Aussage: Der Wikingerschiffsbug symbolisierte gleichsam Mut, Weltoffenheit und offensives unternehmerisches Denken und Handeln. Zudem verwies es auf die altfriesische Herkunft der Gründerfamilie, die sich bis ins Jahr 1587 zurückverfolgen läßt.[5] Deffkes Design genügte darüber hinaus dem Anspruch, quasi zeitlos modern daherzukommen, und entsprach somit allen Anforderungen an ein unverwechselbares Firmenlogo.[6]

Dennoch hatte das avantgardistische Zeichen Deffkes einige Startschwierigkeiten. Das in seiner Aussage leicht verständliche und sehr einprägsame Motiv begleitete Bahnreisende im Sommer jenes Jahres auf insgesamt 6.000 sogenannten Streckenplakaten entlang aller wichtigen Eisenbahnstrecken Deutschlands. Dessen eigentliche Bedeutung mußte für den Betrachter jedoch zunächst ein Rätsel bleiben, das erst nach einer längeren Anlaufzeit durch den Zusatz des Namens Reemtsma – der bis dahin nur intimen Kennern des Tabakfachhandels bekannt war – endgültig gelöst wurde: Am 5. August 1920 erschien das neue Warenzeichen zum er-

Das Jahr 1920 steht ganz im Zeichen einer neuen, offensiven Marktstrategie: Am 5. August erscheint das Reemtsma-Warenzeichen zum erstenmal als ganzseitige Titelanzeige (links). Der Drachenkopf der historischen Wikingerschiffe scheint dem Zigarettenunternehmen Programm zu sein, denn von nun an geht es gleich dem nordischen Vorbild ohne Rücksicht auf Verluste auf marktwirtschaftliche Beutezüge. Der unmittelbare Zusammenhang zwischen dem abstrahierten Bugsteven und der Kühnheit der nordischen Seefahrer bleibt den meisten allerdings verschlossen. Nur selten ist das Logo auf einem Werbeobjekt in unmittelbarer Nachbarschaft mit einem Wikingerschiff zu sehen (unten).

Illustrirte Zeitung

Leipzig, Berlin, Wien, Budapest.

Nr. 4023. 155. Band. Die Illustrirte Zeitung erscheint wöchentlich. Preis vierteljährlich 32 Mark. Preis dieser Nummer 3 Mark. Anzeigenpreis für die einspaltige Millimeterzeile oder deren Raum 3 Mark, bei Platzvorschrift 3 Mark 60 Pfg. 5. August 1920.

„Reemtsmagold" – bei diesem Produkt fand das Firmensignet 1920 erstmalig Verwendung.

stenmal als ganzseitige Anzeige auf der Titelseite der Leipziger *Illustrirten Zeitung*. Der stilisierte Wikingerschiffsschnabel, der bis zu diesem Zeitpunkt zunächst noch unkommentiert präsentiert worden war, stieß in der Öffentlichkeit auf heftigen Protest, er wurde als zu modern-abstrakt und revolutionär empfunden. Selbst eine anerkennende Stellungnahme des Reichskunstwarts Edwin Redslob, der in der Weimarer Republik für die gesamte künstlerische Formgebung des Reiches verantwortlich zeichnete, vermochte die Gemüter nur schwer wieder zu beruhigen.[7]

Allen Kritikpunkten zum Trotz verfehlte diese für die zwanziger Jahre sehr ungewöhnliche werbepsychologische Methode ihre wohlkalkulierte Wirkung nicht. Als das neue Firmensignet, das als dominierender graphischer Bestandteil des Firmenbildes Ausgangspunkt aller weiteren werblichen Konzeptionen Reemtsmas werden sollte, erstmals auf der Packung der Erfolgsmarke „Reemtsmagold" Verwendung fand, war ein Reiz erzeugt, der massenhaft nach nicht nur intellektueller, sondern nun auch sinnlicher Aufklärung verlangte. „Ein fulminanter und für die Zeit ungewöhnlicher Auftritt", urteilt der Konzern rückblickend über sich selbst. „So aufsehenerregend wie die Einführung des neuen Unternehmenszeichens war, so außergewöhnlich war auch das gewählte Signet."[8]

Während Philipp Fürchtegott also die Abteilungen Werbung, Verkauf und Finanzpolitik leitete, übernahm Hermann Fürchtegott sowohl die technische Umgestaltung als auch die Betriebsorganisation der jungen Firma, die ihren Sitz schon bald nach Ausbruch der Revolution, im Jahre 1920, in die gepachteten Räume einer ehemaligen Gewehrfabrik am Dom in Erfurt verlegte. 1921 wird dort die Reemtsma-Aktiengesellschaft gegründet. Das Aktienpotential verteilte sich wie folgt: 75 Prozent gehörten zu der Familie Reemtsma, die restlichen 25 Prozent zu dem als Einkäufer gewonnenen Rohtabakhändler David Schnur, den die Reemtsmas ein Jahr zuvor kennengelernt hatten.

Dieser soll einer der weltweit begnadetsten Tabakkenner gewesen sein, über den außerdem bekannt ist, daß er ein ziemlich wenig beachteter Mann war, der still und zurückgezogen in Berlin-Grundewald lebte. Bereits vor dem Weltkrieg hatte er sich mit der Zigarettenherstellung beschäftigt. David Schnur besaß die Karmitri-Zigarettenfabrik, die in der damaligen Produktionspalette eine Anzahl wenig bekannter, sozusagen „anonymer" Zigaretten herstellte. Ein erster Teil seines Geschäftserfolges geht auf die Zeit der Inflation zurück. Obwohl durch sie und die Massenarbeitslosigkeit, die daraufhin immer krassere Ausmaße annahm, das Leben für die meisten schwerer und schwerer wurde, stieg der Zigarettenkonsum unaufhörlich weiter. Und zwar nicht nur in Deutschland: Von 1915 bis 1925 kam es weltweit fast zu einer Verdreifachung des Verbrauchs.[9]

Schnur erkannte bei der Umstellung auf die Goldmark sofort, daß in Anbetracht der scharfen Steuergesetze die Möglichkeit, Profit zu machen, nicht mehr beim fertigen Zigarettenprodukt selbst zu suchen sei. Um weiterhin gut zu verdienen, mußte er die Versorgung der deutschen Zigarettenproduktion mit Rohtabak in die Hand bekommen. Denn beste Gewinnerwartungen lagen nunmehr darin, die vor dem Auge des Fiskus relativ leicht zu verbergende Verdienstspanne zwischen der Einführung des Rohtabaks und dem Fertigprodukt Zigarette zu nutzen. Um dieses Feld maximal ausbeuten zu können, setzte er darauf, seinen Anteil an der deutschen Zigarettenproduktion so weit wie möglich auszudehnen. Nach Ende der Inflation und mit der Einführung der Goldmark wurde dieser Teil der Verdienstmöglichkeiten später naturgemäß stark eingeschränkt, obwohl die Steuerstundung auch dann noch Gewinnspannen ermöglichte.

Doch jetzt boten die fast 40.000 Tonnen Importtabak pro Jahr in Deutschland unglaubliche Möglichkeiten: Mogelte man vor der reichlich überforderten Steuerbehörde zum Einfuhrpreis etwas hinzu und ließ es beim Verkaufspreis wieder verschwinden, konnte ohne weiteres viel Geld gescheffelt werden. Die so „mit Verlust arbeitende" Zigarettenindustrie hatte im Grunde nur ihre wirklichen Gewinne unterschlagen. Damaligen Sachkennern zufolge soll der Reemtsma-Konzern auf diese Weise jährlich 70 Millionen Mark ins Ausland geschafft haben.

Um diesem Prinzip entsprechend besonders gewinnträchtig wirtschaften zu können, machte sich auch David Schnur für seine weitgreifenden geschäftlichen Transaktionen die deutsche Tabaksteuergesetzgebung zunutze. Nicht anders als heute wirkte auch in den zwanziger Jahren der Zigarettenhersteller als „Steuereintreiber" für den Staat. Mit dem Preis je verkaufter Packung zog er gleichzeitig die vom Fiskus auferlegte Steuer ein. Zwar hatte er diesen Betrag anschließend wieder abzuführen, erhielt dafür aber zinslose Stundungsfristen von zunächst sechs Monaten, die später auf drei bzw. zwei Monate für Material und Banderole herabgesetzt wurden. Es liegt auf der Hand, daß sich in Inflationszeiten mit immer rapiderem Geldwertverfall durch die Ausnutzung Monate währender Stundungsfristen enorme Summen verdienen ließen. Allerdings war es nicht einfach, das Rohtabakgeschäft zu konzentrieren. Immerhin existierten 1924 in Deutschland 700 selbständige Zigarettenfabrikanten, die natürlich die Freiheit hatten, sich nach Belieben mit Rohtabak zu versorgen. David Schnur konzentrierte sich daher darauf, einen möglichst großen Produktionsanteil der deutschen Zigarettenindustrie zu erobern. Er witterte die günstigsten Gesetzeslücken und verstand es meisterlich, sie im Sinne der Profitmaximierung für sich nutzbar zu machen.[10]

Hierzu trug sicherlich auch der Umstand bei, daß die Anzeigengestaltung, die ab 1924 stark von amerikanischen Prinzipien geprägt wurde und einen direkten Einfluß auf die deutsche Werbung nahm, dem gewandelten ästhetischen Empfinden entsprechend bedient werden mußte. Symptomatisch für diese Entwicklung ist etwa, daß der Terminus „Layout" – die Verbindung von Text und Bild – sich durchzusetzen begann und auch praktisch Anwendung fand. Reemtsma jedenfalls betrieb dies, den frischen Wind von Übersee mit als erster in seinen in die richtige Richtung gedrehten Segeln auffangend, in großem Stil.[11]

Seit dem Zusammengehen der Reemtsma AG mit dem findigen Rohtabakhändler David Schnur zeichnete sich beider gemeinsamer Erfolg mehr und mehr ab – ein Geschäftsverhältnis, das durchaus den Charakter einer ausgewogen funktionierenden Symbiose hatte: Schnur hatte sich für seine Spekulationen und Marktexperimente ein neues, ausgedehnteres Betätigungsfeld geschaffen und in dem relativ unbekannten jungen Geschäftsmann Philipp Fürchtegott Reemtsma einen klugen Repräsentanten und gewandten Mitarbeiter gefunden. Dieser wiederum profitierte von den Erfahrungen seines Lehrmeisters und sollte seine Unerfahrenheit, die unter dessen Obhut indes nicht weiter ins Gewicht fiel, bald wettmachen. An diesem Punkt wird die Zusammenarbeit mit dem jungen Philipp Fürchtegott Reemtsma insofern interessant, als sich David Schnur spätestens seit 1924 offenbar ziemlich stark im Hintergrund hielt und den noch kaum bekannten Reemtsma-Sohn an seiner Stelle agieren ließ. Denn der aufgrund seiner Verdienste mit einem Ehrendoktortitel dekorierte Schnur war durchaus auch Diplomat. Aus welchen Gründen auch immer schien es ihm von unschätzbarem Vorteil zu sein, seinen Namen vor den Augen der Öffentlichkeit nicht mit einer beispiellosen wirtschaftlichen Expansion in Verbindung zu bringen und hielt sich daher bei den Geschäften vorsichtig im Hintergrund, wobei er wahrscheinlich in die eher unverfängliche Rolle des Beraters schlüpfte.[12]

Im April 1923 gibt sich das Haus erstmals den Feinanstrich eines „Weltunternehmens": der Firmensitz und die Produktion werden ins damals noch preußische (und erst ab 1937 zu Hamburg gehörige) Altona-Bahrenfeld verlegt, wo die Firma im Vorjahr eine leerstehende Artilleriekaserne erworben hatte. Hier ist seither der Hauptsitz der Aktiengesellschaft, die ihre Vorteile vor allem in der günstigen Verkehrsanbindung sieht. Durch die Nähe des Hamburger Hafens können die Transportwege für den aus Übersee kommenden Rohtabak erheblich abgekürzt und somit Frachtkosten gespart werden. Die Verlegung an die Elbemündung bringt zudem eine Rationalisierung der Produktionsabläufe mit sich. Das neue Werk wird mit einer automatischen Mischvorrichtung sowie mit einer Klimaanlage ausgestattet. Damit ist das Werk, das sich zu einem Musterbetrieb modernster Zigarettenherstellung entwickelt, eines der ersten, das die klimatische Luftkonditionierung in den Maschinensälen einführt, eine Maßnahme, die Anfang der dreißiger Jahre aus der Tabakverarbeitung nicht mehr wegzudenken ist. War der kleine Betrieb des Bernhard Reemtsma in den ersten Jahren seines Bestehens nach 1910 kaum aufgefallen, so hatte das Unternehmen zunächst auch hier auf dem Zigarettenmarkt noch keine große Bedeutung. Man produzierte lustig drauflos und verdiente sich seine ersten Sporen vor allem durch den Verkauf von Billigzigaretten. Aber in der Folgezeit, und zwar seit der spektakulären Werbekampagne von 1920 und innerhalb einer Zeitspanne von lediglich einem knappen Jahrzehnt, wächst die Manufaktur zu einer der bedeutendsten deutschen Zigarettenfabriken heran. Hierzu trägt der Erfolg der neuen Marken „Gelbe Sorte", „Ova", „Senoussi", „R6" und „Ernte 23" entscheidend bei.

Die ersten wirklich lukrativen Geschäfte ergeben sich ab dem Jahre 1924, die Zeit der großen Ernte hat begonnen. Das ist durchaus wörtlich zu verstehen: Der Tabakexperte David Schnur hatte ein Jahr zuvor die auserlesene Qualität jenes Tabaks entdeckt, den die damals aus Smyrna geflüchteten Griechen im Distrikt von Saloniki anbauten. Diesen hatte er für die Mischung „Ova" empfohlen. Das Jahr 1923 scheint, durch die Sonneneinstrahlung entsprechend begünstigt, in jenen Breiten insgesamt ein ausgesprochener Tabakjahrgang gewesen zu sein, für den Schnur einen zielsicheren Riecher bewies. Seine Kenntnis des Tabaks war dermaßen souverän, daß er es sich leisten konnte, die gesamte Ernte eines Korinther Distriktes aufzukaufen, die die Fachwelt wegen der dortigen bisherigen Ernteausfälle als nur drittklassig eingestuft hatte, und die, wie Schnur richtig prophezeite, nach einer Lagerfrist von einem Jahr jedoch zu einem Rohstoff von außergewöhnlicher Güte ausreifte, ohne daß dieses Anbaugebiet jemals wieder ein vergleichbares Blattgut hervorbrachte, was jegliche erfolgreiche Nachahmung von seiten etwaiger Konkurrenten ausschloß. Mit dieser 1923er Ernte hatte Reemtsma einen Coup gelandet, der Ausgangsbasis für seinen weiteren Erfolg werden sollte.[13]

Die im Jahr 1924 einsetzende Erfolgswelle steht zudem in unmittelbarem Zusammenhang mit einer gleichzeitig einsetzenden Fusionswelle, die sehr schnell eine Eigendynamik entwickelt, aus der heraus das Haus Reemtsma alles, was ihm vor den Rachen kommt, schluckt. Ein Anfang war bereits 1917 gemacht, als Reemtsma mit dem Erwerb der Zigarettenfabriken Frigo in Pforzheim und Liby in Stuttgart auf noch sehr bescheidene Weise expandierte. Die Fusionen sind es vor allem, die den rasanten Aufstieg des Konzerns ausmachen und deren Geschichte eines der spektakulärsten Kapitel in der Chronik deutschen Unternehmertums überhaupt darstellt. Die Reemtsmas übernehmen nach und nach etliche weitere Hersteller, weiten ihre Produktion immens aus und stellen zudem bald teurere Zigaretten her.

Einen ersten Versuch, Herstellerfirmen zu konzentrieren, hatte es um die Jahrhundertwende gegeben. Im Jahre 1900 existierten im Deutschen Reich 189 Zigarettenfabrikanten. Und auf diese sollte nach amerikanischem Vorbild die „wirtschaftliche Bewegung, nach der es rentabler ist, in möglichst großem Umfang die Rohstoffe einzukaufen, die Waren zu produzieren und sie abzusetzen", angewendet werden. Von der Öffentlichkeit heftig kritisiert, beteiligte sich 1902 die damals in englischem und amerikanischem Besitz befindliche British American Tobacco Company (BAT) an der Dresdner Tabakfirma von Georg Jasmatzi. Deren Aktienkapital erhöhte sich von anderthalb auf fünf Millionen Mark, was sie mit einem Schlag zum mächtigsten Herstellungsbetrieb Deutschlands machte. 1912 gehörten der BAT über den Jasmatzi-Konzern bereits folgende Dresdner Unternehmen an: Georg A. Jasmatzi; Josef N. Jasmatzi; die Josetti, Meyer & Peters GmbH; die Delta, Tschache & Bensky GmbH; die Sulima S.S. Wolff GmbH; die Adler-Company und die Saraswati GmbH. Innerhalb von nur zehn Jahren war ein riesenhafter Konzern aus dem Boden gewachsen – „Trust" war die zeitgenössische Bezeichnung für solche wirtschaftlichen Zusammenschlüsse –, der auf andere deutsche Firmen einen enormen Konkurrenzdruck ausübte.

Um diesem wirkungsvoll begegnen zu können, schlossen sich im Jahre 1913 die „freien" deutschen Tabakunternehmen sowie die mit ihnen kooperierenden Händlerverbände zusammen und hoben den „Verein zur Abwehr des Tabaktrustes" aus der Taufe. Diese Gegenbewegung appellierte bei den deutschen Abnehmern an das Nationalgefühl und mündete letztlich sogar in einen Anti-Trust-Vertrag, in welchem sich die Mitglieder unter Androhung hoher Konventionalstrafen dazu verpflichteten, sich nicht an den „Trust" zu verkaufen. Der Kampf, den diese Gruppe um die Verbrauchersympathie kämpfte, war hart. Sogar das Mittel der Anti-Werbung war den deutschen Herstellern recht: Mit dem Aufdruck „trustfrei" wurde kenntlich gemacht, daß der Begriff „Trust" schließlich nicht nur aufgrund seines fremdländischen Klanges negativ konnotiert war, sondern natürlich auch eine wirtschaftliche Überfremdung bedeutete, die sich entsprechend auf die nationalen Märkte auswirken mußte.

Der Ausbruch des Weltkrieges verhinderte schließlich die weitere Verschärfung der Lage. Die deutschen Firmen errangen insofern einen beachtlichen Teilsieg, als der Jasmatzi-Konzern wegen seines Ausschlusses von der Belieferung des Heeres sowie aufgrund des Boykotts von Teilen des deutschen Handels allmählich in erhebliche Absatzschwierigkeiten geriet. Nachdem sich die British American Tobacco Company daraufhin noch 1914 von ihrer Beteiligung an Jasmatzi getrennt hatte, übernahm ein Bankenkonsortium unter der Führung der Deutschen Bank die Aktien und zugleich die Führung über die Unternehmensgruppe.

Die Intervention der British American Tobacco Company, über Jasmatzi andere deutsche Unternehmen zu kontrollieren, war von den Verhältnissen in Amerika ausgegangen und für Deutschland in gewisser Weise zu früh erfolgt. Der Versuch einer ersten Konzentration der deutschen Tabakindustrie war damit zwar fehlgeschlagen, aber durch den tiefgreifenden Anfangserfolg der jungen Zigarettenfabrik Reemtsma ergeben sich ungeahnte neue Möglichkeiten. Nachdem Reemtsma im Frühjahr 1924 zunächst die Fusionierung der beiden Mutterfirmen Karmitri und Reemtsma AG, die noch im selben Jahr die große Fabrik Manoli AG aufsaugen, vollzieht, kommt 1925 eine Interessengemeinschaft mit der Dresdner Georg Jas-

Die ersten „Schlachtschiffe" der Reemtsma-Flotte verhelfen der kleinen Erfurter Firma zu bahnbrechenden Erfolgen.

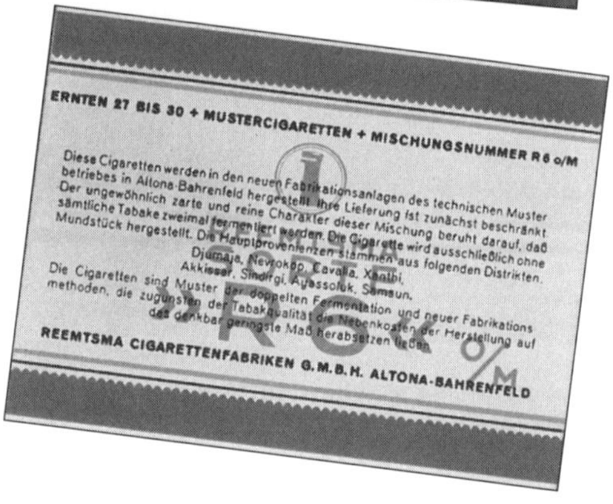

1922 kauft die Reemtsma-Aktiengesellschaft in Altona-Bahrenfeld eine leerstehende Artilleriekaserne, wohin sie ein Jahr später ihren Hauptsitz verlegt (unten). Der Hauptvorteil für den unter wikingischer Flagge segelnden Strategen liegt klar auf der Hand: die direkte Verkehrsanbindung an das Meer. Die automatische Mischanlage und die Klimaanlage machen das neue Werk auch in Sachen Fabrikation wegweisend.

Aus:Voigt

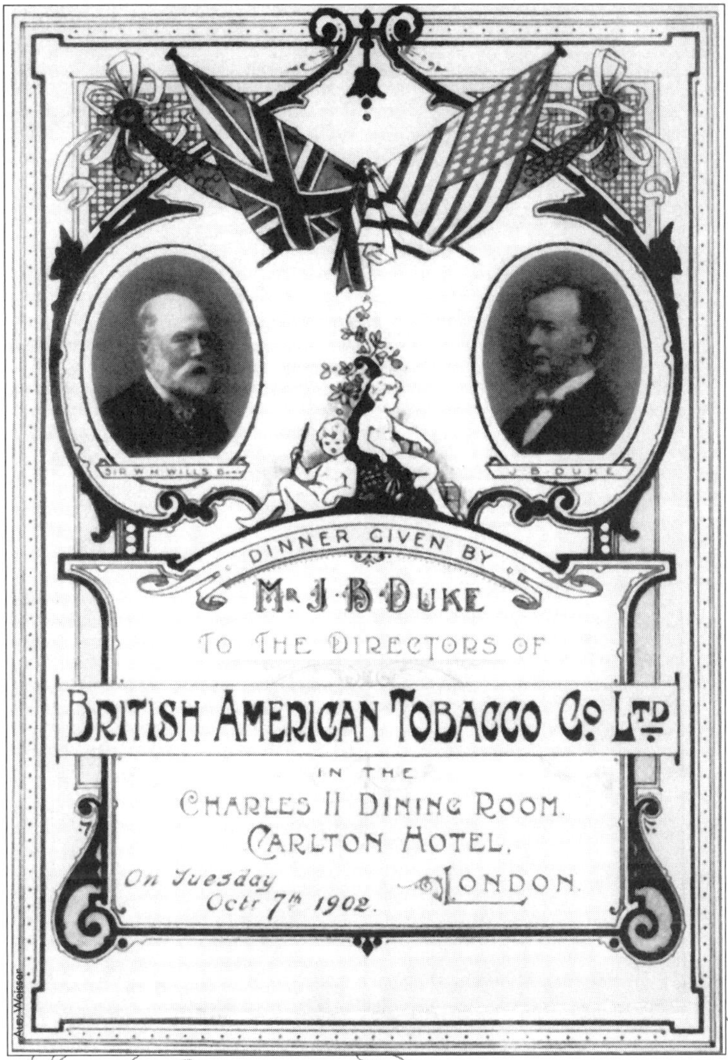

Die British American Tobacco Company (BAT) hatte Anfang des Jahrhunderts versucht, über eine Beteiligung an dem Jasmatzi-Konzern den deutschen Tabakmarkt zu kontrollieren. Doch die übrigen, national gesinnten Unternehmen setzten sich erfolgreich zur Wehr: BAT räumt das Feld, die Jasmatzi-Aktien werden von der Deutschen Bank übernommen, die für Reemtsma später noch öfters eine Rolle spielen wird.

matzi AG zustande – eine Scheinehe zunächst, die für Reemtsma indes bereits eine riesenhafte Mitgift in Form von Kapital und Erfahrungen bedeutet: Die Gewinne der beiden Gesellschaften werden zusammengelegt und nach einem speziell erarbeiteten Schlüssel verteilt, was für Reemtsma alles andere als nachteilig ausfällt.

Als Jasmatzi 1927 die Zigarettenfabrik Constantin in Hannover erwirbt und die Produktion von dessen Artikeln in die eigenen Produktionsanlagen nach Dresden verlegt, bedeutet dies eine Investition, die im Grunde Reemtsma zugute kommt. Die Hannoversche Firma geht nach einem Umbau sowie Modernisierungsmaßnahmen an die Reemtsma AG über und firmiert nunmehr als deren Werk Hannover. Im selben Jahr erwirbt Jasmatzi die Kreyssel GmbH, eine Wiesbadener Zigarettenfabrik, und kann von nun an einen wirtschaftlichen Aufschwung verzeichnen, der sich Ende 1928 in den Bilanzbüchern als Reingewinn von 1.198.441 Reichsmark niederschlägt. Von diesem Geld wird 1929 das Unternehmen Georg Jasmatzi & Söhne gekauft, das Jasmatzi 1911, nach seinem Austritt aus dem eigenen Betrieb, gegründet hatte und das seither ein selbständiger Betrieb gewesen war.

Im Jahr 1926 hatten Reemtsma und Jasmatzi zudem mit der bedeutenden Orientalischen Tabak- und Zigarettenfabrik Yenidze GmbH fusioniert, die wie alle älteren Tabakfirmen ebenfalls in Dresden ansässig war. Diese in Form einer Moschee gebaute Fabrik, deren Name auf das Tabakdörfchen Yenidze im Xanthi-Distrikt zurückgeht, war eine der ältesten Zigarettenfabriken Deutschlands: Sie wurde 1886 von Hugo Zietz gegründet und war berühmt für ihre Marken „Salem Aleikum", „Salem Gold" und die Mischung „Salem Nr. 6". Mit ihr gehen auch deren Tochterunternehmen Cavallos und die Companie Laferme an die Interessengemeinschaft Reemtsma/Jasmatzi.

In kurzen Zeitabständen folgt die Übernahme weiterer bedeutender Zigarettenfabriken wie Bulgaria, Casanova, Konstantin und Massary. 1929 schließlich sind auch der alte Jasmatzi-Konzern sowie die Firmen Josetti, Sulima, Delta, Eckstein, Adler Compagnie, Saraswati und Batschari in die Reemtsma AG eingegangen, die ihren Hauptsitz mittlerweile seit sechs Jahren in Altona-Bahrenfeld hat und sich mit dem Vertrag vom 11. Juni 1929 fortan Reemtsma Cigarettenfabriken GmbH nennt. Die Aufkaufskonditionen fallen dabei jeweils denkbar günstig aus. Batschari etwa bekommt Reemtsma im Grunde für ein Butterbrot: Der Kaufpreis von nur zweieinhalb Millionen Mark erklärt sich aus den 14 Millionen Mark Steuerschulden, die auf dem Werk lasteten, die Reemtsma aber „aufgrund eindringlicher Vorstellungen verschiedener Reichstagsabgeordneter, Verbände und Gewerkschaften" erlassen werden.[14] Ein glänzendes Geschäft.

Diesem gewaltigen Reemtsma-Imperium steht zu dieser Zeit im Grunde genommen nur noch das Kölner Unternehmen Haus Neuerburg GmbH als ernstzunehmender Konkurrent gegenüber, dem wiederum die Firmen Halpaus, Waldorf-Astoria und Zuban angehören. Reemtsma und Neuerburg machen zusammen drei Viertel des deutschen Tabakmarktes aus, die restlichen Anteile verteilen sich im Jahre 1930 auf gerade noch ein gutes Dutzend nennenswerter unabhängiger Zigarettenfabriken, darunter sind Greiling, Garbaty, Haus Bergmann, Mokri, Muratti, Lande, Nestor Gianaclis, Kyriazi Frères, Kasanowa und Abdulla. Einem engen geschäftlichen Zusammengehen mit dem Neuerburg-Konzern folgt schließlich im Jahre 1935 die Übernahme auch dieser Firma.[15] Und nun beherrschen die zur Kommanditgesellschaft H.F. & Ph.F. Reemtsma umgewandelten Gesellschaften der Reemtsma-Gruppe den deutschen Tabakmarkt, aufgrund der Zusammenfassung fast des gesamten Produktionspotentials sind Angriffe von seiten etwaiger Konkurrenten nicht mehr zu befürchten.[16]

Sicherlich hatten sowohl die prekäre Wirtschaftslage der zwanziger Jahre, die auch die deutschen Zigarettenunternehmen in arge Bedrängnis gebracht hatte, als auch die ständige Veränderung der Steuerbestimmungen, insbesondere die Steueränderungen von 1925 und ab 1930, die Konzentration der Industrie enorm begünstigt. So hatte die auf der Grundlage der Reparationszahlungen und der Stabilisierung der Deutschen Mark im November 1923 erfolgte allgemeine Finanzreform auch zu einer Erhöhung der Tabaksteuer geführt. Das neue kombinierte Steuersystem vom 10. August 1925 sah eine Versteuerung des Rohtabaks in Form einer Materialsteuer sowie des Fertigprodukts in Form einer Banderolensteuer vor. Hiervon waren besonders die niedrigen Preislagen betroffen. Während 1920 die Zigarette noch mit durchschnittlich 42 Prozent belastet war, stieg dieser Satz bei einer Preislage von zwei Pfennig auf 81,3 Prozent an, bei drei Pfennig auf 60,8 Prozent, bei vier Pfennig auf 50,6 Prozent, die Belastung bei fünf Pfennig betrug 44,54 Prozent und bei 6 Pfennig 40,4 Prozent. Als unmittelbare Folge dieser extremen Belastung schnellte der Eigenwert des Rohtabaks um das 200fache in die Höhe, was in dem Bemühen um höhere Rentabilität einerseits den technischen Fortschritt hinsichtlich der Fabrikationsprozesse beschleunigte, andererseits aber wegen der enormen Kosten der Automatisierung auch einer verstärkten Fusionierung erheblichen Vorschub leistete.

Nachdem die Verordnung vom Mai 1926 eine Senkung der Endbelastung insbesondere bei den Billigmarken der Zwei- und Dreipfennigklasse, die nur noch mit 60 bzw. 50 Prozent besteuert wurden, vorgesehen hatte, sollte genau ein Jahr darauf nun auch die Festschreibung der Verdienstspanne dazu beitragen, den sich verschärfenden Konkurrenzkampf einzudämmen. Dieser neuerliche Versuch, von staatlicher Seite auf die freie Wirtschaft Einfluß zu nehmen, ließ in den Jahren 1927 bis 1930 eine Diskussion über das Staatsmonopol auf Tabak, vor allem über das auf die Zigarettenherstellung, aufflammen. Doch während es vielleicht noch nach der letzten großen Steuererhöhung von 1925 möglich gewesen wäre, die gesamte deutsche Zigarettenindustrie für 300 bis 400 Millionen Mark aufzukaufen, hätte um 1930 ein Betrag von mindestens einer Milliarde aufgebracht werden müssen, was bei der allgemeinen Finanzlage vollkommen indiskutabel geworden war.

Um seine prekäre finanzielle Situation zu verbessern, versuchte der Staat Ende 1929 erneut, die Wertzeichen- und Materialsteuer auf Rauchtabak und Zigaretten zu erhöhen. Am 1. Januar 1930 trat ein entsprechendes Gesetz in Kraft, das sich auf die Preislagen ähnlich schwerwiegend auswirkte, wie es fünf Jahre zuvor der Fall gewesen war. Um die Firmenzusammenbrüche in den Reihen der noch existierenden Klein- und Mittelbetriebe in Grenzen zu halten, wurde in der Verordnung vom 26. Juli eine Kontingentierung der Produktionsmenge bestimmt. Zudem sollte diese bis zum 31. März 1932 andauernde Maßnahme die unter der steuerlichen Belastung stöhnende deutsche Industrie vor einer finanzstarken ausländischen Konkurrenz schützen.[17]

Zu den Problemen der sich in der Weltwirtschaftskrise weiter konzentrierenden Tabakindustrie gehörte auch, daß die Erhöhung der Tabaksteuer Anfang der dreißiger Jahre mit einem fast unlösbaren Verpackungsproblem einherging. Der lose Verkauf von Zigaretten war verboten worden, aber viele Raucher konnten sich nicht mit einemmal eine Zehnerpackung leisten. Nachdem sie feststellen mußten, daß diese zudem nur neun Zigaretten enthielt, kam es fast zu einem Zigarettenboykott, so daß der Staat umgehend die Einführung von Drei-, Vier-, Fünf- und Sechsstückpackungen verfügte. Da es jedoch für diese kleinen Packungsgrößen kei-

Aus: Geschäftsbericht 1976

Aus: Geschäftsbericht 1973

Aus: Tabago

Nachdem der Rohtabakhändler David Schnur 1923 mit dem Kauf der Ernte eines gesamten Distrikts den Grundstein für Reemtsmas Monopolherrschaft legte, entwickelt das Unternehmen einen ungeheuren Expansionsdrang. Schon 1924 schluckt es die gewaltige Manoli AG (oben). 1925 kommt zunächst eine Interessengemeinschaft mit der...

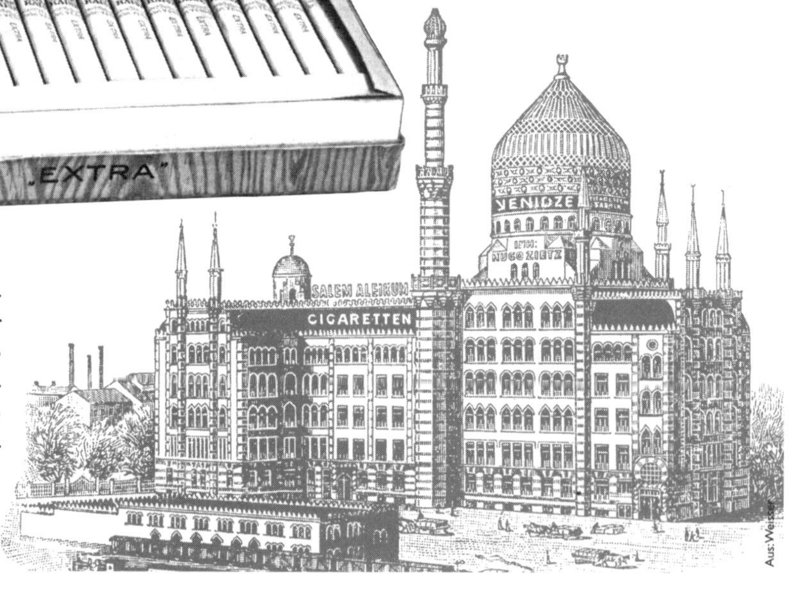

Aus: Weisser

...Georg Jasmatzi AG zustande, die 1926 mit der traditionsreichen Yenidze GmbH (rechts) fusioniert. Bis 1929 kommen weitere Tabakfirmen unter Reemtsmas Ägide. Reemtsma beherrscht nun fast ganz allein den deutschen Tabakmarkt.

Aus: Geschäftsbericht 1977

Um 1930: Reemtsma mit Zuban und Waldorf-Astoria von seinem einzigen Konkurrenten, dem Tabakgiganten Haus Neuerburg, noch einträchtig nebeneinander. Optisch dominiert bereits das Signet der Zigarettenfirma aus Altona-Bahrenfeld. Zusammen machen beide bereits mindestens 75 Prozent des deutschen Tabakmarktes aus, die nach der Übernahme 1935 schließlich ganz an Reemtsma fallen.

ne Maschinen gab, entwickelte Reemtsma in kürzester Zeit eine halbautomatische Packmethode, die ihn erneut als Vorreiter auszeichnete und ihm auch hier den Erfolg vor einer Konkurrenz sicherte, die im Grunde gar nicht mehr existierte, wenn nicht einmal mehr der Staat in der Lage war einzugreifen.[18]

Der Expansionserfolg der Firma beruhte allerdings nicht zuletzt auch auf ihren zeitig geknüpften weitverzweigten Kontakten zu Verbänden und vor der Fusionierung noch konkurrierenden Betrieben. Reemtsma war als Mitglied in die Aufsichtsräte unter anderen der Manoli AG in Berlin und des Jasmatzi-Konzerns in Dresden gewählt worden. Außerdem war ihm die Ehre zuteil geworden, sogar im Verband der Deutschen Zigaretten-Industrie zum Vorstandsmitglied zu avancieren. Symptomatisch für die weitreichenden Folgen dieser seiner sehr frühzeitigen Einflußnahme auf höchste und allerhöchste Interessenkreise seines Metiers war vor allem sein bereits Ende 1929 ins fast Unermeßliche gesteigerter Marktanteil. Als sich die Gruppe Schnur-Reemtsma-Neuerburg im Dezember dieses Jahres von dem damaligen Reichsfinanzminister Dr. Hilferding ihre Eroberungen durch das vielumstrittene sogenannte Kontingentgesetz staatlich schützen ließ, stellte sie bereits unvorstellbare 75 Prozent, einigen Quellen zufolge sogar an die 90 Prozent[19] der rund 40 Milliarden Zigaretten, die damals jährlich in Deutschland geraucht wurden, in den eigenen Produktionsstätten in Berlin, München, Hamburg und Dresden her – und zwar mit einem Jahresumsatz von bis zu zwei Milliarden Mark. David Schnur hatte sein Ziel in kürzester Zeit erreicht: Nun besaß er das ersehnte Monopol der Rohtabaklieferung.[20]

Die tatsächlichen Hintergründe für diesen immensen Konzentrationsprozeß in weniger als einem Jahrzehnt, bei deren Ermittlung man auf selten nachvollziehbare wie auch kaum glaubliche Vorgänge und Verwicklungen stößt, scheinen jedoch noch viel weitreichender zu sein. Woraus resultierte dieser im Jahre 1924 beginnende plötzliche Aufstieg der Reemtsma AG also noch? Denn die Verbindung der Brüder Hermann und Philipp mit David Schnur allein konnte es kaum sein, schließlich waren diese bei letzterem quasi erst in die Lehre gegangen. Gegen die Erklärung, im Hause Reemtsma oder wenigstens durch diese Verbindung sei die Markenzigarette erfunden worden, was die enormen Umsatzzahlen und die Firmenexpansion bedingt habe, spricht im Grunde, daß sich im Zuge der Fusionierungen gerade die stolzesten Vorkriegsunternehmungen mit den bekanntesten und besten Sorten seiner rigorosen Expansionspolitik beugen mußten. Denn eine Pflege der Zigarettenqualität war zunächst keineswegs eine Domäne der Reemtsmaschen Aktiengesellschaft. Zudem gab es neben dem Tabakexperten David Schnur andere Leute vom Fach, die vor ihm den Tabakeinkauf im Orient weit besser und erfolgreicher verstanden hatten. Wo also liegen die tieferen Ursachen für das Gelingen des gigantischen Eroberungsfeldzuges der beiden Kombattanten Schnur und Reemtsma? Und schließlich: Wie konnte es passieren, daß von den 700 Zigarettenfabriken des Deutschlands der zwanziger Jahre mir nichts dir nichts ganze 600 selbständig wirtschaftende auf der Strecke blieben, während allein Reemtsma aufstand wie Phönix aus der Asche?[21]

Erfolgsrezept Korruption?

Neben anderen Quellen bietet eine faktenreiche Schilderung der Entwicklung die wahrscheinlich um 1932/33 entstandene Broschüre des Exilhistorikers Tete Harens Tetens mit dem Titel *Der Reemtsma-Skandal. Die Korruption im deutschen Zigaretten-*

gewerbe und ihre volkswirtschaftlichen Folgen. Als Motto hat ihr der Insider der damaligen Verhältnisse der deutschen Tabakwirtschaft eine ebenso lapidare wie aufrüttelnde Sentenz des damaligen Reichstagsabgeordneten A. Arnstadt vorangestellt: „Die Geschichte der Zigarettenindustrie ist reich an Skandalen."[22] Tetens fordert vehement, daß in einem Deutschland, in dem „ein Wirtschaftsskandal den anderen" jage, „aber der große Reinigungsprozeß [...] bis heute noch nicht seinen Abschluß gefunden" habe, es „höchste Zeit [sei], daß nun endlich auch der Fall Reemtsma – diese wirtschaftliche und politische Korruption von gigantischem Ausmaß – mit der ganzen Garnitur von Nebenerscheinungen ins volle Scheinwerferlicht der öffentlichen Betrachtung rückt".[23] Sein vernichtendes Fazit lautet, Deutschland erleide mit dem Reemtsma-Komplott zugleich den „größten aller deutschen Skandale".[24]

In seiner eindringlichen Analyse lüftet Tetens das Geheimnis um den unerhörten Aufstieg des Hauses Reemtsma anhand von Schilderungen, die durch ihre Dichte und die aufgezeigten Details erschauern lassen. Dieser Effekt mag sicherlich damit zusammenhängen, daß der Autor seine Enthüllungen in der Diktion seiner Zeit, heute also manchmal etwas pathetisch wirkend und offenbar auch mit einer vielleicht aus persönlicher Betroffenheit resultierenden gewissen Emotionalität im Hintergrund, betreibt. Die akribisch zusammengetragen Bestimmungsgründe für dieses einmalige Phänomen auf dem deutschen Wirtschaftsboden indes sprechen für sich. Tetens unterteilt die Verwirklichung des Plans, das Zigaretten-Privatmonopol mit innovativen Methoden an sich zu reißen, in folgende vier Abschnitte, wobei weitere brisante Details zur Sprache kommen:

„*Erste Etappe*: 1924 finanziert die British American Tobacco Co. den Vernichtungskampf der Reemtsma-Schnur-Gruppe gegen ihren einstigen Vorkriegsbesitz, den bei Kriegsausbruch an die Deutsche Bank abgegebenen Jasmatzi-Konzern. Mit schwerer Schlagseite wird der Jasmatzi-Konzern 1925 zu Reemtsma abgeschleppt. Die Kriegskosten bezahlt der Fiskus: Er gewährt dem abgekämpften Konzern heimlich und entgegen den klaren Gesetzesvorschriften ein einjähriges Moratorium auf die vereinnahmten, aber nicht abgeführten Steuermillionen. Finanziell von der British und dem deutschen Fiskus gestärkt, entfesselt nun Reemtsma ein Trommelfeuer vernichtenden Wettbewerbs gegen die alte, bodenständige Zigarettenindustrie. Hunderte Unternehmen eines soliden Klein- und Mittelgewerbes sehen sich in ihrem Bestande bedroht, aber die Notschreie und Eingaben beim Reichsfinanzministerium gegen den ‚ausländischen' Konzern bleiben ungehört.

Zweite Etappe: 1925 wird das Jahr des wirtschaftspolitischen Strauchrittertums. Der deutsche Raucher, bisher der 3- und 4-Pf.-Zigarette huldigend, soll den hohen Preislagen der Firma Reemtsma und der vom Zentrum beschirmten ‚Haus Neuerburg' zugeführt werden. Läßt man alle Einzelheiten einer abenteuerlichen Wildwestromantik beiseite, so sieht die ‚Verschiebung zum Edelfabrikat' folgendermaßen aus: Durch den Syndikus Dr. Flügler läßt Reemtsma im Sommer 1925 ausklingeln, daß eine Zollerhöhung auf Rohtabak von 30.– auf 80.– Reichsmark pro Doppelzentner zu erwarten sei. Die Fabrikanten scharren ihr Geld zusammen, nehmen Darlehen und Hypotheken auf, um sich mit größeren Posten Rohtabak einzudecken. Aber Reemtsma-Neuerburg und ihre Helfershelfer hinter den Kulissen wollen außer der Zollerhöhung *noch ganz was anderes:* Die Materialsteuer auf Rohtabak *zur Begünstigung der hohen Preislagen!* Am 10. August 1925 drücken die Förderer der Familie Reemtsma im Reichstag außer der Zollerhöhung die Kombination von Banderolen- und Materialsteuer durch. Mit Verordnung des Reichsfinanzministeriums vom 11. August 1925 wird die Materialsteuer auf 900.– RM für den Doppelzentner Rohtabak und die Banderole auf 20 % vom Kleinverkaufspreis festgesetzt. Die wichtigste Bestimmung des neuen Gesetzes war die *Nachversteuerung* der enormen Mengen Rohtabak, mit der sich die Fabrikanten auf Anregung Dr. Flüglers eingedeckt hatten. Auf eine einzigartige Weise hatte man so einer ganzen Industrie ‚legal' eine Schlinge um den Hals gelegt, mit der man nach Belieben jede einzelne Firma abwürgen konnte. Die Verordnung vom 11. August brachte die Fabrikanten über Nacht nicht nur um ihr gesamtes Betriebs- und Privatvermögen in Höhe von vielen Millionen Mark, sondern belastete sie aus heiterem Himmel heraus plötzlich mit einer Schuldsumme von 60 bis 70 Millionen. Während fast die gesamte Industrie an diesem Steuergesetz kaputt ging, heimste die Reemtsma A.-G. fette Profite ein. Sie hatte sich ebenfalls mit 1,5 Millionen Kilogramm Rohtabak zum Zwecke der Zollersparnis vorversorgt, fand aber einen Weg, sich vor der Belastung durch Materialnachsteuer zu drücken. Die Materialnachsteuer galt bestimmungsgemäß nur für Zigarettenbetriebe, *nicht* für Tabakfabriken. Die Reemtsma hatte vorsichtshalber in Kenntnis der kommenden Dinge ihr Riesenquantum Zigarettentabak in einer materialsteuerfreien Tabakfabrik eingelagert, um so die Materialnachsteuer in Höhe von 14 Millionen Mark zu hinterziehen. Als die Steuerhinterziehung ruchbar wurde, nahm man die Reemtsma nicht etwa empfindlich in Strafe, sondern es wurde ihr gestattet, den gesamten Rohtabak ins Freilager zurückzuschaffen, von wo aus sie nach Belieben ihre Tabakposten abberufen konnte. Während also die übrigen Fabrikanten mit ihren großen Tabakvorräten und fantastischen Materialsteuerschulden – die das Doppelte des gesamten Eigenkapitals der Zigarettenindustrie betrugen – geschäftlich ruiniert waren, erhielt Reemtsma durch die Begünstigung bei der Materialnachversteuerung völlig freie Hand im Wettbewerb gegen seine vom Materialsteuergesetz zu Boden geworfene Konkurrenz. Aber es kam noch schlimmer! Mit der gleichen Verordnung des Reichsfinanzministeriums wurde auch die Herstellung der 2-, 3- und 4-Pfennig-Zigaretten, die bis dahin 75 % des Gesamtverbrauchs ausmachte, mit einem Schlage unterbunden. Das Reichsfinanzministerium sah das alleinseeligmachende Heil in Reemtsmas 5- und 6-Pfennig-Zigaretten. Bis dahin waren alle Zigaretten gleichmäßig mit 40 % vom Kleinverkaufspreis belastet. Durch die Verordnung wurden plötzlich den Herstellern der Konsumpreislagen Steuern bis zum Verbluten aufgeknallt, während Reemtsmas hohe Preislagen in kaum glaublicher Weise *begünstigt* wurden. Die neue Steuerbelastung sah so aus:

Preislage:	Steuer vom Kleinverkaufspreise
2-Pf.-Zigarette	80 %
3-Pf.-Zigarette	60 %
4-Pf.-Zigarette	51 %
5-Pf.-Zigarette	47 %
6-Pf.-Zigarette	44 %
10-Pf.-Zigarette	35 %

Durch diese empörend unsoziale Höherbelastung der Konsumzigaretten wurde die Produktion der Marken bis zu 4 Pfennig zugunsten Reemtsmas abgewürgt. Die durch die Materialnachsteuer plötzlich hoch verschuldeten Fabrikanten, die man auch noch um die Früchte ihrer jahrelangen Arbeit, d.h. ihrer eingeführten und gepflegten Marken brachte, sahen keine Möglichkeit mehr, sich plötzlich umzustellen. Die gesamte Zigarettenindustrie war auf ‚legale' Weise für Reemtsma sturmreif gemacht. Dutzende von mittleren und kleineren Betrieben mußten stillegen, und nur einige wacklig gewordene Großbetriebe gingen im Reemtsma-Konzern auf. Mit der durch die Materialsteuer progressiv begünstigten 5-Pfennig-Zigarette begann Reemtsma seinen Siegeslauf.

Dritte Etappe: 1926 grast Reemtsma das Leichenfeld ab. Etwa 60 % der Produktion sind ihm ohne große Mühe auf ‚legale' Weise zugefallen. Neben einigen Dutzend verschuldeten Klein- und Mittelbetrieben existieren aber noch immer eine Anzahl kapitalkräftige, teils vom Ausland finanzierte Unternehmen, wie Abdulla, Austria, Nestor Gianaclis, Kyriazi Frères, Garbaty, Bulgaria und Greiling. Der Verbandssyndikus und Interessen-Vertreter Reemtsmas, Reg.-Rat a.D. Dr. Flügler, ein in allen Schlichen und Ränken erfahrener Zentrumsmann und Duzfreund des damaligen Reichsfinanzministers Dr. Köhler (Zentrum), wußte schon den richtigen Weg, wie man die ebenso störrischen wie kapitalkräftigen Außenseiter, die in kein Kartell und nicht unter die Fuchtel Reemtsmas gehen wollten, mit Hilfe *anderer* Methoden in die Knie zwingt.

Für den Reemtsma-Neuerburg-Konzern bestand in dieser Zeit ein Gefahrenmoment. Der Konzern hatte einige hundert Millionen Mark Steuerverpflichtungen beim Fiskus, er hatte unsolid nur auf Steuergelder spekuliert, riesenhafte Reklame getrieben und seine Ware verschleudert; nun drohten finanzielle Schwierigkeiten. Das Finanzministerium griff auf Veranlassung Reemtsmas ein, es sah das Tabaksteueraufkommen gefährdet. Reemtsmas Vorschlag ging dahin, die *Händlerverdienstspanne* an Zigaretten, die 30–35 % betrug, durch Zwangsverordnung für die gesamte Zigarettenindustrie auf 25 % herabzusetzen! Dem Konzern winkte damit ein zusätzlicher Gewinn von schätzungsweise 80 Millionen Mark jährlich, und damit die Sanierung aus seinen Steuerverpflichtungen. Ohne Befragung des Reichstages erließ am 18. Mai 1927 Reichsfinanzminister Dr. Köhler eine Ministerialverfügung, deren Text der Syndikus Dr. Flügler im Auftrage Reemtsmas entworfen hatte. Die Verfügung regelte die Reklameausgaben der einzelnen Fabrikanten nach ihrem Umsatz, schrieb genaue Verkaufspreise und Zahlungsbedingungen vor und drohte Maßnahmen bei Zuwiderhandlungen an. Im Grunde genommen war die Verfügung eine zwangsweise eingeführte Kartellmaßnahme zugunsten Reemtsmas. Reemtsma benutzte auch diese von ihm selbst herbeigeführte Verfügung zu unlauterem Wettbewerb, mit dem Erfolg, daß der letzte Rest der Klein- und Mittelindustrie vernichtet wurde. Nur einige finanzstarke Außenseiter, die keine Schulden hatten und so böse waren, dem Fiskus die Steuerzeichen bar zu bezahlen, setzten sich gegen diesen Wirtschaftsterror zur Wehr. Die Verfilzung politischer ‚Beziehungen' und wirtschaftlicher Interessen war zu offensichtlich und skandalös, so daß sich sogar der Reichstag gezwungen sah, im März 1928 die gesetzeswidrige Maiverfügung aufzuheben.

Vierte Etappe: Es sind nicht gerade feine Methoden gewesen, durch die der Reemtsma-Neuerburg-Konzern zur Höhe seiner Macht kam. Welche Mittel sonst noch zum ‚System Reemtsma' gehören, werden wir in den folgenden Kapiteln zeigen. Hier genügt die Feststellung, daß Reemtsma-Schnur innerhalb von 5 Jahren ihren Eroberungszug vom Inflationsbetrieb zum Privatmonopol der Zigarettenindustrie vollendeten. Aber Reemtsma-Schnur wollten nicht nur das Privatmonopol – sie wollten es auch gesetzlich geschützt haben. Um dies zu erreichen, traten im Dezember 1929 Reemtsmas parlamentarische Hintermänner und die Verbindungsoffiziere der damals allgewaltigen Deutschen Bank an den in Reichstagsstürmen gerade schlapp machenden Reichsfinanzminister Dr. Hilferding heran. Wenige Tage vor seinem Sturz brachte Hilferding noch ein Gesetz ein, das den Produktionsstand des Reemtsma-Neuerburg-Konzerns von annähernd 90 % schützen und eine Neueröffnung von Zigarettenbetrieben verhindern sollte. Über dieses, am 22. Dezember 1929 eilig durchgepeitschte Gesetz sagt der deutschnationale Reichstagsabgeordnete *Arnstadt:*

‚Das Kontingentgesetz spricht allem sozialen Empfinden und allen volkswirtschaftlichen Grundsätzen Hohn. Die enormen Verdienste, welche dem Reemtsma-Neuerburg-Konzern schon jetzt in sachverständigen Kreisen nachgewiesen werden, können unter dem Schutz der Kontingentierung, d.h. unter gesetzlicher Ausschaltung der Konkurrenz, erheblich gesteigert werden. In einem Zeitraum von wenigen Jahren kann daher durch staatliche Begünstigung ein *Milliardenvermögen* angehäuft werden, das dem Konzern gestatten wird, nach Aufsaugung der gesamten Zigarettenindustrie seinen Angriff auf die übrigen Tabakindustrien und den Tabakhandel einzusetzen, nachdem vorher das übrige Tabakgewerbe *entschädigungslos enteignet* ist.'

Entschädigungslos enteignen – das war von jeher das Geschäftsprinzip des Herrn David Schnur. Mit Hilfe der enormen fiskalischen Steuerkredite wurde – gefördert von amtlichen Stellen – alles im Wettbewerb niedergeknüppelt, was dem Machtstreben der Gruppe Reemtsma-Schnur im Wege stand. Welche Riesenbeträge den Reemtsmas zuflossen, hören wir von einem so gut unterrichteten Wirtschaftler wie dem Abgeordneten Dr. Hermann *Fischer*-Köln, der im ‚Berliner Börsen-Courier' am 11. Januar 1928 schrieb:

‚Diese spekulative Ausnutzung der Stundungsfristen bewirkte eine mit allen Mitteln angestrebte dauernde Forcierung des Umsatzes, um durch gesteigerte Verkäufe und dadurch weiter wachsende Verschuldung an den Fiskus die Mittel an sich heranzuziehen, die jeweils zur Zahlung der alten Steuerschulden benötigt wurden. Nach Berechnung von sachverständiger Seite hat sich vom März 1926 bis zum Juli 1927 die innerhalb der Stundungsfristen schwebende Schuld bei der Tabaksteuer insgesamt von 200 Millionen auf 320 Millionen erhöht.'

In der Folge ließ sich die gewaltige Flut von zins- und sicherheitslosen Steuergeldern kaum noch verschleiern, und unter dem Zwang des Geldüberflusses vollzog der Reemtsma-Konzern die Metamorphose von der Aktiengesellschaft zur G.m.b.H., um so der gesetzlich geforderten öffentlichen Bilanzvorlegung zu entgehen. Heute sind Reemtsma-Schnur das bei weitem größte und finanzkräftigste Wirtschaftsgebilde Deutschlands, sie sind neuerdings Großaktionäre der Deutschen Bank, und ihre Finanz- und Dachgesellschaft ist die *N.V.H. Caland* Maatschappij in Amsterdam."[25]

Tetens schildert die vier Etappen des Untergangs des größten Teils der deutschen Zigarettenindustrie mit einer Bitterkeit und in manchmal aggressivem Ton, der, wie gesagt, eigene Betroffenheit vermuten läßt und daher auch zur Vorsicht gegenüber seinen Thesen rät. So braucht man der im zweiten Abschnitt geäußerten Annahme, der Reemtsma-Syndikus Adolf Flügler habe die Tabakindustrie in übler Absicht zu überhöhten Rohtabakeinkäufen verführt, nicht widerspruchslos oder gar nicht zu folgen. Dagegen ließe sich etwa argumentieren, daß Flügler möglicherweise tatsächlich eine Zollerhöhung befürchtet habe und daß seine diesbezügliche Warnung andere Fabrikanten eben in deren eigener Verantwortung zur Überschätzung ihrer finanziellen Kraft gebracht habe. Ob die von ihm stammende Sentenz, daß sich in der Inflationszeit gerade diejenigen Betriebe sehr schnell ausdehnten, „die am sorg-

Aufgrund der Tabaksteuergesetzgebung in den zwanziger Jahren erhielt Reemtsma ganz legal das Monopol an Billigmarken. Denn kleinere Firmen konnten sich deren Produktion nun nicht mehr leisten.

losesten, wenn nicht leichtfertigsten, ihr Geschäft betrieben"[26], zu seiner Ehrenrettung zitiert werden kann, oder ob sie letztlich Beweis dafür ist, wie sehr er in die Machenschaften selbst verwickelt war, um zu dieser Einsicht zu gelangen zu können, mag dahingestellt bleiben. Schließlich sei noch angeführt, daß der Versuch der Reemtsma AG, der gesetzlich verfügten Nachversteuerung durch Einlagerung ihres Tabaks in nicht steuerpflichtige Tabakfabriken zu entgehen, gleichermaßen eine rein im Geschäftsbetrieb des Hauses Reemtsma liegende Maßnahme war. Auch hieraus läßt sich zunächst kein Verdacht auf Korruption ableiten.

Daß der Konzern dann jedoch der Steuernachzahlung und einer möglichen Strafe für Steuerhinterziehung entgeht, weil ihm von Amts wegen gestattet wird, den Rohtabak aus den Tabakfabriken ins Freilager zurückzuschaffen, muß mehr als nachdenklich stimmen. Denn jetzt kann Reemtsma kleinere Tabakmengen je nach Produktionsbedarf aus dem Freilager abrufen und muß sie erst zu diesem Zeitpunkt versteuern. Die Konkurrenz hingegen war gezwungen, die aus Furcht vor der Zollerhöhung eingekauften Großmengen sofort in voller Höhe nachzuversteuern. Allein dieser Prozeß mußte bereits zu einer ungeheuren und für weniger kapitalkräftige Firmen nicht mehr tragbaren Belastung führen. Und er konnte letzten Endes sicherlich nur dann möglich werden, wenn eine „Interessenübereinstimmung" zwischen der Reemtsma AG und den zuständigen Behörden bzw. dem zuständigen Ministerium bestand.

Gleiches gilt auch für die hohe Besteuerung der billigeren Zigaretten gegenüber den teuren Reemtsma-Produkten. Auch hierbei ist es das Finanzministerium – und nicht etwa der Wettbewerb –, das den Herren Schnur und Reemtsma gegenüber den Herstellern billigerer Marken einen größeren Gewinn ermöglicht; und schließlich stellt es im letzten Schritt den Marktanteil der Firma sozusagen unter gesetzlichen Schutz, indem es den Aufbau neuer Zigarettenbetriebe – potentieller Konkurrenten auf dem Tabakmarkt – durch das Kontingentgesetz einfach verhindert.

Wie reagiert die Öffentlichkeit?

„Besteuern, verwalten, Schutz der Privatwirtschaft. Alles andere ist von Übel!" So sah Albert Vögler, Generaldirektor der Vereinigten Stahlwerke in der Weimarer Zeit, die Aufgabe des Staates. Doch in dem Maße, wie die Politik die Privatwirtschaft in einer industrialisierten Wirtschaft schützt, die vom Konkurrenzkampf gekennzeichnet ist sowie von den hierdurch erzwungenen Zusammenschlüssen in Form von Interessenverbänden, Monopolen, Kartellen, Syndikaten und Gewerkschaften, büßt sie ihre uneingeschränkte Vormachtstellung ein. Steuer- und Verwaltungsapparat helfen da herzlich wenig, es sei denn, genau dies ist das Ziel des Staates: sich selbst zugunsten der Wirtschaft ins Hintertreffen zu führen. Zudem kommt es durch dieses spezifische Wechselverhältnis von Politik und Wirtschaft unweigerlich zu Machtansprüchen, die der Stärkere auf Kosten des einzelnen Individuums erfolgreich geltend macht.

Mit eben diesem Ziel hatte sich im Februar 1919 der Reichsverband der deutschen Industrie gegründet: um die Macht der deutschen Industrie zu fördern und zu stärken. Es ist unschwer vorstellbar, daß dies nunmehr auch auf dem Wirtschaftssektor ein schier undurchdringliches Beziehungsgeflecht zur Folge hatte – quasi als Pendent zu dem berühmt-berüchtigten Parteienfilz auf der politischen Ebene, und mit eben diesem vor allem ebenso verwoben. Denn der Aufbau eines solchen engmaschigen Beziehungsnetzes diente nur dem einen Zweck: der Einflußnahme der sogenannten „pressure groups" auf sämtliche politische Entscheidungen im großen Stil – und selbstredend ausschließlich im Eigeninteresse.

Dies läßt unweigerlich die Frage nach der Rolle der Gewerkschaften, die dieser Entwicklung relativ machtlos gegenüberstanden, aufkommen. Doch ganz so machtlos, wie es den Anschein hat, waren sie keineswegs. Denn sie arrangierten sich auf ihre Weise mit den neuen Machtverhältnissen, indem sie – wenn auch gezwungenermaßen – ihre Aufgabe zwar nicht mehr in der sozialpolitischen Vertretung sahen, gleichzeitig aber zu einer politisierenden Einflußnahme auf Parlament und Regierung fanden bzw. finden wollten.

Daher konnten die neu entstehenden, wie Pilze aus dem Boden schießenden wirtschaftlichen Machtzentren weitestgehend ungehindert Einfluß auf die sozial- und wirtschaftspolitischen Entscheidungen der Regierung nehmen. Wobei die üblichen Begleiterscheinungen einer sich nach kapitalistischen Prinzipien entwickelnden Wirtschaft, wie Rationalisierung der Wirtschaft, Inflation und Arbeitslosigkeit, natürlich auch in den zwanziger Jahren zwangsläufig zu einer Umverteilung der Macht zugunsten der Wirtschaft, und insbesondere der Schwerindustrie, führten.[27]

In diesem Licht betrachtet erscheint die allgemeine Monopolisierung der Wirtschaft Deutschlands in jener Zeit, allen voran der rasante Konzentrationsprozeß der Tabakfirma Reemtsma, kaum mehr unglaublich, sondern sogar einleuchtend, wenn auch nicht weniger ungeheuerlich. Und es erscheint nicht mehr ganz so unvorstellbar, daß ein deutsches Finanzministerium (auch das der „wilden" zwanziger Jahre) eine bestimmte Firma gegenüber ihren Konkurrenten in einer Weise schützt und unterstützt, daß sie dadurch den weit überwiegenden Marktanteil ihrer Branche zu erobern spielend leicht in der Lage ist.

Tetens selbst scheint sich, wenn auch als Gefangener seiner Zeit und daher ohne die Distanz des historischen Betrachters, des Gefühls, daß diese Vorgänge eigentlich ganz unglaublich seien, nicht ganz erwehren zu können. Zur Untermauerung seiner Aussagen bringt er Stimmen verschiedener Reichstagsabgeordneter. So zitiert er etwa den deutschnationalen Arnstadt, der in seiner Stellungnahme moniert: „Die Tabaksteuergesetzgebung der letzten Jahre ist von dem aufmerksamen Beobachter bereits lange als Leiter zu dem steilen Machtaufstieg des Reemtsma-Neuerburg-Konzerns erkannt worden. Ein derart detailliertes Zusammengehen von Konzerninteressen und Gesetzesbestimmungen muß den dringenden Verdacht aufkommen lassen, daß die eigenartige Übereinstimmung auf keinem Zufall beruht."[28]

Der kommunistische Abgeordnete Ende wird am 19. Dezember 1929 gegen den Reichsfinanzminister Dr. Hilferding drastischer: „Die Korruption im Reemtsma-Konzern stinkt so zum Himmel, daß es auch ein Hilferding riechen muß – aber er will es nicht!"[29]

Auch das Mitglied der Wirtschaftspartei, Reichstagsabgeordneter Holzammer, äußert sich am 12. Dezember 1929 in einer Rede erstaunt über das Verhalten des Finanzministeriums: „Die konkreten Anschuldigungen gegen den Reemtsma-Neuerburg-Konzern und hohe Ministerialbeamte waren so ungeheuerlich, daß ich den Artikel der ‚Weltbühne' sofort im Reichsfinanzministerium vorlegte und fragte, ob die Herren nicht dagegen vorzugehen gedächten. Zu meiner größten Verwunderung sträubte sich aber Geheimrat Schröder dagegen. Er hält ein gerichtliches Vorgehen nicht für zweckmäßig, denn erstens könnte sich der Verfasser auf den § 193 (Wahrung berechtigter Interessen) berufen, und zweitens befürchten die Herren, nicht Recht zu bekommen."[30]

Daß Verständnislosigkeit und Bestürzung über die Vorgänge im Finanzministerium nicht Ausdruck einer bestimmten politischen Haltung und damit interessengeleitet sind, zeigt schließlich die im Sitzungsprotokoll des Steuerausschusses vom 1. Juni 1929 festgehaltene Stellungnahme des sozialdemokratischen Abgeordneten Meier: „Abgeordneter *Meier* (Baden) bedauert zweierlei, und zwar erstens die mangelhafte Antwort des Vertreters des Reichsfinanzministeriums auf das, was er zum Gegenstand von Anfragen (Reemtsmas Steuerhinterziehung) an das Reichsfinanzministerium gemacht habe, und zweitens im Interesse des Ansehens des Reichsfinanzministeriums, daß der Vertreter des Reichsfinanzministeriums gezwungen gewesen ist, den Vorgang bei der Zigarettenfabrik Reemtsma hundertprozentig zu bestätigen."[31]

All diese Aussagen der Reichstagsabgeordneten zeigen zusammen mit der Schilderung der Abläufe von Tetens auf, daß sich in den Jahren 1924 bis 1929 in der Tat Ungeheuerliches in Sachen deutscher Wirtschaftspolitik ereignet hat. Tetens' Literaturangaben sind zudem ein weiterer untrüglicher Hinweis darauf, daß der Skandal des Hauses Neuerburg-Reemtsma keineswegs ein vollkommen im Verborgenen abgelaufener Vorgang gewesen ist. Lediglich David Schnur ist aufgrund seiner Taktik des Im-Geheimen-Operierens nicht Gegenstand der öffentlichen Debatte – was allein anhand der gewählten Begriffe ersichtlich ist: Entweder ist allein von den beiden Brüdern Reemtsma – der Gründervater Bernhard Reemtsma ist seit 1925 tot – die Rede oder allerhöchstens vom Haus Neuerburg-Reemtsma. Tetens listet 61 Aufsätze und Artikel in Fachzeitschriften, aber auch in normalen Tages- und Wochenzeitungen auf, die sich in den Jahren 1927 bis 1932 mit dem Reizthema beschäftigen. Darunter finden sich Überschriften wie „Skandal um Reemtsma", „System Reemtsma", „Reemtsma kauft", „Reemtsma-Steuerenthüllungen" oder „Neuerburg und Reemtsma". Auch Artikel mit allgemeiner gehaltenen Überschriften widmen sich diesem Gegenstand: „Der Trust der Banderolenbetrüger", „Leben wir in einem Rechtsstaat?", „Eine gefälschte Bilanz", „Sind Schulden eine Macht?", „Die Diktatur der Tabaksteuerpolitik", „Zwangswirtschaft oder freies Zigarettengewerbe?", „Gefesselte Justiz" usw.[32] Hinzu kommen umfangreichere Publikationen, von denen anzunehmen ist, daß sie eventuell nur einem kleineren Kreis zugänglich waren, aber auf ihre Weise ebenfalls für Öffentlichkeit gesorgt haben.[33]

Schmiermittel Geld

Dennoch wäre es verfehlt zu glauben, daß das Geschäftsgebaren des Reemtsma-Konzerns in der Presse einer grundsätzlichen Kritik ausgesetzt war. Weder im politischen noch im allgemeinen Teil der einzelnen Blätter taucht der Name Reemtsma auf, und was den Wirtschaftsteil anbelangt, so wird das Thema rein wissenschaftlich abgehandelt. Es hat also lediglich den Anschein, als würde eine recht offensive, im vollen Rampenlicht der Öffentlichkeit stattfindende Debatte geführt. Daß sie dennoch nicht ganz im Verborgenen stattfindet bzw. daß keinerlei Verbote gegen die kaum ins Gewicht fallenden ketzerischen Publikationen ausgesprochen werden, läßt vermuten, sie sei um der Gewährleistung und Unanfechtbarkeit des demokratischen Prinzips Stimmenpluralität willen geduldet – in deren Strudel sie jedoch unweigerlich untergehen muß. Und so bleibt das wirklich große Echo, das man sich von der einen oder anderen Seite durch sie erhofft hatte, natürlich aus. Ja, die etablierte Presse aller Parteischattierungen geht sogar auffallend rücksichtsvoll mit dem Haus Reemtsma um und verhindert so mehr oder weniger bewußt das Lostreten einer Lawine, die vom Hauptverantwortlichen bis hin zum letzten Nutznießer jeden in diesen Skandal irgendwie Involvierten hätte mitreißen können.

Dafür, daß der seit Jahren gärende Fall Reemtsma trotz aller Bemühungen keine Konsequenzen hat, gibt es sicherlich mehrere mögliche Erklärungen. Einerseits liegt das allgemeine Schweigen um Reemtsma durchaus daran, daß – begründet durch ihr besonders gelagertes Interesse – die mächtige deutsche Zentrumspartei sowie einige unter ihrem Einfluß stehende maßgebliche Amtsstellen schützend ihre Hand über die Machenschaften des Konzerns ausbreiteten. Andererseits kommt erschwerend hinzu, daß der Reemtsma-Konzern einer der größten Auftraggeber für ganz- und halbseitige Inserate der verschiedenen ihm angeschlossenen Fabriken im gesamten Spektrum der bekannten Tageszeitungen und Zeitschriften ist und somit auch in der Medienlandschaft nicht ohne existenzbedrohenden Einfluß ist. Was angesichts seiner durchschnittlichen Aufwendungen für Reklame von 40 Millionen Mark jährlich – selbst im Krisenjahr 1931 waren es immer noch 25 Millionen – kaum verwundert. Der Berichterstattung tendenziell eine bestimmte, ihm genehme inhaltliche Richtung zu geben, sollte für den Finanzhai also kein Problem sein. Denn wozu sich etwa mit einer ganzen Reihe von Anklagen – wegen Verleumdung zum Beispiel – herumschlagen, wenn es doch so viel einfacher war, den Kritiker mit irgendwelchen Zahlungen ins hausgemachte System einzusaugen und zugleich noch für seine Zwecke auch für die Zukunft willfährig zu machen. Daß dieses Abhängigkeitsverhältnis mit dazu führte, das Schweigen um die näheren Umstände von Reemtsmas kometenhaftem Aufstieg noch weiter zu vergrößern, interessierte die so zu Helfershelfern eines egoistisch und rücksichtslos wirtschaftenden Korruptionsbetriebes gewordenen Schreiberlinge sicherlich herzlich wenig. Schließlich hatten es in diesen Zeiten härtesten Konkurrenzkampfes auch die Redaktionen nicht eben leicht, sich über Wasser zu halten. Wer wollte es sich da mit einem so hochkarätigen Werbekunden verscherzen?[34]

Da vermochten selbst jegliche kritische Stellungnahmen von Reichstagsabgeordneten der verschiedensten Parteien nichts zu bewirken – wie etwa, daß bereits Jahre zuvor der Reichstagsabgeordnete Dr. Herz auf die „nicht immer wählerischen Geschäftsmethoden des Reemtsma-Konzerns" hingewiesen hatte.[35] Und so verwundert es nicht, daß auch folgende, äußerst aussagekräftige Ereignisse nicht ruchbar geworden sind. Die Kunst, vorteilhaft zu kaufen, beherrschte Reemtsma nämlich nicht nur hinsichtlich seiner für die Tabakproduktion benötigten Rohmaterialien. Kraft seiner inzwischen mächtig angeschwollenen Finanzpolster wußte er zudem besonders negativ gefärbte Aufsätze einfach wieder vom Markt zu nehmen. In zwei Fällen kaufte er die gesamte Auflage, in einem Fall sogar einen ganzen Verlag, um die weitere Verbreitung bestimmter Enthüllungen zu verhindern. Die Autoren, Verleger und sonstigen beteiligten Personen, an die er zudem Schweigegelder in beträchtlicher Höhe zahlte, werden sich kaum gegen den ungewohnten Absatz von hundert Prozent gesträubt haben. Der höchste bekannte Betrag beläuft sich auf 200.000 Reichsmark.[36] Selbst für heutige Verhältnisse wäre das noch ein beachtliches Bestechungsgeld, angesichts des monatlichen Durchschnittseinkommens von etwa 150 Reichsmark für einen Arbeiter im Jahre 1927 ist dies jedoch eine nahezu astronomische Summe. Zudem ist sie ein weiteres Indiz dafür, welch extremes Ausmaß der Skandal dieser Jahre angenommen hatte.

Und noch auf andere, nahezu groteske Weise wird deutlich, daß es sich beim Aufstieg des Hauses Reemtsma um einen außerordentlich spektakulären Vorgang handelte. Der seit 1927, seit seinem Eintritt in die Fachpublizistik zum Thema Tabak, als kompromißloser Gegner Reemtsmas bekannte Tetens, wird im Januar 1930 von einer kleineren Zigarettenfabrik um Hilfe im Kampf gegen die Kontingentbegünstigung der Tabak-Supermacht gebeten. Tetens läßt sich zehn Tage Bedenkzeit, um die näheren Umstände zunächst sorgfältig zu prüfen. Er kommt zu dem Ergebnis, die Firma stehe tatsächlich gegen den Konzern, sagt seine Mitarbeit zu und wird mit einem monatlichen Gehalt von 600 Mark eingestellt. Erst vier Monate, nachdem er im Karlsruher Levita-Prozeß (von dem an anderer Stelle noch die Rede sein wird) mit seinen Zeugenaussagen gegen das „System Reemtsma" aus dem Rahmen der ansonsten in dessen Interessen geführten Verhandlung fällt, das ist im Frühjahr 1932, klärt sich sein Irrtum schließlich auf: Über einen geschickt getarnten Kanal ist er die ganze Zeit über – und zwar ganze zwei Jahre lang – von Reemtsma bezahlt worden, ohne daß dieser ihn indes für seine Zwecke hat kaufen können, vielmehr hat er unfreiwillig Tetens' umfassende und gründliche Ermittlungsarbeit finanziert und sich damit selbst ins Hintertreffen geführt.[37]

Ein Lapsus, der, als er Reemtsma schließlich selbst bewußt wurde, ihn allerdings wohl kaum zu mehr als einem verächtlichen Schulterzucken veranlaßt haben dürfte. Zu fest steht der Emporkömmling mit beiden Beinen auf dem Boden der von ihm selbst geschaffenen Tatsachen. Ein einziger, wenn auch ernstzunehmender, Quertreiber wird ihn in dieser Position nicht erschüttern können. Und so mutet dieser Treppenwitz über die „selbstlose" Pfiffigkeit des Monopolisten höchstens ein wenig unterhaltsam an.

Mittels Schweigegeldzahlungen und Korruption hat sich das Haus Reemtsma also nach allen maßgeblichen Seiten hin abgesichert: bei Politikern, in Wirtschaftskreisen, bei Medienvertretern. Es wiegt sich daher durchaus sehr zu Recht in einer Art Sicherheit, die sich noch bis zu einer geradezu bodenlosen Frechheit bedenkenlos steigern läßt. Tetens hatte dem bekannten Berliner Strafverteidiger Dr. Apfel gegenüber den Wunsch geäußert, dieser möge als juristischer Beobachter zum Berufungsprozeß Levita nach Karlsruhe fahren. Dieser findet im April 1932 statt und bringt laut Apfel „ziemlich sensationelle Offenbarungen". Aber die weitaus größere Sensation bestand auch hier wieder in dem Umstand, daß der ebenfalls in Karlsruhe weilende Philipp Fürchtegott Reemtsma, der nicht nur in Sachen Tabak, sondern offenbar auch hinsichtlich etwaiger Gefahren eine gute Nase hatte, sofort eine Verbindung zu dem renommierten Juristen herzustellen wußte. Was zum Ergebnis hatte, daß Apfel nach eigenen Aussagen „das gesamte beim Reemtsma-Konzern befindliche Material objektiv prüfen will. Die Prüfertätigkeit, an der auch Reemtsma ein Interesse hat, wird von Reemtsma bezahlt." In einem Brief dieses „objektiven Gutachters" vom 4. Juni 1932 heißt es: „Ich vermag im Augenblick nicht mehr auseinanderzusetzen, ob mich nicht auch sehr stark der Wunsch beeinflußt hat, Herrn Philipp Reemtsma, wenn möglich, Genugtuung für grundlos oder zum mindesten übertriebene Angriffe zu schaffen. Wie ich mich kenne, hat dieses Motiv bei mir stark mitgewirkt." Wie man sieht, ist ein gewisses Maß an Ehrlichkeit gegen sich selbst offenbar längst kein Garant für das Gefeitsein vor Befangenheit. Zu wessen Gunsten die von Reemtsma in Auftrag gegebene und auf der Grundlage der von ihm finanzierten „Prüfertätigkeit" angefertigte „Denkschrift" letztlich ausgefallen ist, wird sich unschwer ausmalen lassen.[38]

Geld, die nötigen Beziehungen sowie eine – um es einmal wertneutral auszudrücken – offensive Expansionspolitik bewirkten es also, daß letztlich der bereits erwähnte, nach Tetens Aussage nicht anzuzweifelnde Anteil der Reemtsma-Gruppe von 90 Prozent am deutschen Zigarettenmarkt entstanden ist. Das rigorose Vorgehen des Konzerns als skrupellos zu bezeichnen, wäre die wertende Formulierung und sicherlich ebenso richtig. Allein die immens hohe Zahl der Zigarettenfabriken, die im Zuge dieses Konzentrationsprozesses seit 1924 auf Nimmerwiedersehen vom deutschen Wirtschaftsboden verschwanden, spricht Bände.

Reemtsma selbst zieht hierzu Mitte der siebziger Jahre ein merkwüdig verharmlosendes Resümee, welches verdeutlicht, daß nicht nur auf dem politischen Schlachtfeld die Geschichte von den Siegern geschrieben wird: „Nur wenige Marken der Vorkriegszeit konnten sich in den Anfängen der zwanziger Jahre behaupten. Viele Hersteller übersahen, daß der werbliche Wert der ‚Überlieferung' nicht nur die Packung, sondern auch das Produkt betraf, daß Vertrautheit mit der Packung gleichbedeutend war mit Vertrauen in die Ware. So verhinderte der kriegsbedingte Qualitätsabfall bei vielen alten Marken ein Comeback auf dem ohnehin durch die Inflation stark reduzierten Cigarettenmarkt."[39] Dieser unverfrorenen Siegerdeutung zufolge sind die reihenweise in den Ruin getriebenen Konkurrenten an ihrem Scheitern also selbst schuld. Zudem verhilft sie Reemtsma zu einer Selbsterhöhung, die aus in fairem Wettstreit erzieltem Erfolg zu erwachsen scheint. Denn wenn das marktstrategisch offensive Vorpreschen alleiniger Grund für seinen Siegeszug gewesen sein sollte, läge dies eben auch noch mit an der Dummheit der anderen, die weniger Cleverness bewiesen hatten, sich selbst zu verkaufen.

Als der Cleverere hat sich der Reemtsma-Konzern in der Tat erwiesen, jedoch jenseits aller für die Allgemeinheit gültigen Wettkampfregeln – und Reemtsma fühlte sich offenbar schon längst zu mehr als nur zum Vertreter einer gemeinen Allgemeinheit berufen. „Der Weg zur Macht der Genossen Reemtsma-Schnur-Schulte ist mit Leichenhügeln gesäumt. 600 (sechshundert) ruinierte Fabrikanten und eine Armee brotlos gemachter Arbeiter und Angestellten klagen an. Die deutsche Presse schweigt [...] Kein Steckbrief wird erlassen, kein Staatsanwalt rührt sich [...]"[40] Auch falls der Satz von 90 Prozent zu hoch gegriffen sein sollte – laut anderen Quellen sollen es allerdings sogar 95 Prozent gewesen sein[41] –, die volkswirtschaftliche Auswirkung der von Reemtsma vorangetriebenen Entwicklung war ungeheuerlich. Ganz zu schweigen von dem Ausmaß, in welchem die Reemtsmasche Firmenpolitik damals das Elend der Arbeitslosen, deren Anzahl von 400.000 im Jahre 1925 auf 3,05 Millionen im Februar 1929 drastisch stieg, verstärkt haben dürfte.

Reemtsma und die verdeckten Parallel-Skandale

All das erinnert an eine Reihe weiterer großer Skandale der Weimarer Republik, die durch die Gerichte publik wurden. Einer der herausragendsten Korruptionsfälle war neben denen um Schieber wie Kutisker und die Brüder Barmat wohl der Betrugsfall Sklarek an der Berliner Staatsbank.[42] Die Brüder Leo und Willi Sklarek besaßen eine Kleidervertriebsgesellschaft und führten häufig größere Aufträge für die öffentliche Hand aus. Sie wurden beschuldigt, diese Aufträge aufgrund umfangreicher Bestechungen zum Beispiel auch wichtiger Berliner Politiker erlangt zu haben. Gegen den Berliner Oberbürgermeister Dr. Böss etwa wurde ein Disziplinarverfahren angestrengt, an dessen Ende seine Entlassung aus dem Amt stand. Außerdem waren die Sklareks einziger Lieferant beispielsweise von Uniformen für die sozialdemokratische Kampforganisation „Reichsbanner", wofür sie an Mitglieder der „Reichsbanner"-Führung erhebliche Provisionen gezahlt hatten.

Der Fall Sklarek muß erhebliche Wellen geschlagen haben. Denn wenn im Zusammenhang mit Reemtsma der Name Sklarek erwähnt wurde, war der damaligen Öffentlichkeit klar, um welche Art des Vorwurfs es sich handelte. „Sklareks von Altona!" stand als Überschrift auf einem Flugblatt, für das die Inhaberin einer unter merkwürdigen Umständen in den Ruin geratenen Dresdener Zigarettenfabrik vor das Schöffengericht in Altona gezerrt wurde. Sie beschuldigte darin den für das Finanzministerium arbeitenden Reichstreuhänder Dr. Schulte, im Interesse des Hauses Reemtsma Konkurrenten in den Konkurs zu treiben, indem er unrechtmäßig in die bereits erwähnten Steuerstundungsfristen eingreife und mißliebige Betriebe zu sofortigen hohen Steuerzahlungen zwinge.

Erstaunlicherweise stand die Frau nicht wegen Verleumdung oder übler Nachrede vor Gericht (auch lohnte es sich in ihrem Fall nun nicht mehr, sie mittels Zahlungen zu besänftigen und gleichzeitig in eine Abhängigkeit vom Hause Reemtsma zu befördern), vielmehr wurde sie der „versuchten Erpressung" beschuldigt. Man könnte daraus schließen, daß die Staatsanwaltschaft sich darüber im klaren war, daß die Delikte Verleumdung, üble Nachrede oder Beleidigung nicht gegeben waren. Besagter Aufruf indes liest sich eher emotional bis verzweifelt denn vorsätzlich erpresserisch:

„Sklareks von Altona!

Deutsche Staatsbürger! Ihr wißt nicht alle, daß durch einen großangelegten Betrug an einem einzigen Tage 600.000 Reichsmark Staatsgelder durch die Brüder Reemtsma dem deutschen Volke geraubt wurden. Ihr wißt nicht alle, daß durch gewissenhafte, treue deutsche Staatsbeamte daraufhin die Brüder Reemtsma dem Gefängnis zugeführt wurden, und ihr wißt nicht alle, daß die Brüder Reemtsma alsbald wieder durch deutsche Beamte aus dem Gefängnis befreit wurden. Bedenkt, deutsche Staatsbürger, daß man für derartige Schandtaten den kleinen Mann mit mehrjährigem Zuchthaus bestraft hätte. In jedem anderen Lande wären bei der Schwere der Zeit, in der wir alle leben, bei 5 Millionen Arbeitslosen, die ohne Brot und mit zerrissener Kleidung vegetieren, bei täglich sich vollziehenden 30 Selbstmorden, die Brüder Reemtsma eingemauert worden, damit den anderen Schiebern und Betrügern, die wie Pestbeulen an dem Volkskörper sitzen, ein abschreckendes Beispiel gegeben worden wäre. Deutsche Staatsbürger! Ihr wißt auch alle nicht, daß auf Befehl der Brüder Reemtsma durch den ‚Treuhänder' des Geheimrat Schröder vom Finanzministerium Berlin, Dr. Schulte, allein in Dresden an einem einzigen Tage 14 lebensfähige Fabriken niedergerissen wurden. In diesen 14 Fabriken wuchtete Dr. Schulte im Auftrag der Brüder Reemtsma, legitimiert durch Geheimrat Schröder von der Reichsfinanzverwaltung, mit roher Gewalt die Maschinen aus den Fußboden, schändete die Mauern und versetzte die Gebäude förmlich in einen Kriegszustand. Dieser Schulte, der ‚Treuhänder' der Reichsfinanzverwaltung, brachte es fertig, in ganz kurzer Zeit durch seine ruchlose ‚Arbeit', die er auf höheren Befehl ausführte, mehr als 6 Millionen Reichsmark deutschen Volksvermögens und Staatsgelder in seinen Taschen verschwinden zu lassen. Deutsche Staatsbürger! Ihr wißt ferner nicht, daß dieser Treuhänder, der Knecht der Brüder Reemtsma, als er seinen ‚kargen' Lohn von mehreren Millionen für ein über den Reemtsma-Betrieb abgegebenes Steuergutachten von den Brüdern Reemtsma empfing, sogar die hierauf entfallende Einkommenssteuer hinterzog! Als diese Schandtat ruchbar wurde, ist der Knecht der Brüder Reemtsma nach Paris geflohen.

Deutsche Staatsbürger! Ihr alle wißt auch das nicht, daß dieser ‚Treuhänder' Schulte brüsk zu einem Dresdner Zigarettenfabrikanten äußerte, er, Schulte, *‚arbeite'* nicht nur im Auftrage der Reichsfinanzverwaltung, sondern in erster Linie im Auftrage der Brüder Reemtsma, der Sklareks von Altona! So wurden mit dem ‚Treuhänder' Schulte von der Reichsfinanzverwaltung die Brüder Reemtsma die Nutznießer der 14 lebensfähigen Dresdner Existenzen! Sie, die Brüder Reemtsma, ließen diese 14 Fabriken plündern, so daß es aussah, als hätte ein fürchterlicher Brand gewütet. Damit nun in aller Ruhe und Behaglichkeit Herr Philipp Reemtsma seiner so gemordeten Opfer gedenken kann, baute sich in Othmarschen Herr Philipp Reemtsma ein königliches Schloß für nur 10 Millionen Reichsmark aus erpreßtem deutschen Volksvermögen! Er kann sich auch diese ‚Tat' leisten unter den Augen der Altonaer, Hamburger und Berliner Finanzverwaltungen. Dieses königliche Schloß, Herrn Philipp Reemtsmas Ausruhehafen, ist der *‚Erfolg'* seiner ruchlosen *‚Arbeit'*.

Deutsche Staatsbürger! Der Reichstag und die Staatsverwaltung müssen endlich einmal gründlich in diese zum Himmel stinkenden Verhältnisse eingreifen und die Brüder Reemtsma, die Vernichter unzähliger Existenzen, der verdienten Strafe zuführen, die Reemtsma-Fabriken für die entwendeten Steuerbeträge beschlagnahmen und der Korruption im deutschen Staatswesen ein Ende bereiten!

Raucher!

Tränen ruhen in den Konzern-Zigaretten! Flüche von Kriegswaisen! Seufzer verelendeter Menschen! Jeder Zug einer Konzern-Zigarette ist mit Gift getränkt, das Gift von Erpressern und Betrügern!"[43]

In der Tat gibt es eine beeidete Aussage des Besitzers der Zigarettenfabrik Haus Bergmann, nach der er im Laufe der Zeit Hunderttausende von Reichsmark ohne Quittung an Schulte gezahlt habe, um ruinösen Steuerzahlungen zu entgehen. Umgekehrt äußerte der Besitzer der in den Konkurs getriebenen Firma Enver Bey vor dem Reichstagsabgeordneten Holzammer und dem Rechtsanwalt Dr. Brock, er wäre nicht in Schwierigkeiten geraten, wenn er Schulte die von diesem verlangten 60.000 Reichsmark gezahlt hätte.[44]

Auch um die merkwürdigen Methoden des Dr. Schulte gab es ein von Reemtsma angestrengtes Verfahren, und zwar den bereits erwähnten sogenannten Levita-Prozeß in Karlsruhe. Der geschäftstüchtige Broschürenschreiber Harry Levita hatte mit Veröffentlichungen über die Zustände in der Zigarettenbranche von sich reden gemacht, Schriften, die schon kurz nach deren Erscheinen nicht mehr erhältlich waren, angeblich weil Reemtsma die Verlagsrechte aufgekauft hatte.[45] Wie im Fall des Flugblattes wurde auch hier Anklage nicht etwa wegen Verleumdung oder übler Nachrede erhoben, sondern wegen Erpressung. Doch entgegen aller Ambitionen des Monopolisten kehrten sich seine Attacken hier erstmals gegen ihn selbst und brandmarkten ihn als „Sklarek von Altona". Im Zuge der Beweisaufnahme wurde vom Gericht festgestellt, daß aus dem Hause Reemtsma an eine Anzahl namentlich genannter Personen sowie an Organisationen Schweigegelder, Bestechungssummen und „Abfindungen" gezahlt worden waren. Die höchste Einzelsumme betrug wie bereits erwähnt 200.000 Reichsmark. Dr. Schulte etwa findet sich unter den Genannten, aber auch Levita erhielt eine erkleckliche Summe. Das Beweisergebnis förderte folgende Zahlen zutage, deren Bekanntwerden Reemtsma äußerst unangenehm gewesen sein dürfte:

„Schweck, Schweigegeld .... 200.000 M.
Levita, Schweigegeld .... 112.000 "
‚Konto Bey', Paris, Bestechungssumme .... 200.000 "
‚Dr.' Schulte, für eine Sanierungsschiebung .... 150.000 "
‚Große Glocke' Hamburg, Schweigegeld .... 30.000 "
‚Bestechungszentrale' .... 150.000 "
Tabakzeitungs-Verleger Joh. Müller, Schweigegeld .... 25.000 "
An nicht genannte Batschari-Direktoren mit drei bis sechs
Wochen Tätigkeit, ‚Abfindungen' .... von 30–100.000 " "[46]

Allein für die sieben mit konkreten Adressaten aufgelisteten Fälle wendete Reemtsma eine Gesamtsumme von 867.000 Reichsmark auf. Hierzu kamen noch etliche weitere Beträge zwischen 30.000 und 100.000 Reichsmark. Auf der Grundlage der gerichtlichen Beweiserhebung ist also durchaus davon auszugehen, daß Reemtsma insgesamt über eine Million Reichsmark gezahlt hat, um bestimmte Vorgänge in seinem Sinne zu steuern.

Die Enthüllungen führten aber keineswegs zur Entlastung des Angeklagten, vielmehr wurde Harry Levita zu einer Gefängnisstrafe verurteilt. Der korrupte Tabakgigant aber blieb unbehelligt. Nicht zuletzt auf diesem Hintergrund ließe sich natürlich die Frage stellen, ob die gerichtsfest bewiesenen Summen lediglich die Spitze des berühmten Eisberges gewesen sind. Selbst wenn man dies ausschlösse und alle anderen Beurteilungen Tetens' in Abrede stellen oder sie zumindest relativieren würde, sind die Fakten der Beweiserhebung aus dem Karlsruher Levita-Prozeß eine Tatsache, an der niemand vorbeikommen kann. Wenn ein Konzern in der damaligen Zeit solch enorme Summen aufwendete, dann ist nicht mehr daran zu zweifeln, daß er damit auf massivste Art und Weise Einfluß ausüben wollte. Zieht man die Marktanteile des Hauses Reemtsma Ende der zwanziger Jahre in Betracht, ist ihm dies sichtbar gelungen.

Zum Vergleich sei an dieser Stelle nochmals in Erinnerung gerufen, daß ein einfacher Arbeiter zur damaligen Zeit ungefähr 150 Reichsmark pro Monat verdiente, der durchschnittliche Monatsverdienst von 65 Prozent aller Arbeitnehmer lag unter 200 Mark. Es kann davon ausgegangen werden, daß sich die Höhe der Löhne auch in den Reemtsmaschen Produktionsstätten in dieser Größenordnung bewegt haben wird.

Die Fachzeitschrift *Tabak-Tage-Buch* schreibt zu den Enthüllungen des in Karlsruhe stattfindenden Levita-Prozesses: „Die Lawine ist im Rollen. Es hält sie niemand mehr auf. Festgestellt ist nunmehr durch eidliche Aussagen, daß Reichstreuhänder Dr. Schulte die Verkörperung von aktiver und passiver Bestechung kat exochen gewesen ist, daß er sich als im Dienste der Interessen des Hauses Reemtsma stehend gefühlt und betätigt hat, daß er planvoll vor allem die Dresdner mittlere Zigarettenindustrie abgewürgt hat und zielbewußt die Maschinen dieser Unternehmungen der Verschrottung zuführte."[47]

Solch überschäumender Optimismus erweist sich denn aber doch als zu voreilig. Denn abgesehen von etwa diesem Aufschrei ist es im deutschen Blätterwald im Grunde genommen gespenstisch still um den „Mann des Vertrauens" der obersten deutschen Finanzbehörde. Und das, obwohl sich die Gazetten sonst keine Sensation entgehen lassen. Warum ist die Erpresserfigur Dr. Schulte für die Öffentlichkeit tabu? Wer schützt den ministeriell bestallten Buchprüfer? Was fürchten die interessierten Kreise? Daß mit der Aufdeckung anderer Skandale auch die Korruptionsaffäre des Hauses Reemtsma aufgedeckt werden könnte und endlich eine Lawine ins Rollen gerät, die mehr offenbart als nur ein paar Geldschiebereien einiger Straßengauner?[48]

Nichts wird verlautbart über die rätselhafte Karriere und die epochalen Hochstaplermethoden des Dr. Schulte. Nichts darüber, daß er während der Inflation als Referendar einen untergeordneten Posten bei der Bearbeitung von Steuerfragen im Reichsverband der deutschen Industrie innehatte, daß er seinen Dienst dort wieder quittierte – entweder weil er ein Opfer von Intrigen geworden war oder, nach anderer Lesart, weil er den Herren Syndikus Dr. Flügler und Direktor Böttger vom Reemtsma-Vorstand im dortigen Steuerausschuß begegnet war. Nichts darüber, daß die Schultesche Treuhandgesellschaft durch eine Eingabe des Verbandssyndikus Dr. Flügler vom 25. Juni 1926 im Tabakreferat des Reichsfinanzministeriums ministeriell privilegiert wurde – und zwar über sämtliche Zigarettenherstellungsbetriebe des Reiches, die sich laut einer 1925 durch Tabaksteuerdezernent des Landesfinanzamtes Berlin, Regierungsrat Dr. Petersen, erlassenen Anordnung, die völlig willkürlich war und darüber hinaus gegen das Tabaksteuergesetz verstieß, „auf eigene Kosten einer Prüfung durch die Deutsche Treuhand-Gesellschaft m.b.H. in Berlin zu unterziehen hätten". Auch nichts darüber, daß Dr. Schulte, nunmehr in den Sattel gehoben, in Reemtsmas Auftrag sein Amt als Generalhenker geflissentlich ausübte – was in den einschlägigen Kreisen des Zigarettengewerbes indes durchaus kein Geheimnis war. An die Öffentlichkeit allerdings drang nichts darüber, daß alles vor diesem mit ungeheurer Machtfülle ausgestatteten Mann, dessen Anordnungen sämtliche deutschen Finanz- und Zollbehörden zu befolgen hatten, zitterte. Daß er über Leben und Tod einer Firma entschied, er in wenigen Stunden 20 bis 30 Millionen Staatskredite verschaffen konnte – gegen entsprechende Provision versteht sich – oder, falls keine Schmiergelder gezahlt wurden, er den Steuerkredit mit sofortiger Wirkung sperren konnte, so daß das betreffende Unternehmen unweigerlich über Nacht in Konkurs ging. Daß, wer dem Reichstreuhänder etliche hundert Tausender in den unersättlichen Rachen warf, von diesem gnädigerweise die Quittung in Form eines Ablaßzettels erhielt, eine Art Generalabsolution, die den Zahlungswilligen für künftige Zeiten gegen Reemtsmas Fegefeuer immunisierte.

All diese gerichtsnotorisch festgehaltenen Tatsachen drangen nicht zuletzt deshalb nicht nach draußen, weil es gefährlich war, über die Kungeleien von Reemtsma, Schulte und den dafür verantwortlichen Referenten im Reichsfinanzministerium, Ministerialrat Schröder, öffentlich zu reden. Kein Wunder, daß die in den Zeugenstand Gerufenen nur zögernd zugaben, daß jeder Fabrikant „Angst vor Schulte hatte, weil er mit Reemtsma gut stand". Da kann es nur als infame Ungeheuerlichkeit gesehen werden, wenn Schröder bekundete, daß Dr. Schulte das Reichsfinanzministerium ja „zur Zufriedenheit bedient habe", zudem posaunte, er sei „der Mann unseres Vertrauens" gewesen, „hat mit gutem Erfolg gearbeitet", seine Prüfungstätigkeit „ging an sich über die gesetzlichen Bestimmungen hinaus, aber sie war zweckmäßig". Wieviel wohltönender Zynismus seitens der Verantwortlichen, wieviel selbstbetrügerische Augenwischerei seitens eines rechtsprechenden Gerichtshofes gehört wohl dazu, diese gewichtig vorgetragene ministerialrätliche „Gegendarstellung" ohne inquisitorische Zwischenfragen durchgehen zu lassen?

Als hätten die Richter nicht gewußt, daß dem Herrn Ministerialrat Schröder in seiner Eigenschaft als Tabaksteuerreferent seit Jahren, und zwar bereits seit 1926, deutliche Alarmzeichen gegeben worden waren: wohlbegründete Klagen, deren Kenntnis Schröder nunmehr in Karlsruhe unter Eid leugnete. Sollte er „vergessen" haben, daß 1926 etwa der Zigarettenfabrikant Eugen Garbaty dem Reichsfinanzministerium gegenüber mit allem Nachdruck auf die erhebliche Gefahr der zugunsten der Firma Reemtsma erfolgten Geschäftsspionage hingewiesen hatte? Oder daß die Firma Haus Bergmann im Sommer des nachfolgenden Jahres durch ihren Direktor Knauth gegen Schultes „Prüfertätigkeit" Einspruch erhoben hatte – und zwar mit den gleichen Argumenten? Worauf ihm sowie dem gleichfalls anwesenden Vorsitzenden der Reichsgemeinschaft der deutschen Zigarettenindustrie (Mittel- und Kleinbetriebe) gegenüber durch Schröder entgegnet worden war: „Wir haben Schulte aus wohlerwogenen Gründen eingesetzt. Entweder Sie fügen sich unserer Anordnung oder wir entziehen Ihnen die Steuerzeichen und fordern gleichzeitig Abdeckung des Steuerkredits."[49]

Dieser Nötigungsversuch hatte Erfolg: Es flossen erhebliche Summen in die Privattasche des ministeriellen „Vertrauensmannes" Dr. Schulte, im Falle Bergmanns waren es Hunderttausende Mark – und zwar ohne Quittung. Ein „Angebot", auf das einzugehen sich der Besitzer der Zigarettenfabrik Enver Bey beispielsweise gesträubt hatte – obwohl es sich hier lediglich um eine einmalige Zuwendung in Höhe von 60.000 Mark gehandelt hätte. Ist es kein Alarmsignal, wenn dieser, daraufhin von Dr. Schulte kurzerhand in den Ruin getrieben, 1928 in einer Verhandlung mit Ministerialdirektor Ernst und in Gegenwart des Reichstagsabgeordneten Holzammer sowie des Rechtsanwaltes am Kammergericht, Notar Dr. Brock, verzweifelt mit der Faust auf den Tisch haut: Er müsse schließlich nicht um Rücksicht betteln, wenn er die verlangte Summe an Schulte gezahlt hätte…?

Daß die allerhöchsten Instanzen nicht handelten, obwohl sie so quasi von selbst mit der Nase auf die größten deutschen Korruptionsfälle stießen, ist seltsam genug. Deren stoische Ignoranz nahm aber höchstens abgewandelte Formen an, wenn es Hinweise „von außen" gab. Wie etwa bereits im zweiten Jahr der Gaunereien Schultes, als der ministerielle „Vertrauensmann" zum Gutachter im Reichswirtschaftsrat avancierte. Damals hatte Tetens am 17. Dezember 1927 eine kritische Stellungnahme veröffentlicht und sie zudem dem Reichsfinanzminister Dr. Köhler, dem Ministerialdirektor Ernst, dem Staatssekretär Prof. Popitz sowie dem Ministerialrat Schröder jeweils gesondert zugestellt. Der Wortlaut der schonungslosen Darstellung, die diesen Herren Verantwortlichen die Augen öffnen helfen sollte: „Dr. Schulte als Gutachter – das hat uns tatsächlich noch gefehlt! Eigentlich hätten wir schon seit langem Veranlassung nehmen müssen, uns zu den Beziehungen zwischen dem Reichsfinanzministerium und der Treuhandgesellschaft Dr. Schultes zu äußern. Dr. Schulte ist bekanntlich der Leiter jener Treuhandgesellschaft, die für das Reichsfinanzministerium die Zigarettenherstellungsbetriebe prüft und überwacht und für diesen Zweck vom Reichsfinanzministerium ein *Privatmonopol* eingeräumt erhielt. Jeder Fabrikant ist, wenn er Steuerkredite in Anspruch nehmen will, *gezwungen*, sich an die Treuhandgesellschaft Dr. Schultes zu wenden, um hier sein Vermögen, seine Bücher und seine Geschäftsverhältnisse prüfen und überwachen zu lassen und den von Herrn Dr. Schulte geforderten Preis zu bezahlen. Seit langem gehen in der Zigarettenindustrie Klagen gegen die exorbitanten Forderungen und gegen manche andere Dinge um, doch vermied es bisher jeder Fabrikant wegen der *gefährlichen Folgen*, gegen Dr. Schulte anzutreten. Dr. Schulte, dem vom RFM praktisch ein Monopol für die zwangsweisen und von den Betrieben teuer zu bezahlenden Revisionen und Bucheinsichten eingeräumt wurde, ist eine von der Industrie *gefürchtete Macht* und jeder Fabrikant hütet sich, wider den Stachel zu löcken. Es bedeutet also das Tollste vom Tollen, wenn das RFM Herrn Dr. Schulte als Gutachter über Zweck, Wirksamkeit und Auswirkung der Mai-Verfügung bestellt, die doch gerade Dr. Schulte *eine außerordentliche Zunahme seines Wirkungskreises und damit seiner Verdienste in Aussicht stellt bzw. bringt.* Daß das RFM es überhaupt gewagt hat, Dr. Schulte zum ‚Gutachter' zu bestellen, ist mehr als bezeichnend, und uns fehlt dafür jedes Wort der Kritik."[50]

Eines nur hatte Tetens nicht bedacht: daß Köhler, Popitz, Ernst und Schröder ihre Augen offensichtlich nicht einmal zum Lesen dieses Schreibens aufbekamen, denn es tat sich – nichts. Wie auch, wenn nicht einmal der extra gebildete „Ausschuß gegen die Korruption im deutschen Zigarettengewerbe", der es sich zur Aufgabe gemacht hatte, „die Schuldigen und Verantwortlichen des Reemtsma-Schulte-Systems zur Rechenschaft zu ziehen und damit wesentlich zur Säuberung unseres öffentlichen Lebens von derartigen Zersetzungserscheinungen beizutragen"[51], das Gewünschte hervorzurufen in der Lage war. Ganz zu schweigen von den vereinzelten Veröffentlichungen, selbst wenn sie das System Dr. Schulte so umfassend schilderten wie die Zeitschrift *Tabak-Tage-Buch*, eine der wenigen, die es überhaupt wagten, sich dem Tabuthema zu nähern, dann aber so, daß sie es unverblümt in seiner ganzen Skrupellosigkeit darstellten: „Im Gewerbe ist bekannt, daß Herr Dr. Schulte Parteigänger der Familie Reemtsma ist; er selber erklärte mit berückender Harmlosigkeit, er müsse sehen, wo er bleibe. Ein *schlimmes* Gutachten Dr. Schultes bedeutet das Ende eines Zigarettenfabrikanten, ein *gutes:* ausreichenden Steuerkredit, aber der ist teuer. Immerhin zahlt man lieber. Greiling zahlt, Lande zahlt, Bergmann zahlt in die Hunderttausende. Wenn man den Dingen auf den Grund geht, wird das Ergebnis vielleicht sein, daß *jeder* Zigarettenfabrikant gezahlt hat aus Furcht vor den Wirkungen des unheilvollen Einflusses von Dr. Schulte im RFM...

Dann kam das *ganz* große Geschäft Dr. Schultes: Die Batschari-Liquidation. Wieviel Geld der Reichstreuhänder in diesem Geschäft dem Reiche *gekostet*, nicht ihm gerettet oder eingebracht, läßt sich vermutlich nur in einer siebenstelligen Zahl ausdrücken. Aber dem Batschari-Geschäft Dr. Schultes wohnt auch die Nemesis inne. Bildlich und buchstäblich. Eine Szene erinnert direkt an Gobineau's Renaissance: Dr. Schulte, Robert Batschari, dazu zwei andere Personen. Robert Batschari soll seine Unterschrift geben für eine Erklärung, er weigert sich; in des ihm gegenüber sitzenden Dr. Schultes Hand blinkt ein Revolver: Bist du nicht willig, so brauch' ich Gewalt. Geschehen in Deutschland, Held – ein reichsfinanzministeriell privilegierter Treuhänder.

1929 ergehen in Baden mehrere Anzeigen gegen Herrn Dr. Schulte; der Justizminister interessiert sich selbst und das badische Kabinett für die Angelegenheit; Dr. Schulte soll verhaftet werden: durch ein Wunder wird er gerettet, und dem Staatsanwalt, der die Bücher der Batschari A.-G. in Liq. beschlagnahmen will, sagt er seelenruhig: es tut mir leid, die sind heute morgen nach Berlin abgerollt. Womit die Angelegenheit ihr Bewenden in so hohem Maße hat, daß im Karlsruher Levita-Prozeß Herr Staatsanwalt Dr. Weiß amtlich erklären kann, Dr. Schulte habe sich bei der Batschari-Liquidation keine Unregelmäßigkeiten zuschulden kommen lassen, es schwebe kein Verfahren gegen ihn. Da kommt Herrn Dr. Schulte dieser unglückselige Levita in die Quere, und nun wird ihm der Boden doch zu heiß. Oder nein, zu kalt. Denn über Paris oder auf dem Wege nach dort reist Herr Dr. Schulte nach Assuan am schönen Nil und – wie klein die Welt doch ist! – trifft ausgerechnet dort und *ganz zufällig* – also auch zu keinem besonderen Zweck, wie Herr Reemtsma vor dem Karlsruher Gericht versichert – die Herren Garbaty, Neuerburg und Reemtsma. Wer denkt da nicht an den lustigen Musikanten, der eines Tages auch am Nil spazierte. So sieht Herr Dr. Schulte aus, der nach dem Zeugnis von Herrn Staatsanwalt Dr. Weiß am 22. März 1931 ‚ordnungsgemäß' nach Paris abgemeldet ist, das RFM schnöde im Stich lassend, der in einem Zivilprozeß, den gegen einen *von ihm* Betrogenen anzustrengen er die Dreistigkeit gehabt hat, erklärt, er habe sich mit seinem zuständigen Berliner Finanzamt verglichen und der doch den Boden Deutschlands als für ihn vulkanisch scheut, wenn er nicht sogar eine Rente dafür erhält, daß er sich für deutsche Richter unerreichbar macht. Man sage was immer: Der erpresserische Revolverheld Schulte ist ein neudeutscher Skandal, der den Affären Barmat, Kutisker und Sklarek mindestens ebenbürtig an die Seite tritt. Und – er ist ein Skandal für die Bürokratie des RFM, unter deren Augen Herr Dr. Schulte sein hochstaplerisches Gastspiel, von dem hier immer nur erst Kostproben gegeben wurden, in der Zigarettenindustrie absolvieren durfte."[52]

Wie man sieht, hatten die „goldenen Zwanziger" offensichtlich in der Tat Gold in die Kassen einiger weniger gespült, dabei aber das breite Volk in immer tiefere Arbeitslosigkeit und Hoffnungslosigkeit gestürzt. Zu den Großgewinnern dieser Zeit gehörte der Reemtsma-Konzern. Ob es ihm in den nun folgenden „braunen Dreißigern" schlechter ergehen wird?

Reemtsma und das Dritte Reich

Umsatzzahlen: Tendenz steigend

Wehte mit der Regierungsübernahme der Nationalsozialisten Ende Januar 1933 zwar ein grundsätzlich anderer Wind auch über das korrupte Wirtschaftsestablishment, so waren es doch gerade wiederum jene Kreise, die sich an der Wirtschaftskrise der Weimarer Zeit eine goldene Nase verdient hatten, die sie nun auch weiterhin oben zu behalten wußten. Kein wahrer Unternehmergeist, der seine Flexibilität nicht in jeder nur denkbaren Lage unter Beweis stellt.

Auch jetzt zeigt es sich, daß die Firma Reemtsma, von ihren Erfolgen der zwanziger Jahre zehrend und auf ihre Erfahrungen wie Beziehungen aus jenen Tagen aufbauend, über genug Cleverness verfügt, sich den neuen Gegebenheiten chamäleonartig anzupassen. Nachvollziehbar wird dies auf sehr anschauliche Weise anhand eines nüchternen, in einem Jubiläumsband zum 50jährigen Bestehen des Konzerns im Jahre 1960 veröffentlichten Schaubildes – das im übrigen zugleich die von Tetens beschriebene Entwicklung weitgehend bestätigt.[53] Eingebettet in die Kurven für den gesamten Zigarettenumsatz in Deutschland ab dem Jahr 1910, zudem den für Zigarettenpapier und Hülsen für Selbstdreher sowie ab 1920 für Zigarren, Rauch-, Kau- und Schnupftabak, findet sich, beginnend mit dem Jahr 1924, auch das Umsatzdiagramm der Reemtsma-Zigarettenfabriken. Innerhalb eines einzigen Jahres vollzieht sich ein steiler Anstieg, der sich nach einem geringfügigen Rückgang bereits vor 1926 fortsetzt und 1929 einen vorläufigen Gipfel erreicht. Dies illustriert den von Tetens geschilderten Konzentrationsprozeß mit all seinen volkswirtschaftlichen und juristischen Nebenerscheinungen auf beklemmende Weise, handelt es sich hierbei doch um eine Art Bestätigung quasi aus erster Hand für die „großen Ausmaße“, die „sich von selbst“ ergaben. „Die Zahl der Reemtsma-Raucher war stetig gewachsen und wuchs und wuchs weiter. Sie hatte die aufgewendete Mühe belohnt, hatte aber damit erneut die Möglichkeit zu weiteren Fortschritten geschaffen.“[54] Auch wenn sich hieraus der in der Literatur häufig erwähnte 90-Prozent-Anteil am deutschen Tabakmarkt nicht ablesen läßt – im Jahr 1960 hatte man offensichtlich noch nicht die Bedenken, die später den Erben Jan Philipp Reemtsma motiviert haben könnten, sich mit Öffentlichkeitsauftritten überhaupt schwerzutun: daß nämlich die in einer Eigendarstellung bedenkenlos präsentierten Fakten für sich selbst sprechen könnten.

In den Jahren der Weltwirtschaftskrise sinkt der Umsatz zunächst wieder fast auf den Stand von 1928. In den Jahren 1931/32 ist dann jedoch erneut ein Wachstum festzustellen – trotz der rapide nach oben gehenden Arbeitslosenzahlen (im Februar 1932 waren es erschreckende 6,128 Millionen) und des fast um die Hälfte zurückgegangenen Volkseinkommens. Der nächste steile Anstieg der Umsatzkurve beginnt im Jahre 1933, dem Jahr der Machtübernahme Hitlers. Mit einer kurzen Abflachung zwischen 1934 und 1935 setzt dieser sich bis zum Jahr 1941 mit fast der Steilheit fort, die zu Beginn der Konzentrationspolitik des Unternehmens zu verzeichnen gewesen war. Gegen Kriegsende hin sinkt der Umsatz der Firma Reemtsma zunächst mit immer schnellerem Tempo auf ein vorläufiges Minimum, bis ab ungefähr 1948 ein neuer, kontinuierlicher Aufstieg beginnt.

Die Gründe für den unglaublich rasanten Anstieg der Umsätze des Hauses Reemtsma in der ersten Entwicklungsphase des Unternehmens, in der Zeit der Weimarer Republik, sind hinlänglich bekannt. Bekannt ist auch, daß Weiterentwicklungen von einem bereits relativ hohen Niveau nur mit größter Anstrengung zu erreichen sind. Die Frage muß demnach sein, was die außerordentliche zusätzliche Steigerung in den Jahren des Dritten Reiches bewirkt haben mag.

Firmenpolitik und Staatsideologie

Wie bereits gezeigt, hatte Reemtsma im Gegensatz zu manch anderen Firmen bereits sehr früh den unschätzbaren Wert von Werbung und Selbstdarstellung für den Geschäftserfolg erkannt. Zugleich konnte mit regelmäßigen großformatigen, meist ganzseitigen Anzeigen in der Presse eine Kanalisierung der Nachrichtengebung erreicht werden, durch die bei den betreffenden Blättern damals nicht anders als heute ein freundliches, mindestens jedoch nachsichtiges Klima gegenüber der Geschäftspolitik des Inserenten geschaffen wurde. Das konnte sowohl in der Berichterstattung über positive als auch in der Nichtveröffentlichung negativer Ereignisse bestehen.

Darüber hinaus legte Reemtsma aber auch sehr großen Wert darauf, die zu verkaufenden Produkte dem Verbraucher nicht nur über den flüchtigen Eindruck durch die Zeitungswerbung ans Herz zu legen. Immer wieder gab es Veröffentlichungen, die auf hundert und mehr Seiten Lust und Freude am Rauchen jedermann noch näher bringen sollten. Heute ist nicht mehr genau nachzuvollziehen, was sich mit dieser Strategie konkret beim Verbraucher erreichen ließ. Eines aber liegt klar auf der Hand: Die Geschäftsleitung sah derlei Büchlein offenbar nicht zuletzt deshalb als sinnvoll an, weil diese, in hohen Stückzahlen auf den Markt geworfen, die unliebsamen Anfeindungen, die ja oft ohnehin nur wie der bekannte Tropfen auf den heißen Stein wirkten, zusätzlich ins Zwielicht rückten oder ganz einfach der allgemeinen Aufmerksamkeit entzogen.

Aus heutiger Sicht und mit der Kenntnis über die Gesundheitsgefahren, die durch Rauchen entstehen, fühlt man sich durch Publikationen derartig abstruser Inhalte zwar ein wenig merkwürdig berührt, aber der Korrektheit halber seien sie aus ihrer Zeit heraus beurteilt. Abgesehen von gesundheitlichen Erwägungen weisen sie indes einige Besonderheiten auf, über die nachzudenken sich lohnt.

So wurde durch die Reemtsma AG zum Beispiel bereits im Jahre 1924 in dem Leipziger Verlag für Industrie-Kultur die Aufklärungsschrift *Die Cigarette. Ein Vademecum für Raucher* herausgegeben. In dieser bringt der Autor zunächst allerlei durchaus Wissenswertes über verschiedene Tabaksorten, ihre Herkunft und Verarbeitungsmethoden und versucht sich darüber hinaus schließlich an einem psychologischen Ansatz, um in einer Art Marktanalyse eine vom Rassegedanken determinierte Raucher-Typologie zu entwickeln. Im Ergebnis der unter ethnologischen Gesichtspunkten erfolgten Klassifizierung der als sehr unterschiedlich gewerteten Tabakfreunde steht deren Abstufung hinsichtlich persönlichen Geschmacksempfindens und Genußfähigkeit, was durchaus einer unter rassischen Gesichtspunkten betriebenen qualitativen Wertung gleichkommt und für das Vorhandensein von Vorurteilen sprechen könnte.

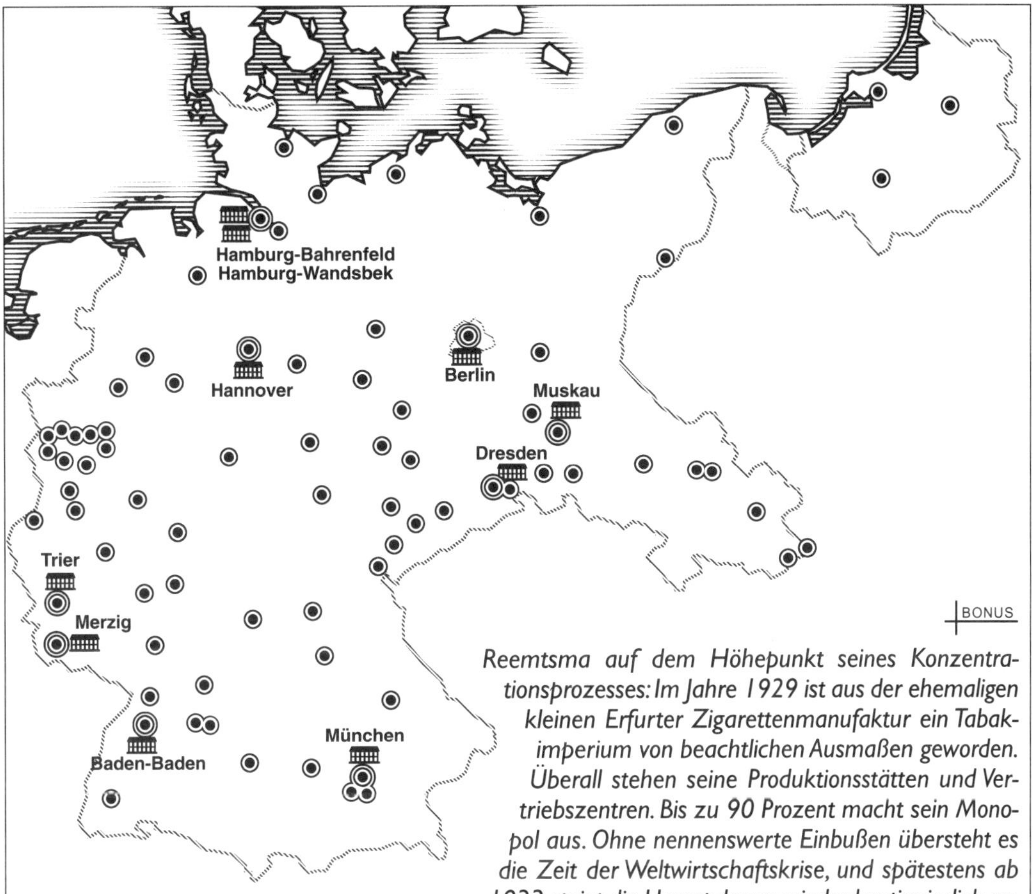

Reemtsma auf dem Höhepunkt seines Konzentrationsprozesses: Im Jahre 1929 ist aus der ehemaligen kleinen Erfurter Zigarettenmanufaktur ein Tabakimperium von beachtlichen Ausmaßen geworden. Überall stehen seine Produktionsstätten und Vertriebszentren. Bis zu 90 Prozent macht sein Monopol aus. Ohne nennenswerte Einbußen übersteht es die Zeit der Weltwirtschaftskrise, und spätestens ab 1933 steigt die Umsatzkurve wieder kontinuierlich an. Selbst während des Zweiten Weltkrieges kann diese Entwicklung weitestgehend beibehalten werden. Ungeachtet der politischen Machtwechsel bleibt Reemtsma unangefochtener deutscher Tabakkönig.

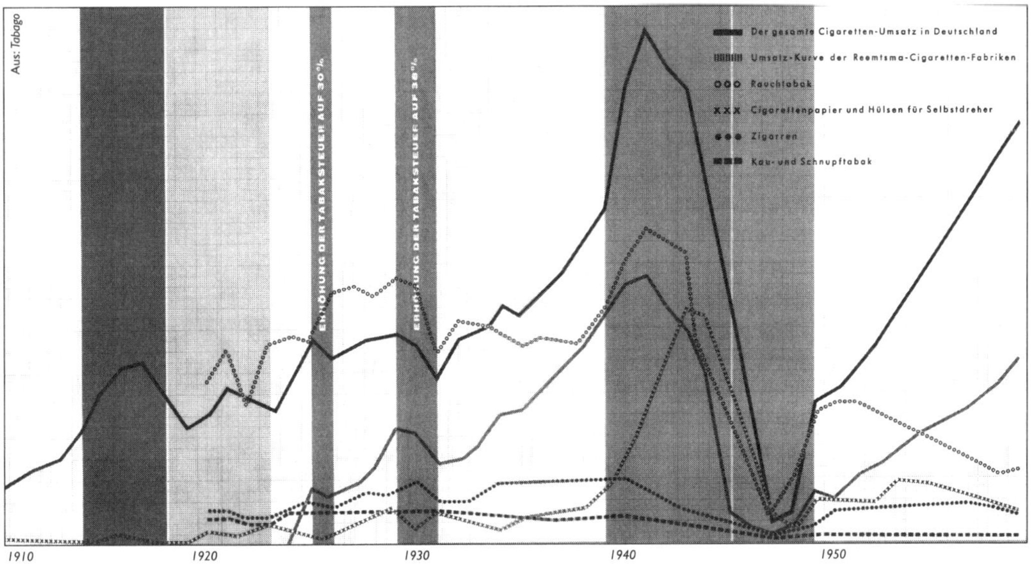

So heißt es einleitend: „Die individuellen Eigenarten eines Rauchers liegen einerseits in der Eigenart jedes persönlichen Geschmacksempfindens begründet, andererseits ist das Temperament und deshalb sogar die Lebensanschauung des einzelnen von grundlegender Wichtigkeit. Es mag snobbistisch klingen, wenn in scheinbarer Anlehnung an ästhetisierende Phrasenhelden heutiger Mode ‚unproblematische' und ‚primitive' Genußmittel mit weltanschaulichen Dingen zusammengezogen werden, aber die Tatsache des innigen Zusammenhanges ist jedem Untersuchenden so unbestreitbar, daß eine Tabakbewertung auch von dieser Seite aus zu vertreten ist."[55]

Am vorteilhaftesten kommen hierbei die Niederländer weg: „Das vollkommenste Bild ergibt der genießerische und kultivierte Holländer der alten Zeit. In ihm hat eine jahrhundertelange Tradition seiner Kolonialbeziehungen eine Rauchkultur entstehen lassen, die nirgends sonst in der Welt gefunden wird [...] Die Beschaulichkeit des Genusses bedingt ein ruhiges, streng geregeltes Leben, das sich in der holländischen Häuslichkeit und dem unbeirrbaren Konservativismus der Vertreter alter Rauchkultur zeigt."[56]

Äußerst positiv werden auch die Türken als Träger und Bewahrer einer wenn auch nicht mehr aktiv das Weltgeschehen prägenden, weil untergegangenen Kultur beurteilt: „Die Türken sind uns jungen Europäern gegenüber ein altes Volk, dessen Stileinheit und Anschauungsreife dementsprechend allen modernen Kulturerscheinungen Europas außerordentlich überlegen ist. Die Gewandtheit im Verkehr, die Feinheit der Sitte, die Lebensweisheit und Geschmackskultivierung in äußerlichen Dingen hat manchem ernsthaft und objektiv beobachtenden Europäer Bewunderung und auch Beschämung über den eigenen so unbegründeten Hochmut abgenötigt. Der Türke hat das Erbe von Jahrtausenden uralter Kulturländer angetreten, ihre Entwicklungskraft mag erloschen sein, aber sie verwalten ihr geistiges Erbe gut [...] Das Bild des vornehmen Türken, fast bewegungslos, mit untergeschlagenen Beinen auf seinen Polstern wie eine indische Buddha-Figur sitzend, mit dem langen Rohr seines Tschibuk oder dem Schlauch seiner Nargileh, seiner Wasserpfeife in den Fingern, umgeben von leichten blauen Rauchwölkchen voll milden Duftes, ist uns das Bild des über alle Lebensunwichtigkeiten erhabenen Philosophen. In kleinen Zeitabständen sieht man den Tabak im Pfeifenkopf aufglühen oder hört das monoton gurgelnde Geräusch der Wasserpfeife, Takte eines Zeitraums wohliger Wunschlosigkeit und restloser Ruhe. Man glaube nicht, daß dies ein primitiver Zustand ist; er ist ungeheuer kompliziert. Es ist eine Überwindung der Mannigfaltigkeit menschlicher Triebe und keine einfache Ablehnung derselben. Es ist nicht die Absonderung des ‚Nichts erleben wollens', sondern die Reife des ‚Alles erlebt habens' [...]"[57]

Als im Gegensatz hierzu weniger angenehm werden die Vorlieben des Nordamerikaners gesehen: „Der Virginia-Cigarettentabak ist heute typisch für die angelsächsischen Länder, besonders Nordamerika. Eine sehr große Kultur verrät dieses Zwischenprodukt nicht. Es ist im Geschmack ziemlich gehaltlos und vorwiegend durch die künstlichen Zusätze bestimmt, ist aber immerhin der Cigarettenform angepaßt und ermöglicht bei kleinerer Brandfläche und kürzerer Brenndauer einen bis zu einem gewissen Grade abgeschlossenen Geschmacksakkord. Sicher ist die Virginia-Cigarette beinahe bis zur blonden Farbe des Tabaks für die Angelsachsen charakteristisch: sie gehört zu einer etwas sentimentalen Süßigkeit und auf die Dauer zu einer großen Langweiligkeit. Variationsmöglichkeiten sind nicht viel gegeben, da der süße Zuckergeschmack sich immer wieder vordrängt. Geistig komplizierter organisierten Menschen kann der künstliche Cigarettentabak wenig bieten."[58]

Aus: Die Fermentation

Aus: Tabago

Es ist erstaunlich, mit welcher Dreistigkeit die Art der modernen Sklaverei, den bedauernswerten Trägern gesundheitsschädliche Lasten aufzubürden, zur landestypischen Eigenart umgedeutet wird.

Aber es gibt noch weitere Abstufungen. Deutlich ablehnend wird der Autor gegenüber romanischen Völkern, bei denen „das lebhaftere Temperament keine rechte Würdigung der geschmacklich weniger aufdringlichen Tabake aufkommen läßt. Dem Nordländer erscheint der Romane sehr oft äußerlicher und manchmal oberflächlicher, als objektiv zugegeben werden kann; aber dieser Anschauungsunterschied prägt sich sehr deutlich in den Genußformen des Tabaks aus. Eine Pfeffersuppe, wie sie der Spanier kennt, ist in Nordeuropa eine Unmöglichkeit, aber trotzdem kann man nicht allgemein von einem geringeren Geschmacksraffinement der Romanen sprechen. Charakteristisch ist jedoch für sie das Bedürfnis stark anregender Geschmacksreize, ohne die er keinen wirklichen Genuß anerkennt. Der Romane ist selten fähig, ein Genußmittel fast um seiner selbst willen zu verehren. Es ist ihm Mittel zum Zweck, ohne Gedanken an Vertiefung. Er will einen unmittelbaren Reiz verspüren, trotzdem er auch bei den schärfsten Reizen noch Unterschiede macht. Es läßt dies den Verdacht aufkommen, daß seine Sinne schon sehr abgestumpft und verbraucht sind, daß er Sensationen verlangt, die den Stierkämpfen der Spanier und den Grausamkeitsinstinkten mancher alten Völker entsprechen. Es liegt scheinbar eine Weltanschauung zugrunde, die sich in äußerlichen Wirkungen, scharfen Genüssen, extremen Vorstellungen und in einer Schärfe äußerer Gegensätzlichkeiten auslebt, ohne daß große Beharrlichkeit, Methodik, ernste Vertiefung und positive Fundierung gesucht wird. Es gibt dort Cigarren von einer Giftigkeit des Geschmacks, daß deren Genuß schon beinahe pervers genannt werden kann; es liegt manchmal – cum grano salis – fast ein wenig genießerische Selbstquälerei zugrunde [...] Die Kultur des Romanen [...] läßt eine Kultur der Cigarre am holländischen Maßstab gemessen nicht zu, sie ergibt keine Häuslichkeit, keine Beständigkeit und keine Intimität. Weil dem Romanen an der Vertiefung der inneren Wirkung nichts liegt [...] bleibt das äußerliche Vergnügen am Rauchvorgang selbst, an den automatischen Bewegungen und vor allem an der Sensation des herben Tabakreizes, der nur wenig feinere Geschmackseigenarten und Graduierungen empfinden läßt. Hier ist der Tabakgenuß zu einer ganz nebensächlichen, lediglich anreizenden Aufgabe abgedrängt worden. Der Genuß ist völlig andachtslos geworden und dadurch kaum entwicklungsfähig."[59]

Wird das ziemlich pauschal betrachtete Geschmacks- und Genußempfinden der romanischen Völker schon recht negativ bewertet, so ist das noch nichts gegen das beinahe vernichtende Urteil über die russische Eigenart zu rauchen, die nachgerade in Grund und Boden geschmäht wird, indem dem russischen Menschen die Fähigkeit zu genießen grundlegend abgesprochen wird – und als sich hieraus unmittelbar ableitende Schlußfolgerung kommt auch der Russe an sich denkbar schlecht weg: „Der Charakter einer Cigarette und ihres Liebhabers prägt sich schon in der unterschiedlichen Art zu rauchen aus. Der eine ahmt in der Bedächtigkeit seiner Bewegungen die Methodik seines Handelns nach, der andere zeigt die müde Geste resignierender Anschauungen. Wieder ein anderer läßt beim Ziehen an der Cigarette die Intensität und Aufmerksamkeit erkennen, mit der er jede Aufgabe angreift. Am eigentümlichsten rauchen die Liebhaber russischer Provinienzen. Sie saugen ein paarmal kurz, rasch und hastig, um dann sofort die Cigarette wieder fortzuwerfen und im nächsten Augenblick sich wieder eine neue anzuzünden. Trotzdem die russischen Cigaretten meist nur sehr wenig Tabak enthalten, wird auch diese kleine Strecke nicht einmal ausgenutzt. Danach kann man sich den Charakter der Raucher vorstellen, genau so wie ihre Gegenpole, die die Cigarette bis zum letzten Ende sorgsam auszunutzen suchen, während der eigentliche Sybarit ganz genau die Entwicklung der Rauchentwicklung verfolgt und mit Sicherheit weiß, wann er am besten aufhört, um das Geschenk der Götter restlos und ungetrübt auszukosten."[60]

Die vielleicht nicht völlig willkürliche, aber doch von einer starken Arroganz zeugende Beurteilung anderer Sitten und Gebräuche wie auch andersartigen Geschmacks mag unwichtig erscheinen und zum Achselzucken reizen. Man könnte sie aber auch als Ansatz zu einer Geisteshaltung sehen, wie sie etwas mehr als zehn Jahre später erst zu einer staatstragenden, dann zur staatszerstörenden Attitüde geworden ist. Immerhin liest sich diese Pauschalisierung wie das nach 1945 angeprangerte Grobraster der von den Nationalsozialisten propagierten grundlegenden Einteilung der Völker und Rassen in die Kategorien kulturfördernd bzw. -hervorbringend, kulturtragend und schließlich kulturzerstörend oder -zersetzend.

Der Eindruck, Reemtsma habe mit seinen im Rahmen seiner Tabakgeschäfte entwickelten Denk- und Handlungsgrundsätzen ideologische Vorarbeit für das heraufdämmernde nationalsozialistische System geleistet, verstärkt sich noch bei der Lektüre des Bandes *Das Werk Altona-Bahrenfeld der Reemtsma Cigarettenfabriken* aus der Schriftenreihe *Musterbetriebe Deutscher Wirtschaft* aus dem Jahr 1928. In dem Abschnitt „Werkgemeinschaft" heißt es dort: „Jede große Arbeitsgemeinschaft hat einen Kollektivcharakter. Dieser Kollektivcharakter stellt nicht etwa die Summe aus den Einzelcharakteren der im Werk Beschäftigten dar. Er äußert sich vielmehr in einem über dem Individuum stehenden Gemeinschaftsbewußtsein, das bei industriellen Unternehmen aus dem Streben nach gemeinsamen Zielen, aus dem Bewußtsein, daß es sich um einen wirtschaftlichen Wettbewerb handelt, entsteht, also aus dem Willen zum Sieg und aus der Liebe zur Sache. Das Unternehmen, dem man angehört, soll blühen, es soll Weltgeltung erlangen, es soll sich einen Namen machen oder einen schon alten Ruf vertiefen und verbreitern. Diese Gedanken werden vielleicht nicht jedem, werden manchmal nur wenigen klar. Aber sie wirken im Unterbewußtsein aller, ihr psychischer Einfluß wirkt anfeuernd, steigernd und verbessernd auf die Leistung. Das Gefühl der Zusammengehörigkeit entsteht, bindet, kittet."[61] Und etwas weiter unten: „Die [...] auf gegenseitigem Vertrauen beruhende Einstellung ist dann wieder zwischen den Abteilungsleitern und den einzelnen Angestellten zu finden. Es wurde hier der bemerkenswerte Versuch gemacht, die ganze Arbeitsleistung eines Betriebes auf Pflichtbewußtsein aufzubauen und nicht auf Disziplin. Man machte dabei die interessante Erfahrung, daß mit erstaunlicher Sicherheit die Elemente automatisch ausschieden, die nicht zu dieser Auffassung paßten."[62]

Sollte es diesen Grad an Übereinstimmung zwischen Arbeitnehmern und Arbeitgeber, leitenden und einfachen Angestellten oder Arbeitern in der Firma Reemtsma tatsächlich gegeben haben, wäre das für die Besitzer sicherlich ein Grund zur Genugtuung gewesen. Bemerkenswerter als die Unternehmensphilosophie oder deren potentielle Auswirkungen auf den Profit ist jedoch die Wortwahl, die zur Darstellung verwendet wurde. Angefangen bei Begriffen wie „Werkgemeinschaft" oder „Kollektivcharakter der Arbeitsgemeinschaft" über den „Willen zum Sieg", die „Liebe zur Sache" und die erwünschte „Weltgeltung" des Betriebes bis zu „Pflichtbewußtsein" und den „Elementen", die ausscheiden würden, wenn sie zu der vorgeschriebenen Auffassung nicht „paßten", scheint sich der Autor des Beitrages – der sicherlich nicht ohne das Einverständnis der Firmenleitung geschrieben und veröffentlicht worden ist – in einer auffälligen Nähe zu den einige Jahre später von den Nationalsozialisten favorisierten Vorstellungen zu befinden. Werkgemeinschaft und Kollektivcharakter standen auch hinter ihrer Auffassung von einer der „Volksgemeinschaft" dienenden Arbeitsauffassung. Dabei waren in den Betrieben „Führer" und „Gefolgschaft" zwar simplere Bezeichnungen für ein auf Pflichtbewußtsein statt nur auf Disziplin beruhendem Leistungsverständnis als in der Studie über Reemtsma, aber im erwünschten Ziel dürften sich beide Auffassungen sehr nahe gekommen sein. Die übrigen Begriffe könnten ohne wesentliche Veränderung aus dem Wortschatz der Nationalsozialisten stammen.

Für die sich in der Wortwahl und dem geistigen Hintergrund abzeichnende Ähnlichkeit zwischen der in der Studie aufgezeigten Einstellung und späteren Maximen des Dritten Reiches sind mindestens zwei Begründungen denkbar. Die eine wäre, daß sich die allgemeine Einstellung zu bestimmten Begriffsinhalten in den zwanziger Jahren durchaus auf dem Boden dessen befand, was der Autor als positiv dargestellt hat. Dies würde bedeuten, daß sich das damalige Deutschland geistig in einer Art Vorphase zum Nationalsozialismus befand, der herrschende Zeitgeist sozusagen bereits den Weg in das Denken des Dritten Reiches beschritt. Die andere Möglichkeit wäre, daß das Haus Reemtsma eine grundlegend andersartige Firmenphilosophie als alle übrigen Betriebe verfolgte. Daran ließe sich dann die Frage knüpfen, ob der Konzern in seiner Arbeitsauffassung und -organisation den später von den Nationalsozialisten verfolgten Gedankengängen so sehr entsprach, daß sich dadurch automatisch eine Nähe der Firma zum Regime ergab.

Für diese These könnte einiges sprechen. Im Anhang bringt die Broschüre im Namen der Firmenleitung einen Weihnachtsgruß Hermann Fürchtegott Reemtsmas[63], der unter anderem mit großer Befriedigung die Einrichtungen der Reemtsma AG für ihre Arbeitnehmer erwähnt, deren Inbetriebnahme wesentlich dazu beigetragen habe, daß „der im Jahre 1927 außerordentlich stark gestiegene Umsatz in unseren Fabrikaten […] 1928 nicht nur verankert, sondern auch noch beträchtlich entwickelt werden" konnte. Schließlich liege man „heute nicht nur qualitativ, sondern auch quantitativ an der Spitze der in hartem Konkurrenzkampf stehenden deutschen Cigarettenindustrie". Zu diesen „Wohlfahrtseinrichtungen und Fürsorgemaßnahmen für alle Werkmitglieder" gehörten etwa der Kantinenneubau mit Spiel- und Lesezimmer in Bahrenfeld, der „den Aufenthalt im Werk auch in den Pausen und nach Abschluß der Tagesarbeit angenehm gestaltet", oder der Sportplatz. Hierzu heißt es sehr wohltönend: „Der Sportplatz, der unweit der Fabrik in Bahrenfeld im Spätsommer eingeweiht wurde, hat bis in weite Kreise der Öffentlichkeit Beachtung gefunden. Wir werden den Werksport als gutes Mittel zur Erholung und Erhaltung der Gesundheit immer gern fördern, da wir erkannt haben, daß durch den Werksport die Freude an Sport und Leibesübungen auch Kreisen zugänglich gemacht wird, die sonst keinen Sport ausüben würden." Hierzu kommen außerdem die Einrichtung einer gesonderten Werkbücherei sowie der „Werksparkasse der Reemtsma A.-G.", von der man sich erhofft, daß sie „einem bestehenden Bedürfnis entgegenkommt und rege in Anspruch genommen wird". Zudem seien im Bilanzjahr die bestehende Krankenstation und Fabrikpflege ausgebaut sowie „im Zusammenhang hiermit […] der Wohlfahrtsfonds in steigendem Maße in Anspruch genommen" worden. Schließlich bilanziert der Weihnachtsgruß, wieviele Angehörige welcher Werke und Zweigniederlassungen Urlaub im Erholungsheim Muskau gemacht haben. „Die vielen Berichte und freundlichen Grüße, die mir im Laufe des Sommers zugingen", freut sich Hermann Reemtsma, „zeigten mir, daß wir uns mit dieser Einrichtung auf dem richtigen Weg befinden." Und zum Abschluß heißt es: „Die Entwicklung schreitet fort. Wir werden unseren Weg unbeirrbar weitergehen. Auch für das nächste Jahr sehen wir auf allen Gebieten große Aufgaben vor uns."

Was dieser „unbeirrbar weiterzugehende Weg" und die „großen Aufgaben auf allen Gebieten" konkret bedeuten, darüber schweigt sich der Grußwortschreiber weitgehend aus. Nur womit sich seinen Arbeitern, der eigentlichen Zielgruppe dieser an Selbstbeweihräucherung grenzenden Eigenpräsentation, ohne Zweifel und sehr allgemein schmeicheln läßt, zumal zum Weihnachtsfest, einem Anlaß, wo es keinen Deutschen gibt, der nicht gern etwas Nettes über sich sagen hörte, das streicht Reemtsma ihnen noch einmal honigsüß aufs Butterbrot: „Unser Kreis hat sich im letzten Jahr erheblich vergrößert. Bei der ständigen Vergrößerung meines Arbeitsgebietes ist es nicht immer möglich, mit Ihnen so in persönlicher Verbindung zu bleiben, wie ich es selbst wünsche. Infolgedessen möchte ich wiederholt betonen, daß ich jederzeit für jeden Angestellten sowohl in persönlichen Angelegenheiten als auch in geschäftlichen Fragen zu sprechen bin. Helfen auch Sie Ihrerseits, daß der gute Geist des Hauses, der wesentlich zum Aufstieg des Werkes beigetragen hat, weiterhin erhalten bleibt. – Wir alle sichern uns mit froher Arbeit den Boden für weiteren Erfolg. Glückauf für 1929!"[64]

Es gehört wohl kein tiefenpsychologisch geschultes Verständnis dazu, um zu erkennen, daß ein Firmenchef, der sich um das Wohl seiner Angestellten sorgt, und zwar nicht nur in Worten, sondern in sichtbarlichen Taten, sich seines guten Standes sicher sein kann. Zudem stärkt dies das Gemeinschaftsgefühl, schafft wie von selbst eine Art Pflichtehre, und am Ende steht wieder die Gewährleistung des Geschäftserfolgs. Ohne die gewiß ebenso hinter diesem Prinzip stehende soziale Einstellung in Abrede stellen zu wollen, muß man dennoch sehen, daß die Aktiengesellschaft mit eben dieser Verquickung von sozialer Absicherung und Leistungsanspruch bereits Ende der zwanziger Jahre spätere Forderungen der Nationalsozialisten erfüllt, ja bereits Gedanken auf dem Niveau etwa der von der Nationalsozialistischen Gemeinschaft „Kraft durch Freude" organisierten Erholungsfahrten und Ferienlager vorweggenommen hat. Im übrigen dürfte es naheliegen, daß die Übereinstimmung auf diesen Gebieten auch eine Entsprechung in anderer Hinsicht bedeuten konnte.

Von einiger Brisanz für das heutige Leserauge sind in diesem Zusammenhang auch die nach der Machtübernahme der Nationalsozialisten von der Firma Reemtsma vorgelegten sogenannten Sozialberichte, die eine Art Treuebilanz für das jeweilige Geschäftsjahr ziehen und unter anderem immer auch Themen wie „Betriebliche Einrichtungen", „Maßnahmen zur Förderung der Betriebsgemeinschaft", „Familienfürsorge", „Gesundheitsfürsorge", „Erholung und Freizeitgestaltung" und „Altersfürsorge" bedienen. Gegenüber der Schrift, die die Weihnachtsbotschaft Hermann Fürchtegott Reemtsmas an seine Belegschaft bringt, enthalten diese Dokumentationen, deren Erscheinen ab dem Jahr 1939, wahrscheinlich bewirkt durch den Beginn des Zweiten Weltkrieges, eingestellt wurden, im Grunde nicht wesentlich mehr Gebiete, auf denen die Firma sozialpolitisch tätig geworden ist, nur handelt es sich diesmal um die den Betrieben vom Regime vorgegebenen Tätigkeitsfelder. So gibt es zusätzlich zu vorherigen Aufgabenbereichen jetzt etwa die offizielle Zusammenarbeit mit der Nationalsozialistischen Gemeinschaft „Kraft durch Freude".

Waren in der Broschüre aus dem Jahre 1928 anhand von Merkmalen der Diktion und der dahinterstehenden Auffassung bereits Parallelen zur Artikulation und damit zur Geisteshaltung des kommenden Dritten Reiches erkennbar, so sind die Formulierungen und die Zielrichtung jetzt natürlich eindeutig. Denn nunmehr zeugen sie von bewußtem Systemopportunismus. In der Einleitung zum *Sozialbericht über das Geschäftsjahr 1937* beispielsweise heißt es: „Die Wirtschaft ist als Teil des Volkslebens mit diesem unlöslich verbunden. Infolgedessen hat der Betrieb als Zelle der Wirtschaft nicht nur die Aufgabe, im Rahmen des Ganzen nach nationalsozialistischen Grundsätzen zu wirtschaften, sondern in besonderem Maße die Verpflichtung, die in der Gefolgschaft stehenden Volksgenossen zu führen, zu erziehen und zu betreuen. Über die Erfüllung der dem Treueverhältnis zwischen Führer und Gefolgschaft entspringenden Fürsorgepflicht soll der Sozialbericht Rechenschaft ablegen."[65]

Dem *Sozialbericht über das Geschäftsjahr 1938* ist als Motto gar eine Stellungnahme des damaligen preußischen Ministerpräsidenten Hermann Göring vorangestellt. Auf einer Tagung der Deutschen Arbeitsfront in Nürnberg hatte der am 10. September 1938 die im Zeichen des Vierjahresplans gestellten Aufgaben mit folgenden Worten knapp umrissen: „Eine Höchstbeanspruchung der Arbeitskraft setzt, natürlich auch in der Ideenwelt des Nationalsozialismus begründet, eine entsprechende Sozialpolitik voraus. Sozialer Fortschritt muß auf weite Sicht stets gewährleistet bleiben. Nur dann, wenn ich bereit bin, Äußerstes an sozialer Leistung zu geben, kann ich auch Äußerstes an Einsatzbereitschaft und Pflichterfüllung von Euch fordern."[66]

Die Reemtsmas beeilen sich, diese beiden Sätze – sehr eifrig und ganz im Sinne der neuen Machthaber – noch mit einem beifälligen Kommentar zu versehen: „Während es sich nach der Machtübernahme zunächst darum handelte, die Arbeitslosen in den Arbeitsprozeß wieder einzugliedern, und zwar unabhängig davon, ob der zugewiesene Arbeitsplatz in allen Fällen den Fähigkeiten und dem Können des einzelnen entsprach, ist es heute Aufgabe der Betriebe, durch technische Vervollkommnung und den richtigen Einsatz der Arbeitskraft ein Höchstmaß an Leistungssteigerung zu erzielen. Die damit verbundene Beanspruchung der in unseren Werken arbeitenden Menschen stellt nicht nur auf dem Gebiet der Menschenführung, sondern auch auf dem Gebiet der Betreuung der Gefolgschaft, der Regelung der Arbeitsbedingungen und der Leistungen auf sozialem Gebiet neue erweiterte Aufgaben. In diesem Zusammenhang kommt in unseren Werken den Maßnahmen zum Ersatz männlicher Gefolgschaftsmitglieder durch Frauen, der Vervollkommnung betrieblicher sozialer Einrichtungen, der Familienfürsorge und Förderung der Gesundheitspflege sowie der Freizeitgestaltung besondere Bedeutung zu."[67]

Angesichts der unmittelbaren Folgen des vorhergegangenen Konzentrationsprozesses des Zigarettenkonzerns, der mit dem Untergang der Konkurrenzfirmen ein Heer von Arbeitslosen erzeugte, liest sich dieses Kokettieren mit den Maßnahmen der Regierung zu deren jetziger Beseitigung wie purer Zynismus. Ein bereits ab Herbst 1933 laufendes großangelegtes Arbeitsbeschaffungsprogramm der Firma sollte eben diese regierungsseitig geforderte Wiedereingliederung von Arbeitskräften in den Arbeitsprozeß nun plötzlich unterstützen. Doch man schien sich auch hier zu helfen zu wissen. Zunächst wurden personelle Umschichtungen vorgenommen. Im Austausch gegen zumeist verheiratete Frauen wurden männliche Gefolgschaftsmitglieder als Hilfsarbeiter eingestellt, die nun die Arbeit der Frauen verrichteten. Diese Maßnahme sollte angeblich der Forderung der Regierung zur Beseitigung der Arbeitslosigkeit Rechnung tragen. Als es später, nach 1937, galt, einen internen Mangel an gelernten Facharbeitern zu beheben, wurden die Männer, die die Frauenarbeit verrichtet hatten, wieder durch Frauen ersetzt. Die Parole hierfür lautete: „Jeder an seinen Arbeitsplatz!" Jetzt stieg der Anteil der bei Reemtsma beschäftigten weiblichen Gefolgschaftsmitglieder – von fast 58 Prozent Ende 1937 auf an die 64 Prozent im Dezember 1938 –, auch weil es sozialpolitisch gesehen nun „in größerem Umfange erforderlich" war, zunehmend verheiratete Mütter einzustellen, weshalb wiederum neue Kindertagesheime errichtet wurden. Für die Männer wurden in Zusammenarbeit mit der Deutschen Arbeitsfront Umschulungen vorgenommen und Übergangsbeihilfen gezahlt – um, wie es hieß, den Wechsel der Arbeitsstätte zu erleichtern. Umschulungsmaßnahmen sind ja auch heute ein beliebtes Mittel, um die Arbeitslosenzahlen zu drücken. Sollte auch hier kaschiert werden, daß es sich eigentlich um nichts als eine personelle Umstrukturierung handelte? Denn wie die Umsatzzahlen klar zeigen, stieg der Verbrauch an Reemtsma-Zigaretten zwischen 1931 und 1941 kontinuierlich an. Wäre ein anhaltender Gewinnzuwachs auch bei einer deutlichen Aufstockung des Personals noch zu gewährleisten gewesen? Nichtsdestotrotz dokumentiert die Firma ihre absolute Bereitschaft zur Durchführung der oben zitierten Anordnung Görings. Die hierzu „verpflichteten älteren Angestellten haben sich in der großen Mehrheit als brauchbare Mitarbeiter bewährt und sich gut in die Betriebsgemeinschaft eingefügt"[68], heißt es selbstbeweihräuchernd in Reemtsmas Sozialbericht.

Das grundsätzliche Konformgehen mit den Interessen der Nationalsozialisten bleibt nicht ohne Lorbeeren. Äußerlich sichtbar werden diese in Form von diversen Auszeichnungen, durch die Vater Staat seinerseits seine Zufriedenheit mit den Leistungen des Unternehmens bekundet. Zu diesen gehört zum Beispiel auch, daß sich die Gefolgschaft geschlossen an den Aktionen zugunsten des Winterhilfswerks des deutschen Volkes beteiligt. Allein im Winter 1938/39 beliefen sich die durch die Lohn- und Personalbüros abgeführten Spenden auf stolze 124.000 Reichsmark. Aber auch die Firmenleitung ließ sich nicht lumpen und stellte der Reichsleitung zu diesem Zwecke wie auch für die Hilfswerke zugunsten der „Ostmark" und des Sudetenlandes erhebliche Summen zur Verfügung.

In Anbetracht der Tatsache, daß die Firma Reemtsma im Jahre 1938 in insgesamt zehn Fabriken (und zwar in Hamburg-Bahrenfeld, Hamburg-Wandsbek, Hannover, Berlin, Dresden, Baden-Baden, München, Trier, Muskau und Merzig) 11.000 Angestellte beschäftigt und auch aufgrund dieser Zahlen die größte deutsche Zigarettenfabrik ist[69], sind diese Spenden der Höhe nach allerdings nicht überzuwerten. Vor diesem Hintergrund reizt es ein wenig zum Schmunzeln, wenn der *Sozialbericht über das Geschäftsjahr 1938* nicht ohne Stolz vermerkt, im planwirtschaftlichen Leistungskampf der deutschen Betriebe eine Spitzenposition belegt zu haben: „Am Leistungskampf der deutschen Betriebe […] hat das Unternehmen mit sämtlichen Betriebsstätten und Zweigniederlassungen teilgenommen. Die bereits […] erworbenen Auszeichnungen wurden sämtlich bestätigt; darüber hinaus erhielten weitere Betriebsstätten neue Auszeichnungen." Diese werden gesondert aufgelistet: Als „Nationalsozialistischer Musterbetrieb" wurde das Zweigwerk München ausgezeichnet; zehn verschiedene Herstellungsbetriebe, Verwaltungsstellen und Fabriklager, darunter das Hauptwerk und die Hauptverwaltung Bahrenfeld, erhielten das „Gaudiplom für hervorragende Leistungen"; zudem wurden verschiedene Werke und Niederlassungen mit Sonderauszeichnungen bedacht: Hauptwerk und Hauptverwaltung Bahrenfeld mit dem „Leistungsabzeichen für vorbildliche Förderung von Heimstätten und Wohnungen"; mit dem „Leistungsabzeichen für vorbildliche Förderung der NS-Gemeinschaft ‚Kraft durch Freude'" erneut das Hauptwerk und die Hauptverwaltung Bahrenfeld sowie die Werke München und Baden-Baden; das Fabriklager in Bielefeld mit dem „Diplom für vorbildliche Leistungen

War Reemtsma bis 1933 mit seiner Konzentrationspolitik maßgeblich am sozialen Elend der Massen beteiligt, so hieß es nach der Machtübernahme der NSDAP in seinen Betrieben: „Jeder an seinen Arbeitsplatz!" Hinsichtlich der von Göring geforderten neuen Richtung war der Konzern nun mit seinem Arbeitsbeschaffungsprogramm tonangebend, wenn es galt, zusätzliche Arbeitskräfte einzustellen. Dies erfolgte vor allem auf der Basis einer personellen Umstrukturierung. Immerhin war Reemtsma 1938 mit seinen 11.000 Mitarbeitern (64 Prozent davon Frauen) die größte deutsche Zigarettenfabrik.

Den Hauptanteil des Arbeitslosenheeres bildete Anfang der dreißiger Jahre die orientierungslose deutsche Jugend – Anlaß für den ebenso flexiblen wie weitsichtigen Tabakmagnaten Philipp Fürchtegott Reemtsma, sich für alle Fälle auch mit Reichsjugendführer Baldur von Schirach gutzustellen…

auf dem Gebiete der Sozialpolitik"; mit einer „Anerkennung für geleistete Pionierarbeit im Dienste der Deutschen Volks- und Leistungsgemeinschaft" das Fabriklager in Königsberg; sowie das Fabriklager in Ulm mit einer „Anerkennung für gute Gesamtleistungen".

Eine ganz besondere Art der Anerkennung wird den aus dem Reichsberufswettkampf 1938/39 hervorgegangenen 38 Kreissiegern und zwölf Gausiegern zuteil: Sie werden vom Betriebsführer zu einer von der Nationalsozialistischen Gemeinschaft „Kraft durch Freude" veranstalteten sechstägigen Schiffsreise nach Norwegen eingeladen. Der einzige Reichssieger, den es innerhalb der Tabakindustrie in diesem Wettkampf gibt, Gerhard Frauenstein, ist Betriebsführer im Hauptwerk der Firma Reemtsma in Bahrenfeld; er wird zum Maschinenmeister ernannt.[70]

Alles Gründe, nach der Aufzählung dieser Reihe von Auszeichnungen resümierend zu frohlocken: „Wir sehen in den Anerkennungen [...] nicht nur einen Erfolg der ausgezeichneten Betriebsgemeinschaften, sondern einen Erfolg unserer Arbeit überhaupt. Sie sollen ein Ansporn sein, auf dem gleichen Wege fortzuschreiten in der klaren Erkenntnis der Forderungen, die der Staat in wirtschafts- und sozialpolitischer Hinsicht an unser Unternehmen und an die gesamte deutsche Wirtschaft stellt. Wir wissen, daß uns ebenso wie im abgelaufenen Jahre auch künftig die Erfüllung der uns zugewiesenen Aufgaben durch die gute Zusammenarbeit zwischen Betriebsführer, Betriebsobmännern, Vertrauens- und Unternehmensbeirat, durch das Vertrauen der Gefolgschaft zu ihrer Führung, durch die Kameradschaft und gute Betriebsgemeinschaft in sämtlichen Betriebsstätten erleichtert werden wird."[71]

Sicherlich, in der zweiten Hälfte der dreißiger Jahre ist die ideologische Gleichschaltung auf allen Gebieten, also auch dem der Diktion bereits weit fortgeschritten. Dennoch bleibt angesichts der Wortwahl in den Veröffentlichungen aus den Jahren 1924 und 1928 der Eindruck bestehen, daß die Übernahme der nationalsozialistischen Ausdrucksweise für den Reemtsma-Konzern keinen besonders unangenehmen oder auch nur mühsamen Schritt dargestellt hat – was sicherlich nur symptomatisch für das Kopieren der entsprechenden staatlich manifestierten neuen Anschauungen und Handlungsrichtlinien gewesen sein dürfte.

Zweifellos beruhte die praktische Unterstützung der Nationalsozialisten von seiten der Firma Reemtsma nicht nur auf einer reinen Mitläufermentalität, zumal sie bereits vor deren Machtübernahme 1933 einsetzte. Beispielhaft hierfür steht unter anderem die mittelbare Einflußnahme auf die allgemeinen politischen Entwicklungen während des Konzentrationsprozesses in den zwanziger Jahren, indem Reemtsma einschlägige Publikationen durch großformatige Anzeigen unterstützte. Hierzu gehörte etwa das NSDAP-Zentralorgan *Völkischer Beobachter*. Zwar gab es dagegen verschiedentlich Proteste von seiten der an den Folgen der inzwischen zurückliegenden Weltwirtschaftskrise verarmten Mittelständler, die bei der Unterstützung der NSDAP nicht im selben Boot mit einem „Großkapitalisten" sitzen wollten, aber die Parteileitung wehrte alle Einsprüche ab. Das mag kaum verwundern, schließlich ist bekannt, welche immensen Summen das Haus Reemtsma für Inserate ausgegeben hat, aber darüber hinaus hatte es für soviel Wohlverhalten anscheinend eine direkte Anweisung von Adolf Hitler persönlich gegeben.

Möglicherweise noch am 10. April 1932 gehörte Philipp Fürchtegott Reemtsma der nationalliberal eingestellten Deutschen Demokratischen Partei an. Zumindest hatte er die an diesem Tage stattfindende Wiederwahl des greisen Hindenburg zum Reichspräsidenten mit 50.000 Reichsmark unterstützt. Knapp zehn Monate später war Hitler Reichskanzler, und in der Zeit dazwischen hatte

Reemtsma zum Beispiel durch seine Anzeigen im *Völkischen Beobachter* in einer Art vorauseilender Regimetreue bereits seine Neigung zu den wahrscheinlich demnächst Herrschenden bewiesen.

Nach der Regierungsübernahme der Nationalsozialisten, in der nächsten steilen Anstiegsphase der Umsatzkurve des Hauses Reemtsma, scheint das mit dem geschäftlichen Interesse verknüpfte persönliche Engagement der Reemtsmas schließlich ausgeklügelte Formen angenommen, das heißt zu bedachtsam abgestimmten Arbeitsteilungen geführt zu haben. Hierzu wurde offenbar auch der Nachwuchs, der nicht ins Zigarettengeschäft eingestiegen war, hinzugezogen. Alwin, neben den Brüdern Hermann und Philipp sowie deren Schwester Elisabeth der jüngste der drei Brüder, ging zur SS und erreichte dort den Rang eines Standartenführers. Verglichen mit Rängen der Wehrmacht war er, der Liebhaber der „schnittigen schwarzen Uniform", Oberst, also Stabsoffizier. Jan Philipp Reemtsma, der einzige Sohn aus der zweiten Ehe seines Vaters Philipp Fürchtgott und spätere alleinige Erbe, kommentierte diese Tatsache 1997 in einem Interview mit der *Frankfurter Allgemeinen Zeitung* lapidar mit den Worten: „Meine Familie hat sich politisch arrangiert [...] der dritte und für das Unternehmen am wenigsten wichtige [Bruder] ging zur SS. So brauchten die anderen der Partei nicht beizutreten, und trotzdem hatte man Regimetreue dokumentiert."[72] Seine auf das Nötigste beschränkte Einlassung ist von seinem Standpunkt aus verständlich. Sie lotet allerdings die Tragweite von Alwin Reemtsmas Entscheidung, dem Dritten Reich gegenüber auf sehr eindeutig politisch motivierte Weise uneingeschränkte Willfährigkeit zu bekunden, denn doch nicht ganz aus.

Sicherlich, nicht jeder Reemtsma brauchte gleich in die SS einzutreten, um seine grundsätzliche Systemergebenheit zur Schau zu tragen. Philipp Fürchtegott Reemtsma etwa wußte sich dem Regime nicht nur durch seine enormen Zuwendungen an Göring und durch seine Geschäfte als Wehrmachtlieferant, sondern auch in der Funktion eines Wehrwirtschaftsführers anzudienen, wodurch er in der Summe „die NS-Zeit komfortabel überstand". Der Sohn Jan Philipp Reemtsma bestätigt auch dies, möchte die Tatsache jedoch einschränken durch den Zusatz: „[...] und zwar im Zusammenhang mit der Entwicklung von Tiefkühlverfahren."[73]

Verschiedenen Quellen zufolge hat Philipp Fürchtegott Reemtsma auch in einem Förderkreis der SS mitgewirkt. Sollte dies tatsächlich zutreffen, wäre es ein weiteres Indiz für die unmittelbare Teilhabe am politischen System des Dritten Reiches. Jan Philipp Reemtsma antwortet, von der *FAZ* auf diese Mitgliedschaft seines Vaters angesprochen, in fünf kurzen Worten: „Das ist mir nicht bekannt."[74] Gemessen an anderen, manchmal recht harschen Zurückweisungen von Fragen, die die fragwürdige Vergangenheit der Reemtsmas tangieren, ist dies – aus welchem Grunde auch immer – eine Antwort, die der Interpretation alle Möglichkeiten läßt.

Außer mit der Entwicklung von Tiefkühlverfahren hat sich das Haus Reemtsma in der Zeit des Dritten Reiches allerdings auch noch mit der Übernahme weiterer Betriebe befaßt. Eine damals überzeugte Sozialdemokratin aus Danzig schildert in ihrem Lebensbericht eine Begegnung mit einem „Herrn Reemtsma", die ihr zufolge im Verlauf des Jahres 1940 stattfand: „Eines Tages kam zu einer Nazi-Versammlung im Betrieb ein gewisser Herr Reemtsma in brauner Uniform. Er hat uns die Ohren vollgeschwärmt von seinem Führer, Volk und Vaterland. Ende April wurde uns Zigarrenarbeitern dann mitgeteilt, daß wir in ein paar Tagen den Betrieb in der Weidengasse verlassen müßten. Zwischen den Speichern in der Hopfengasse sei künftig unser Betrieb. Herr Reemtsma übernahm das Tabakmonopol (d.h. den Danziger Betrieb) […] Ein paar Wochen später hörten wir, daß Herr Reemtsma für vorbildliche Betriebsführung vom Danziger Gauleiter Forster einen Orden erhielt. Wir waren sprachlos. Ein Betrieb, der seit Jahren zum Teil von Juden, zum Teil von der Freien Stadt Danzig vorbildlich geführt worden war, wurde jetzt den Nazis zugute geschrieben."[75]

Bei vernünftiger Würdigung der Fakten dürfte es nicht unbedingt überzeugen, daß angesichts solcher Tatsachen der jüngste der Reemtsma-Brüder zur SS delegiert werden mußte, um Regimetreue zu beweisen. Aber warum sollte man es sich nicht so einfach wie möglich machen und die Tatsache, daß Alwins Interesse beim Militär lag – und zwar in der besonderen Ausprägung der nationalsozialistischen Auffassung – und er somit für das Unternehmen keine große Bedeutung hatte, nicht für die eigenen Zwecke nutzen?

Der aus einer Großfamilie stammende Philipp Fürchtegott Reemtsma hatte seinerseits mit seiner ersten Frau drei Söhne, von denen der jüngste, Henning, an der damals nicht selten tödlich verlaufenden Kinderlähmung stirbt und die beiden anderen, Uwe und Jochen, im Zweiten Weltkrieg im Kampf an der Front „für Führer, Volk und Vaterland" fallen. Offensichtlich ein vaterländisches Opfer, wie Jan Philipp Reemtsma, das einzige Kind aus Philipp Fürchtegotts zweiter Ehe mit der Tochter des ehemaligen Königsberger Oberbürgermeisters Gertrud, der seine Halbbrüder nie kennengelernt hat, 1995 gegenüber dem Hamburger Nachrichtenmagazin *Der Spiegel* einräumt: „Der eine von ihnen hätte nicht Soldat werden müssen. Aber es gab einen patriotischen Konsens zwischen Vater und Sohn."[76]

Philipp Fürchtegott Reemtsma: Kunstmäzen und Politfinanzier

Natürlich ist die Unterstützung von Zeitschriften wie *Völkischer Beobachter* oder später auch *Die Wehrmacht*, herausgegeben vom Oberkommando der Wehrmacht, durch Anzeigen aus dem Hause Reemtsma kein Mäzenatentum im klassischen Sinne. Aber auch noch andere, aus heutiger Sicht weitaus eklatantere Aktivitäten, die über ein bloßes politisches Mitläufertum weit hinausgehen, waren kennzeichnend für den Reemtsma-Konzern der NS-Zeit. So wie es in der NSDAP unterschiedliche Flügel gab, die die eine oder andere Seite finanziell, politisch und moralisch unterstützten, so gestaltete es sich auch innerhalb der industriellen Interessenkreise nicht anders.

Im sogenannten Keppler-Kreis (Wilhelm Keppler war innerhalb der NSDAP der für die Wirtschaftspolitik maßgebliche Kopf), auch Hitler-Kreis, etwa suchte und fand der eine oder andere eine Art Absicherung. Andere, wie beispielsweise Hermann Abs von der Deutschen Bank mit seinen IG-Farben-Aufsichtsräten Max Ilgner, Hermann Schmitz und Philipp Fürchtegott Reemtsma, aber auch Ludwig Erhard, Müller-Armack, Wilhelm Röpke, Werner Sombarth und Ernest Wagemann – denjenigen, die als Väter unseres heutigen Wirtschaftssystems gelten – vertraten die sogenannte keynesianische Ausprägung des Staatskapitalismus, die dem Monetarismus etwa entgegensteht.[77] Diese ging auf den britischen Volkswissenschaftler John Keynes zurück, der 1922 eine Revision der Versailler Verträge angemahnt hatte, da er die alliierten Reparationsforderungen volkswirtschaftlich für nicht vertretbar hielt, und 1936 in seinem Hauptwerk eine allgemeine Theorie der Beschäftigung, des Zinses und des Geldes aufstellte, die eine grundlegende Neuorientierung des ökonomischen Denkens mit sich brachte.[78] Seine Aufmerksamkeit galt dabei der Frage nach den Hauptursachen von Unterbeschäftigung bzw. Arbeitslosigkeit. So bezweifelte Keynes etwa, daß Unterbeschäftigung oder Arbeitslosigkeit in einem politisch und sozialpolitisch vertretbaren Zeitraum ohne wirtschaftspolitische Steuerung zur Vollbeschäftigung wechseln könnte. Das hinge sowohl mit mangelnder Preisflexibilität als auch mit einer zu geringen effektiven Nachfrage der Unternehmen und privaten Haushalte zusammen. Um diesem abzuhelfen oder vorzubeugen, schlug er vor, diese Nachfragelücke durch zusätzliche staatliche Nachfrage auszugleichen, was ihm zufolge ein schnelleres Erreichen der Vollbeschäftigung ermöglicht.[79] Der Bankier Hjalmar Schacht zum Beispiel war Vertreter dieser Anschauung und konnte über Georg von Strauß von der Deutschen Bank Kontakt zu Hitler knüpfen.

Auch der Reemtsma-Konzern wußte natürlich um die Vorteile des Sich-gut-Freund-Machens und entwickelte sich klammheimlich zum Förderer der NSDAP, die er entweder allein oder gemeinsam mit der Deutschen Bank unterstützte, wo er nur konnte. Die erwünschte Gegenleistung erhielt Reemtsma prompt: Die Partei ließ ihm die sonst so verhaßte Monopolisierung, die ja die Arbeitsmarktlage keineswegs verbessern half, sie im Gegenteil um ein Vielfaches verschlimmerte, nicht nur stillschweigend durchgehen, sondern unterstützte sie nach Kräften. Hieraus ergab sich für Reemtsma als unmittelbare Folge die bereits erwähnte wirtschaftliche Hegemonie im deutschen Tabakhandel: Kurz nach der NS-Machtübernahme produzierte er die bereits erwähnten mindestens 90 Prozent aller Zigaretten. Reemtsma wiederum wußte sich zu revanchieren, indem er beispielsweise für die Finanzierung der Reichswerke „Hermann Göring" nicht mit Spenden geizte und auch hier mit seinem Kompagnon Hermann Abs von der Deutschen Bank gemeinsame Sache machte. Besonders pikant ist die Tatsache, daß Hermann Göring in diesem Fall eine Monopolisierung durch seine Verordnung vom 11. März 1938 protegierte, und zwar in einem Maße, das im Grunde unübertreffbar war: Sie untersagte im Zusammenhang mit der Gründung der Reichswerke die Gründung weiterer gleichartiger Unternehmen.[80]

In welchem Maße das Reemtsmasche Tabakimperium die Nationalsozialisten nicht nur finanziell, sondern unter marktstrategischen Erwägungen indirekt auch ideell unterstützte oder zu unterstützen bereit war, wenn es dadurch auch in der eigenen Kasse ordentlich klingelte, bezeugt nicht zuletzt ein Ausspruch Adolf Hitlers, der dem blauen Dunst nichts abgewinnen konnte und am 4. Januar 1942 im ostpreußischen Führerhauptquartier „Wolfschanze" leicht spöttisch bemerkte: „Wenn ich mich einmal aufnehmen ließe mit einer Zigarre, ich glaube, die Firma Reemtsma würde mir sofort eine halbe Million zur Verfügung stellen."[81] Ob zwischen Wirtschafts- und Politikvertretern, zwischen Konzernen und Banken – Verflechtungen auf höchster Machtebene waren gang und gäbe, galten immer dem Eigeninteresse, fanden ihre jeweilige konkrete Ausformulierung im gemeinsamen Konsens und erstreckten sich auch auf Bereiche, die höchste politische Brisanz besaßen. So war für gewisse Kreise zum Beispiel auch die Frage der Lebensraumpolitik in allererster Linie unternehmensbezogen. Der „Mitteleuropäische Wirtschaftstag" bildete mit Hermann Abs von der Deutschen Bank, Carl Goetz von der Dresdner Bank, Max Ilgner von der IG Farben sowie mit Philipp Fürchtegott Reemtsma und weiteren Wirtschaftsbossen auf seiner Wiener Tagung vom 2. September 1940 ein Kuratorium für die Balkan-Interessen. Der von Ilgner hier angedachte „Lebensraum" umfaßte zwar lediglich zusätzlich den südosteuropäischen Raum und blieb damit hin-

Das redaktionelle Umfeld störte Reemtsma offenbar nicht im geringsten, wenn es darum ging, mit ganzseitigen Anzeigen die gesamte Familie zu umwerben, also auch Frauen und Jugendliche – und das, obwohl das Rauchen in der Hitlerjugend gemeinhin verpönt war, bei Frauen zum Teil sogar öf-

fentlich gegen den Tabakkonsum agitiert wurde. Bedenken hatte der Konzern offensichtlich auch wegen der politischen Aussagen im Magazin nicht: Zwischen deutschen Maiden und Hakenkreuzwimpeln sah er seine doppelt fermentierte „R6“ anscheinend gerade richtig plaziert.

ter Hitlers Vorstellungen von einer deutschen Einflußsphäre bis zum Ural zurück, doch hatte man insbesondere Griechenland und die Türkei mit dem Ziel ins Auge gefaßt, in diesen Ländern auf lange Sicht bestimmte Wirtschaftszweige zu übernehmen. Dies kam den Interessen vor allem der IG Farben und des Reemtsma-Konzerns – im Hintergrund zog wiederum die Deutsche Bank ihre Fäden – sehr entgegen. Während die IG Farben allgemein auf neue Absatzmärkte spekulierte, liebäugelte Reemtsma hingegen mit den Anbaugebieten des mazedonischen Tabaks.[82]

Hitler war trotz aller von ihm durchaus gebilligten Kompromisse ganz und gar nicht mit dieser Art des Denkens der Monopolwirtschaftler einverstanden. Das zeigt seine am 25. März 1942 im Führerhauptquartier geäußerte Besorgnis hinsichtlich der nicht eindeutig geklärten Situation von Monopolen und damit auch Monopolgewinnen, die, wie er unterstrich, dem Reich auf keinen Fall aus der Hand gerissen werden dürften. In diesem Zusammenhang ist sein Unmut nur allzu verständlich, den er darüber ausdrückte, daß bereits daran gedacht worden sei, dem Tabakindustriellen Philipp Reemtsma das Tabakmonopol in den besetzten Ostgebieten zu überlassen. Hitler lehnte dies kategorisch ab. Im übrigen stünde das Tabakmonopol von vornherein ausschließlich dem Reich selbst zu, betonte der Reichskanzler, und dies müsse, wie er schon seit langem fordere, nun baldigst zur Realisierung kommen.[83]

Wie etwa der Industrielle Friedrich Flick hatte auch Philipp Fürchtegott Reemtsma in den zwanziger Jahren ausgezeichnete Beziehungen zu sämtlichen Weimarer Regierungen unterhalten, und stets waren sie ihm ein treuer Gewährsmann gewesen. So waren ihm etwa von Brüning – an dessen Sturz er später beteiligt war – erhebliche Summen an Zigarettensteuer erlassen worden. Auch hier hatte sich die erstaunliche Machtfülle des aus einem gnadenlosen Konkurrenzkampf als ökonomische Supermacht Hervorgegangenen gezeigt, der im Gegensatz zum unterliegenden Mittelstand immer den größten Einfluß auf die Politik besaß und daher Radikalisierungen, insbesondere Erneuerungstendenzen in Richtung Abkehr von der Demokratie – jedenfalls in dieser Phase seiner Firmengeschichte –, im Grunde ablehnend gegenüberstand.[84] Was, wenn nicht in erster Linie das Tohuwabohu der Weimarer Zeit in allen Bereichen des gesellschaftlichen Lebens, hatte die enorme Machtkonzentration innerhalb des Wirtschaftssektors so stark begünstigt? Politik und Wirtschaft hatten sich auf symbiotische Art und Weise gegenseitig zu bedingen begonnen: Die republikanischen Verhältnisse förderten die Monopolisierung einzelner Konzerne, diese wiederum stützten das demokratische System. Unmittelbar nach der NS-Regierungsübernahme 1933 passierte in Sachen Wirtschaftspolitik zunächst nichts Neues, was vor allem daran lag, daß der NSDAP wirtschaftspolitische Erfahrung fehlte. Hitler hatte bereits am 1. Februar angekündigt, mit zwei Vierjahresprogrammen die Reorganisation der deutschen Volkswirtschaft voranzutreiben, was über die Rettung des Bauern- und Arbeiterstandes zur Sicherung der Ernährungsgrundlage und Abschaffung der Massenarbeitslosigkeit bewerkstelligt werden sollte, doch zur Durchsetzung der Programme mangelte es zunächst vor allem an der nötigen Finanzkraft. Wilhelm Keppler war es schließlich, der die Anpassung der Wirtschaftspolitik an die Zielvorstellungen des Nationalsozialismus einleitete. Er hatte das Potential der Schwerindustrie als Zugpferd erkannt und durch seinen Freundeskreis Kontakte zur Schwerindustrie geknüpft sowie bei der Regierungsübernahme Hitlers zusammen mit Hjalmar Schacht an einem Strang gezogen.[85]

Vor dem Hintergrund der vagen Übergangsverhältnisse in der Anfangsphase des Dritten Reiches verwundert es wenig, daß die Aktivitäten des findigen Unternehmergeistes Philipp Fürchtegott Reemtsma, der überall seinen Vorteil witterte, auf einen noch halbwegs unbestellten und daher für ihn um so fruchtbareren Boden fielen. Hermann Göring, der zweitmächtigste Mann des Dritten Reiches und daher mit dem entsprechenden Einfluß auf den Reichskanzler ausgestattet, war es, der stets eine den höchsten Wirtschaftskreisen genehme Mittlerrolle übernahm. Schon vor der Regierungsübernahme hatte er Hitler gelegentlich Leute aus der Industrie zugeführt oder ihm von ihnen sowie von ihrer Abneigung dem Bolschewismus und speziell Rußland gegenüber berichtet. Es ist denkbar, daß Göring auch für diesen „Lobbyismus" Geld von den führenden Industriekonzernen, so auch von der Reemtsma AG, erhielt. Der SA-Führer Franz von Pfeffer, der sich vor 1933 über die in Berlin stark vertretenen nationalistischen, antisozialistischen Kräfte innerhalb der NSDAP, vertreten vor allem durch Göring, beklagte, war bereits damals der Meinung, daß diese „Geldleute" keine wirklichen Anhänger des späteren Reichsmarschalls seien, sondern daß sie die Politiker aller Parteien – die der Sozialdemokraten und Kommunisten eingeschlossen – aus opportunistischen Gründen finanziell unterstützten. Die Warnungen vor der Verständigung mit Rußland und vor jeglichem Experimentieren mit dem Sozialismus verfehlten ihre Wirkung auf Hitler gleichwohl nicht.[86] Vor 1933 kann es sich kaum um das Erarbeiten eines guten Rufes politischer Korrektheit gehandelt haben, wohl aber um eine Art des ideologischen Vorfühlens, das mit dem Zeitpunkt des Wahlsiegs der NSDAP schließlich konkrete Formen der Unterstützung annehmen konnte. In diesem Licht betrachtet kann diese, angefangen von den Werbeanzeigen im *Völkischen Beobachter*, in der *Wehrmacht* usw. über die Mitwirkung im SS-Förderkreis bis hin zur Finanzierung der Reichswerke „Hermann Göring" beispielsweise, um so mehr als politische Liebedienerei interpretiert werden – abgesehen davon, daß sie primär natürlich den Eigeninteressen des Konzerns für Erhaltung und Ausbau der wirtschaftlichen Macht diente.

Entsprechend muß wohl auch das Mäzenatentum von Philipp Fürchtegott Reemtsma bewertet werden. Denn auch als tatsächlicher Kunstförderer ist der einflußreiche Zigarettenfabrikant nachhaltig aktiv geworden. Es gibt zahlreiche Nachweise über diesbezügliche Verbindungen mit dem Reichsmarschall Hermann Göring, wobei gelegentlich der Anstoß zu Schenkungen irgendwelcher Art von Göring selbst ausgegangen sein soll. Heute würde man für solcherlei Engagement vermutlich auf den neudeutschen Begriff „Sponsoring" zurückgreifen. Göring, zu dessen Grundsätzen es zunächst gehörte, für die von ihm erworbenen Kunstgegenstände zu bezahlen – und nicht selten horrende Summen –, ließ diesen Grundsatz, besonders in den Jahren ab 1940, mehr und mehr außer acht. Doch anfänglich bezahlte er auch kleinere Erwerbungen vollkommen korrekt. Unter seinen Papieren findet sich etwa eine Quittung über 355 Reichsmark des Kunsthändlers Wennerscheid vom Mai 1933. Für diese Summe hatte Göring von dem Berliner drei schlichte Ölgemälde und eine Zinndose erstanden. Doch diese Korrektheit hielt nicht lange an. Selbst seinen Freunden verschlug die Schnelligkeit, mit der sich Goebbels' „aufrechter Soldat" vom Vorabend der Machtübernahme in den raffgierigen Göring von nach 1933 verwandelte, die Sprache. Karl Bodenschatz, mit dem er von Luftgefechten aus dem Ersten Weltkrieg her bekannt war, resümierte Jahre später bedauernd: „Alle Görings, und ich kannte sie alle seit ihrer Kindheit, waren habgierig, und das trifft vor allem auf Göring selbst zu." Und Hjalmar Schacht warnte – oder ermutigte? – nur wenige Tage nach Hitlers Machtübernahme einen Kollegen von der Hochfinanz: „Göring nimmt!"[87]

In der Tat hatte Göring „keine Bedenken, Geschenke anzunehmen. Ja, er animierte sogar manchmal Persönlichkeiten aus der Großindustrie wie Flick, Reemtsma usw., ihm wertvolle Kunstgegenstände für seine Sammlung zu schenken. Dabei konnte der Schenker zwischen römischen Architekturfragmenten, holländischen, deutschen, französischen oder italienischen Gemälden, Gobelins, Teppichen, Kleinkunst und Juwelen bis hin zu moderner deutscher Kunst wählen."[88] Seine Lieferanten, zu denen später, vor allem während des Krieges, auch die Händler hinzukamen, beschafften ihm alles, was er zur Ausstaffierung seines bekannten Besitztums Carinhall wünschte, wobei der von ihm vorgegebene Rahmen – neben ausgewählter italienischer Kunst jüngeren Datums vor allem Werke des 15. bis 19. Jahrhunderts – als verbindlich galt.[89]

Zu jeder nur denkbaren Gelegenheit gab es für den Reichsmarschall, der sich in den dunklen Eichen-, Buchen- und Kiefernwäldern um Carinhall bald wie ein Deutschordensritter fühlte und sich, wie Heinz Guderian schrieb, hier „feudalen Allüren" zuwandte, Präsente über Präsente: Blumen, Stickereien, Vasen, Möbel, Teppiche, Schmuck aus Gold und Elfenbein, Silberzeug, Bernstein, Glas, Skulpturen wie zum Beispiel Bronzelöwen. Göring entwickelte sich zum leidenschaftlichen Sammler von Antiquitäten, Orden, Edelsteinen, Drucken und Gemälden. „Herrlich!" soll er ausgerufen haben, als er sich seine alten Meister in Carinhall, seinem Waldhof in der Schorfheide, betrachtete. „Ich bin nun einmal ein Mensch der Renaissance, ich liebe die Pracht!"

Neben vielen anderen gewissenhaften Spendern waren es zum Beispiel die deutschen Stadtverwaltungen, angefangen von A wie Aachen bis hin zu Z wie Zossen, die ihm regelmäßig Geschenke zukommen ließen, um seine Leidenschaft zu befriedigen. Dies nahm Ausmaße an, die bald einer gewissen zentralen Koordination bedurften. Hierfür wurde Görings Sekretariat Dreh- und Angelpunkt. Es versah die Aufgabe der Perfektionierung der Tricks und Methoden, potentielle Geber zu Geschenken und Spenden zu animieren, mit Akribie: Spender, Daten und Anlässe – alles wurde von Fräulein Grundtmann gewissenhaft registriert. Ihre Listen verzeichnen Berge von Geschenken, angefangen von einigen völlig harmlosen, wie die von seinen Freundinnen aus der Kinderzeit, Erna und Fanny Graf, oder Verwandten, wie von Carins und Emmys Familien, und Leuten, die eigentlich überhaupt nicht zur Familie gehörten (so schickte Herbert Görings Familie 1927 zwei Meißner Porzellanfiguren mit Jagdmotiven und 1938 eine bronzene Vase), bis hin zu solchen mit eindeutiger Absicht, von zukünftigen Freunden und Feinden, sowohl von Botschaftern, sonstigen Diplomaten und Agenten (wie etwa dem britischen Luftattaché Colonel Christie, der ihm „Sportanekdoten" verehrte) als auch von Aristokraten und Reichsministern: Von Rudolf Heß etwa erhielt er zu Weihnachten 1937 dessen „Gesammelte Reden". Baronin Epstein erfreute ihn mit einer Originaltür vom Schloß Veldenstein. Der Deutsche Kolonialkriegerbund überbrachte Göring ein marmornes Türschild, auf dem der Name seines Vaters eingemeißelt war. Regelmäßige Geschenke erhielt er auch von der UFA und von „Fox' tönender Wochenschau".

Erfaßt sind zudem die Geschenke von Personen, die erst später Bedeutung erlangen sollten: 1936 erhält Göring vom Chef der Firma Electrolux, dem Schweden Birger Dahlerus, der in Görings späterem Leben sowie bei dessen Prozeß noch eine wichtige Rolle spielen wird, eine Geschirrspülmaschine. Ein Jahr später schickt ein Architekt namens Albert Speer einen Blumenkorb und ein weiteres Jahr darauf einen Bronzepokal.

In seiner Eigenschaft als Kunstmäzen machte Philipp Fürchtegott Reemtsma dem Reichsmarschall Hermann Göring wertvolle Kunstgegenstände zum Geschenk oder finanzierte ihm deren Erwerb. Dadurch ermöglichte er seinem Sammlerkollegen eine verschwenderische Lebensweise auf dessen Waldhof Carinhall in der Schorfheide, der sich zu einer feudalen Luxusanlage entwickelte: Bereits die Empfangshalle (oben) war üppig mit Gemälden, Skulpturen und Teppichen vor allem aus der Renaissance ausgestattet; die prächtige Große Halle (unten) war über dem Kamin sogar mit einer Orgel bestückt.

Hermann Göring, der sich in Carinhall auch den Genüssen der Tafel hinzugeben wußte, war insgesamt alles andere als ein Kostverächter. Ob kleine oder große, regelmäßig oder sporadisch erfolgte Geschenke, nichts davon lehnte er ab. Die gesamte Spannbreite zeigt sich etwa zu seinem Geburtstag am 12. Januar 1934, zu einer Zeit also, als er bereits über die Grenzen Deutschlands hinaus als Kunstsammler bekannt war. Eingeladen war auch der Bankier Hjalmar Schacht, der ihm lediglich ein bescheidenes Ölgemälde mitgebracht hatte, auf dem ein Büffel dargestellt war, während ein auf dem Ehrenplatz neben dem Gastgeber sitzender reicher Verleger dem Reichsmarschall einen vollständig ausgerüsteten Jagdwagen mit vier Pferden verehrte.

In den Listen des Fräulein Grundtmann, die auch alle Ausgaben für Geschenke, die Göring seinerseits machte, sorgfältig eintrug, tauchen zudem die Namen auf von Generälen, Direktoren, Verlagsdirektoren und -inhabern wie beispielsweise von Max Amann vom Franz Eher-Verlag in München, Direktor Wiesner von Ullstein in Berlin oder Direktor Brockhaus aus Leipzig sowie von Industriebossen (neben Friedrich Flick etwa Wilhelm Tengelmann), von der Hamburg-Amerika-Linie, der IG-Farben, von den Flugzeugwerken Fritz Siebel, den großen Kaufhäusern wie C&A Brenninkmeyer und von der Lufthansa. Besonders die Luftfahrtindustrie war es im übrigen gewesen, die, 1930 noch in den Kinderschuhen steckend, Göring bereits zu dieser Zeit seinen feudalen Lebensstil, den er sich schon sehr frühzeitig zu eigen machen suchte, mehr und mehr ermöglichte.[90] Nach der Machtübernahme bekam er von der Reederei Norddeutscher Lloyd drei Seereisen geschenkt und von Philipp Fürchtegott Reemtsma etwa das Gemälde „Der Sonntagsjäger" von Carl Spitzweg, an das Göring den Vermerk heftete: „Für den Führer aufzuheben".[91]

Wenn also der größte deutsche Tabakindustrielle des Dritten Reiches Präsente gemacht hat, zu denen er wie so viele andere namhafte Persönlichkeiten seiner Zeit in welcher Form auch immer „animiert" wurde, muß es nicht grundsätzlich aus vollem Herzen gewesen sein. Gegeben hat jedoch auch er wiederholt. Schließlich erhalten „kleine" Geschenke die Freundschaft – wie offensichtlich nicht nur der Volksmund weiß. So ist zum Beispiel von flämischen Gobelins aus dem 16. Jahrhundert mit Motiven der „Anbetung der Heiligen Könige", die Göring von der unter Kennern weithin für ihre Gobelins bekannten französischen Kunstgalerie Madame Meunier-Batifaud angeboten wurden, bekannt, daß Philipp Fürchtegott sage und schreibe 1,4 Millionen Francs für sie zahlte, um sie dem Reichsmarschall zum Geschenk zu machen.[92] Nichts als eine Gelegenheitswohltat, wenn auch eine seiner glänzendsten, denn sie reiht sich ein in eine Kette weiterer großzügiger Spendenkäufe zugunsten des Anschwellens der Göringschen Kunstsammlung. Außerdem finanzierte er ihm etwa den Erwerb einer französischen „Madonna mit Kind", einer Holzskulptur aus dem 13. Jahrhundert, für die er an den in Paris tätigen jüdischen Händler Stora, von dem Göring unter anderem 1942 Buntglasfenster aus dem Mittelalter sowie französische Gobelins mit Jagdmotiven aus dem 15. Jahrhundert (für 600.000 Francs) kaufte, 350.000 Francs zahlte.[93] Walter Andreas Hofer, Hermann Görings Chefeinkäufer – sein Briefkopf wies ihn als „Der Direktor der Kunstsammlungen des Reichsmarschalls" aus –, kaufte im Auftrag Görings zum 12. Januar 1940 die „Tapisserie Frührenaissance", und zwar ebenfalls mit Mitteln der Reemtsma AG.[94]

Görings ehemaliger Staatssekretär Paul Körner konnte in den Nachkriegsprozessen über die Sammlung wichtige Zeugenaussagen machen, da er mit dem späteren Reichsmarschall bereits seit 1930 zusammengearbeitet hatte. Er gab an, daß Göring, der im übrigen bereits vor dieser Zeit Kunstobjekte erworben hatte, schließlich Anfang 1934 mit ausdrücklicher Billigung durch Adolf Hitler einen privaten Dispositionsfonds geschaffen habe, den er für den Ankauf von Kunstgegenständen in Anspruch nahm.[95] Dies läßt die Frage nach den Quellen aufkommen, aus denen ein solcher Fonds seine finanziellen Mittel schöpfte. Dessen Kontostand betrug Ende 1940 immerhin etwa drei Millionen Reichsmark, im September 1942 waren es rund zwei Millionen, und Anfang 1945 – als Hermann Göring die Betreuung des Kunstfonds persönlich übernahm – betrug der Kontostand etwas über eine Million Reichsmark.[96]

Neben Mitteln aus dem Staatshaushalt und zu einem kleinen Teil mit Hilfe privater Gelder speiste der Reichsmarschall das Konto seines Kunstfonds – von dem nicht nur der Erwerb von Kunstobjekten finanziert wurde, sondern auch deren Transport, Rahmung, Restaurierung, Versicherung sowie die Zusammenstellung der Sammlungen – auch durch Verkäufe, die er selbst vornahm. Die bei Auktionen und Privatverkäufen erzielten Beträge kamen allesamt dem Kunstfonds zugute.[97]

Die Liste seiner Klienten zeigt, daß Göring hierbei als ebenso entgegenkommender wie wählerischer Verkäufer auftrat. Von den ungeheuren Mengen an Kunstwerken, die er im offenen Kunsthandel, insbesondere in den Niederlanden, erworben hatte, veräußerte er anschließend einen Teil wieder, „allerdings ausschließlich an eine Gruppe ihm nahestehender Personen". Zum Kreis der Auserwählten gehörten Kunsthändler wie der für die Machthaber des Dritten Reiches nicht unbedeutende Amsterdamer Alois Miedl, mit dem ihn ein enges Abhängigkeitsverhältnis des Kaufens und Verkaufens verband, sowie Vertreter aus der Politik, wie der Gauleiter Koch, und selbstredend aus der Wirtschaft: Der Industrielle Philipp Fürchtegott Reemtsma erhielt von ihm zum Beispiel „Kleine Landschaft mit einem Turm" von Jan Ruysdael, „Bauernszene" und „Der Hausierer" von Jan Steen, „Holländische Landschaft" von Philips de Koninck, „Innenansicht" von Jacob Ochterveldt, „Paar am Fenster sitzend" von Adriaen von Ostade, „Szene im Gefängnis während der französischen Revolution" von Leonardo de France sowie „Portrait einer jungen Frau" von einem Maler namens Prince. Der Gesamtpreis für diese acht Werke betrug insgesamt 250.000 Reichsmark und floß aller Wahrscheinlichkeit nach in Görings Kunstfonds.[98]

Hermann Göring war auf der Grundlage der Verordnung Adolf Hitlers vom 18. Oktober 1936 offiziell zum „Beauftragten für den Vierjahresplan" ernannt und die entsprechende Dienststelle durch den Erlaß vom 22. Oktober eingerichtet worden – für den Reichsmarschall gleichsam ein finanzielles „Sesam öffne dich". Nunmehr hatte er nämlich die Kontrolle über beinahe die gesamten Devisenbestände des Landes. Es existierte praktisch keine Firma, die ohne seine ausdrückliche Zustimmung Importgeschäfte abwickeln durfte. Am 21. Oktober gab er auf einer Sitzung seines Kleinen Ministerrats die lapidare Erklärung ab, daß seine Vollmacht „nicht beschränkt" sei. „Es können alle mit dem Vierjahresplan in Verbindung stehenden Gebiete berührt werden." In dieser Eigenschaft als „Beauftragter für den Vierjahresplan" war Göring gegenüber allen anderen Wirtschafts- und Kriegswirtschaftsbehörden weisungsberechtigt, und er unterstrich in seinem Erlaß, er „werde den Auftrag allen etwaigen Hemmnissen und Schwierigkeiten zum Trotz ausführen". Hitler appellierte am 17. Dezember an deutsche Wirtschaftsführer: „Vertrauen Sie ihm. Er ist der beste Mann, den ich für diese Aufgabe habe." Und Göring erklärte am Rande derselben Veranstaltung, daß man jede Bestimmung umgehen müsse, um ein sich anbahnendes vielversprechendes Ausfuhrgeschäft unbedingt zu sichern.

Er ließ sich auch von Reichswirtschaftsminister Hjalmar Schacht nicht einschüchtern, der im Januar 1937 denselben Kreis von Wirtschaftlern warnte, jeden vor Gericht zu bringen, von dem er erführe, daß er gegen gesetzliche Bestimmungen verstoße. Während des nächsten Jahres füllte Göring die Lücken seines neuen Stabes mit über tausend bewährten Leuten seines Vertrauens. Seiner neuen Position, die ihn ermächtigte, an alle obersten Dienststellen des Staates und der Partei Weisungen zu erteilen, war sich der Marschall sehr wohl bewußt – und zwar bis über das Kriegsende hinaus: Göring, der die absolute wirtschaftliche Macht bis zum März 1942 behielt, als eine zentrale Planungsbehörde diese Aufgabe übernahm, antwortete auf die ihm im Juni 1945 gestellte Frage, ob er im Dritten Reich die Funktion des Wirtschaftsbosses bekleidet habe, mit einem kategorischen Ja.[99]

Konsequenterweise nutzte Göring seine Machtfülle und das hieraus resultierende vielfältige Beziehungsgeflecht auch für sein persönliches Steckenpferd, die Leidenschaft an der Kunst. Die wichtige Rolle, die Göring bei den Entscheidungen spielte, wem wann welches Gemälde oder sonstiger Kunstgegenstand zugedacht war, ohne im übrigen immer selbst ein persönliches Interesse an dem betreffenden Sammelobjekt zu bekunden, zeigt sich zum Beispiel auch an dem Fall des Bildes „Der Maler im Atelier" von Jan Vermeer van Delft, jenem großen Holländer des 17. Jahrhunderts, von dem weltweit nur knapp vierzig bekannte Werke existieren. Dieses Gemälde befand sich seit vielen Jahren im Besitz der Familie des österreichischen Grafen Czernin, deren Mitglieder hinsichtlich seines Verkaufs offenbar verschiedener Meinung waren. Denn obwohl es genügend Interessenten gab, hatten die Brüder Jaromir und Eugen Czernin – ersterer war zu drei Fünfteln, letzterer zu zwei Fünfteln Eigentümer – Kaufangebote immer wieder abgelehnt. Bis sich die Czernins im Dezember 1939 erneut mit Verkaufsabsichten trugen. Nun nämlich wollten die Brüder das Gemälde laut einem an den Leiter der Reichskanzlei, Reichsminister Lammers, gerichteten Brief des Ministeriums für Innere und Kulturelle Angelegenheiten, Wien, vom 13. Dezember 1939 zu einem Nettopreis von 1,8 Millionen Reichsmark an einen gewissen in Hamburg ansässigen Sammler verkaufen. In dem Schreiben wurde unter anderem darauf hingewiesen, daß Jaromir Graf Czernin, der den Verkauf des Bildes seit einigen Jahren – konkret seit 1935 – betreibe, bereits Anfang der dreißiger Jahre von dem amerikanischen Staatssekretär, Kunstsammler und Multimillionär Andrew Mellon ein vielversprechendes Angebot unterbreitet worden war. Den sehr unterschiedlichen Angaben zufolge soll er einen Kaufpreis zwischen einer und sechs Millionen Dollar geboten haben. Die österreichische Regierung habe aber damals unter dem Druck der öffentlichen Meinung eine Ausfuhrgenehmigung verweigert, und die Gemäldegalerie Czernin sei unter Denkmalschutz gestellt worden. Das Geschäft war nicht zustande gekommen.

Um das Denkmalschutz-Amt dazu zu bewegen, jetzt seine Zustimmung zum Verkauf zu geben, schaltete sich Hermann Göring persönlich ein. Dies geht aus einem Telegramm hervor, das Ministerialdirektor Dr. Grützbach im Auftrag des Reichsmarschalls am selben Tag an das Amt für Denkmalschutz in Wien richtete: „Im Auftrage des Herrn Ministerpräsidenten Generalfeldmarschall Göring teile ich mit, daß der Herr Generalfeldmarschall die Genehmigung erteilt hat zum Verkauf des Bildes das Atelier von Vermeer aus dem Besitze des Grafen Jaromir Czernin an Herrn Philipp Reemtsma Hamburg – Dr. Gruetzbach Ministerialdirektor und Chef des Stabsamtes des Ministerpräsidenten Generalfeldmarschall Göring." Hermann Göring war also mit einem Verkauf an Philipp Fürchtegott Reemtsma grundsätzlich einverstanden, und zwar mit der Begründung, daß „das Bild ja nun nach dem Zusammenschluß von Deutschland und Österreich dem Deutschen Reich erhalten bleibe". Nach langwierigen, fruchtlosen Verhandlungen erwarb schließlich Reichskanzler Hitler, der selbst ein enormes Interesse an dem wertvollen Stück bekundete und eine Art persönlicher Schirmherrschaft über die Vorgänge übernommen hatte, das Bild am 4. Oktober 1940 für 1.650.000 Reichsmark.[100]

Görings privater Dispositionsfonds wurde über die Finanzierung durch Mittel aus dem Staatshaushalt sowie die Eigenverkäufe hinaus vor allem durch Spendengelder deutscher Großindustrieller gespeist. Dies hatte keine unmittelbar materiell abrechenbare Gegenleistung zur Folge. Etliche namhafte Mäzene fühlten sich einfach nur geehrt, dem Reichsmarschall zweckgebundene Gelder zur Verfügung stellen zu können – was sie häufig in nicht unerheblichem Maße taten. Zu einem von Görings Hauptfinanziers wurde kein geringerer als wiederum der Zigarettenfabrikant und Multimillionär Philipp Fürchtegott Reemtsma, der sich mit seinen großzügig bemessenen Zuwendungen für Görings Privatverbrauch[101] an die Spitze der Wohltäter-Riege zu stellen wußte. Der ehemalige Flieger und spätere Oberleutnant der Reserve der Luftwaffe, der am Krückstock ging, seit er im Ersten Weltkrieg abgestürzt war, war 1932 zum erstenmal mit Göring auf einer Sitzung von Industriellen zusammengetroffen, welche sich hinsichtlich gewisser innerhalb der NSDAP auftretender radikalsozialistischer Tendenzen äußerst besorgt zeigten. Da diese Männer in den zwanziger Jahren in beträchtlichem Umfang Steuern „eingespart" hatten, erklärten sie sich nach Hitlers Regierungsübernahme in einer geheimen Vereinbarung bereit, größere Summen für den Kunstfonds zu spenden – gleichsam als Entschädigungszahlung, mit der sie sich loszukaufen und einer juristischen Verfolgung zu entgehen gedachten. Hitler jedoch wollte als Nichtraucher keinen Profit aus den Gewinnen der Tabakindustrie schlagen, zeigte sich allerdings mit dem Vorschlag Görings einverstanden, daß Reemtsmas vierteljährliche Spenden an den preußischen Staat „für kulturelle Zwecke, Naturschutz und Weidwerk" gehen sollten. Was zur Folge hatte, daß dessen Steuerschuld als getilgt galt.[102]

Solcher Art also war die Symbiose zwischen Großindustrie und Staatsmacht: Als vor dem Fiskus in höchstem Maße Schuldbefleckter engagierte man sich nunmehr für offiziell als wohltätig anerkannte Zwecke, wobei man sich selbst – und vor allem die so geohrfeigte Öffentlichkeit – auch noch der Illusion der Gönnerhaftigkeit hingab, und erhielt daraufhin von allerhöchster Instanz die Absolution für Verfehlungen, über die sich im anderen Fall wohl kaum der Deckmantel des Schweigens gesenkt hätte, oder doch zumindest nicht mit dieser Verkehrung der Gegebenheiten ins quasi Freundschaftliche.

Philipp Fürchtegott Reemtsma habe, so erklärte Paul Körner am 17. April 1952 im Zeugenstand, den Kunstfonds mit jährlich einer Million Reichsmark unterstützt, und über den gesamten Zeitraum von zehn Jahren gerechnet habe Reemtsma damit für Görings kulturelle Aktivitäten etwa 13 bis 14 Millionen Reichsmark zur Verfügung gestellt.[103] Anderen Quellen zufolge sollen es sogar 15 Millionen gewesen sein.[104]

Von Reemtsmas enormer Spendenwilligkeit zeugen etwa die Quittungen über je eine Viertelmillion Reichsmark, die in den National Archives in Washington aufbewahrt werden.[105] Demnach erhielt Göring von Reemtsma alle drei Monate einen Verrechnungsscheck über 250.000 Reichsmark auf seine Konten bei der August-Thyssen-Bank oder bei der Deutschen Bank. Bankauszüge weisen solche Zahlungen ab Juli 1937 aus. Die letzte nachweisbare Quittung stammt vom 20. November 1943.[106]

Wenn auch die von Mäzen Philipp Fürchtegott Reemtsma für den Reichsmarschall Hermann Göring aufgewendeten Beträge womöglich ein Vielfaches von dem betragen haben, was er für seine eigene Sammlung ausgegeben hat, ist doch das freundliche Miteinander der beiden deutschen Sammlerkollegen erkennbar. Göring revanchiert sich nämlich durchaus, wenn auch auf andere Weise, auf eine, die dem Tabakmagnaten den ihm einmal geebneten Weg ins politische Establishment immer wieder neu eröffnet bzw. deren Möglichkeiten immer wieder neu in entsprechend glanzvolles Licht rückt. So kann zum Beispiel ein am 4. Juni 1939 anläßlich des Besuches von Prinz Paul von Jugoslawien veranstaltetes Staatsbankett, bei dem Reichsmarschall Hermann Göring in der Goldenen Galerie des Charlottenburger Schlosses als Hausherr fungiert und zu dem Philipp Fürchtegott Reemtsma als einer der Ehrengäste geladen ist, als eine Art Bestätigung der gegenseitigen Beziehungen gewertet werden, von deren Aufrechterhaltung beide Seiten profitierten – jede auf ihre Weise. Welch hohe Rangstufe Philipp Fürchtegott Reemtsma bei der Teilnahme an diesem Staatsbankett zugesprochen wird, läßt sich leicht daran ablesen, daß er unter den insgesamt über 200 Teilnehmern nur sechs Plätze entfernt von Seiner Königlichen Hoheit, dem Prinzregenten Paul von Jugoslawien, sitzt. Am selben Tisch finden sich zum Beispiel zudem der SS-Gruppenführer Heydrich, der Reichsprotektor Freiherr von Neurath, Gauleiter Terboven und der Reichsminister Funk. An den anderen drei Tischen ist ebensoviel Prominenz des Dritten Reiches versammelt: vom Reichsführer-SS Heinrich Himmler über den Außenminister Joachim von Ribbentrop bis zum Reichsorganisationsleiter Dr. Robert Ley. Hinzu kommen Vertreter des Hochadels, höchste Militärs, aber auch bekannte Schauspieler und Sänger der damaligen Zeit.

Sind Überlegungen über die politische Anpassungsfähigkeit der Festgäste hier wirklich unangemessen? Jan Philipp Reemtsma empfindet das offenbar so. Auf einen Hinweis in dem bereits zitierten *FAZ*-Interview zum Mäzenatentum seines Vaters, in einem Leserbrief habe es geheißen: „Jede Zeit hat ihren Reemtsma", reagiert er frostig: „Ein Teil Ihrer Leserschaft scheint sich durch eine bemerkenswerte moralische Indifferenz auszuzeichnen. Hätten Sie es gern, wenn in Ihrem Blatt jemand den Führer von einst mit einem demokratischen Staatsoberhaupt von heute, wenn er Hitler mit Kohl vergliche? Also sollten Sie das vielleicht hier auch nicht tun."[107]

Reemtsma junior zeigt hier eine Mischung aus Aggressivität und es sich selbst allzu leicht machender Zurückweisung unerwünschter Vorhaltungen, die, verbunden mit einer mißglückten Beispielkonstruktion, allerdings eindeutig nach hinten losgeht. Jeglicher Kommentar erübrigt sich zudem auch deshalb, weil die bekannten Fakten über den Mäzen Philipp Fürchtegott Reemtsma für sich sprechen.

Hermann Göring unterstützte den Vater Reemtsma auch noch in vielerlei anderer Hinsicht. So zum Beispiel bereits im Jahre 1933, als die SA den Versuch unter-

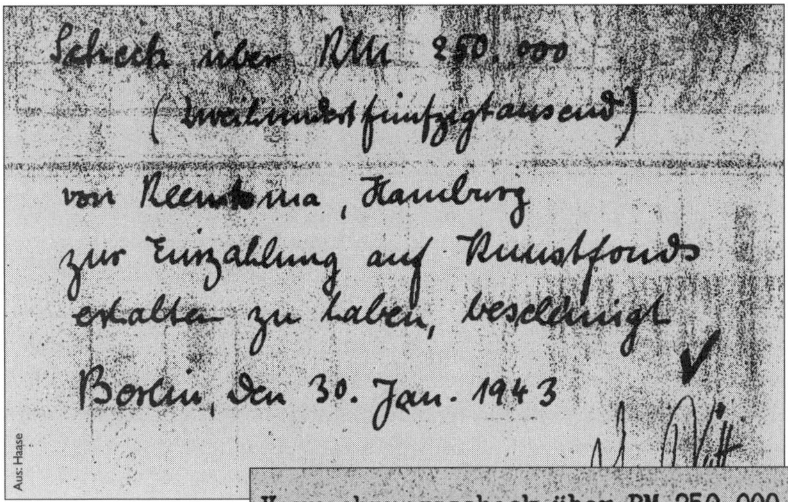
Scheck über RM 250.000
(zweihundertfünfzigtausend)
von Reemtsma, Hamburg
zur Einzahlung auf Kunstfonds
erhalten zu haben, bescheinigt
Berlin, den 30. Jan. 1943

Aus: Haase

Wenn nicht französische Gobelins oder niederländische Ölgemälde, dann gab Philipp Reemtsma auch Bares: Alle drei Monate spendete der Systemtreue eine Viertelmillion Reichsmark für Görings Kunstfonds, den der Reichsmarschall 1934 geschaffen hatte, um sich seine üppigen Kunstkäufe zu ermöglichen.

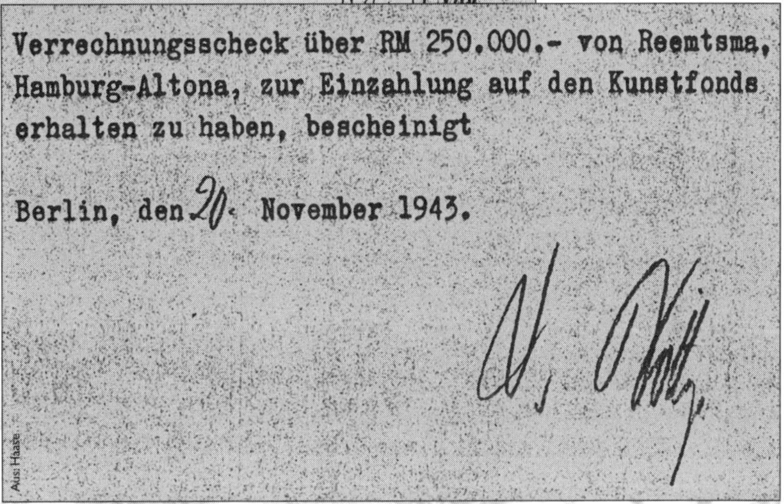
Verrechnungsscheck über RM 250.000.- von Reemtsma,
Hamburg-Altona, zur Einzahlung auf den Kunstfonds
erhalten zu haben, bescheinigt

Berlin, den 20. November 1943.

Aus: Haase

Gerade die heute in Washington aufbewahrten Spendenquittungen Reemtsmas zeugen von dem enormen Abhängigkeitsverhältnis, das zwischen Wirtschaftsbossen und politischen Machthabern im Dritten Reich bestand. Auch Görings geplante Galerie (unten) sollte aus Mitteln des Fonds gebaut und unterhalten werden.

Aus: Kittler

nahm, eine konkurrierende Zigarettenfabrik zu gründen. Göring setzte sich daraufhin im Sinne der Profitinteressen des Multimillionärs bei Hitler persönlich ein – und wie es schien mit Erfolg. Zwar sollte, um diese Finanzquelle maximal ausschöpfen zu können, „der Konsum der von dieser Zigarettenfabrik in den Handel gebrachten Zigaretten" laut einer persönlichen Anordnung des SA-Stabschefs und Reichsministers Ernst Röhm in „jeder zulässigen Weise" gefördert werden.[108] Doch in der Praxis spielten die Gewinne der SA-Zigarettenfabrik „Sturm" anscheinend ausschließlich für den Unterhalt der stets mit Geldsorgen kämpfenden SA eine Rolle.[109] Die hier produzierten Marken „Trommler", „Alarm", „Sturm" und „Neue Front" wurden ausschließlich über die Reichszeugmeisterei vertrieben[110], weshalb diese keine ernstzunehmende Konkurrenz bedeuteten und sich ein weiteres Intervenieren erübrigte.[111] Allein die relativ hilflose Art der Werbung über Einlegezettel, auf denen auf die Freude hingewiesen wurde, die man einem SA- oder SS-Mann selbst mit leeren Packungen bereiten würde, spricht für die Ungefährlichkeit der „Sturm"-Marken. Der Appell „Diese leere Packung bitte nicht wegwerfen!" schien sich ohnehin nur an eine äußerst knausrige Klientel zu richten, die außer aller Konkurrenz stand.[112]

Als im Jahre 1934 gegen Deutschlands einflußreichsten Zigarettenhersteller ein Verfahren wegen Betrugs, Meineids und Anstiftung zur Untreue – kurz: wegen der Korruptionsskandale Reemtsmas in der Weimarer Republik – eingeleitet wurde, hoffte die SA erneut, den Konkurrenten aus dem Feld schlagen zu können. Doch auch diesmal half ihm der Reichsmarschall aus der Patsche: „Zu den ‚monopolkapitalistischen' Hyänen, die der preußische Justizminister abwürgen wollte, gehörte der Hamburger Großkaufmann Reemtsma. Es wurde ihm vorgehalten, daß er seinen Zigarettenkonzern durch Bestechung aufgebaut habe. Der große Eifer, den die SA in dieser Sache entfaltete, wurde dadurch befeuert, daß die Zigarettenfirma Trommler die SA subventionierte. SA-Männer durften nur Trommler-Zigaretten rauchen. Die Verkäufer von Reemtsma-Zigaretten wurden verprügelt, und ihre Ladenfenster wurden eingeschlagen. Als die Berliner SA Reemtsmas selbst nicht habhaft werden konnte, stellte sie das Ansinnen an das Staatspolizeiamt, ihr bei der Festnahme des Großkaufmanns behilflich zu sein. Es kam im August zu einer Aussprache zwischen Göring und Reemtsma, die damit endete, daß der kluge Kaufmann Göring klarmachte, es sei sinnlos, die Henne zu schlachten, die die Eier legen sollte. Göring sträubte sich nicht, das einzusehen, und Reemtsma zögerte nicht, sich loszukaufen. Göring brauchte Mäzene für seine Kunstsammlerleidenschaft, für die Berliner Oper und für die Züchtung von Auerochsen und Elchen."[113] Am 2. Februar 1934 sah sich der preußische Justizminister auf Betreiben Görings schließlich gezwungen, den Abbruch der Voruntersuchung gegen Reemtsma in die Wege zu leiten.[114]

Das Prinzip des gegenseitigen Gebens und Nehmens entwickelte sich im Laufe der Jahre zur routinemäßigen Gewohnheit. Nicht nur daß Göring seinen Leib- und Magenmäzen in Sachen Recht und Gesetz unter seinen persönlichen Schutz stellte, er unterstützte und beriet ihn auch in unternehmerischen Dingen. Im Juli 1942 etwa verwandte er sich – als Anreiz zur Leistungssteigerung der Bevölkerung, so die Argumentation – bei Hitler für den Kauf von „mehreren Milliarden minderwertigster Abfallzigaretten". Abfallbeseitigung ohne Mehraufwand inklusive Honorarzahlung für den entsorgten Ausschuß – welch hohen Gewinn mag hier die Firma zusätzlich eingestrichen haben? Bezeichnend ist ebenso Hermann Görings Empfehlung im August desselben Jahres an die Reichskommissare für die besetzten Ge-

Oberstleutnant Schmid

Legationssekretär Dr. Cirkovic	Legationsrat von Halem
Frau Brantenaar	Fregattenkapitän Schmidt
Oberstleutnant Müller-Derichsweiler	Frau Görnnert
Frau Scherping	Professor Benno von Arent
Herr Attila Hörbiger	Frau Gramsch
Frau Markovic	Generalkonsul Neuhausen
Staatsrat Dr. Herrmann	Frau Bodenschatz
Frau Speer	Generalleutnant Udet
Staatssekretär Kleinmann	Frau Olga Tschechowa
Kammersängerin Maria Müller	Generaldirektor Stahl
Staatssekretär Körner	Frau Meißner
Frau Attolico	Reichsminister Funk
Minister Cincar Marcovic	Prinzessin Hohenlohe-Langenberg
Frau Göring	Reichsprotektor Freiherr von Neurath
Prinzregent Paul von Jugoslawien	Gräfin Törring
Freifrau von Neurath	Staatssekretär Generaloberst Milch
Generaloberst von Brauchitsch	Frau Hörbiger-Wessely
Frau Himmler	Prinz von Baden
General der Flieger Sperrle	Frau Kleinmann
Frau Kesselring	General der Flieger Kühl
Herr Philipp F. Reemtsma	Frau Kovacevic
Frau Flick	General der Flakartillerie Rüdel
Gauleiter Terboven	Frau Zander
Frau Obergruppenführer Lorenz	SS-Gruppenführer Heydrich
Gesandter Freiherr von Dörnberg	Frau Müller-Derichsweiler
Baroneß von Holthoff	Oberst Jeschonnek
Legationssekretär Markovic	Frau Hackbarth
Legationsrat von Hebel	Legationssekretär Zvekic

Hauptmann Schmack

BONUS

Die persönliche Wertschätzung Hermann Görings Philipp Fürchtegott Reemtsma gegenüber sowie die politische Wichtigkeit des Konzernchefs zeigen sich auch bei offiziellen Anlässen wie etwa dem Staatsbankett anläßlich des Besuches von Prinz Paul von Jugoslawien am 4. Juni 1939. Aus diesem Anlaß lud der Gastgeber Göring die politische, militärische und kulturelle Elite des Dritten Reiches in die Goldene Galerie des Charlottenburger Schlosses. Die 200köpfige Bankettgesellschaft verteilte sich auf vier Tische. Reemtsma wurde die Ehre zuteil, umgeben von NS-Prominienz am selben Tisch wie der hohe Staatsgast zu dinieren. Schräg gegenüber wurden SS-Gruppenführer Heydrich und der Prinz von Baden plaziert, in unmittelbarer Nähe sitzen Gauleiter Terboven und Frau Himmler.

biete sowie die Militärbefehlshaber zur Einführung eines neuen Zahlungsmittels: Für den Tausch gegen landwirtschaftliche Produkte aus der Ukraine sollten Reemtsma-Zigaretten verwendet werden. Am deutlichsten aber zeigt sich die spezifische Art der zweiten Seite des symbiotischen Verhältnisses sicherlich anhand der Tatsache, daß Göring Reemtsma vertraulich riet, beizeiten in das Schiffahrtsgeschäft einzusteigen, da der Reichskanzler für die Zeit nach dem Krieg eine Kampagne gegen das Rauchen plane.[115] Eine Maßnahme, die den Tabak-Monopolisten Reemtsma mit Sicherheit in eine arge Krise gestürzt, wenn nicht gar das Aus für ihn bedeutet hätte. Zumindest hinsichtlich des Handels mit Tabakwaren, denn irgendwie wäre der erprobte Wendehals-Clan Reemtsma wohl auch diesmal wieder auf die Füße gefallen – und sei es, dem Ratschlag Görings entsprechend, durch die Übernahme von Werften und Reedereien.

Der Konzernleiter Philipp Fürchtegott Reemtsma nimmt den Tip durchaus ernst, zumal sich Görings Warnung anhand eindeutiger Vorzeichen zu bestätigen scheint. Um sich für alle Fälle abzusichern, geht er daher beispielsweise auf die Pläne von Kriegsernährungsminister Herbert Backe ein, dessen Ziel es ist, das Fischgeschäft mittels Tiefkühllagerung von Großfangerträgen zu „nationalisieren". Aus diesem Grund hatte sich Backe bereits an den Hamburger Reichsstatthalter Karl Kaufmann gewandt: In der alten Hansestadt sollte der größte Fischereihafen Europas entstehen, und zwar „über den Umweg eines Tabakmonopols", das heißt also mit Hilfe des Zigarettenkonzerns Reemtsmas. Es ist vorgesehen, daß dieser einen deutschen Fischereihafen mit einer eigenen deutschen Fischfangflotte aufbaut und daß der Tabakmonopolist für den Verlust seiner Tabakgeschäfte mit einigen hundert Millionen Reichsmark abgefunden wird. Reemtsma läßt sich nicht zweimal bitten, kauft eine mittlere Hamburger Reederei und läßt einen Fischdampfer von 15.000 Tonnen mit modernsten Anlagen bauen – den allerdings bereits auf seiner Jungfernfahrt ein britisches U-Boot torpediert und zum Meeresgrund befördert. Für Tabakmonopol und Fischereihafen ist das zwar ein harter Schlag[116], Reemtsma aber läßt sich deshalb keine grauen Haare wachsen. Im Gegenteil: Seine Bereitschaft zur Kooperation hatte er erneut unter Beweis gestellt und kann sich nun, aufgrund des Scheiterns der Pläne, um so gelassener wieder seinen vertrauten Geschäften widmen.

Der aus dem Griechischen übernommene Begriff „Monopol" bedeutet schlicht Alleinhandel. Zu unterscheiden ist zwischen einem rechtlichen, also staatlich sanktionierten Monopol und der Form, die durch einen Konzentrationsprozeß mit anschließender Ausschaltung des Wettbewerbs entsteht. Der Reemtsma-Konzern besaß weder in der Weimarer Republik noch später im Dritten Reich ein rechtliches Monopol. Die erfolgreichen Bemühungen während der Weimarer Zeit, eine Maximalzahl von Betrieben unter dem Dach von Reemtsma zu konzentrieren und Konkurrenten unter Einsatz vielfältiger Mittel auszuschalten, gehen indes erkennbar mindestens in die Richtung eines den Wettbewerb unterdrückenden Angebotskartells.

Die vorbehaltlos erscheinende, schon früh einsetzende Unterstützung des Nationalsozialismus und des daraus hervorgegangenen Systems läßt vermuten, daß Wunsch und Wollen der Firma auch jetzt noch denselben Maximen unterworfen waren. In der Tat zeigt die Umsatzkurve der Firma, daß sie ihre Ziele auch im Dritten Reich weitestgehend erreichte. Ein sehr wichtiger Schritt hierbei war, daß Reemtsma Ende 1943 durchsetzte, die Wehrmacht mit der Einheitszigarette „Sulima-Rekord" beliefern zu können. Eine Tatsache, die dem Kontrolleur des deutschen Tabakhandels in den 17 Monaten bis Kriegsende einen sagenhaften Umsatzboom bescherte, da er somit „quasi das Monopol für die Belieferung der Wehrmacht bekam". Fast jeder deutsche Soldat der damals 13 Millionen Mann starken Armee rauchte Reemtsma-Zigaretten. Es gab fünf Zigaretten pro Tag auf Zuteilung, weitere fünf konnte sich der Soldat als Marketenderware für drei Pfennig das Stück dazukaufen.[117] Wer einen öffentlichen Auftrag dieses Ausmaßes in seinen Büchern hatte, war bereits mehr als saniert und verfügte dadurch wiederum über die Mittel zur weiteren Ausbreitung. Das weiter oben erwähnte persönliche Erlebnis der jungen Danziger Tabakarbeiterin[118] läßt sich ohne weiteres in diesen Zusammenhang einpassen, andere Betriebsübernahmen – insbesondere auch in den besetzten Gebieten – sprechen dieselbe Sprache.

Das politische Engagement von Philipp Fürchtegott Reemtsma im nationalsozialistischen Deutschland trug also sichtbar Früchte. Die *Frankfurter Allgemeine Zeitung* stellt 1997 in ihrem Gespräch mit dem Sohn Jan Philipp Reemtsma fest: „Ihr Vater hat Ende der dreißiger Jahre faktisch ein Monopol in der deutschen Zigarettenwirtschaft besessen." Daran schließt sie die Frage: „Angesichts des Zigarettenkonsums der Wehrmacht muß er doch enorm profitiert haben als Lieferant?" Jan Philipp Reemtsma räumt ein, die Firma Reemtsma habe ein „Quasimonopol" besessen. Außerdem sagt er, „es muß auch Bestrebungen gegeben haben – das ist etwas, auf das ich zufällig gestoßen bin – Bestrebungen, sich der Tabakanbaugebiete in der von deutschen Truppen besetzten Sowjetunion zu bemächtigen. Es gibt da einen Hitlerschen Erlaß, wonach verhindert werden müsse, daß die Familie Reemtsma in den Besitz dieser Tabakanbaugebiete kommt."[119]

Jan Philipp Reemtsma ist einmal vorgehalten worden, er habe den Inhalt dieses Hitlerschen Erlasses beinahe zu einer Art Verfolgung stilisiert. Dieser Vorwurf dürfte nach dem Textzusammenhang nicht gerechtfertigt sein; aber der Vorgang an sich zeigt, daß selbst die Nationalsozialisten, womöglich Hitler persönlich, der Politik des ungebremsten Zusammenraffens durch den Konzern gewisse Grenzen setzen wollten. Jan Philipp Reemtsma schließt gegenüber der *FAZ*, seine Familie sei „natürlich kein oppositionelles Unternehmen" gewesen, sie habe sich „politisch arrangiert".[120] Womit er – einigermaßen hilflos – auf die „Arbeitsteilung" zwischen den drei Brüdern Hermann, Philipp und Alwin anspielt.

Im Vergleich zu früheren öffentlichen Äußerungen weiß der Millionenerbe Reemtsma also doch recht gut über die eindeutige Vergangenheit seines Onkels Hermann Fürchtegott Reemtsma und besonders über die seines Vaters Philipp Fürchtegott Reemtsma Bescheid. Vielleicht hat er die wiederholte Blamage zum Anlaß genommen, sich mittels Quellenstudium einmal eingehender mit seiner Herkunft zu beschäftigen. Seinen eigenen Vater hierzu persönlich zu befragen, ist ihm ja, wie er übrigens bedauert, nicht mehr vergönnt gewesen: Dieser starb Ende 1959, als der Sprößling gerade erst sieben Jahre alt war. Um eine wirkliche Auseinandersetzung indes scheint es ihm nicht bestellt. „Ich finde es schade", bekannte er 1995 gegenüber dem *Spiegel*, „daß ich ihm nicht eine ganze Reihe von Fragen stellen konnte. Ich empfinde es aber nicht als dramatische Lücke in meinem Leben." Woraufhin der Interviewpartner einhakt: „Sie gehen nicht so weit zu sagen: Ich bin nicht gerne ein Reemtsma?" In der Antwort schwingt ebensoviel Distanzierung wie Selbstverleugnung mit: „Ich fühle mich nicht als ‚ein Reemtsma'. Als Bürger denkt man nicht dynastisch. Ich trage diesen Namen, und ich mache, was ich für richtig halte – in eigenem Namen." Aber mit dem Geld „der Reemtsmas"...

Darauf, was Jan Philipp Reemtsma „für richtig hält", einzugehen, wird es später noch eine Menge Veranlassung geben.[121]

Ausgerechnet Wehrmachtsoldaten zählten in den Kriegsjahren 1939 bis 1945 zu den treuesten Kunden von Reemtsmas Zigarettenfabriken. Ob bei der Rast, während einer Lagebesprechung oder im Schützengraben – Reemtsma ist in Form von Tabakrauch selbst an den fernsten Fronten allgegenwärtig.

Die Zigarettenbilderalben

Eine Unterstützung der besonderen Art, die das Haus Reemtsma dem nationalsozialistischen Staat angedeihen ließ, sind die sogenannten Zigarettenbilderalben, jene mit einer Mischung aus unterhaltsamer Beschaulichkeit und informativer Seriosität aufgemachten, auch heute noch auf Flohmärkten oder in Antiquariaten erhältlichen großen Alben, die sich an der verbreiteten Sammelleidenschaft des Publikums orientierten bzw. diese zu wecken und – wie mag es anders sein – für eigene wirtschaftliche wie für nationalsozialistisch-politische Interessen zu kanalisieren wußten. Nun war diese Form der Werbung bei weitem keine Erfindung aus der NS-Zeit. Bereits vor dem Ersten Weltkrieg hatte es vereinzelt derartige bescheidene Sammelalben gegeben. So ist die Leipziger Margarinefabrik Richard Held in Schkeuditz bekannt für ihr aus sechs Serien zu je sechs Bildern bestehendes Sammelalbum über die Völkerschlacht von 1813, das zur Einweihung des Leipziger Völkerschlachtdenkmals 1913 erschien. Hinzu kommen etwa Sarotti aus Berlin mit dem 1910 herausgebrachten 48 Bilder umfassenden Album *Naturgeschichte* oder die Hannoversche Schokoladen- und Kakaofabrik Bernhard Sprengel, deren erste Automatenbilder es wahrscheinlich bereits um 1900 gegeben hat.

Die Bildbeilage in der Zigarettenpackung war zunächst allerdings nur in Großbritannien bekannt gewesen. Während kurz vor Ausbruch des Ersten Weltkrieges 1914 die Dresdner Zigarettenfabrik Sulima auf Seide gedruckte Wappen und Flaggen herausgab, ist die einzige Ausnahme im Vorkriegsdeutschland, die sich in dieser Branche des Sammelbildes in großem Stil bediente, die später in den Reemtsma-Konzern eingehende Dresdner Zigarettenfabrik Jasmatzi. Deren Serienbilder besaßen bereits ein ausgefallenes Format.[122]

Nach Kriegsende kam infolge des wirtschaftlichen Zusammenbruchs und der sich hieran anschließenden Inflation die Herausgabe von Sammelbildern fast völlig zum Erliegen. Besonders betroffen von dem Verlust der deutschen Kolonien und damit des Ausgangsmaterials zur Herstellung ihrer Produkte war die Kakao- und Schokoladenbranche, deren zahlreiche Unternehmen zuvor zu den führendsten Verteilern für Sammelbilder gezählt hatten. Nun ist die große Zeit der Alben für die Zigarettenindustrie gekommen, die das Sammelkärtchen für sich als höchst effektives Werbemedium erkennt. Wegen der insbesondere durch Reemtsma vorangetriebenen Monopolisierung und der ungeheuren Verschärfung des Wettbewerbs kommt es zu einer unerschöpflichen Flut von Sammelalben, so daß die Tabakbranche den Markt ab Ende der zwanziger Jahre fast vollkommen beherrscht. Diese erweisen sich vor allem für Reemtsma als besonders „golden", da es der Konzern auch in dieser Hinsicht meisterhaft versteht, die Nase vor allen Konkurrenten stets vorn zu behalten. Nicht zuletzt aufgrund von dessen maßgeblicher Einflußnahme waren die deutschen Raucher in dieser Zeit ganz verrückt nach den kleinen schwarz-weißen oder auch kolorierten Qualitätsbildchen zu verschiedensten Themen, die an der entsprechend numerierten Stelle im Album einzukleben waren und für deren Erwerb und Vervollständigung sogar Umtauschstellen betrieben wurden.

Auch einige Zeit nach dem Zweiten Weltkrieg hat es noch Sammelalben für Bilder verschiedenen Inhalts gegeben, die man bei fleißigem Kauf bestimmter Produkte zu mehr oder weniger interessanten Bänden zusammenstellen konnte. Im Gegensatz zu den im Grunde unpolitischen Blumen-, Auto- oder Pilzalben der

Nachkriegszeit – es erfolgt keine Aufarbeitung jüngster deutscher Geschichte, nur die Kriegsgeschehnisse werden teilweise aufgegeriffen – war der Zweck der Produktion während des Dritten Reiches indes mehr als eindeutig. Zwar ließ auch das Haus Reemtsma unverfängliche unpolitische Bände herstellen, unter denen sich sogar ziemlich anspruchsvolle Kunstsammelalben wie die 1938/39 erschienene Trilogie *Malerei der Gotik und Frührenaissance*, *Malerei der Renaissance* und *Malerei des Barock* mit je hundert Bildern unterschiedlichen Formats oder auch das schon 1933 herausgegebene Album *Moderne Malerei vom Impressionismus bis zur Gegenwart* mit 150 Farbbildern befinden. Aber im Mittelpunkt standen die bis in Millionenauflagen hergestellten Werke, deren Aussage eindeutig der Ideologie des Nationalsozialismus verpflichtet war.

Deren plötzliches Aufkommen wird zunächst aus einem rein pragmatischen Blickwinkel begrüßt. Denn die in den Sammelbilderalben abgehandelten Themen hatten sich sehr bald erschöpft, und man suchte nach veränderten Methoden, um die Aufmerksamkeit auf sich zu lenken. In Ermangelung von Ideen inhaltlicher Art wich manches Unternehmen nun vom Papier auf neue Materialien wie Holz, Stoff und Metall aus, was Hersteller und Konsument gleichermaßen kaum zu befriedigen vermochte. Doch dann eröffnete die Änderung der politischen Machtverhältnisse 1933 mit den zahlreichen ideologischen Facetten des Nationalsozialismus in Politik, Gesellschaft, Sport und Kultur neue Themenkreise, die bedient werden wollten.

Nun erleben die Zigarettenbilderalben einen neuen Aufschwung. Es dominieren Serien mit aktuellen und politisch opportunen Themen, die höchstes Wohlwollen genießen, was nicht zuletzt die von hochrangigen Militärs oder Mitgliedern des deutschen Staatsapparats verfaßten Vorworte unter Beweis stellen. Gleichzeitig mit dem politischen Zweck ändert sich auch die äußere Erscheinungsform. Waren die vorherigen Bände, etwa durch ihren Pappeinband, von eher bescheidenem Zuschnitt, so werden sie nunmehr in Leinen gebunden und mausern sich zu regelrechten Prachtausgaben für Bibliophile – was natürlich auch Konsequenzen hinsichtlich der Anschaffungskosten zur Folge hat. Inhaltlich wie von der Machart her unterscheiden sich die festen Alben kaum noch von einem Sachbuch. Und spätestens 1933 zieht das Sammelalbum von der Kinderstube in die Bibliothek im Wohnzimmer um. Die professionellere Machart gilt offensichtlich der Gewährleistung einer gewissen Langlebigkeit der Alben, die wohl auch den politischen Vorstellungen von der Dauer eines „tausendjährigen Reiches" geschuldet ist.[123]

Diesen Anspruch verfolgt Reemtsmas „Zigarettenbilderdienst Hamburg-Bahrenfeld" mit besonderer Akribie. Selbst seine Alben mit im Grunde unpolitischem Inhalt sind nicht immer frei von nationalsozialistischer Tendenz. So wird etwa mit dem 1935 erschienenen ersten Teil der Folge *Vom Werden deutscher Filmkunst* unter dem Titel *Der stumme Film* mit 200 verschiedenformatigen Fotodrucken von Oskar Kalbus auf den „großen und tiefen Umbruch" hingewiesen, „der – wie auf allen Gebieten der Wirtschaft und Kultur – durch die nationalsozialistische Weltanschauung und Staatsführung auch im Filmschaffen zum Segen und Wohl des deutschen Menschen und des deutschen Wesens erfolgt ist."[124] Dieses als Folge 10 in der Reemtsma-Reihe herausgekommene Album erlebte eine Auflage von 120.000, der von demselben Verfasser stammende Folgeband *Der Tonfilm* vom selben Jahr mit Platz für ebenfalls 200 Schwarzweißdrucke mindestens 160.000. Neben den Angaben zu Technik und Filmgattungen enthält dieses Buch die Rede „Film-Deutschland erwache", die Josef Goebbels, Schirmherr des deutschen Films, am 9. Februar

1934 anläßlich des Filmwanderpreises der Reichsregierung hielt, sowie einen Beitrag über den NS-Film.

Von unschlagbarer Brisanz sind allerdings Reemtsmas eindeutig als nationalsozialistische Propagandawerke klassifizierbare Alben zu den Themenkomplexen deutsche Geschichte und deutsche Politik, speziell seine Hommagen an den Sieg der NSDAP. Es ist im Grunde kaum vorstellbar, daß eine auf vollen Touren laufende Propagandamaschinerie noch des unscheinbar anmutenden Zigarettensammelbildes als zusätzliches Medium bedurfte, um den Führer und seine Ideen in jedes deutsche Heim zu lancieren. Reemtsma erkennt, was die Stunde geschlagen hat, und produziert was das Zeug hält Zigarettenbilderalben. Bereits 1933 wirft er mit *Kampf ums Dritte Reich* einen Titel auf den Markt, mit dem er auf 273 kleinen Farbbildern erstmals demonstrieren kann, daß er gewillt ist, sich den neuen Machthabern nach allen Regeln der Kunst anzudienen. 1934 folgt der Band *Deutschland erwacht. Werden, Kampf und Sieg der NSDAP* mit 335 Farb- und Schwarzweißbildern. Im selben Jahr legt der Zigarettenbilderdienst in Altona-Bahrenfeld mit dem 310 meist Farbbilder umfassenden Album *Der Staat der Arbeit und des Friedens. Ein Jahr Regierung Adolf Hitler* zudem ein Werk vor, das eine erste positive Regierungsbilanz zieht. In den Folgejahren erscheinen unter anderem *Deutsche Kulturbilder. Deutsches Leben in 5 Jahrhunderten 1400–1900* (1935) mit 300 farbigen Glanzbildern sowie zwei Bände zur *Olympiade 1936*.

In einer Zeit des wiedererstarkenden Nationalgefühls lag es zudem nahe, auch historische Ereignisse in Serien von Sammelbildern neu zu beleuchten. So waren etwa die Befreiungskriege, die die Wiedergeburt des preußischen Staates einleiteten, oder die über den Ersten Weltkrieg hinausreichende deutsch-französische Konfrontation beliebte Themengebiete. Auch Fragen der Rassenlehre waren Gegenstand intensiver geschichtlicher Betrachtungen. Wenn schon mit Begriffen wie „Drittes Reich" operiert wurde, mußten auch die Ereignisse rund um das „Erste" und „Zweite" deutsche Reich, also das Heilige Römische Reich deutscher Nation und das deutsche Kaiserreich, ins Bewußtsein gerückt werden. Dieser Aufgabe stellte sich beispielsweise das Album *Bilder deutscher Geschichte* von 1936 mit 200 Farbbildern, das 300.000mal aufgelegt wurde. Es endete daher auch mit Beginn des Ersten Weltkrieges und nahm sich nicht der aktuellen Geschichte an.[125] Nach *Aus Wald und Flur. Pflanzen unserer Heimat* (1937) und *Aus Wald und Flur. Tiere unserer Heimat* (1939) erscheinen *Deutsche Märchen* (1939), *Raubstaat England* (1941), das eine Auflagenhöhe von mehr als 300.000 Exemplaren erreicht, und andere Titel mit mehr oder weniger offensivem nationalen Bekenntnischarakter. Zudem ist der Hamburger Tabakkonzern wiederholt an Gemeinschaftsausgaben der deutschen Zigarettenindustrie beteiligt.

Diese dem Geist des Nationalsozialismus verpflichteten Alben sind darauf angelegt, den Eindruck eines heilen Dritten Reiches zu vermitteln, einer in allererster Linie durch das Charisma des Führers geordneten, in sich geschlossenen und durch und durch harmonischen, ja paradiesischen Gesellschaft – auch wenn dies, wie in *Raubstaat England*, auf nach außen gerichteter massiver politischer Propaganda fußt. Der Konzernerbe Jan Philipp Reemtsma nennt – 1997 von der *Frankfurter Allgemeinen Zeitung* in Anlehnung an seine frühere Aussage, „Mäzenatentum gehöre zur Tradition des Hauses Reemtsma", nach der „Sponsorentätigkeit Ihres Vaters gegenüber NS-Größen wie Hermann Göring" und der Herausgabe dieser Alben befragt – selbst einige der brisanteren Titel: *Hitler, wie ihn keiner kennt*, *Raubstaat England*, *Die Olympiade* sowie *Die Renaissance* und die *Bilder der Gotik* – „ich kenne die

Bücher". So sein trotziger Versuch, das heute peinliche Thema der „Öffentlichkeitsarbeit von ehedem" abrupt zu beenden. Doch die Journalisten bleiben hartnäckig: „Und wie stehen Sie dazu? Betrachten Sie das nicht als aufklärungsbedürftig?" Reemtsma fühlt sich in die Enge getrieben und geht zur Taktik des Gegenangriffs über: „Sie hatten vorher auf die mäzenatische Tätigkeit angespielt, und nun muß ich sagen: Ich verbitte mir diese Art der Analogiebildung. Nehmen Sie das als generellen Einwand. Diese Art der Analogie verbitte ich mir."[126] Ein Zeitungsinterview ist nicht in der Lage, den Tonfall wiederzugeben, aber die Redundanz läßt Heftigkeit vermuten und erinnert an den Sinnspruch, nach welchem getroffene Hunde bellen. Wollte Reemtsma von der intensiveren Diskussion weiterer Titel wie *Deutschland erwacht*, *Kampf ums Dritte Reich* oder *Der Staat der Arbeit und des Friedens. Ein Jahr Regierung Adolf Hitler* ablenken?

Was in seiner Aufzählung außerdem fehlt, ist der besonders bemerkenswerte Band dieser vom „Zigarettenbilderdienst Hamburg-Bahrenfeld" herausgegebenen Sammelbandreihe *Adolf Hitler. Bilder aus dem Leben des Führers*. Warum wohl? Weil er im Grunde weiß, daß sich die herausragendsten politisch orientierten Alben selbstverständlich um die Person Adolf Hitlers rankten? Dieses 1936 erschienene Zigarettenbilderalbum jedenfalls, das eine Millionenauflage erreichte, ist vielleicht das repräsentativste Beispiel dafür, daß der Tabakkönig Philipp Fürchtegott Reemtsma mittels seiner Publikationen – wie ja auch der Sohn Jan Philipp mit anderer Ausrichtung heute – eine intensive „Volkspädagogik" betrieb und dem Reichsminister für Propaganda und Aufklärung viel Arbeit abnahm. Nicht umsonst stammen die Vorworte in den Büchern häufig von Dr. Joseph Goebbels höchstpersönlich, was die Zufriedenheit der damaligen Machthaber einerseits, die Anpassungsfähigkeit der entsprechenden Wirtschaftsvertreter andererseits und damit die totale Verquickung beider Seiten miteinander besser nicht ausdrücken könnte.

In Reemtsmas *Adolf Hitler. Bilder aus dem Leben des Führers* umreißt Goebbels den Stellenwert der Propaganda und gibt damit gleichzeitig eine grundsätzliche ideologische Richtlinie für den Herausgeber vor: „Über den Begriff der Propaganda herrscht in der ganzen Welt und auch heute noch in Deutschland eine Unmenge von Mißverständnissen, die, da sie so eingewurzelt sind und meistens auf Vorurteilen beruhen, nur schwer geklärt werden können. Dabei hat gerade das deutsche Volk seit Ende des Krieges in dieser Beziehung einen Anschauungsunterricht genossen, wie er besser und eindringlicher gar nicht gedacht werden kann. In dieser geschichtlich gesehen relativ so kurzen Zeitspanne hat sich in Deutschland die Propaganda als eine politische Machtgröße allerersten Ordnung erwiesen; denn es bedarf heute keines Beweises mehr dafür, daß das kaiserliche Deutschland unter dem Ansturm der marxistischen Propaganda zum Sturz kam, und daß das marxistisch-demokratische Regime allein hat beseitigt werden können, weil ihm nicht nur die nationalsozialistische Idee, sondern auch die nationalsozialistische Propaganda eine überlegene neue Ordnung und Fähigkeit entgegenstellten.

Auch die Propaganda muß gekonnt sein. Es nutzt gar nichts, je nach Bedarf ein paar findige Köpfe zu ihr abzukommandieren. Sie hat wie jede große Kunst ihre dafür besonders befähigten Menschen, die meistens eine Schule begründen und damit auch Schule machen. Es muß auch aufgeräumt werden mit dem weitverbreiteten Irrtum, daß ihr etwas Unehrenhaftes oder Minderwertiges anhafte. Es kommt bei ihr nur darauf an, wie ja auch überall sonstwo im Leben, wofür sie sich einsetzt und was sie praktisch in die Welt der Erscheinungen hineinführt. Sie hat in diesem Sinne gar nichts mit Reklame zu tun. Sie läßt am besten Dinge und Menschen für sich selbst sprechen und sorgt dafür, daß sie, wenn sie von Wert sind, auch in ihrem vollen Wert dargestellt und erläutert werden.

Denn gute Dinge und große Menschen wirken für sich selbst. Man muß sie deshalb auch selbst und uneingeschränkt zu Worte kommen lassen. Es ist dabei das wichtigste Kennzeichen einer besonders erfolgreichen Propaganda, daß sie nichts wegläßt, aber auch nichts hinzufügt, was nicht zum Wesen des behandelten Gegenstandes gehört. Die charakteristischen Merkmale von Zuständen oder Persönlichkeiten sollen klar, eindringlich und so einfach und ungekünstelt aus dem verwirrenden Beiwerk herausgehoben werden, daß sie für die breite Masse derer, die davon erwärmt und dafür geworben werden sollen, verständlich und erkennbar wirken.

Der Nationalsozialismus und seine hauptsächlichen Vertreter haben für diese Kunst nicht nur eine natürliche Begabung mitgebracht, sondern sie haben sie in steter Arbeit, in unermüdlichem und engstem Kontakt mit dem Volke und in fortschreitender, höchster Verfeinerung gelernt und angewandt. Der Führer selbst war dabei ihr großer Lehrmeister. Es ist nur wenig bekannt, daß er lange in den Anfängen der Partei kein anderes Amt innehatte als das ihres Propagandaleiters, und daß er in der genialen Beherrschung und Handhabung dieses Amtes der Partei ihren eigentlichen geistigen organisatorischen und politischen Stempel aufdrückte. Weil er es aus seiner Natur und aus seinem Charakter heraus verstand, zu seinem Volke, dessen Kind er immer war und immer bleiben wird, zu sprechen und seine Taten ihm aus dem Herzen zu tun, darum hat sich von früh an die ganze Liebe und der ungeheuere Vorrat an Vertrauen seiner Anhänger und später des ganzen deutschen Volkes auf seine Person konzentriert. Dabei sahen die breiten Massen ihn aus der Entfernung vorerst nur als Politiker und Staatsmann. Seine rein menschliche Erscheinung blieb vielfach nur im Hintergrunde.

Heute kennt ihn der Erdball als Schöpfer der nationalsozialistischen Lehre und Gestalter des nationalsozialistischen Staates, als Bahnbrecher einer neuen europäischen Ordnung und Wegweiser zu Frieden und Wohlfahrt der Völker. Aber hinter dieser Kenntnis steht bei ungezählten Millionen Menschen in der ganzen Welt eine, wenn auch vielfach noch unklare Ahnung von der mitreißenden und faszinierenden Erscheinung des Menschen Adolf Hitler. Die große Einfachheit und die einfache Größe, die seine Person ausstrahlt, wirken nicht nur auf jeden Deutschen, sondern auch auf jeden instinktsicheren Ausländer durchschlagend und überzeugend. Er kann heute wohl in der ganzen Welt als der Mensch angesprochen werden, der am tiefsten und klarsten im Fühlen und Denken unserer modernen Zeit verwurzelt ist und deshalb auch wie kein anderer in sich die Fähigkeit birgt, dieser Zeit eine neue Gestalt zu verleihen."[127]

In diese allgemeinen Betrachtungen zu Propaganda, Nationalsozialismus und Führer der nationalsozialistischen Bewegung bettet Goebbels schließlich die konkrete Funktion des Zigarettenbilderalbums, dem seine Worte vorangehen: „Um ihn [Hitler] in diesem Umfang ganz zu begreifen, muß man ihn nicht nur als Politiker und Staatsmann, sondern auch als Menschen kennen. Und dazu soll dieses Buch einen Weg weisen. Es ist ein Zeugnis für seine Persönlichkeit selbst, von nächsten Mitarbeitern und ältesten Kampfgenossen mit Liebe und Verehrung zusammengetragen. Sie ergreifen hier das Wort und vermitteln der Öffentlichkeit ein Bild dieses großen Menschen, wie es in dieser Unmittelbarkeit bislang noch nicht existierte. Sie alle kennen den Führer seit vielen Jahren auf das genaueste, und sie haben dabei gelernt, ihn täglich aufs neue zu bewundern. Das ist es, was den eigentlichen Wert dieses Buches ausmacht.

In ihm erscheint der Führer als Mensch in seinem unmittelbaren Verhältnis zu allen Fragen, die unsere Zeit erfüllen. Das deutsche Volk wird gerne zu dieser Möglichkeit greifen, den Führer aus der Nähe zu sehen und damit ihm auch persönlich näherzukommen.

Daß hier außerdem noch die Gelegenheit geboten ist, dieses Buch auf einfache und billige Weise zu erwerben, ist besonders erfreulich und wird dazu beitragen, ihm einen breiten Zugang zu den Massen der deutschen Leserschaft aufzuschließen. Möge es damit einen glücklichen und erfolgreichen Weg in das deutsche Volk antreten!"[128]

Diesem lassen sich mühelos weitere Indizien für die totale Integration des Tabakmonopolisten Reemtsma und seines „Zigarettenbilderdienstes Hamburg-Bahrenfeld" in das Dritte Reich anfügen. So zeigt das erste Innenblatt von *Adolf Hitler. Bilder aus dem Leben des Führers* ein ganzseitiges farbiges Porträt des in eine braune Uniform gekleideten und tatenfreudig blickenden Führers von einem Maler namens B. Jacobs. Zwei Seiten weiter findet sich folgende, fast belustigend wirkende Anmerkung: „Gegen die Herausgabe dieser Schrift werden seitens der NSDAP keine Bedenken erhoben."[129] Der Gehalt dieser Anmerkung ist allerdings durchaus ernsthaft. Die NSDAP pflegte mit dieser Wendung ihrer vollkommenen Zustimmung zu Druckwerken Ausdruck zu geben, wobei diese Standardformulierung sozusagen das „Prädikat wertvoll", also maximale Würdigung bedeutete.

Schließlich ist – noch vor dem Vorwort von Goebbels und als eine Art Zueignung – ein Geleitwort von Hermann Göring abgedruckt, das eine am 15. September 1935 vor dem Deutschen Reichstag zu Nürnberg geäußerte Führer-Huldigung darstellt: „Wir vermögen den Dank, mein Führer, nicht in Worten auszusprechen. Wir vermögen auch nicht unsere Treue und Zuneigung zu Ihnen durch Worte zu dokumentieren. Alles, was an Dank, an Liebe und an glühendem Vertrauen zu Ihnen da ist, mein Führer, das ist Ihnen heute aus Hunderttausenden von Augen entgegengeleuchtet.

Ein ganzes Volk, eine ganze Nation fühlt sich heute stark und glücklich, weil in Ihnen diesem Volke nicht nur der Führer, weil in Ihnen dem Volke auch der Retter erstanden ist."[130]

Es ist nicht verwunderlich, daß die NSDAP gegen die Verwendung einer Laudatio dieser Art nichts einzuwenden hatte, zumal sie vom damaligen Reichstagspräsidenten persönlich stammte. Das zuvor zitierte, etwas weniger emphatisch gehaltene, die nationalsozialistische Bewegung aber nicht weniger huldvoll darstellende Vorwort schrieb der Reichspropagandaminister Dr. Joseph Goebbels selbst, und die folgenden 14 Beiträge stammen ebenfalls aus allerprominentester Feder: so etwa vom späteren Präsidenten der Reichspressekammer Dr. Otto Dietrich, vom Reichsorganisationsleiter der NSDAP und Leiter der Deutschen Arbeitsfront Dr. Robert Ley, von Hitlers Chefarchitekt Albert Speer, von Reichsjugendführer Baldur von Schirach, vom Erbauer der Reichsautobahnen Prof. Fritz Todt und zwischendurch immer wieder von Goebbels.

Da die Beiträge in ihrer Diktion – auch wenn man die Neigung der damaligen Zeit zu übertriebener schwärmerischer Ausdrucksweise berücksichtigt – sämtlich von höchstem Enthusiasmus getragen sind, ist es schwierig, einen unter ihnen besonders hervorzuheben. Und doch sind innerhalb der bekundeten Begeisterung noch Steigerungen möglich. Ein Beispiel dafür ist der Beitrag von Reichspressechef Dr. Otto Dietrich „Der Führer und das deutsche Volk". Dietrich beginnt seinen ekstatischen Hymnus auf Adolf Hitler mit den Worten: „Das Verhältnis des deutschen Volkes zum Führer ist für den Deutschen immer wieder eine Quelle freudigen Stol-

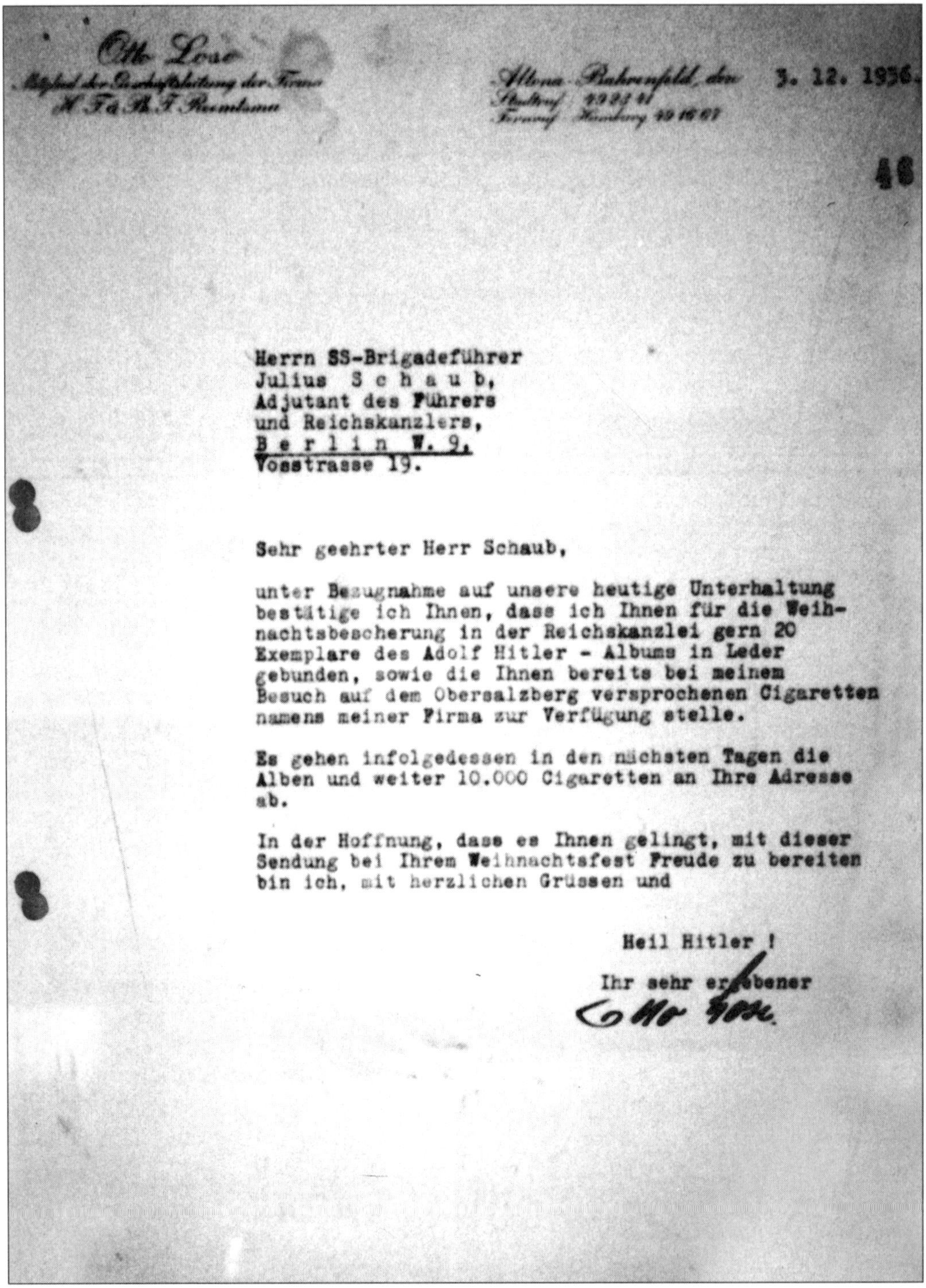

Otto Lose

Altona-Bahrenfeld, den 3. 12. 1936.

46

Herrn SS-Brigadeführer
Julius S c h a u b,
Adjutant des Führers
und Reichskanzlers,
B e r l i n W. 9,
Vosstrasse 19.

Sehr geehrter Herr Schaub,

unter Bezugnahme auf unsere heutige Unterhaltung bestätige ich Ihnen, dass ich Ihnen für die Weihnachtsbescherung in der Reichskanzlei gern 20 Exemplare des Adolf Hitler - Albums in Leder gebunden, sowie die Ihnen bereits bei meinem Besuch auf dem Obersalzberg versprochenen Cigaretten namens meiner Firma zur Verfügung stelle.

Es gehen infolgedessen in den nächsten Tagen die Alben und weiter 10.000 Cigaretten an Ihre Adresse ab.

In der Hoffnung, dass es Ihnen gelingt, mit dieser Sendung bei Ihrem Weihnachtsfest Freude zu bereiten bin ich, mit herzlichen Grüssen und

Heil Hitler !

Ihr sehr ergebener

Dieses Schreiben verdeutlicht, wie eng Reemtsma selbst zur Reichskanzlei Kontakt hielt: Mit in Leder gebundenen Alben seines Zigarettenbilderdienstes und Zigaretten aus seiner Produktpalette sollte einer dort stattfindenden Weihnachtsfeier atmosphärischer Glanz verliehen werden. Der Nichtraucher Hitler feierte Weihnachten 1936 mit alten Kämpfern in München – fern vom Berliner Tabakdunst.

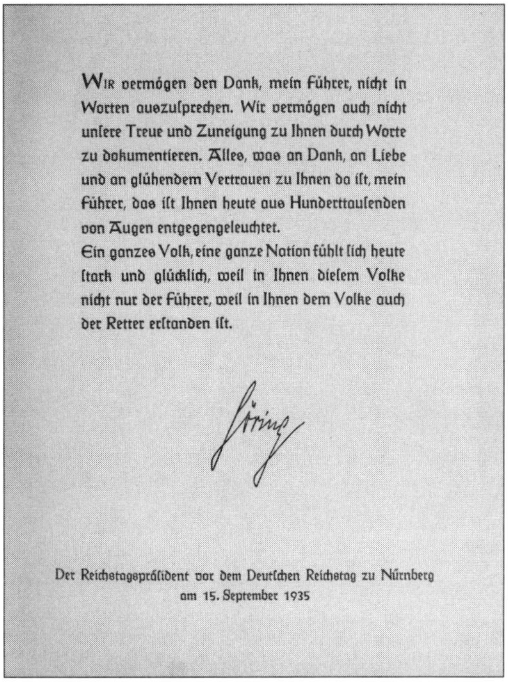

Wir vermögen den Dank, mein Führer, nicht in Worten auszusprechen. Wir vermögen auch nicht unsere Treue und Zuneigung zu Ihnen durch Worte zu dokumentieren. Alles, was an Dank, an Liebe und an glühendem Vertrauen zu Ihnen da ist, mein Führer, das ist Ihnen heute aus Hunderttausenden von Augen entgegengeleuchtet.
Ein ganzes Volk, eine ganze Nation fühlt sich heute stark und glücklich, weil in Ihnen diesem Volke nicht nur der Führer, weil in Ihnen dem Volke auch der Retter erstanden ist.

Der Reichstagspräsident vor dem Deutschen Reichstag zu Nürnberg am 15. September 1935

Zu den bekanntesten Propagandaartikeln des Dritten Reiches gehören die Zigarettenbilderalben des „Zigarettenbilderdienstes Hamburg-Bahrenfeld". Jeder Reemtsma-Zigarettenschachtel lagen Sammelbilder bei, die in eines dieser Alben eingeklebt werden konnten. Meistens war die Thematik politisch und entsprach der damaligen Staatsdoktrin. So waren diese Alben ein beliebtes Medium, den Führerkult zu pflegen (oben: zwei Seiten aus „Adolf Hitler") oder die Geschichte der NSDAP zu glorifizieren (links unten). Auch eine Enthüllungsschrift über England gehörte zum Programm (rechts unten).

zes, für den Ausländer ein Grund staunender Überraschung. Nirgends auf der Welt gibt es eine derart fanatische Liebe von Millionen Menschen zu einem, die trotzdem nicht übersteigert und rauschhaft ist, sondern aus einer tiefen und großen Gläubigkeit herkommt, einem unendlichen Vertrauen, wie es manchmal Kinder zu einem sehr guten Vater haben.

Begeisterung dauert wenige Jahre; diese Liebe aus dem Innersten her aber ist, wenn sie einmal aufgeht, unzerstörbar und reicht über Jahrhunderte hinweg. Sie ist wie ein großes, kräftiges Leuchten, das niemals in seiner Stärke nachläßt. Sie ist nicht plötzlich aufgeflammt, diese Liebe, nicht entzündet durch überraschende und begeisternde Ereignisse, sondern langsam und eindringlich gewachsen. Sie bricht nicht mit einem rasenden Ungestüm bei einer einzelnen Gelegenheit los, sondern ist immer da, zu jeder Stunde und bei jedem deutschen Menschen, mögen nun besondere Anlässe sein Herz mit Stolz erfüllen oder mag er mit Hunderttausenden anderen Volksgenossen vor dem Führer zusammentreten – oder mag gar kein äußerer Anlaß vorliegen und er still, allein auf sich gestellt, an seinem Arbeitsplatze stehen. Immer, wenn irgendwer des Führers gedenkt, so quillt in ihm diese tiefe Liebe hoch, und allein sie rechtfertigt schon den Satz: ‚Hitler ist Deutschland – Deutschland ist Hitler.' Niemals ist dem Herzen des Volkes ein Mann näher gestanden als dieser, der aus ihm selbst hervorgegangen ist. Er ist nicht von außen gekommen, sondern im Volke geboren, hat er seine Not gespürt und sein Leben gelebt, und wenn jemand heute nach dem Namen des unbekannten deutschen Frontsoldaten fragen würde, so würde das ganze deutsche Volk ihm antworten: Adolf Hitler!"[131]

Der Beitrag, angereichert durch beeindruckende Aufnahmen von jubelnden Volksgenossen jeglicher Provenienz, zieht sich in nicht nachlassender Begeisterung über acht Seiten hin. Selbst wenn es sich bei der gepriesenen Person nicht um Adolf Hitler, sondern um den guten Menschen schlechthin gehandelt hätte, müßte die Anhäufung der positiven Attribute dem Leser doch übertrieben erscheinen.

Die übrigen Beiträge zeugen nicht von der gleichen Ekstase, lassen es aber an überbordender Lobpreisung ebensowenig fehlen. Jedenfalls konnte der Führer Adolf Hitler auf jeder einzelnen Seite von Reemtsmas opulentem Bilderwerk in allen Lebenslagen, als Privatmann und in offizieller Pose, bewundert werden: „[...] wie er kleine Kinder tätschelt oder aber den Blick mit den Augen des Genies in die Ferne schweifen läßt, wie er in der ‚Kampfzeit' alle an Tapferkeit überbot und nun als gütiger Vater des Volkes auch Greis und Greisin den Weg in eine herrliche Zukunft weist".[132]

Die einzelnen Aufsätze wissen all die neue Herrlichkeit in eindrucksvollen Farben zu schildern, und sie haben, wie es der Titel ja bereits verrät, nur eines zum Thema: den Führer, den Führer und nochmals den Führer: „Der Führer auf Reisen", „Der Führer als Redner", „Der Führer in seinem Privatleben", „Der Führer als Staatsmann", „Der Führer und der deutsche Arbeiter", „Der Führer und die deutsche Jugend", „Der Führer und die nationalsozialistische Bewegung", „Der Führer und die Wehrmacht", „Der Führer und die Künste" (mit Farbreproduktionen nett anzuschauender Aquarelle und Zeichnungen des Frontsoldaten Adolf Hitler), „Die Bauten des Führers", „Adolf Hitler und seine Straßen". Hinzu kommt die von Goebbels zum Geburtstag des Führers an das deutsche Volk gehaltene Rundfunkansprache „Unser Hitler" sowie der Sonderbeitrag „Der Führer in der Festung Landsberg". Diese regelrecht gebetsmühlenartige Aufzählung der großartigen Verdienste des erst seit kurzem amtierenden Reichskanzlers sollte den Leser stets daran gemahnen, wie groß das Glück des deutschen Volkes nach all den Jahren der politischen, wirtschaftlichen und militärischen Knechtschaft sei, nunmehr von diesem Menschen-, Kinder- und auch Tierfreund, genialen Propheten und größten Politiker aller Zeiten geführt zu werden.[133]

Abgesehen von der Lektüre dieser offensiv propagandistisch angelegten Schrift begann die eigentlich wirkungsvolle Beschäftigung mit dem Album für den Sammler der für sich genommen noch recht unscheinbaren, wenn auch ausdrucksstarken Zigarettenbildchen im Grunde erst mit deren Einsortieren und Einkleben. Die sich wie Teile eines Puzzels zu einem Ganzen fügenden 200 farbigen und schwarzweißen Bilder paßten sich so in den Gesamtkontext der ausgeklügelten Albumkomposition ein, wobei sich diese zusammen mit den eingängig formulierten Bildunterschriften zwischen den überschwenglichen Texten zu einem ästhetischen Gesamtbild mit einer rundum positiven Aussage rundeten. Der Führer in sympathisch privater Pose oder in seiner Funktion als Staatsmann, zusammen mit lachenden Kindern oder mit versonnen dreinblickenden Alten, inmitten von einer Schar begeisterter Hitlerjungen oder umgeben von respektvollen Politikern anderer Länder, zudem Abbildungen seiner Bauten, Straßen, Marineschiffe, Flugzeuge – all dies ergab den von der Propaganda gewünschten positiven Gesamteindruck von einer radikal neuen – vorteilhaften – Wirklichkeit und trug bei Millionen von begeisterten Menschen entscheidend zur bedingungslosen Identifikation mit einem ganzen politischen System bei.

Zudem entsprach diese Art der vorbehaltlosen Huldigung natürlich bis ins kleinste den Prinzipien eines kompromißlosen Personenkults: „Hitler als letzte Stufe vor dem lieben Gott…"[134] Obwohl es aus heutiger Sicht, und nicht nur vor dem Hintergrund der späteren Ereignisse, schwer zu verstehen ist, daß sich mit derartig übertriebenen „geballten Ladungen an Hitler-Beweihräucherungen […] wie sie selbst in jener Zeit ihresgleichen suchen"[135], Millionen von Menschen wirklich effektvoll ansprechen ließen, müssen die verantwortlichen Macher offensichtlich von der erfolgversprechenden Wirkung solcher Werke wie dem Zigarettenbilderalbum *Adolf Hitler* überzeugt gewesen sein. Ganz zu Recht, wie sich an den Auflagenhöhen zeigte. Wer wollte angesichts des enormen sozialen Aufschwungs breitester Bevölkerungsschichten, wie ihn die Bilder von den jubelnden Massen dokumentieren, nicht mit dazugehören, wer nicht in den allgemeinen frenetischen Beifall einstimmen? Und so muß es auch das Haus Reemtsma für erstrebenswert, mindestens aber für opportun gehalten haben, auf der alles erfassenden politischen Modewelle der totalen Gleichschaltung mitzuschwimmen und ganz Deutschland mit Millionen von Exemplaren seiner Zigarettenbilderalben zu überschwemmen – um hieraus letztlich wieder Nutzen verschiedenster Art für sich selbst zu ziehen. Die Gier nach unaufhörlicher Steigerung des eigenen Profits und der hierauf gerichtete, alles politische Handeln – oder Nichthandeln – bestimmende Blick mögen da wohl als Indiz und Delikt ein und derselben Erscheinung gelten. Über ein bloßes Sich-„mit dem Staat arrangieren", wie Jan Philipp Reemtsma die Haltung seiner Familie lapidar genannt hat[136], geht diese Form des „Sponsorings" jedenfalls weit hinaus. Die Familie Reemtsma und ihr Tabakkonzern haben sich erkennbar nicht gegen das Regime gewandt und dürften ihre Gründe dafür gehabt haben, sich vom Strom des damaligen Zeitgeistes nicht nur treiben zu lassen, sondern mit kräftigen Zügen mitzurudern – und zwar stets trockenen Fußes.

Reemtsmas Aufschwung in der Bundesrepublik Deutschland

Philipp Fürchtegott Reemtsma wird „entnazifiziert“

In den letzten Kriegsjahren, beginnend etwa ab Mitte 1941, war die Zigarettenproduktion Deutschlands und damit auch der Umsatz des Reemtsma-Konzerns immer weiter zurückgegangen. Bei Kriegsende 1945 lag der einst so beispiellos erfolgreiche deutsche Tabakmonopolist vollkommen am Boden. Reemtsma hatte die Werke in Danzig, Dresden und im von den Sowjets besetzten Teil Berlins verloren, zudem etliche Fabriklager wie etwa das in Königsberg. Die übrigen noch verbleibenden wichtigen Produktionsstätten Hamburg-Wandsbek, Hannover und München waren von den Bomben der alliierten Luftstreitkräfte arg in Mitleidenschaft gezogen worden und in ihrer Leistungsfähigkeit erheblich eingeschränkt.

Die Schwere der aus den Kriegsfolgen resultierenden allgemeinen Stagnation des Tabakhandels läßt sich deutlich daran ablesen, daß der absolute Tiefpunkt der Reemtsmaschen Absatzkurve erst im Jahre 1947 erreicht ist. Hier war der Anteil an der deutschen Zigarettenherstellung auf wenig über ein Zehntel gesunken. Bis 1948 ist ein moderater Anstieg zu verzeichnen, erst danach wird er wieder steiler. Dabei verläuft die Kurve des Gesamtumsatzes aller in Deutschland produzierten Zigaretten etwas gleichmäßiger als die der Firma Reemtsma. Während die Talfahrt des Tabakhandels im gesamtdeutschen Maßstab nach dem Tief von 1947 endgültig beendet ist und es ab diesem Zeitpunkt mit der deutschen Tabakindustrie kontinuierlich, wenn auch aufgrund einer kurzzeitigen Regression zwischen 1949 und 1950 nicht mit anhaltender Gleichmäßigkeit, bergauf geht, gibt es bei Reemtsma im Jahre 1949 noch einen kleinen Knick nach unten, bevor der Anschluß an die allgemeine Entwicklung 1950 schließlich endgültig wieder gelingt.[137]

Dieser Entwicklungsverlauf hängt wohl unmittelbar damit zusammen, daß Philipp Fürchtegott Reemtsma noch bis zum Frühjahr 1950 seine ganze Kraft dafür aufwenden mußte, sich gegen die von seiten der Siegermächte gegen ihn erhobene Beschuldigung zur Wehr zu setzen, er habe in der Zeit des Dritten Reiches den Reichsmarschall Hermann Göring mit Millionenbeträgen bestochen, „um ein gegen ihn wegen Meineid und Urkundenfälschung eingeleitetes Verfahren einzustellen“.[138] Seine Anstrengungen dürften sich in diesem Zusammenhang auch gegen die von den Siegermächten vorgenommene Beschlagnahme der Fabriken in Hamburg-Bahrenfeld und in Merzig im Saargebiet gerichtet haben, da diese, zumindest im ersten Fall auf Jahre ausgedehnte, Maßnahme die Höhe der Einbußen noch erheblich verschärfte.

Aufgrund seiner speziellen Beziehungen zu Göring war Philipp Fürchtegott Reemtsma Anfang Januar 1947 in Untersuchungshaft genommen worden. Das gerade erst gegründete Hamburger Nachrichtenmagazin *Der Spiegel* nimmt dies in seiner zweiten Ausgabe zum Anlaß, ein atemberaubendes Resümee über die Hintergründe des Aufschwungs der einst völlig unbedeutenden Zigarettenfabrik, die Korruptionsskandale und die seit 1933 eingeschlagene Richtung der totalen Kollaboration mit den neuen Machthabern zu ziehen. Unter der Überschrift „Ein gewiegter Steuer-Mann: Reemtsma wieder in Haft“ enthüllt es in gedrängter Form das ganze Ausmaß der Korrumpiertheit des Hamburger Tabakkonzerns, wobei es mit bislang verschwiegenen hochbrisanten, teils aber auch kuriosen Details aufwartet:

„Am 5.1.47 erhielt das Untersuchungsgefängnis Hamburg-Stadt, Abteilung B, einen prominenten Gast in Gestalt von Philipp Reemtsma, dem ehemaligen Konzerngewaltigen und Hauptinhaber des ‚Reemtsma-Konzerns‘.

Durch eine Zwischenfrage, die der amerikanische Hauptankläger Jackson an Göring selbst richtete, war im März vorigen Jahres zur Sprache gekommen, daß der Zigarettenfabrikant Göring 7,276 Millionen Mark gezahlt hat, um eine Steuererleichterung zu erreichen.

Der Haftbefehl, auf Grund dessen Philipp Reemtsma am 3. Januar verhaftet wurde, ist aber ‚wegen Bestechung und Anstiftung zur Rechtsbeugung‘ erlassen. Dem Verhafteten wird vorgeworfen, Göring und dessen Staatssekretär Paul Körner zur Niederschlagung eines gegen ihn – Reemtsma – gerichteten Strafverfahrens (wegen Meineid, Betrug und Anstiftung zur Untreue) mit immensen Summen bestochen zu haben.

Auf Veranlassung des ehemaligen preußischen Ministerpräsidenten mußte der preußische Justizminister am 2. Februar 1934 eine Anordnung treffen, durch die die Voruntersuchung gegen Reemtsma niedergeschlagen wurde.

Seitdem der englische Sicherheitsdienst den jetzt 53jährigen im Mai 1945 in Hamburg verhaftete, konnte Philipp Reemtsma nur kurz die Freiheit genießen. Seine Stationen waren das Internierungslager Neumünster und das englische Lagerlazarett Rothenburg bei Bremen, aus dem er im August 1946 entlassen wurde.

[…] Während des Verhörs darf Reemtsma, dessen Konzern 1938 75 Prozent des deutschen Jahresverbrauchs von 60 Milliarden Zigaretten fabrizierte, rauchen. (Die ‚Schwarzwälder Post‘ macht Reemtsma für die Schaffung der ‚schlechten deutschen Einheitszigarette‘ verantwortlich.)

Als der Verhaftete am Mittwochmittag nach einstündiger Untersuchung von seinem Wächter in seine Zelle zurückgeführt werden sollte, war dieser pflichtgetreue Beamte verschwunden. Der Staatsanwalt vermutete richtig, daß er eine[n] notwendigen Gang gemacht hatte, der über das gewöhnliche Zeitmaß hinausging. ‚Man könnte Reemtsma ja ruhig allein gehen lassen, weglaufen kann er nicht‘, sagte Staatsanwalt Kramer. Aber der Wächter kam zurück, und mit ihm schritt ein dezent gekleideter älterer Mann am Stock den dunklen Gang zur Zelle zurück – weglaufen konnte er nicht.

Als Flieger wurde Philipp Reemtsma, später Oberleutnant der Reserve der Luftwaffe, im ersten Weltkrieg verwundet, er legt heute aber großen Wert darauf, nicht als ‚Fliegerkamerad‘ Görings zu gelten, den er nach seinen Aussagen erst lange nach 1918 kennengelernt hat. Immerhin machte Göring ihn dann später zum Mitglied des Reichsjagdrates.

Die Untersuchung gegen Reemtsma wird voraussichtlich lange Zeit in Anspruch nehmen. Es ist nicht der erste Bestechungsprozeß, in den dieses ‚Mitglied der Akademie für deutsches Recht‘ verwickelt wurde. In Karlsruhe sagte er 1931 in eigener Sache als Zeuge aus. Der von ihm wegen Erpressung angezeigte Harry Levita wurde zu Gefängnis verurteilt.

Beiläufig aber ergab die Beweisaufnahme, daß Reemtsmas Konzern an diesen und andere ‚Erpresser‘ sowie an verschiedene sonstige Personen fast eine Million

Schweige- und ‚sonstige' Gelder gezahlt hatte – ‚da es besser ist, den ideellen und materiellen Schaden, der durch solch schmutzige Anwürfe droht, durch Geld abzuwenden, als sich auf den Ehrenschutz auf dem Wege von einstweiligen Verfügungen zu verlassen.' So rief er mit erhobener Stimme.

Der Sohn eines Kantinenwirts übernahm 1919 die kaufmännische Leitung der kleinen Fabrik in Erfurt, die sein Vater Bernhard Reemtsma sich 1910 gekauft hatte. Er machte sich die Inflation zunutze, das Reich stundete ihm langfristig die Ablieferung der Steuerbeträge, so daß er sie mit entwerteter Mark abtragen konnte.

Nacheinander kaufte er Zigarettenfabrik um Zigarettenfabrik [...] Im Jahre 1928 war eine kleine unbekannte Firma im Verlauf von vier Jahren zur Zentralmacht des deutschen Zigarettentrusts geworden, während über hundert kleine, aber an sich lebensfähige Zigarettenfirmen ins Gras beißen mußten.

Wie war das möglich?

Im Jahre 1929 behauptete ein Mann namens Tetens in Karl von Ossietzkys ‚Weltbühne' und anderen Journalen, daß ein hoher Beamter des Finanzministeriums, der ‚Tabakdezernent' Geheimrat Schröder alles das anordne, was sein ehemaliger Untergebener, Regierungsrat Dr. Flügler, Konzernsyndikus bei Reemtsma, von ihm verlange. Der Reichstagsabgeordnete Franz Holzamer [!] ging daraufhin ins Ministerium und fragte Schröder, wann und wie er gegen diese Behauptungen einzuschreiten gedenke. Schröder äußerte, wie Holzamer vor Vertretern der Zigarettenindustrie öffentlich erklärte, Bedenken, da der Verfasser des Artikels sich auf Paragraph 193 (Wahrung berechtigter Interessen) berufen könne.

Der ‚Fridericus' warf Reemtsma vor, daß er, der Millionenschuldner des Reiches, sich einen Herrensitz im Werte von 10 Millionen RM habe bauen lassen. Er wiederholte noch einmal die Behauptungen, nach denen Reemtsma Zigarettenstaub in Hülsen stopfen ließ und als angebliche Exportware in die Ostsee versenkte, um vom Staat die Tabaksteuer-Rückvergütung zu erhalten. Bei einer Steuerrevision habe er 12 Millionen Zigaretten einige Tage in Hamburg spazieren gefahren, um 108.000 Reichsmark Steuer zu sparen. Auch die ‚Tägliche Rundschau' vom 5.4.46 weiß von abenteuerlichen Skandalen und unglaublichen Korruptionen zu berichten.

1932 schrieb T.H. Tetens wieder in der ‚Weltbühne' unter anderem folgendes:

‚Im Reichswirtschaftsrat war man sich schon 1928 darüber im klaren, daß Reemtsma nicht nur die fahrlässig gehandhabten Steuergesetze, sondern auch durch einflußreiche Beziehungen die maßgebenden Stellen der Reichsfinanzverwaltung rücksichtslos für das Machtstreben seines Konzerns ausnutzte.'

Diesmal fand ein Prozeß statt, der am Abend vor dem Termin (22.12.32) auf unbestimmte Zeit vertagt wurde, obwohl Tetens auf sofortige Anberaumumg eines neuen Termins drang. Eine gerichtliche Voruntersuchung gegen Reemtsma und verschiedene Beamte des Reichsfinanzministeriums wurde als gegenstandslos niedergeschlagen.

Dann kam die Machtübernahme 1933. Am 5. April gab der preußische Justizminister die [...] ‚Korruptionsliste' heraus, auf der unter Nr. 5 Philipp Reemtsma mit 22 anderen Namen neben Dr. Konrad Adenauer und dem jetzigen Innenminister des Landes Hannover, Dr. Günther Gereke, auftaucht. Hand in Hand damit kamen neue Angriffe der Nazipresse und des Justizministeriums. Ein Verfahren wurde eingeleitet, aber am 3.2.34 niedergeschlagen. ‚Der Nationalsozialismus schaut vorwärts und nicht rückwärts', hieß es in Görings diesbezüglichem Erlaß.

Nun befindet sich Philipp Reemtsma wieder in Haft. Noch ist nichts bewiesen worden. Man konnte oder wollte ihm noch nie etwas beweisen."[139]

Der Krieg ist zu Ende, Hamburg liegt in Trümmern, Reemtsmas Werke sind verloren oder zerstört, und auch der Kopf des einstigen Imperiums ist am Boden: 1948 wird ihm wegen Bestechung Görings vor dem Hamburger Landgericht der Prozeß gemacht. Doch Philipp Reemtsma fällt, wie so oft zuvor, erneut auf die Füße: Das Verfahren wird Ende 1949 eingestellt. Im Herbst war Reemtsma bereits „entnazifiziert“ worden.

So *Der Spiegel* Anfang 1947. Ganz im Gegensatz zum nationalsozialistischen Staat blicken die Siegermächte sehr wohl zurück. Im Fall Reemtsma sind in der im Staatsarchiv Hamburg verwahrten Gefangenenkartei als Tatverdacht die Paragraphen 333 und 335 des Strafgesetzbuches angegeben.[140] Die Anklage bezieht sich demzufolge auf die Tatbestände Vorteilsgewährung, Bestechung und Bestechlichkeit von Beamten und anderen Staatsdienern, was aufgrund der Tatsache der Vereidigung – im Gegensatz zu betrieblichen Angestellten beispielsweise – einer schärferen Kategorie entspricht, so daß das vom Gesetzgeber vorgesehene Strafmaß besonders hoch ausfällt.

Im Zuge der Ermittlungen wird schließlich ein Strafverfahren gegen Philipp Fürchtegott Reemtsma eingeleitet, und im Oktober 1948 wird der Kopf der Firma vom Hamburger Landgericht zu einer Geldbuße von 10 Millionen Mark – ersatzweise zu einer zehnmonatigen Freiheitsstrafe – verurteilt. Das Gericht sieht es als erwiesen an, daß Reemtsma die Verbindung zu Göring bewußt gesucht und dessen in Carinhall ausgelebte feudale Verschwendungssucht mit Geschenken und Geldspenden befriedigte habe. In der Urteilsbegründung heißt es, der Beschuldigte habe sich stets von dem Grundsatz leiten lassen, daß Geld alle Wege ebne. Philipp Fürchtegott Reemtsma gibt unumwunden zu, den ehemaligen Reichsmarschall mit, seinen Angaben zufolge, 12,25 Millionen Reichsmark unterstützt zu haben[141], jedoch nicht, wie er, auf Freispruch plädierend, einschränkt, um sich den Nationalsozialisten anzudienen und so das einmal errungene Monopol auf dem deutschen Tabakmarkt zu sichern, sondern vielmehr sei er zu den besagten Zuwendungen seinerseits erpreßt worden: von Göring, von der NSDAP, von wem auch immer.

Dieser Trick der Verknüpfung von scheinbarer Offenheit (oder vielleicht sogar gespielter Reue?) mit einer auf den ersten Blick kaum merklichen, aber doch sehr gravierenden Uminterpretierung der Tatsachen der eigenen Historie sollte gelingen. Ein Berufungsgericht stellt nur allzu bald fest, daß die Vorinstanz den Fall nicht genügend untersucht habe und die im Zuge des Strafverfahrens auferlegte Strafe unangemessen hoch sei: Im Juli 1949 revidiert das Hanseatische Oberlandesgericht das Urteil ohne Einschränkungen. In der Begründung heißt es, der nationalsozialistische Staat sei zu der fraglichen Zeit, also 1934, noch kein Unrechtsstaat gewesen und Göring, der strafrechtlich als Beamter anzusehen sei, habe demzufolge das volle Recht gehabt, Zuwendungen für Staatszwecke anzunehmen. Was die Entgegennahme von Zuwendungen für private Zwecke beträfe, so könne dies vom Reichskanzler womöglich gesondert genehmigt worden sein. Zu prüfen, ob für die Zahlungen Reemtsmas wirklich eine Genehmigung Hitlers vorgelegen habe, falle aber wiederum in die Zuständigkeit des Landgerichts. Demzufolge wird das Verfahren an das Landgericht zurückverwiesen – das es schließlich ohne weitere Verhandlung einstellt.

Ob auch hier Bestechungssummen geflossen sind, bleibt die große Frage. Göring jedenfalls, der am 15. Oktober 1946 seiner angeordneten Hinrichtung durch den Freitod zuvorgekommen war, kann zu diesem Zeitpunkt schon nicht mehr als Kronzeuge hinzugezogen werden – was sich für Reemtsma im übrigen nicht unbedingt nachteilig hätte auswirken müssen: Vielleicht wäre man auf die eine oder andere Art erneut ins Geschäft gekommen? Wie dem auch sei, Philipp Fürchtegott Reemtsma bedarf einer Entkräftung der gegen ihn erhobenen Anschuldigungen von seiten ehemaliger NS-Machthaber überhaupt nicht. Denn offiziell wird das Verfahren gegen ihn, der die Leitung des 1949 als Obergesellschaft Reemtsma Cigarettenfabriken GmbH wiedergegründeten Unternehmens bereits im November 1948 erneut übernommen hatte, aufgrund der Amnestie vom Dezember 1949 stillschweigend eingestellt.

Bereits im Herbst hatte der „Entnazifizierungsausschuß“ Philipp Fürchtegott Reemtsma in die Gruppe der Entlasteten – genauer: als „vom Entnazifizierungsgesetz nicht betroffen“ – eingestuft[142], und die zwischenzeitlich in die Reemtsma-Zentrale Bahrenfeld, in die alte Artilleriekaserne, eingezogene Royal Air Force hatte die Gebäude wieder geräumt – so daß sich der rundum rehabilitierte Konzernchef ab Anfang 1950 schließlich wieder voll und ganz seinen Geschäften widmen kann. Symptomatisch für die vollends zurückgewonnene Legitimation nicht zuletzt auch der geschäftlichen Aktivitäten, die nun wieder eine forschere Gangart auszeichnet, ist etwa Philipp Fürchtegott Reemtsmas 1950 neu auf den Markt gebrachte Marke „Peter Stuyvesant“, für die er einen groß angelegten Reklamefeldzug eröffnet. Und wieder hat er richtig kalkuliert: Mit „Peter Stuyvesant“ feiert er einen seiner letzten Erfolge und erlebt noch kurz vor seinem Tod, daß die kaum zehn Jahre alte Neukreation auf die vierte Stelle der Umsatzliste aller deutschen Zigarettenmarken vorrückt.

Der Sohn Jan Philipp Reemtsma unternimmt 1995 im *Spiegel* den Versuch der Erklärung, warum sein Vater während des Dritten Reiches den Reichsmarschall Göring in dem bekannten Umfang unterstützte. Bezugnehmend auf die Frage nach dem Verfahren gegen den Vater im Jahre 1948 und dessen Unterstützungsaktivitäten für Göring „eigener wirtschaftlicher Vorteile wegen“ verweist er, vom eigentlichen Gegenstand der Frage ablenkend, lediglich auf die Vorgänge während der Weimarer Republik: „Es ging um Ermittlungen, die bereits vor 1933 angestellt worden waren. Sie betrafen Informationen über die Steuerpolitik der Regierung. Die Ermittlungen wurden eingestellt – durch den Kontakt meines Vaters zu Göring. Das führte dann zu reichen Spendentätigkeiten und privaten Zuwendungen, soviel ich weiß.“[143]

Soviel er weiß! Um die ihm gestellte Frage zu umgehen, weicht er auf den weiter zurückliegenden Sachverhalt, der nach 1933 zur „Mildstimmung“ Hermann Görings führte, aus und gibt damit erst recht die direkte Zusammenarbeit seines Vaters mit der rechten Hand Hitlers zu, da er – gewollt oder ungewollt – auf deren Hintergründe verweist. Worum es sich bei den von ihm so vage bezeichneten „Informationen über die Steuerpolitik der Regierung“ in den Jahren des Konzentrationsprozesses der Zwanziger gehandelt haben dürfte, erschließt sich dem Leser unschwer. Ob es bedenklicher ist, ein totalitäres Regime um eigener juristischer bzw. wirtschaftlicher Vorteile willen zu unterstützen oder weil man sich ihm politisch zugeneigt fühlt, mag dahingestellt bleiben. Auf das Haus Reemtsma und seine Hinwendung zum Dritten Reich bezogen findet man jedenfalls wiederholt bestätigt, daß sowohl wirtschaftliche Erwägungen als auch ideologisches Interesse hierfür ausschlaggebend gewesen sein dürften, wenn nicht sogar auch eine private Beziehung zu dem Kunstsammler Göring.

Zwei Jahre später scheint sich Jan Philipp Reemtsma, der erst „relativ spät“ vom Ausmaß der väterlichen Geschäfte erfahren haben will[144], im übrigen kundig gemacht zu haben, was es mit dem Strafverfahren gegen seinen Vater, um das er dem *Spiegel* gegenüber noch geziert herumgeredet hatte, im Detail auf sich hat. Vor der *Frankfurter Allgemeinen Zeitung* nämlich glänzt er nun mit nachgeholtem Wissen: „Ich bin erst jetzt, nach dem Tod meiner Mutter vor gut einem Jahr, in den Besitz der Prozeßakten aus den vierziger Jahren gekommen, als hier in Hamburg gegen meinen Vater wegen angeblicher Bestechung von Göring verhandelt wurde. Das

Plädoyer der Verteidigung ist ein interessantes Dokument, denn es zeigt, welches Regimeverständnis und welches Verständnis von rechtfertigbarer Nähe eines Unternehmens zum Regime dort Ende der vierziger Jahre vorherrschte. Das wird irgendwann einmal in einem meiner Texte genau ausgewertet werden, weil es ein aufschlußreiches Dokument ist, und es ist mir gleich, ob dieses Dokument meinen Vater betrifft oder nicht."[145]

Mit Jan Philipp Reemtsmas sehr subjektiv gefärbter Interpretation von einem „Verständnis von rechtfertigbarer Nähe eines Unternehmens zum Regime", das er aus der Verteidigungsrede und dem erfolgten Freispruch meint herauslesen zu können, mag es nicht allzuweit her sein. Die von ihm angekündigte Auswertung der Akte jedenfalls hat er, soweit bekannt, bisher nicht vorgenommen. Vielleicht weil ihm doch noch rechtzeitig aufgegangen ist, daß ein gewaltiger Unterschied besteht, ob es sich bei der Maßregelung von Deutschen durch die Siegermächte nach 1945 lediglich um Wirtschaftsbosse oder aber um hochrangige Politiker des Deutschen Reiches gehandelt hat. Denn während letztere vom Internationalen Militärgerichtstribunal in den Nürnberger Prozessen zumeist gnadenlos abgeurteilt wurden, kamen erstere wohl auch deshalb mit einem blauen Auge davon, weil der neue Staat für den wirtschaftlichen Aufbau Deutschlands gerade auf sie nicht verzichten konnte.

Als 1949, im Gründungsjahr der Bundesrepublik, die offizielle Wiedergründung des Hamburger Tabakunternehmens als Reemtsma Cigarettenfabriken GmbH erfolgt, befindet sich die Firma bereits wieder deutlich im Aufwind. Und als deren nach dem Tod des Gründervaters Bernhard Reemtsma maßgeblicher Kopf Philipp Fürchtegott Reemtsma am 11. Dezember 1959, kurz vor Vollendung seines 66. Lebensjahres und knapp ein Jahr vor dem 50jährigen Jubiläum des Familienkonzerns, in Hamburg einer Herzattacke erliegt, hat seine bundesdeutsche Firma bereits wieder eine erstaunliche Entwicklung hinter sich und stellt erneut einen Hauptanteil an der deutschen Zigarettenproduktion her. Damit ist Reemtsma wiederholt das Wunder geglückt, binnen weniger Jahre und inmitten einer scheinbar unüberwindlichen Krise der Zigarettenindustrie die führende Stellung in der Tabakwirtschaft zu erobern, in diesem Falle zurückzugewinnen.

In den fünfziger Jahren, noch unter der Regie von Philipp Fürchtegott Reemtsma, beginnt die Firma bereits wieder beträchtlich zu expandieren. 1956 erwirbt der Konzern maßgebliche Anteile an der Roth-Händle AG, die per 1. Januar 1959 in eine Kommanditgesellschaft umgewandelt wird. Im Laufe der Jahre hat sich – wahrscheinlich vor allem aus steuerlichen Gründen – die Rechtsform der Firma mehrmals geändert. 1955 wurde die Reemtsma Cigarettenfabriken GmbH persönlich haftender Gesellschafter in der Kommanditgesellschaft H.F. & Ph.F. Reemtsma. Heute gibt es den Reemtsma-Konzern und darin die Reemtsma Cigarettenfabriken GmbH.

1958 scheint es, als erinnere sich Philipp Fürchtegott Reemtsma – ein reichliches Jahr und gerade noch rechtzeitig vor seinem Tod – an den Rat, den ihm sein Freund, der Reichsmarschall Hermann Göring, in der Endphase des Zweiten Weltkrieges gegeben hatte: in das Schiffahrtsgeschäft einzusteigen. Nun sind zwar seine Gewinne aus dem Tabakhandel nicht mehr grundsätzlich in Gefahr – denn auch Hitler ist ja nun tot. Doch warum sollte die Göringsche Idee nicht trotzdem noch einmal aufgegriffen werden, nun freilich nicht mehr als Alternative zum Nikotingeschäft, sondern als zusätzliche Profitquelle? Im August 1958 jedenfalls beteiligt sich die Hamburger Zigarettenfirma Reemtsma an der neuen Hamburg-Atlantic Linie GmbH & Co., der Besitzerin des neuen Hamburger Passagierschiffes „Hanseatic" – und zwar mit nicht weniger als 40 Prozent.

Der Siegeszug der „Ami“

Um der grundsätzlichen Kooperationsbereitschaft mit den neuen Machthabern Nachdruck zu verleihen, mußten Maßnahmen ergriffen werden, die über bloße Lippenbekenntnisse zu der neu gefundenen Gesinnung hinausgingen. Nichts war hier naheliegender, als sich erneut einem gewandelten politischen Modebewußtsein anzupassen, das sich für den angeschlagenen, doch verbissen um Geltung kämpfenden Reemtsma-Konzern nicht nachhaltiger als im Tabakgeschäft selbst präsentieren ließ.

Nach Beendigung des Zweiten Weltkrieges war die deutsche Zigarettenindustrie ohne nennenswerte Tabakbestände. Abgesehen vom katastrophalen Zustand der meisten Produktionswerke war dies einer der Hauptgründe, warum die klassische, flachoval gearbeitete Orient-Zigarette nun nicht mehr hergestellt und vertrieben werden konnte. Doch die an ein bestimmtes Quantum gewöhnten Lungen des Publikums verlangten weiterhin nach dem narkotisierenden Stoff. Die Verbraucher standen Schlange, um eine Notpackung der „Sondermischung“ zu erstehen, wobei an die Qualität kaum Ansprüche gestellt wurden. Sicherlich schwärmte man von den guten alten Zeiten, da die für ihre Zartheit gerühmten Tabake aus dem Vorderen Orient – aus Kleinasien, dem Kaukasus und Mazedonien, wo die Pflanze ihre höchste Kultivierung erfuhr – in edlen Mischungen feinsten Wohlgeschmack garantierten. Doch in Anbetracht der neuen Umstände war man es schon zufrieden, überhaupt etwas Glimmendes zwischen den Lippen zu halten.

In dieser Situation war es für neu auf den Markt strömende ausländische Mischungen ein Kinderspiel, sich erfolgreich zu etablieren und den Rahm des wenn auch begrenzten finanziellen Potentials abzuschöpfen. Die Hauptsiegermacht, die Vereinigten Staaten von Amerika, begann mit einem Bombardement der subtilen Art: Sie lieferten den begehrten Rohstoff in solchen Mengen, daß die einheimischen überseeischen Tabakmärkte gezwungen waren, sich hinsichtlich wirtschaftlicher Querverbindungen, Herstellungsverfahren und nicht zuletzt Geschmacksempfinden radikal umzuorientieren.[146]

Damit ist Philipp Reemtsmas persönliche Stunde Null gekommen. Selbstverständlich ist es keineswegs nur ein Überbleibsel der Erziehung durch den Vater Bernhard Reemtsma – der ihn und seinen Bruder in deren Jugendtagen mit lateinischen Texten über die Urheimat des Tabaks, Amerika, erfolgreich konditioniert hatte[147] –, daß er jetzt, als gereifter Mittfünfziger, beginnt, offensiv mit den Lieferanten amerikanischer Tabake aus dem südlichen Ostküstenstaat Virginia zu flirten. Dies mündet zunächst in den spektakulären Erfolg, daß Reemtsma, nachdem bereits Ende 1948, wenige Monate nach der Währungsreform, die erste größere Ladung Faßtabak seit Kriegsende aus den USA in Hamburg eingetroffen war, schließlich der erste ist, der einen freien US-Tabakimport kauft. Dieser wird am 18. Juni 1949 im Hamburger Hafen von dem amerikanischen Frachter „American Scientist“ gelöscht und läutet die nun folgende grundlegende Wende in der Entwicklung der deutschen Zigarettenindustrie symbolisch ein.

Der völlige Zusammenbruch der deutschen Tabakindustrie, der die Versorgung des Marktes auf Jahre verhinderte, lähmte entsprechend auch die Kreativität bei der Schaffung neuer Marken. Die virginische Mischungszusammensetzung verhilft der sogenannten „American Blend“-Zigarette zwar auch jetzt noch nicht zu der gewünschten Güte, doch hat man aus den verfügbaren Rohstoffen das Optimale herausholen können. Längst erscheinen in den Tageszeitungen die ersten Streifenanzeigen für die neuen Marken des Hauses Reemtsma „Collie" und ihrer Schwester „Fox". Der Anfang ist gemacht.[148] Und bald sind erste Markterfolge zu verzeichnen: Schon ab Ende 1948 zeichnet sich ab, daß Reemtsma mit der „Collie" der Durchbruch gelungen ist. Dieser beruht vor allem darauf, daß sie die allererste in Deutschland gefertigte „American Blend"-Zigarette ist, was ihr bald dazu verhilft, zur meistgerauchten Marke Deutschlands dieser Zeit aufzusteigen.[149]

Dabei waren die goldgelben, aus virginischen Anbaugebieten stammenden Tabake keineswegs ein Novum in Deutschland. So nennt bereits im Jahre 1651 die *Mäkler-Courtage-Taxe*, ein Preisregister der Hamburger Börse, als einen der ersten Tabakimporte vom nordamerikanischen Kontinent Tabak aus Virginia. Was die Hamburger bereits kurz nach Beendigung des Dreißigjährigen Krieges auf dessen süßen Geschmack bringt – eine bemerkenswerte Parallele zu der Entwicklung nach dem zweiten Dreißigjährigen Krieg knapp dreihundert Jahre später.[150] Doch wirklich heimisch wurden die mit Virginia-Tabak gefüllten Zigaretten in den dazwischenliegenden Jahrhunderten nur innerhalb der romanischen Länder; insbesondere die Spanier waren ein sehr tabakbegeistertes Volk.[151]

1913, ein Jahr vor Beginn des Ersten Weltkriegs, wurde ein neuer Zigarettentyp auf den Markt gebracht: die „American Blend". Dies war ein Verschnitt („blend") aus amerikanischen Tabaken, wobei bevorzugt der bis dahin als Pfeifen- oder Kautabak verwendete Burley-Tabak mit Orient-Tabaken versetzt wurde. Während die „American Blend" in den zwanziger und dreißiger Jahren den Senkrechtstart zu einer echten amerikanischen Nationalzigarette schaffte, blieb etwa der konservative englische Raucher seiner aus hellen Virginia-Tabaken hergestellten „Straight Virginia"[152] treu, und in Deutschland war der Prozentsatz derjenigen, die amerikanische Geschmacksvorgaben bevorzugten, verschwindend gering: Vor dem Krieg wurden nur vereinzelt „Gold-Dollar" oder „North State" geraucht.

Gegen Ende des Zweiten Weltkriegs schließlich wird der Einfluß der „American Blend" stärker. Von den Soldaten der US-Army nach Europa gebracht, erobert sie sich schon jetzt allmählich die Gunst der europäischen Raucher, wobei die Verknappung der traditionellen Zigaretten den Ausschlag gibt. Die „American Blend" wird in entscheidender Weise bestimmend für den neuen Geschmackstyp der deutschen Nachkriegszigarette, deren erfolgreichster Vertreter die Reemtsma-Marke „Collie" ist. Die Geschmacksänderung der deutschen Raucher manifestiert sich auch im optischen Erscheinungsbild: Es erfolgt eine Umstellung von der flachovalen Orient-Zigarette auf die runde „Ami", die so populär wird, daß sie sich als illegale Währung neben und über die gesetzlichen Zahlungsmittel setzt und bis zur Währungsreform 1948 für alle Tauschgeschäfte des Schwarzmarktes – noch im Jahre 1949 werden monatlich fast 400 Millionen Zigaretten amerikanischer Herkunft nach Deutschland geschmuggelt – den Kurswert bestimmt: Eine Stange, das waren 200 Stück, kostete 1.000 Reichsmark.[153]

Eine Ausnahme stellte lediglich die „Straight Virginia" dar, die für das hiesige Klima zu schwer schien und daher häufig weit unter dem Schwarzmarktwert gehandelt wurde. Dennoch waren nach dem Krieg fast ausschließlich „Ami"-Zigaretten zu haben. Die deutsche Industrie, die seit Ende 1948 von der Außenhandelsstelle der Militärregierung mit Tabaken beliefert wurde, sah sich einem völlig veränderten Markt gegenüber. Hatte der Anteil der Orient-Zigaretten vor Kriegsausbruch noch bis zu 98 Prozent betragen, so kehrte sich das Verhältnis nun buchstäblich um: Die allmächtige Orient-Zigarette war nach dem Einzug der Besatzungs-

Nach Abschluß der Prozeßquerelen und der „Entnazifizierung“ laufen die Geschäfte wieder prächtig. Die Brüder Reemtsma mit Hamburgs Senator Hans-Harder Biermann-Rathjen.

Das Eintreffen der ersten Fässer mit Virginia-Tabak für die „Ami“-Mischung im Juni 1949 läutet eine Wende in der Geschichte der deutschen Tabakindustrie ein: Da der Orientmarkt de facto lahmgelegt ist, muß der Raucher sein Geschmacksempfinden radikal umstellen. Immerhin ist die Zeit der Rationierung vorbei – Männer erhielten pro Raucherkartenabschnitt zehn Zigaretten, Frauen die Hälfte.

truppen, der durch den Kontakt mit diesen das systematische Eindringen amerikanischer Tabake und Zigaretten zur Folge hatte, fast überall – vor allem aber in Deutschland – zur Bedeutungslosigkeit herabgesunken. Und als man nach der Währungsreform 1948 mit den alten „türkischen" Zigaretten in einigen Regionen den Versuch einer erneuten Etablierung unternahm, wurden sie vom deutschen Raucher weitestgehend abgelehnt. Seinem Geschmacksempfinden war in den drei Jahren seit Kriegsende schlagartig eine total veränderte Richtung oktroyiert worden.

So wie der Ausgang des Krimkrieges mit dem Pariser Frieden von 1856 den Siegeszug der Orient-Zigarette in Europa mit sich gebracht hatte, so bestimmen nun die Nutznießer des Zweiten Weltkrieges mit dem europäischen Wiederaufbauprogramm unter der Bezeichnung Marshall-Plan auch die neuen Gegebenheiten des Tabakmarktes. Die Umstellung auf diese fällt nicht leicht. Einer der Gründe dafür, daß die Geschmackswandlung der deutschen Industrie Probleme bereitet, ist die Uneinheitlichkeit dieses Prozesses. Nachdem nahezu alle neuen Zigarettenmarken auf die Mischungszusätze der „American Blend" umgestellt bzw. aufgebaut haben, entwickeln sich in den Jahren ab 1952 Teilmärkte, deren Entstehen zum Teil mit den bis zur Gründung der Bundesrepublik Deutschland bestehenden drei westlichen Besatzungszonen zusammenhängt. Während im Westen des Landes die Orient-Zigarette eine kurze Renaissance erlebt, überwiegen im Norden bereits die „American Blend"-Zigaretten, im Süden aber Filterzigaretten und im Südwesten der Typ der „Schwarzen Zigarette" der Franzosen.

Diese allgemeine Lage bedeutet vor allem hinsichtlich der Entscheidungen für den Einkauf von Rohtabak ein Fiasko: Als Maßstab für das nächste Handeln können immer nur die unmittelbar gemachten Erfahrungen gelten. Doch abgesehen von dieser Unbeständigkeit des Marktes bedeutet auch die Wandlung des Geschmacks, die neben der Umstellung von der flachovalen orientalischen auf die runde amerikanische Zigarette zudem eine Änderung der Fabrikationsmethoden nach sich zieht, eine kritische Situation. Denn die Formen der Zigarette sind nicht zufällig oder werden von modischem Ästhetikempfinden bestimmt. Vielmehr hängen diese Unterschiede auf bestimmte Weise direkt von dem zu verarbeitenden Tabak ab.

Die Kenntnisse, die man aus der jahrzehntelangen Verarbeitung des Orient-Tabaks gewonnen hatte, ließen sich nur sehr bedingt auf die Virginia- und Burley-Tabake übertragen. Die Methoden, die vor dem Krieg entwickelt worden waren, waren ausschließlich auf die Herstellung der Orient-Zigarette zugeschnitten und versagten sich dem neuen Mischungstyp. Zudem erwiesen sich die Produktionsanlagen als ungeeignet, und vor allem mangelte es an Erfahrungen im Hinblick auf die Beurteilung von amerikanischen Tabaken.

So hatte man es statt mit kunstvoll verschnürten Juteballen nun mit riesigen, zerlegbaren Holzfässern, den sogenannten „Hogsheads" (Schweineköpfen), zu tun, die die Ausmaße eines Dampfwalzenrades hatten und über 500 Kilogramm wogen. Schon bei deren Öffnen begannen die ersten Schwierigkeiten. Um den in sehr trockenem Zustand gelieferten und fest in die Fässer gepreßten Tabak lösen zu können, mußte dieser gefeuchtet werden, was bis zu 24 Stunden in Anspruch nahm. Dennoch mußte der Virginia-Tabak in trockenem Zustand aus den Fässern herausgenommen werden. Nachdem dieser Feuchtprozeß über speziell entwickelte Verfahren auf eine halbe Stunde reduziert werden konnte, gelang schließlich im Reemtsma-Werk Wandsbek die Konstruktion einer Feuchtungsanlage, die auch für eine spätere Übertragung auf eine Großfabrikation geeignet war.

Reemtsma setzt in diesen ersten Nachkriegsjahren alles daran, wieder festen Boden unter den Füßen zu bekommen. Dieses Ziel unbeirrt im Auge, leistet der wieder Tritt Fassende mit der Konstruktion neuer Maschinen wahre Pionierarbeit. Und so kann er nach einiger Zeit auch eine weitere Hürde nehmen. Diese ergibt sich dadurch, daß die Virginia-Tabake im Vergleich zu dem feinen Orient-Tabak wesentlich stärkere Rippen aufweisen, die das Zigarettenpapier beschädigen oder den Geschmack negativ beeinflussen konnten. Da in jenen Jahren deutschlandweit keine Tabakentrippungsanlagen zu erhalten waren, geschweige denn die Reemtsma-Werke solche besaßen, mußte der Tabak zunächst von Hand entrippt werden, bis man schließlich so weit war, eigene Entrippungsanlagen bauen zu können.

Die Zeit des Experimentierens und Improvisierens gehört nun allmählich der Vergangenheit an, der Anschluß an die von der amerikanischen Tabakindustrie vorgegebenen Fabrikationsmethoden ist geschafft. Hierzu trägt auch die Teilnahme an der Internationalen Rohstoff-Konferenz in Washington im Jahre 1951 bei, da sie nicht zuletzt auch dem deutschen Tabakeinkauf neue Möglichkeiten erschließt. Auf dieser Grundlage entwickelt Reemtsma erneut Kräfte, die sein Vorwärtskommen sichern: Im Dollarraum – und später auch in anderen Ländern – wird ein Netz für die Organisation des Einkaufs von Virginia- und Burley-Tabaken aufgebaut. Geeignete Rezepturen für den US-Tabak werden zusammengestellt. Zudem werden aufgrund des gewandelten Rauchergeschmacks neue Mischungsverhältnisse kreiert, wobei auch hier wieder modernere Anlagen benötigt werden. So entwickelt Reemtsma in kurzer Zeit beispielsweise einen rotierenden Mischturm mit einer automatisch gesteuerten Abkämmvorrichtung.

Neben verschiedenen Zusammensetzungen aus orientalischen und amerikanischen Komponenten kommt nun ein völlig neuer Zigarettentyp auf den Markt: die „German Blend". Dies bedeutet fast nur hinsichtlich der Terminologie eine Emanzipierung und ist zudem eine Vorgaukelung falscher Tatsachen. Denn diese Mischung lehnt sich größtenteils an den amerikanischen Typ an und enthält lediglich zusätzlich Orient-Tabake. So versucht sie sich in gewisser Weise an der fast schon in Vergessenheit geratenen Geschmackstradition der Kriegs- und Vorkriegszeit zu orientieren, ist jedoch mit dem Begriffsinhalt „German Blend" nur dann zutreffend bezeichnet, wenn man „Deutscher Verschnitt" in dem neuzeitlich-multikulturellen Sinne des Zusammenmixens von Orient und Okzident definieren mag.[154]

So symbolisiert die „German Blend" das Aufkeimen eines „National"-Gefühls, das für Reemtsma im Grunde im Zeichen des Kreierens neuer verbindlicher Trends steht. Neben der Mischung ändert sich Anfang der fünfziger Jahre mit Marken wie „Zuban No. 22" und „Astor" auch das Format zum sogenannten „King Size"-Format, und hiermit geht wiederum eine Rationalisierung der Verpackungsart einher. Die Verwendung von „American Blend"-Tabaken macht eine weichere Verpackung möglich, die als Klappenfaltschachtel – etwa für „R6" und „Ernte 23" – Marktbedeutung gewinnt. Um den an „seine" Marken gebundenen Kunden nicht zu verprellen, durfte die sinnliche Umstellung auf die neue Art zu konsumieren allerdings nicht zu radikal erfolgen. Das weiß Reemtsma – mit verkaufspsychologischen Grundsätzen durch die Erfahrungen vor und während des Dritten Reiches bestens vertraut – sehr wohl. Zeit läßt er sich daher bei der graphischen Umgestaltung des Packungsbildes, das bisher keine Änderung erfahren hatte. Erst im Jahre 1956 beginnt, anfänglich nur durch wenige gestalterische Nuancen, allmählich auch die vertraute Symbolik zu verschwinden. Das eingängigste Beispiel für diesen letzten

Akt der aktiven Verabschiedung von der Vergangenheit ist die repräsentative Reemtsma-Marke „Ernte 23", die bereits als Filterzigarette vom Typ „American Blend" auf dem Markt ist, aber noch immer unter der alten Flagge segelt. Nachdem zunächst noch die dem Konsumenten vertrauten orientalischen Arabesken beibehalten werden, beseitigt Reemtsma die Orient-Assoziationen im Laufe der folgenden Jahre sukzessive, so daß diese Maßnahme vom Verbraucher nahezu unbemerkt bleibt. Lediglich der mit Tabakblättern gefüllte Korb und der Schriftzug „Ernte 23" bleiben Bestandteil der optischen Erscheinung.[155]

Noch eines bleibt: der Name Reemtsma sowie das 1920 von Wilhelm Deffke entworfene, farblich leicht abgewandelte, Firmensignet, der Wikingerschiffsbug vor einer aufgehenden Sonne.[156] Verband es laut dem Urteil der Jury in seiner Aussage nicht Mut und Weltoffenheit mit offensivem unternehmerischem Denken und Handeln? Eine Kombination von Assoziationen also, die in der Tat abstrakt genug ist, um „zeitlos modern" auf alle Staatssysteme anwendbar zu sein und diese letztlich zu überdauern. Allerdings bringen nicht alle Etiketten den Namen und das Logo. Wie es scheint, ist die Identität der Reemtsma-Marken aus der Gründer- und Aufstiegsphase heute noch am eindeutigsten zu erkennen.

Hinsichtlich aller innerhalb der Tabakwirtschaft nur denkbaren Einzelheiten ist der Prozeß der grundlegenden Anpassung an die neuen wirtschaftlichen wie politischen Verhältnisse mit maximalem Erfolg abgeschlossen. Die nach dem Krieg vollkommen zerrüttete Hamburger Zigarettenfabrik Reemtsma hat sich nunmehr eine solide Basis geschaffen, zielsicher in eine erneut von Expansion und Monopolisierung geprägte Zukunft zu starten.

Ein verspäteter Ostfeldzug

Mittlerweile hat es das Unternehmen wieder auf etwa 40 Prozent und damit den größten Anteil aller deutschen Firmen am Zigarettenmarkt gebracht. Aus dieser Position heraus verfolgt es nach der noch unter Philipp Fürchtegott Reemtsma erfolgten Beteiligung an der Hamburg-Atlantic Linie die Strategie, ab sofort nicht mehr nur auf Gewinne aus dem Tabakgeschäft zu setzen, auch unter Gertrud Reemtsma, der Witwe Philipp Fürchtegotts, weiter: Seit Anfang der sechziger Jahre wird die Firma neben dem Absatz von insgesamt 18 verschiedenen Zigarettenmarken, wie der legendären „Ernte 23" mit an oberster Stelle der Umsatzliste, auch noch auf einem anderen Genußmittelsektor sehr umtriebig: Sie stürzt sich mit kühnem Sprung in die Getränkeindustrie, vor allem ins Brauereigewerbe. Nachdem die Reemtsma Cigarettenfabriken GmbH 1963 als Kommanditist in die Sektkellerei Carstens KG eingetreten ist, beginnt zwei Jahre später der großangelegte Erwerb von Beteiligungen an deutschen Brauereien. Zeitweise gehören die Bavaria-St. Pauli-Brauerei AG, die Hannen Brauerei GmbH, die Henninger-Bräu AG, die Eichbaum-Brauereien AG, die Brauerei Moninger AG, die Frankenthaler Brauhaus AG und die Tuborg-Vertriebsgesellschaft mbH zum Hause Reemtsma. Allerdings scheinen sich in diesem Bereich nicht die erwünschten Erfolge einzustellen. Denn nach und nach entledigt man sich der Brauereien wieder, bis mit dem Verkauf der Bavaria-St. Pauli-Brauerei AG im Januar 1990 an die März-Gruppe das letzte dieser Unternehmen wieder abgestoßen ist.

Was den Tabakhandel anbelangt, bleibt es im Vergleich zum Expansionsdrang der zwanziger Jahre über einen langen Zeitraum hinweg relativ ruhig. Zwar wird

1971 das Werk Langenhagen in Hannover in Betrieb genommen, aber im Jahre 1980 verkaufen Jan Philipp Reemtsma und seine Mutter sogar im großen Stil: Ihre Mehrheitsanteile in Höhe von 53 Prozent am Unternehmen gehen an die Brüder Günter und Michael Herz, die Eigentümer der Tchibo Frisch-Röst-Kaffee AG. Den aus diesem Verkauf erzielten Nettogewinn, gute 300 Millionen Mark, legt Jan Philipp Reemtsma zu einem großen Teil in Immobilien an. Sein Vermögen, dessen Verwaltung und Mehrung er einer äußerst erfolgreich arbeitenden Vermögensverwaltungsgesellschaft überträgt, verdoppelt sich innerhalb einiger weniger Jahre.

Im Jahr 1986 werden umfangreiche Maßnahmen zur Umstrukturierung des Unternehmens eingeleitet: Brauereibeteiligungen werden verkauft, und die Produktion konzentriert sich ab sofort auf die Werke Berlin und Hannover-Langenhagen.

Reemtsma engagiert sich seit längerem im west- und südeuropäischen Ausland sowie in Lateinamerika. So beliefert die Firma bereits 1970 etwa verschiedene Schiffahrtslinien, Flughäfen und Duty-free-Geschäfte mit ihren Produkten, exportiert nach Italien, in die Niederlande, nach Belgien, zudem in die Ostblockstaaten Rumänien und Bulgarien sowie in den Mittleren Osten. Es besteht ein Kooperationsvertrag mit einer griechischen und mit einer jugoslawischen Zigarettenfabrik. In Österreich produziert die staatliche Austria Tabakwerke AG in Lizenz „Peter Stuyvesant" und „Ernte 23", die im Transit- und Exportgeschäft allgemein erfolgreichsten Reemtsma-Marken. Hinzu kommen bereits ab 1964 verschiedene Gründungs- oder Beteiligungsaktivitäten in der Schweiz, in Belgien, Argentinien und Brasilien. Insgesamt gesehen ist der Erfolg jedoch eher mäßig, teilweise stagniert die Entwicklung, oder es sind sogar Einbußen zu verzeichnen.[157]

1989, im Jahr des Falls der Berliner Mauer, hält die Hamburger Tchibo Holding AG direkt und indirekt 75 Prozent der Anteile des Reemtsma-Konzerns. Verursacht durch das plötzliche Ende des Kalten Krieges und die allgemeine Liberalisierung des Ostens erschließen sich für Reemtsma nun mit einem Schlage ungeahnte Möglichkeiten, sprich: neue Märkte. Dies betrifft zunächst den der Bundesrepublik Deutschland mit dem per 3. Oktober 1990 angeschlossenen Raum der Deutschen Demokratischen Republik. Bereits ab November 1989 wird intensiv an der Positionierung von Reemtsma-Marken in der DDR gearbeitet. Gute Vorarbeit leistet hierbei die durch ausgeklügelte Werbekampagnen vorbereitete Einführung der Marken „Peter Stuyvesant" und „West", die im Jahre 1981 aufgrund der gestiegenen Nachfrage nach „American Blend"-Filterzigaretten im gesamten Bundesgebiet eingeführt worden war und seit Ende der achtziger Jahre international verkauft wird. Seit Februar 1990 ist Reemtsma bereits mit einer breiten Produktpalette, und zwar mit seinen Standard-Erfolgsmarken „West", „Ernte 23" und „Peter Stuyvesant" sowie mit der Neukreation „West Lights" in der DDR vertreten. Das Jahr der Wiedervereinigung beschert Reemtsma schließlich noch einen weiteren Triumph: Der Konzern übernimmt die erste Produktionsstätte auf dem Territorium des zerbröckelnden Ostblocks, die thüringische Zigarettenfabrik VEB Tabak Nordhausen, die heutige Nortak GmbH. Reemtsmas umfassendes Agieren in den sogenannten Neuen Bundesländern hat in den Folgejahren die Geburt weiterer Tochterfirmen zur Folge: der Jena-GEOS Ingenieurbüro GmbH und der ERGO Umweltinstitut GmbH Dresden – beides Unternehmen, die sich mit der Boden-, Wasser- und Luftanalytik beschäftigen.

Um das Jahr 1990 kann Reemtsma gute Verkaufszahlen in west- und südeuropäischen Märkten erzielen, insbesondere in Griechenland und den Niederlanden mit „West", in der Schweiz, in Spanien und wiederum in Griechenland mit „R1" sowie mit anderen Marken in Belgien und in Italien. Doch schließlich öffnen sich im Zuge des Zerfalls der Sowjetunion und ihres Staatenimperiums ab 1991 auch die zentral- und osteuropäischen Märkte. Als hätte Reemtsma dies jahrzehntelang geduldig abgewartet, entwickelt der Konzern urplötzlich eine Expansionswut, die selbst mit der der zwanziger Jahre nicht vergleichbar ist. Am heftigsten entlädt sich die im Grunde seit dem Dritten Reich gebändigte Expansion in den nun folgenden Jahren: Laut Reemtsma erreichen seine in erster Linie auf den Märkten des ehemaligen Ostblocks getätigten Investitionen zwischen 1990 und 1993 schwindelerregende Höhen. Hatte Hitler während des Krieges noch eine Ostexpansion des Konzerns unterbunden bzw. anfängliche dahingehende Bestrebungen Philipp Fürchtegott Reemtsmas im Keim zu ersticken gewußt, so ist nun endlich die große Zeit der Geschäfte in diesem Teil der Erde gekommen.

Beachtlich ist der Aufbau des Marktes seit dem Zusammenbruch des Kommunismus in Ländern wie Polen, Ungarn oder der Tschechischen Republik bis zu den osteuropäischen Ländern Rußland und Ukraine und sogar in den zentralasiatischen Staaten Kirgisien und Kasachstan. Endlich ist für Reemtsma erneut eine großartige Erntezeit angebrochen. Bereits im Jahre 1991 kann der Absatz hauseigener Marken in der Tschechoslowakei, in Rumänien sowie im Gebiet des zerfallenden Sowjetimperiums erheblich gesteigert werden. „Ernte 23" etwa erreicht in diesem Exportgeschäft 29 Prozent Zuwachs, die „West" sogar 46 Prozent. Als Folge dieser Entwicklung wird in Moskau eine eigene Repräsentanz eingerichtet.[158]

Nun geht es Schlag auf Schlag. Im selben Jahr erwirbt Reemtsma die Mehrheitsbeteiligung an der Zigarettenfabrik Tobacna Ljubljana in Slowenien mit den Marken „Filter 57", „Boss", „Macho" und „Set". In den neu entstehenden Ländern des ehemaligen Jugoslawien werden mit einer Kapazität von 6,5 Milliarden Zigaretten und einem eigenen Groß- und Einzelhandelsnetz auch die Voraussetzungen für die Ausbreitung von lokal produzierten Reemtsma-Marken geschaffen.[159] Ein Jahr darauf erfolgt der Erwerb der traditionsreichen ungarischen Zigarettenfabrik Debreceni Dohánygyár, die auf eine hundertjährige Geschichte zurückblicken kann, sowie der Slovak International Tabak in Bratislava in der Slowakischen Republik. Ende 1993 und Anfang 1994 beteiligt sich der Konzern mehrheitlich an den ukrainischen Zigarettenfabriken Tscherkassy und Kiew. Gleichzeitig baut Reemtsma Vertriebsgesellschaften im polnischen und tschechischen Markt auf. Im Jahr 1996 übernimmt die Gesellschaft die Mehrheit an der seit 1998 als Reemtsma Polska S.A. firmierenden polnischen Wytwórnia Wyrobów Tytoniowych in Posen.

Soweit bekannt ist, hat die Firma Reemtsma, die schon unter Hitler davon träumte, die Tabakanbaugebiete in der von deutschen Truppen besetzten Sowjetunion in die Hand zu bekommen, jetzt, da der Bolschewismus in diesem Raum endgültig besiegt und überwunden ist, kein Eigentum an Anbauflächen erworben. Dafür ist es dem Nachkriegskonzern gelungen, deren Bewohner in kürzester Zeit zu Abnehmern seiner Produktpalette gemacht zu haben. Doch damit nicht genug, Reemtsma holt zu einem noch viel gewaltigeren Rundumschlag aus als dem, der sich ihm seit dem Fall des Eisernen Vorhangs förmlich aufgedrängt hatte: Der Zigarettenabsatz bleibt nicht auf Zentral- und Osteuropa beschränkt, die Geschäftsaktivitäten des Unternehmens weiten sich auch auf den Westen Europas und sogar auf Asien und

Afrika aus, was Reemtsma quasi über Nacht zu einem beinahe weltweit operierenden Konzern mutieren läßt.

Bereits 1994 erfolgt die Gründung der Vertriebsgesellschaft Reemtsma Japan mit Sitz in Tokio, zudem wird ein Kooperationsabkommen mit dem chinesischen Tabakmonopol unterzeichnet. Vielleicht um sich für alle Fälle mit dem zahlenmäßig stärksten Repräsentanten des kommunistischen Systems von einstigem Weltrang zu arrangieren – man kann nie wissen? Im Jahre 1998 übernimmt Reemtsma die Mehrheitsanteile an der russischen Zigarettenfabrik in Wolgograd, die seither unter „OOO Tabakfabriken Reemtsma-Wolga" firmiert und wo bereits ein Jahr nach der Übernahme ein Produktionsvolumen von etwa fünf Milliarden Zigaretten erreicht wird.

Das Jahr 1999 ist vor allem geprägt durch die verstärkte Geschäftsentwicklung in Osteuropa mit den Hauptmärkten Ukraine und Rußland, wo besonders umfangreiche Investitionen getätigt werden. So beginnt die Reemtsma Management- und Vertriebsgesellschaft „OOO Reemtsma" in Rußland zum Beispiel mit dem Aufbau eines regionalen Vertriebsnetzes. Diese Maßnahme führt mit dazu, daß der Konzern trotz der noch immer nicht überwundenen Finanz- und Wirtschaftskrise der Russischen Föderation hier ein Gesamtvolumen von acht Milliarden Zigaretten aus lokaler Produktion, aus anderen Standorten sowie aus Importen absetzen kann.

Auch in der Ukraine weiß Reemtsma seine führende Marktposition zu behaupten, obwohl der dortige Markt als Folge der auch hier anhaltenden Wirtschaftskrise stark durch eingeschmuggelte Billigprodukte überschwemmt wird. Ende 1999 eröffnet das Unternehmen zur Sicherung seiner Marktposition in Zentral- und Osteuropa außerdem zwei neue Fabriken in der Hauptstadt der Ukraine, Kiew, sowie in Tarnowo Podgórne in Polen. Auch in Slowenien macht Reemtsma einen weiteren großen Schritt in die seit 1991 eingeschlagene Richtung: Im Mai 1999 erwirbt die dortige Tochtergesellschaft Tobacna Ljubljana 80,2 Prozent an der mazedonischen Tabakfabrik Tutunski Kombinat Skopje, was zur Stärkung von deren Marktposition einen wesentlichen Beitrag leistet.

Reemtsma, der sich natürlich auch weiterhin in den altbewährten Regionen Deutschland und Westeuropa engagiert, beschränkt seine auf noch größeres Wachstum im Ausland abzielende Firmenpolitik aber nicht nur auf Zentral- und Osteuropa. Er weitet seine Geschäftsaktivitäten mit dem Abschluß von Joint-Venture-Verträgen, zum Beispiel mit dem britischen Tabakkonzern Gallaher International Plc., sowie mit der Inbetriebnahme neuer Produktionsstätten auch auf Kirgisien und Kasachstan und damit zusätzlich auf den zentralasiatischen Markt aus. Auch hier erreicht der Wirtschaftsgigant innerhalb kürzester Frist Umsatzzahlen, die ihm die Marktführerschaft sichern: Bereits 1998 hatte Reemtsma nach der Akquisition der einzigen in Kirgisien ansässigen Zigarettenfabrik dort mit dem Bau eines neuen Werkes begonnen. Und schon 1999 hat sich hier der Absatz des deutschen Unternehmens als Ergebnis aller bisherigen Aktivitäten im Vergleich zum Vorjahr mehr als verdoppelt, so daß es mit einem Marktanteil von rund 35 Prozent die führende Position auf dem kirgisischen Markt übernimmt.

Doch damit noch immer nicht genug. Viel zu haben und zu kontrollieren reicht dem Hause Reemtsma offenbar nicht, der Konzern will mehr – und bekommt es auch. 1998 liebäugelt der Konzern erneut mit den Märkten China und Japan, wo er ja seit vier Jahren schon einen Fuß in der Tür hat, zudem auch mit Taiwan. Dabei profitiert er hier von den Folgen der Wirtschafts- und Finanzkrise des Jahres 1998 und kommt vor diesem Hintergrund mit seinen Investitionen natürlich in der Eigenschaft des rettenden Engels. Eine Position, die es ihm immer wieder außerordentlich leicht macht, in den betroffenen Regionen zu einer „allgemeinen wirtschaftlichen Erholung" beizutragen, wie es in solchen Fällen oft beschönigend heißt. Ab 1999 ist auf den asiatischen Märkten jedenfalls ein moderates Wachstum zu verzeichnen, die lokalen Währungen in diesen drei Ländern werden wieder stabiler, und die Volkswirtschaften wachsen überdurchschittlich. Als unmittelbare Folge hiervon steigern sich Ertrag und Absatz immens. In Taiwan etwa erhöht sich das Volumen des Gesamtgeschäfts um ganze 47 Prozent. In China sind vor allem im Duty-free-Geschäft hohe Zuwachsraten zu verzeichnen, hier sogar bis zu 50 Prozent.

Im November desselben Jahres steigt Reemtsma zudem in das Tabakgeschäft eines weiteren asiatischen Landes ein. Die Firma übernimmt die Mehrheit an der Paradise Tobacco Company Ltd., einem jungen Produktions- und Vermarktungsbetrieb in Phnom Penh in Kambodscha, der 1996 gegründet wurde und über einen Marktanteil von knapp 6 Prozent verfügt. Damit hat sich die Firma Reemtsma, die sich seit der Öffnung der Ostmärkte sprunghaft zu einem der umsatzstärksten Tabakwarenhersteller weltweit gemausert hat, nunmehr auch eine Basis zur Geschäftsausweitung in Indochina geschaffen. Hinzu kommt im Jahre 2000 die Eröffnung einer eigenen Produktionsstätte in Bischkek, der Hauptstadt Kirgisiens.

Mag es mit grundsätzlichen marktanalytischen Erwägungen oder einer heraufdämmernden kosmopolitischen, heute multikulturellen, Denkart zusammenhängen, zur erklärten unternehmerischen Strategie, die Reemtsma bei der Erschließung der Märkte in Zentral- und Osteuropa sowie in Teilen Asiens verfolgt, gehört es jedenfalls, sowohl die Position der eigenen Marken wie etwa „West", „R1" und „Davidoff" auszubauen als auch die übernommenen lokalen Marken zu stärken – „den Markterfordernissen entsprechend", wie es lapidar-nichtssagend im Marketingjargon heißt. Hierzu zählen zum Beispiel „Ares" und „Mocne" in Polen, „Prima" in der Ukraine, „Mars" und „Dalila" in der Slowakei sowie „Symphonia" in Ungarn.

Nun ist zwar nicht mehr die Rede von einer vorurteilsbehafteten Klassifizierung verschiedener Raucher-Typen in kultiviert-genießerisch, langweilig-künstlich und charakterlos-unbeständig – oder doch zumindest nicht mehr im Sinne einer Auf- oder Abwertung der entsprechenden Völker. Denn der 1924 formulierte grundlegende Denkansatz, daß „die individuellen Eigenarten eines Rauchers [...] einerseits in der Eigenart jedes persönlichen Geschmacksempfindens begründet" liegen und daß andererseits „das Temperament und deshalb sogar die Lebensanschauung des einzelnen" entsprechend einzuschätzen sind, hat möglicherweise nichts an Aktualität eingebüßt. Und so können auch 75 Jahre nach der vom Rassestandpunkt her vergenommenen Bewertung der Genußfähigkeit verschiedener Völker sogar noch immer „‚unproblematische' und ‚primitive' Genußmittel mit weltanschaulichen Dingen zusammengezogen werden" und „die Tatsache des innigen Zusammenhanges [...] jedem Untersuchenden so unbestreitbar [sein], daß eine Tabakbewertung auch von dieser Seite aus zu vertreten ist".[160]

Allerdings mit dem Unterschied, daß diese – weltanschauliche – Bewertung jetzt vollkommen andere Rückschlüsse zur Folge hat: „Parallel zum Prozeß der Demokratisierung des Cigarettenrauchens vollzog sich so ein Prozeß der Individualisierung des Rauchgenusses, wie er in vergleichbarer Konsequenz bei keinem anderen Genußmittel zu beobachten ist."[161] Die vorgenommene Einstufung in grundsätzlich verschiedene, individuelle Eigenarten des Rauchens erhebt nun also die Demokratie zur Idealstaatsform der Raucher-Gesellschaft, ja Reemtsma geht sogar so weit, von einem „Prozeß der Demokratisierung des Cigarettenrauchens" und einem der „Individualisierung des Rauchgenusses" zu sprechen.

Marktstrategisch effektiv zu handeln heißt unter dem Gesichtspunkt globalen Denkens nicht zuletzt aber auch, die Eigenarten fremden Geschmacksempfindens den vorgefundenen Gewohnheiten gemäß zunächst brav zu bedienen und erst durch das nach und nach immer stärkere Hinzutröpfeln von ungewohnten, importierten Aromen allmählich aufzuweichen und schließlich massiv zu untergraben. Reemtsma bekennt sich eindeutig zu diesem Konzept: „Der erfolgreichen Expansion liegt eine langfristig ausgerichtete Strategie zugrunde: Im Vordergrund stehen der Erhalt und der Ausbau der erworbenen nationalen Marken. In einem zweiten Schritt werden die internationalen Reemtsma-Marken eingeführt."[162] Allerdings sagt der Konzern nicht, daß es sich mit dem allmählichen Überlagern der einheimischen Produkte durch eigene Marken gewissermaßen um ein Missionieren ohne sichtbaren Zwang handelt, eine über die Einfuhr und den Absatz von Fremdwaren vorangetriebene Okkupation des Marktes also, die durchaus als Hinweis auf eine subtile Wirtschaftskriegführung gelten kann.

Denn die bewährten hauseigenen Marken geraten ja auch auf dem ausländischen Markt keineswegs ins Hintertreffen. Im Gegenteil: Wie die Erfahrungen der letzten Jahre zeigen, entwickelt sich beispielsweise die auch in Deutschland mit großem Erfolg verkaufte Strategiemarke „Davidoff" vor allem in Asien zu einem Bestseller. So erreicht sie etwa in Taiwan erheblichen Zuwachs, „Davidoff" ist mit einem Gesamtmarktanteil von elf Prozent mittlerweile die zweitstärkste internationale Markenfamilie auf dem taiwanesischen Markt. Auch die erst 1998 eingeführte Marke „Boss" entwickelt sich hier zu einem Kassenschlager. Mit ihrem Marktanteil von zwei Prozent ist sie die erfolgreichste Neueinführung der vergangenen Jahre und gehört bereits im Jahre 2000 zu den sieben meistverkauften Zigaretten in Taiwan.

„Davidoff" ist auch in der Volksrepublik China, in Hongkong sowie in Japan erfolgreich. In China erreicht die Marke aufgrund ihres allgemeinen kontinuierlichen Wachstums einen Importmarktanteil von vier Prozent und damit Platz vier aller hierher importierten Marken. Zusammen mit der seit 1997 sogar in einigen Regionen Chinas vertretenen „West" verzeichnet sie im Duty-free-Geschäft mit die höchsten Zuwachsraten, gemeinsam weisen sie gegenüber 1998 eine Steigerung von 50 Prozent auf. Schließlich steigt Reemtsma – in Kooperation mit der Firma Japan Tobacco – mit verschiedenen „Davidoff"-Varianten auch in den Regionalmarkt Tokio ein, wo es der Erfolgsmarke gelingt, rasch Fuß zu fassen, was eine noch stärkere Ausweitung der ungezähmten Expansionsaktivitäten zur Folge hat.

Die hohe Kunst der Selbstdarstellung

Insbesondere die seit 1989 bzw. 1991 mit ungebremster Vehemenz vorangetriebenen Fusionen und Beteiligungen auf den zentral- und osteuropäischen Märkten sowie in vielen Ländern Asiens legen die Vermutung nahe, Reemtsma ziele mit seinen Aktivitäten darauf ab, das Tabakmonopol diesmal im internationalen Rahmen zu erlangen. Diese Vermutung wenigstens scheint Reemtsma in den hinsichtlich der gebrachten Überlegungen ebenso narzistisch wie naiv anmutenden Selbstdarstellungen auf seinen Internetseiten noch zu bestätigen: „Auch in den kommenden Jahren strebt Reemtsma eine ähnlich dynamische Entwicklung wie in der Vergangenheit an. Das Unternehmen wird seine fokussierte Wachstumsstrategie fortsetzen. Reemtsma verfügt über ein starkes nationales und internationales Geschäft, das die Grundlage für die weitere Expansion bildet. Neben den weiterhin positiven Entwicklungen in den angestammten Regionen, in denen das Unternehmen tätig ist, rechnet Reemtsma in diesen Zukunftsmärkten mit überproportionalen Wachstumschancen."[163] So tönte der Konzern im Jahr 2000 über sich und seine Leistungen, denen er somit nachgerade unbestrittene Weltgeltung beimißt. Was den angestrebten Rang in den Grenzen des Heimatkontinents anbelangt, scheint es bereits konkrete Vorstellungen zu geben: Der Reemtsma-Konzern will zum – zunächst – größten europäischen Zigarettenunternehmen aufsteigen.

Allein die Tatsachen sprechen für sich. Ein beredtes Zeugnis für die größtenteils bereits verwirklichten Ambitionen der Firma legt Reemtsma wiederum selbst ab: „Die Reemtsma Cigarettenfabriken GmbH mit Sitz in Hamburg ist das am schnellsten wachsende Tabakunternehmen unter den Großen der Welt", verkündet die Firma selbstgefällig in einem Werbe-Selbstporträt im Internet.[164]

Und das ist nicht einmal übertrieben. Für den Reemtsmaschen Status quo heißt das konkret: Weltweit beschäftigt der Konzern heute immerhin wieder fast 11.000 Mitarbeiter. Die in vielen Ländern produzierten fast 140 Milliarden Reemtsma-Zigaretten jährlich – Niederlassungen befinden sich heute in Deutschland, Spanien, Griechenland, Italien, den Niederlanden, Belgien, Großbritannien, Polen, Tschechien, in der Slowakei, Ungarn, Slowenien, Rußland, in der Ukraine, Kirgisien, China, Singapur und Japan – werden mit sich ständig steigerndem Gewinn in mehr als 100 Ländern der Erde abgesetzt. Im Geschäftsjahr 1999 wurden beim Umsatz und vor allem beim Ertrag kräftige Zuwachsraten erzielt; der Konzernabsatz erhöhte sich im Vergleich zum Vorjahr insgesamt um sechs Prozent auf 137,2 Milliarden Zigaretten, der Absatz außerhalb Deutschlands sogar um 7,2 Prozent auf rund 105 Milliarden Zigaretten, womit erstmals die Marke von 100 Milliarden überschritten wurde. Dazu trugen in allen Regionen Reemtsmas internationale sogenannte Strategiemarken „West", „Davidoff" und „R1" bei, aber auch regionale Strategiemarken wie die „Prima"-Familie in der Ukraine. Auch im Jahr 2000 konnte Reemtsma einen gegenüber dem Vorjahr ähnlich gelagerten Umsatz- und Absatzzuwachs sowie eine entsprechende Profitsteigerung verbuchen. Aufgrund dieser Entwicklung konnte der erfolgreiche Marktstratege seine starke Position als Nummer zwei in den Märkten Deutschland – hier mit einem Marktanteil bei Fabrikzigaretten von knapp 23 Prozent – und Zentraleuropa festigen und ist zugleich auf den vierten Platz unter den internationalen Zigarettenunternehmen aufgerückt. Mit der 1984 auf den Markt gebrachten „R1" ist Reemtsma sogar deutschlandweit Marktführer im Bereich der leichten Filterzigaretten.[165]

Eines muß man natürlich trotzdem sehen: Der Reemtsma-Konzern von heute ist sicherlich kein Wirtschaftsgigant im Sinne etwa der Öl-Multis, jedoch ein Unternehmen, das nicht zuletzt aufgrund seiner zahlreichen Produktionsstandorte (hierzu zählen Berlin, Hannover-Langenhagen, Nordhausen und Lahr mit der Tochtergesellschaft Badische Tabakmanufaktur Roth-Händle) eine beträchtliche wirtschaftliche Macht repräsentiert. Allerdings nicht mehr nur auf Deutschland bezogen. Ein Indiz hierfür mag sein, daß heute immerhin insgesamt über 75 Prozent des Konzernabsatzes auf das Ausland, vor allem auf die Märkte in Westeuropa, Zentral- und Osteuropa und Asien entfallen.

Diese Macht könnte sicherlich auch in irgendeiner Weise auf dem Feld der Politik genutzt werden – wobei sich die persönlichen politischen Aktivitäten Jan Philipp Reemtsmas mit den Konzerninteressen vermutlich nicht gedeckt haben. In den achtziger Jahren wurde von der Reemtsma GmbH ein Verfahren bis vor den Bundesgerichtshof (BGH) getragen, das sich mit der Frage der unbegrenzten Abzugsfähigkeit von Parteispenden als Betriebsausgaben befaßte.[166] Es ging also um die Möglichkeit, die Steuerschuld des Betriebes zu verringern. Und der Umfang der potentiellen Steuerminderung muß ganz erheblich gewesen sein, denn ein Verfahren durch alle Instanzen hindurch bis zum BGH zu tragen, verursacht allerlei Kosten. Der BGH hat im übrigen die Abzugfähigkeit verneint, während der Bundesfinanzhof (BFH) zumindest zeitweise eine abweichende Meinung vertrat. Welcher Partei oder vielleicht auch welchen Parteien mögen hier wohl entsprechende Summen zugeflossen sein?

Daß sich Gerichtsverfahren um mögliche Steuerminderungen lohnen, belegen nicht zuletzt die Absatzzahlen der Firma auf anschauliche Weise. Im Jahre 1998 lag der Konzernabsatz bei 129,4 Milliarden Zigaretten, innerhalb Deutschlands wurden 31,6 Milliarden Zigaretten verkauft. Das bedeutete einen Marktanteil von 28,6 Prozent und damit den zweiten Platz hinter Philip Morris, also nicht ganz die Dimensionen der Vergangenheit, aber in unserer weltwirtschaftlich orientierten Zeit ein sehr beachtlicher Stellenwert. Der Umsatz des Reemtsma-Konzerns lag 1998 inklusive der für den Staat eingezogenen Tabaksteuer bei 12.864 Millionen Mark. Im Jahre 1999 betrug der Konzernjahresüberschuß 435,5 Millionen Mark gegenüber 369,3 Millionen im Jahre 1998, was einer Steigerung um 18 Prozent gleichkommt, die sowohl durch das gute Inlandsgeschäft als auch durch die erneut verbesserten Ergebnisse des internationalen Geschäftes begründet ist. Und für 2000 ist sogar ein Jahresüberschuß von 470,4 Millionen Mark zu verzeichnen, der auf eine Steigerung des Umsatzes von 4.841 auf 5.005 Millionen Mark zurückzuführen ist und ein Plus von weiteren acht Prozent bedeutet. Die Gewinnmaximierung ist nicht zuletzt auch dem Rückgang der Beschäftigtenzahlen von 11.819 im Jahre 1999 auf 10.885 im Jahre 2000 zu verdanken.

Weltweit bietet der Konzern in mehr als hundert Ländern über 60 Zigarettenmarken an. Hiervon gehören Reemtsma zum Teil die Markenrechte, zum Teil handelt es sich um Lizenzmarken oder Marken anderer Hersteller, die Reemtsma für diese verteilt. Die zehn beliebtesten Reemtsma-Marken sind in alphabetischer Reihenfolge: „Boss", „Davidoff", „Mars", „Mocne", „Peter Stuyvesant", „Polyot", „Prima", „R1", „Symphonia" und „West". Fast die Hälfte der zwanzig meistgerauchten Zigaretten in Deutschland kommen aus dem Hause Reemtsma: allen voran die Marke „West", gefolgt von „Peter Stuyvesant" und der legendären „Ernte 23". Hinzu kommen Zigarettenmarken wie „West Lights", „Reval", „R6", „R1", „Cabinet" und „Roth-Händle". Außerdem produziert Reemtsma „Astor", „Davidoff", „John Players", „Atika", „California", „Duett", „Juno", „Eckstein", „Salem", „P&S" und Feinschnitt wie „Schwarze Hand", „West Quickies" und „Golden Gate".[167] Eine weitere Marke ist „Benson&Hedges", die Reemtsma seit Anfang des Jahres 2000 auf dem deutschen Markt vertreibt.

Auch wenn natürlich nicht alle Marken und Markenvarianten in jedem Land erhältlich sind: 60 Zigarettenmarken weltweit ist vor allem vor dem Hintergrund des in den letzten Jahren enorm gewachsenen Gesundheitsbewußtseins eine beachtliche Zahl. Die heute wesentlich fundierteren Kenntnisse über die Gefahren des Rauchens haben die Selbstdarstellung einer Firma, die ihr Geld mit dem Verkauf von Zigaretten verdient, erheblich schwieriger werden lassen. Das betrifft vor allem die Werbung. Brauchte man bis zum Zweiten Weltkrieg nur ein gutes Produkt anzubieten und dazu bildhaft zu beschreiben, welchen Genuß Rauchen bringe, so war der Absatz während des Krieges im Grunde überhaupt kein Thema mehr: Vermutlich wäre überhaupt keine Werbung notwendig gewesen, noch weniger in der

Nachkriegszeit, als die heißbegehrten Glimmstengel quasi zur „Ersatzwährung" avancierten. Doch mit dem Beginn des Wirtschaftswunders wurde dies grundsätzlich anders, vor allem aber unter dem Gesundheitsaspekt in den letzten eineinhalb bis zwei Jahrzehnten.

Jetzt mußten sich die Firmen mit heftiger Kritik an ihren Produkten auseinandersetzen. Reemtsma reagiert auf die neue Lage zum Beispiel mit zahlreichen Veröffentlichungen im Rahmen seiner Geschäftsberichte, denen er über eine Mischung aus Kenntnishaftigkeit und Beckmesserei einen Hauch Weltverbesserungsanspruch zu verleihen gedenkt. Die dem Geschäftsbericht für das Jahr 1985 beigefügte, als Dokumentation bezeichnete Broschüre mit dem Titel „Vorurteile und Fakten" gibt den Tenor der grundsätzlichen Vorgehensweise an: Angriffe auf die Zigarettenhersteller werden als vorurteilsbehaftet dargestellt, und es werden „Fakten" dagegengestellt, die etwa die Wissenschaftlichkeit von fachlichen Gutachten in Zweifel ziehen, jedwede Bedenken gegen das Rauchen als Aktionismus verunglimpfen und, man höre und staune, sogar die Laienhaftigkeit der Medien beklagen.

Allein das larmoyante Gehabe zu Beginn der Broschüre muß stutzig machen: „Seit vor 400 Jahren Sir Walter Raleigh den Tabak nach Europa brachte, wird das Thema ‚Rauchen' mehr oder weniger kontrovers diskutiert.

Je nach dem Grad der Intoleranz der Herrschenden wurde den Rauchern die Nase abgeschnitten, wurden sie auf Tabakballen sitzend verbrannt, ihnen die Hände abgehackt oder ihnen Steuern auferlegt, die Illegalität und Schmuggel förderten.

Diese Zeiten sind vorbei. Aber es hat eine neue Tendenz eingesetzt: Die Polemisierung und Polarisierung durch die Massenmedien.

Die Medien setzen sich eigenständige Ziele. Sie bestimmen Richtungen und Ausmaß einer öffentlichen Diskussion und lösen damit den berüchtigten ‚Handlungsbedarf' in der Politik aus.

Dabei wird Dichtung und Wahrheit zu einem spektakulären Cocktail gemischt. Entscheidend allein ist die Schlagzeile!"[168]

Hier folgt die faksimilierte Titelseite einer Ausgabe der *Bild am Sonntag* mit der Schlagzeile: „Diese Frau totgeraucht". Der dazugehörige Bericht beschäftigt sich mit einem Urteil des Obersten Versicherungsgerichtshofs in Schweden. „Sie hat gebettelt, gedroht, es half nichts: 18 Jahre mußte eine Nichtraucherin den Qualm ihrer sechs rauchenden Kollegen einatmen. Dann starb sie – an einem Lungenkrebs, den sonst nur starke Raucher bekommen. Der Mann bekommt jetzt 200.000 Mark Entschädigung, weil seine Frau totgeraucht wurde."[169]

Der Sensationscharakter dieser Meldung ist offensichtlich, daß aber, abgesehen von der Rauchbelästigung, auch Passivrauchen eine Gefahr für die Gesundheit darstellen kann, wird heute von keinem ernstzunehmenden Arzt oder Wissenschaftler mehr in Frage gestellt. Die Reemtsmasche „Aufklärungsschrift" indes scheint die Möglichkeit einer Gesundheitsgefährdung durch Rauchen als ungerechtfertigte Hypothese abzutun. Zur Untermauerung dieses Gedankens bringt sie zwei Zitate aus dem Urteil, und im Text heißt es schließlich weiter: „Nicht viel anders sieht es mit einer Reihe von Behauptungen aus, mit denen sich unsere Industrie immerfort konfrontiert sieht:

Behauptung: ‚Rauchen ist eine Sucht.' Unabhängig von vielen Äußerungen halbamtlicher und offiziöser Stellen gilt auch heute noch die amtliche Definition von ‚Sucht' der WHO, der man sicher keine Parteinahme für unsere Industrie nachsagen kann:

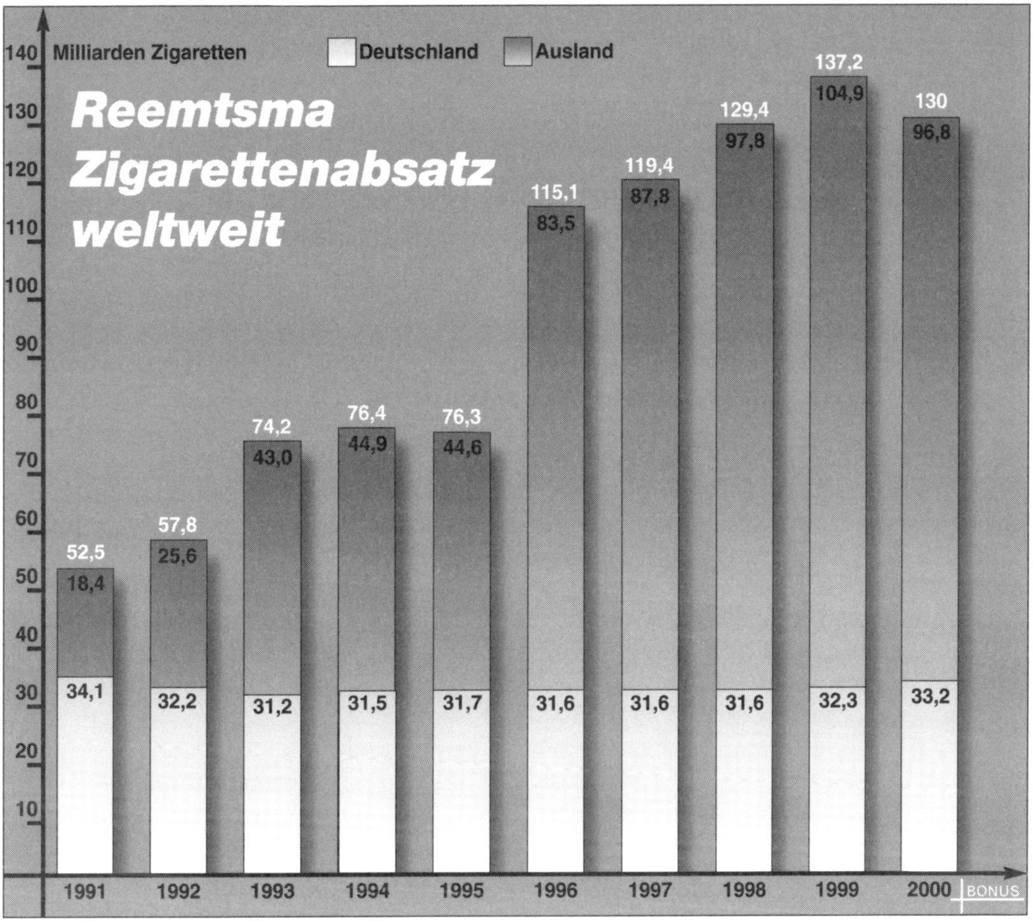

Wie Phönix aus der Asche stieg Reemtsma nach dem verlorenen Krieg zu neuen, bis dahin ungekannten Höhen der Absatzzahlen auf. Doch den größten Boom bescherte ihm das Ende des Kalten Krieges: Die Marken, mit denen der Tabakkonzern seither seine Expansionspläne realisiert, sind zunehmend vor allem in Osteuropa und Zentralasien in aller Munde. Hierzu zählen die von den Anfängen, wie „Ernte 23“, „Ova“ und „R6“, und natürlich die Neukreationen der Nachkriegszeit, angefangen bei „Collie“ über „Peter Stuyvesant“ und „Davidoff“ bis hin zur hierfür besonders geeigneten „West“-Familie.

Aus: Geschäftsbericht 1994.

Kritik: Rauchen ist keine Sucht, der Tabak keine Droge, da Rauchen keinen Dosissteigerungseffekt, keinen körperlichen, sozialen oder seelischen Verfall, keine Rauschzustände bewirkt."[170]

Die Berichterstattung über raucherbedingte Krankheiten oder sonstige durch das Rauchen direkt ausgelöste Negativeffekte kann gelegentlich durchaus übertrieben oder von einer vermeintlichen Sensationsgier veranlaßt sein, aber daß man sie in dieser Weise regelrecht abtut, kann mit gewissem Recht als verantwortungslos bezeichnet werden. Heute dürfte der Versuch, sich über diese geradezu laienhafte Definitionsfindung Gehör zu verschaffen, zum Scheitern verurteilt sein. Fraglich ist, ob der eindeutige Zweck dieser Darstellung, nämlich Verharmlosung, in den achtziger Jahren nicht durchschaut worden ist. Auf jeden Fall zeigt sich, in welchem Maße Werbung von sich selbst überholt wird und wie bald sich die Zweifelhaftigkeit profitorientierter Aussagen herausstellen kann – wie auch, daß das wirtschaftliche Interesse des Konzerns eine sichtbare Priorität vor allen anderen Aspekten hat.

Nach „Vorurteile und Fakten" folgen Jahr für Jahr weitere „Dokumentationen", pseudowissenschaftliche Streitschriften zum Thema „Rauchen und Gesundheit", allein die arglose Verknüpfung der Begriffe „Rauchen" und „Gesundheit" suggeriert Unbedenklichkeit. Als Beispiele seien genannt: „Passivrauchen – Gefahr für Nichtraucher oder ‚Viel Lärm um nichts Konkretes'?" (1988); „500 Jahre Tabak, 500 Jahre Genuß" (1992); „Rauchen am Arbeitsplatz" (1993); „Wissenschaft zwischen Wahrheitssuche und politischer Vereinnahmung" (1996); „‚Healthismus' im Namen der Gesundheit" (1997); „Die WHO-Studie zum Passivrauchen" (1999). In weiteren Publikationen wird die Zigarette als Wirtschaftsfaktor zum Thema genommen: „Die Tabaksteuer" (1987); „Angenommen, die Cigarettenwerbung würde verboten..." (1989); „Der Tabak als Arbeitgeber und Steuerzahler in der EG" (1990); „Europa und der Tabak" (1994); „Tabak – Motor wirtschaftlicher Entwicklung" (1995); „Im Fokus: Tabakwerbung – Weg in den europäischen Verbotsstaat?" (1998).[171]

Es liegt in der Natur der Sache bzw. des Geschäftsinteresses des Konzerns, alles in Abrede zu stellen, was der Steigerung der Umsatzzahlen im Wege stehen oder diese auch nur drücken könnte. Ob man dabei immer so weit gehen sollte, wie es Reemtsma tut, ist eine Frage, die vom Jugendschutz oder anderen Verbänden mit ähnlicher Aufgabenstellung geklärt werden müßte. In dem Beitrag „Wissenschaft zwischen Wahrheitssuche und politischer Vereinnahmung" mokiert sich Reemtsma beispielsweise über die Aussagefähigkeit epidemiologischer Studien, über die medizinische Statistik zu Häufigkeit, Ausbreitung, Verlauf und die zugrunde liegenden Ursachen von Krankheiten also. Bereits die einleitenden Ausführungen lassen keinen Zweifel an der tendenziell nihilistischen Geisteshaltung: „Für den interessierten Leser der Medizin- und Wissenschaftspresse kommen die Meldungen nicht überraschend: Wer in der Nähe von Hochspannungsleitungen lebt, muß befürchten, häufiger als der Durchschnitt an Leukämie und Hirntumoren zu erkranken. Frauen mit Schwangerschaftsabbruch setzen sich der erhöhten Gefahr von Brustkrebs aus. Das gilt auch für Frauen, die nicht mindestens einmal täglich Olivenöl zu sich nehmen, ihren Appetit durch zwei Fleischmahlzeiten am Tag stillen oder eine ausgeprägte Vorliebe für Alkoholika zeigen. Relativ häufiger Mundkrebs bekommt, wer sich regelmäßig mit hochprozentigem Mundwasser frischen Atem verschafft; wer mindestens fünfmal pro Woche Fleisch ißt oder unter starkem Psycho-Streß am Arbeitsplatz steht, riskiert Darmkrebs. Zuviel Sonne fördert Hautkrebs, zuviel Kaffee Krebs der Bauchspeicheldrüse. Lungenkrebs schließlich droht nicht nur Rauchern. Auch Nichtraucher sind betroffen, die mit Rauchern zusammenleben oder -arbeiten, einen Wellensittich oder Kanarienvogel in der Wohnung halten oder gutes Essen mit reichlichem Anteil an gesättigten Fettsäuren lieben."[172]

Es ist nicht die willkürliche Aufzählung verschiedener Krebskrankheiten und ihrer möglichen Ursachen, die sie überspitzt erscheinen läßt und zudem eigentümliche Assoziationen provoziert. Die Kombination von wahrscheinlichen, denkbaren und abwegigen Begründungen für das Auftreten bestimmter Krankheiten versucht die verständlichen und mindestens teilweise gerechtfertigten Bedenken gegen das Rauchen in nicht akzeptabler, ja unverantwortlicher Weise lächerlich zu machen. Und daher ist das eigentlich Eklatante die über eine geschickte Formulierung deutlich verharmlosende Einbeziehung des Lungenkrebses, der „schließlich [...] nicht nur Rauchern" drohe. Frei nach dem wahrheitsverdrehenden Credo der Rauchergilde: Wer raucht, stirbt. Wer nicht raucht, stirbt auch. Also rauchen wir!

Aber nicht nur privatmasochistisches Denken wird von Reemtsma bedient und gefördert. In seinem im Geschäftsbericht für das Jahr 1997 abgedruckten Beitrag über Tabakwerbung, der mit der Frage „Weg in den europäischen Verbotsstaat?" überschrieben ist, wird unter dem Stichwort „Europa braucht Akzeptanz" auf nicht ungeschickte Art und Weise die bei den europäischen Völkern verbreitet vorhandene Europamüdigkeit für die eigenen Zwecke genutzt: „Nach innen zeigt Brüssel zunehmend das Gesicht einer überbordenden, alles und jedes regulierenden Bürokratie, die sich ihr Europa nach eigenem Geschmack formt. Europas Bürger stehen diesem Treiben immer verdrossener gegenüber. Die soziale Akzeptanz europäischer Institutionen droht zu schwinden. Das bekommt Europa nicht gut, schon gar nicht im Zeichen der bevorstehenden Ost-Erweiterung. Die damit verbundene Umverteilung setzt eine hohe Bereitschaft zur Solidarität seitens der wohlhabenderen etablierten Europäer voraus."[173]

Sicherlich, eine gewisse Europamüdigkeit ist vorhanden, und ziemlich wahrscheinlich ist auch, daß sie durch bürokratische Fesseln verstärkt wird. Verdrossenheit der Bürger und sich verringernde Akzeptanz europäischer Institutionen ausgerechnet in Bezug zu einem potentiellen Verbot der Tabakwerbung zu setzen, dürfte sich jedoch als untauglicher Versuch zur Unterstützung eigener Ziele erweisen. Dennoch zeigt sich auch an diesem Beispiel die Dienstbarmachung des Mittels für den Zweck nur allzu deutlich. Ebenso offensichtlich ist das Kokettieren mit den Ideen der Globalisierung und der daraus für die „Wohlhabenden" resultierenden „Bereitschaft zur Solidarität". Ob das auch für Reemtsma gilt? Durch seine umfangreichen Investitionen im osteuropäischen Raum etwa geht er ja mit gutem Beispiel voran. Aber diese seine wirtschaftlichen Aktivitäten gelten wohl kaum primär der politischen Vorbereitung der EU-Osterweiterung (wenn sie sie auch zweifellos unterstützen), sondern Reemtsma will vielmehr umgekehrt derjenige sein, der, wenn es denn soweit ist, wie der berühmte Grimmsche Igel im Wettlauf mit dem Hasen siegesgewiß ausrufen kann: Ick bün all hier! Insofern demonstriert Reemtsma mit seiner Taktik, sich grundsätzlich für Europa auszusprechen, maximal seine grundsätzliche Bereitschaft zu einem immerwährenden Schulterschluß mit Väterchen Staat. Ob Reich oder Republik: kein Zeitgeist, auf dessen am höchsten schlagenden Wellenkämmen nicht eifrig mitgesurft würde.

Heutzutage ist ihm nunmehr jedes Mittel, sich in ein möglichst vorteilhaftes Licht zu rücken, recht. Das eklatanteste Beispiel selektiver Selbstdarstellung sind wohl die Firmenchroniken, die die Geschichte der Reemtsmaschen Unternehmensentwicklung von Beginn an dokumentieren sollen und die wie die raucherfreundlichen Broschüren im Rahmen der jährlichen Geschäftsberichte veröffentlicht werden. Hierzu gehören in den Kontext der eigenen Firmengeschichte gestellte Darstellungen über das Zigarettenplakat, die Packung, die Anzeige und die Werbung im Tabakgeschäft sowie über die Herstellung der Zigarette. Zudem gibt es Berichte über die Reemtsmaschen Werkbauten sowie im Zusammenhang mit Reemtsmas zwischenzeitlichem Interesse für das Brauereigeschäft historische Rückblicke zu Herkunft, Herstellung und Lagerung des Bieres.

Diesen von Reemtsma-Chronisten verfaßten Darstellungen ist eines auffallend gemeinsam: Neben den teils sehr weitschweifigen Ausführungen bis zum Jahre 1933 kommt die darauf folgende Zeit des Nationalsozialismus überraschend kurz weg. In den meisten Fällen bleibt sie sogar gänzlich ausgespart, ganz als hätte es den Tabakkonzern der Herren Hermann Fürchtegott und Philipp Fürchtegott Reemtsma unter Hitler nie gegeben – oder nur schwerlich geben können: Denn wenn ein Satz oder oft nur ein Teilsatz zur Firmenexistenz in dieser „finstersten Phase der deutschen Geschichte" geschrieben steht, so suggeriert er, es habe in dieser Zeit erzwungenermaßen keine Firmenentwicklung stattfinden können und erst die Amerikaner hätten 1945 dieser allgemeinen Stagnation das ersehnte Ende bereitet.

Die Chronik über „Das Cigarettenplakat im Laufe der Firmengeschichte" aus dem Geschäftsbericht 1974 etwa beginnt mit einem Beispiel aus dem Jahr 1889 und wird bis zum Jahr ihrer Erstellung 1973 fortgeführt. Schon ab dem Jahr 1930 bricht das Resümee plötzlich ab, und erst 1953 setzen die Chronisten ihre geschichtliche Dokumentation fort. Die zwischen diesen Jahren klaffende Lücke wird mehr als dürftig gestopft: „Die zwangsweise schöpferische Pause, die Zeiten der Unsicherheit nach dem Zweiten Weltkrieg führten anfangs zu einem zaghaften Zurückgreifen auf vergangene Plakatepochen, später zu Einflüssen emotionaler Tendenzen: an Stelle von Gewohnheit und Eintönigkeit traten Überraschung, Erfindung und eine Fülle von Ideen, die der Plakatkunst Humor, Charme und Intelligenz verliehen."[174] Die für den Konzern besonders erfolgreiche „abschöpferische Phase" der Friedensperiode des Dritten Reiches als „zwangsweise schöpferische Pause" zu bezeichen, ist schon ein Bubenstück der Extraklasse. Wer war denn – man denke nur an die NS-verherrlichenden Sammelbilderalben – in dieser Zeit schöpferischer als Reemtsma?

Auch die mit dem Jahr 1880 einsetzende und fast hundert Jahre umspannende Dokumentation „Die Cigarettenpackung im Laufe der Firmengeschichte" läßt jede Menge Fragen offen. Denn auch sie schweigt sich über die Aktivitäten während des Dritten Reiches völlig aus. Im Zusammenhang mit der Feststellung, daß „Gestaltung und Form der Packung [...] einem ständigen Wandel unterworfen" seien, heißt es lediglich auf den Zweiten Weltkrieg bezogen, hier habe „eine farblose Notpackung mit einer Einheitscigarette" die „in den Anfängen der Marktforschung stehenden Überlegungen" unterbrochen.[175]

Ebenso knapp gibt sich auch die Chronik „Die Cigarettenanzeige im Laufe der Reemtsma-Firmengeschichte". Immerhin enthält sie einen kurzen Hinweis darauf, daß sich in den dreißiger Jahren aufgrund der Einführung des Tiefdruckverfahrens nun auch die Fotoreportage mühelos für die Anzeigengestaltung verwenden ließ, nachdem zuvor die Fotografie die Illustration abgelöst hatte und mit der Fotomontage experimentiert worden war, ein Feld, auf dem sich Reemtsma besonders innovativ hervortat. Daß Reemtsma diesen drucktechnischen Fortschritt nutzte, indem er ganzseitig in einschlägigen NS-Zeitungen für seine „doppelt fermentierten"

Zigaretten warb – der „R6" gelang es nicht zuletzt auf diese Weise, als einzige Marke der dreißiger Jahre „Reichsgeltung" zu gewinnen[176] –, findet auf eine so geschickte Art und Weise keine Erwähnung, daß sich dem Leser sogar eine vollkommen gegenteilige Schlußfolgerung aufdrängt: „Der Zweite Weltkrieg verhinderte neue Impulse in der Anzeigengestaltung, die durch die Erfindung der Farbfotografie gegeben waren", heißt es lediglich, und schon wird unmittelbar auf die Nachkriegsgeschichte übergeleitet.[177]

Das gleiche Prinzip findet sich in der Darstellung zur „Werbung im Tabak-Fachgeschäft im Laufe der Reemtsma-Firmengeschichte": Auch hier klafft zwischen den zwanziger Jahren und dem Zweiten Weltkrieg eine Lücke.[178] In den Chroniken, die „Die Herstellung der Cigarette im Laufe der Reemtsma-Firmengeschichte" zum Thema haben, sind lediglich zwei kurze Hinweise auf die dreißiger Jahre enthalten, diesmal um die Maschinen- bzw. Produktionsgeschichte kurz anzureißen. Interessant ist zudem, daß diese zweiteilige Dokumentation im ersten Teil zunächst die Jahre 1862 bis 1939 behandelt, während Teil zwei erst mit dem Jahr 1945 einsetzt.[179] Die Darstellung „Reemtsma-Werkbauten verkörpern Firmengeschichte" schließlich bringt im Zusammenhang mit der Baugeschichte des Wandsbeker Werkes den einzigen kurzen Verweis auf die dreißiger Jahre. Das Werk wurde 1935 fertiggestellt und ging durch die Beteiligung der Familie Neuerburg in den Besitz der Kommanditgesellschaft H.F. & Ph.F. Reemtsma über. Ein Jahr darauf wurde es in Reemtsma-Zweigwerk Wandsbek umbenannt.[180]

Sicherlich mag es müßig erscheinen, Dinge aufzuzählen, die nicht vorhanden sind. Die dokumentarischen Löcher in Reemtsmas Firmenchroniken an immer derselben Stelle sind jedoch zu augenscheinlich, als daß sie nicht zu denken geben würden. Insbesondere ist man befremdet, wenn man daran denkt, daß in den neunziger Jahren eine vielbeachtete Anti-Wehrmachtausstellung ebenfalls mit dem Namen Reemtsma verbunden ist, die nun genau das gegenteilige Bild erzeugen soll. Das Dritte Reich wird zum Kulminationspunkt deutscher Geschichte. Angeblich ist in den seither vergangenen 50 Jahren nicht genügend darüber geredet und bewältigt worden, im Gegenteil, die Kriegsgeneration habe ihre verbrecherische Vergangenheit totschweigen und vertuschen wollen. So vertuschen wie die Reemtsma-Geschäftsberichte die Rolle des Konzerns in der NS-Zeit? Ob da wohl jemand sich selbst und seine Familie bewältigt?

Vielleicht unterscheidet sich der Umgang des Reemtsma-Konzerns mit der eigenen Entwicklungsgeschichte nicht so sehr von dem anderer Firmen, vor dem Hintergrund etwa der Zwangsarbeiter-Entschädigung ist es möglicherweise sogar nachvollziehbar, daß Aktivitäten in der Zeit des Dritten Reiches radikal ausgeblendet bleiben. Doch wenn die Zeit des Nationalsozialismus aus der Darstellung der Firmengeschichte ausgespart wird, so geschieht dies ohne Rücksicht auf Kontinuität oder historische Wahrhaftigkeit. Von einer Distanzierung oder gar „Bewältigung" der sogenannten Nazi-Vergangenheit kann hier jedenfalls keine Rede sein.

Weniger unverfänglich ausgedrückt: Auch Verschweigen ist eine Form der Lüge. Zu einer doppelten wird sie dadurch, daß der Erbe des Hamburger Zigarettenkonzerns heute mit der von ihm – aus ehemaligen Konzernerträgen – finanzierten Anti-Wehrmachtausstellung verbissen und selbstherrlich eine auf hochgradige Einseitigkeit begründete Diffamierung eines der umstrittensten Abschnitte der jüngeren deutschen Geschichte vorantreibt, ohne sich anfänglich im entferntesten um den hochsensiblen Charakter sogar der öffentlichen Diskussion zu kümmern.

Politisch korrekte Tabakwerbung

Für Reemtsma kann es offenbar nicht genug der zeitgeistigen Wellenreiterei geben. Das trifft auch und insbesondere auf die Werbung zu, mit der sich auf jegliche zeitgeistige Schwankungen schnell und flexibel reagieren läßt, die zugleich aber auch mit geradezu seismographischer Präzision eben diese Änderungen anzuzeigen weiß. Denn mittels sämtlicher möglicher, vor allem visueller Formen der Reklame, die, sei es auf Plakatwänden, sei es in Fernseh-, Kinospots oder in den Printmedien, „durch ihre alltägliche Gegenwart und durch ihre eindringliche optische Kraft das konkrete ästhetische Empfinden der Menschen [...] prägt"[181], läßt sich die Werbebotschaft ungeheuer effektiv in aktuelle, offiziell anerkannte politische Denkweisen einbetten. Ja mehr noch: Durch besonders offensive Kampagnen lassen sich sogar ganz neue Trends kreieren. Diese dürfen freilich nicht so neuartig sein, daß sie der etablierten Sichtweise zuwiderlaufen, obwohl selbst dies durchaus den gewünschten Effekt erzielen kann. Denn schließlich geht es darum, auf maximal ungewöhnliche Art und Weise Aufmerksamkeit zu erregen. Der italienische Textilienkonzern Benetton mit seinen provokanten Motiven, die etwa einen mit HIV-Tätowierung versehenen AIDS-Infizierten darstellen oder US-amerikanische Exekutionskandidaten in sympathisch-nachdenklicher Pose porträtieren, ist hier wohl das repräsentativste Beispiel der vergangenen Jahre. Die entprechenden Protestreaktionen beweisen zumindest, daß das Grundkonzept, Aufmerksamkeit zu erregen, aufgegangen ist.

Reemtsma fährt diese Schiene nicht. An Tabus zu rütteln, ist nicht Teil seiner Strategie. Vielmehr ist genau das Gegenteil der Fall: Die Werbefachleute des Hamburger Zigarettenproduzenten scheinen ein untrügliches massenpsychologisches Gespür für den Hauch der Zeit zu haben, oft bevor er sich ins Bewußtsein der Massen hat einnisten können. Und um so stärker wird hier bedient und nachgeholfen: auf daß sich der Hauch zum Wind, der Wind zum Sturm entwickelt, dessen Entfesselung man sich mit gewissem Recht schließlich auf die eigenen Fahnen schreiben kann. Der Reemtsma-Konzern macht im übrigen keinen Hehl daraus, daß er die Erscheinungen der Zeit für seine Zwecke zu nutzen weiß. In seiner zum 75. Jahr des Bestehens der Firma herausgegebenen Jubiläumsschrift bekennt er freimütigfrech: „Werbung ist immer nur wirksam, wenn sie die Menschen zeitgemäß anspricht. Das Umgekehrte gilt auch: Aus der Werbung erfährt man, was die Menschen der betreffenden Zeit bewegt. Insofern ist die Cigarette ein ausdrucksvolles Zeichen ihrer Zeit."[182]

Allein was den Aspekt gesundheitswissenschaftlicher Vorbehalte gegen das Rauchen anbelangt, muß die Werbung eines Zigarettenherstellers heute selbstverständlich anders aussehen als zu Zeiten, in denen lediglich der Genuß angepriesen zu werden brauchte. Da kann es kaum als ausreichend angesehen werden, die Zigarettenpackungen wie auch die Werbegags mit der im Grunde nichtssagenden, weil vollkommen trivialen Konditionalwendung der EG-Gesundheitsminister zu versehen: „Wer das Rauchen aufgibt, verringert das Risiko schwerer Erkrankungen." Etwas pointierter heißt es zum Teil: „Rauchen verursacht Krebs"; „Rauchen verursacht Herz- und Gefäßkrankheiten"; oder, weit weniger nachdrücklich: „Rauchen gefährdet die Gesundheit". Bis vor einigen Jahren hatte der Bundesgesundheitsminister immerhin noch gewarnt: „Rauchen gefährdet *Ihre* Gesundheit" und nicht: „Rauchen gefährdet die Gesundheit Ihrer Mitmenschen." Zudem folgen die im „Rauch einer Zigarette dieser Marke" enthaltenen Durchschnittswerte an Nikotin und Kondensat (bzw. Teer, wie in Klammern erklärend hinzugefügt wird). Hat dieser lapidare Hinweis auch keine wirklich ernstlichen Konsequenzen für die Umsatzzahlen, so sind mittlerweile anscheinend dennoch raffiniertere Methoden notwendig, die die allgemein bekannte Tatsache nachhaltig zu verschleiern vermögen, daß Nikotin zu den Drogen mit erhöhter Bedenklichkeitsstufe zählt.

Das im März 1990 vom Europäischen Parlament geforderte absolute Werbeverbot für Rauchwaren aller Art konnte – sehr zum Segen der Tabakindustrie – bekanntlich nicht durchgesetzt werden. Für die Industrie indessen ist dies das Alarmsignal schlechthin. Um so offensiver wird auf die auf europäischer Ebene unternommenen Maßnahmen zur Einschränkung des ungehinderten Konsums von Zigaretten und anderen Dunsterzeugern reagiert. Reemtsma hört das Gras bereits Ende der achtziger Jahre wachsen und wirft flugs die Neukreation „West Lights" auf den Markt, eine in ihrer Emission schadstoffärmere Variante der international erfolgreichsten Reemtsma-Marke „West", die von Reemtsmas Werbeleuten als „die Leichte mit dem kräftigen Geschmack" zum zugkräftigen Trendsetter unter den leichten Zigaretten gemacht wird. Ihr durchschlagender Erfolg läßt sich unter anderem daran ablesen, daß etwa zwei Drittel der zu einem Geschmacksvergleich aufgeforderten Raucher spontan auf die „West Lights" umsatteln.[183]

Marken mit niedrigen Nikotin- und Teerwerten durchzusetzen, widerspiegeln allerdings nur die eine Seite der aufwendigen Bemühungen, die allgemeine Dynamik der Entwicklung der Zigarettenindustrie beizubehalten. Hinzu kommt der ebenso simple wie geniale Kniff, die trotz aller Gegenaktivitäten nicht zu leugnende Zwiespältigkeit des Tabakkonsums durch den Anreiz anderer Empfindungen einfach zu überlagern. Beispielhaft für diese Taktik, die sich in Zeiten, da Globalisierung, Multikulturalismus, antinationales Denken und ähnlich gelagertes Gedankengut in Deutschland Hochkunjunktur haben, durchaus sehr gut mittels Ablenkungsmanövern in Richtung quasi-politischer Inhalte durchführen läßt, sind die Werbekampagnen des Hauses Reemtsma für seine Zigarettenmarken „Peter Stuyvesant" und „West". Im Herbst 1989 waren die prägnanten Imperative „Come together" und „Test the West" bzw. „Go West" – gerichtet an die ebenso freiheitlich orientierten wie verunsicherten Bürger der DDR – zu politischen Botschaften hochgespielte Werbeslogans, die „in treffender Weise den Zeitgeist eingefangen" haben[184], wie der Geschäftsbericht des Folgejahres stolz resümiert. Womit im letzteren Fall sicherlich nicht auf die zweite, umgangssprachliche Bedeutung der englischen Wendung „to go West", nämlich „draufgehen", „abkratzen", „über den Jordan gehen", angespielt wird, die sich ohnehin nur fremdsprachlich Eingeweihten erschließt und insofern lediglich als Kuriosum, kaum aber als werbestrategisches Eigentor gewertet werden kann. Aber vielleicht hat ja gerade deshalb der jüngere Spruch „Test the West" den älteren „Go West" abgelöst.

Auf die „Come together"-Kampagne bezogen, die 1959 mit „Der Duft der großen weiten Welt" einen würdigen Wegbereiter hatte, wird betont, daß die „Peter Stuyvesant" „einen neuen Weg in die Zukunft" beschreite. Nicht umsonst prangt auf der Zigarettenschachtel schlagwortartig: „Der Gründer von New York", was die Gründungsgeschichte des ursprünglichen, 1626 als Hauptstadt Neu-Niederlands gegründeten Neu-Amsterdam arg simplifiziert und nicht stichhaltig ist: Der erst um 1610 in Friesland geborene Peter Stuyvesant war seit 1647 Generaldirektor der niederländischen Westindischen Kompanie für Neu-Niederland und erreichte 1655 die Annexion Neu-Schwedens. Neu-Niederland kam 1664 an England, und Neu-

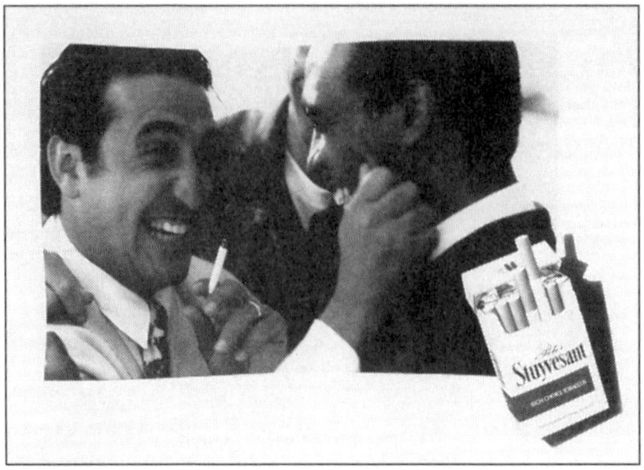

„Come together … and learn to live as friends.“ Der markig-plakative Werbespruch der 1950 kreierten Reemtsma-Zigarette „Peter Stuyvesant“ soll für Weltoffenheit und Internationalität stehen. Für die neunziger Jahre heißt das im Klartext: Reemtsma etabliert die „Peter Stuyvesant“ als Botschafter eines multikulturellen Lebensgefühls, indem er das Zusammenkommen der unterschiedlichsten Hautfarben und Nationalitäten wo auch immer, vor allem natürlich in Deutschland, proklamiert. Der Name Peter Stuyvesant steht dabei nicht zufällig für die Multikulti-Kampagne: Der 1610 in Friesland geborene Holländer ist mit der Gründungsgeschichte New Yorks verbunden, der Stadt, die heute als Synonym für den multinationalen Schmelztiegel schlechthin steht.

Aus: Geschäftsbericht 1994

Come Together

Auffälliger geht es kaum: Amerika, Asien, Afrika, Rußland, Australien werden als „Mein Come-Together-Ziel" ausgegeben. Und Mitteleuropa? Welche Rolle Deutschland zukommt, zeigt sich 1989 auf der Berliner Mauer (rechts) und am Reichstag (unten).

Amsterdam wurde in New York umbenannt, wo Peter Stuyvesant 1672 starb. Daß er von Reemtsmas Marketing-Strategen als Namenspatron für eine Zigarettenmarke herhalten mußte, wird mit dem fremdländischen Klang des Namens zusammenhängen, zudem wohl damit, daß New York heute als Synonym für den multinationalen Schmelztiegel schlechthin steht.

An anderer Stelle heißt es ein wenig schulaufsatzmäßig plakativ: „Menschen aller Kulturkreise und Völker der Welt sollen einander näherkommen und verstehen." Grundsatz für dieses Credo ist wohl das Rechercheergebnis, daß „weltweit [...] über eine Milliarde Menschen Tabak [genießen] – unabhängig von Nationalität, Hautfarbe, Religion und sozialer Schicht".[185] Was liegt da näher, als das Reemtsmasche Handelsobjekt Zigarette zum Symbol des Kosmopolitismus schlechthin zu stilisieren? „Rauchen verbindet" – was sonst?

Dabei läßt es sich Reemtsma natürlich nicht nehmen, als Förderer dieses menschheitlichen Zukunftsideals tonangebend zu sein: „Natürlichkeit, Internationalität, Weltoffenheit und Erfolg sind die wichtigen Eckpfeiler, die neben der klassischen Werbung durch Promotion- und Sponsoraktivitäten mit Leben erfüllt werden. Veranstaltungen, deren kosmopolitischer Charakter dieser Philosophie entspricht, werden geschaffen und gefördert."[186]

Eines der hervorstechendsten Beispiele für die Konkretisierung dieser „Philosophie", wie die Unterstützung des Globalisierungsgedankens hochtrabend genannt wird, ist wohl die Akquirierung von sogenannten „Botschaftern", die 1990 für einen Monat zu einer Indianerfamilie nach Nordamerika, zu Beduinen nach Afrika, in eine australische, eine asiatische oder eine russische Familie gehen sollten. Der Aufruf „Geh einen Mond lang in meinen Mokassins. Komm!" stieß in der Bevölkerung auf eine ungeheuer starke Resonanz: Fast eine Viertelmillion Menschen bewarben sich um die Teilnahme. In einem aufwendigen Auswahlverfahren wurden schließlich fünf Personen mit der Mission betraut, die einzelnen Erdteile zwischen Juli und September 1990 mit dem Hinaustragen der „Come together"-Botschaft aneinanderzurücken, und deren Gastgeber anschließend nach Deutschland eingeladen.

Wie nobel: Deutschland als internationale Verteilerstation für Friedenspfeifen! Damit hatte Reemtsma wieder einmal gleich zwei Fliegen mit einer Klappe geschlagen: Das ganze war eine derart glamourös inszenierte multikulturelle Show – mit der man sich nicht zuletzt hervorragend als beispielgebender Vergangenheitsbewältiger profilieren konnte –, daß darüber beinahe in Vergessenheit geriet, worum es sich hierbei nebenbei auch noch handelte: um eine Werbemaßnahme für noch mehr Tabakkonsum. Waren die eigenen geschäftlichen Interessen mit dem Anspruch, sich darüber hinaus mit den politischen Zielen der Staatsmacht zu identifizieren, jemals zuvor auf dermaßen subtile Weise miteinander verquickt worden? Ob hierbei die Zigarettenreklame unter dem Deckmantel politischen Engagements oder dieses unter dem Deckmatel der Tabakwerbung vorgenommen wurde, bleibt sich letzten Endes gleich. Was einzig zählte, war der doppelte Effekt.

Und dessen konnte sich Reemtsma nur zu sicher sein. Der zu den Beduinen delegierte Missionar, ein 24jähriger Student, brachte dies mit folgendem Resümee über die Teilnahme an der Teezeremonie in seiner Gastfamilie auf einen Punkt: „Das ist die höchste Ehrung für einen Fremden. In diesem Moment wußte ich, daß wir Freunde sind."[187] Hierzu wird das gemeinsame Schmauchen des einen oder anderen Freundschaftszigarettchens aus dem Hause Reemtsma sicherlich das seinige beigetragen haben.

„Come together" spielt in der sogenannten Wendezeit vielfach eine oft nahezu ins Groteske gesteigerte Rolle: Sei es auf der Berliner Mauer bei der Öffnung des Brandenburger Tores über den Köpfen begeisterter junger Menschen oder gar auf der Treppe zum symbolträchtigen Reichstagsgebäude, sei es bei Großveranstaltungen wie dem Rock-Konzert „The Wall" und dem Mahler-Sinfoniekonzert in Berlin oder dem Weltbeat-Festival in Xanten – überall, wo Tausende von Menschen mit einem Mal angesprochen werden können, darf das „Come together"-Symbol, ein wie von Kinderhand flüchtig skizzierter Globus, in Form von Transparenten und anderen großflächigen Werbeträgern nicht fehlen. Damit sich der Geist der Multikultur in den Köpfen eines jeden Deutschen manifestieren kann: „Was uns verbindet, ist viel größer als das, was uns trennt. Come together!"[188]

Für den Erfolg der Marke „West" – sie ist in 54 Ländern erhältlich und bringt weltweit die höchsten Umsätze für Reemtsma – ist ein vollkommen anders geartetes Werbekonzept ausschlaggebend. Zum einen engagiert sich der Reemtsma-Konzern mit „West" im Rennsport: 1997 wurde „West" im weltweit größten Straßenrennen, der Formel 1, Hauptsponsor des McLaren-Mercedes-Teams, das 1998 und 1999 mit dem Finnen Mika Häkkinen Weltmeister wurde und 1998 zudem die Weltmeisterschaft bei den Konstrukteuren für sich entschied. Ein weiterer Öffentlichkeitsauftritt findet mit der bereits seit 1995 eingerichteten eigenen Internet-Präsenz statt, womit „West" als eine der ersten deutschen Marken in den virtuellen Raum vorstößt und sich seither mit seinen sogenannten Chats und moderierten Live-Shows in diesem Medium zu einer der gefragtesten Adressen entwickelt hat.

Hinzu kommt ein bereits seit Ende der achtziger Jahre mit großem Erfolg erprobtes Betätigungsfeld: „West", so der Geschäftsbericht für das Jahr 1997, „sucht die Auseinandersetzung mit der Kunst."[189] Denn Reemtsma versteht sich auch unter den neuen Bedingungen als Kunstmäzen, mit dem Unterschied, daß die Förderung von Lifestyle-, Kunst- und Musikprojekten, von bildender Kunst wie von klassischer und moderner Musik, jetzt auch solchen Populisten zugute kommt, deren exzentrischer Geschmack unter Hermann Göring als „entartet" klassifiziert worden wäre. Auch dies ist wiederum Ausdruck der Anpassung an den vorherrschenden Zeitgeist: „Als traditionsreiches und internationales Unternehmen übernimmt Reemtsma auch eine gesellschaftliche Verantwortung, die es unter anderem mit der Förderung von Kunst und Kultur zum Ausdruck bringt. Gerade in den Ländern Zentral- und Osteuropas setzt das Unternehmen damit ein Zeichen, daß ihm neben den neu geknüpften wirtschaftlichen Beziehungen auch die Pflege kultureller Gemeinsamkeiten ein bedeutendes Anliegen ist."[190]

Nun ist beispielsweise Keith Haring weder Zentral- noch Osteuropäer, sondern ein amerikanischer Maler[191] und einer der populärsten Vertreter der in den achtziger Jahren besonders innovativen sogenannten „Grafitti Art". Dies scheint für Reemtsma indes Grund genug zu sein, Mitte der neunziger Jahre die Ausstellungstournee „Keith Haring" zu starten, eine in vielen deutschen Städten gezeigte Retrospektive der von Haring bis 1990, in seinen acht letzten Lebensjahren, geschaffenen Zeichnungen, die in knallenden Farben daherkommen und zumeist seine berühmten Strichmännchen darstellen. Mit dieser Tournee gedenkt Reemtsma, der mit den Veranstaltungen zugleich Spendenaktionen für die AIDS-Hilfe verknüpft, der im Alter von nur 31 Jahren an AIDS verstorbenen Künstlernatur.

Das ist die eine Seite. Auf der anderen profitiert Reemtsma wieder einmal im Hinblick auf seine Umsatzzahlen, im vorliegenden Fall auf eine ganz andere, sehr indirekte, aber nicht weniger wirkungsvolle Art hinsichtlich der Vermarktung seiner

Reemtsma sagt es selbst: „Der Wolf im Schafspelz." Was auch immer er damit gemeint haben könnte, treffender läßt sich im Grunde nicht formulieren, daß er honigsüße Verharmlosungstheorien in Sachen Tabakkonsum geschickt in Szene setzt. Nur um seinen Umsatz zu steigern? Die schrillen Typen der „West"-Werbung sind dabei sicherlich auch aus anderem Grund mit Bedacht gewählt: Ob Rastalocken kontra „smart boy", ob Afrikaner und deutscher Richter, ob DDR-Grenzsoldat im Flirt mit einer „Let's go West!"-Dame, immer ist auch eine politische Botschaft versteckt. Und: Diese soll offensichtlich die Amerikanisierung der Köpfe unterstützen helfen – das ist die sogenannte Weltoffenheit à la „West".

Der Reemtsma-Tabakkonzern rühmt sich, nach Jelzins Putsch mit seiner „West" als erster mit einer internationalen Zigarettenmarke auf dem Roten Platz in Moskau präsent gewesen zu sein. Wäre Reemtsma im Brauereigeschäft geblieben, hätte er dort mit dem Ausschank von deutschem Freibier sicherlich nicht weniger Sympathisanten für sich gewinnen können – zumal der gestürzte Gorbatschow nur zu gerne den traditionellen Konsum von Wodka gegen den des wesentlich alkoholärmeren Biers ersetzt gesehen hätte.

„West". Denn „Künstler sind […] einerseits kreative Impulsgeber für die Marke, andererseits sieht West die Kunst als Plattform für die Darstellung der eigenen Vielschichtigkeit".[192] Zur Demonstation dieser Vielschichtigkeit kommt Reemtsma die von dem Künstler Keith Haring zum Gestaltungsprinzip erhobene Idee gerade recht: Dessen sehr individuell gefärbter minimalistischer Stil wird von Reemtsma für seine „West" übernommen und nunmehr für den Charakter der Werbung insofern bestimmend, als die abstrakten Haring-Männchen vom Betrachter fortan mit der „West"-Zigarette assoziiert werden. Sicherlich ist nicht umsonst ein womöglich den Haringschen Zeichnungen entlehntes sternförmiges Doppelmännchen heute das Markenzeichen von „West".

In anderen Fällen, wie dem seit vielen Jahren in Hamburg stattfindenden „West-Port Jazz Festival", das zu den größten Jazz-Ereignissen Europas zählt und dessen Hauptsponsor „West" alias Reemtsma seit 1995 ist, wird eine Art inspirative Symbiose angestrebt, die jedoch zum größten Teil zugunsten des Auftraggebers ausfällt. Abgesehen davon, daß sich letzterer als Finanzier beteiligt, befruchtet dies umgekehrt die Kreativität des Künstlers in gewisser Weise sicherlich ebenso: „Eigenwilligkeit und Begeisterung sind Komponenten, die sowohl zur Jazzmusik als auch zur Botschaft der Marke gehören: Die zeitgemäße Jazzmusik mit ihren verschiedenen Strömungen läßt sich in keine Definition zwängen. So ist es das erklärte Ziel des Jazz Festivals, jedes Jahr mit internationalen Stars, aber auch jungen, bislang unbekannten Künstlern ein kontrastreiches Programm für ein vielschichtiges Publikum zu bieten."[193]

Zeitgemäß sein, keine Definition finden können oder wollen, Kontrastreichtum und erneut Vielschichtigkeit demonstrieren – das sind die Attribute, die das Protegieren einer gnadenlos multikulturellen Gesellschaft kennzeichnen. Der Jazz, jene zu Anfang des 20. Jahrhunderts im Norden der USA entstandene und in den Vergnügungsvierteln südstaatlicher Großstädte zu Unterhaltungszwecken weiterentwickelte Musikrichtung, ist allein schon aufgrund seiner Herkunft für das Verbreiten multikulturellen Gedankenguts im globalen Maßstab geradezu prädestiniert: Zum einen ist Amerika auch die Urheimat des „Nicotiana Tabacum", den der südwesteuropäische Weltsegler Christopher Columbus vor 500 Jahren nach Europa einschleppte. Zum anderen gilt das auch hinsichtlich seiner Entstehung, die durch Vermischung europäischer und afrikanischer Elemente gekennzeichnet ist.

Im Vergleich zur Förderung von Jazz-Nostalgikern mit „West" geht es bei potentiellen Konsumenten der Reemtsma-Marke „Davidoff" etwas edler zu: „Davidoff" hat sich die Unterstützung junger Nachwuchstalente im Bereich der klassischen Musik auf die Fahnen geschrieben. Hierzu wurde bereits 1988 der „Prix Davidoff", ein mit 15.000 Mark dotierter Förderpreis, gestiftet, der mithilft, vielen jungen Künstlern den Weg in einen internationale Karriere zu ebnen. Denn der „Prix Davidoff", der bis 1995 im Rahmen des Schleswig-Holstein-Musikfestivals verliehen wurde und fester Bestandteil des deutschen Klassiksommers ist, genießt auch über die Grenzen Deutschlands hinaus Anerkennung und Reputation.

„Davidoff", dessen syntaktisch bruchstückhaften Werbeslogan „The more you know" man stets zu ergänzen geneigt ist, etwa mit den aufgeklärten Worten „…the less you smoke"[194], gehört heute zu den international erfolgreichsten Premiummarken. Ihr Name wird allgemein mit Zino Davidoff in Verbindung gebracht, der einer jüdischen Tabakhändlerfamilie aus Kiew entstammte und nach der Emigration der Familie in die Schweiz 1931 als nur 25jähriger das väterliche Tabakgeschäft

Optisch gesehen gibt sich die „Davidoff"-Werbung unspektakulär, da sie sich an den Rauchertypus mit „klassischem" Geschmack wendet – und zwar im wörtlichen Sinne: Mit der „Philharmonie der Nationen" ist zwar ein quasi seriöses Metier in den Blickpunkt von Reemtsmas Sponsoring gerückt, doch die politische Grundaussage bleibt die gleiche: Hauptsache, die Nationen sind bunt gemixt – wie im Fußball.

in Genf übernahm. Sein Geschäft entwickelte sich in den Folgejahren zu einem Geheimtip für Liebhaber der Zigarre aus aller Welt. Als Anspruch und Möglichkeiten stiegen, brauchte Zino Davidoff bald einen geeigneten Partner für die Zigarettenproduktion. Die Entscheidung fiel nach eingehendem Suchen auf das wegen seiner Qualitätsstandards und Fachkompetenz vielgerühmte deutsche Tabakunternehmen Reemtsma, mit dem Davidoff nun eine „Allianz von Klasse und Kultur"[195] anstrebte, die dem aus Sowjetrußland stammenden Tabakhändler zu Ruhm und Geltung verhalf. Gemeinsam mit Reemtsma entwickelte er 1985 die „Davidoff Magnum", eine aus 50 verschiedenen Tabaksorten bestehende „Virginia Blend"-Marke. Das legte den Grundstein für den weltweiten gemeinsamen Erfolg. Das Sortiment wurde erweitert, und „Davidoff" konnte sich in kürzester Zeit in mehr als hundert Ländern als führende Reemtsma-Marke etablieren.

Zino Davidoff bleibt Reemtsma auch in anderer Hinsicht treu: Er ist – gemeinsam mit dem Dirigenten und Pianisten Justus Frantz – der Initiator des alljährlich vergebenen Nachwuchsförderpreises „Prix Davidoff", dessen zahlreiche Preisträger sich als weltweit anerkannte Solisten oder Mitglieder renommierter internationaler Orchester einen Namen machen konnten. Nachdem der Preis 1988 an vier junge Nachwuchsdirigenten (Rainer Mühlbach, Yutaka Sado, Lucas Richmann, Patrick Souillot) erstmalig vergeben wurde, erhielten ihn junge Musiker aus allen Teilen der Welt: 1989 der heute international gefeierte und als sogenannter UNICEF-Botschafter für Musik von Kontinent zu Kontinent reisende Geigenvirtuose Maxim Wengerow aus Rußland; 1990 der Nachwuchspianist Alexej Sultanow aus Taschkent; 1991 der Geiger Bing Wang als erster Teilnehmer aus der Volksrepublik China; 1992 der Trompeter Sergej Nakarjakow aus Gorkij; 1993 Shoran Kam, eine New Yorker Klarinettistin, und damit erstmals eine Frau; 1994 Kirill Trussow, ein Geiger aus St. Petersburg; 1995 erstmalig ein Deutscher und Sänger, der Baßbariton Hanno Müller-Brachmann; 1996 der Geiger Daishin Kashimoto aus Japan sowie der in Deutschland lebende Violoncellist Claudio Bohórquez; 1997 der Pianist Alexander Mogilewsky aus der Ukraine; 1998 der Koreaner Yeon-Hee Kwak, Oboe; 1999 der aus Ungarn stammende Trompeter Gabor Boldoczki; und im Jahr 2000 der Pianist Sergio Tiempo aus Argentinien.

Aus der Verbindung mit Zino Davidoff und Justus Frantz ergibt sich ein zusätzliches Engagement. Bereits seit Mitte der neunziger Jahre unterstützt Reemtsma gezielt das international renommierte Musikereignis „Davidoff Friendship Tour" und wird in diesem Rahmen ab 1998 Hauptsponsor der erst drei Jahre zuvor von Frantz gegründeten „Philharmonie der Nationen". Diese ist ein Ensemble, das begabte junge Instrumentalisten aus mehr als 30 Ländern der Erde vereint, deren „gemeinsame Sprache" – ganz im Geiste der Attitüde des amerikanischen Komponisten und Dirigenten Leonard Bernstein „Let's make music as friends" – die Musik ist und die in ihren Konzerten entsprechend für „Völkerverständigung und dauerhaften Frieden in der Welt" und, wie könnte es anders sein, natürlich auch für die Reemtsma-Marke „Davidoff" die Werbetrommel rühren. Ihr Zielpublikum ist vor allem im Osten Europas zu Hause: 1996 begleitete das Orchester Bundespräsident Roman Herzog auf einer mehrtägigen Reise nach China, im Jahre 1997 spielte die „Philharmonie der Nationen" vor restlos ausverkauften Konzerthäusern in vielen Hauptstädten der Länder des ehemaligen Ostblocks, in Warschau, Bratislava, Prag, Budapest, Kiew und auch in Moskau. Mit ihrem Auftritt vor den Vereinten Nationen in New York im Herbst 1998 sowie in den beiden folgenden Jahren in den beiden chinesischen Städten Peking und

Shanghai, in Phnom Penh in Kambodscha und erneut in Prag, Warschau, Kiew und Moskau entpuppte sich die „Davidoff Friendship Tour" zu einer wahren Interkontinentalveranstaltung.[196]

Neben dem „Prix Davidoff", dem „West-Port Jazz Festival" oder der „Keith Haring"-Ausstellung sind weitere Beispiele für Reemtsmas „Auseinandersetzung mit der Kunst" etwa der „West"-Komödiantenpreis in „Schmidt's Tivoli", die Unterstützung der Documenta IX, von „West in Space" oder des „Westend"-Theaters in Köln. Die Höhe der Aufwendungen von Reemtsmas Aktivitäten, die Kunst jeglicher Coleur zu fördern, wird vom Unternehmen allein für das Jahr 1993 mit etwa zehn Millionen Mark angegeben.

Ein Novum ist, daß neuerdings auch die Grünen in den Genuß von Reemtsma-Geldern kommen, und zwar in ihrer Eigenschaft als Partner der rot-grünen Regierungskoalition. Anfang April 2001, so berichtet die *Leipziger Volkszeitung*, sponserte der Hamburger Tabakkonzern auf Betreiben des Grünen-Politikers Rezzo Schlauch „eine spektakuläre Begegnung zwischen Politik und Nachtleben [...] im ‚90°', dem ältesten Szeneclub in der Hauptstadt. Der leichte Rotlicht-Charme brachte bis fünf Uhr morgens insbesondere Sozis und Grüne aus den Szenen aller Art zusammen." Daß die „800 Promis vom Kanzler bis zum Volksschauspieler" unter solch hochkarätiger finanzieller Schirmherrschaft „Koalitionsklima-Pflege" betrieben, „hätte sich ein Grüner noch vor kurzem nicht trauen dürfen".[197] Und Reemtsma hätte unter anderen Umständen sicherlich kaum daran gedacht, eine Partei fortwährender Skandale zu unterstützen.

Auch sein Mäzenatentum moderner Ausrichtung ist also Beispiel dafür, daß der Reemtsma-Zigarettenkonzern mit chamäleonartiger Flexibilität auf sämtliche für ihn potentiell gewinnbringende neue Erscheinungen des Lebens reagiert – eine Begabung, für die man beinahe Bewunderung zu verspüren geneigt ist: immerhin lebt der Konzern eindrucksvoll die Ideale der heutigen marktwirtschaftlich orientierten Wirklichkeit vor, das heißt, was es ausmacht, kontinuierlich dynamisch, als Folge hiervon erfolgreich und somit zeitlos jung zu sein. In diesem Lichte betrachtet muß Reemtsmas Unternehmensprinzip – sein auf den ersten Blick durchaus lobenswertes Mäzenatentum aber letzten Endes lediglich für seine Eigeninteressen zu instrumentalisieren – zwangsläufig legitim erscheinen. Doch handelt es sich um eine Form des Mäzenatentums – die so innovativ, wie es zudem der im neudeutschen Idiom gebrauchte Begriff „Art-Sponsoring" suggeriert, im Grunde gar nicht ist, da sie wie gezeigt unter dem Deckmantel der Wohltätigkeit allein dem Zweck dient, den Konzernabsatz und die Steigerung des Profits zu sichern.

Denn die Strategie, den Wirtschaftsaspekt nicht nur mit der Politik, sondern auch mit dem gerade vorherrschenden Kunstgeschmack in Einklang zu bringen, erinnert unweigerlich an die Methoden des Geldverdienens im Dritten Reich und kann somit nicht als allein neuzeitliches marktstrategisches Phänomen gewertet werden. Auch zwischen 1933 und 1945 war dasselbe Prinzip, wenn auch unter dem gegenteiligen politischen Vorzeichen und in entsprechend andersgearteter Realisierung, zur Anwendung gekommen und hatte auch damals schon bemerkenswerte finanzielle Erfolge gezeitigt. Vergleicht man insbesondere die Werbung der achtziger und neunziger Jahre des 20. Jahrhunderts mit den Werbemaßnahmen, die in der Zeit des Dritten Reiches den Umsatz verbessern sollten, so ist die Parallelität erstaunlich – auch wenn es jetzt eben nicht um volkspädagogische Erziehungsfragen wie das Heranzüchten des Willens zum Sieg, der Liebe zur Sache oder von Führertreue ging, sondern um solche, die demokratische Wertvorstellungen vermitteln halfen. Über an Zeitgeist- und Modeerscheinungen angepaßte Plakatwerbung hinaus hat die Firma Reemtsma sich anscheinend schon immer gewisse gesellschaftspolitische Akzente zunutze gemacht, je nachdem, welche Trends gerade als allgemein schick galten oder gelten durften.

Im Dritten Reich waren es die Zigarettenbilderalben, die mit Führerkult, Volksgemeinschaft und Verherrlichung des damaligen Staates und seiner Institutionen – bis hin zur deutschen Wehrmacht – zugleich Schöpfer und Nutznießer bestimmter Trends waren. Heute macht sich der Konzern gesellschaftspolitische Entwicklungen gleichermaßen nutzbar. Der Begriff „multikulturell" hat in heutiger Zeit für einen bestimmten, nicht eben kleinen Personenkreis eine ebenso herausragende Bedeutung, ja Faszination, wie einstmals zum Beispiel das Wörtchen „völkisch" für seine damaligen Anhänger. Wer multikulturell denkt und handelt, befindet sich heute auf der Seite der Gutmenschen und schafft sich damit einen Sicherheitskordon gegen potentielle Angriffe. In diesem Sinne ist etwa auch Reemtsmas Angestelltenstruktur zu verstehen. Der Konzern hält es sich heute zugute, unter dem Motto „Multi Domestic" Vertreter verschiedener Nationen zu beschäftigen. Reemtsmas „Teamgeist" hat aber wenig, oder zumindest nicht ausschließlich, mit Jovialität zu tun. Denn, so rechtfertigt er seinen Anspruch selbst, „lokale Vielfalt und operative Eigenständigkeit sind [...] der Schlüssel zum internationalen Erfolg. Die unterschiedlichen Fähigkeiten werden effektiv zu einer Gemeinschaftsleistung gebündelt [...] Akteptanz und Respekt der nationalen Unterschiede machen Reemtsma in den einzelnen Ländern zu einem glaubwürdigen Partner für Angestellte und Konsumenten."[198]

Ob die aufwendigen Multikulti-Kampagnen dem Tabakkonzern auf Dauer den Rücken werden freihalten können, wird sich zeigen. Einstweilen ist es den Versuch sicherlich wert gewesen, andernfalls hätte Reemtsma wohl kaum ein entsprechendes Maß an Zeit, Sorgfalt und Geld auf Marktanalyse und Werbekampagnen verwendet – wie Jahrzehnte früher zum Beispiel auf die Produktion und Verbreitung der für damalige Verhältnisse mehr als politisch korrekten Zigarettenbilder sowie der dazugehörigen Sammelalben.

Und schließlich: Sollte es wieder einmal zu einer politischen Umorientierung kommen, Reemtsma wird sich – unverändert jung, dynamisch und stets erfolgsorientiert – auf die wie auch immer gearteten neuen Gegebenheiten umzustellen wissen. Sollte sich dieser politische Wandel weniger radikal als in den Jahren 1933, 1945 und 1989 vollziehen, sondern eher sanft und weniger offensichtlich, dann wird die Reemtsmasche Werbeschmiede als neues Informationsmedium mit entsprechenden Aushängeschildern in die unsichtbare Bresche springen. „Test the West" und „Come together" etwa sind schließlich auch schon seit langem Vorboten einer jetzt unverkennbaren globalen Amerikanisierung und einer hiermit unmittelbar einhergehenden kulturellen Nivellierung.

Teil 2

Der Linksaußen-Stürmer Jan Philipp Reemtsma

Der Erbe

Die Millionen

Sollte die Legende von dem Tellerwäscher, der sich mit Fleiß und Beharrlichkeit zum Millionär hochgearbeitet hat, tatsächlich wahr sein, so trifft sie auf Jan Philipp Reemtsma jedenfalls nicht zu. Als er am 26. November 1952 zur Welt kommt, ist ihm aufgrund der akribischen unternehmerischen Vorarbeit seines Vaters Philipp Fürchtegott und Großvaters Bernhard Reemtsma bereits in die Wiege gelegt, was Millionen anderen nicht einmal an ihrem Lebensende beschieden ist. Denn schon zu diesem Zeitpunkt steht fest: Da die Söhne aus der ersten Ehe des Vaters nicht mehr am Leben sind, ist er der potentielle Alleinerbe sämtlicher Vermögenswerte, die seine Verwandten seit dem Ersten Weltkrieg über die Weimarer Zeit und das Dritte Reich bis in die Anfänge der bundesrepublikanischen Epoche hinein nicht nur aufgrund ihres erfolgreichen Handels mit Tabakwaren angehäuft haben.

Der einzige Nachfahre des zählebigen Tabakkonzerns befindet sich in mehrfacher Hinsicht auf der sicheren Seite des Schicksals. Zum einen ist der Sproß der aus Ostfriesland stammenden Familie, die sich seit jeher den rigorosen Lehren des Calvinismus verpflichtet fühlt, in den wachsenden Wohlstand der aufstrebenden Bundesrepublik Deutschland hineingeboren. Er wächst wohlbehütet im Hamburger Villenvorort Blankenese auf, wird calvinistisch konfirmiert und besucht das altsprachliche humanistische Gymnasium „Christianeum" in Othmarschen. Zum anderen ist er sich des beträchtlichen Vermögens, das ihm der Vater nach seinem Tod im Jahre 1959, als er gerade sieben Jahre alt ist, vermacht hat, sicher und kann, auch wenn es ihm laut testamentarischer Verfügung erst mit Vollendung des 26. Lebensjahres zur Verfügung steht, nach Beendigung des Abiturs in Hamburg vollkommen gelassen an das Studium der neueren deutschen Literaturwissenschaft, Linguistik und Philosophie herangehen.

Wie sein späterer Lebensweg zeigt, der ihn letztendlich weit von der ihm zugedachten Rolle des künftigen Firmenchefs fortführt, ist das Studium – das er wegen seiner Mitgliedschaft in der Gesellschafterversammlung und ab 1980 im Aufsichtsrat der Reemtsma Cigarettenfabriken GmbH zunächst unterbricht – allerdings durchaus von Erfolg gekrönt: Nach dessen endgültiger Beendigung promoviert der Literaturwissenschaftler 1993 an der Universität Hamburg zum Dr. phil., wird 1988 Mitglied im Kuratorium der Kulturstiftung der Länder, ab November 1990 dort Sprecher der Arbeitsgruppe „Literatur, Bibliotheken, Archive und Kulturgeschichte", und 1993 bekommt er einen Lehrauftrag an der Universität Hamburg. 1999 verleiht ihm die Universität Konstanz einen Ehrendoktortitel, und im Februar desselben Jahres wird bekannt, daß er im Wintersemester 1999/2000 als Nachfolger von Siegfried Lenz die Gerhard-Mercator-Professur der Universität und Gesamthochschule Duisburg übernehmen wird.

Für den Beginn seiner geisteswissenschaftlichen Karriere bedeuten die auf Reemtsma wartenden Geldmittel bereits ein solides Polster, das ihm zwar erst ab 1978 zur Verfügung stehen wird, es ihm aber letztlich gestattet, sich erfolgreich gegen die vorgezeichnete Laufbahn zur Wehr zu setzen. Denn daß er eben nicht Jura oder Volkswirtschaft studiert, hat wohl kaum ausschließlich mit seiner Abneigung, sich unternehmerisch zu engagieren, zu tun. Sein Aufbegehren steht sicherlich schon jetzt symptomatisch für eine radikale Gangart in diejenige politische Richtung, die sein Vater, der Göring-Sponsor, niemals eingeschlagen hätte, wenn er durch den Ausgang des Zweiten Weltkrieges nicht förmlich dazu gezwungen gewesen wäre. Die Wellen der Achtundsechziger-Bewegung jedenfalls, deren Ausläufer auch das von Jan Philipp besuchte Gymnasium in Othmarschen erreichen[1], werden das ihre dazu beigetragen haben, daß auch und gerade der Erbe des Reemtsmaschen Zigarettenimperiums der Vatergeneration die Vorbildwirkung vollkommen absprach – es sei denn im Sinne eines Negativbeispiels.

Solches Denken, das zu jener Zeit als Axiom des gesellschaftlichen Fortschritts galt, machte sich Jan Philipp Reemtsma früh zu eigen. Entsprechend mag er sich geistig als eine Art Spätachtundsechziger empfunden haben, was seine Hinwendung zu linken Kreisen an der Universität zeigt. Kontakt pflegt er etwa zu der Gruppe „Internationaler Trotzkisten". Zudem lebt er wie viele seiner Zeitgeistgenossen phasenweise in einer linksgeneigten Wohngemeinschaft, sorgt später kraft seiner Millionen allerdings auch für prestigeträchtigere Unterkünfte: Das ausgesprochen großbürgerliche und den Baustil einer vergangenen Epoche repräsentierende Haus seiner Eltern läßt er abreißen und dafür ein distinguiertes Domizil seiner Zeit errichten, einen stattlichen Backsteinbau – „um Platz zu schaffen für seine Bücher", wie *Der Spiegel* dazu anmerkt.[2] Leiser Spott scheint hier mitzuklingen; die ungewöhnliche Methode des Multimillionärs, neuen Regalmetern für Bücher Raum zu geben, jedenfalls legt diese Lesart nahe. Möglicherweise der Erholung der Familie vom norddeutschen Klima – oder von der hanseatischen Lebensweise – dient eine nicht minder prächtige Villa in Zermatt. Wer wollte es ihm verübeln?

Was Jan Philipp Reemtsmas Familienplanung anbelangt, so steht auch sie offensichtlich ganz im Zeichen seiner politischen Selbstfindungsattacken. Auf welche Weise er die Verfechterin kommunistischer Ideale Ann Kathrin Scheerer in Blankenese, einer der Hochburgen neudeutscher Schickeria, kennenlernt, bleibt ein Rätsel. Die Wahl dürfte jedenfalls nicht zuletzt aufgrund der aus linksdrehenden Produkten geschlagenen Sahnehäubchen erfolgt sein, die Scheerer in die Partnerschaft einbringt: Ihre politischen Neigungen hatten sie in den späten siebziger Jahren nach Peking verschlagen, das noch unter den durch die blutige maoistische „Kulturrevolution" hervorgerufenen Erschütterungen litt, an die sich selbst überzeugt kommunistische Chinesen heute nur noch sehr ungern erinnern. Die Sinologin und Psychologin verarbeitet die aufgrund ihrer Eindrücke gefestigten Überzeugungen in einer Reihe feministischer Bücher. Womit sich hinsichtlich ihrer Verbindung mit dem Millionenerben einer jener Kreise schließt, die das von Gönnertum, einer nicht gar so seltenen Ausprägung von Selbstbezichtigung, geprägte Treiben Jan Philipp Reemtsmas ausmachen: Auch dem Feministischen Archiv in Köln läßt er dicke Finanzspritzen zukommen. Beider Geistes- bzw. Ideologieverwandtschaft äußert sich schließlich auch in der Art der Erziehung ihres gemeinsamen Sohnes Johannes. Auch ihm bleibt das Los so vieler Kinder dieser Zeit nicht erspart, einen Teil seiner „Sozialisierung" in einem „Kinderladen" zu verbringen, einem der Produkte jener Phase, deren frühe Konditionierung einer auf Umerziehung ausgerichteten „Aufklärung" an so vielen Jungerwachsenen von heute schier irreparable Schäden hinterlassen haben.

Es schließt sich die Frage an, was Johannes wohl einst mit dem vielen Geld anzustellen trachtet. Abgesehen von möglicherweise an einschlägige Institute und Stiftungen weiterhin fließende Zuwendungen wird auch er aller Wahrscheinlichkeit nach als Alleinerbe eingesetzt werden. Das Wissen um die Möglichkeiten, die der linksgewendete Vater im Überschwang seiner familien- und nationalgeschichtlichen Identitätskrise ausschöpft, könnte dem späteren Alleinverantwortlichen jedenfalls eine hilfreiche Anregung sein.

Nach dem Tod seines Großvaters, Philipp Fürchtegott Reemtsma, dessen Konterfei er, wenn nicht aus streng gehüteten Familienbilderalben, nur aus Medienberichten kennen dürfte, bestellte die Deutsche Bank die Testamentsvollstrecker. Diese hat seit den Anfängen des Reemtsmaschen Tabakimperiums für dessen Firmenpolitik bekanntlich stets eine besondere Rolle gespielt. Daß es in diesem Fall erneut zur Zusammenarbeit kommt, hängt natürlich mit der über Jahrzehnte erprobten gemeinsamen Bindung zusammen. Andererseits darf man nicht verkennen, daß die Banken das Thema Erbverwaltung, nicht zuletzt auf dem Hintergrund der Erbschaftssteuergesetzgebung, in der jüngeren Zeit regelrecht als Marktlücke für sich entdeckt haben. Neben dem Fiskus, den Kapitalanlage- und Versicherungsgesellschaften und somit auch den Rechtsanwälten, Notaren und Steuerberatern sind es vor allem die Banken, denen ungeschickte Erblasser häufig zu erklecklichen Zugewinnen verhelfen, wenn beispielsweise keine Erben aufzufinden sind oder diese sich nicht über die Aufteilung des Vermögens einigen können. Und so schlüpfen die Banken „in immer größerer Zahl in die Rolle des Testamentsvollstreckers, indem sie sich ihren reichen Kunden rechtzeitig vor dem Ableben als Helfer in Sachen Zukunftssicherung andienen".[3]

Für die Deutsche Bank dürfte dies auf den Hamburger Tabakwarenkonzern Reemtsma bezogen nicht mehr in übertriebenem Maße notwendig gewesen sein, allein die jahrelange Partnerschaft mag ihr das überaus lohnende Geschäft vor der potentiellen Konkurrenz gesichert haben. Ist der Pakt dann aber besiegelt, zeigt sich das wahre Gesicht des einstigen Liebedieners: „Gegenüber den Erben haben sie [die Banken] dann als Vollstrecker des Letzten Willens eine dominierende Stellung, die sie nicht selten weidlich ausnützen. Testamentsvollstrecker können nicht bloß für unbedarfte Erben zur Plage werden, manchmal leiden sogar berühmte Unternehmen unter ihrer Ägide."[4]

Und so gerät auch die Firma Reemtsma letztlich in ein entsprechendes Abhängigkeitsverhältnis. Die Deutsche Bank beginnt die Geschicke des Unternehmens zu bestimmen, so daß es in den folgenden 20 Jahren aufgrund der Herrschaft von Philipp Fürchtegott Reemtsmas Testamentsvollstreckern, die „offenbar mit dem ihnen fremden Zigarettengeschäft nichts Rechtes anzufangen" wissen, merklich an Prestige einbüßt und nicht mehr die gewohnten Gewinnzuwächse zu verzeichnen hat.[5]

Die für den Tabakkonzern leidlich negative Auswirkung der erzwungenen Paralysierung seines Finanzpotentials hat indes auch ihr Gutes. Denn solange die Testamentsvollstrecker das Jan Philipp Reemtsma hinterlassene Vermögen verwalteten, war der Geist in gewisser Weise gebannt. Doch seit er nach Vollendung seines 26. Lebensjahres entsprechend der testamentarischen Weisung des Vaters frei über sein Erbe verfügen kann, lebt er seinen geschichtlichen Umdeutungs- und politischen Umerziehungsmessianismus um so entfesselter aus.

Zum Chef der Firma, die sich auf so intensive Weise mit einem System eingelassen hatte, dessen Wehrmacht er fortan pauschal als barbarisch, völkerverachtend und verbrecherisch diffamieren und diffamieren helfen wird, läßt er sich also nicht küren. Zwar wird er zum 1. Januar 1980 in den Aufsichtsrat der Reemtsma Cigarettenfabriken GmbH berufen, sorgt aber schon wenige Monate später für Schlagzeilen, als er, gemeinsam mit seiner Mutter Gertrud, seinen mit rund 53 Prozent bezifferten Mehrheitsanteil am Konzern für netto über 300 Millionen Mark an die Tchibo-Eigner, die Brüder Herz, verkauft. Für ein rechtzeitiges Verschenken des Vermögens, um die Erbschaftssteuer auszuhebeln, war es zu spät. Sein Ratgeber wird sich indessen der Tatsache bewußt gewesen sein, daß es den Erben viel Geld spart, wenn sich der Erblasser dazu bewegen läßt, sein Geldvermögen etwa in Immobilien zu tauschen, da diese zu einem sehr niedrigen Einheitswert besteuert werden.[6]

Zum Zeitpunkt des Verkaufs waren die Marktanteile des Zigarettenimperiums gegenüber früher zwar erheblich geschrumpft, in der Branche hieß es dennoch, Reemtsma habe seinen Firmenbesitz unter Wert veräußert. Wer meint, sich auf diese Weise von seiner Vergangenheit loseisen zu können, scheint nicht lange um Preise zu feilschen. Das Urteil muß später allerdings gründlich revidiert werden. Denn die immerhin erhandelten 300 Millionen Mark Nettogewinn vermehren sich unter den geschickten Händen von Reemtsmas Vermögensverwalter Diethelm Höner immens: Man investiert fleißig ins Immobiliengeschäft, und bereits Ende der achtziger Jahre wird das Vermögen auf ungefähr 600 Millionen Mark geschätzt.

Doch „Reemtsma läßt das Geld nicht nur arbeiten; er arbeitet auch mit dem Geld, um längst gehegte Pläne zur Reife zu bringen".[7] Mit deren Umsetzung will er sich offenbar von den Unrühmlichkeiten seiner Vorväter distanzieren und stellt, indem er weiter an der von seiner Familie geschaffenen Tradition des Mäzenatentums baut, im Grunde genommen nur unter Beweis, daß er ihre Methoden des Mitläufertums ebenso professionell beherrscht. Nicht NSDAP oder Wehrmacht, Goebbels oder Göring heißen die Adressaten der umfangreichen Unterstützung jetzt, sondern die Mittel des Sponsorenunternehmens kommen nun solchen Zeitgeistanhängern zugute, die sich um die immer neu und variantenreich gestellte Frage der Aufarbeitung der NS-Geschichte und der Wiedergutmachung vor dem neuen System verdient machen.

Für die mit wachsendem Abstand vom letzten Krieg immer massiver werdende Nachkriegsform einer hochgradig selbstquälerischen Diffamierung der eigenen Vergangenheit bringt er viel Verständnis und immer wieder erstaunliche Gelder auf. Unter den vielen, die von Reemtsmas anhaltend einseitiger Nabelschau profitieren, befindet sich etwa das wohl aus gutem Grund auch mit SED-Geldern geförderte linksradikale Szeneblatt *Konkret*, für das unter den zahlreichen Mitgliedern der ehemaligen K-Gruppen, die in den siebziger Jahren Stalin und Mao verehrten, einst auch die RAF-Terroristin und erklärte Staatsfeindin Nummer eins Ulrike Meinhof oder die aus den „Revolutionären Zellen" hervorgegangene Ingrid Strobl schrieben – interessanterweise übrigens auch der derzeitige Chefredakteur des *Spiegel* Stefan Aust. Im Jahre 1988 forderte Reemtsma in Hamburg jene staatlichen und privaten Unternehmen, die während des Dritten Reiches von der Zwangsarbeit der Häftlinge des Konzentrationslagers Neuengamme und seiner Außenlager profitiert hatten, dazu auf, einen finanziellen Beitrag zur Umgestaltung der heruntergekommenen Gedenkstätte Neuengamme in einen Ort der Dokumentation und Forschung zu leisten. Neben weniger politisch motiviertem Mäzenatentum wie der Schenkung einer wertvollen chinesischen Kunstsammlung mit rund 350 Objekten an das Hamburger Museum für Kunst und Gewerbe im Dezember 1996 finanziert er die „Hamburger Stiftung für politisch Verfolgte" mit, zudem seit langem verschiedene linkslastige Bücherprojekte. Er ist Gründer der Hamburger Stiftung zur Förderung von Wissenschaft und Kultur, die das Theodor-Adorno-Archiv in Frankfurt verwaltet (als dessen Aufsichtsrat Reemtsma selber fungiert) und für Alice Schwarzer ein feministisches Archiv- und Dokumentationszentrum einrichtet. Er hat beträchtliche Summen für das „Café Sperrbezirk" aufgewendet und engagiert sich für vieles andere politisch Linksorientierte, auf das noch gesondert eingegangen werden soll.

All das zeigt: Den Reichtum in Ruhe zu genießen, wäre dem Millionenerben und erklärten Feingeist eine zu profane Lebensmaxime. Seine auf das linke politische Ufer reduzierten philanthropischen Neigungen[8] werden vermutlich durchaus im Sinne der Witwe Gertrud Reemtsma gewesen sein, zumindest ist nicht bekannt, daß sie den entsprechenden Äußerungen und Handlungen ihres Sohnes negativ gegenübergestanden oder ihnen gar Widerstand entgegengesetzt hätte. Zumal die gewinnbringenden Immobiliengeschäfte das Vermögen trotz des zielgerichteten und umfangreichen Mäzenatentums des eigensinnig kalkulierenden Sohnes noch in beträchtlichem Maße vergrößern. Sollte der Vater die Entscheidung, Jan Philipp erst mit Beendigung des 26. Lebensjahres in den Stand eines Millionärs zu versetzen, aus Vorsicht oder Mißtrauen gefällt haben – was angesichts der Tatsache, daß er selbst noch in diesem Alter unter der Obhut von Bernhard Reemtsma in der Firma wirkte, durchaus nachvollziehbar wäre – so dürfte er sich getäuscht haben: Auch in Sachen Geld ist er ein würdiger Nachfolger. Das weiß die Mutter wohl zu schätzen, denn dem Vernehmen nach ist das Verhältnis zu ihr nach dem Ableben des Vaters alles in allem gut gewesen, auch wenn es, zumindest in der Kindheit, vielleicht eher auf unbedingtem Gehorsam fußte, denn „sie wird als hart und schwierig geschildert".[9] Ihr Tod im Jahre 1996, seit dem Jan Philipp Reemtsma alleiniger Geschäftsführer der Philipp Reemtsma GmbH & Co. ist, die sein Privatvermögen und das seiner verstorbenen Mutter verwaltet, bedeutet jedenfalls keine Zäsur in seiner Lebenseinstellung.

Eine andere Facette für die Kritik am Verhalten Jan Philip Reemtsmas wäre denkbar auf dem Hintergrund der weitgehend gescheiterten sogenannten Achtundsechziger Revolution. Deren Ziel, die Schaffung von sich selbst genügender Gleichheit in einer allein dadurch friedlich gewordenen Welt, war nicht erreicht worden – oder wenigstens nicht in der ursprünglich angedachten Form. Denn ihre Exponenten haben das Stadium der materiellen Bedürfnislosigkeit in großer Mehrzahl mühelos überwunden und leben heute wieder in wohlsituierten Bürger- oder Großbürgerverhältnissen, jenen nämlich, aus denen sie einstmals aufgebrochen waren, um die Welt notfalls mit Gewalt zu dem zu wenden, was ihrer Meinung nach die bessere Gesellschaftsform bedeutete. Selbst die Sozialdemokraten mit Toskana-Fraktion und Kaschmir-Kanzler erfreuen sich nunmehr in aller Öffentlichkeit der irdischen Güter.

Eine in ihren eigenen Grenzen friedliche Welt, durchaus. Ohne Zweifel kann zudem von der Schaffung einer gewissen Gleichheit die Rede sein, wenn auch – innerhalb dieser Grenzen – nur von einer Orwellscher Ausprägung. Der Maßstab für gesellschaftspolitisch „erlaubten" Wohlstand ist sichtlich großzügiger geworden, als grenzenlos erweist sich die Toleranz gegenüber Reichtum und wirtschaftlicher Macht dennoch nicht. Begriffe wie „Multimillionär", „Milliardär" oder „Konzernchef" können unversehens negativ besetzt sein, wenn der Blickwinkel nur ein wenig verändert wird, weg vom rein finanziellen Potential nämlich hin zur Moral, zu der Frage: Was treibt der Pharmakahersteller, Tabakindustrielle oder Immobilienbesitzer denn mit seinem Geld? Die Gefahr, die von solchermaßen kritischem Bewußtsein für den Geschäftemacher ausgeht, wird massiv geschmälert, wenn der Betroffene sich brav mitten im mächtigen Strom des Zeitgeistes bewegt. Denn eine durch opportunistische ideologische Ausrichtung eindeutig demonstrierte politische Unfehlbarkeit macht immun für Angriffe aus welchen Beweggründen und von welcher Seite auch immer. Welcher Journalist oder Politiker nähme wohl das Risiko auf sich, einen Mäzen zu attackieren, der sich um die politische Korrektheit verdient macht, indem er sich vehement für Minderheiten einsetzt und Geschichtsabläufe in der einzigen heute zulässigen Art und Weise interpretiert?

Jan Philipp Reemtsma mag es aufgrund der Rolle seiner Familie im Dritten Reich, die von ihm in der Öffentlichkeit so gern als harmlos heruntergespielt wird, als Ding der Unmöglichkeit betrachten, Besitz und Vermögen in vollen Zügen zu genießen: „Nicht nach dem, was er besitzt, sondern nach dem, was er tut, möchte Jan Philipp Reemtsma beurteilt werden, und das Geld ist ihm hierbei nur nützliches Mittel zum Zweck. Er hat davon auf eine Weise Gebrauch gemacht, die ihn unter allen Mäzenen in der Bundesrepublik deutlich heraushebt [...]"[10] Damit hat er sich weder von den Millionen seines Vaters losgesagt und von dessen politischen Machenschaften distanziert, noch toleriert er seinen Werdegang und verlebt das Millionenerbe einfach. Vielmehr hat er, hier ausnahmsweise einmal ganz Realist, eine der möglichen Grauschattierungen gewählt und offensichtlich einen Weg gefunden, sich einerseits seines Erbes zu erfreuen und andererseits soviel Distanz zwischen sich und den Vater zu legen, daß die Phalanx der Zeitgeisthüter ihn überwiegend in Ruhe läßt. Mit seiner massiven Unterstützung linksgerichteter Aktivitäten hat er sich einen Sonderstatus erworben, der ihm manche Freiheit gewährt. Insofern läßt sich der ererbte wie auch durch intelligente Vermögensverwalter sich permanent vermehrende Reichtum halbwegs ungestört für private Zwecke nutzen, was allerdings wiederum auch zu immer neuen politisch korrekten Glanzleistungen vor den Argusaugen der sogenannten demokratischen Wertegemeinschaft verpflichtet.

Scheu – eine Erbsache?

Es bleibt nicht aus, daß sich diese durch überdurchschnittlich hohen Besitz bewirkte Ambivalenz im Verhalten über die äußerlich festzumachenden Aktivitäten hinaus auch in der Persönlichkeit selbst manifestiert. „Schüchtern, fast ein wenig gehemmt" wirke Jan Philipp Reemtsma, schreibt *Die Zeit* in einem Porträt des Millionenerbes. Dadurch habe „das Bild eines menschen- und öffentlichkeitsscheuen Millionärssohns entstehen können, der schwer an der Bürde seines Namens und Geldes trägt [...] Die ihn näher kennen [...] spüren auch den inneren Druck, unter dem er ständig zu stehen scheint. Selten hat man ihn ganz entspannt gesehen." Und: „Reemtsma lebt in dem Widerspruch, daß er eigentlich eine ganz normale Existenz führen möchte, dies aber nicht tun kann. Äußerlich von eher unauffälliger Gestalt, pflegt der stets dezent gekleidete Mann sich mit einer gewissen Aura der Unnahbarkeit zu umgeben. Jede Vertraulichkeit ist ihm zuwider. Sein Privatleben hat er sorgfältig vor neugierigen Blicken abgeschirmt; so wußten auch nur wenige um seine langjährige Lebensgemeinschaft mit der Sinologin Ann Kathrin Scheerer [...]"[11]

Öffentliche Auftritte hatte auch sein Vater, Philipp Fürchtegott Reemtsma, gemieden. Als leuchtendes Beispiel mag ihm hier der gewiefte Rohtabakhändler David Schnur vorangegangen sein, der nach seinem Zusammenschluß mit der Reemtsma AG im Jahre 1921 den Erfolgskurs des Unternehmens geschickt aus dem Hintergrund zu steuern wußte. Jeder anhaltende Erfolg hat Methode: Je reicher, desto unauffälliger.

Und so wird auch um den Tod von Philipp Fürchtegott Reemtsma am 11. Dezember 1959 nicht viel Wirbel veranstaltet. Seiner zeitlebens behutsam gepflegten Publikumsscheu gemäß ließen ihn seine Frau und sein Bruder Hermann in aller Stille beisetzen. Über die gemeinsamen Jahre von Vater und Sohn Reemtsma nach dem Kriege ist naturgemäß nur wenig bekannt, und die Beurteilung, inwieweit ersterer in der kurzen Zeit prägend auf die Entwicklung des letzeren einwirken konnte, sollte sicherlich Psychoanalytikern überlassen bleiben. Für den gerade erst siebenjährigen Sohn Jan Philipp mag dieses einschneidende Erlebnis jedoch in entsprechender Weise nachhaltig gewirkt haben: Sich seiner gewissen Bedeutung bewußt sein und sich andererseits trotzdem bescheiden-zurückhaltend geben, das soll würdevolles Gebaren suggerieren. Vielleicht ist „die Öffentlichkeit, der er sich aussetzt", wenn er sich ihr denn überhaupt aussetzt, ja allein deshalb „von anderer Art als die von Geldadel und Medienschickeria bevorzugte".[12]

Auch daß er es sich jahrelang konsequent verbittet, für die Zwecke der medialen Berichterstattung fotografiert oder gar gefilmt zu werden, scheint mit diesen Motiven zusammenzuhängen. „Es sollte keine Photos von ihm geben, weil er nicht überall erkannt werden wollte. Reemtsma wußte um die Gefährdung, die Reichtum mit sich bringt [...] Jemand, der so reich ist wie er, muß auf Distanz bedacht sein."[13] Mit seiner Entführung Ende März 1996 war es mit der Distanz indessen schlagartig vorbei. Wobei sich nicht sagen läßt, ob ihm hier vielleicht zum Verhängnis wurde, daß er Anfang Mai 1995 gegenüber dem *Spiegel* eine Ausnahme gemacht hatte, als er dem Nachrichtenmagazin seiner Heimatstadt nachsichtig gestattete, ihn während eines Gespräches abzulichten. Seither zeigen alle Zeitungen und Fernsehkanäle sein Bild: eine bebrillte, wohl auch aufgrund des Vollbarts in die Kategorie Allerweltsgesicht eingegangene Physiognomie. Mögen Freudianer die entsprechenden Schlüsse aus dieser relativen Maskenhaftigkeit ziehen: Reemtsmas Erscheinung in der Medienöffentlichkeit als mit sich selbst im reinen befindlicher Moralist und Aufklärer hat erst im Laufe der Zeit diese verwaschenen Konturen angenommen. Malte sich bei dem Enddreißiger vielleicht noch der Anflug eines Lächelns unter dem schon umfangreichen, aber sorgfältig gepflegten

Schnauzbart, gibt sich sein Träger später – nach Beginn der Anti-Wehrmachtausstellung und nach der Entführung – durchweg ernst und ist noch weniger zu erkennen, weil der Bart nunmehr die gesamte untere Gesichtshälfte überwuchert. Aber auch ohne diesen war seine distanzierte Haltung zur Umwelt unschwer zu erkennen. Schon die wenigen Bilder, die es bis Mitte der neunziger Jahre von ihm gibt, zeigen ihn häufig mit abweisend vor der Brust verschränkten Armen. Nicht nur Amateurpsychologen filtern aus solchen äußeren Erscheinungsmerkmalen, daß eine öffentlichkeitswirksam agierende Person, die sich selbst jedoch manisch im Hintergrund hält, unter einer massiven Unsicherheit gegenüber anderen Menschen leiden könnte.

Außer der Neigung, sich von publikumswirksamen Auftritten und von einer ominösen Vergangenheit gleichermaßen zu distanzieren, sowie dem damit in direkter Verbindung stehenden vielfältigen Engagement für das politisch linke Lager ist trotz der Veröffentlichungen der letzten Jahre nicht sonderlich viel über die undurchsichtige Gestalt ans Licht der Öffentlichkeit gedrungen. Selbst Edeljournalisten auflagenstarker Magazine scheinen sich der immensen Rechercheprobleme rund um das Thema Reemtsma nicht immer ganz entziehen zu können. So beginnt etwa Barbara Supp ein *Spiegel*-Porträt „über den scheuen Erben Jan Philipp Reemtsma" mit der Erklärung: „Natürlich erweckt so einer Neugier, und je mehr er sich entzieht, desto mehr giert die Öffentlichkeit nach einem Blick. Besonders bei einem Mann wie diesem, der Millionär ist, sonderbare Dinge tut und dabei nach Unsichtbarkeit strebt. Als existiere er nicht als Person, nur als Träger von Ideen."[14]

Was, drängt sich die Frage auf, hat der Millionenerbe, der „äußerlich so normal wirkt, daß es schon auffällig ist: ein gepflegt gekleideter Herr mit rundlichem Gesicht und hoher Stirn, mit freundlich-unverbindlichem Blick hinter der dezent-teuren Brille und einer Körpersprache, die aussagt: Eigentlich bin ich gar nicht da"[15], was hat er wohl noch mit unter seine Wohltätigkeitstarnkappe genommen außer seiner „heimlichen Vorliebe [...] für gut gemachte schlechte Filme, ‚Rambo' beispielsweise oder Streifen mit Bruce Willis, die er im dunklen Kino Popcorn kauend mit seinem Sohn zusammen genießt [...] seiner Schwäche für das Boxen [zu der er sich bekennt] in einem Buch über den schwarzen Champion Muhammad Ali – eine Neigung, die fast schon zu sehr das Klischee bedient, um glaubhaft zu sein: der unsinnliche Mensch auf der Suche nach der physischen Präsenz"[16] – kleine private Marotten also, die ihn „so irritierend freundlich"[17] erscheinen lassen? Die Autorin fördert über Einzelheiten zur Privatperson Jan Philipp Reemtsma hinaus schließlich noch einiges Erhellendes mehr zutage, bleibt indes bruchstückhaft – was sicherlich der begrenzten Zeilenzahl geschuldet ist und zugunsten eines übergreifenden Gesamteindrucks erfolgt sein mag.

Sollte Jan Philipp Reemtsma die Publikumsscheu tatsächlich angeboren, anerzogen oder sonstwie passiv oder aktiv vererbt worden sein, ist nicht nur nach seinem Verhältnis zu seinem Vater, Onkel und Großvater zu fragen, sondern auch nach dem zu seinen in den zwanziger Jahren geborenen Halbbrüdern Uwe, Jochen und Henning, die er nur vom Hörensagen kennt und auf deren Rolle er sich – wie auch auf den Verlauf der jüngeren deutschen Vergangenheit überhaupt – entsprechend seinen eigenen kruden Reim macht: „Uwe und Jochen. Der Ältere hat – ich weiß nicht, ob es stimmt, das ist die Geschichte, die mir erzählt worden ist – auf Befehl eines betrunkenen Offiziers alleine ein von Soldaten der Roten Armee gehaltenes Haus angreifen müssen. Er ist dann auf der Straße, nach einem Bauchschuß, sehr lange gestorben. Vielleicht sollte man hier von Verbrechen *in* der Wehrmacht sprechen."[18] Diese im Frühjahr 1997 zur Eröffnung der Anti-Wehrmachtausstellung in der Frankfurter Paulskirche gemachte Einlassung scheint bereits ganz im Zeichen der Gegenwehr gegen jene massive Kritik zu stehen, der sich das Projekt seines Hamburger Instituts für Sozialforschung schon frühzeitig ausgesetzt sieht.

Ähnlich wertend fabuliert er in seiner Rede auch über seine Verwandten weiter: „Der Jüngere meldete sich freiwillig zur Front, obwohl er es nicht hätte tun müssen, denn er war der letzte von drei Brüdern, der zweite, jüngste, war zuvor an Kinderlähmung gestorben. Er wollte, was weiß ich, nicht zurückstehen, kein Feigling sein, sich nichts nachsagen lassen – vielleicht glaubte er an den Endsieg, was weiß ich. Sein, mein Vater hätte ihn zurückhalten können. Aber der hatte nicht gewollt, daß sein Sohn später einmal – was weiß ich. Es war in den letzten Monaten eines nunmehr offensichtlich so verbrecherischen wie bankrotten Regimes, das zu verteidigen meinem Bruder sein Leben, meinem Vater das Leben seines Sohnes gerechtfertigter Einsatz zu sein schien. – Beide hätten es nicht so formuliert. Beide hätten für ‚Regime' ‚Deutschland' gesagt oder ‚Vaterland'."[19]

Was weiß ich! Ja, was weiß ein Herr Reemtsma über die wahren Beweggründe seiner Brüder, in den Krieg zu ziehen, und seines Vaters, der dies tolerierte und guthieß, ein Reemtsma, der sich das tiefgründige Nachsinnen selbst verwehrt, indem er seine ideologischen Scheuklappen um so freudig-naiver zur Schau trägt, als er sie sich von seinen Kampfgenossen und Geistesverwandten, den Achtundsechzigern, so eng anschnallen ließ, daß er sie für einen unabdingbaren Teil seiner selbst zu halten scheint? Was weiß er über deren Mutter, die, mit Selbstbewußtsein und diplomatischem Geschick ausgestattet, eine starke Persönlichkeit im Hause dargestellt haben soll und an der politischen Entwicklung jener Jahre mindestens insofern Interesse zeigte, als sie zum Beispiel der Hitlerjugend für ihre Heimabende einen Raum auf dem eigenen Grundstück zur Verfügung stellte?

In Ermangelung fundierter Geschichtskenntnisse meint er, sich für die Kriegsdienstleistung von Uwe und Jochen eine Entschuldigung zurechtlegen zu müssen, deren Fadenscheinigkeit er zwar selbst erkennt, sie aber nur durch neuerliches Wortgeklingel ersetzt: „Man kann es sich einfach machen und sagen, hier habe so etwas wie ein Irrtum vorgelegen, eine grandiose Verkennung und Verwechslung. Doch diese durch Tod und Schmerz und Trauer als so grundlegend erwiesene Überzeugung über die Generationsgrenze hinweg als zwar groben, aber doch Unfug abzutun, geht jedoch tatsächlich nicht an. Wer verstehen will, muß lernen, beim Worte zu nehmen, auch beim Worte der Taten, er darf sich die Tatsachen nicht so zurechtreden, daß gar kein Verstehensproblem mehr vorliegt. Es gehört mit zur Anerkennung der historischen Tatsachen, daß wir konstatieren müssen, daß dort eine intellektuelle wie moralische Differenzierung nicht vorgenommen wurde, die wir für unabdingbar halten. Diese nicht zu betonen, würde bedeuten, die eigenen jeweiligen Standards aufzugeben. Wer das nicht will, gleichzeitig aber doch verstehen und damit gerecht werden will, muß auf der kognitiven wie moralischen Differenz als Voraussetzung des Verstehens beharren. Das ist keine moralische Überhebung, sondern die Verteidigung einer politischen Kultur gegen jene Affekte, die uns immer wieder drängen, mit denen, die wir geliebt haben, auch einverstanden sein zu wollen."[20]

Jan Philipp Reemtsma überhebt sich also nicht moralisch, er verdrängt nur seine Affekte. Das dürfte auf seine spezielle Situation bezogen auch ausreichen und ihm darüber hinaus nicht sonderlich schwerfallen, da er „die wir geliebt haben" größtenteils nicht kennengelernt hat und also auch nicht unbedingt mit ihnen „einverstanden sein" muß. Hier also lehnt er das Erbe ab. Wo es ihm nützt, erkennt er es an.

Gnade der späten Geburt

Uwe und Jochen, so schildert ein etwas älterer Mitschüler, der sich ihrer noch gut aus der Hitlerjugend-Zeit erinnert, seien stets nett und unauffällig aufgetreten und hätten sich keineswegs durch den Reichtum der Eltern irgendwie aus dem Kreise der übrigen Jungen herausgehoben. Ganz im Gegensatz zu seinen in der Vorkriegszeit aufgewachsenen Halbbrüdern und seinen Onkeln scheint sich die Jugendphase Jan Philipps zu gestalten. Das Blankeneser Einzelkind wächst weitestgehend isoliert von seinen Schul- und Altersgenossen auf. Zum gemeinsamen Reitunterricht etwa, so berichtet einer von ihnen, sei der junge Reemtsma stets mit einer noblen Karosse gefahren worden, wobei er sich, trotz seines kindlichen Alters, durchaus schon mit der Aura einer gewissen Bedeutungshaftigkeit zu umgeben gewußt habe. Ein teils auf Einbildung, teils auf dem Bewußtsein seines künftigen Erbes beruhendes Verhalten, das auch der tägliche Weg zum Gymnasium in Othmarschen, der üblicherweise ebenfalls per Automobil und Chauffeur bewältigt wurde, gefördert haben muß. Denn, wie *Der Spiegel* konstatiert: „Selbst in diesem feinen Elbvorort schafft so etwas Distanz."[21]

Reemtsma selbst verrät „in einer seiner seltenen Selbstauskünfte" über seine Jugendjahre, er sei oft allein gewesen und habe „eigentlich überhaupt nie etwas anderes getan als lesen".[22] Sei dies nun Symptom oder Ursache von dessen Isoliertheit, jedenfalls unterstützt die hier zur Sprache kommende sehr einseitige Freizeitbeschäftigung die These von einer entweder einkalkulierten oder auch nicht überbrückbaren Distanz zwischen dem Knaben Jan Philipp und den ihn umgebenden Mitmenschen. Ob ihn das gelebte Einzelgängertum glücklich machte, steht sicher auf einem anderen Blatt. Einen nicht gerade unbeschwerten Eindruck macht er auf einer Fotografie aus dem Jahre 1967[23], die ihn einen halben Schritt hinter seiner „harten und schwierigen" Mutter zeigt. Der in ein Jackett von gedeckter Farbe, eine ebensolche Krawatte und ein weißes Hemd gewandete Fünfzehnjährige gibt sich verschlossen-sauertöpfisch, mindestens aber massiv gelangweilt.

Ob wegen des unfreiwilligen Unterbrechens spannender Lektüre oder als zwanghaft empfundener Fototermine, Jan Philipp Reemtsmas Antipathie gegenüber der Gilde der Paparazzi scheint sich, wie sich hier zeigt, schon frühzeitig manifestiert zu haben. Seltsamerweise bleibt dies nur auf ihn selbst bezogen. Später wird er den von anderen produzierten „gestellten Fotos" nämlich in keinster Weise ablehnend gegenüberstehen, weiß sie vielmehr, vor allem in seiner Anti-Wehrmachtausstellung, zu Hunderten für gewisse politische Zwecke zu benutzen, um nicht zu sagen zu mißbrauchen.

Überhaupt zeigt sich auf vielfältige Weise in immer neuen Kontexten, daß nicht für ihn zu gelten scheint, was er anderen abverlangt. Wie bereits an anderer Stelle erwähnt, konfrontiert ihn die *Frankfurter Allgemeine Zeitung* 1997 in einem Interview damit, in einem an sie gerichteten Leserbrief habe es geheißen. „Jede Zeit hat ihren Reemtsma." Jan Philipp Reemtsma reagiert scharf auf die journalistisch geschickt in ein Zitat verpackte Replik – seine Worte sollen hier noch einmal zitiert werden: „Ein Teil Ihrer Leserschaft scheint sich durch eine bemerkenswerte mora-

Jan Philipp Reemtsmas Publikumsscheu ist bis Mitte der neunziger Jahre nahezu ein Verbotsschild für jeden Medienvertreter. Wurzelt diese Berührungsangst mit der Kamera, dem „Auge der Wahrheit", schon in seiner Kindheit? Das Foto, das ihn als Fünfzehnjährigen neben seiner „harten und schwierigen" Mutter zeigt (oben), mag darauf hinweisen. Noch aussagekräftiger ist die Veränderung des Gesichts im späteren Leben: In dem Maße, wie der Millionär und Volkspädagoge seine Anonymität schwinden sieht, wächst der Bart (unten). Verstecken kann er sich hinter ihm dennoch nicht.

lische Indifferenz auszuzeichnen. Hätten Sie es gern, wenn in Ihrem Blatt jemand den Führer von einst mit einem demokratischen Staatsoberhaupt von heute, wenn er Hitler mit Kohl vergliche? Also sollten Sie das vielleicht hier auch nicht tun."[24] Moralisch indifferent sind selbstredend immer nur die anderen, jene, welche mit seiner Meinung nach an den Haaren herbeigezogenen Vergleichen argumentieren – und jene, die mit solchen rhetorisch operieren, sicherlich nicht ausgeschlossen. Doch wenn er selbst sich erkühnt, die Lanze für landesfeindliche gewalttätige Links-Gruppen zu brechen und gleichzeitig die Kriegführung der deutschen Wehrmacht pauschal als aus niederen Instinkten wie Gewalttätigkeit, Rassenhaß und Sadismus heraus motiviert einzustufen, ist sein Vorgehen moralisch gerechtfertigt, weil er damit ins Schema des politisch korrekten, sprich antideutschen Denkens zu passen meint.

Auf dessen Hintergrund wird den deutschen Nachkriegsgenerationen mit besonderer Vehemenz die sogenannte Gnade der späten Geburt abgesprochen: Die Verantwortung eines Volkes für einmal getanes Unrecht erlösche nie, das heißt, das Bewußtsein für eine, und wenn auch nur durch Mitläufertum bewirkte, Kollektivschuld müsse selbst bis in eine ferne Zukunft mitgetragen werden. Wie Jan Philipp Reemtsmas mit Akribie betriebenen Bewältigungsstrategien zeigen, scheint er sich einerseits einer solchen Verantwortung zu stellen. Andererseits meint er sich wiederum von der von ihm selbst propagierten Sippenhaft ausnehmen zu können, wenn er, bezogen auf die Vergangenheit seiner Familie, Vogel-Strauß-Politik betreibt: „Ich habe nie besondere familiengeschichtliche Forschungsinteressen gehabt. Mein Vater ist gestorben, als ich sieben Jahre war, und vorher war er schon ein Jahr schwer krank. An ihn habe ich keine großen Erinnerungen mehr. Das, was ich tue und denke, ist nicht entstanden aus einer interfamiliären Auseinandersetzung."[25]

Interfamiliäre Auseinandersetzung – dies wäre folgendermaßen zu differenzieren: Durch eine Auseinandersetzung mit der Familiengeschichte, die in Lehnstuhlatmosphäre auf dem Schoß der Großmutter stattfindet, ist, was Reemtsma tut und denkt, in der Tat mit Sicherheit nicht entstanden. Wohl aber durch das allmählich gewachsene Bewußtsein des Gebildeten, der doch weiß, daß er der „Sohn eines Mannes, der als herausragender Akteur in diese Zeit verstrickt war"[26], ist. Hierzu kommen natürlich noch die entsprechenden Ingredienzien der Umerziehung nach 1945, inklusive der Beeinflussung durch die Bewegung der Achtundsechziger, deren Vertreter und geistige Erben bis heute nicht müde werden zu postulieren, daß gerade das Erinnern die heiligste Pficht für den Deutschen sei! Entweder ist Jan Philipp Reemtsma so wenig von deutscher Herkunft, daß er dies nicht nötig hat, oder es gibt tatsächlich nichts zu erinnern. Warum wendet er dann aber so immens viel Zeit und Geld für die Beschäftigung mit der Geschichte des Nationalsozialismus im allgemeinen auf und drückt sich andererseits im speziellen um die Erforschung dessen, worin seine Familie während der Weimarer Republik und besonders im Dritten Reich allzu offensichtlich verstrickt war, als daß er dauerhaft darum herumreden könnte? Wie würde es ihm wohl gefallen, wenn man ihn einmal mit seinen eigenen Waffen schlüge und ihm vor diesem Hintergrund eine polemische Diskussion um Verbrechen *außerhalb* der Wehrmacht aufzwänge?

Insofern entbehrt es keineswegs einer gewissen Berechtigung, wenn die *FAZ* noch einmal nachfaßt und fragt: „Empfinden Sie keinen Aufklärungsbedarf angesichts der Tatsache, daß Ihr Vater und daß die Firma, der Sie Ihr Vermögen verdanken, derart stark in die Aktivitäten des Regimes involviert war?" Das scheint Jan Philipp Reemtsma als bösartige Attacke aus dem Hinterhalt zu interpretieren, denn er schießt unverzüglich zurück: „Die Frage ist eine Unterstellung. Ich habe ja nur gesagt, daß ich nicht in erster Linie Familiengeschichte betreibe. Ich habe das nicht als meine vordringliche Aufgabe angesehen. Ich habe aber die Mitarbeiter des Instituts [des HIS] gebeten, wo immer sie in Archiven auf Spuren der Familie stoßen, mir das zur Kenntnis zu bringen. Und wenn sich da genug angesammelt hat, um die Geschichte in ausreichender Dimension zu beleuchten, dann hätte ich gar kein Problem damit."[27] Seine Wortsalven treffen allerdings schlecht. Schließlich kann es kaum als glaubwürdig gelten, daß ihm die sich hier auftuende Dimension noch nicht groß genug ist. Oder doch? In diesem Fall gäbe es zwei Erklärungen: Entweder hat Reemtsma junior Kenntnis von noch weitaus eklatanteren Einzelheiten über das Treiben seiner Vorfahren als den in diesem Buch geschilderten und tut daher das bisher schwach an die Öffentlichkeit Gesickerte als in Relation hierzu gesehen völlig harmlos ab. Oder aber er erfährt die bisher verdrängten Einzelheiten über sein nationalsozialistisches Familienerbe in vollem Umfang erst durch dieses Buch. Hiermit stellte er sich aber wiederum ein intellektuelles Armutszeugnis aus, das ihn schnell als Scharlatan disqualifizierte und von der weiteren Beschäftigung mit aufklärerischen Projekten ein für allemal entbände. Vielleicht trifft letzteres zu, denn auf die abschließende Frage der *FAZ*, ob er „den Antrieb [habe] zu sagen: Ich will es wissen – so wie ich auch über andere Verstrickungen alles wissen will", orakelt Reemtsma gespielt weise: „Warten Sie mal ab."[28]

Die Spekulationen darüber, ob der Aspekt Familienkonflikt als Antriebskraft für seine Umtriebigkeit zu sehen sei, brüsk zurückzuweisen, vermag noch keinen hinreichenden Grund für Kritik zu liefern. Wem sind seine „pränatalen" Neurosen schon wirklich bewußt, geschweige denn wer kann aus ihnen die entsprechenden Lehren ziehen. Daß die Motivationsebene für Reemtsmas Tun mindestens im Unbewußten angesiedelt ist, wo all dies durchaus eine Rolle spielt, bleibt selbst für den Laien unverkennbar. Als bescheiden, scheu, eloquent, witzig, freundlich, geschliffen argumentierend und mit anderen, gelegentlich beinahe beflissen positiv wirkenden Attributen wird Reemtsma von einem großen Teil der deutschen Medienszene von der *Zeit* über den *Spiegel* bis hin zur *Süddeutschen Zeitung* apostrophiert. Doch scheinen ihn all diese hehren Eigenschaften immer gerade dann zu verlassen, wenn unversehens die Frage nach dem Verhältnis zu seiner Familie gestellt wird. Gerade der plötzlich auftretende Mangel an Beherrschtheit (oder auch eine teils defensive, teils sogar offensive Feindseligkeit gegenüber unerwünschten Fragen) könnte darauf hindeuten, daß die Stellung seines Vaters im Dritten Reich sehr wohl ein fatales Problem für ihn darstellt. Sollte es ihm – spätestens bei der Lektüre des jeweiligen Belegexemplars, das ihm Auskunft über seine Einlassungen gibt – etwa nicht zu Bewußtsein gelangen, daß die Art seiner Reaktionen in gewisser Weise als verräterisch interpretiert werden könnte? Zudem rüttelt er somit kräftig an dem Mythos, den überlegt-überlegenen Typus schlechthin zu verkörpern, als der er sich so gerne selbst sieht; wahrscheinlich ist er es aber eben nur dann, wenn er selbst nicht da ist, sondern nur im Verborgenen seine Fäden spinnt – und, der Ahnenberater David Schnur läßt grüßen, andere öffentlich auftreten läßt.

Daraus ergäbe sich die Zusatzfrage, ob sein Verhalten vor allem der Tatsache geschuldet ist, daß das Vermögen, von dem er heute so bequem lebt, am und im NS-Staat immens gewachsen ist. Sicherlich ist der Umgang mit einer lebenslang als beklemmend empfundenen Situation nur schwer zu bewältigen. Und selbstverständlich ist er nicht verantwortlich dafür, daß sein Großvater, der Vater und der Onkel mit „nicht immer wählerischen Geschäftsmethoden", wie es der damalige

Reichstagsabgeordnete Dr. Herz vorsichtig formulierte[29], das Reemtsmasche Vermögen zusammengebracht haben. Auch kann er nicht dafür beschuldigt werden, daß das Verhältnis seiner Verwandten zu den Machthabern des Dritten Reiches offenbar ökonomischen Erwägungen unterworfen war. Auf dem Hintergrund dieses seines familiären Hintergrunds könnte allerdings dennoch eine Art Leidensdruck entstanden sein, aus dem er sich zu befreien versucht, indem er hier Öffentlichkeit schafft. Nur kann ein entsprechendes Öffentlichkeitsverhalten nicht beinhalten, seine eigene Verwandtschaft anzugreifen, weil er in diesem Falle die sozusagen moralische Unrechtmäßigkeit seines Erbes eingestehen müßte. Folglich wählt er einen anderen Weg. Er arrangiert sich seinerseits mit den neuen Machthabern, und zwar auf eine Weise, die seiner Persönlichkeit eher entspricht: Nicht in der Funktion eines Unternehmers fördert und finanziert er in großem Umfang beifallsträchtige Projekte, sondern legt als Geisteswisssenschaftler selbst mit Hand an solche, in denen er sich entsprechend als Aufklärer geriert und Anerkennung findet. Auf diese Weise entsteht die von ihm benötigte Distanz zur Vergangenheit, um ungestört und komfortabel leben zu können.

Dabei scheint ihn wenig zu tangieren, daß mit seinem Geld auch pauschale Diffamierungen und Verunglimpfungen in größtem Stil möglich werden. Weitaus wichtiger ist ihm, daß er sich selbst als aus seiner spezifischen persönlichen Vergangenheit Hervorgegangener zu rehabilitieren in der Lage sieht. Dabei weit über das Ziel hinauszuschießen dient, wie es scheint, womöglich der Prophylaxe. So gesehen wären seine ideologisch verengten Aktivitäten als angestrengter Versuch einer psychologischen Selbstbefreiung zu werten und – da er im Grunde mindestens unbewußt ahnt, daß die Gnade der späten Geburt für sich allein zu beanspruchen Frevel an den eigenen Prinzipien wäre – vielleicht im Ansatz wenigstens menschlich zu verstehen. Dasselbe würde dann auch für die abweisende, manchmal arrogante, beinahe grobe Zurückweisung von Interviewfragen gelten, die ihn in eine Reihe mit denjenigen engsten Verwandten zu stellen drohen, deren Verhalten ihm als Nachgeborenem im Grunde nicht anzulasten ist. *Die Zeit* merkt dazu sehr bestimmt an, seine Haltung könne „nur als Akt der Rebellion gegen Herkunft und Familientradition verstanden werden".[30] Und weiter sagt sie im Hinblick auf die Arbeit des von ihm 1984 gegründeten Hamburger Instituts für Sozialforschung, in deren Zentrum „die Frage nach der Rolle der Gewalt im Zivilisationsprozeß, insbesondere nach den Ursachen der ungeheuren Destruktivität, die gerade das 20. Jahrhundert freigesetzt hat", stehe: „Man hat aus dem Nachdruck, mit dem hier die Zeit des Nationalsozialismus erforscht wird, geschlossen, daß Reemtsma so auch eine Art Wiedergutmachung betreiben wolle, für die Unterstützung, die sein Vater den Nazis hatte zuteil werden lassen. Der Erbe hat, vielleicht ein wenig zu entschieden, immer dementiert, daß dies ein wichtiges Motiv für ihn gewesen sei."[31]

Dies stützt die These, daß sich Jan Philip Reemtsma wohl deswegen so auffallend im „antifaschistischen" Spektrum engagiert, um nicht beständig an die Vergangenheit der Familie gemahnt zu werden, oder, falls dies andere tun, die ihm seine aufklärerischen Erfolge möglicherweise neiden, mit einer ganzen Reihe von gegenargumentativen Rechtfertigungen auftrumpfen zu können. Warum er sich als Vertreter einer derart hohen Intelligenzstufe gegen die ihn und seine Herkunft betreffenden bohrenden Fragen verwahrt, selbst aber mit seinen Millionen die umfassende Diffamierung einer ganzen Armee als Verbrecherorganisation ermöglicht, ist schlechterdings nicht nachvollziehbar. Ihm Inkonsequenz vorzuhalten, wäre hier noch der geringste Vorwurf.

Die Entführung

An die Kette gelegt

Zu einem umfassenden Bild über den Millionär, Mäzen und Ausstellungsfinanzier Jan Philipp Reemtsma gehört selbstverständlich eine Schilderung jener Entführung, die die Öffentlichkeit seit seiner Freilassung am 26. April 1996 noch bis zur Verurteilung des Hauptdrahtziehers Thomas Drach am 8. März 2001 in Atem hält. Es mutet wie eine Ironie des Schicksals an, daß ausgerechnet Reemtsma, dessen Hamburger Institut für Sozialforschung sich vorzugsweise mit den vielschichtigen gesellschaftlichen Gewaltphänomenen in Gegenwart und Vergangenheit – realen und eingebildeten – beschäftigt, nun selbst Opfer einer brutalen Gewalttat wird.

Vier Wochen und fünf Tage lang haben die Erpresser den Erben des einst größten deutschen Tabakkonzerns in ihrer Gewalt. Die Familie zahlt schließlich 30 Millionen Mark Lösegeld – und Reemtsma kommt frei. Die Entführung, die bis zum Schluß vor der Öffentlichkeit geheimgehalten wird, stellt bis heute alle vergleichbaren Verbrechen in den Schatten: Noch niemals wurde in Deutschland eine ähnlich hohe Lösegeldsumme gezahlt, und kaum eine andere Entführung dauerte so lange wie die Reemtsmas. Ähnlich aufsehenerregende Fälle liegen bereits viele Jahre zurück: 1971 kam etwa der Aldi-Unternehmer Theo Albrecht nach 17 Tagen gegen Zahlung von sieben Millionen Mark frei. 1976 wurden für den Industriellensohn Richard Oetker 21 Millionen gezahlt, was das bis dato in Deutschland höchste Lösegeld gewesen war. Oetker durchlitt die Entführung in einer engen Holzkiste, aus der er nach zwei Tagen mit gebrochenen Oberschenkelhälsen befreit wurde. Der Drogeriemarktketten-Besitzer Anton Schlecker mußte 1987 ein Lösegeld von 9,6 Millionen für seine beiden Kinder zahlen, die sich einen Tag lang in der Gewalt ihrer Entführer befanden.

Diese Fälle zeigen, in welcher Gefahr schwerreiche Industrielle schweben, selbst dann, wenn sie nicht permanent in Talkshows und Klatschspalten auftauchen. Die Angst, gekidnappt zu werden, hatte auch Reemtsma seit Jahren geplagt.[32] Zur Prophylaxe – aber auch aus persönlicher Neigung – wählte er die größtmögliche Anonymität. Wie bekannt ist, gab er nur äußerst selten Interviews und ließ sich jahrelang nicht fotografieren.

Aber sein Kalkül geht nicht auf: Am Montag, dem 25. März 1996, wird er abends – es ist schon dunkel, und er ist auf dem Weg vom Wohnhaus zu seinen Arbeitsräumen – auf seinem Grundstück in Hamburg-Blankenese überfallen. Es gibt ein Handgemenge, in dessen Verlauf er an Nase und Stirn verletzt wird, schließlich überwältigt man ihn und zerrt ihn in ein Auto. Während Reemtsma in den Keller des Hauses verschleppt wird, in dem er die folgenden 33 Tage zubringen soll, versucht seine Ehefrau Ann Kathrin Scheerer ihn gegen Mitternacht telefonisch zu erreichen; die beiden Häuser liegen gut hundert Meter voneinander entfernt. Drei Stunden zuvor hatte Reemtsma sich von seiner Frau verabschiedet und war in die Villa am Ende der kleinen, noblen Straße gegangen, in der unter anderem seine Bibliothek untergebracht ist, wo er abends gern arbeitet.

Als ihr Mann sich nicht meldet, geht Ann Kathrin Scheerer nachsehen. Vor der Villa findet sie ein von einer funktionstüchtigen Handgranate aus jugoslawischer Produktion beschwertes Schreiben, daneben Blut auf dem Boden. In dem maschinenschriftlichen Erpresserbrief heißt es: „Wir haben Herrn Reemtsma entführt!!!" Die Familie solle 20 Millionen Mark als Lösegeld bereithalten, so die Forderung der Täter, 48 Stunden nach der Übergabe werde Reemtsma freigelassen. So wollen sich die Täter offenbar ihren Rückzug sichern. Alles müsse geheim bleiben, warnen die Kidnapper: „Das Einschalten von Presse und Polizei bedeutet den Tod."[33] Nachdem sie ihren ersten Schock überwunden hat, ruft Ann Kathrin Scheerer den befreundeten Frankfurter Psychotherapeuten Christian Schneider an und bittet ihn um Rat. Dieser informiert trotz der Drohung der Entführer gegen 0.30 Uhr eine Vertrauensperson bei der Polizei in Frankfurt. Wenig später erscheinen Beamte bei Reemtsmas Frau und ihrem gemeinsamen, damals 13jährigen Sohn, Johannes. Unter strenger Geheimhaltung laufen Untersuchung und Observierung an. Die Polizei wertet alle verdächtigen Vorkommnisse rund um Hamburg während der Tatnacht aus – ohne Ergebnis. Die Verbrecher haben offenbar – abgesehen von dem Brief, der Handgranate und den Blutflecken – keine Spuren hinterlassen.

In den folgenden Wochen spielt sich jene Geschichte ab, die für jedes Entführungsopfer und dessen Familie immer gleich quälend sein wird: Austausch von Nachrichten, Vereinbarungen von Geldübergaben, Mißverständnisse, in Reemtsmas Fall Mitarbeit und Beratung durch Polizeispezialeinheiten – auch Irritation über deren Verhalten –, mißglückte Geldübergaben, Wechsel der Vermittler, schließlich die erfolgreiche Geldübergabe und Reemtsmas Freilassung bei Horst in der Nähe von Hamburg.

Da die Hamburger Polizei aufgrund der Morddrohung der Erpresser nicht offen ermitteln kann, zieht sie ihre Kräfte im stillen zusammen. Mehr als 200 Beamte werden in einer Spezialtruppe organisiert, an deren Spitze Michael Daleki steht, der unter anderem schon dem Kaufhaus-Erpresser Arno Funke alias „Dagobert" das Handwerk gelegt hat. Bundesweit bekommen lediglich die „Koordinierungsstellen für Entführungen und Geiselnahmen" der anderen Landeskriminalämter dezente Vorwarnungen.

Am Mittwoch geht per Post ein zweiter Erpresserbrief bei Reemtsmas Familie ein – zusammen mit einem Lebenszeichen der Geisel. Ein Polaroidbild zeigt Reemtsma im Jogginganzug auf einem Campingstuhl mit der aktuellen Ausgabe der *Bild*-Zeitung in den Händen. Die Polizei schließt aus dem Foto, daß Reemtsma möglicherweise in einer Art Bunker untergebracht ist – eventuell in einem Bau der Maginot-Linie, dem nach dem Ersten Weltkrieg von Frankreich gebauten Schutzwall an der damaligen deutsch-französischen Grenze.[34] In dem Brief verlangen die Entführer, daß getarnte Botschaften der Familie unter der Rubrik „Grußpost" in der *Hamburger Morgenpost* geschaltet werden. Das Kennwort in den Anzeigen, die fortan täglich erscheinen, lautet „Ann Kathrin". Die Texte werden von Ann Kathrin Scheerer zusammen mit einer Polizeipsychologin formuliert. Der Ton ist anfangs betont locker: „Macht euch keine Sorgen." Doch schon nach drei Tagen beginnen die Polizei-Experten zu tricksen: „Ich brauche ein Zeichen. Ich bin fertig, ich schaffe es nicht."

Die Furcht wird ganz bewußt zur Schau gestellt. Die Entführer sollen eine bangende Ehefrau präsentiert bekommen, die alles tut, um ihren Mann zu befreien. Sind die Täter sicher, daß ihre Anweisungen befolgt werden, steigen die Überlebenschancen des Opfers. Mit einiger Regelmäßigkeit darf Reemtsma Lebenszeichen nach Hause schicken, und die Entführer senden ihrerseits eine Reihe von Briefen an

WIR HABEN HERRN REEMTSMA ENTFÜHRT !!!

WIR FORDERN EIN LÖSEGELD VON 20.000.000 DM
davon IN SCHWEIZER FRANKEN 10.000.000
REST IN DM 8.000.000
NUR GEBRAUCHTE TAUSENDER KEINE SERIEN ZUSAMMEN 18. 000 SCHEINE
KEINE MARKIERUNGEN - CHEMICH ODER UNTER UV-INFRAROTLICHT SICHTBAR
WIRD VON UNS GEPRÜFT!!!

ÜBERGABEMODALITÄTEN FOLGEN MIT LEBENSBEWEIß

DAS EINSCHALTEN VON PRESSE UND POLIZEI

UND NICHTBEACHTUNG UNSERER FORDERUNGEN BEDEUTET DEN TOD

WENN ALLE FORDERUNGEN ERFÜLLT WERDEN WIRD HERR REEMTSMA 48 STUNDEN
NACH ERHALT DES LÖSEGELDES VON UNS UNVERLETZT FREIGELASSEN

BESORGEN SIE DAS LÖSEGELD UND WARTEN SIE WEITERE ANWEISUNGEN AB

Aus: Der Spiegel 1/1997

Aus: Der Spiegel 18/1996

HAMBURGER MORGENPOST

Reemtsma-Anwesen in Hamburg*: „Wie war der Spitzname von Lehrer Keller?"

Ob die Kidnapper einen Abwurf des | chen Spitznamen hatte der Lehrer Kel-

Entführungsopfer Reemtsma: „Polizei und Presse bedeutet den Tod"

Aus: Der Spiegel 18/1996

Die Medienscheu und die Abgelegenheit seines Villengrundstücks in Blankenese (oben) bewahren Reemtsma nicht vor dem Schicksal des Schwerreichen. Am 25. März 1996 wird er von Unbekannten entführt, die ausgerechnet über ein Nachrichtenmagazin auf ihn aufmerksam geworden sind. Die Kidnapper fordern 20 Millionen Mark Lösegeld. Zum Nachdruck ist der Erpresserbrief am Tatort mit einer Handgranate beschwert (ganz oben). Zwei Tage später das erste Lebenszeichen: ein Polaroidfoto des Verschwundenen (rechts). Der Verdacht einer politisch motivierten Tat erhärtet sich nicht. Drach und seinen Komplizen geht es lediglich um Reemtsmas Geld.

die Familie, in denen sie ihre Forderungen präzisieren. Verfaßt sind diese Briefe stets maschinenschriftlich in Großbuchstaben auf weißem Papier. Die Verhandlungen im Namen der Angehörigen führt der Hamburger Rechtsanwalt Johann Schwenn, ein Freund der Familie Reemtsma. Die Entführer sind damit einverstanden, obwohl sie zunächst Reemtsmas Gärtner als Unterhändler bestimmt hatten.

Kontakte gibt es auch über Telefon, zunächst über einen normalen Apparat. Später hält die Familie auf Anweisung der Kidnapper ein Handy parat. Die Geiselnehmer verwenden bei den Gesprächen einen Stimmverzerrer, der ihre Worte oft fast bis zur Unverständlichkeit entstellt, einmal aber auch nicht funktioniert. Die Polizei schneidet alle Gespräche mit und entzerrt die verfremdeten Passagen elektronisch, wodurch sie verwertbare Stimmproben für die spätere Ermittlung erhält. Die Fahnder gehen von mindestens drei Tätern aus, von denen einer mit rheinischem Akzent zu sprechen scheint. In einem nur wenig verzerrten Gespräch, das offenbar von Berlin aus geführt wird, heißt es: „Hallo, können Sie mich verstehen heute? Ihr Klient möchte Doktor sprechen beziehungsweise, daß er die Sache regelt. Dann halten Sie sich für morgen abend bereit."[35]

Am Mittwoch, dem 3. April – die Entführung dauert bereits über eine Woche –, klingelt nachts um 2.54 im Haus der Familie das Funktelefon. Die Entführer fordern Ann Kathrin Scheerer auf, binnen kurzem zu der Kreuzung Grünewaldstraße/Osdorfer Weg im Hamburger Stadtteil Bahrenfeld zu fahren. Dort sei hinter einem Schaltkasten eine weitere Nachricht hinterlegt. Bei der Abfahrt kommt es jedoch zu einer ärgerlichen Panne: Der Volvo der Reemtsmas, von den Kidnappern als stets verfügbares Transportfahrzeug bestimmt, steht weit entfernt vom Haus auf dem Schießstand des Mobilen Einsatzkommandos der Polizei am Hamburger Volksparkstadion. Wertvolle Zeit vergeht, bis der Wagen endlich für die Übergabe des Lösegelds bereit ist.

Anwalt Schwenn fährt zusammen mit Ann Kathrin Scheerer nach Bahrenfeld, wo sie längere Zeit vergebens nach der angegebenen Stelle suchen. Die angebliche Kreuzung entpuppt sich schließlich als Einmündung eines Gehwegs auf eine Hauptstraße – bereits die zweite Panne bei der Übergabe. Die beiden überschreiten die von den Entführern vorgegebene Zeit schließlich um zwei Minuten. Der hinter dem Schaltkasten hinterlegte Zettel dirigiert die Geldboten zunächst auf die Autobahn A7 Richtung Hannover. Hinter dem Elbtunnel, so lautet die Anweisung, sei auf dem Seitenstreifen ein Blinklicht aufgestellt, dort sollten die 20 Millionen Mark abgelegt werden. Sei kein Blinklicht vorhanden, hätten Schwenn und Scheerer bis zum Hinweisschild „Maschener Kreuz 3.000 Meter" weiterzufahren, wo eine zweite Nachricht hinterlegt sei.

Doch beide Angaben stimmen mit den Beobachtungen der Geldkuriere nicht überein. Weder Blinklicht noch Nachricht sind zu finden. Offenbar haben sich die Entführer bereits zurückgezogen. Der erste Versuch einer Geldübergabe ist somit gescheitert. Nach diesem Fehlschlag wächst die Angst im Hause Reemtsma. Die Anzeigen in der *Hamburger Morgenpost* klingen wieder besorgter: „Das Warten ist unerträglich."[36] Auch die Polizei wird nun nervös. Es ist bereits Ostersamstag, Jan Philipp Reemtsma befindet sich mittlerweile seit zwölf Tagen in den Händen der Kidnapper, und die Beamten wissen noch immer nicht, mit wem sie es zu tun haben. Aber eines scheint klar: Auf der anderen Seite stehen Profis, die warten können.

Entgegen der Anweisung der Entführer planen die Ermittler nun, eine Pressekonferenz einzuberufen. Informationsmaterial über den Ablauf der Entführung und Kassetten mit Stimmproben der Kidnapper liegen hierfür bereit. Das Prinzip der Geheimhaltung ist in ihren Reihen nicht unumstritten, da es durchaus Fälle gegeben hat, in denen die Täter unter dem Druck der Öffentlichkeit ihren Plan aufgegeben haben. So ließen die vier jungen Leute, die 1985 den 19jährigen Axel Sven Springer, einen Enkel des Hamburger Großverlegers Axel Springer, die meiste Zeit über im Kofferraum eines amerikanischen Wagens festgehalten hatten, um 15 Millionen Mark Lösegeld zu erpressen, diesen nach 65 Stunden wieder frei, nachdem sie Bilder des Entführten im Fernsehen gesehen hatten und in Panik geraten waren. Trotz solcher früheren Erfolge nehmen die Fahnder von diesem Plan schließlich wieder Abstand. Die Journalisten, die trotz der Nachrichtensperre von dem Verbrechen erfahren haben, respektieren auf Bitten der Polizei und der Angehörigen tatsächlich das Schweigegebot der Entführer – ein höchst ungewöhnliches Novum in der Geschichte der Bundesrepublik. Noch niemals zuvor haben so viele Redaktionen wochenlang von einem derartigen Fall gewußt und dennoch dichtgehalten.

Die Sorge um die Sicherheit des Opfers dürfte dabei kaum von Bedeutung gewesen sein, sind die Medien doch in fast jedem anderen Kriminalitätsfall auf skrupellose Weise ausschließlich auf ihre Einschaltquoten und Auflagen fokussiert. Immer wieder klagt die Polizei während oder nach Geiselnahmen, daß Pressevertreter durch ihr zwanghaftes Bedürfnis, eine Sensationsgier zu befriedigen, die Ermittlungen behindert und die Opfer gefährdet hätten. Opfer sind aber nicht gleich Opfer. Mit Reemtsma sehen die von Linken dominierten Medien einen der ihren in den Fängen von grausamen Verbrechern. Allein dieser Umstand dürfte Reemtsmas Entführung zunächst maßgeblich aus den Schlagzeilen gehalten haben. Nicht Angst vor der Mitschuld am Tod eines Individuums ist der Beweggrund, vor solchen Skrupeln sind die Medien in der Regel gefeit – solange die Kasse stimmt. Aber Reemtsma ist eben kein zufällig als Geisel genommener Bankbesucher und auch kein gekidnapptes minderjähriges Mädchen, bei denen die Medien damit rechnen dürfen, daß, geht etwas schief, bald wieder Gras über die Sache gewachsen sein wird oder aber die nächste Sensation das Vergessen des tragischen Todes von gestern beschleunigt. Reemtsmas Tod dagegen – mitverursacht durch eine Zeitung oder einen Fernsehsender – wäre ein Sakrileg gewesen. Eine „Lichtgestalt“ wie Reemtsma, Mäzen und Hätschelkind der Linken, der sich so berückend harmlos Sozialforscher nennt, auf dem Gewissen zu haben, das hätte dem Informationsmedium, das im Alleingang nach vorne geprescht wäre, sicherlich noch lange angehangen und ungeheuren wirtschaftlichen Schaden verursacht, wenn nicht dem Unternehmen sogar das Genick gebrochen.

Am 10. April, dem Mittwoch nach Ostern, trifft nach sechs Tagen Pause endlich wieder ein Schreiben der Entführer mit einem handschriftlichen Brief Jan Philipp Reemtsmas bei der Familie ein. Auf Weisung der Kidnapper chartert die Familie eine einmotorige Cessna beim Aeroclub Hamburg, die auf dem Flughafen Fuhlsbüttel bereitgestellt wird. Noch ist unklar, ob die Entführer einen Abwurf des Lösegeldes aus dem Flugzeug verlangen werden. Doch wäre eine solche Maschine hierfür ungeeignet, da sich die Türen während des Fluges nicht öffnen lassen und das Klappfenster unter einer Tragfläche nur einen kleinen Spalt weit aufzusperren ist. Der Seesack mit den 20 Millionen Mark in Scheinen, der für die Übergabe bereitliegt, wiegt rund 30 Kilogramm und würde nicht durch die Öffnung passen. Dennoch bleibt die Cessna in Wartestellung; einmal wird sogar die Genehmigung für einen Nachtflug nach Düsseldorf beantragt, aber der Start unterbleibt.[37]

Inzwischen ahnen die Geiselnehmer, daß die Polizei im Spiel ist. Ihr Argwohn richtet sich auch gegen Rechtsanwalt Schwenn, dem sie unterstellen, er sei in Wahrheit ein getarnter Polizeipsychologe. Tatsächlich hat das Mobile Einsatzkommando einen Mitarbeiter als Double für Schwenn vorgesehen. Dieser Mann steht anstelle des Rechtsanwalts für künftige Geldübergaben bereit. Er wird nicht nur äußerlich für seine Rolle präpariert, sondern er muß auch die Lebensdaten sowie wichtige juristische Fälle seines Rollenvorbilds pauken. Zum Einsatz kommt er allerdings nicht.

Einen Tag später, am Donnerstag nach Ostern, bestellen die Kidnapper Verhandlungsführer Schwenn ins Hamburger Hotel Atlantic. Um ihn zweifelsfrei als diesen identifizieren zu können, muß er am Telefon Fragen beantworten, die offenbar sein einstiger Schulkamerad Reemtsma diktiert hat: „Welchen Spitznamen hatte der Lehrer Keller?“ Antwort: Addi.[38] Aus dem Atlantic wird Schwenn ins gegenüberliegende Hotel Ibis geschickt. Von dort muß er ein siebenminütiges Telefonat mit einem der Entführer führen. Diese wollen von Schwenn wissen, warum die erste Geldübergabe gescheitert sei. Schwenns Antwort, er und Ann Kathrin Scheerer seien dagewesen, wenn auch verspätet, scheinen sie nicht zu glauben: „Dafür braucht man nicht so lang.“[39]

Am Sonnabend, dem 13. April, soll Schwenn nun zur Geldübergabe nach Luxemburg kommen. Telefonisch befehlen die Entführer: „Fahren Sie in einer Stunde los.“[40] Nach kurzem Verhandeln wird die Frist auf zwei Stunden verlängert, denn wieder gibt es ein Problem: Schwenns Fahrzeug, das diesmal für die Übergabe vorgesehen ist, steht nicht bereit, weil die Polizei es in Beschlag hat. Zudem entsteht eine weitere Verzögerung, weil die Beamtin, die den völlig übermüdeten Juristen bis zur luxemburgischen Grenze fahren soll, erst noch ihren Personalausweis aus ihrer Wohnung holen muß. Erneut beginnt eine Tour, die Reemtsma das Leben retten soll, mit Verspätung. Dennoch erhält Schwenn wie vereinbart in einem Luxemburger Hotel weitere Anweisungen. Am Sonntag, gegen 3.20 Uhr früh, gelangt er zum Autobahnrastplatz Markusberg bei Trier. Weisungsgemäß wuchtet er einen weißen Sack mit dem Lösegeld über einen Zaun und fährt davon. Die Polizei, die Schwenn unauffällig begleitet, wird schon bald ungeduldig. Bereits eine Dreiviertelstunde später schauen Fahnder – getarnt als Reisende, die austreten müssen – nach dem Sack mit den Millionen. Nach Auskunft eines Beamten plagt die Ermittler die Angst, „das Geld könnte geklaut werden“.[41]

Es ist ungewiß, ob die Geiselnehmer den Polizeieinsatz beobachtet haben. Jedoch liegt das Geld nach weiteren drei Stunden noch immer unberührt am Zaun, und die Aktion wird beendet. Am Ende dieses Tages gibt der völlig erschöpfte Rechtsanwalt Schwenn die Verhandlungsführung ab. Man wird sich zurückhalten, den Mann für ein Versagen in einer Situation zu tadeln, von der man nicht weiß, wie man sie selbst verkraftet hätte. Es ist ein Unterschied, ob man selber an einer Sitzblockade beteiligt ist oder ob man die Aufmüpfigen anschließend nur vor Gericht vertritt. Zu ersterem gehört immerhin etwas Mut, weil es dabei auch ein paar Schläge setzen kann, beim zweiten wäre der Impetus, so zu tun, als sei man eigentlich dabeigewesen, nackte Aufschneiderei. Angesichts der wirklich verzweifelten Lage Reemtsmas ist daher zu fragen, ob es nicht die Pflicht und Schuldigkeit seines ehemaligen Schulfreundes Schwenn gewesen wäre, in seiner womöglich lebenswichtigen Rolle als Vertrauensperson und Rettungsanker die Nerven zu behalten. Immerhin hätte das Entführungsopfer aus diesem Rückzugsgebaren im nachhinein noch eine ordentliche Lektion lernen können: Feigheit vor dem Feind als besonders rühmlich zu postulieren ist schließlich Reemtsmas Attitüde in der von ihm angezettelten pauschalen Kriminalisierung von Millionen Soldaten der deutschen Wehrmacht, für die es ungeschriebenes Gesetz war, das eigene Leben nicht zu schonen, wenn es galt, einen Kameraden aus einer bedrohlichen Situation herauszuhauen.

Aufgrund von Schwenns unrühmlicher Kapitulation wird die entscheidende Wendung nun durch jemand anderen herbeigeführt: durch den Entführten selbst. In einem Brief, den er aus der Gefangenschaft schreibt, bringt er zwei neue Vermittler ins Spiel, den Kieler Soziologieprofessor Lars Clausen und den Hamburger Pastor Christian Arndt, gute Bekannte des Entführten aus der Zeit gemeinsamer Verhandlungen um die besetzten Häuser in der Hamburger Hafenstraße. Zu ihnen gesellt sich der Sozialarbeiter Michael Herrmann, ein Freund von Arndt und Reemtsma. Am Montag nach der gescheiterten Übergabe bitten die Entführer Arndt und Clausen telefonisch um ihre Mitarbeit. Zwei Tage später erhalten sie Post von Reemtsma und den Geiselnehmern. Reemtsma teilt mit, daß er den Einsatz von Arndt und Clausen als letzte Chance sehe, lebend aus dieser Sache herauszukommen. In geschäftsmäßig-bestimmtem Ton machen die Entführer klar, daß Reemtsma so gut wie tot sei, sollten sie das Geld nicht erhalten.

Durch die Wahl von Arndt und Herrmann wird deutlich, daß die Polizei beim weiteren Vorgehen nun keine Rolle mehr spielen wird, denn die beiden Männer sind als Polizeikritiker in Hamburg stadtbekannt. Wahrscheinlich hat Reemtsma sie empfohlen, um seinen Entführern klarzumachen, daß er an seinem Leben weit mehr hängt als an seinen Millionen.[42] Ann Kathrin Scheerer schaltet zudem eine amerikanische Sicherheitsagentur ein, deren Mitarbeiter, ehemalige Bedienstete des Bundeskriminalamtes, auf Verhandlungen mit Geiselnehmern spezialisiert sind.

Herrmann mietet für die Geldübergabe einen dunkelroten Opel Astra Kombi mit Wiesbadener Kennzeichen. Die Familie besorgt unterdessen neues Lösegeld anstelle der bereitliegenden Scheine, wie es die Entführer verlangt haben. Denn nach eigenen Angaben hat die Polizei die Scheine registriert und biotechnisch präpariert. Auch soll die Summe nun höher sein, fordern die Verbrecher: 30 Millionen, je zur Hälfte in Tausendmarkscheinen und in Schweizer Franken.

Über die genauen Ursachen für diese Erhöhung läßt sich nur spekulieren. Vordergründig erscheint es einleuchtend, daß die Entführer nach den gescheiterten Geldübergaben die aus ihrer Sicht verschärfte Lage mit der Erhöhung der Lösegeldforderung zum Ausdruck bringen, sozusagen als Strafe für unbotmäßiges Verhalten. Aber ganze zehn Millionen „Nachschlag“ sind kein Pappenstiel, wie kommen die Entführer auf diese gewaltige Summe? Reemtsmas eigenes Buch über die Entführung, mit dem Titel *Im Keller*, gibt einen Hinweis. Wer selber, mit dem von ihm als „Engländer“ bezeichneten Entführer, darüber parliert, daß „es für uns nicht so wichtig ist, sehr reich zu sein“[43], den scheint es kaum zu tangieren, ob 20 oder 30 Millionen Mark Lösegeld für seine Freilassung gezahlt werden. Solche Signale jedenfalls dürften die Phantasie der Entführer regelrecht beflügelt haben.

Am Freitag, dem 19. April, ist alles bereit, und am Wochenende kommt eine Nachricht der Entführer. Sie kontaktieren Arndt über Handy. Um sicher zu gehen, daß Reemtsma noch lebt, fragt der Pastor während des Gesprächs nach dem Familiennamen des Reemtsma gut bekannten Buchautors Hans-Joachim Lenger. Die Geiselnehmer stellen ebenfalls eine Frage: „Welchen Beruf hat Hans-Joachim Katz?“[44] Dieser heißt eigentlich Joachim Katz und ist Jugendrichter. Ihn kennt Reemtsma ebenfalls aus den Verhandlungen um die Hamburger Hafenstraße.

Die entscheidende Instruktion der Entführer kommt schließlich am darauffolgenden Mittwoch gegen Mitternacht. Clausen und Arndt werden nach Krefeld gelotst. Zuvor hat sich Ann Kathrin Scheerer bei Hamburgs Bürgermeister Henning Voscherau dafür verwendet, daß jegliche Einmischung der Polizei bei der Übergabe unterbleibt. Und diesmal klappt es denn auch: Über Funktelefon werden die Kuriere angewiesen, den Wagen von der Autobahn auf ein freies Feld in der Nähe des Krefelder Stadtteils Fischeln zu fahren. Dort entfernen sich Arndt und Clausen weisungsgemäß für einige Zeit von dem Fahrzeug. Im Morgengrauen erhalten sie endlich wieder eine Nachricht. Die Entführer haben sich inzwischen des Wagens bemächtigt, das Geld an sich genommen und den Wagen in einen Graben gefahren. Anders als man später vermutet, war dies jedoch nicht absichtlich geschehen. Die Verbrecher waren offensichtlich nervös und hatten sich nicht völlig in der Gewalt, was ihnen sogar peinlich ist: Es sei dunkel gewesen, und sie hätten die Scheinwerfer nicht einschalten können.[45] Arndt und Clausen lassen den Wagen freischleppen und fahren mit ihm zurück nach Hamburg.

Nun steht fest: Nach zwei gescheiterten Versuchen haben die Entführer das Geld endlich bekommen. Die 48-Stunden-Frist bis zur Freilassung Reemtsmas läuft. Am Ende wird sie sogar noch um mehr als fünf Stunden unterschritten. Am 26. April, 33 Tage nach seiner Entführung, wird Reemtsma südlich von Hamburg in der Nähe von Horst freigelassen. Er wird auf einem Waldweg ausgesetzt, seine Handfesseln werden durchschnitten, eine Telefonkarte wird ihm zugesteckt. Die Entführer erlauben ihm, die Augenbinde zu lösen, und weisen ihn an, immer geradeaus zu gehen und sich nicht umzusehen. Nach einigen Kilometern komme er an eine Eisenbahnbrücke, und dahinter liege die Ortschaft Horst. Von dort aus könne er anrufen – seine Familie oder die Polizei, was ihm lieber sei.[46]

Reemtsma geht etwa eine halbe Stunde lang, sieht dann die Brücke und dahinter Lichter. Da er im Dorf keine Telefonzelle entdeckt, geht er auf ein Haus zu, in dem noch Licht brennt. Von dort aus ruft er seine Frau an.

Nun ist die Ermittlungsarbeit der Polizei nicht mehr von Rücksichtnahmen beeinträchtigt. Bereits am folgenden Tag beschreibt Reemtsma der Polizei das Entführerauto und sein Gefängnis, ein Kellerverlies. Er listet die Bücher auf, die er während der Zeit seiner Gefangenschaft zu lesen bekommen hat. Die Polizei präsentiert auf einer Pressekonferenz ein Tonband mit der Stimme eines der Entführer. Am 21. Mai werden die Nummern der Lösegeldscheine ins Internet gestellt. Am 23. Mai durchsucht die Polizei Häuser in Solingen, Krefeld und Düsseldorf, es kommt zu einer ersten vorübergehenden Festnahme. Einen Tag später und knapp einen Monat nach Reemtsmas Freilassung gibt die Polizei bekannt, daß besagter Keller in einem abgelegenen Haus im niedersächsischen Garlstedt entdeckt worden sei. Als Tatverdächtige werden Peter Richter aus Leverkusen, Wolfgang Koszics aus Krefeld und Thomas Drach aus Köln gesucht. Bereits am 26. Mai wird Koszics mit 166.000 Mark in der Tasche in einem Hotel in Südspanien festgenommen. Er überlebt einen Selbstmordversuch. Drei Tage darauf wird Richter in Malaga gefaßt. Am 23. Oktober klagt die Staatsanwaltschaft Richter und Koszics wegen erpresserischen Menschenraubs an.

Am 30. Oktober 1996 wird die Belohnung für Hinweise nach dem flüchtigen Bandenchef Thomas Drach auf eine Million Mark erhöht. Wie makaber muß es in den Ohren von weniger betuchten Verbrechensopfern klingen, daß es anderen „nicht so wichtig ist, sehr reich zu sein". Nur ohnmächtig abzuwarten, ob eine schlecht bezahlte und miserabel ausgerüstete Polizei irgendwann etwas zur Aufklärung des eigenen Kriminalfalles beitragen wird, schafft schließlich eine grundsätzlich andere Situation, als selbst aktiv in das Ermittlungsgeschehen eingreifen zu können, sei es durch blendende Kontakte zur Hamburger Politik, sei es durch eine horrende Belohnung, die zwei Kategorien von Opfern erzeugt: die armen Schlucker, die eben Pech hatten, und die privilegierten Reichen mit der Chance auf Genugtuung.

Zudem sind zehn Prozent Finderlohn für das Lösegeld ausgeschrieben. Einen Teilerfolg bildet am 20. Dezember 1996 in Köln die Verurteilung von Drachs Bruder Lutz zu 18 Monaten Gefängnis, der versucht hatte, aus ihm anvertrauten Lösegeldscheinen einen Gegenwert in Höhe von 27.000 Dollar herauszuwaschen.

Der Prozeß gegen Peter Richter und Wolfgang Koszics, den die Medien mit größter Aufmerksamkeit verfolgen und Reemtsma damit endgültig zu einer weithin bekannten öffentlichen Figur machen, beginnt am 9. Januar 1997 vor dem Hamburger Landgericht. Am 14. Februar 1997 ergeht das Urteil: Koszics erhält zehneinhalb Jahre und Richter fünf Jahre Haft. Koszics hatte nach Überzeugung des Gerichts die Tat gemeinsam mit Drach geplant und ausgeführt. Richter wird wegen Beihilfe verurteilt.

Doch das ist Reemtsma, der bei dem Prozeß nicht nur als Zeuge, sondern auch als Nebenkläger aufgetreten ist, nicht genug. Ihm scheint einiges daran gelegen, zu erreichen, daß letzterer nicht nur wegen Beihilfe, sondern als Mittäter verurteilt wird. Dieser nun schon als private Rache interpretierbare Anspruch mutet vor allem vor dem Hintergrund von Reemtsmas Initiative für die Hamburger Hafenstraße im Jahre 1987 mehr als seltsam an. Damals hatte er keine Bedenken gehegt, Schwerkriminelle zu unterstützen, und sich darüber hinaus strikt geweigert, in den Kaufvertrag der Hafenstraßen-Häuser eine „Wohlverhaltensklausel" aufzunehmen, derzufolge die Hausbesetzer Gewalt und Randale hätten abschwören sollen. Geradezu zynisch muß es in den Ohren der Hamburger geklungen haben, daß Reemtsma statt dessen für die Hafenstraßenkriminellen – die ja schließlich Täter und nicht Opfer waren – sozialpsychologische Betreuung anbot und vor allem „eine größtmögliche Gelassenheit" anempfahl.[47]

Genau diese größtmögliche Gelassenheit gegenüber Kriminellen ist ihm, nachdem er zehn Jahre später selber Opfer krimineller Gewalt geworden ist, nun offensichtlich schlagartig abhandengekommen. Es läßt ihm keine Ruhe, daß Peter Richter mit nur fünf Jahren Haft davongekommen ist. Er will ihn als Mittäter verurteilt wissen. Bis vor den Bundesgerichtshof treibt er sein Revisionsbegehren voran – und scheitert dort im Januar 1998. Für jedes Verbrechensopfer kommt es einer neuerlichen Demütigung gleich, wenn es erleben muß, wie eine windelweiche Justiz in ihrem Mitgefühl für die Täter nach jedem nur erdenklichen Strafminderungsgrund sucht. Gegenüber Reemtsma als Opfer ist daher durchaus ein gewisses Verständnis für seine Forderungen angebracht. Ein schales Gefühl bleibt dennoch. Denn das richterliche Ringen um Milde, gar Gnade in der Urteilsfindung ist – bei Sexualstraftätern besonders auffällig – ein Mißstand, mit dem aufzuräumen sich der vormalige Hamburger Richter und jetzige Innensenator Ronald Barnabas Schill auf die Fahnen geschrieben hatte, der allerdings wegen seiner angemessenen Strafen von der gesamten politischen Linken als „Richter Gnadenlos" diskreditiert wurde. Wie würde es wohl Herrn Reemtsma schmecken, wenn er angesichts seiner verständlichen Sühne-Ambitionen gegenüber seinen Entführern nunmehr selbst als „gnadenlos" beschimpft würde?

Die Suche nach den verschwundenen Millionen ergibt am 28. Februar 1998 die magere Bilanz, daß aus dem Lösegeld bis dato 413.000 Mark und 5.000 Schweizer Franken aufgetaucht seien. Eine heiße Spur hat sich daraus bisher nicht ergeben. Eine Zielfahndung des Bundeskriminalamtes nach dem noch immer flüchtigen Thomas Drach bringt indessen den gewünschten Erfolg. Am 28. März wird der tatsächliche Kopf der Entführerbande im Luxushotel „Caesar Park" in Argentinien, in Buenos Aires, festgenommen. Bei dem 37jährigen finden sich ein gefälschter britischer Paß, der auf den Namen Anthony Lawler ausgestellt ist, sowie 30.000 Dollar in bar.[48] Ein

Gericht in Buenos Aires ordnet an, daß Drach in Argentinien wegen Urkundenfälschung der Prozeß gemacht wird. Seine Anwälte kündigen Einspruch gegen die Entscheidung an; die Hamburger Staatsanwaltschaft beantragt die Auslieferung. Am 3. März 1999 stimmen die argentinischen Behörden der Auslieferung Drachs grundsätzlich zu. Bis zu seiner Auslieferung bleibt er in Argentinien aber inhaftiert, wo er sich weiter wegen Urkundenfälschung verantworten muß.

Am 16. März stellt sich zudem der letzte mutmaßliche Entführer, ein Pole namens Piotr Laskowski, nach zweimonatigen Verhandlungen mit der Staatsanwaltschaft Hamburg den Behörden. Einen Tag darauf wird er dem Haftrichter vorgeführt, und am 25. August beginnt mit seinem umfassenden Geständnis ein weiterer Prozeß um die Reemtsma-Entführung. Laskowski entschuldigt sich beim Opfer: „Ich möchte mich für das große Unrecht und Leiden bei Herrn Reemtsma entschuldigen, an denen ich mitgewirkt habe.“[49] Laskowski will nicht gewußt haben, daß es sich um eine Erpressung handelte. Statt dessen habe man ihm vorgemacht, ein Schuldner solle zum Zahlen gezwungen werden, sagte der Angeklagte. „Ich sollte den Mann nur überwältigen und in das Auto bringen.“[50] Den Namen Reemtsma habe er vorher noch nie gehört. Erst nach mehreren Tagen im Geiselversteck seien ihm Zweifel gekommen, ob der im Keller an die Wand gekettete Reemtsma wirklich ein säumiger Schuldner sei. Daraufhin habe er Drach gesagt, daß er aus der Sache heraus wolle, und sei ausgestiegen.

Zur Verhandlung erscheint auch Reemtsma – erneut als Nebenkläger. Es ist schon verblüffend, mit welcher Hartnäckigkeit er die Strafverfolgung seiner Entführer nicht der Justiz alleine überläßt. Denn nur als Nebenkläger hat er die Chance, mit eigenen Anträgen am Ende auch das Strafmaß zu beeinflussen. Vor dem Gesetz seien alle Menschen in diesem Lande gleich, heißt es, doch hier zeigt sich, wie ungemein nützlich Geld sein kann. Die meisten Opfer von Gewaltverbrechen haben weder die Zeit noch das Geld, zusammen mit einem von ihnen bezahlten Anwalt Tag für Tag den Prozeß gegen ihre Schinder zu verfolgen. Reemtsma kann sich diesen Luxus leisten, und er spielt diesen Trumpf sogar im abgetrennten Verfahren gegen den weniger bedeutenden Laskowski aus. Er hatte den Polen in seinem Buch *Im Keller* als „Kretin“ bezeichnet, weil er der Mann fürs Grobe gewesen sei.[51] Als strafmildernd würdigte die Staatsanwaltschaft die Tatsache, daß sich der 33jährige freiwillig stellte und ein umfassendes Geständnis ablegte. Auch spreche für ihn, daß er sich von seinen Komplizen losgesagt habe, ohne auf den versprochenen Beuteanteil zu warten und noch vor der Lösegeldübergabe. Der Angeklagte sei zudem nicht vorbestraft. Seine kriminelle Energie sei mit der des bereits abgeurteilten Wolfgang Koszics nicht vergleichbar. Von einer minder schweren Tatbeteiligung könne aber dennoch nicht die Rede sein. Daher wird Laskowski am 2. September vom Hamburger Landgericht zu sechs Jahren Haft wegen Geiselnahme und Beihilfe zu erpresserischem Menschenraub verurteilt.

Im Strafprozeß gegen Thomas Drach vor dem Hamburger Landgericht fordert Oberstaatsanwalt Peter Stechmann einen Freiheitsentzug von 14 Jahren und sechs Monaten, was ein halbes Jahr unter der Höchststrafe für erpresserischen Menschenraub liegt.[52] Mittlerweile überrascht es nicht mehr, daß sich Reemtsma auch hier als Nebenkläger einbringt. Sein Anwalt Johann Schwenn fordert die Höchststrafe. Das halbe Jahr Nachlaß will Stechmann lediglich „aus verfahrensökonomischen Gründen“ gewähren, weil Drach mit seinem „weitgehenden Geständnis“ den Prozeß erheblich verkürzt habe.[53] Darüber hinaus strafmildernd, so der Anklagevertreter, könne dies aber nur sein, wenn das Geständnis und die Entschuldigung beim Opfer „von Reue getragen“ seien. Davon könne aber keine Rede sein, wenn Drach vor Gericht eine gewisse Arroganz an den Tag lege und beispielsweise

Aus: FAZ, 9.3.2001

Jan Philipp Reemtsma auf einem Foto aus dem vergangenen Jahr — Foto ddp

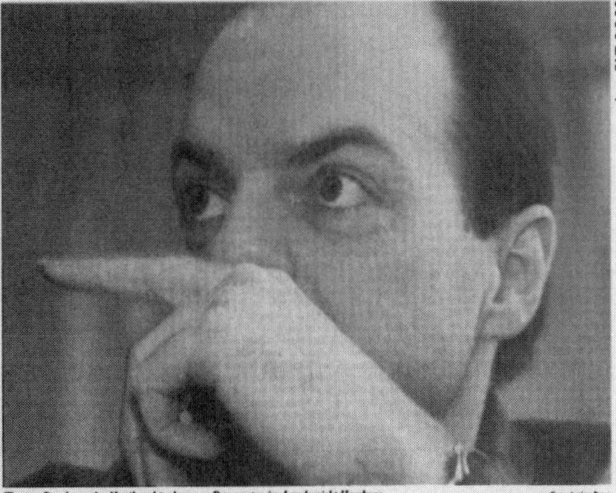

Thomas Drach vor der Urteilsverkündung am Donnerstag im Landgericht Hamburg — Foto Action Press

Ein Fachmann in Sachen Drach

Selten hat sich ein Verbrechensopfer so intensiv mit dem Täter beschäftigt wie Jan Philipp Reemtsma / Von Thomas Vinsor Wolgast

HAMBURG, 8. März. Wenn das Opfer einer Tat – und damit meint Jan Philipp Reemtsma offensichtlich sich selbst – „Ver-… in Hamburg-Blankenese verschleppt worden; von Drach selbst und dem Polen Piotr Laskowski. Dabei wurde Reemtsma im Ge-… unbescholtenen Handelsvertreter Richter verhängte eine Kammer des Landgerichts Hamburg am 14. … 1997 die Urteile: … Tat fähig sind. Darüber ist er zu einem „Experten" geworden, vor allem, was die Person Thomas Drach anbelangt. Er habe eine … – eine These, die angesichts der Beweisaufnahme absurd erschien –, versuchten sie auch, Reemtsmas Gesichtsverletzungen bei … kung veranlaßte, es habe sich doch wohl um das Lösegeld seines Mandanten gehandelt. Bei der Beurteilung der Haftbedingungen in Südamerika ging … darum wie diese …

Reemtsma kann es sich zeitlich und finanziell leisten, bei den Prozessen gegen seine Entführer als Nebenkläger aufzutreten. Nur so kann er das Strafmaß beeinflussen. Besonders intensiv widmet er sich der Verurteilung des Hauptdrahtziehers Drach. Am letzten Tag aber bleibt er fern: Die Medien lauern…

Aus: FAZ, 9.3.2001

Thomas Drach nimmt das Urteil entgegen. Reemtsmas Stuhl bleibt unbesetzt; zum ersten Mal nimmt er nicht an einem Prozeßtag teil. — Zeichnung Christine Böer

Vierzehneinhalb Jahre Haft für Thomas Drach

Mit dem Urteil gegen den Reemtsma-Entführer schließt sich die Kammer des Landgerichts Hamburg dem Antrag der Staatsanwaltschaft an

wol. HAMBURG, 8. März. Als der Vorsitzende Richter der 28. Großen Strafkammer des Landgerichts Hamburg, Dietrich Preuß, am Donnerstag vormittag das Urteil im Prozeß gegen den Reemtsma-Entführer … Drach fällte, blieb … Angeklagte … lichst klein halten wollen. Nach Streitigkeiten trennte sich der damals 56 Jahre alte Berufsverbrecher Koszics sogar für einige Zeit von Drach und reiste nach Spanien. Aber als er dort in Geldnot geriet, kehrte er zu Drach und … Entführungsplänen zu-… den Verbleib des Lösegeldes gesagt habe. Die Höhe des Lösegeldes – die höchste Summe, die in der deutschen Kriminalgeschichte bei einer Entführung je gefordert … – und die Dauer der Tat seien … zu berücksichtigen …

Ausführlich befaßte sich die Kammer mit der wichtigen Frage, in welcher Höhe denn die zwei Jahre und vier Monate, die der Angeklagte in argentinischer Auslieferungshaft verbracht hatte, von der Strafzeit …

meine: „Daß Herr Reemtsma hier sitzen kann, verdankt er dem besonnenen Verhalten der Täter."[54] Als völlig unglaubwürdig bezeichnet Stechmann die Einlassungen Drachs, ihm seien von den 30 Millionen Mark Lösegeld nur 500.000 Dollar geblieben, über deren Verbleib er aber auch nichts wisse: „Das sind alles Märchen."[55] Drach erklärt, er habe die Beute mit Wolfgang Koszics zu gleichen Teilen geteilt. Seine eigene Hälfte sei dann durch Geldwäschen und einen aufwendigen Lebensstil fast gänzlich aufgebraucht worden. Diese Aussage steht im Widerspruch zu den Angaben von Koszics, der nur einen Bruchteil der Beute bekommen haben will.[56] Noch einen knappen Monat nach der Verurteilung Drachs wird ein gewisser Richard R. wegen Beihilfe zum Waschen eines Teils der Lösegeldsumme im belgischen Eupen zu sechs Jahren Haft verurteilt. Laut Staatsanwaltschaft hatte der 39jährige Belgier in Südamerika mindestens 100.000 Dollar gewaschen und von dort zurück nach Europa gebracht.

Am 8. März 2001 fällt der Vorsitzende Richter der 28. Großen Strafkammer des Landgerichts Hamburg, Dietrich Preuß, das Urteil über Thomas Drach. Es bleibt bei den vom Oberstaatsanwalt wegen erpresserischen Menschenraubes geforderten 14 Jahren und sechs Monaten. Damit drückt das Gericht unmißverständlich aus, daß es keinen Zweifel daran hat, daß Drach der Haupttäter gewesen ist. Richter Preuß sagt: „Der Angeklagte war der Mann, der entschied: So wird es gemacht."[57] Drach sei als erster auf die Idee verfallen, einen reichen Mann aus Norddeutschland zu entführen. Er habe zunächst an den Zeitschriftenverleger Bauer, an den Zementfabrikanten Alsen oder den Versandhändler Otto gedacht. Dann habe ihn Koszics auf Reemtsma aufmerksam gemacht, über den dieser – Koszics – einen Artikel in einem Nachrichtenmagazin gelesen hatte.

Drach bleibt während der Urteilsverkündung scheinbar unbeteiligt auf seinem Stuhl sitzen, offensichtlich hat er den Spruch der Kammer nicht anders erwartet. „Für ein strenges Urteil, so die Kammer, spreche ferner, daß Drach erheblich vorbestraft sei und auch nicht die Wahrheit über den Verbleib des Lösegeldes gesagt habe. Die Höhe des Lösegeldes [...] und die Dauer der Tat seien bei der Urteilsfindung zu berücksichtigen. Ferner hätten Reemtsma, seine Frau und sein heute sechzehn Jahre alter Sohn erhebliche psychische Schäden davongetragen, sie litten bis heute unter Ängsten und Alpträumen. Das Opfer fühle sich weiterhin bedroht, wage sich nur mit Leibwächtern in die Öffentlichkeit. Reemtsma, der bislang jeden Prozeßtag verfolgt hatte, blieb der Urteilsverkündung am Donnerstag fern; der öffentlichkeitsscheue Nebenkläger wollte sich dem enormen Andrang der Fotoreporter und Fernsehteams offensichtlich entziehen."[58]

Was aus den 30 Millionen Mark geworden ist, bleibt auch nach der Urteilsverkündung offen. Nur rund zwei Millionen Mark sind bis heute wieder aufgetaucht. Daß Drach Koszics fünfzehn Millionen Mark gegeben habe, bezeichnet das Gericht als widerlegt. „Der Angeklagte", so Richter Preuß, „verfügt noch über etliche Millionen. Da sind wir sicher."[59]

Zum Abschluß der Beweisaufnahme am 8. März verliest Reemtsma eine persönliche Erklärung. Darin geht er – wie auch in seinem Buch *Im Keller* – unter anderem auf das Thema Rache und Vergeltung ein. Wenn das Opfer einer Tat, so Reemtsma, „Vergeltungswünsche" gegen den Täter hegt, „dann dürfen diese nicht moralisch diskreditiert werden".[60] Zwar gebe es auch Gefühle der Erleichterung, noch am Leben zu sein. Es gebe auch ein Gefühl der Dankbarkeit dem gegenüber, „der es so und nicht anders arrangiert hat, es aber anders hätte arrangieren können"[61], zum Beispiel ihn zu ermorden. Dieses Gefühl könne andere Empfindungen wie Wut,

Empörung und Haß überdecken. Und wenn derjenige, der ein Verbrechen überlebt hat, die Emotionen nicht wieder anders sortieren könne, „dann gehört das zu dem posttraumatischen Syndrom, das er zu überwinden hat, wenn er nicht zeit seines Lebens in die Rolle des Opfers gebannt bleiben will".[62] Wieder Vergeltungswünsche zu haben, sei in diesem Zusammenhang ein Schritt zur Genesung.

Wohlwissend, daß seine zum Abschluß der Beweisaufnahme geäußerten salbungsvollen Worte über den Gerichtssaal hinaus wirken werden, gefällt sich Jan Philipp Reemtsma in der Rolle des geistvollen Intellektuellen, der über das Für und Wider seiner Emotionen philosophiert, als trage er einen inneren Kampf um die Frage nach Strafanspruch oder Gnade für seinen Peiniger aus. Es würde zum selbsterzeugten Mythos schlecht passen, wenn Reemtsma sich offen – und damit ehrlich – zum „Auge um Auge, Zahn um Zahn", das ihn offensichtlich umtreibt, auch klar bekennen würde. Der *Frankfurter Allgemeinen Zeitung* ist dies nicht entgangen, wenn sie in ihrer nüchternen Analyse zu dem Schluß gelangt: „Trotz ihrer distanzierten Intellektualität müssen sie [Reemtsmas Überlegungen] wohl so verstanden werden, daß sich Jan Philipp Reemtsma eine harte Strafe für das angebliche ‚Superhirn' wünscht, womöglich eine Sicherungsverwahrung, die Drach für den Rest seines Lebens hinter Gitter brächte."[63]

Abgesehen von solcherart selbstgefälligen Introspektionen, mit denen Reemtsma selbst emsig vortodliche Legendenbildung betreibt, bleibt auch bei Veröffentlichungen über seine Person – vor allem im Hamburger *Spiegel* – das Gefühl bestehen, es werde zudem von offiziell wirksamer Seite an seinem Heiligenschein gewebt: Wie ist er doch zu bedauern, wie schwer hat er an seinem Reichtum und seiner Sensibilität zu tragen, allein seiner großartigen Bescheidenheit ist es zuzuschreiben, daß er die Öffentlichkeit meidet, diskret und unauffällig tut er unablässig gute Werke… – so und ähnlich lauten die Charakterisierungen, vor deren Hintergrund bereits leise Skepsis den Tatbestand der Majestätsbeleidigung zu erfüllen scheint.

Die Leiden des jungen J. in Selbstzeugnissen

Experten sind sich überwiegend darüber einig, daß eine Entführung zu den einschneidendsten Ereignissen in einer Biographie gehört, selbst wenn über den Vorgang des Kidnappings und die Gefangenschaft hinaus keine weitere Gewalt angewendet worden ist. Viele vermögen mit dem Erduldeten niemals fertig zu werden, mancher leidet noch Jahre danach massiv unter neurotischen oder anderen spezifischen Nachwirkungen. Aber auch das Gegenteil ist möglich, etwa wenn ein Opfer mit seinem Leben bereits abgeschlossen hatte, dann aber wider Erwarten doch die Freiheit zurückerlangt. In diesem Falle kann sich – wie es mitunter auch nach einem Unfall, einem gescheiterten Selbstmordversuch oder nach dem Überstehen einer tödlichen Krankheit der Fall ist – unvermittelt ein Lebensgefühl einstellen, das in seiner Intensität die Empfindungen der Zeit vor dem Ereignis sogar positiv übertrifft.

Welche dieser Möglichkeiten für Jan Philipp Reemtsma in Frage kommt, sollte nicht Gegenstand öffentlicher Erörterungen sein. Zu seinem Glück ist ihm die Art brutaler Gewalt erspart geblieben, die unzählige andere Opfer vor und nach ihm erleiden mußten, die in ihren Gefängnissen erstickt oder verhungert, mit kalter Kalkulation oder unter Anwendung exzessiver Gewalt ermordet worden sind.

Reemtsma sucht, noch während Fahndung und gerichtliche Ermittlungen laufen, seinen ganz individuellen Weg der Auseinandersetzung mit der Entführung: Er schreibt ein Buch mit dem schlichten Titel *Im Keller*, das er im Januar 1997 zunächst im Verlag Hamburger Edition seines Hamburger Instituts für Sozialforschung herausbringt. Laut *Spiegel* bietet es „die Analyse und Selbstanalyse eines Intellektuellen an, der am eigenen Leibe zu spüren bekommt, was ihm bisher bloß in der Theorie ein Thema war". [64] Mit ihm exponiert er sich vor der Öffentlichkeit, die aufgrund der ausführlichen Berichterstattung über die Ereignisse genügend sensibilisiert ist, um sein Werk gebührend zur Kenntnis zu nehmen, und zwar in einer Weise, die sein angeblich zurückhaltendes Wesen gründlich Lügen straft. Doch machen dies nicht zuletzt die Presserezensionen wett: Sie fallen anerkennend bis überschwenglich aus. So äußert sich etwa *Die Zeit* lobend zu „einem Dokument [...], das die Formgebung des Formlosen versucht, durch Erinnerung, Reflexion, Distanzierung".[65]

Die Tatsache, daß ihm im Juli desselben Jahres seine Heimatstadt Hamburg den Lessing-Preis zwar allgemein für sein „herausragendes literarisches Werk" und seine „maßgebliche zeitanalytische Kompetenz" verleiht, wird kaum ohne Zusammenhang mit seinem wegen der Entführungsgeschichte gesteigerten Bekanntheitsgrad stehen – der so natürlich noch an Bedeutung gewinnt. Mindestens könnte *Im Keller* für die Juroren eine Art Auslöser gewesen sein, das Lieblingskind ihrer Stadt auch in der Funktion des Initiators der seit zwei Jahren erfolgreich tourenden Anti-Wehrmachtausstellung über die mehrheitlich enthusiastische Medienöffentlichkeit hinaus zusätzlich zu beweihräuchern.

Wie dem auch sei, Reemtsma ist in aller Munde, und das beflügelt schließlich auch den medialen Markt, der das Thema ja bereits zum Phänomen hochstilisiert hat, zu neuen Liaisons. 1998 entsteht in einer Gemeinschaftsproduktion von NDR, SFB und SWF unter der Regie von Ulrich Gerhardt die Hörspielfassung *Im Keller*, die sich an Reemtsmas Buch orientiert und im Januar 1999 von der Deutschen Akademie der Darstellenden Künste als „Hörspiel des Jahres 1998" ausgezeichnet wird. Im Oktober desselben Jahres erscheint Reemtsmas Werk bei Rowohlt als Taschenbuch.

Bei allem Respekt vor den Leiden des Jan Philipp Reemtsma während seiner Entführung wirkt der Werbetext des Rowohlt-Verlages auf der Taschenbuchausgabe von *Im Keller* doch in gewisser Weise befremdlich: „Dies ist sein aufsehenerregender Bericht über seine Gefangenschaft", heißt es dort hochtrabend, als stünde der Fall seiner Entführung außer aller Konkurrenz. Sicherlich, es kann kein Zweifel daran bestehen, in welch hohem Maße das Verbrechen der Reemtsma-Entführer als verabscheuungswürdig einzustufen ist. Ein Blick zurück in die jüngere Geschichte mahnt jedoch zu angemessener Bescheidenheit: Hält man beispielsweise die Berichte ostpreußischer Frauen über das Martyrium ihrer Geiselhaft in der Gewalt sowjetischer Soldaten in den Jahren von 1944 bis 1947 dagegen[66], wird augenscheinlich, worin der Unterschied zwischen einer Entführung „erster Klasse" und der Behandlung wehrloser Frauen durch ganze Horden von im Blut- und Alkoholrausch hemmungslos gewordenen Sowjetsoldaten besteht. Während sich bei Reemtsmas Kelleraufenthalt die moderate Behandlung im allgemeinen und die ausreichende Verpflegung im speziellen offensichtlich an dem „materiellen Wert" der Geisel orientierte, waren deutsche Frauen in der Gewalt ihrer „Befreier" jahrelang unsäglichen Strapazen ausgesetzt. Hilf- und machtlos mußten sie, selber an Körper und Seele ausgezehrt, zusehen, wie Hunger und Epidemien ihre Kinder hinwegrafften, waren gezwungen, gnadenlos harte Sklavenarbeit zu verrichten, von den Massenvergewaltigungen, bei denen weitere Unzählige zu Tode kamen, gar nicht zu reden. Diese tragische Geschichte hat inzwischen im Kosovo und anderen Regionen des ehemaligen Jugoslawien ihre traurige Nachahmung gefunden. Von gut sortierten Bibliotheken jedenfalls ist in keinem dieser erschütternden Berichte die Rede.

So gesehen kann vielleicht in der Tat keine andere Leidensgeschichte mit dem „aufsehenerregenden Bericht" Reemtsmas mithalten. In seinem Buch bemüht sich der Autor auch in diesem Punkt um Detailtreue, rekonstruiert minutiös den äußeren Ablauf der Geschehnisse und bietet darüber hinaus auch eine Analyse seines eigenen Innenlebens während der Gefangenschaft. „Nur wer den leisen Grübler vor dieser existentiellen Erfahrung kennengelernt hat, mag ermessen können, welche Überwindung ihn das gekostet haben muß. Jahrelang bevorzugte der Erbe mit dem berühmten Namen die Rolle des scheuen Außenseiters, dem Publicity zuwider ist. Er verbat es sich etwa, fotografiert zu werden – und jetzt gibt er den unverstellten Blick auf sein strapaziertes Innenleben frei"[67], beklagt *Der Spiegel* ehrfürchtig den ach so ungewollten Exhibitionismus seines Idols.

Reemtsma selber schwadroniert hierzu in seinem Buch: „Eine Entführung, eine Zeit außerhalb aller anderen sozialen Kontakte als der antisozialen mit den Entführern, ist eine Zeit aufgezwungener Intimität. Es entwickeln sich Umgangsformen – wie auch immer die beschaffen sein mögen. Man lernt einander kennen, wenig, aber doch ein wenig. Da sind Empathien (wie spricht er, wie ernst ist es, was kann ich sagen, um die Atmosphäre zu entspannen?). All das innerhalb eines extremen Machtgefälles: absolute Macht dort, absolute Ohnmacht hier. Das läßt man nicht im Keller zurück. Denn den Keller läßt man nicht zurück. Der Keller wird in meinem Leben bleiben, aber sowenig wie möglich von der mir in diesem Keller aufgezwungenen Intimität soll in meinem Leben bleiben. Das einzige Mittel gegen ungewollte Intimität ist Veröffentlichung."[68]

Sogleich ist man geneigt, sich erneut an das Schicksal ostpreußischer Frauen 1944/45 zu erinnern, bei deren massenhafter Vergewaltigung durch Soldaten der Roten Armee die „aufgezwungene Intimität" zu weit mehr als nur lästiger Gesellschaft eskalierte. Assoziationen, die dem geschichtskundigen Reemtsma eigentlich nicht fremd sein dürften und seine Terminologiewahl zu einem peinlichen Fehltritt machen. Es ist daher befremdlich, daß Reemtsma für den Zustand der Nähe zu seinen Entführern überhaupt den Begriff „Intimität" wählt, selbst wenn er ihn mit dem einschränkenden Attribut „aufgezwungen" versieht. Nachvollziehbar ist sein Wunsch, diese auf Gewalt basierende Verbindung aufzubrechen, indessen durchaus. „Doch wer sich von einem derartigen Trauma vor aller Augen befreien will", meint *Der Spiegel* entschuldigend, „muß zur schonungslosen Introspektion bereit sein – und die wagt er auch. Eindringlich beschreibt der Gefangene seine Gefühle, die in der totalen Isolation einen Zustand der ihm auferlegten und kaum zu ertragenden Passivität begleiten. Akribisch schildert er seine Tage bei künstlichem Licht oder völliger Dunkelheit, die vor allem aus Todesängsten und unentwegtem Warten bestehen. Reemtsma beobachtet sich dabei, wie ihn bisweilen die Scham überfällt, in eine solche Situation geraten zu sein – er verschweigt seinen Selbsthaß nicht, wenn die Gangster gelegentlich menschliche Regungen zeigen, die ihn dann ‚wider Willen mit Dankbarkeit' erfüllen. Um das Ärgste abzumildern, spricht er durchgehend in der dritten Person Singular von sich. Denn ‚Peinliches' lasse sich auf solche Weise besser sagen."[69]

Ob biographisch oder autobiographisch – dem Künstler wider Willen auf diese Weise literarische Kompetenz zu bescheinigen, läßt zu sehr den Geist Freudscher Psychoanalyse durchblicken, als daß die Bewertung ernstgenommen werden könnte. Wer die eigene Lektüre von *Im Keller* solch bemüht-verständnisvollen Rezensionen vorzieht, mag zu ganz anderen Ergebnissen gelangen. Nicht zuletzt deshalb, weil sich Reemtsma nämlich in keiner Weise wie behauptet auf die dritte Person Singular beschränkt. Im Gegenteil führt ein häufiger Wechsel von der ersten zur dritten

Person mitunter zu recht sonderbaren Satzkonstruktionen: „Mit dem Keller, in dem er 33 Tage angekettet gewesen ist, möchte ich anfangen."[70] „Er" – das ist Reemtsma im Keller, „ich" – das ist Reemtsma als Buchautor, der sich nachträglich das Geschehen vergegenwärtigt oder darüber nachdenkt. Reemtsma selbst erklärt dies Herangehen so: „Auch paßt diese Stilfigur zu der Tatsache, daß es keine Ich-Kontinuität von meinem Schreibtisch zu dem Keller gibt, von dem ich zu schreiben haben werde."[71] Das so für Reemtsma ausreichend motivierte Hin- und Herspringen vom „ich" zum „er" und wieder zurück macht die Lektüre des Buches bisweilen etwas anstrengend: „Es klopfte. Man bedeutete ihm aufzustehen. Ich erinnere mich nicht mehr, ob Worte fielen oder ob er von seiner Matratze hochgezogen wurde. Ohne diesbezüglichen Befehl hielt er die Augen geschlossen. Ob man das von ihm erwartete, weiß ich nicht; er hielt es für geboten."[72] Zudem verrät die Stilfigur mehr über die Koketterie des Autoren denn über die bewußte Wahl der Erzählperspektive. Wozu also die Selbstbeobachtung derart zelebrieren, daß das neckische Spielchen, sich selbst als „er" zu bezeichnen, erstens unüberzeugend wirkt und zweitens eher nach einem leicht durchschaubaren Taschenspielertrick riecht, mit dem literarischer Anspruch geltend gemacht werden soll, als nach selbsttherapeutischer Abstraktion?

Eine Anstrengung, die sich – für Reemtsma jedenfalls – durchaus lohnt, ist das Buch doch auch ein fulminanter wirtschaftlicher Erfolg. Wie wohltuend, daß nicht jeder, der seine eigene Geschichte vermarktet, das Publikum zusätzlich mit solch uneigennützigen Theorien über die Motive seines Tuns behelligt. Dagegen erscheinen Leute wie beispielsweise Zlatko aus der Serie „Big Brother" des Privatsenders RTL 2 regelrecht sympathisch, wenn sie erfrischend freimütig bekennen, daß sie das, was sie tun, natürlich „wegen der Kohle" täten.

Interessant sind in gewisser Weise immerhin Reemtsmas Reflexionen zum Thema Gewalt. Reemtsma, der sich im Augenblick des Überfalls spontan gewehrt und damit auf Gewalt mit Gegengewalt reagiert hatte – eine verständliche Reaktion –, resümiert in seinem Buch: „Hätte er sofort aufgegeben, hätte ihm das [...] eine gebrochene Nase und einige beschädigte Zähne erspart. Ich bedaure trotzdem nicht, daß er sich gewehrt hat, im Gegenteil. Er hat sich nicht einfach vor der Haustür einsammeln lassen von Leuten, die meinen, er würde bereits beim Anblick einer schwarzen Maske aufgeben. Er hat versucht, den Angreifer zu verletzen. Es ist ihm, das bedaure ich, nicht gelungen."[73]

Solche Gedanken sind wohl für jeden Menschen nachvollziehbar, und niemand käme auf die Idee, hieraus einen Vorwurf gegen Reemtsma abzuleiten. Aus dem Munde eines bekennenden Linken sind sie allerdings wiederum symptomatisch für das ambivalente Verhältnis aller dieser Denkrichtung Angehörenden zur Gewalt. Wie gern wird da einerseits mit pazifistischen Ideen kokettiert, andererseits aber ist Gewalt in bestimmten Fällen natürlich erlaubt, sei es bei Demonstrationen oder natürlich im „Kampf gegen rechts". Seit Joschka Fischers Beteiligung am Angriffskrieg auf Serbien ist auch erneut daran erinnert worden, daß nicht der Krieg an und für sich schlecht ist, sondern daß es gute und schlechte Kriege gibt. Da ist der Weg zu weiteren Kriegsbeteiligungen – auch über den Afghanistankrieg hinaus – bereits geebnet. Nicht nur Fischer kommt spielend leicht mit solch verlogener Dialektik klar, auch Reemtsma hat gleich die passenden Maßstäbe zur Hand, wenn er von Gewaltauswirkungen selbst betroffen ist. Sogar Rachegedanken sind da legitim: „Wem etwas angetan worden ist, der will sich rächen, und daran ist nichts verächtlich. Manchmal ist Rache heilsam, manchmal nicht. Vom Standpunkt der Zivilisation ist Rache nicht zulässig, weil sie, ließe man sie zu, eine Eskalationsdynamik entbinden würde, die eventuell nicht mehr beherrschbar wäre. Verbrechen bestraft man. Einmal der Abschreckung wegen. Zweitens um die Verbotsnorm aufrechtzuerhalten, denn ein Verbot, auf dessen Übertretung keine Sanktion folgt, ist nicht existent."[74]

Wieviel überzeugender ließe sich dies alles erst vertreten, wenn es sich um politisch motivierte „rechte" Entführer gehandelt hätte! Wäre da womöglich selbst ein „intellektuell anspruchsvolles" Nachdenken über die Todesstrafe statthaft gewesen? Aber das Schicksal hat Reemtsma diesen Gefallen nicht getan, was ihn nicht daran hindert, dieser unerfüllten Verheißung wenigstens in ein paar Sätzen nachzutrauern: „Auf dem Weg [zum Fahrzeug der Entführer] überlegte er, was für eine Art Überfall dies wohl sein könnte – ein Versuch, Lösegeld zu erpressen, oder irgendwas Politisches, oder eine Kombination aus beiden Motiven? Kurz erwog er die Möglichkeit eines Fememords. Das Institut, das er vor mehr als zehn Jahren gegründet hatte und das er leitete, hatte mit einer Ausstellung über die Verbrechen der deutschen Wehrmacht Schlagzeilen gemacht und damit politisch motivierte Kontroversen ausgelöst. In der rechtsradikalen Presse lief das Wort vom Nestbeschmutzer um, Briefe, die sagten, das Institut habe die Ehre deutscher Soldaten befleckt, hatten ihn und Mitarbeiter des Instituts erreicht. Aber dazu paßte die Art und Weise nicht, wie er überfallen worden war und nun weggeführt wurde. Man hätte ihn vor seinem Haus erschießen können. Man würde, wenn man ihm etwa irgendwo einen Ritualprozeß mit anschließendem Todesurteil machen wollte, brutaler mit ihm verfahren."[75]

Neben solchen ins Politische gehenden Überlegungen bestimmt immer wieder auch das Thema Geld die Reflexionen Reemtsmas und die Gespräche der Entführer mit ihm. Diese werden mit seiner einzigen Kontaktperson unter den Entführern auf Englisch geführt, weshalb Reemtsma in seinem Buch vom „Engländer" spricht: „Der Engländer fragte ihn, ob es sein könne, daß seine Frau nicht zahlen wolle. ‚And the lawyer [Schwenn] does what she wants.' Was sollte er sagen? Er mußte ihm das ausreden und konnte doch nicht anfangen, die Gefühlsgrundlagen ihrer Lebensgemeinschaft zu erläutern. Er versuchte zu objektivieren. Interessenlage von Vermögensverwaltung und Anwalt. Die seiner Frau: ‚Money doesn't mean so much to her. For us it's not an important thing to be very rich. Money is just an instrument to get things done.' Der Einwand des Engländers: Menschen gewöhnten sich an Geld. ‚This is a nasty world, you know. People are getting killed for less than twenty million.' – ‚Well, you're telling me!' Einer der bemerkenswertesten Wortwechsel, den dieser Keller wohl je erlebt hat."[76]

Diese Passage klingt nicht nur selbstgerecht, sie ist zudem im Hinblick auf Jan Philipp Reemtsmas Verhältnis zum Geld sehr aufschlußreich: Nicht der Reichtum an sich sei wichtig, sondern was man damit bewirken könne. Geld sei ein Werkzeug, ein Instrument, ein Mittel zum Zweck. Da spricht ein Reemtsma wohl aus Erfahrung. Auch wenn er über die Lösegeldforderung sinniert: „30 Millionen müßten doch eigentlich ausreichen für lebenslänglichen Luxus, wenn man einigermaßen umsichtig ist und sich nicht etwa kostspielige Stiftungen leistet..."[77] An dieser Stelle sein Mäzenatentum ins Spiel zu bringen, ist sicherlich eher unbewußt erzeugte Selbstironie als rhetorische Effekthascherei. Da der Multimillionär den Zusammenhang nun aber einmal hergestellt hat, kann dieser durchaus als Indiz dafür gelten, daß er sein Geld zwar zu genießen weiß, aber mit einem gewissen neurotischen Schuldgefühl im Nacken, das bestätigt, daß er als Alleinerbe des Vermögens der Hamburger Zigarettenunternehmerfamilie Reemtsma an deren zwiespältiger Vergangenheit doch nicht so einfach vorbeikommt, wie er zu behaupten nicht müde wird.

Politische Selbstentäußerungen

Reemtsma als Publizist

Jan Philipp Reemtsma ist seit jeher in dem Dilemma gefangen, daß er die Öffentlichkeit einerseits so gern umgangen sieht, sie andererseits aber dringend benötigt, um postmodernen Weltschmerz und Missionarsgeist effektvoll in Szene zu setzen. Da er als Person unidentifizierbar bleiben möchte, Medienauftritte also tunlichst meidet, verlegt er sich aufs Schreiben und läßt lediglich seinen Namen sprechen, der ihm in doppelter Hinsicht verläßliches Schutzschild sein soll: Er verhilft zu der gewünschten Anonymität, die, da es sich nicht um ein Pseudonym handelt, jedoch Raum genug läßt, um eventuellen literarischen Ruhm gegebenenfalls auf ihn als Person rückschließen zu können. Zudem sichert er ihm aufgrund der gewählten, politisch unbedenklichen, Publikationsinhalte das Wohlwollen höchster Machtgremien, inklusive der Nicht-Thematisierung seiner familiären Herkunft – was ein Beweggrund dafür sein mag, kein Pseudonym gewählt zu haben.

Nachdem sich Jan Philipp Reemtsma in seiner Promotion mit dem Altersroman des Rokoko-Dichters Christoph Martin Wieland *Aristipp* beschäftigte, später eine Neuauflage seiner *Sämtlichen Werke* ermöglicht und, zusammen mit Hans und Johanna Radspieler, dessen *Schriften zur Politik* herausgibt, folgt 1991 die Herausgabe von *Folter. Zur Analyse eines Herrschaftsmittels* sowie Veröffentlichungen wie 1993 *Das Buch vom Ich. Christoph Martin Wielands Aristipp und einige seiner Zeitgenossen*, 1995 *Mehr als ein Champion. Über den Stil des Boxers Muhammad Ali* und die Sammlung von Reden und Aufsätzen *Der Vorgang des Ertaubens nach dem Urknall*, der im April 1998 erschienene Band *Mord am Strand. Allianzen von Zivilisation und Barbarei* und das im März 2001 auf den Markt gekommene selbstquälerische Bekenntnis *Wie hätte ich mich verhalten? Und andere nicht nur deutsche Fragen*.[78]

Ein Themenkanon, dessen relative Vielgestaltigkeit zunächst durchaus überrascht, da er äußerlich betrachtet nicht zuletzt den Eindruck von Objektivität vermittelt. Auf der anderen Seite wird bei genauerer Betrachtung deutlich, daß die Frage der Identität das Deutsche betreffend dominiert, der er auf die gewohnte tendenziöse Manier nachgeht. *Mord am Strand* etwa versammelt Aufsätze und Reden Jan Philipp Reemtsmas zu Erscheinungsformen und Folgen individueller und institutioneller Gewalt. Der Band beschäftigt sich ganz allgemein mit der Rolle der Gewalt in der Zivilisation. Unter anderem setzt sich der Autor mit Ernst Jüngers „Kaukasischen Aufzeichnungen"[79] auseinander, wenn auch etwas gönnerhaft und sichtlich von einer für sich selbst reklamierten Warte des Mehr- und Besserwissenden aus. Der Tenor seiner Beurteilung kann dementsprechend nur abwertend sein: „Um den politischen Schriftsteller Jünger geht es mir hier nicht, nicht um den Hitler-Propagandisten, der er war, nicht um den Verfasser der Marmorklippen, über deren politische Bedeutung man gerne streiten kann, da literarisch über sie nicht viel zu sagen ist, oder den der *Jahre der Okkupation*, in denen er sich Rechenschaft geben will, sich aber doch nur auf so merkwürdig konfirmandenhafte Weise ums Denken drückt."[80]

Der Band enthält zudem eine Abhandlung über „Nationalsozialismus und Moderne"[81], in dieser Nachbarschaft wirkt ein Beitrag über die Tagebücher Victor Klemperers nicht mehr überraschend.[82] Am herausstechendsten aber sind die dreißig Seiten zu dem Thema „Die Idee des Vernichtungskrieges" mit dem Untertitel „Clausewitz – Ludendorff – Hitler".[83] Bereits die Aufreihung der drei Namen läßt Dezidiertes erwarten, und die Lesererwartung wird dahingehend in der Tat prompt erfüllt. Insbesondere auf die Thesen eines John Keegan gestützt, kommt Jan Philipp Reemtsma zu dem fast schon erwarteten Schluß, daß bereits Clausewitz ein Protagonist des totalen Vernichtungskrieges gewesen sei. Er zitiert Keegan, demzufolge Clausewitz' Lehre der Kriegführung ein Rezept zur Zerstörung der europäischen Kultur gewesen sei, im folgenden verschärft er diese Unterstellung im Hinblick auf die sich anschließenden Epochen: „Nicht *der* Krieg eskaliert unausweichlich bis zur Vernichtung, aber dort, wo die Idee der Vernichtung einmal die Politik und die Köpfe beherrscht, ist es schwierig, sozusagen unterhalb ihrer Standards zu operieren."[84] Oder: „Seit Verdun war nicht mehr die gegnerische Armee, sondern die gegnerische *Gesellschaft* der Feind. Hierzu gehört die Erklärung des unbegrenzten U-Boot-Krieges sowie der Versuch, Rußland durch die Unterstützung der Bolschewiki zu destabilisieren."[85]

In diesen Sätzen verdichtet sich Reemtsmas grundsätzliche Methodik der Geschichtsinterpretation. Ihr zufolge gehe von Schuldbeladenen eine erhebliche Gefahr aus, das verbrecherische Potential brauche wahrscheinlich nur neuen Zündstoff – den es sich gelegentlich natürlich selbst liefert, aus reiner Bosheit gewissermaßen. Seine Geschichtsinterpretation ist zudem auf einem sehr simplifizierenden Feindbilddenken aufgebaut und findet prompt auch entsprechende Anerkennung bei Gleichgesinnten. So schwärmt *Die Zeit* in einem Porträt überraschend blauäugig: „Souverän, fast spielerisch kann Reemtsma mit den verschiedensten Ansätzen der Literaturwissenschaft, der Soziologie, der Psychoanalyse, der Anthropologie, der Geschichtsschreibung umgehen, sie je nach Bedarf kombinieren und zu überraschenden Partituren fügen."[86]

Dieser Lobgesang bedeutet geradezu einen Freibrief für jegliche Art der Manipulation. Reemtsma selbst drückt sich bezüglich eines seiner Meinung nach wünschenswerten Umgangs mit der Geschichte zwar weniger enthusiastisch, aber im Prinzip doch gleichlautend wie *Die Zeit* aus. In seiner Laudatio für den Preisträger Saul Friedländer anläßlich der Verleihung des Geschwister-Scholl-Preises 1998 sagt er, der Preis werde für ein Buch verliehen, „das zeigt, wie durch eine bestimmte *Form* der Darstellung Geschichte so geschrieben werden kann, daß in ihr die Dimension der Freiheit, damit der Verantwortung und damit die der Moral nicht verschwindet".[87]

Angesichts der gelegentlich sehr selbstüberzeugten Befunde Jan Philipp Reemtsmas zur deutschen Geschichte entsteht in der Tat der Eindruck, Fakten und Faktoren seien nach Gutdünken zu überraschenden Partituren kombiniert worden. Freilich stellt sich auch hier die Frage, ob nicht bedarfsgesteuerte und überraschende Kombinationen zum manipulativen Umgang mit Fakten führen. Reemtsmas Anmerkung zu Friedländer könnte als Antwort auf diese Frage gelten, denn Geschichte „durch eine bestimmte *Form* der Darstellung" zu schreiben, kann letztlich nur bedeuten, sich nicht auf Fakten zu beschränken. Denn wenn Geschichtsschreibung von der *Form* der Darstellung determiniert ist, lassen sich je nach Belieben auch andere Dimensionen als die der Freiheit, der Verantwortung und der Moral, von denen er so vollmundig tönt, herausarbeiten. Ob Reemtsma Friedländer damit nicht etwas unterstellt, was sich dieser niemals zuschulden lassen kommen würde, mag dahingestellt bleiben; wenn er eine solche Haltung jedoch als positiv akzentuiert, kann man sicherlich davon ausgehen, daß er sich selbst in dieser Weise verhält. Es darf daher in diesem Zusammenhang die Frage nach Kombinationen von Fakten und Faktoren und bestimmten Formen der Darstellung auch in seiner Anti-Wehrmachtausstellung gestellt werden, auf deren Umstrittenheit später noch ausführlich eingegangen werden soll.

Von Interesse ist hier auch das Buch *Mehr als ein Champion. Über den Stil des Boxers Muhammad Ali* aus dem Jahre 1995. „Reemtsma", so urteilt *Die Zeit* darüber, „teilt nicht nur das Vergafftsein von Intellektuellen in eine archaische Sportart, wohl aber die Begeisterung für den besten Boxer aller Zeiten, Muhammad Ali, der aus einer Prügelei ein Kunstwerk machte. Dieses Kunstwerk wird nun akribisch wie ein philologischer Text analysiert und daran eine ‚anthropologische Spekulation' angeschlossen: Muhammad Ali erscheint als Typus eines postmodernen Verwandlungskünstlers, eines ‚dissoziierten Individuums', das über ein variables Rollenrepertoire verfügt und in wechselnde Identitäten schlüpfen kann."[88] Abgesehen davon, daß Ali unter Umständen gründlich mißverstanden worden sein könnte, dürfte klar sein, woraus sich Reemtsmas „Begeisterung für den besten Boxer aller Zeiten" erklärt: Dessen Kampfstil ist ihm, wenigstens im Lichte seiner „anthropologischen Spekulation" betrachtet, Vorbild und Rechtfertigung zugleich. Denn, so sagt Reemtsma in seinem Buch, „Intellektuelle haben berufsbedingte Probleme mit dem Ausdruck von Aggressionen"[89] – was sich wohl auf die Äußerung der eigenen Gefühle wie auch die eigene Reaktion auf fremdaggressives Verhalten beziehen mag. Da Reemtsma sich selbst offensichtlich zur Gruppe der Intellektuellen rechnet, heißt das für ihn, den Ausweg in subtiler, also intellektuell verbrämter, Vorgehensweise zu suchen und – wie jeder halbwegs etablierte Gutmensch – natürlich auch immer wieder neu zu finden.

Hierfür benötigt er aber mehr Öffentlichkeit als nur die indirekte Autor-Leser-Beziehung, die einen Grad von Fiktion darstellt, der für ehrgeizige und erfolgheischende Naturen auf Dauer unbefriedigend sein muß. Deshalb betätigt sich Jan Philipp Reemtsma über sein reines Schreiben hinaus auch als Vorleser und Vortragender. Wiederholt liest er etwa im Hamburger Literaturhaus oder in der Buchhandlung „Felix Jud" aus dem Werk seiner Lieblingsschriftsteller, Christoph Martin Wieland und Arno Schmidt. Zudem tritt er als Redner auf Tagungen, in Seminaren, bei Ausstellungen und Preisverleihungen auf. Im Februar 1995 zum Beispiel hält er im Hamburger Schauspielhaus zu der Veranstaltungsreihe „Angesichts unseres Jahrhunderts", mit der sich sein Hamburger Institut für Sozialforschung (HIS) am Gedenkjahr des Kriegsendes beteiligte, die Eröffnungsrede.[90]

Und die viele Mühe bleibt tatsächlich nicht ohne Lorbeeren. Am 29. Juli 1997 beschließt der Hamburger Senat, daß dem Schriftsteller, Literatur- und Sozialwissenschaftler Jan Philipp Reemtsma der begehrte, mit 20.000 Mark dotierte Lessing-Preis der Hansestadt Hamburg verliehen wird. Zu der nur alle vier Jahre vergebenen Auszeichnung gehört ein an eine separate Person vergebenes Stipendium in Höhe von weiteren 10.000 Mark, das 1997 der Hamburger Schriftstellerin Regula Venske zuerkannt wird. Reemtsma erhält die seit 1929 vergebene Ehrung für sein

„herausragendes literarisches Werk“ und seine „maßgebliche zeitanalytische Kompetenz“. In Reemtsmas „Leben und Schaffen verbinden sich literarische Brillanz und die lebendige Präsenz aufgeklärter Bürgertugenden“, wie es in der Begründung der siebenköpfigen Jury heißt.[91]

Übergeben wird ihm der Lessing-Preis von der Kultursenatorin Christina Weiss. Diese hatte in ihrer Eröffnungsrede zu der vom HIS erarbeiteten Ausstellung „200 Tage und ein Jahrhundert“, deren Titel auf die Zeit zwischen der Einnahme von Auschwitz und der Kapitulation Japans anspielt und die 1995 in Hamburg, Berlin und Wien sowie 1996 im französischen Caen gezeigt wurde, getönt: „Wenn die Reihen der Zeitzeugen lichter werden, dann müssen wir selbst durch ein nicht endendes Gespräch darauf achten, vergangene Schrecken vor dem Vergessen zu bewahren.“[92] Dieser Satz hätte sich sicherlich auch in der Laudatio für Jan Philip Reemtsma hervorragend ausgenommen, schließlich kann angesichts seiner Methoden, allen voran seiner umstrittenen Darstellung von Einsätzen der Wehrmacht im Osten, mit denen er das Thema deutsche Verbrechen am Köcheln zu halten weiß, in diesem Zusammenhang mit Fug und Recht sogar von einer gewissen Vorreiterrolle des Preisträgers gesprochen werden.

Die öffentliche Anerkennung seines Werkes verleitet Jan Philipp Reemtsma jedoch nicht dazu, sich auf seinen Lorbeeren auszuruhen. Er scheint zu wissen, daß, genau wie im Unternehmerischen, Erfolg auch hier auf Beharrlichkeit beruht. Deshalb soll hier ein weiterer Beitrag des noch relativ jungen Publizisten, zu finden in der 1985 erschienenen Anthologie *Lieben Sie Deutschland? Gefühle zur Lage der Nation*, nicht unerwähnt bleiben. Diese stellt eine Sammlung von Antworten Prominenter auf die sich im Titel provokant gebende Entscheidungsfrage dar, deren Spektrum von einem schroffen „Nein“ über ein ambivalentes „Haßliebe“ und zaghaftes „Ein wenig“ bis hin zum trotzigen „Liebe zu Deutschland, dennoch“ recht breit gefächert ist.[93] Während andere Autoren ihre ablehnende Haltung Deutschland gegenüber zumindest in der Überschrift mit differenzierenden Formulierungen apostrophieren, ist es Jan Philipp Reemtsma, dessen unzweideutiges „Nein“ dem Leser gleich als Einstiegsaufsatz ebenso schockierend wie soghaft gegenübertritt.

Die Herausgeberin meint in ihrem Vorwort, sie habe durch ihre „unanständige Frage, unangenehm direkt, unangemessen trivial“, und das Ignorieren einer „allseits respektierte[n] Schamschwelle [...] ein seelisches Tabu berührt. Denn Gefühle für dieses Land behält man besser für sich. Allenfalls findet man es legitim, seinen Abscheu zu äußern. Aber auch starke negative Gefühle sind schon verräterisch, bedeuten Bindungen.“[94]

Und so übertrifft sich Reemtsma in den ersten Zeilen seines auffallend kurzen, publizistisch gesehen weniger herausragenden, für die Einschätzung seiner Persönlichkeitsstruktur aber um so bemerkenswerteren Aufsatzes hinsichtlich seiner geradezu reflexartigen Deutschland-Aversion noch selbst: „Die einzig ernsthafte Reaktion auf die Frage, ob man Deutschland liebe, wäre zweifellos die Gegenfrage: Halten Sie mich für nekrophil? – Aber da immer noch ins Gedächtnis oder Bewußtsein gerufen werden muß (und man kommt sich von Jahr zu Jahr alberner vor dabei): daß es Deutschland gegeben hat von 1871 bis 1945; daß genausowenig, wie es vor 1871 ein Deutschland gegeben hat, es nach 1945 eines gibt, wir also heute vierzig Jahre post mortem leben; daß man sich als leidlich vernunftbegabter Mensch die Rede von irgendeinem metahistorischen Deutschland ohne Raum und Zeit verbitten muß – weil das alles augenscheinlich in Erinnerung gerufen werden soll, muß man wohl die Frage anders beantworten, als es gemeiniglich Scherzfragen angemessen ist."[95]

Vergegenwärtigt man sich die Bedeutung des Wortes „Nekrophilie" – zu deutsch: Neigung zu sexuellen Handlungen an Leichen –, ist hier wohl die extremste Abwehrhaltung gegeben, die man seinem Geburtsland gegenüber irgend ausdrücken kann. Daran ändert auch seine anschließende Begründung nichts, daß Deutschland seit 1945 ja gar nicht mehr da sei, ebensowenig wie es vor 1871 bestanden habe. Auf der Basis einer besonderen geistigen Einstellung läßt sich möglicherweise zu dem Schluß kommen, daß Deutschland – ein auf bestimmte Weise definiertes Deutschland wenigstens – in der Tragödie des Dritten Reiches und des Zweiten Weltkrieges untergegangen sei. Genausogut läßt sich der Argumentationsfaden eventuell noch dahingehend weiter spinnen, daß man folglich nicht etwas lieben könne, was seit Jahrzehnten tot, besser vielleicht: nicht mehr existent sei. Hier aber von Nekrophilie zu sprechen, falls man dieses Land dennoch liebe, weist das nicht eine ebenso abwegige wie extremistische – vielleicht sogar perverse – Geisteshaltung aus? Vielleicht war es nur der Versuch, durch eine Formulierung größtmögliches Aufsehen zu erregen, aber die Liebe zu Deutschland, auch wenn man es als untergegangen betrachtet, als Perversion zu kennzeichnen, dürfte wohl ein kaum zu übertreffender publizistischer Mißgriff sein.

Doch damit nicht genug, daß Remtsma das, worauf die Frage abzielt, brüsk verneint. Er lehnt auch die Fragestellung an sich ab, indem er fortfährt: „Lieben Sie Deutschland? – Nein. – Und warum nicht? – Weil, und eine andere Definition habe ich für ‚Deutschland' nicht, es eine Region ist, in der einem Fragen wie die, ob man Deutschland liebe, gestellt werden."[96] Spätestens hier dürfte die antideutsche Polemik des deutschen Tabakerben in nicht mehr nur verschleierter Form auf der Hand liegen.

Anschließend zitiert Reemtsma ausführlich aus Christoph Martin Wielands 1793 verfaßter Schrift *Über deutschen Patriotismus*, in der es um Schwierigkeiten definitorischer Art geht. Dessen Gedanken sind diskussionswürdig, und auch Reemtsma bietet auf deren Grundlage eine Haltung an, mit der sich auseinanderzusetzen durchaus lohnt.[97]

Aber schließlich verfällt er wieder in seine eingangs eingeschlagene Nihilismus-Gangart und meint, es „sei, und man kommt sich, wie gesagt, albern vor dabei, den Lieben-Sie-Deutschland-Fragestellern, den Deutschen, doch noch die andere mögliche Gegenfrage gestellt: Was, bitte, meinen Sie mit ‚Deutschland'? Worüber reden Sie, heute, überhaupt? Sie sagen ‚Deutschland' und überlassen es der Phantasie des Antwortenden, zu ergänzen: ‚in den Grenzen von...' Oder meinen Sie das Land mit dem perversen Verfassungsauftrag, Deutschland nebst einer dieser Grenzen wieder auf der Landkarte einzutragen? Oder sprechen Sie, im Sinne jenes Verfassungsauftrages, von einer ‚deutschen Nation', die hinter zwei ‚Teilstaaten' lauert?"[98] Zu der damals noch bestehenden, erzwungenen deutschen Zweistaatlichkeit bemüht Reemtsma abschließend wiederum Wieland: „Die halbe Nazion iss irre; (& die andre Hälfte nich ganz bei Groschn!): *Ich mag sie nicht*."[99]

Nach diesem Satz freilich ist verständlich, wie Jan Philipp Reemtsma zu seiner Definition, es sei Nekrophilie, Deutschland heute zu lieben, gekommen sein mag: Er mußte seinen Liebling Wieland an Schärfe noch übertreffen und sah – bezeichnenderweise – in seiner Wortwahl eine Möglichkeit hierzu. Wie dem auch sei, den Aufsatz als kleine Jugendsünde Reemtsmas abzutun, wäre grobe Verharmlosung, immerhin bestätigt er nicht zuletzt durch das Schlußzitat, wes Geistes Kind der Verfasser ja bis heute ist.

Arno Schmidt – ein literarischer Kartenhausmythos

Auch Jan Philipp Reemtsmas Beziehung zu dem Schriftsteller Arno Schmidt legt hiervon ein beredtes Zeugnis ab. Schon aus Studienzeiten datiert seine Faszination für das Werk des gewaltigen Wortproduzenten, der in der öffentlichen Diskussion der siebziger Jahre als radikal experimentierender Avantgardist gilt. Es wird erzählt – und es klingt wie eine Legende, obwohl es keine ist –, daß der gerade 24jährige Literaturfreund und spätere Berufsgermanist Reemtsma sich eines Tages im Juni 1977 dem zurückgezogen in Bargfeld lebenden und dort spazierengehenden Arno Schmidt in den Weg gestellt und dem herzkranken Dichter seine Dienste als Mäzen angeboten habe. Schmidt, Autor größtenteils unlesbarer und selbst unter Literaturkennern nicht unumstrittener voluminöser Werke, hatte immer wieder über Geldnot geklagt und darauf hingewiesen, wie sehr seine „Brotarbeiten" – Zeitungsartikel, Rundfunkessays und Übersetzungen – ihn von der Arbeit an seinem eigentlichen Werk abhielten. Reemtsma, der laut Testament erst mit 26 Jahren über seine Millionen frei verfügen darf, setzt ihm mit Zustimmung seiner Geldverwalter eine finanzielle Unterstützung in Höhe von 350.000 Mark aus, eine Summe, die sonst nur Nobelpreisträger für Literatur erhalten. Und, wie Reemtsma findet, „eine zukunftsträchtige Investition"[100], die den verbitterten, einzelgängerischen und menschenscheuen Schriftsteller zunächst von den Zwängen banaler Existenzsicherung befreit.

Was steckt hinter dieser idealistischen Geste? Es drängt sich der Verdacht auf, daß Reemtsma auch hier – wie in so vielen anderen Fällen – scheinbar uneigennützige Taten mit geschäftlichen Interessen zu verbinden weiß, daß die auf den ersten Blick so noble Geste hehren Mäzenatentums in Wirklichkeit so nobel gar nicht ist. Oder sollte es ihm allein um die Prosa Arno Schmidts bestellt sein, die er, nachdem er ihre „verzwackte, verwinkelte Schönheit" für sich entdeckt hat, leidenschaftlich gern entschlüsseln will? Denn „der Mensch muß etwas leisten. Soviel Calvinismus bringt Reemtsma mit."[101]

Das Tun und Treiben des am 18. Januar 1914 in Hamburg-Hamm geborenen Schriftstellers Arno Schmidt wirft schnell ein eindeutiges Licht auf das gemeinsame Verhältnis.[102] Das Milieu, in dem die Familie lebte, war kleinbürgerlich, und es hat Schmidt bis an sein Lebensende geprägt. Schmidts Vater, ein gelernter Glasschleifer, konnte sich bis zum Polizeiwachtmeister emporarbeiten. Als 1928 der Vater starb, zog die Familie ins schlesische Lauban, wo noch Verwandte wohnten. Hier macht Arno Schmidt das Abitur und beginnt eine Lehre als kaufmännischer Angestellter bei einer Bekleidungsfabrik in Greiffenberg, wo er nach Abschluß der Lehre 1937 als Graphischer Lagerbuchhalter angestellt wird. Im selben Jahr heiratet er seine Kollegin Alice Murawski. Daß Schmidt in Breslau ein Studium der Mathematik und Astronomie begonnen habe, welches er, nachdem er mit dem nationalsozialistischen Regime kollidiert sei, habe abbrechen müssen, da seine Schwester einen Juden geheiratet hatte, gehört zu den vielen Selbstinszenierungen Arno Schmidts, mit denen er seine Jugend in ein verklärendes Licht zu stellen versuchte. So behauptete er von sich etwa auch, bereits mit drei Jahren das Lesen gelernt zu haben.

1940 wird er zur Wehrmacht eingezogen und bleibt bis zum Kriegsende im Schreibstubendienst im besetzten Norwegen. Aus britischer Kriegsgefangenschaft entlassen, wird er nach einem kurzen Intermezzo als Englisch-Dolmetscher an der Hilfspolizeischule des Bezirks Lüneburg freier Schriftsteller. Und als solcher vergräbt er sich 1958 im Heidedorf Bargfeld bei Celle in der Lüneburger Heide.

Fortan produziert er „mit olympionikischer Eile [...] Buch auf Buch".[103] 1949, im Gründungsjahr der Bundesrepublik Deutschland, veröffentlicht der mittlerweile 35jährige seinen ersten Erzählungsband *Leviathan* mit dem Untertitel *Die beste der Welten*. Ob in *Brand's Haide*, ob in dem Kurzroman *Aus dem Leben eines Fauns* oder auch im *Historischen Roman aus dem Jahre 1954* mit dem Titel *Das Steinerne Herz* – die Schmidtschen Helden sind allemal abgerissene Gestalten, Davongekommene, die versuchen, sich ihrer Umwelt zu erwehren, Eigenbrötler und Außenseiter, kurz: Doppelgänger ihres Autors.[104] Hertha, die Heldin des 1960 erschienenen Buches mit dem kryptischen Titel *Kaff auch Mare Crisium*, sagt einmal zu ihrem Freund, dem herzkranken Lagerbuchhalter Karl, mit dem sie in der Heide Ferien macht: „Ich komm mit Dir nie klaar: einerseiz brauchsDú überhaupt keen' Menschn; Du kannsDich mit Dei'm eigenen Kopp ammüsiern." Neben der Weltsicht des Autors macht dieses Zitat auch dessen gewöhnungsbedürftigen Umgang mit Sprache im allgemeinen und Orthographie im besonderen deutlich. Letztere folgt der von Schmidt aufgestellten skurrilen Theorie von den sogenannten Wortkeimen und -sprößlingen, die er „Etyms" nennt und die nicht selten obszön gefärbt sind, wie etwa in „das evich=Wa(i)bbliche".

In dem 1957 erschienenen Kurzroman *Die Gelehrtenrepublik* beschreibt Schmidt ein riesiges Schiff, auf dem die Supermächte Rußland und Amerika, Remis-Gegner eines bereits abgeschlossenen Atomkrieges, gemeinsam ihre Künstler- und Wissenschaftler-Elite untergebracht haben, um ihr ein Überdauern künftiger nuklearer Waffengänge zu ermöglichen. Bis auf 124 sind bei diesem Atomkrieg alle Deutschen umgekommen, was Schmidt eine seiner Figuren wie folgt kommentieren läßt: „Na, daß die Japaner & Deutschen weg sind, ist ja für uns 1 Segen!" Die Beschreibung eines Flugzeugstarts sieht in diesem Werk wie folgt aus: „Senkrecht stand's und breitete machtvoll düsige Fäuste: bloß rein!!! –. –:–!– –: !! – – – ! ! ! ! – – – –: ! ! – – – – – – – ! ! ! !   ! ! ! !   ! ! ! !"[105]

Die längst eingestellte Zeitschrift *Die Gegenwart* stellte angesichts solch kruder Comic-Prosa die Frage: „Ist das Werk ein Kunstwerk?" Ihre Antwort fällt geradezu vernichtend aus: „Wenn es das ist, mögen die zahllosen Kalauer, Bierwitze, Zoten, abnormen Sexualphantasien, Fäkalismen und der Gossenjargon hingehen. Den wahren Künstler hat man noch nie am guten Geschmack erkannt ... Wenn Schmidts Buch kein Kunstwerk ist, hilft ihm auch seine gute Tendenz nichts."[106] Die Diskussion darüber, ob Schmidts Werk überhaupt zur Literatur zu zählen sei, gilt jedoch schon bald nach dessen Tod als ad acta gelegt. Heute gibt es – auch dank der Bemühungen Jan Philipp Reemtsmas – kaum Stimmen, die Schmidt nicht zum Kanon der deutschen Literatur zählen (in den freilich auch sonst allerlei Fragwürdiges Einzug gehalten hat).

Außer seinen Romanen hat Schmidt zudem eine Biographie des romantischen Autors Friedrich Heinrich Karl Freiherr de la Motte-Fouqué (1777–1843) vorgelegt, die sich nach den Worten des Berliner Literaturkritikers Günter Blöcker nur in einer Hinsicht von seinen Romanen unterscheide, nämlich darin, daß sie sich nicht mehr als solcher ausgebe.[107] Die 592 Seiten starke Biographie enthält einen Wust von

Einzelheiten aus Fouqués Leben: Regimentslisten aus der Zeit des Dichters als aktiver preußischer Offizier, die Genealogie seiner Hauslehrer, die Ruhetage und Tagesmärsche seines Regiments, die Daten der Pensionszahlungen und das – sogar dem Ehemann Fouqué unbekannte – Geburtsdatum der Ehefrau, Zitate aus bis dahin unveröffentlichten Briefwechseln, Inhaltsangaben der von Fouqué – in wahrhaft löblicher Selbsterkenntnis – unveröffentlicht verbrannten poetischen Versuche, Proben aus erhaltenen, aber unveröffentlichten Dichtungen. „Das Resultat der laut Widmung in ‚1 Myriade Stunden', nach mündlicher Angabe gemeinsam mit der Ehefrau in 20.000 Arbeitsstunden aufgewendeten Mühe bleibt dagegen zweifelhaft."[108]

Neben dem besonders kleinen Schriftgrad des Buches ist es vor allem die unverhältnismäßig hohe Druckfehlerquote, die die Lektüre zu einem Ärgernis werden läßt. Noch bedenklicher aber ist die Diskrepanz zwischen der literarhistorischen Mühe Schmidts und der literarischen Bedeutung seines Gegenstandes. Fouqué, bereits von seinen Zeitgenossen mit wohlwollender Nachsicht belächelt, ist als Verfasser heute unlesbarer romantischer Ritterromane für die Literatur im Grunde ohne jede Bedeutung. Einzig sein Kunstmärchen *Undine*, die Geschichte einer unter Menschen lebenden Meerjungfrau, wird heute noch gelegentlich rezipiert – und auch das möglicherweise nur deshalb, weil sie der Komponist Albert Lortzing als Grundlage für seine 1845 komponierte romantische Oper gleichen Titels herangezogen hat.

Schmidt verkündet zwar stolz: „Fouqué habe ich – gottlob! – für die Deutschen gerettet!"[109] Doch dürfte sich heute wohl kaum jemand dazu bereit finden, Fouqués Ritterdrama *Sigurd der Schlangentöter* auf die Bühne zu bringen oder sich durch den ebenso umfangreichen wie umständlich geschriebenen Ritterroman *Der Zauberring*, ein Sammelsurium aus erdichteter Minnesänger-Romantik und langatmigen Märchen und Volkssagen, zu kämpfen. Entsprechend realistisch urteilt der Literaturkritiker Friedrich Sieburg über Schmidts Fouqué-Biographie: „Nur eines fehlt diesem imponierenden Buch: Es erklärt nicht, warum gerade Fouqué sein Gegenstand ist oder, anders ausgedrückt, was an Fouqués Werk und Figur diesen Aufwand an Forschung und gelehrtem Eifer rechtfertigt ... Arno Schmidt bekennt zwar – meist in zornigen Wendungen –, daß er Fouqué verehrt; aber er sagt uns niemals, warum er es tut."[110]

Selbst Karl May ist dem „literaturwissenschaftlichen" Ehrgeiz Schmidts zum Opfer gefallen: Der Autor versucht, den Großmeister des deutschen Abenteuerromans als homoerotischen Romancier zu entlarven, wobei jeder Hügel in Old Shatterhands Landschaften als heimlich verschlüsselte Gesäßrundung herhalten muß: „Für May scheint nicht, wie bei so vielen anderen Künstlern & Menschenmännchen der Fall, die weibliche Brust die dominierende erotische Anregung und Initialzündung ergeben zu haben..., sondern das Gesäß."[111] Folgerichtig liest Schmidt bei May aus „Pochen am Portal" auch „Popo" und aus dem Wort „Kanal" das Echo „anal" heraus.

Angesichts solch hanebüchener Interpretationsleistungen raufen sich nicht nur Karl-May-Verehrer die Haare. Karl Korn, seinerzeit Mitherausgeber der *Frankfurter Allgemeinen Zeitung*, etwa kritisiert: „So wie kubistische Maler Tapetenstücke und Linolreste mit Schnurrbarthaaren und Streichholzschachteln, Zement und Stanniol zu höchst kuriosen Kombinationen zusammenklebten, so etwa scheint Arno Schmidt zu schreiben ... Schmidt ist vulgär bis zum Exzeß [...] Er schwimmt im trübsten Schmutzwasser, beständig rührt er sexuellen Schlamm auf. Es gibt kein Tabu, das ihm gälte. [...] Schmidt ... dreht den Sprachschutt durch die Gewinde eines Müllschluckers und entdeckt im Klärschlamm die Keime eines neuen Stils."[112]

Schmidts Stil ist indessen alles andere als neu. Eher ist er die Fortsetzung und Abwandlung einer literarischen Richtung, die von anderen Autoren in den zwanziger und dreißiger Jahren entwickelt wurde. „Schmidts Technik ... gehört zum beinahe schon Routine gewordenen Avantgardismus der letzten dreißig Jahre", ordnet ihn Günter Blöcker in den fünfziger Jahren ein und sägt damit ganz erheblich an dem lebenden Möchtegern-Mythos.[113] Schmidt ist also lediglich Erbe, kein Avantgardist. Als Erblasser wird der irische Autor James Joyce (1882–1941) namhaft gemacht, der den sogenannten „inneren Monolog" in die Literatur einführte, jene Aufzeichnung eines unablässigen Selbstgesprächs des Ich-Erzählers, seiner Reaktionen, Überlegungen und Gefühle, die denn auch in allen belletristischen Schriften Schmidts konsequent durchgehalten wird. Schmidt dagegen gibt an, er habe bis vor wenigen Jahren keine einzige Zeile von Joyce gelesen.[114] Hätte er es getan, wäre auch ihm sicher aufgegangen, daß dieser ihm an poetischem Volumen und sprachbildnerischer Kraft weit überlegen ist. Schmidt nämlich pflegt Stilformen, die im deutschen Expressionismus von Dutzenden von Dichtern gehandhabt wurden – und mit diesen untergegangen zu sein schienen. „Auch vom längst nur noch historischen Dadaismus hält Schmidt tapfer ein Stückchen Fahnentuch weiter in die Höhe."[115] Einige der so typischen Schmidtschen Wortschöpfungen verwendet *Die Gegenwart* in ihrer Darstellung: „Daß man ‚flüsterbittet' und ‚Augengaffs' macht, daß eine Altstimme ‚schwult', daß eine ‚Flammin' sich einen ‚Rauchkimono' macht, das sind alte Spiele; so schöpften die Expressionisten mühelos Worte am laufenden Band. Auf Moostellerchen kerzen die Tannen, schrieb damals einer, den wir längst vergessen haben."[116]

Schmidt aber doktert weiterhin unverdrossen im Modestil von 1928 an der Sprache herum. In seiner Erzählung *Seelandschaft mit Pocahontas*[117] heißt es: „Am Moorkanal: 1 leeres Blatt versuchte, ihn hinunterzutreiben..."; in der Erzählung *Schwarze Spiegel* lobt der letzte Überlebende eines Atomkrieges das Schild, das er sich an seine Holzbaracke schrauben will: „Darauf konnte jedes Holz staus sein (oder ‚Haus stolz'; ist egal)..."; in dem Roman *Brand's Haide* (das Wort erscheint bei Schmidt meist mit „ai") findet der Ich-Erzähler, „daß ein Mä10 für mich gut wäre", womit ein Mäzen gemeint ist.[118] In dem Kurzroman *Aus dem Leben eines Fauns* wird das Bild einer von Bombentreffern und Detonationen zerberstenden Munitionsfabrik wie folgt beschworen: „Aus Rubinglas pulste eine Feueraktinie in döblinener Waldung, schwankte huldvoll mit hundert Armtrossen (an deren jeder ein nesselnder Fussel wallte), dann tauchte sie zögernd tiefer ins Nachtmeer, und plänkelte nur noch verstohlen. Ein dreistöckiger Bunker begann sich zu regen: er brummte verschlafen und bewegte Schulterblättriges; dann warf er gurgelnd Dach und Wände ab und die senkrechte Morgenröte machte uns gleich Kleider aus feuerfarbenem Taft und viele hitzige Rossegesichter (bis der schwarze Schlag die Erde unter uns wegzog wie ein Sprungtuch...)".[119]

Schmidt entblödet sich tatsächlich nicht, in diesem Buch sein eigenes Gestammel an der Wortkunst Goethes zu messen: „Der hat nie eine Ahnung davon gehabt, daß Prosa eine Kunstform sein könnte."[120] Aus dem Munde Schmidts, der moniert, in der deutschen Literatur sei bisher die „Fäkal- und Urogenitalsfäre ... verlogen-vernachlässigt" worden[121], eine durchaus naheliegende Einschätzung. Schillers Dramen hält Schmidt übrigens lediglich für „dialogisierte Kriminalromane", und „was an Platon groß sein soll", habe er „nie verstehen können"; dieser sei „voller stilistischer und philosophischer Plattheiten, wie man sie kaum einem Schulbuben verzeihen würde".[122]

Bei solcher Geisteshaltung verwundert es nicht, daß sich Arno Schmidt bald einem gegen ihn wegen Gotteslästerung und Pornographie eingeleiteten Verfahren gegenüber sah, das 1956 allerdings eingestellt wurde. Neben dem Gesamttext von *Seelandschaft mit Pocahontas* waren besonders zwei Stellen inkriminiert worden, in denen Jesus der Lächerlichkeit preisgegeben und die Bibel als „unordentliches Buch mit 50.000 Textvarianten" bezeichnet wird.[123] Wenngleich heute kaum noch verständlich ist, warum sich Gerichte damals mit derartigen Verbalentgleisungen überhaupt befaßt haben, so erstaunt andererseits angesichts der damaligen Zeitumstände doch, daß es nur diese eine Strafanzeige gegen Schmidt gegeben hat. Schließlich sind seine eigenen Werke ja auch nicht gerade Musterbeispiele für ein „ordentliches Buch". Seine Texte sind durchsetzt mit Zitaten aus – meist völlig abseitigen – Büchern von Dichterkollegen aus allen Zeiten und Nationen, wobei es Schmidt allzuoft und, man könnte fast sagen, einer gewissen Methode folgend, vermeidet, die Quellen anzugeben. Dieses Charakteristikum steigert sich von Buch zu Buch, und seine späten Werke, wie etwa *Die Schule der Atheisten* von 1972, mutieren geradezu zu Literaturcollagen.[124]

Schmidts Hauptwerk *Zettels Traum* aber setzt allem die Krone auf und mag für den Leser wie ein Alptraum erscheinen: Der Text ist in drei Spalten angeordnet, wobei die eigentliche Handlung in der mittleren Spalte beschrieben ist, ein weit ausholendes Gespräch über Edgar Allan Poe sich in der linken Spalte durch das ganze Buch zieht und die rechte Spalte mit darüber hinausgehenden Bemerkungen, Zitaten, Assoziationen und anderen Kuriosa gefüllt ist. Dieser 18 Pfund schwere, aus 1.332 Seiten im DIN-A3-Format bestehende Bücherbrocken von 33 Zentimeter Breite und 44 Zentimeter Höhe war dermaßen „unordentlich", daß er nicht einmal mehr gesetzt werden konnte, sondern als Faksimile-Wiedergabe des Typoskripts mit entsprechenden handschriftlichen Zusätzen, Verbesserungen und Zeichnungen des Autors erschien. Der Titel *Zettels Traum* ist übrigens eine kalauernde Anspielung auf Shakespeares *Sommernachtstraum*, in dem der biedere Handwerker Zettel in einen literarisch-erotischen Traum gestürzt wird. Die Anzahl der Leser, die dem Buch von ihrem Intelligenzquotienten her gewachsen sein würden, sagte Schmidt mathematisch exakt voraus: Diese ergebe sich durch Ziehen der dritten Wurzel aus p, wobei p für die Bevölkerungszahl in der damaligen Bundesrepublik Deutschland steht. „Das wären dann 390 Personen, die der Autor in einem etwas abseitigen Intellektuellenwahn als die Kulturträger einer Nation begreift."[125]

Schmidts Auffassung von den „Kulturträgern" und der „Nation" ist – wen mag es nun noch wundern? – ohnehin eine recht merkwürdige. In einem Brief an seinen im Sinne des herrschenden Zeitgeistes ähnlich „kritischen" Literatenfreund Alfred Andersch, der als Jungkommunist 1933 zweimal im KZ Dachau inhaftiert war und als Teilnehmer am Zweiten Weltkrieg 1944 zu den Amerikanern desertierte, schreibt er im Jahre 1956: „Die Deutschen sind doch immer derselbe unveränderbare Misthaufen, ganz gleich, welche Regierungsform (schließlich ist es ja auch wirklich egal, ob ein Kuhfladen rund oder ins Quadrat getreten ist: Scheiße bleibt's immer!)."[126]

Es wäre wohl vergeblich zu hoffen, daß dieser Ausspruch eventuell selbstkritisch gemeint ist. Gutmenschen wie Schmidt und andere geistesverwandte Charaktere meinen mit solchen Kollektivabwertungen natürlich stets nur die „blöden anderen", wobei sie selbstverständlich gleichzeitig für sich in Anspruch nehmen, im Sinne vorbildlicher Toleranz zu wirken.

Exemplarisch für Arno Schmidts überbordendes politisches Selbstbewußtsein steht auch seine oberlehrerhaft anmutende Veränderung eines Ausspruchs von Theodor Fontane über den preußischen Staat, getan aus dessen Zeit und Erlebnishorizont heraus. „Alles, was bei uns in Preußen in geistigen Dingen geschieht, ist roh, kommissig, urdämlich", hatte Fontane geäußert. Und Schmidt fühlt sich bemüßigt zu erwidern: „Hätte er für ‚Preußen': ‚Deutschland' gesetzt, wär's eine bedeutende Wahrheit gewesen."[127] Eine „Verschlimmbesserung" par excellence: Schmidt also weiß, was wahr und von Bedeutung ist.

Seiner Heimat Deutschland den Rücken zu kehren, wäre angesichts solcher Einlassungen also nur zu konsequent gewesen. Doch die Idee, in „Nebel, Moore, Wiesen, Wind, Heide" des nicht Nato-gebundenen Irland abzutauchen, auch um etwaigen Prozeßvorladungen oder einem Einberufungsbefehl zu entgehen, hat Schmidt nie in die Tat umgesetzt. Hätte er seine Auswanderungspläne im Januar 1957, angeblich aus finanziellen Gründen, nicht schließlich aufgegeben, hätte er – so schrieb er an Alfred Andersch – gesagt: „The Germany kann me furchtbar leckn!!"[128] Warum Arno Schmidt von Jan Philipp Reemtsma so sehr verehrt wurde und wird, dürfte spätestens angesichts solch eindeutiger Stellungnahmen klar werden.

Sicherlich ist es nicht zu weit hergeholt, hier einen Zusammenhang auch damit zu sehen, daß Schmidts Werke im Laufe der Zeit immer höhere Auflagen erreichen – „da nun viele potentielle Leser gern zu den 390 gebildetsten Deutschen gehören" wollen. *Zettels Traum* kommt kurz nach seinem Erscheinen sogar in einer wohlfeilen Raubdruckausgabe auf den Markt, worüber sich Schmidt maßlos erregt. Schmidt versteht es sehr geschickt, das Bedürfnis einer bestimmten Leserschaft zu bedienen, sich zu den Gebildeten zählen zu können, indem er vorgibt, „selbst über ein besonders hohes Maß an Bildung und Verstand zu verfügen, an dem er seine Leser teilhaben läßt, allerdings nur die Gebildetsten unter ihnen, indem er seine eigene Bildung in hochverschlüsselter Form ausbreitet." So Martin Henkel in seinem Buch *BLUFF auch Mare ignorantiae, oder: Des king ! s neue Kleider*[129], dessen Titel sich ironisierend an die sprachlichen Obskuritäten Schmidts anlehnt und in dem er den Schmidtschen Intellektualismus als großen Bluff enttarnt, als Maske, hinter der nichts als geistiges Vakuum, maximal Widerkäuertum, wuchert: „Schmidts Bildung ist zum großen Teil vorgetäuscht; sie ist jeweils aktuell aus einigen wenigen Büchern, vorwiegend Nachschlagewerken, exzerpiert; sie ist zudem höchst partiell und defizient. Sie spekuliert darauf, daß der Leser, der vieles nicht weiß oder nicht versteht, denkt: Was der Schmidt alles weiß! Tatsächlich, ein *poeta doctus*, ein Gehirntier, ein Polyhistor!"[130] Schmidt bezweckt diesen Effekt beim unbedarften Publikum, kann ihn mangels umfassender Bildung aber verständlicherweise nur bei denjenigen Lesern erzielen, die eben nicht die Voraussetzungen mitbringen, die Schmidt verlangt. Davon leben dann wiederum die Schmidt-Dechiffrier-Syndikate: Sie sind der kleine Kreis der wirklich Eingeweihten, der Scholastiker, zu denen auch Reemtsma zu gern gehören wollte.

Die unerschütterliche Gläubigkeit der Schmidtianer läßt sich hervorragend am Beispiel des gefälschten Lebenslaufes ihres Meisters ablesen: Jan Philipp Reemtsma und Bernd Rauschenbach etwa sehen in Arno Schmidts Studium der Mathe-

Mit Zettels Traum *hat sich der von Reemtsma geförderte Buchautor Arno Schmidt (oben mit Ehefrau Alice) im wahrsten Sinne des Wortes verzettelt: An die 1.400 Seiten im A3-Format ergeben fast zehn Kilogramm Schmidtsche „Verschreibkunst". Aber auch sonst ist sein Hauptwerk eine schwere Kost, wie ein Blick in das ungesetzte Skript (unten) zeigt: Nicht nur daß es von Streichungen, Anmerkungen und Skizzen wimmelt, ein Charakteristikum ist zudem der Mix aus englisch- und deutschsprachigen Passagen. Was will uns der Dichter damit sagen? Ist es die Kompensation seines unerfüllten Irlandtraums?*

\- zettel 234 -

'the Divine impulsion cleaves in dim movements to the leaves, dropt & lifted, dropt & lifted,... ever wave the Eden trees, in the night=light & the noon=light' ... -

the thoughts here belong to the highest order of poetry, but they could not have been wrought into effective expression, without the instrumentality of those repetitions - those unusual phrases - in a word, those quaintness ... no true poet will fail to be enraptured with the two extracts above quoted.'"/ -:"[redacted]ss [redacted] Seine Rezension von der ELIZABETH BARRETT, nich ? - Aso wenn Er über Weiber=Büchel zu schreibm [redacted] beginnt, iss ja keen [redacted] stecken mehr grade [redacted] die obscurstn Creatürchen mit ihren Perseleien uff Reimlexicon=Basis, hat Der in einem Ton gefeiert ! :ch verlier allein bei den Nam' der Zikkn alle Geduld !: ELIZABETH OAKES SMITH; LUCRETIA MARIA DAVIDSON; ESTELLE ANNE LEWIS; FRANCES SARGENT OSGOOD; ANNA CORA MOWATT; SARAH MARGARET FULLER..."/ :"auch MARCHESA D'OSSOLI genannt - Tja; als 'Kritiker' war EDGAR POE eine der wehmütigsten Erscheinungen; die über nur=3'Platten' verfügte : groß=A) Männlichen Kollegen gegnüber; klein=a) sie des Plagiats an Seinen=eignen Meisterstücken zu bezichtijen - meist nach der kuriosen Melodie sings [redacted] 'it s a dimmed copy ! :you 11 find in my RAVEN all the letters, and not a

1.) [redacted] der song eines 'tree=spirts'
2.) di vino + imp + cleave + dim movements./'leaves' könn' auch Fäkalien
3.) droppt; und wird wieder geliftet : & troppt :& nochma liftn - : immer [redacted] der Paradieses=Baum !
4.) the highest ordure + POE =tree + a fucktive + aus =drücken + instrument + repetiton
5.) 'quaint' = pud.mul (pm)
6.) der 'trou=poet' muß, [redacted] will he nilly, bei 2 Extrakten in Verzückung
:? -
(:" penissimo -", murmelte P..

('Psyche ZENOBIA'; (auch in HAWTHORNE's 'Blithedale'

Aus: Der Spiegel 24/1979

matik und Astronomie ein „Problem", das sie in ihrem Buch *Wu Hi? Arno Schmidt in Görlitz Lauban Greiffenberg*[131] zu klären versuchen. Martin Henkel entlarvt dies als unsinnig, indem er dagegenhält: „Dabei gibt es ein solches Problem ja gar nicht, da das Studium nicht stattgefunden hat; etwas, was nicht existiert, hat auch keine Attribute. Die beiden Adepten versichern treuherzig im Jahre 1986, es habe für sie keinen Anlaß gegeben, mit Alice Schmidt über diese Frage zu sprechen, da es vor Kenntnis der Briefe von (Schmidts Schulkollegen) Jerofsky und anderer Materialien ‚keinen Grund' gegeben habe, ‚die von Arno Schmidt mitgeteilte Version anzuzweifeln'. Sie finden es ‚Merkwürdig nur, daß die erfundenen vier Jahre eben gerade den benötigten biographischen Raum für das fiktive Studium schaffen.' und erwägen: ‚Oder wäre es umgekehrt, daß er das Studium erfand, um die Zeitlücke plausibel schließen zu können?' Die beiden Autoren sehen sich außerstande, das Dilemma aufzuklären, und erzählen ohne Quellenangabe, Schmidt habe einmal erwähnt, ‚er habe sich, seiner schlechten Augen wegen, sowieso auf das Studium der theoretischen Astronomie beschränken müssen'. (Diese ‚Erwähnung' wäre ja nun zweifellos einer der besseren Witze Schmidts.)"[132] Neben Reemtsmas hinlänglich auch aus anderen Fällen bekannten Schwierigkeiten im Umgang mit Quellen ist bemerkenswert, daß er anscheinend nicht zu denjenigen gehört, die erkannt haben, daß Schmidt entgegen seiner Behauptung keinerlei akademische Ausbildung genossen hat. „Es gibt (für Gläubige wie Reemtsma und Rauschenbach) keinen Grund, an der von Arno Schmidt gegebenen Version zu zweifeln."[133]

Dem Mythos vom „poeta doctus" und der Mythisierung von Kindheit und Jugend „folgt fast automatisch der weitere Mythos vom verkannten Genie, den ebenfalls Schmidt selbst in die Welt gesetzt hat, und zwar in der Pose des trotzigen Kindes. ‚Ätsch, ich will gar nicht von mehr als 390 Lesern rezipiert werden' heißt ja auch: ‚Die Bundesrepublik ist selbst dran schuld, wenn sie ihren größten Schriftsteller verkennt und verfemt'."[134] In Wahrheit ist Schmidt ein Hätschelkind des Literaturbetriebs. Über keinen anderen deutschen Schriftsteller hat *Der Spiegel* so oft und so ausführlich geschrieben wie über ihn. Von Beginn seiner schriftstellerischen Tätigkeit an ist er mit Lob und Preisen überhäuft worden.

So erhält er 1964 den Berliner Fontane-Preis; die Laudatio hält kein Geringerer als Günter Grass, der es mittlerweile bekanntlich bis zum (tatsächlichen) Literaturnobelpreis gebracht hat. Der 1927 in Danzig geborene Autor und Bildhauer ist als 32jähriger durch sein Werk *Die Blechtrommel* zu literarischem Ruhm gelangt, und das tiefe Eintauchen in die „Fäkal- und Urogenitalsfäre" ist eines der wesentlichen Kennzeichen auch dieses deutschen Schriftstellers. Kein Wunder also, daß er Schmidt in seiner Laudatio überschwenglich feiert: „Heute bequemen wir uns zur Ehrung eines Schriftstellers, den Freunde wie Feinde gerne – und sei es um des eigenen Standpunktes willen – mit dem Titel Außenseiter behängen, als stünden wir Kopf an Kopf beim Pferderennen, als lohne es sich, auf Favoriten zu setzen, als hafte der Literatur Stallgeruch an – und – als sei es die Aufgabe der Favoriten wie Außenseiter, wenn schon nicht für ganz Deutschland dann immerhin fürs bessere zu reiten.

Nicht daß ich sagen will, hier wird heute ein Vergessener jener Spielart geehrt, die Arno Schmidt von Zeit zu Zeit für uns ausgräbt; er hat immer Freunde gehabt, die nicht müde wurden, auf ihn hinzuweisen: Alfred Andersch, der ihm mit seiner Zeitschrift ‚Texte und Zeichen' und dem Radio-Essay des Süddeutschen Rundfunks Asyl bot, Helmut Heissenbüttel, der ihn vor etwa einem Jahr mit einer größeren kritischen Arbeit vorstellte: ‚Annäherung an Arno Schmidt'; aber gelesen wurde er, dessen Erzählungen und Romane – ‚Die Gelehrtenrepublik' und ‚Das steinerne Herz' – zumindest populär sein könnten, nicht oder kaum."[135]

Grass widerlegt hier also schon den Mythos vom verkannten Dichter. Daß er sich weiter unten, Heissenbüttel zitierend, allerdings dazu versteigt, Schmidt als einen „verhinderten Volksschriftsteller" zu preisen, ist blanker Hohn. Wie es scheint, hat sich Grass eine recht eigene, völlig vom allgemein üblichen Gebrauch abweichende Definition des Begriffs „Volksschriftsteller" zurechtgelegt.

Wie auch immer, Günter Grass setzt seine verworrene Lobhudelei fort, wobei es auch ihm nicht gelingen will, einen Zusammenhang zwischen Schmidt und Fontane herzustellen. Denn: „[...] die mir zugestandene Zeit, zu preisen und zu loben, läuft ab; jetzt noch schnell Beziehungen feststellen zwischen Arno Schmidt und Fontane, weil ja der Preis ...; oder das dringendste Bedürfnis unserer Zeit befriedigen, und unseren Autor fix auf einen Nenner bringen?"[136] Nein, lieber reitet Grass noch ein bißchen auf seiner „Lieblingserzählung" *Seelandschaft mit Pocahontas* herum – kein Wunder, daß sie ihm so gefällt: Gotteslästerung und Pornographie sind ja auch seine ureigenste Domäne. Genüßlich verbreitet er sich über diese Erzählung und versucht „vergeblich [...] mit Stichworten so etwas nicht Löffelbares wie den Inhalt dieser Liebesgeschichte abzustecken"[137]: „Und dieses Quartett wird fortan, bis der Autobus die beiden Mädchen aus der Erzählung und somit aus der Seelandschaft trägt, Liebe machen, nach gemachter Liebe ruhen, neue Liebe vorbereiten, also: sich mit Niveacreme behandeln, im Paddelboot paddeln und nicht paddeln, Haubentaucher erschrecken, im Wind spazieren gehen, wieder im Paddelboot es versuchen, zwei Gitarren am Meer singen, Wetterleuchten und aufkommende Gewitter beobachten, Abendnachrichten hören, vom Sekt nippen"[138] und so fort.

Doch alle Schmeichelei von seiten Grass' und anderer Geistesverwandten scheint Arno Schmidt nicht zu tangieren: Obwohl er solchermaßen ge- und verehrt wird, spielt er zeit seines Lebens den Gekränkten (oder fühlt sich tatsächlich gekränkt, was hier aber nichts zur Sache tut). Aufgrund seiner Lebensgeschichte meint er, zu Unrecht um die erwünschte Anerkennung als Kulturträger gebracht worden zu sein. Auch führt er gern seine Herkunft ins Feld, indem er behauptet, „proletarische" Wurzeln zu haben. Auch das gehört zur Mystifikation seiner Kindheit und Jugend, denn proletarischer Herkunft ist er keineswegs, sondern der Sohn eines wilhelminischen Polizisten, also eines Mitglieds einer dezidiert antiproletarischen Kampftruppe. „Die Lebensverhältnisse bei Schmidts zuhause in Hamburg und in Schlesien waren kleinbürgerlich, mit Büchern und soliden Möbeln und Realschulbildung für den begabten Sohn. Auch Schmidt ist, wenn man ihn überhaupt in einem Klassenschema unterbringen will, in seiner ganzen Mentalität und Lebensführung ein Kleinbürger, ein Spießer *par excellence* geblieben. Je älter, desto spießiger wurde er."[139]

Dennoch ist Arno Schmidt „ein guter linker Mann", eine Bezeichnung, die durch die gesamte Sekundärliteratur geistert.[140] Wer indessen behauptet, Schmidt habe zur Politik Überlegtes, Wegweisendes und Gültiges geäußert, sollte sich mit seinen Texten etwas genauer auseinandersetzen: Schmidt lehnt die CDU-Politik der Nachkriegszeit aus dem gleichen Grund ab wie den Nationalsozialismus, weil nämlich das verachtete Volk beiden Formen von Politik zustimmte. Unterschiede nimmt er nicht wahr. In *Aus dem Leben eines Fauns* verachtet die Figur Friedrich Düring die Nationalsozialisten, „teils weil sein Chef, der NS-Landrat, studiert hat, teils aber auch, weil 95 % des Volkes einschließlich seines eigenen Sohnes so verächtlich dumm sind, der Politik auf den Leim zu gehen. Das bedeutet, daß der Nationalsozialismus für Schmidt eben die Politik, d.h. die Herrschaft der Studierten, in einer besonderen Ausformung ist; Dr. Goebbels steht für Dr. Adenauer."[141]

Eine solch verquaste politische Einstellung dürfte Jan Philip Reemtsma gefallen haben, wie ihm alles an Schmidt gefiel und sicherlich bis heute gefällt, bis hin zu der Tatsache, daß Schmidt für die Zigarettenmarke „Atika" aus dem Hause Reemtsma (wie im übrigen auch für die Präservativmarke Blausiegel) häufig Schleichwerbung betrieb, beispielsweise in eben diesem Buch *Aus dem Leben eines Fauns*.[142] Wie sollte es sonst zu erklären sein, daß es zur Herausgabe einer Sammlung von 25 CDs *Jan Philipp Reemtsma liest Arno Schmidt* kommen konnte, die für die Unbeirrbarsten unter den Arno-Schmidt-Fans für 649 Mark zu erwerben war und auf denen der Schüler immerhin 26 Stunden und 30 Minuten lang aus den Werken des Meisters vorträgt?

Nur wenige Male ist der millionenschwere Jünger zu Gast bei dem „höflichsten und freundlichsten Menschen, dem ich je begegnet bin".[143] „Das Auftreten von Herrn Reemtsma hat ihm so imponiert. Er hat zu mir immer gesagt: ‚Das ist der bescheidenste, anständigste aller meiner Leser'", weiß später Frau Alice zu berichten. „Ich wollte das auch nicht ausnützen", sagt Reemtsma dazu. „Ich wollte ihn nicht in die Situation bringen, daß er das Gefühl gehabt hätte, mir in irgendeiner Weise verpflichtet zu sein."[144]

Arno Schmidt stirbt am Pfingstsonntag 1979, dem 3. Juni, nur zwei Jahre nach der ersten Begegnung mit Reemtsma. Erst drei Tage später dringt die Todesnachricht an die Öffentlichkeit. Auch die Bargfelder Bauern, die ja doch stolz auf den berühmten Fremdling in ihrer Mitte gewesen sind, erfahren nur durch Radio und Fernsehen von dessen Dahinscheiden, was sie der Hinterbliebenen nie verziehen haben. Im Morgengrauen des 23. September 1979 vergräbt Reemtsma mit Unterstützung eines Kriminalbeamten aus der Gemeinde die Asche des Dichters unter einem Findling im Garten des Schmidtschen Hauses; die Tochter des Polizisten spielt dazu auf der Flöte Bachsche Weisen. Vier Jahre darauf setzt Reemtsma auch die Asche der Witwe bei, die sich seit dem Tod ihres Mannes kaum noch im Dorf blicken läßt.

Der getreue Mäzen ist Reemtsma jedoch geblieben. Nicht selten begibt er sich zu dem Haus in Bargfeld, wo für die wachsende Fangemeinde eine Stätte des Forschens und der Nachlaßpflege entstanden ist. Die im November 1981 von ihm gegründete und mit einem Startkapital von fünf Millionen Mark ausgestattete Arno-Schmidt-Stiftung hütet das Erbe des Schriftstellers. Laut Statut soll sie „das Ansehen Arno Schmidts pflegen, sein Werk und seine Persönlichkeit für die Gegenwart und die Nachwelt darstellen und erforschen sowie die Literatur fördern". Am 5. Januar 1982 wird die Stiftung von der Bezirksregierung Lüneburg genehmigt. Am 18. Januar, dem Geburtstag des Toten, überreicht der Stiftungsvorstand in geschlossener Gesellschaft zu Bargfeld, der eine Feierstunde im Celler Schloß folgt, erstmals den mit 50.000 Mark dotierten Arno-Schmidt-Preis. Empfänger ist der damals 46 Jahre alte Schriftsteller Hans Wollschläger, langjähriger Schüler, Vertrauter und Geistesverwandter Schmidts.

Seit dem Tod von Schmidts Ehefrau Alice steht Reemtsma der Stiftung allein vor. In dieser Funktion zählen zu seinen Aufgaben unter anderem die Konzeption der

Werkausgabe, die Durchführung einzelner Editionen sowie die Planung von Tagungen, und er vergibt den „Arno-Schmidt-Preis" auch weiterhin. Preisträger sind unter anderen die Schriftsteller Wolfgang Koeppen (1984), Peter Rühmkorf (1986) und Werner Kofler (1996/97) sowie der Religions- und Kirchenkritiker Karlheinz Deschner (1988).

Jan Philipp Reemtsma scheint von der Experimentalprosa Arno Schmidts derart besessen zu sein, daß er seit Anfang der achtziger Jahre sogar vor Gericht um die beim Frankfurter S. Fischer-Verlag liegenden Rechte am Werk des Dichters kämpft, wobei er sich nicht scheut, von einer Instanz zur nächsten zu gehen. Über acht Jahre schleppt sich der Prozeß hin, und nichts hat den Nachruhm Arno Schmidts so gefördert, nichts dem Absatz seiner Werke so genutzt wie dieser erbitterte Streit, dessen Anstifter, im Bund mit der Witwe, der „bescheidenste, anständigste aller seiner Leser" ist.[145]

Reemtsma sieht sich als „Philologen im Wortsinn", als einen Liebhaber der Literatur und der Geisteswissenschaften – dies sei sein Metier, das er auszuüben gedenke, „bis ich alt und grau werde".[146] Dafür investiert er so gut wie seine ganze Arbeitszeit und Schaffenskraft, dafür hat er alles in allem schon mehr als 20 Millionen hingegeben. „Ich habe eine Reihe von Buchprojekten finanziert, ich habe zeitweilig [die linke Zeitschrift] ‚Konkret' unterstützt", sagt er. Doch all dies gehört nun der Vergangenheit an wie die Studentenjahre, wie die Dissertationsarbeit über Christoph Martin Wielands *Aristipp*-Fragment, deren Thema ihm von Arno Schmidt empfohlen wurde.[147] Anfang April 1986 eröffnet Reemtsma – merkwürdigerweise im Saal der „Patriotischen Gesellschaft von 1765" – eine Ausstellung mit Bildern und Archivmaterialien zu Leben und Werk Arno Schmidts. Anlaß dieser Huldigung ist die Präsentation des ersten Bandes der Gesammelten Werke Schmidts, publiziert im Zürcher Haffmans Verlag.

Zu diesem Zeitpunkt hat die Balgerei um das literarische Erbe Arno Schmidts, der zähe Rechtshandel zwischen der Bargfelder Stiftung und dem Verlagshaus S. Fischer eine neue Dimension erreicht. Für Jan Philipp Reemtsma ist es ein „Musterprozeß, für den alle Autoren, die mit Verlagen in Rechtsbeziehungen stehen, ein spitzes Ohr haben müßten".[148] Noch im Frühjahr 1982, kurz nach Begründung der Stiftung, hatte es als beschlossen gegolten, daß die Werkausgabe bei S. Fischer erscheinen werde. „Wir saßen in den Startlöchern und warteten", erinnert sich der S. Fischer-Geschäftsführer Karl-Michael Mehnert, „warteten nur noch darauf, daß diese Stiftung gegründet und die Rechtsfrage geklärt wurde, daß auch hinsichtlich der Honorarwünsche von Frau Schmidt, die ja mit 20 Prozent exorbitant hoch waren, eine Einigung erfolgte".[149]

Während in Bargfeld die Pläne zur Arno-Schmidt-Stiftung reifen, wird in gemeinsamen Gesprächen wiederholt über einen Generalvertrag beraten und eine Werkausgabe vereinbart; Alice Schmidt ist bereits dabei, sich die Farbe für Leder und Leinen auszusuchen: rot. Daß es dann doch zum Bruch kommt, kann sich Fischer-Chefin Monika Schoeller nur damit erklären, daß sich in Jan Philipp Reemtsma mittlerweile ein ganz eigener Editoren-Ehrgeiz herangebildet haben müsse. Denn dieser hatte geschäumt: „Fischer schlug einen Generalvertrag vor, der eine Zumutung war."[150] Und den weist Reemtsma natürlich zurück.

Im Juni kündigt die Witwe des Dichters in einem von Reemtsmas Anwalt Joachim Kersten verfaßten Brief „alle mit dem S. Fischer Verlag bestehenden Verlagsverträge über Werke von Arno Schmidt fristlos aus wichtigem Grund". Zur Buchmesse im Herbst 1982 gibt der Stiftungsvorstand bekannt, er wolle nun mit dem soeben gegründeten Zürcher Verlag des Schmidt-Bewunderers Gerd Haffmans zusammenarbeiten, in dem er „einen Partner gefunden" habe, der die Publikationen der Stiftung so betreuen werde, „wie es einem Œuvre wie dem Arno Schmidts notwendig und angemessen ist".[151]

Dem Fischer Verlag meinen Frau Alice und Reemtsma „mangelnde Pflege am Werk" und „grobe Vertragsverletzung" vorwerfen zu können, weil dieser den Autor Schmidt durch den Aufkauf des Stahlberg Verlags 1971 in sein Haus geholt hatte und ihn Anwalt Kersten zufolge dort „denkbar schlecht" behandelt habe: Außer den drei großen Typoskripten der siebziger Jahre, so klagt Reemtsmas Anwalt in seinen Schriftsätzen, habe S. Fischer keine einzige Hardcover-Ausgabe von Arno Schmidts Romanen, Erzählungen und Essays auf den Markt gebracht, sondern sie lediglich in billigen Taschenbüchern angeboten – und dies, obwohl zehn der insgesamt 17 Taschenbuchlizenzen abgelaufen waren, wie Kersten entdeckt.

Doch damit nicht genug. Reemtsma scheut weder Kosten noch Mühen und schaltet eine Wirtschaftsprüfungsfirma ein, die feststellt, daß der Verlag durch unkorrekte Abrechnungen seinem Autor, dessen durchschnittliches Jahreseinkommen 37.588,74 Mark betrug, Honorare plus Zinsen in Höhe von mehr als 42.000 Mark vorenthalten habe. Dies alles seien triftige Gründe, so entscheiden Schmidts Rechtsnachfolger, um das Vertrauensverhältnis zum Verlag als zerstört anzusehen und ein weiteres Festhalten an den Verträgen für unzumutbar zu erklären.[152]

Die Chefin des Frankfurter Verlags, Monika Schoeller, denkt jedoch nicht im Traum daran, sich ihren verbrieften Anspruch auf Arno Schmidts Werke entreißen zu lassen, um so weniger, als ihr Arno Schmidt, den sie an seinem 65. Geburtstag, wenige Monate vor seinem Tod, besucht hatte, „sehr freundlich und sehr betont" versichert habe, „wie glücklich er sei, daß sein Werk bei S. Fischer erscheine, und so solle das auch bleiben". Das, „was da vor sich geht", findet Frau Schoeller „unsinnig", und sie hält es für unerhört, daß man in Bargfeld „so tut, als sei man der Autor selbst". „Ich glaube", sagt sie, „Herr Reemtsma achtet einfach die Rechte des anderen zu wenig. Er setzt für seine Zwecke wirklich alle seine großen Mittel ein, seien sie finanzieller oder juristischer Natur"; und sein offenkundiges Ziel sei es bald schon gewesen, die Hauptrechte an Schmidts Büchern in den Besitz der Stiftung zu bringen.[153]

Diese Einschätzung dürfte der Schlüssel zum gesamten Prozeß um die Rechte an Arno Schmidts Werk sein. Sie gibt darüber hinaus eine treffende Charakterisierung Jan Philipp Reemtsmas und seines Verhaltens gegenüber den Rechten anderer. Auch den skrupellosen Einsatz der finanziellen und juristischen Mittel kennt man von Reemtsma, etwa im Zusammenhang mit seiner Anti-Wehrmachtausstellung. Wie ein verwöhntes Kind sich auf ein bestimmtes Spielzeug versteift und alles daran setzt, es zu bekommen, so hat der Millionenerbe stets seine Lieblingsprojekte, die er kraft seines Vermögens gegen alle – berechtigten – Widerstände durchzuboxen versucht.

Der Rechtsstreit, der im Sommer 1982 mit einer von Alice Schmidt erwirkten einstweiligen Verfügung begonnen hatte, schleppt sich wie eine Wanderbühne durch Deutschland. Vor dem Landgericht Hamburg klagen die Bargfelder auf Verbot von Herstellung und Verbreitung sämtlicher 17 Schmidt-Taschenbücher. Daraufhin erhebt Fischer beim Landgericht Frankfurt Feststellungsklage, um die Kündigung der Vertragsbeziehungen als unwirksam verurteilen zu lassen. Frankfurt verweist die Sache zuständigkeitshalber an das Landgericht Lüneburg, das sie zum Landgericht Hannover weiterreicht.

Dort ruht die Angelegenheit einige Zeit, während der die zerstrittenen Parteien nach einer gütlichen Beilegung des Haders suchen. Der Inhaber des Copyrights, also der S. Fischer Verlag, stimmt schließlich dem Verkauf von Einzeltiteln durch die Stiftung und ihren Verleger Haffmans zu. Wie Monika Schoeller berichtet, sei sie Herrn Reemtsma weit entgegengekommen, in wiederholten Gesprächen unter vier Augen, in Hamburg, Frankfurt und Zürich. Doch als er schließlich „aus der Hinterhand" auch noch ihr Plazet zu einer relativ preisgünstigen Studienausgabe forderte, habe sie keine Hoffnung auf Ausgleich mehr gesehen, und der Streit entbrennt aufs neue, grimmiger als zuvor.[154]

Der eingeschworenen Schmidt-Gemeinde bringt dieser Streit indessen nichts als Vorteile: Nur wenige Wochen nach dem letzten unseligen Gipfeltreffen in Stuttgart, kurz vor Weihnachten 1984, wirft Fischer drei Reprints früher Schmidt-Titel auf den Markt. Elf weitere Reprints folgen im Laufe des neuen Jahres, so daß im Herbst die lange vergriffenen Werke von *Leviathan* (1949) bis zum *Triton mit dem Sonnenschirm* (1969) wieder komplett vorliegen.

Auf diesen Blitzschlag des S. Fischer Verlages reagieren die Stiftung und der Haffmans Verlag im März 1985 mit einer *Zürcher Kassette* von acht vorzüglich ausgestatteten Bänden, die sämtliche Romane und Erzählungen vor den Typoskripten zum Sensationspreis von 80 Mark enthält. 20.000 Exemplare dieses bibliophilen Produkts einer „monatelangen Nacht- und Nebel-Aktion", so Verleger Gerd Haffmans, gehen sofort weg: Keinem Buchhändler war die Ausgabe angekündigt und keinem Vertreter in den Reiseprospekt geschrieben worden; man hatte die Edition – unter dem Decknamen „Operation Mark Twain" – vollkommen getarnt gedruckt. Sogar die Pakete, in denen Gerd Haffmans die ersten Exemplare durch den schweizerisch-deutschen Zoll in die Bundesrepublik einführt, sind noch mit „Mark Twain" etikettiert.

Allerdings kann auch Monika Schoeller über den Absatz ihrer Neuauflagen nicht klagen. Reemtsma versucht zwar, einstweilige Verfügungen dagegen zu erwirken, erreicht aber lediglich, daß das Landgericht Hannover dem Verlag bis zur endgültigen Klärung der Rechtsverhältnisse eine Bürgschaft in Höhe von 200.000 Mark abverlangt. Fischers Schmidt-Bücher verkaufen sich flott, was Reemtsma einerseits wurmt, ihn andererseits aber auch ins Fäustchen lachen läßt, denn – die Reprint-Honorare, die Fischer abzuführen hat, kommen wiederum der Stiftung in ihrer Eigenschaft als Arno Schmidts Erbeserbin zugute. Und damit, so der Stiftungsvorstand, „finanzieren wir, partiell wenigstens, unsere Bargfelder Ausgabe".[155] Auch hier ist Reemtsmas Geschäftstüchtigkeit, die man ihm an dieser Stelle erneut attestieren muß, mit dem Mäntelchen des Kulturellen und des Idealistischen verbrämt. Wie der Prozeß um die Rechte an Schmidts Werk auch ausgehen mag, Gewinner ist Reemtsma auf jeden Fall schon jetzt.

Am 25. Juni 1985 trifft das Landgericht Hannover im Streitfall S. Fischer Verlag gegen Arno-Schmidt-Stiftung eine Entscheidung: Es erklärt die fristlose Kündigung der Verlagsverträge durch Alice Schmidt vom 16. Juni 1982 für unwirksam. Am 5. März 1986 weist der 13. Zivilsenat des Oberlandesgerichts Celle die Berufungsklage gegen das in Hannover ergangene Urteil mit der Begründung zurück, ein wichtiger Grund zur Kündigung sei von der Beklagten und Berufungsklägerin nicht dargetan worden. Auch die behaupteten Fehler in den Honorarabrechnungen, so das Celler Gericht weiter, seien von den Wirtschaftsprüfern aufgrund einer unrichtigen Auslegung der Verträge ermittelt worden. Zudem sei der Klägerin und Berufungsbeklagten keine Pflichtverletzung anzulasten, wenn sie es für unangebracht halte, neue Leinenausgaben des Schmidtschen Werke in den Handel zu bringen, denn das sei, gemäß Paragraph 17 Verlagsgesetz, ihr gutes Recht.

Das im selben Paragraphen verbriefte Recht des Autors hingegen, Neuauflagen seiner Bücher unter der Androhung zu verlangen, sich widrigenfalls vom Vertrag zu lösen, habe Arno Schmidt zu keiner Zeit in Anspruch genommen. Wie ihm selbst, so hätte auch seiner Rechtsnachfolgerin ein Rücktritt von den jeweiligen Verträgen zugestanden, jedoch nur dann, wenn S. Fischer der Forderung in angemessener Frist nicht nachgekommen wäre; ein solches Verlangen sei an den Verlag aber nie herangetragen worden.

Für Reemtsma gilt dieses Urteil – wie zu erwarten – natürlich noch lange nicht als der richterlichen Weisheit letzter Schluß. Er appelliert an den Bundesgerichtshof, in der Hoffnung, dieser möge „die grundlegende Bedeutung dieser Rechtssache" erkennen, die sich auch den Bargfeldern erst im Laufe des Prozesses enthüllt habe. Das Vertragsverhältnis zwischen Schmidt und Fischer nämlich, so hätten diese erkannt, veranschauliche exemplarisch den Umgang deutscher Verlagshäuser mit ihren Autoren, und es zeige die Abhängigkeit des Schriftstellers von der „faktischen Allmacht" seines Verlegers. Der Autor müsse sich – und das sei mit dem Geist des Verlagsgesetzes unvereinbar – einem Diktat unterwerfen, damit sein Werk überhaupt gedruckt werde. Das Verlagsgesetz sehe als Norm vor, daß der Verleger eines Buches zu einer einmaligen Auflage von 1.000 Exemplaren berechtigt sei. In der Praxis aber übertrage der Verfasser dem Verlag – wie es Arno Schmidt in jedem seiner Verträge mit Stahlberg und Fischer getan hat – das ausschließliche Recht der Vervielfältigung und Verbreitung für alle Auflagen und Ausgaben, bis das Urheberrecht 70 Jahre nach seinem Tod erlischt.

Reemtsma spielt den Rächer der Enterbten (die allerdings gar nicht gerächt werden wollen), und zieht gegen diese „Ewigkeitsverträge", diese „installierte Ungerechtigkeit", diese „Zwangsehe", die „den Stärkeren dazu verführt, den Schwächeren schlecht zu behandeln", zu Felde.[156] Das Argument vom wirtschaftlichen Risiko, das der Verleger mit einer möglicherweise nur oder nicht einmal kostendeckenden Erstauflage übernommen habe, läßt er nicht gelten. Im Winter 1985/86 spricht er in München darüber sogar vor Vertretern deutscher Verlagshäuser und fordert vor murrendem Publikum eine Abkehr vom derzeit üblichen Vertragsgebaren. Die Verachtung des Altachtundsechzigers gegenüber allem auf materielle Ziele ausgerichteten ökonomischen Tun kommt hier ebenso zum Durchbruch wie Reemtsmas Prozeßsucht, der er dank seines Millionenvermögens ungehemmt frönen kann.

Die gesamte Verbindung zu Arno Schmidt, die in den selbstgesponnenen und immer wieder kolportierten Legenden als uneigennützige idealistische Geste des Mäzens dem verkannten Künstler gegenüber erscheint, endet also in Zank, Hader und Streit, in Rechthaberei und schnöder finanzieller Gewinnabsicht. Eine solche Intention gilt in der heutigen marktwirtschaftlich orientierten Zivilisation zwar ganz und gar nicht als verwerflich, doch wird sie – ein Charakteristikum der Familie Reemtsma? – durch auf den ersten Blick rein kulturfördernd erscheinende Maßnahmen getarnt. Zudem hat sich gezeigt, was es mit dem sogenannten Künstler Arno Schmidt tatsächlich auf sich hat: Vorgetäuschte Bildung und fehlende schöpferische Originalität sowie das lustvolle Ausbeuten des Spektrums, das ihm das Fäkalvokabular bietet, entlarven den angeblichen Mythos als literarisches Kartenhaus, das, nicht

Selbst Der Spiegel *demontiert, wenn auch erst postum, das von ihm einst mit geschaffene Poetendenkmal: Hatte er Arno Schmidt in seiner Ausgabe 20/1959 noch eine ganze Titelgeschichte gewidmet (Titelbildunterschrift: „Goethes Prosa ist eine Rumpelkiste"), so ist ihm der Sturz des angeblichen Mythos 1996 nur mehr ein halbseitiges Lächeln wert. Die Nobelpreis-Summe von 350.000 Mark, mit der ihn Reemtsma 1977 bedachte, erweist sich nunmehr als Fehlinvestition.*

Aus: Der Spiegel 46/1996

SZENE KULTUR

Schmidt (1959), Zettelkästen

Autoren

Zettels Alptraum

Längst hoffte er nicht mehr, sein „weitaus bestes Stück" vollenden zu können. Auf „8 bis 10 Jahre" und „1500 bis 1600 DIN-A3-Seiten" in je vier Spalten veranschlagte Arno Schmidt 1977 sein Hauptwerk. Auch die dicke Geldspende von Großmäzen Jan Philipp Reemtsma nützte nichts mehr: Keine zwei Jahre später war Schmidt tot. Entworfen hatte er seinen Astronomenroman „Lilienthal" seit Mitte der fünfziger Jahre. Im gleichnamigen Dorf bei Bremen, wo einmal das größte Teleskop Kontinentaleuropas stand, sollten sich im Jahre 1801 Gelehrte und gebildete Soldaten über die Folgen der Französischen Revolution austauschen. Doch dauernd verdrängte andere Arbeit das Projekt. Am Neujahrstag 1958 bringt der Heide-Einsiedler schließlich ganze zwei Seiten zu Papier, streicht sie drei Tage später aus, bestärkt sich jedoch mit „Aber es geht!" Von wegen. Zwar verpflanzte Schmidt einige schwermütige Wortgebilde („Taubstumme Farben mühen sich in ihrer Himmelshälfte") in andere Bücher. Der „Lilienthal" aber blieb ungeschrieben. Samt Tagebuchaufzeichnungen, Lageskizzen, Personenregister, Fotos sowie 352 Zetteln voll kleinster Details des Lieblingsplans sind die kostbaren zwei Seiten jetzt als Prachtband herausgekommen (Haffmans; 172 Seiten; 180 Mark). Bei allem Philologenfleiß entsteht freilich nur der Grundriß einer winzigen Ruine. Bereits 1958, in der Prosaminiatur „Am Fernrohr", hatte Schmidt angedeutet, was vom „Lilienthal" zu erwarten gewesen wäre. Dort beobachtet ein einsiedlerischer Schriftgelehrter mit seinem Feldstecher ein lesendes Schulmädchen, „das Profil einer Indianerin, der Busen karg" – das Buch eines Spanners wär's halt geworden.

zuletzt im Lichte des wahren Charakters der Bindung an Reemtsma betrachtet, ohne weiteres Dazutun in sich zusammenfällt: Die subversive und zersetzende Tendenz als Grundeinstellung zieht sich mehr oder weniger bewußt durch alle Bücher und sonstigen Äußerungen Schmidts; bei Reemtsma ist sie hinsichtlich aller seiner linksgerichteten Aktivitäten – wie eben bei seinem Engagement für das Erbe seines Lehrers Arno Schmidt – geradezu Methode.

Die „Schmuddelkinder" der Hamburger Hafenstraße

Wie sehr Jan Philipp Reemtsma immer noch den Ideen der Achtundsechziger-Bewegung verhaftet ist – ohne allerdings diejenigen staatstragenden Elemente, denen er sich katzbuckelnd andient, wirklich zersetzt sehen zu wollen –, zeigt sich daran, daß er sich im Jahre 1987 massiv im Sinne der Hausbesetzer der Hamburger Hafenstraße einbringt. Warum bietet der Millionenerbe am 12. Mai 1987 in einem Brief an den Hamburger Bürgermeister Klaus von Dohnanyi an, einige der Häuser in der Hafenstraße und in der Bernhard-Nocht-Straße im Stadtteil St. Pauli Süd, die der Stadt Hamburg gehören, für einen symbolischen Preis zu erwerben und später einer GmbH zu überschreiben? Aus welchen Beweggründen heraus will der Ordnungshüter politischer Korrektheit die acht in Frage stehenden, von linken Chaosfanatikern besetzten Häuser am Hafenrand kaufen, um sie den Radaubrüdern und -schwestern, dieser schrillen Schar von Sozialromantikern in jugendlichem Alter, Ausreißern, intellektuell allzu früh Gescheiterten und gewaltbereiten Aussteigern, die sich als Sympathisanten der RAF verstehen, zu schenken?

Wohl kaum, um in der jahrelangen Kontroverse um die Frage, ob die dreistöckigen, eindeutig abbruchreifen Altbauten mit Dachausbau tatsächlich abgerissen und durch andere Gebäude ersetzt oder statt dessen lieber saniert werden sollen, eine endgültige Entscheidung herbeizuführen. Kein schlechter Nebeneffekt immerhin. Diesen scheint Dohnanyi jedenfalls im Blick zu haben, wenn er auf den Vorschlag positiv reagiert und mit Reemtsma entsprechende Verhandlungen aufnimmt. Doch Reemtsma hat mit der Hafenstraße anderes im Sinn: Er will sie kaufen, „um den Besetzern das Bleiben zu ermöglichen", hat andererseits aber nicht damit gerechnet, daß „die deutsche Linke beginnt, ihn als eine Art Nothelfer zu betrachten, den man jederzeit anrufen und um Geld bitten kann".[157] Eine Eigendynamik, die sein Kaufangebot womöglich mit verursacht hat.

Das mag jedoch allenfalls erhellen, warum das Projekt, quasi als Folge dieser Eigendynamik, letztlich scheitert – und zwar am Hamburger Senat, wie es heißt.[158] Die Motive Reemtsmas, der sich doch so sehr scheut, in die Rolle des Unternehmers zu schlüpfen, und schon gar nicht zum profitstrebenden Immobilienhai geschaffen zu sein scheint, bleiben dadurch unberührt. Auch wenn die wahrscheinlich gerade noch rechtzeitig erlangte Erkenntnis, daß sich unnütze Kosten umgehen lassen, wenn man sich solchen Begehrlichkeiten der Linken lieber nicht aussetzt, in gewisser Weise auf ein solches Kalkül hindeutet. Hierfür in die Geschichte des quasi exterritorialen Bezirks zu blicken, erscheint ebenso unumgänglich, wie sich erneut vor Augen zu halten, daß der Erbe des Tabakunternehmens, das seine Vormachtstellung auf dem deutschen Markt während des Dritten Reiches immens hatte ausbauen können, ein Problem mit seiner persönlichen Vergangenheit haben könnte, das er zu lösen sucht, indem er bewußt ins Gegenextrem verfällt.

„Zählt nicht uns, sondern eure Tage", lautet eine der prahlerischen, aber irgendwie doch ernstgemeinten Inschriften an den von unzähligen Graffiti bedeckten Wänden im Hamburger Hafenviertel. Anarchie hat die Regellosigkeit nicht nur zum Ziel, sie basiert natürlich auch auf ihr. Entsprechend geht es zu im Eldorado an der Elbemündung. Von Polizeivertretern wird wiederholt darauf hingewiesen, daß aus der Mitte der Besetzer zahlreiche Rechtsverstöße erfolgen. Anrückende Einsatzkräfte werden mit Barrikaden, Steinen und sonstigen Gewaltausbrüchen empfangen. Verletzungen in den Reihen der Beamten sind keine Seltenheit, in der Öffentlichkeit aber wird eher deren Vorgehen kritisiert als das der Gewalttäter. Es mag dahingestellt bleiben, ob die Reaktion der Staatsschützer stets angemessen ist, aber die Lage wird allmählich unhaltbar.

Dabei hatte alles relativ harmlos begonnen. Als sich im Jahre 1981 einige „Autonome" in leerstehenden Räumen des zum Abriß vorgesehenen Altbaubestands im Stadtteil St. Pauli Süd einnisten, sind die betreffenden Gebäude nur noch von wenigen Mietern bewohnt, und die illegalen Bewohner bleiben von der staatlichen Wohnungsbaugesellschaft SAGA zunächst unbemerkt. Diesem Umstand helfen die Hausbesetzer selbst ab. Am 2. März 1982 machen sie in einem offenen Brief auf ihre Anwesenheit aufmerksam und werden in den acht Gebäuden vorerst auch geduldet – und zwar solange Experten dabei sind, zu prüfen, ob die Häuser noch zu erhalten seien oder abgerissen werden müßten.[159] Das im Juli kommende Gutachten klingt hoffnungsvoll: „Die Instandsetzungskosten liegen weit unter den Abriß- und Neubaukosten." Nach zwei Brandanschlägen am 9. Juli läßt die SAGA am 5. August in der Bernhard-Nocht-Straße Fenster zumauern. Statt die endgültige Entscheidung abzuwarten, geben sich die Aktionisten offensiv: Um ihre Forderung nach Erhalt der Gebäude und Wohnerlaubnis zu unterstreichen, mauern sie ihrerseits im August 1982 kurzerhand den Eingang zur SAGA-Verwaltung Altona zu.[160]

Aber auch sonst häufen sich die Anzeichen dafür, daß unter den mittlerweile etwa 120 Insassen der Hafenstraßen-Häuser sehr eigenwillige Ansichten über den Sinn der bestehenden Gesetze grassieren. Im September 1982 etwa werden bei einer Verkehrskontrolle bei drei Personen, die als ihren Wohnsitz die Hafenstraße angeben, Molotow-Cocktails gefunden. Die darauf folgende Hausdurchsuchung hat zum Ergebnis, daß weitere vier Bewohner wegen Verdachts auf Besitz und geplante Herstellung von Sprengsätzen festgenommen werden.[161] Das *Hamburger Abendblatt* meldet zu dem Vorfall Ende Februar 1983: „Mehrere Wohnungen sind von Mitgliedern der linksextremen Szene und von Anarchogruppen besetzt, bei denen die Polizei im September ein ganzes Arsenal von Utensilien für die Herstellung von Brandsätzen entdeckte."[162]

Das gesteigerte öffentliche Interesse trägt zwar dazu bei, daß die Hamburger Landesväter bald nicht mehr nur unter städtebaulichen Gesichtspunkten über Abriß oder Erhalt des Gebäudekomplexes diskutieren, doch von einem Umdenken kann keine Rede sein. Geschweige denn von einem Umhandeln. Denn obwohl sich die Stimmen mehren, die die Beseitigung des Herdes einer vielfach politisch motivierten Kriminalität fordern, gibt es noch genügend Befürworter „alternativer Lebensformen", die – auch 15 Jahre nach 1968 unbelehrt – nach wie vor verlangen, dieser Entwicklung Raum zu schaffen und vorgeblich hoffnungsvollen jungen Leuten entsprechendes Wohnen zu ermöglichen. Dies läßt den Hamburger Senat, die von der SPD gebildete Landesregierung, zaudern. Er weiß, daß es seine originäre Aufgabe wäre, die Gebote der Rechtssicherheit zu wahren, zumal in der Hansestadt ausgefochtene Straßen- und Barrikadenkämpfe arg an seinem Image sägen würden. Auf der anderen Seite will er es sich aber auch nicht mit seinen Mitgliedern und linksgerichteten Wählern verscherzen.

Wankelmut und Pflichtvergessenheit sind leicht zu bemänteln, indem man zunächst alles beim alten beläßt und sich weiterhin mit Debatten aufhält oder Scheinlösungen auf den Tisch zaubert. So lehnt der Senat zwar den Vorschlag für ein selbstverwaltetes Wohnmodell ab und beschließt sogar den Abriß der Hafenstraßen-Häuser Nr. 116 und 126 sowie des Hauses Nr. 16 der Bernhard-Nocht-Straße. Doch statt die Räumung sämtlicher Gebäude anzuordnen, was angesichts neuerlicher Ausschreitungen am 21. Oktober gegen das Rathaus und am 28. Oktober gegen das Bezirksamt Hamburg-Mitte angezeigt gewesen wäre, stellt der zuständige Bausenator 260.000 Mark zur „Gefahrenabwehr", und um das Schlachtfeld winterfest zu machen, zur Verfügung; die damit verbundenen Arbeiten – auch an den zum Abriß vorgesehenen Häusern – sollen von den „Wohnungsnutzern" ausgeführt werden.[163]

Doch trotz dieser Zugeständnisse läßt auch im Jahre 1983 die aktionistische Öffentlichkeitsarbeit der Hafensträßler nicht nach. In der Nacht vom 26. zum 27. Februar etwa errichten sie anläßlich einer „Instandsetzungsfeier" eine Straßensperre und zünden sie an.[164] Als die Polizei einschreitet, kommt es zu einer Straßenschlacht, in deren Folge 31 Personen in Gewahrsam genommen werden. Aus dem Rahmen der sich häufenden Straßenkrawalle fällt ferner eine „Spontan-Demo" im Oktober, die einen massiven Polizeieinsatz erfordert und die Festnahme von sage und schreibe 154 Personen nach sich zieht. Hafenstraßen-Bewohner sind es auch, die am 3. November eine Sitzung des Hamburger Stadtparlaments, der Bürgerschaft, mit Transparenten, Flugblättern und Parolengeschrei stören und zwei Tage später mit einem weiteren Aufmarsch auf sich aufmerksam machen.[165]

Doch die Stadt Hamburg knickt erneut ein und gibt damit ein Paradebeispiel für verfehlte und gescheiterte „Deeskalation". Ende 1983 gibt sie einen erheblichen Preisnachlaß für die auf drei Jahre befristeten Einzelmietverträge, im Gegenzug verpflichten sich die „Wohnungsnutzer", Instandsetzungsarbeiten selbst durchzuführen. Die Quittung kommt postwendend: Zum Jahreswechsel wird die Vertragsänderung von den linken Chaoten gebührend gefeiert, es ist eine Veranstaltung, die sich zu einer handfesten „Silvester-Demo" mit Krawallen auswächst.[166]

Auch wenn diese durchaus Erfolge zeitigen, ist deren Selbstzweck doch unverkennbar. Denn die in dem Gebäudekomplex an der Hafenstraße erprobten „alternativen Wohn- und Lebensformen" sind mit kriminellen Handlungen ihrer „teils staatsfeindlichen, teils drogensüchtigen, jedenfalls unangepaßten Bewohner"[167] auch gegen in das Geschehen keineswegs involvierte Hamburger verbunden. Nachbarn klagen über Sachbeschädigungen vor ihren Häusern, zerstochene Autoreifen und eingeworfene Fensterscheiben, zunehmend aber auch über das mangelnde Interesse der Polizei an der Verfolgung solcher Straftaten. Einer Meldung der *Hamburger Morgenpost* zufolge gibt beispielsweise ein geschädigter Gastwirt die Weigerung von Polizeibeamten, dem in einem Haus an der Hafenstraße verschwundenen Täter nachzusetzen, wie folgt wieder: „Die Polizisten erklärten nur, daß sie damit nichts zu tun haben wollten. Nach dem Senatsbeschluß dürfe es keinen Ärger um die besetzten Häuser geben. Danach sind die Beamten wieder weggefahren."[168]

Immer deutlicher lassen die Hausbesetzer auch ihre politischen Sympathien durchblicken. Als um den Jahreswechsel 1984/85 in mehreren Städten der Bundesrepublik Deutschland die sogenannten „Widerstandstage" stattfinden, ist erstmals auch die Hamburger Hafenstraße mit von der Partie. Hierzu gehört unter anderem eine „Silvester-Demo zum Knast", auf der die „Zusammenlegung der politischen Gefangenen" gefordert wird.[169] Im selben Fahrwasser befindet sich auch die am 31. Januar 1985 veranstaltete „Protestaktion zur Solidarität mit der Zusammenlegungsforderung der inhaftierten RAF-Mitglieder", zu der wiederum eine Sperrung der Straße mittels brennender Barrikaden gehört, sowie eine „Scherben-Demo".[170]

Zum wiederholten Male kommen diese Ereignisse in der Hamburger Bürgerschaft zur Sprache, wobei die Abgeordneten der CDU dem SPD-Senat falsche Nachgiebigkeit gegenüber den Hausbesetzern vorwerfen. In der Tageszeitung *Die Welt* heißt es hierzu: „Entschlossene polizeiliche und politische Maßnahmen gegen terroristische und extremistische Bestrebungen in der Hansestadt hat die CDU-Fraktion gestern vom Senat verlangt. [...] Perschau und Müller forderten zugleich durchgreifende Maßnahmen zur Wiederherstellung der öffentlichen Sicherheit und Ordnung in der Hafenstraße. Sie verwiesen auf die Ausschreitungen der vergangenen Wochen in diesem Teil St. Paulis, als Sympathisanten der hungerstreikenden Terroristen am 31. Januar eine ‚Müllbarrikade' errichtet und angezündet hatten, wobei Polizisten und Feuerwehrleute durch Stahlkugelgeschosse und Steinwürfe am Einschreiten gehindert worden waren. Müller: ‚Obwohl hier zweifelsfrei schwere Straftaten begangen wurden, griff die Polizei offenkundig auf Anweisung des anwesenden Innensenators Rolf Lange bei diesen und zahlreichen vorhergehenden Zwischenfällen nicht ein.' Die Strafverfolgung auch schwerer Straftaten ende ‚vor der Haustür'. In der Hafenstraße habe sich ‚durch das ständige Zurückweichen der staatlichen Gewalt ein rechtsfreier Raum entwickelt, den die Bewohner ständig ausnützen'."[171]

Auch die örtliche Presse widmet sich seit langem ausführlich den Vorkommnissen in der Hafenstraße. So heißt es im Juni 1984 nach der „sexuellen Mißhandlung" – Bestandteil, Folge oder Verletzung „alternativer Lebensformen"? – einer Besucherin in einem der besetzten Häuser im *Hamburger Abendblatt*: „Dieser Fall ist der vorläufige Höhepunkt einer Serie von Straftaten, die von Punkern und Polit-Rockern aus der St. Pauli-Hafenstraße verübt wurden: Sie hatten Feuer gelegt, Einbrüche verübt, Autos beschädigt und Straßenschlachten mit der Polizei angezettelt."[172] Überhaupt lassen die Schlagzeilen an Deutlichkeit nichts zu wünschen übrig: „Wieder Krach an der Hafenstraße", schreibt die *Hamburger Morgenpost* am 23. August 1984, und am 4. September: „St. Pauli-Hafenstraße: Wo die Gewalt wächst". „Brennende Barrikaden auf der St. Pauli Hafenstraße. Steine und Stahlkugeln gegen die Polizisten. Randalierer unbehelligt", titelt das *Hamburger Abendblatt* am 1. Februar 1985, oder am 29. März 1985: „Wieder Krawalle in der St. Pauli Hafenstraße. Bauprüfer mußten von der Polizei geschützt werden". Die *Hamburger Morgenpost* bringt am 23. April 1985 einen Beitrag unter der Überschrift „Hamburger Chaoten mit Beil gegen Bausenator. Fischmarkt-Chaoten stürmten Büro des Bausenators"; am 13. Mai 1985 lautet die Schlagzeile: „Blutspur führt in die Hafenstraßen-Häuser".[173]

Solche auch aus den Folgejahren stammenden Beispiele ließen sich endlos fortsetzen. Doch trotz der deutlichen Sprache, die die Berichterstattung und natürlich die zunehmend eskalierende Lage selbst spricht, handelt der Senat hartnäckig in

Form von Ungereimtheiten. Ja er hofiert seine schwarzen Schafe in gewissem Sinne sogar. So läßt er zu, daß im Juni 1985 in der Bernhard-Nocht-Straße die „antifaschistische" Begegnungsstätte „Störtebeker-Zentrum" eingeweiht wird. Die Mittel für deren Errichtung stammen aus Spendengeldern der Grün-Alternativen Liste (GAL), und es interessiert wenig, daß ihr das Denkmal des Simon von Utrecht weichen muß, jenes Holländers, der um 1400 der Hansestadt Hamburg für ihren Kampf gegen die Piraterie die zwei damals modernsten Kriegsschiffe stiftete, den Freibeuter Störtebeker schließlich selbst gefangennahm und im Jahre 1401 enthauptete. Symbolhaft ist dabei nicht nur, daß das Denkmal anläßlich der Einweihung buchstäblich gestürzt wird, außerdem kommt es zur offiziellen Umbenennung der gleichnamigen Straße in Störtebeker-Straße.[174]

Klaus Störtebeker, Freund der Armen und Unterdrückten, als Ikone der anarchistischen Bewegung? Es ist kaum zu glauben, daß der Hamburger Senat eine derartig mißbräuchliche Geschichtsklitterung stillschweigend hinnimmt, die somit – auf beiden Seiten – auf ein unseriöses geistiges Fundament deutet. Die Blauäugigkeit des Senats kann eigentlich gar nicht so weit gehen, daß er nicht sähe, daß trotz, besser noch wegen eben dieser durch ihn vorgenommenen Verhätschelung mit einem weiteren Anstieg der Gewalt zu rechnen ist: Den Straßenrebellen einen historischen Helden als gesetzwidriges Vorbild zu präsentieren, provoziert dies ja geradezu. Doch da sich die Regierung nicht den Unmut ihrer eigenen Parteilinken und der linksdurchwirkten Hamburger Journalistenschaft zuziehen will, was der Fall wäre, wenn sie die Räumung und den Abriß der besetzten Häuser anordnen würde, wartet sie immer wieder mit solch fadenscheinigen Lösungen auf, um das Bleiben der Randalierer zu rechtfertigen bzw. überhaupt erst zu legitimieren. Und weil sich die Polizei auftragsgemäß noch mehr als bisher zurückhält, wenn es um die Aufklärung von deren Straftaten geht, fühlen sie sich in ihrer Zerstörungswut natürlich bestätigt und treten immer selbstsicherer auf.

In der Nacht vom 1. auf den 2. August 1985 etwa „wagen" es Polizisten, in der Hafenstraße eine Personenkontrolle vornehmen zu wollen. Bevor es dazu kommen kann, fliegen ihnen Steine und Urinbeutel entgegen, und die Hauseingänge werden verbarrikadiert. Es kommt zu Auseinandersetzungen, bei denen zwölf Streifenwagen demoliert werden.[175] Im August desselben Jahres kann ein Großeinsatz der Polizei bei den „Hamburger Chaostagen" Ausschreitungen zwar weitgehend verhindern, als jedoch bei einer „Antifa-Demo" in Frankfurt ein Teilnehmer von einem Wasserwerfer überrollt wird, schwören auch die Hamburger Hafensträßler blutige Rache und beteiligen sich in der Zeit vom 28. September bis 2. Oktober 1985 „im Rahmen von teils militanten Protestaktionen" an der Beschießung von Polizisten mit Stahlkugeln.[176]

Am 4. Oktober 1985 verkündet der Hamburger Verfassungsschutz, in der Hafenstraße hätten sich „zwei der RAF nahestehende Frauen eingenistet", und am 16. Oktober erklärt der Leiter des Hamburger Verfassungsschutzes, Christian Lochte, in einem Interview mit der *tageszeitung*: „Bis zum Sommer war die Hafenstraße für uns kein Thema. Was da stattgefunden hat, war aus unserer Sicht Kleinstkriminalität: Ladendiebstähle in Kaufhäusern zum Beispiel, oder es werden Zementsäcke oder Steine geklaut, weil sie das Geld, was sie für den Ausbau bekommen haben, dazu nicht richtig benutzt haben [...] Wir haben festgestellt, daß RAF-Frauen seit dem Sommer ihren Wohnsitz dahin verlegt haben. [...] Jetzt kommt überhaupt erstmals eine Struktur von Gewalt, hereingetragen von Leuten, die sich zu hundert Prozent mit der RAF identifizieren [...]" Daraufhin werden in der Nacht vom 21. auf den 22. Oktober die Redaktionsräume der *taz* von Unbekannten verwüstet, wobei ein Sachschaden in Höhe von 200.000 Mark entsteht; die Täter hinterlassen die Notiz: „wg. Lochte".[177]

Selbst der nachsichtige Innensenator Dr. Rolf Lange konstatiert am 14. Dezember 1985: „Das alternative Wohnprojekt Hafenstraße ist gescheitert. Den Bewohnern mangelt es an Gefühl für rechtsstaatliches Verhalten. Alternatives Wohnen wird dort als Alternative zum Rechtsstaat verstanden." Dieser längst überfälligen prägnanten Analyse folgt allerdings das kleinmütige Fazit: „Deshalb wird es keine zweite Hafenstraße mehr geben."[178]

Damit ist nicht ein einziges Wort über die Zukunft der „ersten" Hafenstraße verloren. Vielmehr geht es dort ebenso turbulent zu wie bisher. Im März wird etwa der Reifen eines Einsatzwagens zerstochen und ein mit Haftbefehl Gesuchter durch Umstehende vor der Festnahme bewahrt. Zu den Ereignissen im April zählen unter anderem: der Diebstahl von Hafenstraßen-Akten aus dem Bezirksamt; die Verhaftung von drei Hafenstraßen-Bewohnern nach Auseinandersetzungen mit der Polizei; die Verhinderung der Festnahme eines Rauschgifthändlers mit Beschädigung eines Polizeiautos; die Demolierung eines Bundeswehrfahrzeugs; die Gewaltanwendung gegen Zivilfahnder der Polizei; das Verprügeln eines Fotografen und der Diebstahl seiner Kamera. Auch werden wieder Wurfgeschosse eingesetzt, als Polizisten im Juli einen Verdächtigen kontrollieren wollen.[179] Im August erlebt die Polizei die üblichen „gewalttätigen Auseinandersetzungen", als sie ein ehemaliges Hotel in der Hafenstraße durchsucht und den Abbau eines Baugerüsts sichern muß, wofür aus politischer Rücksichtnahme ein möglichst schonendes Vorgehen von ihr erwartet wird. Die *Hamburger Morgenpost* wertet am 21. August 1986 das Verhalten des Bürgermeisters folgendermaßen: „Klaus von Dohnanyi und seine Mannen glauben, zur Zeit alles vermeiden zu müssen, was nach ‚Law and Order' riecht, wenn sie im linksradikalen Bereich verlorengegangenes Terrain gutmachen wollen. Schlimm, wenn dies um den Preis von Stahlkugeln und Leuchtkugeln auf friedliche Bürger geschieht."[180]

Am 20. Oktober kommt es wieder zu einer größeren Rangelei. Steinwürfe und beschädigte Fahrzeuge sowie Festnahmen sind das Ergebnis der Krawalle. Am folgenden Tag berichtet *Die Welt* über den Polizeieinsatz: „Ohne Ankündigung wurde unter dem Schutz von vier Hundertschaften der Bereitschaftspolizei gestern früh damit begonnen, in der St. Pauli-Hafenstraße aufzuräumen. Dutzende von Autoreifen, Holzlatten, alte Türen und weiterer Unrat – Material, das von dort wohnenden Chaoten wiederholt zum Bau von Straßensperren benutzt worden war – wurde von der Stadtreinigung entfernt. Gleichzeitig übermalten Handwerker im Auftrag der SAGA Parolen, die die Terroristenorganisation RAF verherrlichen."[181] Einer der an die Fassaden gesprühten Kampfsprüche hatte gelautet: „Wenn ihr räumt, hol'n wir die Russen."[182] Womit die Aufrührer von St. Pauli die Möglichkeiten ihrer politischen Einflußnahme indes eindeutig überschätzt haben dürften.

Anscheinend hat die gütige Staatsmacht doch allmählich die Stirn, den Provokationen nicht mehr nur in defensiver Weise Paroli zu bieten – wenn auch oft in anderem, mehr oder weniger gesuchtem Zusammenhang. So kommt es am 28. Oktober aufgrund eines richterlichen Beschlusses durch einen Gerichtsvollzieher und unter Mithilfe der Polizei zur Räumung von sechs Wohnungen in der Hafenstraße. Das löst verschiedene spontane Protestaktionen aus. Noch am gleichen Abend ziehen 2.000 Demonstranten von der Innenstadt zum Hafenstraßen-Viertel, wo sie von der Polizei gestoppt werden. Der Innensenator Pawelczyk erklärt die Hafenstraße zum Sperrgebiet. Auch in der Nacht und an den folgenden Tagen bekunden Demonstranten und Randalierer ihre Solidarität mit den Hausbesetzern, wobei es beim Überfall auf das Ortsamt St. Pauli zu Verwüstungen und bei mehreren Banken zu eingeworfenen Fensterscheiben kommt. Die nachdrücklichste „Solidaritäts-Demo" veranstalten die Jungsozialisten, die Parteijugend der SPD. Sie dringen in die Innenbehörde ein, spritzen mit Feuerlöschern und fordern den Rücktritt von Pawelczyk. In der Villa des SAGA-Anwalts Weiland werden Scheiben eingeschlagen, Buttersäure wird versprüht, in das Rathaus Altona und in ein SAGA-Büro fliegen Brandsätze, in mehreren Stadtteilen Hamburgs gehen Schaufenster zu Bruch. Ähnliche Aktionen finden gleichzeitig in Amsterdam, Kopenhagen, Frankfurt, Göttingen, Freiburg, Berlin und in anderen Städten statt.[183]

Sogar die Hamburger Schülerkammer zieht nach und veranstaltet am 1. November unter dem Motto „Solidarität mit der Hafenstraße" eine Demonstration, die aber von der Polizei nicht bis in das Sperrgebiet an der Hafenstraße vorgelassen wird. Der ganze Monat ist angefüllt von „militanten Protestaktionen" und Polizeieinsätzen. Presseberichten zufolge kommt es im November 1986 zum 160. Polizeieinsatz in der Hafenstraße.[184] Ursache für das Einschreiten sind etwa ein Brandanschlag auf das Ortsamt Blankenese und immer wieder verschiedene „Spontan-Demos", wie die vom 21. November, auf der rund tausend Personen auf die Räumung einer weiteren Wohnung und der Eckkneipe „Ahoi" in der Hafenstraße reagieren.[185]

Daß ihr Solidaritätsbewußtsein nicht nur die eigenen lokalen Belange berührt, demonstrieren die Aufwiegler erneut durch in Brand gesteckte Barrikaden – diesmal, um gegen die Räumung eines besetzten Hauses in Göttingen Anfang Dezember zu protestieren. Da die Feuerwehr bei ihren Löscharbeiten wie gewohnt behindert wird, muß auch die Polizei anrücken. Auch als am 15. Dezember Mitarbeiter der Wohnungsbaugesellschaft unter Polizeischutz einen routinemäßigen Kontrollgang durch die besetzten Häuser an der Hafenstraße unternehmen, gehen wieder Holzgegenstände und Reifen in Flammen auf.[186]

Fünf Tage später fordern etwa 12.000 Demonstranten in der Hamburger Innenstadt: „Solidarität mit der Hafenstraße. Keine Räumung, kein Abriß. Schluß mit dem Polizeiterror."[187] Dabei werden von Anfang an Farbbeutel und Knallkörper gegen Passanten und Polizisten geworfen und wie schon so oft Scheiben zertrümmert. Von den eingesetzten 2.500 Polizeibeamten erleiden etwa 90 Verletzungen. Unmittelbar im Anschluß an die Straßenschlacht sowie an den folgenden Tagen werden in 15 Hamburger Kaufhäusern Brandsätze gezündet.[188] Das Gewaltjahr 1986 endet wieder mit den über Silvester in der Hafenstraße abgehaltenen „Widerstandstagen", zu denen Hunderte von Teilnehmern aus der Hansestadt und anderen Orten Deutschlands sowie aus dem Ausland erscheinen, randalieren und weitere Aktionen für das neue Jahr planen.

Entsprechend beginnt das Jahr 1987 in der gewohnten Weise, nämlich mit Auseinandersetzungen zwischen „Wohnungsnutzern" einerseits, Mitarbeitern der Wohnungsbaugesellschaft und Polizeibeamten andererseits. Seit mittlerweile fünf Jahren liefern sich nun „rund achtzig Aussteiger und Ausgeflippte in der Hafenstraße immer wieder Straßenschlachten mit Polizeihundertschaften"[189], als im Februar 1987 Jan Philipp Reemtsma zum erstenmal im Zusammenhang mit diesem Konflikt in Erscheinung tritt, und zwar als einer von drei Vermittlern zwischen Senat und Hausbesetzern. Schon 1986 war er mit den Hafenstraßen-Leuten in Kontakt gekommen, als er ihnen ein undichtes Dach saniert hatte. Hierzu erklärt Reemtsma – die Bescheidenheit selbst – nun ein Jahr später gegenüber dem *Spiegel*, es habe sich dabei lediglich um „eine klassische, beinahe im Dickensschen Sinne karitative Angelegenheit“ gehandelt.[190]

Doch nun tritt der Mäzen auch für die unmittelbaren Interessen der notorischen Querulanten ein. Bereits vor Verhandlungsbeginn stellen er und die beiden anderen Parlamentäre Forderungen, die das *Hamburger Abendblatt* am 17. Februar 1987 veröffentlicht: „Gespräche mit dem Senat knüpfen sie an vier Vorbedingungen: 1. keine weiteren Polizeieinsätze; 2. keine weiteren Räumungen; 3. keine weiteren Begehungen bereits geräumter Häuser; 4. Wiederherstellung der Bewohnbarkeit aller Wohnungen (Öfen, Herde, Fenster einbauen). [...] Der vom Senat vorgeschlagene Unterhändler Eberhard Pohland, Abteilungsleiter in der Baubehörde, sei ungeeignet, heißt es, weil er ‚nicht wenigstens Staatsrat‘ sei.“[191]

Wie es am 5. März 1987 in der Tagespresse heißt, geht der Senat in der Tat auf diese Forderungen ein. Somit ist also ein Verhandlungsergebnis erzielt worden, noch ehe Verhandlungen überhaupt stattgefunden haben. Wie bringt dies ein Mann zustande, dessen Verdienst es lediglich ist, der politisch überkorrekte Nachkriegsvertreter einer stets zur Anpassung bereiten Tabakdynastie zu sein? Warum wird jetzt eine ganze Landesregierung urplötzlich weich?

Die Antwort dürfte wohl im Sympathisantensumpf der Hamburger Presse liegen. Ihr wie auch dem neuerlichen Schmusekurs des Senats diametral entgegen stehen die gewohnten Ausschreitungen der Hafenstraßen-Gang. Auch im März und April fährt diese weiterhin ihren alten Konfrontationskurs, über den die Zeitungen wie folgt titeln: „Steine gegen Feuerwehr“, „Autos geplündert und in Brand gesetzt“, „Hubschrauber in der Hafenstraße. Mittags flogen Molotow-Cocktails“, „St. Pauli. Lichtmast abgesägt, Fahrbahn blockiert“, „Anschlag auf Berufsverkehr: 14 Ampeln aus“ usw. Zu einem vorläufigen Höhepunkt der Gewalt kommt es am 23. April 1987 mit insgesamt 16 verschiedenen „Aktionen“. Dabei wird der Polizeiapparat überrascht, und unter anderem ist das Haus des Bürgerschaftspräsidenten Willich Ziel von Attacken mit Farbbeuteln und Stinkbomben, zudem werden die Fenster eingeschlagen.[192] „Der Initiativkreis wertet den Tag X als einen ‚Erfolg des außerparlamentarischen Widerstands. Die Strategie, die Hafenstraße unbemerkt von der Öffentlichkeit schleichend zu zerschlagen, wurde verhindert‘.“[193]

Auf diesen, wie es in der Presse heißt, „Terror in Hamburg“[194] folgt schließlich am 12. Mai das Angebot Reemtsmas an den Senat, die fraglichen, auch als „Krawallhäuser“ oder „Schmuddelhäuser“[195] bezeichneten Gebäude in der Hafenstraße käuflich zu erwerben. Bürgermeister Dohnanyi sieht in ihm wohl den rettenden Engel gekommen und ist begeistert. Reemtsma „geht es darum“, verrät *Der Spiegel*, „die soziale Stabilität der Bewohner – ungeachtet spießiger Vorbehalte, mit denen das Bürgertum der Stadt ihnen begegnet – vor der Zerstörung zu bewahren.“[196]

Ein hehres Engagement, fürwahr, doch nur oberflächlich betrachtet. Denn selbst mit dieser scheinbaren Flucht nach vorn sind die Anfang 1982 gerufenen Geister nicht wieder loszuwerden. Die Rechnung geht allein schon deshalb nicht auf, weil dem vielfachen Immobilienbesitzer und Multimillionär Jan Philipp Reemtsma „die soziale Stabilität der Bewohner“, von der er so vollmundig tönt, nicht viel wert zu sein scheint: Er will für die Häuser nur einen symbolischen Preis zahlen. Somit erweist sich sein sozial wie politisch motiviertes Mäzenatentum als äußerst fragwürdig und fordert Spekulationen über knallharte ökonomisch orientierte Trittbrettfahrerei heraus. Sollte er doch so etwas wie einen unternehmerischen Sinn entwickelt haben? Schließlich plant Reemtsma, die Häuser später einer GmbH zu überschreiben.

Ob all das letztlich wirklich die von Reemtsma so bezeichnete „soziale Stabilität" der eingeschworenen Anarchisten fördern wird, denen es offensichtlich um Krawalle um der Krawalle willen geht, bleibt fraglich. Reemtsma zeigt sich jedenfalls parteiisch zugunsten der Randalierer, indem er sich dafür stark macht, Einwirkungsmöglichkeiten des Senats auf den Ausnahmebezirk im Rahmen des Kaufvertrags zu verhindern. Im Gegenzug bietet er eine sehr befremdlich anmutende psychosoziale Betreuung der tatsächlichen und potentiellen Gewalttäter an.

Die Hamburger Senatoren, Vertreter von SPD und FDP, erweisen sich unterdessen überraschenderweise als zähe Verhandlungspartner. Sie fordern von Reemtsma „Millionenbeträge bis in Marktwerthöhe". Reemtsma aber besteht auf einem symbolischen Preis, auch lehnt er es ab, für die Durchführung des Projekts die Verantwortung zu übernehmen. Statt dessen will er die Verwaltung der Häuser den „Wohnungsnutzern" überlassen, mit deren Praktiken die Stadt Hamburg ja schon hinreichend Erfahrungen gemacht hat. Außerdem wertet Reemtsma als „unannehmbare Bedingungen" den Plan, über Abriß oder Weiterbestehen der Hafenstraßen-Häuser erst nach Ablauf eines Probejahres zu entscheiden, in dem das weitere Verhalten der „Wohnungsnutzer" beobachtet werden solle. Als Dohnanyi die Entscheidung über das Schicksal der Gebäude bis zur Neubildung des Senats im September 1987 verschiebt, kann Reemtsma bei der Stadt Hamburg „keine Bereitschaft erkennen, mit dem Problem so ernsthaft umzugehen, wie es notwendig wäre", vielmehr wittert er „Kräfte", die auch in Zukunft alles tun würden, um „selbstbestimmtes Wohnen am Hafen unmöglich zu machen".[197] Der Senat leiste sich hier „eine unglaubliche Frechheit, oder die Herren um Bürgermeister Klaus von Dohnanyi halten mich für einen Idioten".[198]

Ebenfalls nicht gerade mit Geduld gesegnet sind die „Wohnungsnutzer" selbst. Die Vertagung der Senatsentscheidung über die Hafenstraßen-Häuser wird von ihnen als „Kriegserklärung" gewertet[199], weshalb sie Anfang Juli zur Errichtung von regelrechten Befestigungsanlagen übergehen: Unter anderem werden Stahltüren eingebaut, Betonpoller verankert sowie vor den Häusern „Fallgruben" ausgeschachtet. Der Senat läßt diese Arbeiten von Hubschraubern aus beobachten und verlangt überdies am 6. Juli 1987 in einer Presseerklärung: „Der Senat kann im Interesse der öffentlichen Sicherheit den geschaffenen Zustand nicht hinnehmen. Er fordert die Bewohner der Hafenstraßen-Häuser dazu auf, diese Arbeiten unverzüglich einzustellen und den ursprünglichen Zustand des öffentlichen Grundes wieder herzustellen. Der Senat fordert in diesem Zusammenhang auch die Mitglieder des ehemaligen Vermittler-Kreises und Herrn Jan Philipp Reemtsma auf, ihren Einfluß geltend zu machen, daß aus der notwendigen Beseitigung der geleisteten Arbeiten keine neue Konfrontation erwächst, die die Chance auf eine friedliche Lösung des Problems im Sinne der Initiative von Herrn Reemtsma gefährden müßte."[200]

Solche Ermahnungen gehen Reemtsma entschieden zu weit, schließlich ist der Häuserkauf seine Idee, und die Zügel will er sich nicht aus der Hand nehmen lassen: „Wenn wegen ein paar Betonklötzen, die die Hafenstraßen-Bewohner aufgestellt hatten, Hubschraubereinsätze geflogen werden, ist das eine Unverhältnismäßigkeit, die ich einfach abenteuerlich finde. Geradezu absurd ist es, mich für solche Ereignisse verantwortlich machen zu wollen, mich gar aufzufordern, die Betonklötze wegzuräumen, obwohl diese Steine dalagen, weil es eben *nicht* zum Vertrag gekommen war."[201] Selbst Reemtsmas Pfleglinge waren ihrem Gönner schon von vornherein mit einem gewissen Undank begegnet: „Die Häuser gehören sowieso uns", war noch vor Bekanntwerden seines Angebots auf einem Transparent zu lesen gewesen.[202] Wozu brauchte man da nun also noch Reemtsma?

Doch mit diesem „Mann für alle Fälle", als den ihn die deutsche Linke seit langem zu betrachten scheint, läßt sich prima kooperieren. Ist die Chance auf sein Eingreifen, wenn man in Finanznöten steckt und sich nur ultralinks genug gibt, nicht eigentlich kalkulierbar? Gewissensbisse ob der kapitalistischen Basis der Gelder, der ihr Sympathisant ja unmittelbar verhaftet ist, scheinen den antiimperialistischen, prokommunistischen, radikalsozialistischen und anarchistischen Almosenempfängern dabei allerdings völlig fremd. Und auch Reemtsma scheint angesichts des ebenso infantilen wie gewalttätigen Auftretens seiner Schützlinge seinerseits keine Unruhe zu verspüren.

Doch dann erfolgt, völlig überraschend, der Rückzug: Angesichts des schmerzlichen Ungemachs, das ihm der Senat durch seine mangelnde Kompromißbereitschaft bereitet, zieht der Mäzen am 8. Juli 1987, knapp zwei Monate nach seinem ungestümen Vorpreschen, sein Kaufangebot unwiderruflich zurück: „Wenn ich nein sage, meine ich nein"[203], heißt es nicht wenig beleidigt – auch wenn Dohnanyi noch so sehr „bedauert".[204] Reemtsma macht also, wie *Der Spiegel* über sein Rückzugsgefecht urteilt, wie eine „beleidigte Diva" kehrt.[205] Ob dies nun daran liegt, „weil er seinen Willen nicht schnell genug bekam"[206], oder weil man von ihm mehr als nur einen symbolischen Kaufpreis verlangt hatte, was im Hinblick auf eine etwaige kommerzielle Nutzung der Gebäude womöglich nicht lukrativ genug erschien, muß offen bleiben.

Laut *Spiegel* versichert der Millionenerbe, seine Pläne seien gescheitert, weil „die Bewohner der Häuser größere politische Um- und Weitsicht zeigten als der Senat der Freien und Hansestadt Hamburg".[207] Diese Bewertung macht im Grunde genommen nur deutlich, wessen Grundeinstellung Reemtsma von vornherein zu unterstützen bereit war, zudem zeigt sie, daß es ihn wurmt, daß ihm der Senat mit seinen realistischen Forderungen einen Strich durch die Rechnung gemacht hatte: „Dabei war zum Beispiel allen von Anfang an klar, daß ich nur einen symbolischen Preis zahlen würde. Wenn ich mich bereit erkläre, dem Senat ein Problem abzunehmen, dann bezahle ich nicht noch dafür."[208]

Reemtsmas Interesse an den Geschicken der Hafenstraße und ihren Bewohnern verflacht jedoch auch nach seiner unmißverständlichen Absage keineswegs. So bezahlt er im Juli zwei Privatpersonen den Hubschrauberflug nach Sylt, wo sie dem dort urlaubenden Bürgermeister Dohnanyi eine Denkschrift mit der Forderung überreichen, auf jede polizeiliche Intervention in der Hafenstraße, die nach einer vorübergehenden Räumung inzwischen wiederbesetzt ist, zu verzichten.[209]

Seit Anfang 1982 schwelen nun schon die Auseinandersetzungen zwischen der Hamburger Landesregierung und den staatszersetzenden Elementen in der Hamburger Hafenstraße. Seit Anfang 1982 sind die Hausbesetzungen das beherrschende Thema in der Politik der Hansestadt, was von seiten der Bevölkerung, der Presse und der Bürgerschaft während dieser mehr als fünf Jahre immer wieder zu der Forderung geführt hat, die betreffenden Gebäude abreißen zu lassen und auf diese Weise dem Treiben der „Schmuddelkinder" von St. Pauli ein Ende zu setzen. Demnach muß Jan Philipp Reemtsma also bewußt gewesen sein, was er den Hamburgern zumutete, als er sich im Mai 1987 mit seinem Kaufangebot für den Erhalt der

Häuser an der Hafenstraße einsetzte – „um den Besetzern das Bleiben zu ermöglichen".[210] Denn das bedeutete zwangsläufig auch weiterhin „das Risiko, daß unbelehrbare Hardliner unter den teils staatsfeindlichen Bewohnern auch künftig Randale machen".[211] Die Ursachen für bürgerkriegsähnliche Unruhen, Krawalle und Kriminalität verschiedenster Art wären somit also latenter Bestandteil des Alltags in der Hansestadt Hamburg geblieben.

Das Hamburger Institut für Sozialforschung

Bereits drei Jahre vor seinem Scheitern im Ringen um die Hamburger Hafenstraße hat der Konzernerbe Jan Philipp Reemtsma ein weiteres, noch viel ehrgeizigeres Projekt in Angriff genommen, das *Die Welt* sogleich als „eine richtige Schnapsidee" verdammt, das ihm jedoch bald einen Ruf eintragen soll, von dem er selbst nie zu träumen gewagt hätte: Er gründet im Jahre 1984 die Stiftung Hamburger Institut für Sozialforschung, die in erster Linie zur Rolle der Gewalt im Zivilisationsprozeß forscht und deren unmittelbarer Zweck es in diesem Rahmen ist, „wissenschaftliche Forschungsprojekte auf dem Gebiet der Sozialforschung zu vergeben und durchzuführen, Tagungen und Workshops zu veranstalten, sowie zu publizieren, zugänglich zu machen und zu archivieren."[212]

Zum Zeitpunkt der Institutsgründung ist der Konzernerbe 32 Jahre alt, in einem Alter also, in dem Jungakademiker an ihrer Dissertation arbeiten oder sie vielleicht gerade vorgelegt haben, zu habilitieren beginnen, erste wissenschaftliche Abhandlungen veröffentlichen und ihrem ersten Lehrauftrag entgegensehen. Für die meisten, die sich für die universitäre Laufbahn entscheiden, ein langer und dorniger Pfad. Daß der junge Reemtsma, ohne irgendwelche Umwege in Kauf nehmen zu müssen, mit der Schaffung einer eigenen Wirkungsstätte direkten Einzug hält in die Sphären der Gelehrsamkeit, hängt sicherlich weniger mit geistiger Hochpotenz zusammen als vielmehr mit seinem Geld und dem daran gekoppelten Ehrgeiz, auf Kosten der Allgemeinheit private Vergangenheitsbewältigung zu betreiben.

Dabei geschah die Namensgebung für das Institut keineswegs zufällig, gab es für Reemtsma doch ein konkretes historisches Vorbild, und zwar das 1923 gleichfalls von einem Millionenerben, von Felix José Weil, an der Universität Frankfurt am Main eingerichtete Institut für Sozialforschung. Dieses war Mittelpunkt der sogenannten Frankfurter Schule, die seit den sechziger Jahren auf der Grundlage der neomarxistischen Theorie, etwa im Zusammenhang mit der Studentenbewegung der neuen Linken, im Sinne der Umerziehung eine intensive Volkspädagogik betrieb. Reemtsmas Hamburger Pendant war zwar nicht als direkte Kopie des Frankfurter Instituts gedacht, sollte „wohl aber in der Grundintention an den berühmten Vorläufer der zwanziger Jahre anschließen: nämlich als Stätte einer unabhängigen, kritischen, interdisziplinären Sozialforschung zu dienen."[213]

Daß dieser Anspruch gleichsam an Hochstapelei grenzte, zeigten bereits die frühen geistigen Exponenten der Frankfurter Schule, Männer wie Theodor Adorno, Max Horkheimer und Herbert Marcuse, die aufgrund ihrer straffen ideologischen Ausrichtung in den frühen sechziger Jahren, insbesondere durch ihre einseitige neomarxistische Weltanschauung, das Bild des Instituts entscheidend prägten und mit für dessen satirischen Spottnamen „Marxburg" sorgten. Deren hochgradig politisch motiviertes Wirken hat, seit seiner Studentenzeit, schließlich

Aus: Der Spiegel 24/1987

Während sich in der Hamburger Hafenstraße, Jan Philipp Reemtsmas Lieblings-Förderprojekt, Ausschreitungen der linksautonomen Hausbesetzer und Polizeieinsätze phasenweise tagtäglich aneinanderreihen, forscht sein 1984 gegründetes Hamburger Institut für Sozialforschung (unten) in erster Linie zur Rolle der Gewalt im Zivilisationsprozeß. Doch statt hier eins und eins zusammenzuzählen, geht es Reemtsmas Institut fast ausschließlich um die Dokumentation von Verbrechen des NS-Regimes…

Aus: Der Spiegel 29/1987

Aus: Der Spiegel 18/1996

auch Reemtsmas Wunsch nach einer adäquaten Eigenschöpfung genährt. Heute sind es Namen wie Jürgen Habermas oder Oskar Negt, die als Anziehungspunkte für die sich selbst stets treu gebliebene Klientel der Frankfurter Schule fungieren sollen.

Für die Idee des Hamburger Nachbildes stehen in erster Linie „eigenwillige Köpfe" wie die Psychoanalytikerin Margarete Mitscherlich, die Feministin Alice Schwarzer oder der marxistische Wirtschaftstheoretiker trotzkistischer Ausrichtung Ernest Mandel. Auch wenn diese im Vergleich mit den Frankfurter Wissenschaftlern einige Niveaustufen tiefer anzusiedeln sind, wurden sie von Jan Philipp Reemtsma doch mit Bedacht für den Gründungsbeirat ausgesucht.[214] Die permanent deutschlandkritische Einstellung Margarete Mitscherlichs etwa spricht für sich. In dem 1967 zusammen mit Alexander Mitscherlich veröffentlichten Buch *Die Unfähigkeit zu trauern*[215] zum Beispiel profiliert sie sich anhand des tendenziös antideutsch behandelten Themas Geschichtsverleugnung und Wiederholungszwang. 1984 äußert sie in dem Umweltmagazin *Natur*: „Uns erregt, daß hierzulande zu wenig Kinder geboren werden, daß es im Jahre 2030 in der Bundesrepublik nur noch 38 Millionen Deutsche geben wird. Warum aber müssen es unbedingt deutsche Kinder sein, die geboren werden [...]?"[216] Das herausragende Kennzeichen Ernest Mandels ist seine deutliche geistige Nähe zur Außerparlamentarische Opposition (APO) und deren gewalttätigem Umfeld, weshalb dieser zeitweise mit einem Einreiseverbot in die Bundesrepublik Deutschland belegt wurde, und selbst für die linkslastige Freie Universität Berlin erschien der notorische Verfechter des Rätesystems nicht tragbar. Der Berliner Senat jedenfalls hatte 1972 unter dem Protest der neuen Linken seine Berufung als ordentlicher Professor abgelehnt.

Jan Philipp Reemtsma hat sich den Posten des Leiters und geschäftsführenden Vorstands des Instituts vorbehalten und zeichnet in dieser Eigenschaft für die Forschungsplanung insgesamt, sowie – zusammen mit einigen Mitarbeitern – für die Konzeption und Durchführung einzelner Forschungs- und Publikationsvorhaben verantwortlich. Als Forschungsdirektor wird der Berliner Politologe Wolf-Dieter Narr verpflichtet. Jan Philipp Reemtsma verabschiedet ihn allerdings bald wieder und übernimmt auch diese Funktion selbst.[217] Darüber hinaus zählt zu Reemtsmas Umgang auch der Hamburger Hafenstraßen-Pastor Christian Arndt, der sein Amt für politische Auseinandersetzungen im Sinne des Asylrechts, gegen Atomenergie und Autoverkehr zu nutzen weiß und der, zusammen mit dem damaligen Grünen-Abgeordneten Michael Herrmann, die Hamburger Polizei verdächtigt, sie habe an afrikanischen Dealern Scheinhinrichtungen inszeniert. Arndt unterzeichnet Anfang 1996 gemeinsam mit Jan Philipp Reemtsmas Schwager Sebastian Scheerer und der im Institutsarchiv arbeitenden Feministin Christiane Ensslin, deren Schwester und RAF-Mitglied Gudrun sich 1977 in Stammheim erhängte, ein Manifest zum Prozeß gegen die wegen Mordes angeklagte RAF-Frau Birgit Hogefeld, das gegen eine ihr drohende lebenslange Freiheitsstrafe appelliert. In diesem Zusammenhang taucht ein weiterer Name auf, der den ideellen Hintergrund des Instituts auf unmißverständliche Weise mit beleuchtet: der 1977 zu lebenslanger Haft verurteilte Gewalttäter der RAF-Szene Karl-Heinz Dellwo. Dieser zeitweilige Mitarbeiter des Hamburger Instituts, der seine linke Prominenz durch die Beteiligung an dem Überfall auf die deutsche Botschaft in Stockholm im Jahre 1975, bei dem es Tote und Verletzte gab, erlangt hatte und sich 1992 vom Terrorismus lossagte, woraufhin er bereits drei Jahre später freikam, ist es, der besagtes Manifest vorstellt.[218] Desgleichen arbeitet auch der als „Bommi" Baumann einschlägig bekannte Michael Baumann, ehemaliges Mitglied der terroristischen „Bewegung 2. Juni", nach Verbüßen seiner Strafe als rechtskräftig verurteiltes RAF-Mitglied einige Zeit in Reemtsmas Institut.

Ähnliches gilt für den Arzt und Historiker Karl Heinz Roth, einstmals Funktionär des Sozialistischen Deutschen Studentenbundes (SDS) und Anfang der siebziger Jahre unter anderem zusammen mit Dellwo Hausbesetzer. Nach dem Fall des Eisernen Vorhangs wurde bekannt, daß Roth als Stasi-Spitzel in der militanten linksradikalen Szene gewirkt hatte. Laut *Focus* arbeitete er in der Hamburger Stiftung für Sozialgeschichte des 20. Jahrhunderts mit, die damals von Jan Philipp Reemtsma gefördert wurde und in den Gebäuden des Hamburger Instituts für Sozialforschung angesiedelt war. Im Auftrag der Stiftung hatte er auch in NS-Archiven der damaligen DDR geforscht, so im Potsdamer Dokumentationszentrum, das von der Stasi als Anlaufstelle für potentielle „Mitarbeiter" aus dem Westen genutzt wurde.[219]

Karl Heinz Roths zwielichtige Aktivitäten seit den siebziger Jahren haben im Laufe der Zeit ein derart eklatantes Ausmaß angenommen, daß sie hier ausführlich beleuchtet werden sollen. Am 9. Mai 1975, nachts um 1.24 Uhr, kontrolliert die Polizei auf einem Parkplatz in Köln drei in einem Auto sitzende Personen. Als man sie nach Vorzeigen ihrer Papiere zum Aussteigen auffordert, kommt es zu einem Feuergefecht, in dessen Verlauf ein Polizist erschossen und ein zweiter verwundet wird. Auch der Mörder findet den Tod, und einer der Insassen des Wagens wird durch Lungen- und Bauchschuß schwer verletzt. Die Ermittlungen ergeben, daß zwei der Schützen gefälschte Papiere bei sich führten und zur Fahndung ausgeschrieben sind. Es handelt sich um den Pistolenschützen Werner Sauber sowie um den Linksradikalen Roland Otto. Letzterer war seinerzeit wegen Beteiligung an einem Banküberfall in München zu einer Jugendstrafe von vier Jahren und vier Monaten Haft verurteilt worden; das dabei geraubte Geld sollte einem politischen Zweck, nämlich der Förderung des revolutionären Kampfes, dienen. Auch in der Haft hatte Otto seine Verbundenheit mit alten Genossen zum Ausdruck gebracht, und zwar dadurch, daß er im Juni 1972 gegen den Ausschluß von Rechtsanwalt Otto Schily von der Verteidigung der RAF-Terroristin Gudrun Ensslin mit einem Hungerstreik protestierte. Selbst vor Roland Ottos Privatleben machen die linksradikalen Tendenzen nicht halt: Wenig später verlobt er sich mit der in der Roten Hilfe in München aktiven Gertraud Will, die andere politische Straftäter, darunter einen zweiten am Bankraub Beteiligten, im Gefängnis betreut[220] und 1975 unter der Beschuldigung verhaftet wird, sie habe eine kriminelle Vereinigung gegründet und Dynamit sowie eine Schußwaffe aufbewahrt.[221] Aus einem im Januar 1974 gewährten Urlaub aus der Strafhaft kehrt Otto nicht in die Justizvollzugsanstalt zurück. Er entschließt sich zu einer „illegalen Legalität", worunter er „politische Massenarbeit" unter falschem Namen versteht.[222] Und die endet dann auf besagtem Kölner Parkplatz.

Der dritte Teilnehmer der nächtlichen Zusammenkunft trägt zwar ebenfalls eine nicht genehmigte Schußwaffe bei sich, weist sich jedoch, bevor er durch Schüsse verletzt werden kann, mit ordnungsgemäßen Papieren als Karl Heinz Roth aus. Über den Zweck der Unterredung mit Sauber und Otto verweigert er später die Aussage; den Besitz der Waffe rechtfertigt er mit der Behauptung, er habe als Arzt Türkinnen Verhütungsmittel verschafft und sie so vor dem „Gebärzwang" bewahrt. Da dies andere „Türkisch-Leute" allerdings auch falsch hätten auffassen können und er „keine Lust hatte, eines Tages irgendwo in einem Ausländerviertel zu verbluten, legte ich mir eine Pistole zu"[223], lautet seine Erklärung. Nichts als Selbstverteidigungsmaßnahme eines Menschenfreundes also.

Bis zu diesem Zeitpunkt ist Roth vor allem in Hamburg als Mitglied und Funktionär des SDS bekannt geworden: Während seines Medizinstudiums war er mit Haftbefehl gesucht worden, hatte sich jedoch bei Straßendemonstrationen mit einem so großen Aufgebot seiner Gesinnungsfreunde umgeben, daß die örtliche Polizei den Haftbefehl nicht zu vollstrecken wagte. Später half ihm dann eine unter Bundeskanzler Willy Brandt erlassene Amnestie. Überregional war Roth durch mehrere Veröffentlichungen an die Öffentlichkeit getreten, die der Standortbestimmung der Linken und ihrem politischen Kampf dienen sollten. So hatte er in den Jahren 1969 und 1970 zwei Texte verfaßt, die er wenig später unter dem Titel *Unwissen als Ohnmacht* veröffentlichte. In ihnen untersucht er, wie eine „kommunistische Bildungs- und Wissenschaftspolitik mit den aktuellen Bedingungen des internationalen Klassenkampfes" verschmolzen werden könne. Von Wilhelm Liebknecht stamme der lapidare Satz: „Wissen ist Macht, Macht ist Wissen." Umgekehrt folge daraus: „Unwissen ist Ohnmacht, Ohnmacht ist Unwissen." Für das revolutionäre Proletariat ergebe sich somit nicht nur die Aufgabe, die „Wissenschafts- und Bildungsprivilegien der Herrschenden systematisch zu untergraben", was zum Beispiel auch die „Zerschlagung des dreigliedrigen westdeutschen Auslesesystems im Schulwesen erfordere", sondern es müsse auch „Bildungswesen und Wissenschaft seiner revolutionären Gesamtstrategie gegen das kapitalistische Ausbeutersystem unterordnen". Folglich dürfe man nicht warten, bis „proletarische Machtorgane" einmal „Direktiven für Bildungswesen und Wissenschaft" erließen, sondern die „kommunistische Umwälzungsstrategie hat vielmehr, mit ihren Praxisformen unmittelbar eingreifend, den Klassenkampf im Produktionsprozeß mit den vorgelagerten Kämpfen in Bildungswesen, Wissenschaft usw. zu verbinden". Dazu gehöre etwa die „revolutionäre Lehrerarbeit in den Hauptschulen", eine Ingenieursausbildung, die mit einem „alternativen kommunistischen Studium" die Ingenieure „in den Kampf des Gesamtproletariats" integriere, und später müsse dann kommunistische Bildungs- und Wissenschaftspolitik im Sekundarschulbereich sowie in universitären wie außeruniversitären Einrichtungen folgen. Auf jeden Fall gelte: „In bezug auf die Herrschafts- und Unterdrückungswissenschaften schließlich kann es nur ein Ziel geben: sie und ihre institutionellen Strukturen im Verlauf des Klassenkampfes als solche zu vernichten."[224]

In dem 1971 erschienenen Buch *Invasionsziel: DDR. Psychologische Kampfführung – Vom Kalten Krieg zur Neuen Ostpolitik* meint Roth, die ganze Verderbtheit des kapitalistischen Systems zu entlarven, indem er die Öffentlichkeit von seiner „Entdeckung" unterrichtet: „Auf Planungen zur Annexion und Ausbeutung seiner Nachbarvölker hat sich der deutsche Imperialismus schon immer verstanden, vor allem in seiner ‚Ostpolitik'."[225] Sei es schon unerhört, daß man in der Bundesrepublik mit einem „Forschungsbeirat für die Fragen der Wiedervereinigung Deutschlands", einer „Kampfgruppe gegen Unmenschlichkeit" und einer „Psychologischen Kampfführung" der Bundeswehr den sozialistischen Aufbau der DDR zu stören versucht habe, so sei nicht weniger verwerflich, wie die Regierung Brandt/Scheel diese Machenschaften in anderer Form fortsetze. Neue Taktiken sollten lediglich das alte strategische Ziel verdecken, und dies entspräche einer imperialistischen Annexion, die verhindert werden müsse. Roth weist hierfür den einzig „linken" Weg: „Welche Schlußfolgerungen haben wir aus diesem Sachverhalt zu ziehen? *Erstens* die, daß weitere Fortschritte im Aufbau des Sozialismus in Osteuropa erst dann möglich werden, wenn die imperialistischen Expansionsapparate im Westen durch ein starke revolutionäre Opposition im eigenen Land gebunden und nachweislich in ihrer Expansionskraft geschwächt worden sind. Und *zweitens*, daß jede

‚antibürokratische' Revolution nationalen oder auch nur auf Osteuropa beschränkten Zuschnitts schon im Ansatz keine Revolution mehr ist. Auf der Tagesordnung steht wie zu Lenins Zeiten der Kampf für ein *sozialistisches* vereinigtes Europa. Er muß unbedingt vom antiimperialistischen Kampf in West- und Mitteleuropa, vor allem aber der Bundesrepublik, seinen Ausgang nehmen. Solange wir nicht in der Lage sind, ihn zu führen, befinden wir uns im Hinblick auf Osteuropa in einer rein defensiven Front: Wir haben den dort materialisierten historischen Fortschritt, so wenig weitreichend und so fragwürdig er uns auch erscheinen mag, vor der imperialistischen Aggression zu schützen. Solange kann praktische Revisionismuskritik für uns nur bedeuten, eine der vielen Wurzeln des Revisionismus – die für uns erreichbare, den Imperialismus der herrschenden Klasse Westdeutschlands – mit der Beseitigung dieser Klasse zu zerstören."[226]

Diese Brachialgesinnung scheint sich drei Jahre später nachgerade verschärft zu haben. 1974 meint Roth in dem Buch *Die „andere" Arbeiterbewegung*, in den Fabriken würden unqualifizierte oder mißliebige Arbeiter nicht nur ausgebeutet, sondern auch durch einen „Repressionsapparat" der Unternehmer überwacht, kontrolliert und bespitzelt. Auch hier gefällt sich der Verfasser in radikal-utopischen Thesen: „Die Fabrik ist heute zu einer waffenstarrenden Unternehmerfestung geworden, die die antagonistischen Bedürfnisse der Arbeiter mit Füßen tritt. Die Antwort kann nur sein, die Fabrik zur Arbeiterfestung zu machen, zum Ausgangspunkt, von dem aus die Arbeiter die gesamte vergesellschaftete Maschinerie des Systems aus den Angeln heben werden. Der Ausnahmezustand des Arbeiteralltags wird zur antagonistischen und nicht weniger alltäglichen Arbeiter-Guerilla führen. Dabei glauben wir, ‚daß die bewaffnete Aktion nur das kulminierende Moment einer breitgestreuten politischen Arbeit sein kann, über die sich die proletarische Avantgarde organisiert, die Widerstandsbewegung in direkter Beziehung zu ihren realen Bedürfnissen', zu Bedürfnissen, die in der ersten Phase des Kampfs vor allem vom multinational zusammengesetzten Arbeiter der Massenproduktion artikuliert werden, so, wie er seit August 1973 auf die historische Bühne getreten ist."[227]

Wie diese Ideen umzusetzen seien, formuliert Roth 1977 in der Haft, in der er sich seit seiner Festnahme auf dem Parkplatz in Köln befindet. In einem Aufruf, den er an seine „Freundinnen und Freunde aus der Zeit der Massenbewegung" richtet, die „heut in allen Gruppierungen der neuen Linken aktiv" sind, heißt es: „Wenn mich nicht alles täuscht, stehen wir am Anfang einer neuen breiten antikapitalistischen Massenbewegung. Wir sollten uns nicht länger von ihnen abgrenzen, sondern ihre Initiativen aufnehmen. Wir sollten den Mut haben, unsere meistens seit 1970 datierende Organisationsgeschichte historisch-kritisch zu überprüfen. Eine neue sozialrevolutionäre Masseneinheit der Klasse wäre für den jetzt anstehenden Kampfzyklus keine schlechte Perspektive."[228]

Für die Teilnahme an diesem neuen Kampfzyklus steht Karl Heinz Roth bald wieder höchstpersönlich zur Verfügung, denn noch 1977 wird der Vorwurf des Mordes fallengelassen und er, wie auch Roland Otto, aus der Haft entlassen. Nur Werner Sauber soll damals in Köln auf die Polizeibeamten geschossen haben. Wieder in Freiheit, beginnt Roth sich geistig den Vorstellungen der Roten Armee Fraktion (RAF) anzunähern. 1979 wagt er gar eine affirmative Bewertung der Terroristengruppe, die Anfang der siebziger Jahre in Deutschland mit brutaler Härte jene Revolution durchzusetzen gedachte, der die breite Bevölkerung ablehnend gegenüberstand. Nach zahlreichen Morden und Gewaltverbrechen hatte die RAF etwa am 11. Mai 1972 in Frankfurt einen Sprengstoffanschlag auf das Hauptquartier des V.

Armeekorps der amerikanischen Streitkräfte verübt, wobei ein amerikanischer Oberst ums Leben kam und 13 Personen verletzt wurden. Am 12. Mai waren Bombenanschläge auf das Augsburger Polizeipräsidium und das bayerische Landeskriminalamt in München gefolgt, am 15. Mai ein weiterer Bombenanschlag auf den Wagen des Bundesrichters Wolfgang Buddenberg, bei dem dessen Frau schwer verletzt wurde. Im Hochhaus des Springer-Verlages in Hamburg hatten am 19. Mai Detonationen 17 Personen verletzt, und am 24. Mai waren im Hauptquartier der amerikanischen Streitkräfte in Heidelberg zwei mit Sprengstoff gefüllte Autos explodiert, wobei drei Soldaten getötet und 17 Personen schwer verletzt wurden.[229]

„Wenige Wochen nach ihrem heroischen Mai 1972 saß die Mehrheit der Rote Armee Fraktion in Haft", glorifiziert Karl Heinz Roth in der Broschüre *Klaut sie!* die Bluttaten der Terroristenvereinigung um Andreas Baader, Ulrike Meinhof und Gudrun Ensslin. „Sie hatte für ihren Versuch, antiimperialistische Bomben ins Bewußtsein der Linken zu schmeißen, teuer bezahlt."[230] Im selben Atemzug bemängelt er, daß die große Mehrheit der Linken „das Phänomen RAF" auf kleinliche und feige Art „diffamatorisch bewältigt" habe. In der Konsequenz meint er, allein fair zu urteilen, indem er „meine Argumente auf einer Ebene, die der historischen Bedeutung der RAF gerecht zu werden sucht", zusammenklaubt. Ihm zufolge hatten die Genossinnen und Genossen zwar sehr richtig begriffen, daß für den von ihnen angestrebten Umsturz der bundesrepublikanischen Grundordnung nicht unbegrenzt viel Zeit zur Verfügung stehe. Aber trotz der gebotenen Eile hielt Roth die von ihnen angewandten Methoden – Attentate, Überfälle, Waffendiebstahl etc. – für unzweckmäßig, allerdings nicht etwa aus Friedfertigkeit, sondern aus rein pragmatischen Beweggründen heraus: da man sich so nämlich die aussichtsreichere Verbindung von „Widerstand" und „Massenbewegung", getragen etwa von „der Arbeiterjugend, den proletarischen Frauen, den Arbeitsemigranten und den ‚asozialen' Leistungsverweigerern aller Schichten", verbaue.[231]

Die RAF-Terroristen waren also – wie es auch der Marxist Wolfgang Harsch mit unverkennbarem Zynismus kritisierte – lediglich einer „revolutionären Ungeduld" zum Opfer gefallen, die deren Verdienste mitnichten in den Schatten stellte und die Roth daher nicht unerwähnt lassen wollte: „Worin besteht also die historische Bedeutung der RAF? [...] Die RAF-Genossinnen und Genossen waren sich in einer Situation, wo nach dem ersten großen Rückschlag die falschen Parolen vom ‚langen Marsch durch die Institutionen' umgingen, in ungeheuerer Schärfe des Zeitfaktors bewußt, der die Perspektive der Massenbewegung in Frage stellte. Sie waren sich klar darüber, daß die Machtstrukturen des spätkapitalistischen Regimes noch lange nicht erschüttert waren, als der erste Ansturm der Massenrevolte verebbte: der Moloch würde alles zermalmen, was ihn von innen heraus ‚demokratisieren' wollte [...] Die Verschmelzung von Widerstand und offener Massenbewegung war schon 1971/72 vordringlich, nicht erst heute, wo das buchstäblich Mörderische des sozialliberalen Akkumulationsfetischs in Gestalt des Atomstaats in das Denken und Handeln der Massen einzudringen beginnt. Trotz dieses tragischen Irrtums bleibt der Bruch mit der opportunistischen Theorie des Abwartens und der kleinen Demokratisierungsschritte in einem Land des nazifizierten Machtstaats eine ungeheuere Leistung, die historisch bahnbrechend gewesen ist [...] Die RAF hat viel zu früh die Schotten dichtgemacht."[232] Ein ungeheuerliches Fazit, auf dessen Grundlage Roth der extremistischen Organisation „moralische Integrität" bescheinigt: „Die Genossinnen und Genossen der RAF haben ihre Identität kompromißlos ihrem politischen Ziel verpflichtet."[233]

Ebenso kompromißlos bedient Roth erneut den Gedanken der Massenbewegung, wenn er, um sämtliche Bevölkerungsschichten zu erreichen, also nicht nur seine Freundinnen und Freunde in den Gruppierungen der neuen Linken, auch die „Knackis" mit ihren naturgemäß eingeschränkten Handlungsmöglichkeiten in den revolutionären Kampf einzubeziehen gedenkt. Im Frühjahr 1980 trägt er entsprechende Pläne auf einem „Knastgruppentreffen" in München vor: „Ich glaube, daß der Bericht des Genossen aus Offenbach sehr wichtig ist, weil er einen Vorschlag am Ende enthält, der etwas Faszinierendes an sich hat. Der Vorschlag besteht nämlich darin, daß die Gefangenen in den Knästen der BRD, denn Zwangsarbeit gibt es auch in den Psychiatrieknästen, daß die zu einer bestimmten Zeit tatsächlich die Arbeit verweigern, und wir haben über die Überausbeutung der Gefangenen in den Knästen hier noch nicht gesprochen, und deshalb ist dieser Beitrag sehr wichtig, und daß sie gleichzeitig in einer bestimmten abgesprochenen Situation eine direkte Aktion machen [...] Ich bin also der Meinung, daß gerade von solchen Vorschlägen aus, nämlich der Entwicklung von Gegenmacht durch möglichst viele Gefangene, zu einem bestimmten abgesprochenen Zeitpunkt, Notwendigkeit, organisatorische Notwendigkeit entsteht, die die Phantasie und die Erfahrung aller Gruppen der Gefangenenbewegung zusammenfassen muß."[234]

Kein Wunder, daß Roth selbst in eine gewisse Art Untergrundarbeit involviert ist. So wird nach dem Ende des Kalten Krieges anhand von „Karteikarten mit Angaben zu Personen und Vorgängen sowie Statistik-Bögen mit Festlegungen für den Mob-Fall" der Hauptverwaltung A des Ministeriums für Staatssicherheit dessen Spitzeltätigkeit für Mielkes Überwachungsapparat bekannt. Nachdem diese Unterlagen, die im Besitz der CIA waren, in Deutschland eingetroffen waren, wird auch der Hintergrund seiner Tätigkeit bekannt: „Nach dem Ende der DDR beschuldigte die Bundesanwaltschaft in Karlsruhe Roth, von 1986 an unter dem Decknamen ‚Zeus' für die Abteilung X der HVA gearbeitet zu haben, und ließ im Oktober 1994 seine Wohnung durchsuchen. Im Potsdamer Dokumentationszentrum der DDR-Archivverwaltung – eine ‚legale Residentur' der HVA – habe ihn der Stasi-Mitarbeiter Detlef Blell für das Referat 3 rekrutiert, das zuständig war für Einflußagenten und ‚Multiplikatoren' in der Bundesrepublik."[235]

Roth hat hierfür seine eigene Version. Mehrfach, und zuletzt in einer Gegendarstellung vom 5. Dezember 1999, meint er, daß in Wirklichkeit alles ganz anders gewesen sei: „Nach der Aufhebung einer bis 1985 gegen mich verhängten Einreisesperre in die DDR hatte ich während mehrerer Forschungsaufenthalte die Archiveinrichtungen der DDR in dem für westdeutsche Historiker üblichen Rahmen genutzt. Dabei hatten sich vielfältige Kontakte ergeben, die von Vertretern der linksoppositionellen Subkultur bis zu Wissenschaftlern, Hochschullehrern und Repräsentanten der Staatlichen Archivverwaltung sowie des Nationalrats der DDR gereicht hatten."[236] Woraus seiner Meinung nach wohl geschlossen werden darf, Angehörige des Ministeriums für Staatssicherheit hätten um Subkultur, Wissenschaft und Archive, das breiteste und umfassendste „Bündnis aller politischen und sozialen Kräfte des werktätigen Volkes unter Führung der Arbeiterklasse und ihrer Partei", sorgfältig einen Bogen gemacht und dort keineswegs nach neuen Talenten gefahndet.

Auch in jüngster Zeit hat sich Roth wieder mit der DDR, insbesondere mit ihrem unerwarteten Verschwinden im Jahre 1990, befaßt. In seiner Broschüre *Anschließen, angleichen, abwickeln. Die westdeutschen Planungen zur Übernahme der DDR 1952–1990* macht er deutlich, daß er seine 1971 in dem Buch *Invasionsziel: DDR* formulierte

These von der Annexionspolitik des „deutschen Imperialismus" bestätigt findet, nämlich dadurch, daß seit 1952 ein „Forschungsbeirat für Fragen der Wiedervereinigung Deutschlands" und seit 1975 eine „Forschungsstelle für gesamtdeutsche wirtschaftliche und soziale Fragen" existierten, die für den kommunistisch beherrschten Teil Deutschlands einen „mehrstufigen Transformationsprozeß von Wirtschaft, Gesellschaft, Kultur und Politik im Sinne der Anpassung an das westdeutsche Gesellschaftsmodell" vorausplanten.[237] Und schließlich hätten diese imperialistischen Querulanten ihr Ziel ja sogar erreicht – indem sie nämlich mitgekriegt hatten, daß Honeckers Ökonomie gegen Ende seiner Amtstätigkeit „in die Turbulenzen der Weltwirtschaft" geraten war, was sie nicht für sich behalten hatten: „Die Bundesregierung war genauestens informiert und konnte im Wissen um die ökonomische Existenzkrise der DDR die ‚deutsche Frage' rechtzeitig wieder auf die Tagesordnung setzen [...] Nur deshalb war die Bundesregierung in der Lage, die weitere Zuspitzung des Krisenprozesses in aller Ruhe abzuwarten und im richtigen Augenblick auch politisch aktiv zu werden."[238] Das tat sie, indem sie die „ostdeutsche Wirtschaft" zunächst totredete, dann ein „forciertes Destabilisierungsprogramm" begann, vorübergehend „Staatsstreichpolitik" betrieb und „durch die politisch-medialen Verheißungen von diesseits der Elbe" verhinderte, daß die Bevölkerung der DDR „wieder von ihrer Anschluß-Euphorie ablassen würde".[239] Und all dies sei, wie Roth natürlich gleich erkannte, höchst bedauerlich für die von ihm so bezeichneten „Unterworfenen": „Die Stimmen der Besiegten sind inzwischen fast völlig verstummt."[240]

Vor dem Hintergrund dieses fragwürdigen Tätigkeitsfeldes verwundert es kaum, daß der Arzt Karl Heinz Roth auch als Mitarbeiter in der von Reemtsma 1986 ins Leben gerufenen Hamburger Stiftung für Sozialgeschichte des 20. Jahrhunderts auftaucht. Solche Beziehungen setzen Roth in die Lage, sich unter anderem mit der Familiengeschichte der Reemtsmas intensiv vertraut zu machen – so daß er sich bemüßigt fühlt, am 21. Oktober 1995 in Hamburg vor der Grün-Alternativen Liste (GAL) und der Vereinigung „Umdenken e.V." darüber einen Vortrag zu halten.[241] Dessen Zweck ist es wohl, die Machenschaften des Firmenkopfes Philipp Fürchtegott Reemtsma von der Steueraffäre vor 1933 über die Finanzierung Görings bis hin zur erfolgreichen „Entnazifizierung" nach Kräften schönzufärben – wahrscheinlich als Reaktion auf die Kritik an der gerade eröffneten Anti-Wehrmachtausstellung des Hamburger Instituts für Sozialforschung, in dessen großzügig ausgestatteten Räumen im Hamburger Villenviertel Harvestehude ja auch Roths Stiftung für Sozialgeschichte des 20. Jahrhunderts residierte.

Die Stiftung Hamburger Institut für Sozialforschung beschreibt sich selbst mit den drei Arbeitsbereichen „Theorie und Geschichte der Gewalt", „Politik und Gesellschaft der alten und neuen Bundesrepublik" sowie „Nation, Ethnizität und Fremdenfeindlichkeit". Dabei seien „inhaltliche Überschneidungen [...] gewollt, ist es doch eines der Anliegen des Instituts, scharfe Trennungen zwischen Wissenschaften und ihrem sozialen Umfeld und zwischen den einzelnen Disziplinen aufzuheben".[242]

Interdisziplinär zu forschen, ist in den verschiedensten Universitätsbereichen, angefangen von der Architektur über die Wirtschafts- und Gesellschaftswissenschaften bis hin zu den naturwissenschaftlichen Zweigen, besonders auffallend in den ökologischen Fachrichtungen, seit vielen Jahren eine Selbstverständlichkeit. Dies hier als Besonderheit hervorheben, erinnert nur einmal mehr an die komplexbehaftete Vorgehensweise des Stiftungsinitiators. Zudem könnte der propagierte Anspruch, die scharfen Trennungen zwischen Wissenschaft und ihrem sozialen Umfeld sowie zwischen den Teildisziplinen aufzuheben, als Hinweis darauf gelten, daß den im Reemtsma-Institut erzielten Untersuchungsergebnissen subjektive, von gefühlsmäßigen Wertungen nicht ganz freie Beurteilungen anhaften. Wissenschaft aber ist ein klar definierter Begriff, der beinhaltet, daß Zusammenhänge nach rationalen und nachvollziehbaren Erkenntnissen über Abläufe, Ursachen und Gesetzmäßigkeiten erforscht und dargelegt werden. Demzufolge handelt es sich zudem um einen inneren Widerspruch, sich einerseits als „einen der letzten Generalisten der Sozial- und Kulturwissenschaften"[243] feiern zu lassen, andererseits aber die dafür notwendigen kausalen Verknüpfungen zu verwischen. Denn die meisten Forschungsinhalte sind Spiegel des sozialen Umfelds. Dies ergibt sich vor allem bei Gesellschafts-, Erziehungs- und Sozialwissenschaften von selbst, gilt aber auch für zahlreiche andere Fachrichtungen, bei denen das soziale Umfeld gegebenenfalls Teil des wissenschaftlichen Untersuchungsvorhabens sein muß – nach ebenso strengen Maßstäben wie der Kern der Untersuchung selbst.

Was also bedeutet „Aufhebung der scharfen Trennung zwischen Wissenschaften und Sozialstrukturen"? Daß das Umfeld nicht nach wissenschaftlichen Methoden beurteilt wird und weniger objektive Maßstäbe angelegt werden? Daß zum Beispiel eine Quelle nicht auf ihre historische Wahrhaftigkeit hin geprüft, sondern ihr irgendein Wert etwa im Sinne politischer Korrektheit aufgepfropft wird? Wenn Grundprinzipien wissenschaftlichen Arbeitens auf eine so verschwommene Art und Weise, wie es das Hamburger Institut in seiner Selbstdarstellung tut, artikuliert werden, kann der Verdacht entstehen, daß neben wissenschaftliche Kriterien Sichtweisen treten, die sich am vorherrschenden Zeitgeist orientieren.

Anhand des Titels des Arbeitsbereichs „Nation, Ethnizität und Fremdenfeindlichkeit" etwa konkretisiert sich dieser Verdacht: Nicht nur daß der Begriff „Fremdenfeindlichkeit" stigmatisiert, da er nur die eine Möglichkeit des Verhaltens gegenüber Fremdem meint und etwa die Staatsräson des Multikulturalismus unbeachtet läßt, er suggeriert durch die Verknüpfung mit den korrekterweise wertfreien Termini „Nation" und „Ethnizität" zudem, daß Umgang mit Fremden automatisch von negativen, um nicht zu sagen rassistischen Gefühlen begleitet sein muß. Im wissenschaftlich-objektiven Sinne müßte es eher „Verhalten gegenüber Fremden" oder ähnlich heißen. Daß Fremdenfeindlichkeit eine starke Strömung zum Beispiel innerhalb bestimmter Bevölkerungsschichten darstellt, wäre als Untersuchungs*ergebnis* denkbar. Einen solchen Gedanken jedoch gewissermaßen axiomatisch an den Anfang eines ganzen Themenbereichs – nicht einmal einer einzelnen Arbeit – zu stellen, legt eine ideologische Verengung des Blickfeldes nahe.

Ähnliches gilt für den ersten der genannten Arbeitsbereiche, „Theorie und Geschichte der Gewalt". Dessen Problemstellung müßte nach Maßgabe der wertfreien Formulierung eine Vielzahl unterschiedlicher Themen umfassen. Doch weit gefehlt. Sowohl die abgeschlossenen als auch die noch in Arbeit befindlichen Projekte beziehen sich in der Mehrzahl auf den Nationalsozialismus. Dazu gehören „Wehrmacht und Holocaust" von Hannes Heer; „Frauen im SS-Orden: Das SS-Frauen-Korps", „Frauen im SS-Apparat: Die weiblichen Angestellten" und „Eine Frau an seiner Seite: Ehefrauen in der SS-Sippengemeinschaft" von Gudrun Schwarz; von Michael Wildt „Eine kollektivbiographische Untersuchung der Führungsgruppe des Reichssicherheitshauptamtes"; von Andrej Angrick „Die Geschichte der Einsatzgruppe D"; unter der Leitung von Florent Brayard „Der Gerstein-Report"; „Protestantismus und Nationalsozialismus" von Manfred Gailus; Christian Gerlachs Projekt „Die deutsche Wirtschafts- und Vernichtungspolitik in Weißrußland 1941–1944"; sowie Ingo Haars „Historiker im Nationalsozialismus: Die deutsche Geschichtswissenschaft und der ‚Volkstumskampf im Osten'". Lediglich einer der Titel beschäftigt sich mit Amerika, vier mit Vorgängen in der Zeit des Stalinismus, vier weitere mit dem Gegenstand Krieg allgemein.[244]

Vergegenwärtigt man sich noch einmal den Oberbegriff des Arbeitsbereichs, „Theorie und Geschichte der Gewalt", verwundern insbesondere die von Gudrun Schwarz bearbeiteten Beiträge zu dem offenkundig favorisierten Themenkomplex Nationalsozialismus: „Frauen im SS-Orden: Das SS-Frauen-Korps" und „Frauen im SS-Apparat: Die weiblichen Angestellten" sowie „Eine Frau an seiner Seite: Ehefrauen in der SS-Sippengemeinschaft". Abgesehen davon, daß die übliche Bezeichnung des Frauenkorps wohl eher „Helferinnenkorps" lautet (mit den gleichen Aufgaben wie die der sonstigen weiblichen Wehrmachtsangehörigen, also Nachrichtenhelferinnen usw.), verstärkt sich der Eindruck, daß um jeden Preis Kausalketten der Gewalt herbeiinterpretiert werden sollen. Insofern wäre – in Anlehnung an den Sprachgebrauch des Dritten Reiches und der Zeit danach – hier wohl das übergeordnete Urteil „geistige Sippenhaft" über diese Projekte gerechtfertigt. Mag sich für die beiden ersten möglicherweise noch ein akzeptabler Diskussionsansatz finden, läuft das dritte, „Eine Frau an seiner Seite", für den unvoreingenommenen Betrachter Gefahr, wirklich in den Bereich des Lächerlichen abzugleiten.

Ohnehin mutet die Bearbeitung des Bereichs „Theorie und Geschichte der Gewalt" durch das einseitige Fokussieren des Nationalsozialismus auf dem Hintergrund der unzähligen Kriege und anderen Gewaltexzesse in der Menschheitsgeschichte bis in die jüngste Zeit äußerst fragmentarisch an – was angesichts der Identitätskrise eines maßgeblichen Teils unserer Gesellschaft, allen voran der Medien, indes nicht weiter überrascht: Eine Organisation, die sich in herausragendem Umfang mit dem Verhalten der Deutschen während des Nationalsozialismus beschäftigt, kann stets mit dem Wohlwollen der Öffentlichkeit rechnen – sofern die Ergebnisse die gewünschte Tendenz haben. Auf positive Medienreaktionen mit ihrer entsprechenden meinungsbildenden Ausstrahlung auf den unbedarften Rest der Gesellschaft kann offenbar selbst ein durch Reemtsmas Millionen abgesichertes Institut nicht verzichten. (Nicht umsonst zitiert Reemtsma in den Eigendarstellungen des Instituts und seinen Publikationen lobende Pressestimmen wie die der *Frankfurter Rundschau* oder des WDR.) Denn Wissenschaft ist heute mehr denn je eine Gratwanderung. Wer sich den politischen Trends nicht anpaßt, fällt dem Vergessen anheim oder sieht sich gar einer Diffamierungskampagne gegenüber. Entsprechend kann sich zeitgeistkonformes Verhalten entweder in Meinungszurückhaltung oder aber in offensiver Überzeugungstäterschaft äußern.

Letztere kristallisiert sich im Fall HIS im Laufe der Jahre erst allmählich heraus und erreicht mit der Anti-Wehrmachtschau einen vorläufigen Höhepunkt. Wo sich auf der einen Seite Energie entfaltet, wird sie auf der anderen eingespart: Im September 1997 wird ein bis dahin noch existierender vierter Arbeitsbereich, der zunächst „Wissenschaft und Kritik" und später „Wissenschaftsentwicklung und gesellschaftliche Praxis" hieß, aufgelöst und dessen noch laufende Projekte dem Institutsvorstand direkt unterstellt. Über die Gründe läßt sich nur spekulieren. Vielleicht weil die Problemstellung selbst eine zu große Objektivität provozierte?

Möglicherweise geschieht die Energieumverteilung auch im Zuge dessen, daß Reemtsmas Institut „früher vorgeworfen worden [ist], daß es zu elitär-theorielastig sei und zuwenig in die Öffentlichkeit hineinwirke. Durch eine Institutszeitschrift *Mittelweg 36* und [...] einen hauseigenen Verlag, die Hamburger Edition, sollte dieser Mangel behoben werden."[245] In *Mittelweg 36*, der zweimonatlich erscheinenden Zeitschrift des Instituts, deren Titel die Adresse des HIS wiedergibt, werden bereits seit April 1992 Diskussionen und Ergebnisse von internen und externen Forschungsprojekten veröffentlicht. Daß diese nebst den Arbeiten, die die Forschungsarbeit des Instituts betreffen, seit Sommer 1994 direkt in einem hauseigenen Verlag, der Hamburger Edition, erscheinen, wirft einmal mehr die Frage nach der Objektivität Reemtsmas auf, die sehr relativ sein muß, wenn er weitgehende Unabhängigkeit vorzieht, um den Gehalt der Veröffentlichungen selbst kontrollieren zu können. Schließlich bringt er ja auch eigene Reden und Vorträge in seiner Hamburger Edition heraus.

Es mag daher kaum verwundern, wenn die Autoren der einzelnen Beiträge keinerlei Mühe darauf verwenden, vom Verdacht der ideologisch determinierten Sichtweise abzulenken. So setzt sich Peter Imbusch in der Ausgabe 2/2000 der Institutszeitschrift mit verschiedenen soziologischen Forschungsansätzen zum Thema Gewalt auseinander. In seinem für die Gesamtproblematik sehr repräsentativen Aufsatz „Gewalt: Stochern in unübersichtlichem Gelände" stellt er verschiedene Herangehensweisen zusammen, gibt einen Überblick über den im Laufe der Zeit veränderten Gewaltbegriff und moniert, daß beispielsweise das ganze Ausmaß der stalinistischen Gewaltherrschaft bislang nicht angemessen beleuchtet worden sei. Und er bekennt vollkommen freimütig, daß – abgesehen von der Zeit des Nationalsozialismus – noch zu viele Bereiche in der Gewaltforschung unterdimensioniert seien.[246]

Zumindest was die Zustandsbeschreibung der Gewaltforschung anbelangt, scheint der Beitrag also dem wissenschaftlichen Objektivitätsanspruch zu genügen. Der Teufel steckt allerdings im Detail. Da, wo es nicht mehr nur um begriffliche Abgrenzungen geht, werden Meinungsansätze deutlich, die auf einen ideologischen Filter hindeuten: „Die Frage, was zu einem bestimmten Zeitpunkt unter Gewalt verstanden wird, unterliegt selbst einem sozialen, kulturellen und historischen Wandel und wird in einem sozialen Raum mit sehr unterschiedlicher Machtverteilung ‚ausgehandelt', in dem der Staat jeweils eine wenn auch nicht allein diskursbestimmende, so doch diskursstrukturierende Übermacht besitzt. Die Modellierung von Gewaltverständnissen zeigt sich mustergültig in seiner Interpretation von Sitzblockaden als Form der Nötigung und Gewalt."[247]

Zunächst fällt auf, daß Imbusch den Staat in der Manier der Altachtundsechziger und ihrer Adepten von vornherein als ein von der Bevölkerung getrenntes Organ begreift, das den einzelnen mit seiner Macht bedrängt. Doch sein Begriff der „Modellierung von Gewaltverständnissen" geht noch weiter. Denn er impliziert, daß der Staat – nicht etwa der Gesetzgeber oder das Parlament, also demokratisch legitimierte Gremien – den Begriff der Gewalt nach eigenem Ermessen modifiziert. Die Denkkonstruktion mündet schließlich in der Unterstellung, Sitzblockaden seien keine Form von Gewalt und Nötigung, sondern würden vom Staat nur als solche interpretiert.[248]

Damit ignoriert Imbusch, daß das Strafgesetzbuch ein allgemeinverbindliches, auf legale Art und Weise zustande gekommenes und von der Bevölkerung akzeptiertes Regelwerk ist, in dessen Paragraphen anerkannte Aussagen zu den Begriffen Nötigung und Gewalt niedergelegt worden sind. Vielmehr verwendet er eine von ihm und ideologischen Sympathisanten bevorzugte Auslegung, wonach der mit Sitzblockaden angestrebte Zweck – zum Beispiel den Zugang zu einem Kernkraftwerk oder einem Militärdepot unmöglich zu machen – de facto ein höheres Rechtsgut darstelle als das durch Besitzverhältnisse, Verträge oder demokratische Entscheidungen geregelte. Freilich bestätigt es seine Ansichten, wenn die Exekutive um so zögerlicher gegen derartige Demonstrationen vorgeht, je mehr prominente Radikalopportunisten sich an ihnen beteiligen. Jedoch ist eine „Interpretation" der Paragraphen nie durch den Gesetzgeber vorgenommen worden, vielmehr waren es die radikalen Systemgegner, die, durch geneigte Medien immer aufs neue in Szene gesetzt, eine Umdeutung in Richtung ihrer Vorstellungen durchzusetzen begannen. Als Folge ist heute von einer veränderten Verfassungswirklichkeit auszugehen, die dem Demonstrationsrecht tatsächlich einen gegenüber dem Strafrecht herausragenden Rang zuerkennt.

Hiervon ausgehend, hebt der Autor auf die „Gewalt als Urform menschlicher Freiheit" allgemein ab: „Wo Krieg nicht mehr ‚für etwas' geführt, sondern als Tatsache hingenommen wird und als Selbstzweck, gar als ‚äußerst reizvolle Tätigkeit' erscheint, weil er den ‚Einsatz aller Fähigkeiten' des Menschen befördert und Gefühle der ‚Begeisterung' freisetzt und er Männern ‚Genuß, Freiheit, Glück, Delirium und Ekstase' auf eine ‚einzigartige Weise' verschafft – da wird Gewalt schleichend verherrlicht und ihrer blinden Anwendung in der Tat Vorschub geleistet."[249]

Hinter den objektiven Erklärungsversuchen schimmert durchaus Parteilichkeit durch. Peter Imbusch bezieht sich hier unter anderem auf den in den USA lebenden Militärhistoriker Martin van Creveld und dessen Buch *Die Zukunft des Krieges*. Während er dem ersten Teil der Arbeit Nachvollziehbarkeit bescheinigt, urteilt er über den zweiten Teil, daß er in einer unerträglichen Art und Weise über die Ursachen, Gründe, Zwecke und Ziele des Krieges räsoniere und daß man angesichts dessen kriegsverherrlichendem Duktus Schwierigkeiten habe, überhaupt Argumente gegen den Krieg zu finden.[250] Martin van Creveld ist unter anderem für seine Arbeiten für das Militärgeschichtliche Forschungsamt der Bundeswehr bekannt[251], eine Institution, die gewiß nicht für kriegsverherrlichende Thesen steht. Im Gegenteil sind seine Abhandlungen immer wieder Bestandteil der Literaturlisten ernstzunehmender Publikationen über die Themenkomplexe Krieg und Armeen. Daß Imbusch eine von Creveld abweichende Ansicht über in Kriegen auftretende menschliche Verhaltensweisen und deren Motive vertritt, mag ihm unbenommen bleiben. Daß er dies jedoch zum Anlaß nimmt, diffamierende Beurteilungen vorzunehmen, verstößt wiederum gegen die Grundsätze der Objektivität.

Letztlich entbehrt seine Argumentation aber auch jeglicher Logik. Denn es bleibt unverständlich, wieso ihn ausgerechnet ein kriegsverherrlichender Duktus keine Argumente gegen den Krieg finden läßt. Schließlich sollte man meinen, daß sich gerade nach den entsetzlichen kriegerischen Auseinandersetzungen des 20. Jahrhunderts jede Art der Kriegsverherrlichung – insbesondere eine, die sich in den von Imbusch verwendeten Ausdrücken manifestiert – selbst ad absurdum führe. So erweisen sich Peter Imbuschs Überlegungen als oberflächlich, wodurch sie erneut zu bestätigen scheinen, worauf die oben dargestellte Themeneinengung beruht: auf ideologischer Befangenheit.

Führt man sich vor Augen, daß dies wohl auch die geistige Basis darstellt, auf der das Hamburger Institut für Sozialforschung seine mehr als 70 internen und externen Mitarbeiter und Stipendiaten indoktriniert, eröffnet sich eine Dimension, die vor allem angesichts der Reputation, die Reemtsmas Stiftung allgemein genießt, zu denken gibt. Neben den in Archiv, Bibliothek, Presse- und Öffentlichkeitsarbeit, Verwaltung, Verlag und bei *Mittelweg 36* Beschäftigten sind es – unter Hinzunahme aller 18 am Projekt „Vernichtungskrieg" Beteiligten – allein 42 in den wissenschaftlichen Arbeitsbereichen. Hiervon ist der am stärksten besetzte Arbeitsbereich „Politik und Gesellschaft der alten und neuen Bundesrepublik" mit derzeit zehn im Verzeichnis aufgeführten Mitarbeitern, die sich der speziellen Erforschung der deutschen Nachkriegsgeschichte unter dem Blickwinkel des gemeinsamen nationalsozialistischen Erbes für BRD und DDR sowie der „Erfassung der latenten und manifesten Übergänge von der Bonner zur Berliner Republik"[252] verschrieben haben: Unter der Leitung des 1954 geborenen Soziologen Dr. Heinz Bude stehen Oliver Callies, Simone Derix, Reiner Franzpötter, Miriam Holzapfel, Dr. Karin König, Dr. Wolfgang Kraushaar, Dr. Klaus Naumann, Dr. Bernd Ulrich und Andreas Willisch. Sieben Mitarbeiter zählt der Bereich „Nation, Ethnizität und Fremdenfeindlichkeit", und zwar Natalija Basic, Helmut Dietrich, Dr. Werner Konitzer, Anja Lemke, Jutta Mühlenberg, Dr. Nikola Tietze; Leiter ist der 1951 geborene Soziologe Dr. Ulrich Bielefeld. Weitere sieben sind in dem Bereich „Theorie und Geschichte der Gewalt" tätig: Hier werden Gar Alperovitz, Jutta Mühlenberg, Reinhard Müller, Dr. Gudrun Schwarz, Julia Vorrath und Dr. Michael Wildt von dem Historiker und Politologen Dr. Bernd Greiner geleitet, der 1952 geboren wurde und als Privatdozent an der Universität Hamburg Geschichtswissenschaft lehrt.

Bis 1999 sind hier etwa auch Dr. Bernd Boll und Dr. Walter Manoschek als Mitautoren der Anti-Wehrmachtschau angestellt. Der seinerzeit aber wohl prominenteste Mitarbeiter des Arbeitsbereiches „Theorie und Geschichte der Gewalt" dürfte Hannes Heer in seiner Funktion als Leiter der Ausstellung „Vernichtungskrieg. Verbrechen der Wehrmacht 1941 bis 1944" gewesen sein. Hans Georg Heer, der es vorzieht, Hannes genannt zu werden, ist, da Jahrgang 1941, ein echter Achtundsechziger, kein nacheilender wie sein langjähriger Brotgeber Jan Philipp Reemtsma. Insofern ist es im nachhinein nur zu begrüßen, daß es nach seinem Studium der Geschichte und Germanistik nicht zu der angestrebten Anstellung als Lehrer kommt, da seine radikale politische Einstellung selbst im gewiß nicht konservativen Nordrhein-Westfalen den Anforderungen an den finanziell gesicherten öffentlichen Dienst entgegensteht. Doch Heer läßt sich nicht kleinkriegen. Da der von ihm einst verneinte Staat nunmehr nein zu ihm sagt, sucht er sein Glück in der Wirtschaft. Und er hat Glück: Ab 1970 erhält er von der VW-Stiftung für ein Ergänzungsstudium ein Stipendium, das bis Mai 1972 gehen soll, allerdings schon Anfang 1972 endet, da er die geforderten Zwischenprüfungen bis zu diesem Zeitpunkt noch nicht abgelegt hat. Aus Heers Sicht ist der Entzug der Unterstützung allein auf das Betreiben „bestimmter Kreise" zurückzuführen, namentlich der CDU. Als launenhaft-unzuverlässig erweist er sich jedoch auch bei seinem Versuch zu promovieren. In seinem 1975 erschienenen Buch *Ernst Thälmann in Selbstzeugnissen und Bilddokumenten*[253] heißt es noch, er habe in Bremen ein Dissertationsthema aus der neueren Geschichte übernommen, das er gerade abschließe. Dazu scheint es aber nie gekommen zu sein, zumindest erscheint sein Name stets ohne akademischen Grad. Heers Lebenslauf liest sich auch weiterhin wie eine Aneinanderreihung von lauter Fragmenten. Daß er in den siebziger Jahren etwa zeitweise für den WDR tätig ist, versetzt ihn nicht in die Lage, in dieser Anstalt des öffentlichen Rechts auf Dauer Fuß zu fassen. Schließlich arbeitet er an einem Provinztheater als Dramaturg; in der Mitarbeiterbeschreibung des Reemtsma-Instituts heißt das Filmregisseur.

Möglicherweise ist dieses Hakenschlagen auf das Verhältnis zu seinem Vater, einem Förster, zurückzuführen, über das kolportiert wird, es sei ein für die Nachkriegszeit nicht untypisches, also auf Konfrontation ausgerichtetes gewesen. Das leuchtet ein, schließlich wird der aus einem Elternhaus mit extrem nationalsozialistischen Anschauungen stammende Heer nicht zufällig zur linksradikalen Szene der Achtundsechziger gefunden haben. Mit entsprechendem ideologischen Rüstzeug ausgestattet, ist er auch gesellschaftspolitisch aktiv geworden: Über ein theoretisierendes Sympathisieren mit neomarxistischen Ideen hinaus – er engagiert sich als Mitglied der Deutschen Kommunistischen Partei (DKP) – bringt er sich in die nicht selten gewalttätig verlaufenden Aktionen ein, die der SDS, die „Roten Zellen" und die „Gruppe Arbeitermacht" etwa anzetteln. Und so gehören Verurteilungen wegen Landfriedensbruch, Nötigung, Hausfriedensbruch und anderer Delikte unmittelbar zu seinem Werdegang. Wobei er kein eben kleines Licht gewesen sein dürfte: Allein daß ihn 1969, zu einer Zeit, da die noch junge DDR ein relativ stabiles Gebilde darstellt, der ehemalige SED-Staranwalt F.K. Kaul verteidigt, spricht Bände. Trotz des ständig anwachsenden Strafmaßes ist keine Abkehr vom Radikalismus zu verzeichenen. Noch bis Mitte der siebziger Jahre zieht Heer im Dienste des Marxschen Erbes umher; im Oktober 1975 wird er zum letzten Mal richterlich zur Rechenschaft gezogen.

Doch Heer erkennt auch das Wort als Waffe für sich. Zu seinen diffamatorischen Werken gehören etwa die Sammlung von Schüleraufsätzen aus dem Jahre 1946 *Als ich neun Jahre alt war, kam der Krieg*[254] oder *Geschichte entdecken. Erfahrungen und Projekte der neuen Geschichtsbewegung*[255]. Bereits 1971 erscheint *Burgfrieden oder Klassenkampf. Zur Politik der sozialdemokratischen Gewerkschaften 1930–1933*[256], worin er – im Gegensatz zu anderen Historikern und Chronisten – die Distanzierung der Sozialdemokratie und der Gewerkschaften von kommunistischen Idealen kritisiert, die auch nach dem Kriege nichts dazugelernt hätten: „Ein Zusammenschluß von SPD und KPD zur SED gelang nur in der östlichen Besatzungszone."[257] Fast ist man erstaunt, daß er nicht „befreite Zone" sagt. Die weiteren Äußerungen schließen aber jedes Mißverständnis aus. Heer bedauert, daß die „neue kraftvolle Einheit der verschiedenen Organisationen der Arbeiterklasse" im Westen „systematisch verhindert" worden sei, gibt indes seiner Hoffnung Ausdruck, daß sich „aus Kämpfen ein neues Proletariat entwickelt, das sich in neuen Massenorganisationen und in einer neuen kommunistischen Internationale organisiert".[258]

Als sich Heer vier Jahre später in dem Buch *Ernst Thälmann in Selbstzeugnissen und Bilddokumenten* erneut mit dem Kommunismus beschäftigt, zeigt sich auch hier, daß er mit dem „antiimperialistischen" System sympathisiert und die Haltung der SPD mißbilligt. Über das Scheitern der revolutionären Bewegung in Hamburg im Jahre 1919 fabuliert er: „Blieb noch die Zerschlagung der Ansätze proletarischer Selbstschutzverbände. Die versuchte Hilfsexpedition nach Bremen hatte Noske die Dringlichkeit dieser Aufgabe gezeigt: dem Hilferuf der benachbarten Räterepublik Anfang Februar waren Tausende Arbeiter in Hamburg gefolgt. Sie hatten sich, als die Sabotagetaktik der SPD im Arbeiter- und Soldatenrat offensichtlich wurde, selbst mit Waffen versorgt, waren dann aber durch einen ‚Streik' der Eisenbahn-Oberbeamten auf dem Bahnhof liegengeblieben. Damals sollte auch Hamburg gesäubert werden. Aber Noske hatte diese Absicht ‚verschieben' müssen: den Putschparolen der Provokateure gelang es nicht, das für eine Reichsexekution nötige Chaos zu produzieren. Der Coup gelang – im Juni."[259] „Selbstschutzverbände", „Sabotagetaktik der SPD", „Putschparolen der Provokateure" – wohin Heers Neigungen gehen, ist kaum zweifelhaft. Es fehlt nur der Zusatz „Bluthund" zu dem Namen Noske.

Heer fährt in seiner Chronik eine rigorose Strategie der Schönfärberei. Daß etwa die Aufdeckung unhaltbarer Zustände in der Hamburger Lebensmittelfabrik Heil (aus Tierkadavern und anderen unappetitlichen Ingredenzien soll dort Sülze hergestellt worden sein) in weit mehr als Handgemenge und Plünderei mündete, kommt bei ihm nicht vor. Geflissentlich verschweigt er, daß der Fabrikant Heil von den „werktätigen Massen" erst in einer Art Spießrutenlauf durch Hamburg geführt und dann mit Fußtritten und Schlägen beinahe in der Alster ertränkt wurde, und nicht nur er sah sich auf diese Weise als Opfer der Lynchjustiz. Auch die „Freiwilligen-Wachabteilung Bahrenfeld" wurde zum Objekt des Hasses. Hier konstatiert Heer lediglich, daß, als die Bahrenfelder auf Befehl des sozialdemokratischen Stadtkommandanten das Rathaus besetzten, die ersten Schüsse fielen und „ein Teil der Besatzer von der Menge festgenommen" wurde.[260] Dies trifft in der Tat zu, aber es ist nur die halbe Wahrheit. Etliche der „Festgenommenen", die ihre Waffen niedergelegt hatten, wurden nämlich mißhandelt und sogar umgebracht, die Leichen dem Pöbel überlassen. Was man bei Heil nur versucht hatte, wurde an Bahrenfeldern vollstreckt: Ertränkung in der Alster. An ihren Tod erinnert noch heute eine Ehrentafel im Hamburger Rathaus. Im zuvor erwähnten Bremen hatten sich vergleichbare Szenen abgespielt.

Ein um Objektivität bemühter Chronist hätte auch diese abscheulichen Szenen erwähnen müssen, wenn er Noske unterstellt, er habe Provokateure eingesetzt, um mit Waffen gegen „das Proletariat" vorgehen zu können. Heer aber gefällt sich in einseitiger Geschichtsschreibung. Auch über die Aktivitäten des Roten Frontkämpferbundes (RFB) „gegen die Wühlereien von rechts" oder der Roten Hilfe „gegen die Brutalität der Justiz" urteilt er entsprechend: „So unterschiedlich diese Plattformen waren: sie sollten dem gemeinsamen Ziel dienen, den künstlichen Wall, den die SPD zwischen den unter ihrem Einfluß stehenden werktätigen Massen und den Kommunisten aufzurichten versuchte, einzureißen."[261]

In diesem Stil geht es weiter. So geißelt Heer den staatserhaltenden Beschluß von Reichspräsident Friedrich Ebert, mit dem dieser Hans von Seeckt bis zum Februar 1924 zum „Inhaber der vollziehenden Gewalt zur Sicherung des Reiches gegen innere Gefahren" bestimmte, um Umsturzversuche wie den des Hitler-Putsches von 1923 sowie solche von seiten der Kommunisten zu unterbinden, mit den Worten: „In der Kombination von parlamentarischer Fassade und tatsächlicher Militärdiktatur war die adäquate Form gefunden, um die angeschlagene Bourgeoisieherrschaft unbehindert von Parteigezänk und proletarischem Angriff zu restaurieren."[262] Für das Krisenjahr 1928 in Berlin merkt Heer an: „Zur Abwehr der Polizeiüberfälle und Verfolgungsaktionen wurden in Wedding und Neukölln Barrikaden gebaut, um die sich zwei Tage lang Auseinandersetzungen entwickelten. Um das Maß voll zu machen, verbot der preußische Innenminister, ebenfalls ein Sozialdemokrat, den RFB..."[263]

Offensichtlich ist ihm die Haltung der SPD grundsätzlich ein Dorn im Auge, denn er gibt sich giftig-unsachlich: „1918 war nur eine Kraft in der Lage, das vorwärtsstürmende Proletariat zu stoppen: die Sozialdemokratie. Die Bourgeoisie war bereit, um ihre Herrschaft insgesamt zu erhalten, den dafür notwendigen Preis zeitweiliger Zugeständnisse zu zahlen. Die Errungenschaften des November, solchermaßen nur Abfallprodukte des Kampfs um die Revolution, fälschten die Scheidemann und Stampfer um zu Ergebnissen sozialdemokratischer Politik, fesselten durch ihren Glanz einen Teil der Klasse, während Noske denjenigen, der dabei nicht stehenbleiben wollte, blutig niederschlug."[264] Hieraus leitet er ab: „Folgerichtig unterstützte die KPD 1931 den Volksentscheid der NSDAP gegen die sozialdemokratische Preußen-Regierung, stellte doch die SPD ‚die stärkste, gefährlichste und widerstandsfähigste der beiden [faschistischen] Armeen' dar."[265]

Indem Heer einerseits die Sozialdemokraten beschuldigt, mit „Sabotage", „Zertrümmerung sozialer Standards und der demokratischen Verfassung" wie auch mit „Lähmung" der Arbeiterschaft die „heuchlerische Reichsregierung" zu stützen[266], und andererseits jede ernsthafte Auseinandersetzung mit den brutalen Vorgehensweisen der Kommunisten, sei es in der Sowjetunion oder in Deutschland, unterläßt, verrät er seine unbedingte Affinität zur Revolution, zu Arbeiter- und Soldatenräten, kurz, zum Kommunismus schlechthin und damit in letzter Konsequenz auch zu dem bolschewistischen, und später stalinistischen, Terror. In diese Haltung paßt auch die Unterschlagung der Tatsache, daß Ernst Thälmann selbst in seiner Eigenschaft als KPD- und RFB-Führer durchaus deutschnationale Interessen vertrat. Seine harte Kritik am Eingreifen der Franzosen an der Ruhr ist ebenso verbürgt wie die an den polnischen Okkupationen in Oberschlesien in der Zeit nach dem Ersten Weltkrieg. Was schließlich von seinem Bekenntnis zu „seinem Volk" und „seiner Nation" zeugt, die er mit großem Stolz verehrte.

Es erübrigt sich, den wissenschaftlichen Wert von Heers Thälmann-Monographie zu beurteilen. Sie bringt eine Vielzahl durchweg längst bekannter Einzelheiten, ist folglich eine Fleißarbeit, deren besonderes Kennzeichen in der Denunzierung aller politischen Kräfte mit Ausnahme des Bolschewismus besteht. Heers teils in eindeutigen Formulierungen, teils in der positiven Darstellung kommunistischer Taktiken, teils in der Unterdrückung ihm nicht genehmer Fakten ausgedrückte Zustimmung zum Bolschewismus damaliger Prägung läßt bei dem 1975 immerhin bereits 34jährigen ein in sich geschlossenes, einseitiges kommunistisches Weltbild erkennen.

Was selbstverständlich nicht heißen muß, daß sich Hannes Heer in den 20 Jahren bis zum Beginn der Anti-Wehrmachtausstellung politisch nicht hätte fortentwickeln können. Sein weiterer Weg als Interpret geschichtlicher Abläufe fördert für diese Annahme indes keine Indizien zutage. Heers heutige Haltung kennzeichnet unter anderem die im März 1995 im Institutsverlag Hamburger Edition erschienene und von Reemtsma finanzierte Begleitveröffentlichung zur Ausstellung *Stets zu erschießen sind Frauen, die in der Roten Armee dienen.*[267] Der Herausgeber Heer bringt darin eine Zusammenstellung von „Geständnissen" deutscher Soldaten über ihre Einsätze an der Ostfront, die in sowjetischer Kriegsgefangenschaft verfaßt worden waren. In der Einführung des Verlags heißt es: „Diese handschriftlich verfaßten Geständnisse deutscher Kriegsgefangener über ihren Einsatz an der Ostfront [...] vermitteln das Bild eines perversen Alltags der Gewalt, eine Mischung aus Mord und Sadismus, Raub und Menschenquälerei – Verbrechen, denen Juden, Kriegsgefangene, Zivilisten, Frauen, Kinder und Greise unterschiedslos ausgesetzt waren." Zur Quellenlage wird angegeben: „Die hier vorliegenden persönlichen Zeugnisse, heute im Staatsarchiv aufbewahrt, wurden von der ‚Außerordentlichen Kommission' zusammengetragen. Diese Organisation sammelte seit November 1942 in den befreiten Gebieten der Sowjetunion Akten, Zeugenaussagen und Fotos, um die Verbrechen und Zerstörungen der deutschen Besatzer zu belegen. Gestützt auf diese

Dokumente, wurden in der Folge zwanzig große Kriegsverbrecherprozesse durchgeführt."[268] Beide Stellungnahmen sind noch bis mindestens August 2000 in den Internet-Veröffentlichungen des Reemtsma-Instituts verzeichnet, stellen dementsprechend die bis dahin offizielle Aussage dar.

Die vollständige Bezeichnung der hier benannten „Außerordentlichen Kommission" lautet „Außerordentliche Staatskommission für die Feststellung und Untersuchung der Verbrechen der faschistischen deutschen Eindringlinge". Bereits diese nähere Klassifizierung läßt erkennen, daß es sich dabei um eines der zahlreichen Propagandainstrumente der stalinistischen Sowjetunion gehandelt haben dürfte. Dr. Joachim Hoffmann vom Militärgeschichtlichen Forschungsamt (MGFA) wird in seinem Buch *Stalins Vernichtungskrieg* noch deutlicher. Er legt dar, daß die Kommission eines der für Stalin typischen Instrumente politischer Fälschung gewesen ist.[269]

Am Rande stellt sich die Frage, wer die „Helfershelfer" der „faschistischen deutschen Eindringlinge" wohl gewesen sind. Dies ist unschwer zu beantworten, schließlich sprechen die unzähligen sofortigen Todesurteile und häufig mit dem Tod endenden Haftstrafen für sogenannte Kollaborateure eine überdeutliche Sprache. Und es ist auch nicht erst nach 1995 bekannt geworden, daß die etwa zwanzig als Kriegsverbrecherprozesse deklarierten großangelegten Aburteilungen im Sinne von Schauprozessen, also als Mittel zur Abschreckung und damit wiederum zu Propagandazwecken, abgehalten wurden. Nicht nur die Verfahren von Minsk sind ein Beispiel dafür, daß „Geständnisse" von deutschen Soldaten durch Folter wie Essensentzug und körperliche Gewaltanwendung erpreßt worden sind.

Die im Zuge des Zusammenbruchs des kommunistischen Weltreiches erfolgte Öffnung sowjetischer Archive hat bereits ab Anfang der neunziger Jahre eine ungeheure Anzahl von Fakten zutage gefördert, die die Qualität der „Geständnisse" deutscher Kriegsgefangener Lügen strafen. Doch Heer ignoriert beharrlich, daß russische Gerichte aufgrund dieser Erkenntnisse inzwischen sogar damit begonnen haben, als Kriegsverbrecher verurteilte deutsche Soldaten zu rehabilitieren. Der russische Militäroberstaatsanwalt von Moskau, Wolin, der eine Zeitlang für die Rehabilitierung zu Unrecht von sowjetischen Gerichten verurteilter Deutscher zuständig war, äußerte sich in einer 1993 gehaltenen Rede zu den Methoden sowjetischer Gerichtsbarkeit der Kriegs- und Nachkriegszeit wie folgt: „Beim Studium Hunderter von Strafsachen in Archiven fand ich stets Hinweise auf ungesetzliche Handlungen und Beweise für Mißhandlungen und Folterung im Verlaufe von Ermittlungsverfahren. Mich entsetzten sowohl die Unmenschlichkeit als auch die ausgeklügelten Methoden der Folterer sowie deren Ausmaß [...] Die Straforgane henkten, erschossen, folterten. Die Repressionsmaßnahmen des kommunistischen Systems betrafen alle Schichten der Bevölkerung Deutschlands; sie verschonten weder Hausfrauen noch Schüler, Greise, Angehörige der Intelligenz oder Kriegsgefangene, die sich in den Lagern der UdSSR befanden [...] Ich habe Dutzende von Strafakten deutscher Bürger gelesen und fand jedes Mal Verletzungen selbst der undemokratischen sowjetischen Gesetze."[270]

Selbst angesichts solch radikaler Aufarbeitung der Vergangenheit von seiten des ehemaligen Hauptkriegsgegners Deutschlands scheint Hannes Heer keinen Grund zu sehen, sich zu korrigieren. Trotz des Zusammenbruchs des Sowjetsystems bleibt er verbissener Linientreuer kommunistischer Propaganda. Und die Aussagen der von ihm in seiner philobolschewistischen Thälmann-Schrift ausgewerteten „Dokumente" über Verbrechen deutscher Soldaten haben seines Erachtens nichts an Beweiskraft eingebüßt. Diesen zufolge habe etwa ein deutscher Obergefreiter „gestanden", „die ganze Zivilbevölkerung, darunter Kinder und Greise" eines nicht näher bezeichneten Ortes „nahe der ehemaligen polnischen Grenze" sei im Sommer 1941 „in ein großes Gebäude eingesperrt" worden. „Sodann wurde alles verschlossen, mit Benzin angegossen und angezündet", wobei Hunderte von Menschen ums Leben gekommen seien.[271] Ein Unteroffizier habe über einen „Fall aus dem Polenfeldzug, bei Kalisch" folgende „Aussage" gemacht: „Die gesamte Bevölkerung, Männer, Frauen und Kinder, mußten sich, nachdem sie die Gräber für die deutschen Gefallenen geschaufelt hatten, auf die Straße einer neben den anderen legen. Dann fuhren Raupenschlepper über sie hin und zermalmten sie."[272] Weitere solcher „Geständnisse" gibt es zum Beispiel von einem Oberfeldwebel über 1.000 bis 1.500 in einem Speicher eingeschlossene Kriegsgefangene, die im August 1941 bei Uman von in der Nähe stehenden zwei oder drei Flakbatterien mit jeweils vier 8,5-cm-Geschützen beschossen und getötet oder schwer verwundet worden seien; von einem Gefreiten über kleine Kinder, die Anfang September 1942 nahe Cholm „an den Beinen gefaßt und mit den Köpfen gegen eine Mauer geschleudert" worden seien, wobei ein Mädchen, das zunächst ein Versteck gefunden gehabt habe, „mit aufgepflanzten Seitengewehren buchstäblich aufgespießt" worden sei; von einem weiteren Gefreiten über ungefähr 20 Frauen, Kinder und Säuglinge in einem niedergebrannten Haus in Jakowlewka, „in die man Handgranaten geworfen hatte".[273]

Derartige Greuelschilderungen muten schon aufgrund der ihnen eigenen beispiellosen Perversion realitätsfern an, und es fragt sich, ob solcherart Phantastereien nicht eher dazu dienen, die dem Krieg immanente Grausamkeit sowie tatsächlich verübte Verbrechen zu bagatellisieren. Vor welchem Hintergrund und mit welchen Methoden die Berichte erstellt wurden, läßt sich nicht zuletzt an der Verwendung der in der sowjetischen Propaganda so typischen wertenden Ausdrücke wie „faschistische Armee" oder „faschistische Räuber und Mörder" ablesen. Heer aber bleibt auch hiervon unbeeindruckt und scheint weder an der Richtigkeit noch an der entsprechenden Wirkung der Aussagen zu zweifeln. Schließlich gelten die Urteile der Nürnberger Prozesse, in die 1945/46 von der sowjetischen Anklagevertretung die „Beweismaterialien" von Stalins „Außerordentlicher Kommission" eingebracht wurden, auch heute noch als unumstößlich, fast ist es ein Sakrileg, die Herkunft der hier vorgebrachten Indizien zu hinterfragen. So hätten die Deutschen etwa den Mund ihrer Opfer mit Zement gefüllt; sie hätten Sowjetbürger gezwungen, auf einen Baum zu steigen, der dann von anderen abgesägt werden mußte, so daß erstere infolge des Sturzes ums Leben kamen; hungernden Kindern vergifteten Kaffee und Kuchen vorgesetzt; bewußt Typhuskranke aus Krankenhäusern geholt, um damit Gesunde in den Lagern anzustecken; sich mit Maschinengewehren auf Kinder eingeschossen; Kinder verstümmelt, ihnen Hände, Finger abgehackt, Augen ausgestochen und so fort. Selbst die aus der Zeit des Ersten Weltkrieges stammenden antideutschen Horrorgeschichten wie die von abartiger Leichenverwertung hatten ja bekanntlich in Nürnberg ihre Renaissance.[274]

Auch die von Heer verwendeten Beispiele sind derart bizarr, daß sie, ginge es nicht um einen so ernsten Sachverhalt, beinahe Satirecharakter aufwiesen. Wobei sich aber jedes auch noch so erstickte Lachen allein dadurch verbietet, daß sowjetische Partisanen deutsche Soldaten in der Tat verstümmelt haben, und zwar auf eben die bestialische Weise, die sie letzteren etwa in bezug auf Kindesmißhandlung anlasten. Was im übrigen deren Ideenvielfalt bei der späteren „Beweisaufnahme" deutscher Verbrechen erklären könnte.

Das von Heer nach Gutdünken nachkolorierte Geschichtsbild entzerren auch seine jüngsten Veröffentlichungen nicht. So heißt es zum Beispiel über seine im Oktober 1999 erschienene Aufsatzsammlung *Tote Zonen. Die deutsche Wehrmacht an der Ostfront*[275] in der Besprechung der Hamburger Edition: „Der Krieg gegen die Sowjetunion war ein besonderer Krieg, deutlich unterschieden von dem im Westen und Norden Europas. Hitler definierte ihn als ‚Kampf zweier Weltanschauungen' und verlangte von seinen Generälen, ihn als Vernichtungskrieg zu führen. Das Ergebnis war der millionenfache Mord an Kriegsgefangenen, Juden und anderen Zivilisten.

Viele Soldaten der Wehrmacht teilten die rassistische Weltsicht und identifizierten sich mit den Eroberungszielen im Osten. Aber sie waren keine Massenmörder. Dazu wurden sie erst unter den Bedingungen des Vernichtungskrieges. Indem sie den Rotarmisten zur ‚Bestie' erklärten und den Juden in einen ‚Partisanen' verwandelten, gelang es ihnen, das Kriegsverbrechen als angemessene Reaktion und den Völkermord als militärische Notwendigkeit zu legitimieren.

Nach dem Scheitern des Blitzkrieges und unter dem Eindruck des permanenten Rückzugs wurde das eigene Tun als ‚Pflicht' gedeutet und zur Tugend veredelt. Dieses Selbstbild wurde zum Kern der Legende der ‚sauberen Wehrmacht', die nach 1945 die öffentliche Diskussion bestimmte und in den Zeiten des Kalten Krieges zum offiziellen Geschichtsbild wurde. In ihrem Schutz konnten die ehemaligen Soldaten ihre virulenten Alpträume und die aufkommenden Schuldgefühle unterdrücken oder vergessen."[276]

Heers Publikationen weisen immer wieder denselben Tenor auf: Nie seien die Verbrechen deutscher Soldaten die Ausnahme oder eine begrenzte Vorgehensweise, sondern stets Ausdruck des Grundprinzips einer auf Mordlust ausgerichteten egozentrischen Weltsicht gewesen. Daß sie von jeher das Bild von der „sauberen Wehrmacht" zerstören helfen, mag für Jan Philipp Reemtsma Anlaß gewesen sein, „den einschlägig als Kommunisten vorbelasteten und vorbestraften Hannes Heer"[277] 1993 an sein Institut zu holen und ihn mit der Leitung des Projekts „Vernichtungskrieg. Verbrechen der Wehrmacht 1941 bis 1944" zu betrauen. Denn Heers Diffamierungen sind maßlos, seine Selbstgerechtigkeit unendlich. In ihm wird der Erbe des Tabakimperiums den richtigen Mann dafür vermutet haben, das Konzept der Ausstellung so umzusetzen, daß deren Präsentation auch seinen eigenen Vorstellungen hinsichtlich einer kompromißlosen Abrechnung mit der jüngeren deutschen Vergangenheit gerecht wird.

Teil 3

Die Anti-Wehrmachtausstellung polarisiert die Gesellschaft

Reemtsmas Institut macht Furore

Ein Skandal schafft Öffentlichkeit

Neben dem Projekt „Angesichts unseres Jahrhunderts“ und der Ausstellung „200 Tage und ein Jahrhundert“ sorgt Jan Philipp Reemtsmas Hamburger Institut für Sozialforschung 50 Jahre nach Beendigung des Zweiten Weltkrieges vor allem mit der großangelegten Wanderausstellung „Vernichtungskrieg. Verbrechen der Wehrmacht 1941 bis 1944“ für öffentliches Aufsehen. Mit den Vorbereitungen für die Ausstellung muß der Ausstellungsleiter Hannes Heer schon bald nach Beginn seiner HIS-Zeit im Jahre 1993 begonnen haben. Wer der eigentliche Ideengeber für das Projekt gewesen ist, bleibt im Dunkeln. Was zählt, ist, daß der Radikalachtundsechziger mit seiner Schau dem Institut ein Thema eröffnet hat, mit dem es endlich auf Dauer aus der Gesichtslosigkeit seiner bisherigen Existenz heraustreten kann. Denn ohne die Ausstellung wäre die Bedeutung des Hauses mit Sicherheit wohl nie über ein unspektakuläres Mittelmaß hinausgekommen.

Grund für die Kritik an der Schau ist die wohl einmalige Verquickung falscher oder verzerrter historischer Fakten mit eindeutigen politischen Zielen, über die sich Heer in der Einleitung des Ausstellungskatalogs wie folgt äußert: „Die Wehrmacht führte 1941 bis 1944 auf dem Balkan und in der Sowjetunion keinen ‚normalen Krieg‘, sondern einen Vernichtungskrieg gegen Juden, Kriegsgefangene und Zivilbevölkerung, dem Millionen zum Opfer fielen. Die deutsche Militärgeschichtsschreibung hat zwar viel zur Aufklärung dieses Tatbestandes beigetragen, sie weigert sich aber einzugestehen, daß die Wehrmacht an allen diesen Verbrechen aktiv und als Gesamtorganisation beteiligt war.

Die Ausstellung will genau diesen Beweis führen. Sie wählt dazu drei Beispiele: den Partisanenkrieg in Serbien, die 6. Armee auf dem Weg nach Stalingrad, die dreijährige Besatzung Weißrußlands.

Und sie demonstriert die Schwierigkeit dieser Beweisführung: Von Beginn an versuchte die Wehrmacht, die Spuren ihrer Verbrechen zu verwischen und die Erinnerung daran zu beseitigen.

Was an Legendenbildung in der Nachkriegszeit entstand, war nur die Fortsetzung dieser Politik. Die Ausstellung will kein verspätetes und pauschales Urteil über eine ganze Generation ehemaliger Soldaten fällen. Sie will eine Debatte eröffnen über das – neben Auschwitz – barbarischste Kapitel der deutschen und österreichischen Geschichte, den Vernichtungskrieg der Wehrmacht von 1941 bis 1944."[1]

Schon diese wenigen Zeilen beinhalten zwei extreme Widersprüche. Zum einen will die Schau angeblich „kein verspätetes und pauschales Urteil über eine ganze Generation ehemaliger Soldaten fällen", obwohl es kurz zuvor noch heißt, es solle gerade der Beweis geführt werden, „daß die Wehrmacht an allen diesen Verbrechen aktiv und als Gesamtorganisation beteiligt war". Zum anderen wird die Behauptung aus der Luft gegriffen, der Wehrmacht sei stets daran gelegen gewesen, „die Spuren ihrer Verbrechen zu verwischen und die Erinnerung daran zu beseitigen". Darin soll angeblich die „Schwierigkeit dieser Beweisführung" bestehen. Dem Gedanken, daß diese Schwierigkeit aber allein deshalb bestehen könnte, weil es Beweise für dieses „barbarischste Kapitel der deutschen und österreichischen Geschichte, den Vernichtungskrieg der Wehrmacht", deshalb nicht gibt, weil sie in der behaupteten Form gar nicht stattgefunden haben, scheinen sich Heer, seine Mitarbeiter wie auch sein Geldgeber also von vornherein kategorisch zu verweigern.

Es gibt Experten, die die publizistische Wirkung umgekehrt proportional zum wissenschaftlichen Wert ansetzen. Insofern wird deutlich, daß der alleinige Grund für die Schlagkraft der Ausstellung die in ihr vorgenommene einseitige Aufarbeitung des Themas ganz im Sinne der vom Zeitgeist verordneten radikalen Abkehr von den „Untaten" der Väter und Großväter ist. Skandale haben schon immer für Furore und damit für Aufmerksamkeit gesorgt, ein Rezept, das die ohnehin von linken Ideen infiltrierten Herren Reemtsma und Heer – ob bewußt oder unbewußt – zur Anwendung bringen. Die mit der Anti-Wehrmachtausstellung – wie die Schau aufgrund ihrer Tendenziösität zutreffend genannt wird – losgetretene politische Kontroverse um die Rolle der deutschen Wehrmacht im Zweiten Weltkrieg verleiht dem Institut quasi über Nacht eine ungekannte Reputation. Während Ausstellungsgegner die unzulässige pauschale Verunglimpfung der Wehrmachtsangehörigen anprangern, begrüßen die Ausstellungsbefürworter die Schau als einen wahrhaftigen Beitrag zur schonungslosen Aufklärung der angeblichen Schlüsselrolle der Wehrmacht im Gesamtsystem des sogenannten nationalsozialistischen Unrechtsregimes.

Hinzu kommt, daß „der Beginn ihrer Wanderung durch die Lande kaum einen geeigneteren Zeitpunkt [hätte] finden können als den Anfang des Jahres 1995. Das Datum lag in der Mitte einer Reihe von medienträchtigen Daten. 1994 hatte sich der Aufstand des 20. Juli zum 50. Mal gejährt. Dabei hatte sich ganz unerwartet gezeigt, ein wie großes linkes Widerstandspotential selbst gegen die Widerstandskämpfer des 20. Juli aktiviert werden konnte, sofern diese nur Soldaten waren. Am 7./9. Mai 1995 galt es, des 50. Jahrestages des Kriegsendes zu gedenken und im Oktober des gleichen Jahres des 40jährigen Bestehens der Bundeswehr. Das allein verursachte schon einen Strom von Artikeln, Betrachtungen, Sendungen und Kommentaren in den Medien, die angesichts ihrer Linkslastigkeit so gut wie immer zu Ungunsten des Militärs ausgingen."[2]

In perfekter Übereinstimmung mit dem herrschenden Zeitgeist, mit der linkslastigen ideologischen Ausrichtung des größten Teils der Medienvertreter sowie mit dem Opportunismus der BRD-Politiker bis ins konservative Lager hinein wird die

Der offizielle Katalog zu der umstrittenen Anti-Wehrmachtausstellung offenbart bereits anhand der Titelgestaltung den propagandistischen Anspruch. Trotz der Fülle an qualitativ hochwertigem Bildmaterial haben die Macher ein verschwommenes Motiv gewählt. Nicht das tatsächlich Dargestellte spielte dabei eine Rolle: eine laufende Figur, von der man bestenfalls ahnt, daß es eine Frau sein könnte; dahinter eine Reihe von Menschen. Um so stärker kommt die Dynamik der Abbildung zum Tragen – nicht zuletzt durch den abfallenden Horizont. Erst die Einordnung in den Sinnzusammenhang läßt den Betrachter das Bild „erkennen": Das unscharfe Foto wird zur Projektionsfläche eines Phantasie-Szenarios, deren schemenhafte Hauptgestalt irgendwie gehetzt wirkt. Schon hier drängt sich die Frage auf: Sollen die Bilder stichhaltige Thesen untermauern oder nur schwachbrüstige Behauptungen illustrieren? Diese suggestive Arbeit mit Fotoquellen ist nicht nur unwissenschaftlich, sie ist unverhohlen polemisch.

Aus: Der Spiegel 18/1995

Nicht nur die Auswahl, Zuordnung und Beschriftung des Bildmaterials soll die Verderbtheit einer ganzen Väter- und Großvätergeneration suggerieren, die undifferenzierte Geschichtsbetrachtung treibt Blüten bis über das Ende des Zweiten Weltkrieges hinaus: Auch der Aufbau der Stelltafeln in der Ausstellung (oben) wird für die diffamatorische Aussage instrumentalisiert. Dabei entspricht die stilisierte Kreuzform allerdings nicht etwa dem Balkenkreuz der Wehrmacht, sondern ausgerechnet dem Eisernen Kreuz, wie es von der Bundeswehr als Abgrenzung von den reichsdeutschen Streitkräften eingeführt wurde. Erst die Wehrmacht, dann die Bundeswehr? Angesichts des ideologischen Hintergrundes der Veranstalter erscheint ein Zufall unwahrscheinlich. Schließlich gehört es zur Strategie der politischen Linken, zum Zwecke der Aushöhlung staatstragender Institutionen diese pauschal zu verleumden. Seit das Tucholsky-Zitat „Soldaten sind Mörder" hoffähig wurde, ist es ein winziger Schritt, die Meinung zu etablieren: Die Bundeswehr besteht aus Verbrechern…

Anti-Wehrmachtausstellung überaus enthusiastisch zur großen historischen Tat, ihr Finanzier Jan Philipp Reemtsma zum Inbegriff des ethisch und moralisch vorbildhaften Mäzens schlechthin stilisiert – was im Hinblick auf die Motive seiner umfassenden Sponsorentätigkeit auch an dessen zahlreiche diffamatorische Veröffentlichungen erinnert, die den geistigen Weg, den der Ankläger in eigener Sache so zielbewußt beschreitet, seit langem vorzeichnen. Ließen sich anhand seiner Entführung Gut und Böse, Schuld und Unschuld, Opfer und Täter noch recht eindeutig in einem einzigen Buch identifizieren, mündet die gleiche Herangehensweise im Hinblick auf die komplexe deutsche Geschichte in ein ausgesprochenes Fiasko.

Selbst die sich stets unabhängig gebenden und angeblich so objektiv berichtenden Medien sitzen der Pseudowissenschaftlichkeit des Projekts auf, um nicht zu sagen, sie fördern die Scharlatanie absichtlich, indem sie die Leistungen der Hamburger Ausstellungsmacher kritiklos in den Himmel heben. Doch diesmal funktioniert die bewährte Methode des Einseifens breiter Bevölkerungsschichten mit Halb- und Unwahrheiten nicht. Vielmehr putschen die Diffamierungen nicht nur persönlich betroffene Gemüter hoch, insbesondere in München führt die Wanderausstellung im Februar 1997 gerade von seiten diverser renommierter Wissenschaftler zu heftigen Diskussionen.

Besonders erstaunlich ist die Tatsache, daß die Ausstellungsmacher – sonst allen „deutschtümelnden" Ambitionen strikt abgeneigt – die Wanderausstellung kreuz und quer durch den deutschen Sprachraum schicken und dabei die Tabugrenze zur „unabhängigen Republik" Österreich mehrfach schamlos überschreiten. Da werden „Österreicher" flugs wieder zu „Deutschen", wenn man damit die Dimension des „Bösen" – und selbstredend gehören ausnahmslos alle Deutschen dazu – noch wirkungsvoll erhöhen kann. Der erste Ausstellungsort für Heers Schau ist Hamburg. Vom 5. März bis zum 14. April 1995 ist sie dort in der Kampnagelfabrik zu sehen. Die weiteren Stationen gehen im selben Jahr über Berlin, Potsdam, Stuttgart, Wien, Innsbruck, im Jahre 1996 über Freiburg, Mönchengladbach, Essen, Erfurt, Regensburg, Klagenfurt, Nürnberg, Linz und 1997 über Karlsruhe zunächst nach München. Dort findet sie vom 24. Februar bis zum 6. April im Rathaus statt.

Nicht nur, daß es hier zum erstenmal zu Auseinandersetzungen größeren Stils über den Dokumentationswert der Bilder und Texte kommt, München unterscheidet sich auch noch in einer weiteren Hinsicht von allen bisherigen Stationen. Die Stadt stellt nämlich mit der „Galerie im Rathaus" erstmals einen kommunalen, sozusagen offiziellen Raum zur Verfügung, während bisher Kunst- und Ausstellungshallen, DGB-Häuser und Universitäten die Schau aufgenommen haben.

Daß seit München zunehmend offizielle Räume zur Verfügung gestellt werden, scheint die Macher in ihrer Strategie zu bestärken. Die prestigeträchtigsten Ausstellungsorte sind sicherlich die Paulskirche in Frankfurt und das Kieler Landeshaus, Sitz von Parlament und Landesregierung Schleswig-Holsteins. Nach München und Frankfurt geht es weiter über Bremen, Marburg, Konstanz und Graz. Das Jahr 1998 beginnt mit Dresden, gefolgt von Salzburg, Aachen, Kassel, Koblenz, Münster, Bonn und Hannover. Das vorerst letzte Ausstellungsjahr, 1999, beginnt am 8. Januar in Kiel und endet nach Saarbrücken, Köln und erneut Hamburg am 31. Oktober in Osnabrück.

Der Erfolg läßt sich nicht zuletzt auch daran messen, daß Vater Staat immer wieder dicke Finanzspritzen bereithält. In Kiel etwa werden aus Steuergeldern mindestens 200.000 Mark aufgebracht; als die Ausstellung zum zweiten Mal in Hamburg

Station macht, sind es immerhin noch einmal 70.000 Mark, die die Bürger ungefragt ihrer Regierung zur Verfügung stellen müssen, die mit Blick auf die Subventionierung von Kindergartenplätzen oder Lehrerarbeitsstellen ansonsten stets über Finanznöte klagt.

Die Resonanz auf die Anti-Wehrmachtschau steigt von Jahr zu Jahr. Bis November 1999 wird sie in 33 Städten der Bundesrepublik Deutschland und Österreichs von 860.000 Menschen gesehen, wie das Reemtsma-Institut stolz vermerkt.[3] Das sind in erster Linie Kinder und Jugendliche, Schulklassen und Studentengruppen, die von ihren Lehrern und Professoren, zumeist Altachtundsechzigern, gezielt zwischen die Stellwände und unter deren suggestive Bilderwucht getrieben werden. Hierbei dürfte der Eigenantrieb der meisten Halbwüchsigen gegen Null streben. Aber die Erzieher scheinen die Chance zu wittern, ihren eigenen Konflikt mit ihrer Vätergeneration zum x-ten Male zu sublimieren. Zudem scheint sich ihnen über die „persönliche Betroffenheit“ hinaus die Gelegenheit zu bieten, einen ihrer Meinung nach ungerechtfertigten Staatsmythos, dem sie emotional noch immer kritisch gegenüberstehen mögen, zu zerstören: die These nämlich, daß abgesehen von einzelnen, nur ungenau bezifferbaren, aber untypischen regelwidrigen Vorkommnissen die Wehrmachtsoldaten in ausnehmend harten, langen und grausamen Kämpfen völkerrechtliche Regelungen des Krieges befolgt haben.

Zu dem Personenkreis, der aus persönlichen und/oder politischen Gründen für die Aussage der Ausstellung als Multiplikator dient, kommt die große Anzahl der durch visuelle und emotionale Komponenten leicht beeindruckbaren Besucher. Diese sorgen aus nicht gespielter Betroffenheit für einen zusätzlichen Öffentlichkeitseffekt, der um so wirkungsvoller ist, als die Gefühle ehrlich sind. Tatsächlich ist es nicht einfach, sich der Suggestivkraft von Bildern zu entziehen, die den Krieg in seiner ganzen Gräßlichkeit zeigen. Dies beginnt schon bei der Darstellung „normaler“ Begleiterscheinungen wie brennender Gebäude und fliehender Menschen. Es setzt sich fort mit Fotografien von erhängten Zivilpersonen, die, auch wenn es sich bei den Hingerichteten um gewalttätige Partisanen handelt, mitleiderregend wirken, und kulminiert in Aufnahmen von Massenhinrichtungen oder Bergen exhumierter Leichen.

Für den Erfolg der Ausstellung ist aber noch eine dritte Gruppe von Rezipienten ausschlaggebend. Auch sie gehört zu den emotional Urteilenden, ihre Vertreter gehören aber weder einer bestimmten sozialen Schicht oder Altersstufe an, noch sind sie auf einen bestimmten Intelligenzquotienten festzulegen. Ihr Manko besteht in geschichtlicher Unwissenheit, und sie sind daher nicht in der Lage, eine allein aufgrund der Aufmachung und Zusammenstellung der dargestellten Sachverhalte überzeugend wirkende Präsentation auf ihren Wahrscheinlichkeits- oder gar Wahrheitsgehalt hin zu überprüfen. Hinzu kommt, daß sie, wenn die Inhalte dem allgemeingültigen Tenor entsprechen, auch nicht willens sind, dies zu tun, da sie Gefahr liefen, sich gesellschaftlicher Kritik oder Ablehnung auszusetzen.

Eine weitere Gefühlskomponente scheint sich in dem Wunsch auszudrücken, nach Möglichkeit an der Spitze von Massenbewegungen zu stehen, und zwar völlig unabhängig von moralischen Gesichtspunkten. Wofür die Mehrheit stimmt, ist richtig, schließlich ist der Wille der Mehrheit Ausdruck demokratischer Werte. Aus dieser verqueren Logik erklärt sich auch, weshalb in der seit über fünfzig Jahre währenden, sich stets noch steigernden Auseinandersetzung der deutschen Gesellschaft mit dem Dritten Reich ein großer Teil der Öffentlichkeit darauf beharrt, daß Diffamierungen und Verleumdungen fast jeder denkbaren Gruppierung (bestimmte Widerständler und Deserteure ausgenommen) a priori gerechtfertigt seien und selbst wissenschaftlich begründeter Protest als Regressionsverhalten Ewiggestriger stigmatisiert wird.

Vor diesem Hintergrund verwundert es nicht, daß sich die Medien überwiegend hinter die Schau und ihre Ziele stellen. Auch unter den Medienvertretern befinden sich selbstverständlich Angehörige der oben beschriebenen Gruppen: die ideologisch Festgelegten, die leicht Beeinflußbaren und die Unwissenden. Erschwerend kommt hinzu, daß es sich bei den meisten Journalisten um auflagenfokussierte Berufsvertreter handelt, deren Opportunismus den Blick zusätzlich verstellt.

Folglich hat – der Noelle-Neumannschen „Schweigespirale" gemäß – der begründete Widerstand gegen die Ausstellung zunächst wenig Aussicht auf Erfolg, da es zu wenige Kritiker wagen, dem emotionalen Meinungsgefüge mit Argumenten Paroli zu bieten. Daher entsteht parallel hierzu eine „Publizitätsspirale", die die wohlmeinenden Aussagen der Befürworter, Bewunderer und aggressiven Verteidiger von Heers Schau unter tätiger Mithilfe der Medien begünstigen, so daß sie die Ausstellung zu immer mehr Öffentlichkeit führen.

Das führt zu einem Sog, dem sich vor allem die Politiker nicht entziehen mögen, erhalten sie durch entsprechend affirmative Einlassungen zu der Ausstellung doch die Gelegenheit, ihr Gutmenschentum und ihre moralische Zerknirschung angesichts „der Verbrechen der Wehrmacht" immer wieder unter Beweis zu stellen – und sich auf diese Weise selbst zu grundsätzlicher Unangreifbarkeit im politischen Tagesgeschäft zu verhelfen.

So wird die Reihe der Prominenten, die sich für die publizistische Überhöhung der Bilderzusammenstellung des Hannes Heer zur Verfügung stellen, immer länger. Eine der wichtigsten Eröffnungsreden hat unzweifelhaft die Präsidentin des Bundesverfassungsgerichts, Jutta Limbach, gehalten. Aber nicht weil sich ihre Rede zum Auftakt in Karlsruhe vom Inhalt her in besonderer Weise von den üblichen, in ihrer zustimmenden Beflissenheit gelegentlich peinlichen Würdigungen abhebt, sondern weil positive Äußerungen von seiten einer Präsidentin des höchsten Gerichts im Staate für das Objekt ihres Wohlwollens so etwas wie einen politisch-juristischen Ritterschlag darstellen.

Ähnliches gilt für den Beifallsruf des verstorbenen Vorsitzenden des Zentralrats der Juden, Ignatz Bubis, anläßlich der Eröffnung in der Frankfurter Paulskirche. Von Bedeutung sind außerdem die Äußerungen deutscher Spitzenpolitiker wie Johannes Rau, Hans-Jochen Vogel, Hans Koschnick oder des Staatsministers Naumann wie auch des österreichischen Altkanzlers Hans Vranitzki. Zu den notorisch Unbelehrbaren gehört nicht zuletzt auch der schleswig-holsteinische Landtagspräsident Arens, der noch Ende 1999, als die Kritik bereits zum Ausstellungsmoratorium geführt hatte, seinem Stolz darüber Ausdruck gibt, die Anti-Wehrmachtschau nach Kiel geholt zu haben. Mit seiner Einstellung steht er für viele andere.

Kritik und Gegenkritik

Aufgrund der beschriebenen Mechanismen wächst sich die allgemeine Zustimmung bereits Anfang 1997 zu einer Woge aus, die anscheinend kaum mehr einzudämmen ist. Doch zunehmend formiert sich auch Widerstand gegen die pauschalen Verunglimpfungen. Einen ersten Höhepunkt erlebt die Protestwelle, wie bereits gesagt, in München. Der Aufforderung zu einer friedlichen Kundgebung folgen bereits am Tag der Eröffnung zahlreiche, in der Mehrheit ältere, also unmittelbar persönlich betroffene, Bürger – wobei es zu Konfrontationen mit zumeist jüngeren, nur mittelbar betroffenen, Gegendemonstranten kommt.

Besonders wortgewaltig bringt sich der CSU-Politiker Peter Gauweiler in die Diskussion ein. Mit seinen zahlreichen Aufrufen und Artikeln macht er sich quasi zum Sprachrohr der Kritik. Sein Eingreifen bewirkt fast sofort eine Erhöhung des Aufmerksamkeitspegels – wie auch eine schärfere Polarisierung. Alle diejenigen, denen Gauweilers politische Ausrichtung vom Grundsatz her schon immer ein Dorn im Auge war, sehen sich in der Ablehnung seiner Person bestätigt und beschuldigen ihn gleichzeitig, rechte, extrem rechte und dezidiert neonazistische Reaktionen provoziert, wenn nicht gar bewußt herbeigeführt zu haben.

Der schleswig-holsteinische SPD-Vorsitzende Willi Piecyk zum Beispiel schreibt in einer Pressemitteilung seiner Partei: „Die Kampagne des bayerischen CSU-Politikers Gauweiler sollte Herrn Hennig [dem damaligen CDU-Vorsitzenden des Landes] ein warnendes Beispiel sein, daß man auf diese Weise nur die rechten Ratten aus ihren Löchern locken kann […] Wer verhindern will, daß die Ausstellung gezeigt wird und Schülerinnen und Schüler mit unserer jüngsten Geschichte konfrontiert werden, will anscheinend keine kritische Aufarbeitung der eigenen Geschichte. Verdrängen und vergessen war zu lange die Leitlinie für die Vergangenheitsbewältigung in Deutschland.“[4]

Das Papier der SPD im nördlichsten Bundesland kann als symptomatisch für die Einstellung des größten Teils der – gleichgeschalteten – Befürworter der Ausstellung gelten. Sie alle folgen den Behauptungen der Ausstellungsmacher, denen zufolge die Bild- und Textmontagen der Schau die erste grundlegende Auseinandersetzung mit dem Verhalten der Wehrmacht während des Zweiten Weltkrieges seien. Dabei wird vergessen, daß sich bereits in den Nürnberger Prozessen die alliierten Siegermächte intensiv mit der Rolle der Wehrmacht beschäftigt haben. Dies war der Auslöser für in den Folgejahren vorgenommene, unzählige weitere Forschungen über angenommene oder wirkliche Verbrechen, so daß von historischem Neuland keine Rede sein kann. Daß die Verantwortlichen der Ausstellung und ihre Unterstützer diese Gegebenheit jedoch ignorieren, hängt wohl damit zusammen, daß ein entsprechendes Eingeständnis den plakativen Wert ihrer Schau drastisch vermindert hätte. Zudem wäre starker Protest von seiten der Geschichtsfälscher vorprogrammiert gewesen, mit dem auseinanderzusetzen für eine geistig ebenso ausgerichtete Unternehmung natürlich nicht in Frage gekommen wäre.

Vielmehr wird jegliche Kritik von den Machern als hartnäckiges Räsonnieren seniler alter Männer abgetan, die nicht bereit sind, sich ihrer Vergangenheit zu stellen. Wobei mancher der ehemaligen Soldaten sicherlich selbst seinen Teil dazu beiträgt, daß man ihn ohne weiteres als stur und unverbesserlich hinstellen kann. Zwar sind sie und niemand sonst die kundigen Zeitzeugen der dargestellten Ereignisse und können aus eigenem Erleben überzeugend berichten. Ihre gerechtfertigte Empörung gegenüber der pauschalen Verleumdung in differenzierte Worte zu kleiden und sich nicht zu verbalradikaler Abwehr hinreißen zu lassen, fällt jedoch nicht jedem leicht. Außerdem sind die meisten der Beschuldigten nicht mit den Winkelzügen der Journaille vertraut und lassen sich, da sich die Schlinge nur noch fester zuzieht, je mehr sie sich wehren, leicht als die berühmten bellenden Hunde vorführen.

Als willkommener Flankenschutz für die Zurückweisung jeglichen Protests können auch die Aufmärsche jugendlicher Rechtsgesinnter angesehen werden, deren martialisches Auftreten und mitunter eigenmächtiges Zurechtweisen linksradikaler Angreifer den hierfür empfänglichen Medien den nötigen Stoff liefern, um das Bild vom tumben, politisch Unbelehrbaren zu vertiefen. Die „Faschismuskeule" aber wird gegen alle geschwungen, die es wagen, dieser Form der Geschichtsschreibung die Stirn zu bieten. Selbst deutschen Historikern, die aufgrund ihrer Forschungen zu anderen Ergebnissen als Heer und Reemtsma gelangen und beweisen können, daß ihre Darstellungen im Gegensatz zu den eklatanten Fehlern der Ausstellung korrekt sind, wird das Recht zum Widerstand abgesprochen. Mögen ihre vereinzelten Beiträge auch noch so fundiert sein, sie werden sofort von unsachlichen und teilweise höhnischen Reaktionen zugedeckt.

Oder schlichtweg ignoriert. So ist es zum Beispiel kaum bekannt geworden, daß der Münchner Publizist Meinrad von Ow bereits im Herbst 1997 auf die in der Ausstellung fälschlich verwendeten Bilder von Morden des sowjetischen Geheimdienstes NKWD in Galizien[5] hingewiesen hat.[6] Kein Wunder, denn sieben an verschiedenen Ausstellungsorten ansässige Zeitungen hatten einen entsprechenden Beitrag trotz vorheriger Zustimmung der Redaktionen dann doch nicht veröffentlicht – und sich damit offenbar an das von Oberbürgermeister Christian Ude bei der Ausstellungseröffnung im Münchner Rathaus verkündete Credo gehalten: „Kein einziges Dokument kann widerlegt, kein einziges Foto dementiert werden."[7]

Selbst prominente, nicht gerade konservative Vertreter der deutschen Öffentlichkeit können mit ihren kritischen Stellungnahmen zu Heers Schau praktisch kein Gehör finden. Der ehemalige Bundespräsident Richard von Weizsäcker zum Beispiel urteilt differenziert, aber dennoch negativ: „Die Auffassung der verantwortlichen Aussteller über die Verbrechen der Wehrmacht teile ich nicht. Ohne Zweifel hat es auch innerhalb der Wehrmachtsverantwortung schwere Verbrechen gegeben. Es ist gut, davor nicht die Augen zu verschließen, so hart es ist. Andererseits wird im Zusammenhang mit der Ausstellung ein Pauschalurteil gefällt, das historisch, moralisch und menschlich nicht aufrechtzuerhalten ist."[8]

Marion Gräfin Dönhoff, Herausgeberin der *Zeit*, bringt das Dilemma auf den Punkt: „Die geschilderte Wahrheit ist eine Teilwahrheit, die durch Generalisierung zur Lüge wird." Damit steht sie sicherlich bereits im Gegensatz zu manchen ihrer eigenen Redakteure (wie Erenz und Raddatz, welche sich freilich öfter als sie zum Thema äußern), die die deutsche Wehrmacht schon früh als „Mord-" oder „Terrororganisation" und „Blutwalze" bezeichnet haben. Auf die Beschuldigungen von Erenz reagierend, hatte schon 1993, als sich die Ausstellung noch in der Vorbereitungsphase befand, der ehemalige Bundeskanzler Helmut Schmidt – auch er einer der Herausgeber der *Zeit* – angemerkt, daß Bemühung um historische Wahrheit es verbiete, die Wehrmacht kollektiv als verbrecherische Organisation anzusehen. Woraufhin er sich die Rüge einhandelte, er sei Redaktionskollegen in den Rücken gefallen und vertrete lediglich, was jede Bundesregierung seit Adenauer als verbindliche Geschichtsdeutung ausgegeben habe.[9] Und als sich die Ausstellung bereits auf ihrer (Groß-)Deutschland-Tour befindet, warnt Schmidt mit dem Hinweis auf eine mögliche Gegenbewegung erneut, man dürfe nicht 19 Millionen Soldaten als Angehörige einer verbrecherischen Organisation bezeichnen, um bald darauf über den Tenor der Reemtsma-Heer-Schau zu urteilen: „Dergleichen linksextremistische Meinungen sind nicht verboten, sie sind gleichwohl gefährlich."[10]

Das führt dazu, daß Heer selbst den Altkanzler als Gegner annimmt, sei es aus der althergebrachten Abneigung eines eingefleischten Kommunisten gegen den nichtradikalen Teil der SPD, oder weil er erkennt, daß Schmidts Stimme im Chor

Beim Vormarsch der deutschen Wehrmacht Richtung Osten war es kein Einzelfall, daß sie auf frische Massengräber stieß. Hier hatte sich der sowjetische Geheimdienst NKWD seiner Opfer entledigt. Bei diesen handelte es sich um Gefangene, die der NKWD auf der Flucht vor den anrückenden deutschen Truppen zunächst ins Hinterland verlegt hatte. Als deren Weitertransport nicht mehr möglich war, wurde kurzer Prozeß gemacht: Die Häftlinge wurden erschossen und in Massengräbern verscharrt. Die deutsche Wehrmacht schließlich exhumierte die Opfer. Viele der von Reemtsma in seiner Anti-Wehrmachtschau verwendeten Fotos sind bei solchen Exhumierungen gemacht worden, dokumentieren also keine Verbrechen der Wehrmacht, sondern des NKWD. Wenn unabhängig forschende Historiker diesen Nachweis erbringen, geht es ihnen nicht um Kritik an der Ausstellung an sich. Vielmehr werfen sie den Machern eine wissenschaftlich unzulängliche Arbeitsweise vor – die freilich der Psychologisierung der Nachgeborenen im Sinne des herrschenden Zeitgeistes Vorschub leistet. Neben Meinrad von Ow, dessen Ruf ungehört im deutschen Blätterwald verhallt, moniert auch der polnische Experte Bogdan Musial die falsche Verwendung der Bilder, die Morde an Einheimischen durch Wehrmachtsangehörige beweisen sollen. Musial weist nach: Bei den fraglichen Bildern handelt es sich zweifelsfrei um Opfer des NKWD, ermordete Polen, Ukrainer und Juden, exhumiert von der deutschen Wehrmacht. Wie von Ow versucht auch er im Herbst 1997 darauf aufmerksam zu machen. Er wendet sich direkt an das Reemtsma-Institut. Die Verantwortlichen aber sehen keinen Grund, die Fotos zu entfernen…

29–31: Gebiet Kiew, Ukraine. Januar 1944 bei dem gefallenen deutschen Unteroffizier Richard Worbs (Feldpostnummer p/p 31102) in der Nähe des Dorfes Winograd gefunden.

30

31

Aus: Ausstellungskatalog

der Kritiker besonderes Gewicht erlangen könnte. „Unter Helmut Schmidt als Kanzler hätte diese Ausstellung keinen Tag überlebt", unterstellt er dem SPD-Politiker und fährt fort: „Heute aber bestimmen andere Eliten ihren Fortgang."[11] Heer erläutert nicht, auf welche Weise Schmidt seiner Meinung nach die Ausstellung beendet hätte. Mit Polizeigewalt? In einem demokratischen Staat? Mit welcher Begründung? Heers vage Behauptung entpuppt sich als Denunziation und hat Ähnlichkeit mit der Maßlosigkeit, mit der er deutsche Soldaten kollektiv als Verbrecher verleumdet.

Im übrigen wirft Heer, der sich dabei auf eine Interviewaussage Schmidts in der britischen Presse bezieht, dem Altkanzler vor, sein Mitwissen über Judenmorde, den millionenfachen Tod sowjetischer Kriegsgefangener und als Partisanen bezeichneter Zivilisten zu leugnen bzw. zu behaupten, erst nach 1945 davon erfahren zu haben. Schmidt habe persönlich Kenntnis von Verbrechen der Wehrmacht gehabt, behaupte aber dennoch, er wisse von nichts: Die Art und Weise seiner Berichte offenbare mehr, als sie verdecke. Man ahne das Gewicht der Taten. „Manchmal reißt es den Erzähler, noch bevor er zu reden begonnen hat, in die Tiefe: Helmut Schmidt berichtet [...] er habe an der Ostfront Schreckliches gesehen. ‚Ich kann es niemals vergessen.' Dann, erst nach diesem Eingeständnis, legt er sich die Scheuklappen an und steckt sich den Knebel in den Mund, wird zu einem, der nichts gesehen, nichts gehört, nichts gefühlt hat."[12]

Das allerdings steht keineswegs in dem Interview, sondern es ist die gewaltsame Montage von Aussagen zu einem Bild, das eine höchst willkürliche Interpretation durch Heer vermuten läßt. Er scheint gar nicht wissen zu wollen, was Schmidt wirklich gemeint hat: Daß dieser die Bilder von Soldaten vor Augen hat, die durch Partisanen ermordet wurden, daß er vom alltäglichen Grauen des Krieges spricht: zerfetzte Leichen von Frauen, Alten und Kindern, akribisch zerstörte Siedlungen und verwüstete Landstriche, verwaiste Kinder, die ihre Eltern suchen und umgekehrt, tote oder schwerstverwundete Kameraden, die so jung sind, daß man sie sich in Schulzimmern, nicht aber auf dem Schlachtfeld denken mag. Ist Heer in einem Maße ideologisch verbohrt, daß er sich nicht vorstellen kann, daß solche Schrekkensbilder sich derart tief in die Seele eingraben, daß sie einfach nicht wieder loszuwerden sind?

Heers Konstruktion ist schwerlich anders zu verstehen denn als Unterstellung. Wie er hätten sich auch viele der Befürworter seiner Anti-Wehrmachtausstellung vielleicht weniger voreingenommen einmal mit alten Soldaten unterhalten sollen. Ideologische Scheuklappen führen aber immer wieder zu der aufgezeigten unsachlichen, bevormundenden und willkürlichen Art der Abkanzelung von Ausstellungsgegnern, gleichgültig, ob diese aus den Reihen der Forscher, Durchschnittsbürger oder Prominenten kommen.

Auch der Finanzier der Diffamierung, Jan Philipp Reemtsma, erweist sich als Betonkopf im Umgang mit angemessener Kritik. Im April 1997 gibt er sich, auf die „herbe Kritik" an der Ausstellung angesprochen, selbstbewußt-abweisend: „Aus der Tatsache, daß wir an dieser Ausstellung nichts geändert haben, können Sie schließen, daß uns diese Kritik nicht getroffen hat. Es fing damit an, daß behauptet wurde, die Fotos seien möglicherweise gefälscht. Dazu ist kein Nachweis erbracht worden."[13]

Auch als zwei Jahre später die „Nachweise" selbst von der Presse nicht mehr ignoriert werden können, zeigt er sich bezüglich des Wertes der Ausstellung gewohnt starrköpfig. Im Juli 1999 taktiert er gegenüber dem *Spiegel* in einem Interview geschickter als Heer oder Sympathisanten seines Mitarbeiters. Er bestreitet, daß die Schuldzuweisungen der Texte und Bilder kollektiv gegen „die" deutschen Soldaten gerichtet seien. Man habe nicht schockieren, sondern informieren wollen. Man habe sogar gegen den Rat museumspädagogisch Kundiger mehr Gewicht auf die Texte als auf die Größe der Bilder gelegt.[14] Er beteuert, es gehe der Ausstellung an keiner Stelle darum zu belegen, die Verbrechen seien begangen worden, weil die Mannschaften mordlüstern gewesen seien. Die Befehle des General Reichenaus zeigten gerade, daß Morde nicht Folge irgendwelcher Eskalationen oder Exzesse waren, sondern planmäßig erfolgten. Zudem sei das Vorhandensein von Fotografien barbarischer Szenen ein Zeichen dafür, daß Grenzen zwischen verboten, geboten und erlaubt undeutlich und partiell aufgehoben gewesen seien. Als Begründung führt er an, die Gesellschaft der NS-Zeit habe den fortwährenden Krieg gebraucht, um nicht zu denaturieren.[15] Zuvor hatte er allerdings eingeschränkt, die Ausstellung befasse sich lediglich mit drei Kriegsschauplätzen, und das Publikumsinteresse, „die öffentliche Aneignung", habe nicht der ursprünglichen Intention des Instituts entsprochen.[16]

Insgesamt vermittelt die Argumentation einen äußerst zwiespältigen Eindruck. Prahlerisch verweist Reemtsma darauf, sein kleines Institut sei für ebenso dicke und kluge Bücher nicht zuletzt über die Rolle der Wehrmacht verantwortlich wie die anerkannte akademische Welt. Er bemüht Graf Lambsdorff, dessen Gegnerschaft zur Ausstellung er betont, als autorisiertes Beispiel für die Ernsthaftigkeit der Ergriffenheit der Besucher. Er führt Gästebucheinträge an, die gleichfalls das Gewicht des Unternehmens unter Beweis stellen sollen.

Andererseits fallen partielle Rückzüge auf. So akzeptiert Reemtsma Einwände gegen einzelne Bilder und will den Tenor der Ausstellung nicht als kollektive Schuldzuweisung verstanden wissen. Auch daß er einigen Fragen auf intelligente Weise ausweicht, zeigt, daß der Linkspopulist Mitte 1999 schon nicht mehr ganz so selbstsicher auftritt wie zum Zeitpunkt der Ausstellungseröffnung und wie selbst noch 1997.

Dennoch steht Reemtsma im wesentlichen weiterhin für keine anderen Thesen als Heer – wenn auch auf geschliffenere Art als sein Mann fürs Grobe, der im März 1995 rigoros getönt hatte: „Man muß die Wehrmacht zu einer Mordorganisation erklären [...] und ich glaube auch, daß alle Soldaten von Verbrechen gewußt haben."[17] Und in der Einleitung des Ausstellungskatalogs schreibt er: „1945, kaum daß Nazi-Deutschland besiegt war, begannen die ehemaligen Generäle mit der Fabrikation einer Legende – der Legende von der ‚sauberen Wehrmacht'. Die Truppe, so hieß es, habe Distanz zu Hitler und dem NS-Regime gehalten, habe mit Anstand und Würde ihre soldatische Pflicht erfüllt und sei über die Greueltaten von Himmlers Einsatztruppen allenfalls nachträglich informiert worden. Diese Behauptung, die Millionen ehemaliger deutscher und österreichischer Soldaten freisprach, bestimmt bis heute die öffentliche Meinung. 1995, fünfzig Jahre später, ist es an der Zeit, sich von dieser Lüge endgültig zu verabschieden und die Realität eines großen Verbrechens zu akzeptieren [...]"[18]

Noch Ende Mai 1999 ist er der Meinung, die Wehrmachtausstellung zeige nur „die Spitze eines mörderischen Eisbergs".[19] Fragen nach dem Vorwurf der Unwissenschaftlichkeit der Bilderschau wischt er arrogant beiseite: „Womit wir gut leben können, da diese Kritik keine Fachkritik ist. Ich kenne keinen Militärhistoriker, keinen Zeithistoriker in diesem Forschungsgebiet, der die Ausstellung frontal angegriffen hätte."[20] Und berückend naiv bekennt er: „Hier ist es uns nicht so wichtig gewesen, ob auf diesen Fotos der Ort, das Datum, das Geschehnis notiert ist, denn diese Bilder erzählen von der Mentalität der Soldaten, die da an den Galgen, an den Massengräbern stehen."[21]

Etwa zeitgleich ziehen Jan Philipp Reemtsma, Hannes Heer und der Mitautor der Ausstellung Walter Manoschek in der *Zeit* Bilanz. Befragt werden sie von Benedikt Erenz und Karl-Heinz Janßen, jenen Redakteuren, die bereits vor Jahren unzweideutig ihre Meinung zur Wehrmacht kundgetan hatten: „Die Wehrmacht war die größte Mord- und Terrororganisation in der deutschen Geschichte"[22]; „Wehrmacht und Holocaust – das durfte bislang nicht zusammengehören. Nach der Ausstellung ist eine solche Trennung nicht mehr möglich. Man schaue sich die Täter von damals an. Es sind sehr oft Milchgesichter, frische Burschen, achtzehn, zwanzig Jahre alt."[23]

Von solchermaßen voreingenommenen Interviewern sind wohl kaum unangenehme Fragen zu erwarten. Um den Schein zu wahren, wird lediglich vorsichtig angemerkt, aus den Reihen der Wissenschaft käme der Vorwurf, die Ausstellung bringe nur wenig Neues, dafür propagandistisch Aufgetakeltes. Reemtsma erwidert, dies käme nur von der Seite gewisser Medien, Heer doziert, alle Fachleute hätten sich hinter die Ausstellung gestellt, und Manoschek bringt gar den Gegenvorwurf, die Wissenschaft hätte sich vorher einfach nicht um das Thema gekümmert, 80 Prozent der Fotos seien neu, „allein daran sieht man, daß der Vorwurf Unsinn ist".[24]

Benedikt Erenz und Karl-Heinz Janßen starten keinen Versuch, diese selbstgerechten Antworten zu hinterfragen. Vor diesem Hintergrund verwundert es nicht, daß trotz der mittlerweile stattgefundenen Auseinandersetzung mit dezidierter Kritik in dem Resümee nichts davon zu spüren ist. Vielmehr wird das Podium genutzt, um erneut die pauschale Diffamierung der deutschen Soldaten auszuwalzen. Jan Philipp Reemtsma spricht von einer Barbarisierung, die regelrecht in Genuß gipfelte: „Die Fotografen sagen: Das sind wir, und das ist die Zukunft. In diesen Bildern findet eine Selbstfeier der Barbarei als neuer Normalität statt: Das sollen wir sein, das wird unsere Zukunft sein, so stellen wir uns dar."[25] Hannes Heer ist direkter: „Im Laufe der Zeit haben wir eine Menge Fotoalben zugeschickt bekommen. Und jetzt sieht man, welche Art Fotos da gesammelt wurde. Wir kennen die Tötungsarten: Gefangene werden mit dem Kolben erschlagen oder mit dem Stiefel zertreten, sie werden erschossen, an Massengräbern oder auch in Gruppen zu zehnt oder fünfzehnt im Gelände. Erstaunlicherweise sind in jedem dieser Alben zwei Typen von Bildern enthalten: Da liegt eine Tote oder ein Toter, ein sowjetischer Zivilist oder auch Soldat, und daneben steht der überlebende deutsche. Der ist davongekommen. Das ist eine Form von Triumphbild. Und das andere Motiv, das sich in fast jedem dieser Fotoalben findet, sind Hängungsszenen. Es wird der individuelle Gerichtsherr gezeigt. Jeder kleine Soldat ein Richter, ein Herr über Leben und Tod."[26]

In dem erprobten Beschuldigungsmuster fehlt es an nichts: angefangen von der brutalen Soldateska über den Staat, der die Ausstellung nicht genügend stütze, und die Soldaten, die wegen der gesellschaftlichen Reaktion Angst hätten, Material herauszugeben – was im Widerspruch zu Heers Argumentation steht –, bis hin zu den Konservativen wie Peter Gauweiler, die durch ihre Rhetorik angeblich die extreme Rechte mobilisierten. Auch mangelt es nicht an Interpretationen zu Äußerungen anderer, die eher eigenen Denkmustern entsprungen sind, als daß sie durch Fakten gedeckt würden. Hatte sich Heer dabei frontal gegen eine konkrete Person, gegen Altbundeskanzler Helmut Schmidt, gewendet, nimmt sich Reemtsma die Erzählung eines Unbekannten vor: „Ich habe da einen Fall erlebt, als jemand sagte: ‚Ja, das [Verbrechen] hat es irgendwo gegeben, aber bei uns nicht'. Und dann erzählte er Gegenbeispiele: wie halberfrorene sowjetische Gefangene mit warmen Getränken wieder aufgepäppelt wurden. So erzählt er eine Geschichte nach der anderen und tastet sich immer näher an die eigentliche Geschichte heran, die Schlüsselgeschichte, die bei ihm dann so herauskommt: ‚Sie machen sich ja keine Vorstellung davon, wie brutal der Feind gekämpft hat. Da waren sogar Frauen dabei. Und ich erinnere mich noch an eine Russin, sie lag vor mir, sie war im Sterben und hat noch auf mich geschossen.' Er möchte das als Geschichte über die brutalisierten Russinnen erzählen. Tatsächlich erzählt er die Geschichte, daß er eine Frau getötet hat und bis heute nicht darüber hinweggekommen ist."[27]

Natürlich weiß Reemtsma, daß er nur spekuliert. Aber er erweckt den Eindruck, als verstehe er die wahren Motive des Zeitzeugen. Diese Art der Selbstgewißheit des Grundsätzlich-im-Recht-Seins durchzieht die gesamte Bilanz. Man wüßte gerne, wie Reemtsma, Heer und Manoschek reagiert haben, als sie kaum 14 Tage später im *Focus* lesen müssen, daß der Präsident des Bundesarchivs, Friedrich Kahlenberg, der bekanntermaßen kein erklärter Gegner der Ausstellung ist, eine Ergänzung, Verbesserung, Nachbearbeitung und Präzisierung der Schau fordert und in diesem Zusamenhang bemängelt, Fotos seien unzulässig aneinandergereiht, Texte oft zu knapp und summarisch, Quellenangaben nicht präzise genug. Wenn dies alles bereinigt würde, könne man „einen großen Teil der Kritik abfangen", lautet sein vernichtendes Fazit.[28]

In dieser für Reemtsma allmählich prekär gewordenen Situation unternimmt er einen spektakulären Befreiungsschlag. In einer genialen Umorganisation der Trägerschaft der Ausstellung lenkt er erwartete weitere Angriffe von einer Fokussierung auf ihn selbst ab und nimmt eine Reihe von politisch Etablierten in Mithaftung. Sein Konzept geht auch zunächst auf, daß nämlich diese in Mithaftung Genommenen ein hohes Eigeninteresse daran haben, die eigentlich schon angezählte Ausstellung nicht sterben zu lassen, weil dies ihre eigene Reputation ankratzen würde. Die Urheberschaft der Ausstellung bleibt zwar weiterhin beim Institut, doch deren Präsentation in etwa 50 Städten der Bundesrepublik Deutschland obliegt ab 1. August 1999 dem eigens hierfür gegründeten „Verein zur Förderung der Ausstellung ‚Vernichtungskrieg. Verbrechen der Wehrmacht 1941 bis 1944' e.V". Neben anderen werden hierfür im Juni Innenminister Otto Schily sowie Friedrich Kahlenberg genannt. Als Kuratoren fungieren der Vorsitzende des Zentralrats der Juden in Deutschland, Ignatz Bubis, sowie der ehemalige SPD-Parteivorsitzender Hans-Jochen Vogel, als Vorstandsmitglied Brigadegeneral a.D. Winfried Vogel.

Gesellschaftliche Auswirkungen

Die meisten Journalisten, Politiker, Lehrkräfte von Universitäten, Volkshochschulen und Grundschulen sowie sonstige von Berufs wegen an der deutschen Geschichte Interessierte hört man immer wieder klagen, die Ereignisse der Phase zwischen 1933 und 1945 seien in der geschichtlichen Aufarbeitung, in der Berichterstattung, in der Weitergabe an Jugendliche, kurz: im gesamten politischen und historisch notwendigen Informationsspektrum, unterrepräsentiert. Von gewissen Themen wird behauptet, sie würden noch immer tabuisiert oder seien bis vor kurzem tabuisiert worden, bis hin zu der larmoyanten Dauerforderung, mit der Verharmlosung des Rechtsradikalismus in Deutschland müsse endlich Schluß sein.

Beim Vergleich dieser These mit der Wirklichkeit bietet sich indes ein völlig anderes Bild. In den zahllosen Programmen der verschiedenen Hörfunksender zum Beispiel vergeht kaum ein Tag, an dem nicht in irgendeinem Zusammenhang auf die damalige Zeit hingewiesen wird. Seien es Alltagsbegebenheiten, politisch oder militärisch wichtige Ereignisse, Gedenktermine aller Art, Buchbesprechungen, Gespräche mit Zeitzeugen oder aktuelle Ereignisse, die in Verbindung mit dem Nationalsozialismus gebracht werden, schließlich Diskussionsforen zu allen diesen Themen. Einen besonderen Schwerpunkt bildet die Beschäftigung mit dem dunkelsten Aspekt des Dritten Reiches, dem Holocaust.

Im Fernsehen ist dieses Bild kaum weniger ausgeprägt, dieselben Strukturen sind auch hier deutlich zu erkennen, wenig anderes gilt für die Printmedien oder den Büchermarkt. Auch in den Lehrplänen der Schulen oder Volkshochschulen nimmt die Information zu dem Themenbereich einen festen Platz ein. Auf die Frage, was gerade im Fach Geschichte durchgenommen wird, „kannst du normalerweise immer mit ‚Nationalsozialismus' antworten", so Anna Rau, die 17jährige Tochter des Bundespräsidenten Johannes Rau in einem Gespräch mit der Illustrierten *MAX*. „Immer wieder dasselbe. Man fängt an mit Hitler und dem rosa Kaninchen, dann kommt Anne Frank und ‚Die Welle', dann schaut man ‚Schindlers Liste' am Wandertag. Im Konfirmanden-Unterricht nimmt man den Holocaust durch und in Geschichte sowieso. Man könnte fast sagen, man spricht in allen Fächern darüber. Da stumpft man irgendwie ab. Es ist einfach zu viel."[29] Dabei steht nicht zur Debatte, ob das Ausmaß der Information bzw. Diskussion angemessen oder vielleicht übererfüllt ist, sondern es geht nur um die Tatsache, daß der gesamte Themenbereich in der öffentlichen und veröffentlichten Meinung stets präsent ist – und daß dennoch immer wieder dessen Unterrepräsentation beklagt wird.

Gleiches vollzieht sich bei der Anti-Wehrmachtausstellung. Beginnend bei den Nürnberger Prozessen, in Folgeverfahren und dem großen Räderwerk der Erfassungsstellen hat sich die Justiz seit Jahrzehnten mit dem Verhalten der Wehrmacht im Osten beschäftigt. Wegen nationalsozialistischer Straftaten wurden zwischen 1945 und 1996 von bundesdeutschen Staatsanwaltschaften gegen insgesamt 106.496 Beschuldigte Ermittlungsverfahren eingeleitet. Nach den Ausführungen des Leiters der Zentralen Stelle Ludwigsburg, Oberstaatsanwalt Alfred Streim, richteten sich nur wenige tausend dieser Ermittlungsverfahren gegen ehemalige Angehörige der Wehrmacht. Alle 106.496 Ermittlungsverfahren zusammen führten zur rechtskräftigen Verurteilung von nur 6.494 Angeklagten. Der Anteil von ehemaligen Wehrmachtsangehörigen unter diesen Verurteilten war verschwindend gering.[30] Fast gleichzeitig haben die Historiker mit ihrer Arbeit begonnen, die bis heute nicht beendet ist – insbesondere durch die Öffnung sowjetischer Archive haben sich neue Aspekte ergeben. Es gibt unzählige Veröffentlichungen, und es besteht seit Jahren ein ziemlich umfassendes Bild über jene Verbrechen, die wirklich von der Wehrmacht zu verantworten sind.

Obwohl dies bekannt ist, von einigen Historikern und wenigen Journalisten auch von Beginn an in der Öffentlichkeit gesagt wurde, argumentieren die Ausstellungsmacher immer aufs neue, sie seien die ersten, die mit der Legendenbildung über die deutsche Wehrmacht aufgeräumt hätten. Ähnlich wie bei der Gesamtberichterstattung steht auch hier die Wirklichkeit im Widerspruch zu einer von bemühter Seite komponierten Fiktion, und auch in diesem Falle hilft ein großer Teil der Medien dabei, die Fiktion am Leben zu halten.

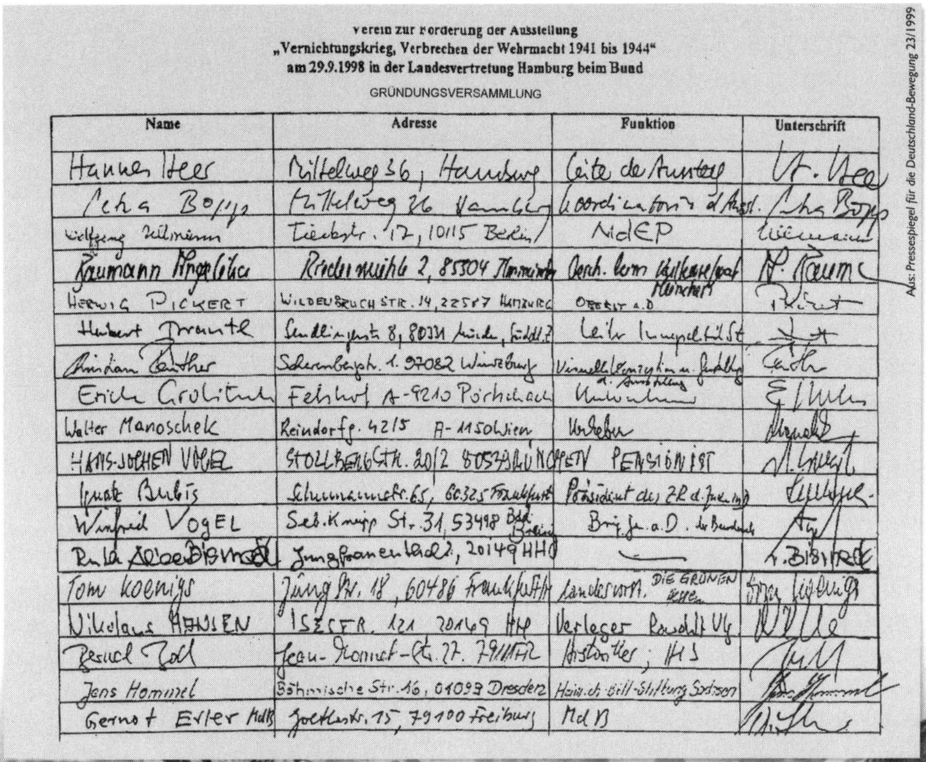

Verein zur Förderung der Ausstellung
„Vernichtungskrieg, Verbrechen der Wehrmacht 1941 bis 1944"
am 29.9.1998 in der Landesvertretung Hamburg beim Bund

GRÜNDUNGSVERSAMMLUNG

Name	Adresse	Funktion	Unterschrift
Hannes Heer	Mittelweg 36, Hamburg	Leiter der Ausstellung	
[illegible]	Mittelweg 36 Hamburg	Koordinatorin d. Ausst.	
Wolfgang Ullmann	Tieckstr. 17, 10115 Berlin	MdEP	
Baumann Angelika	Riedersmühle 2, 85304 Ilmmünster	Arch. beim Kulturreferat München	
Herwig Pickert	Wildenbruchstr. 14, 22587 Hamburg	Oberst a.D.	
Hubert Drautle	Sendlinger Str. 8, 80331 München	Leiter Kampnagel	
Christian Günther	Scheerenbergstr. 1, 97082 Würzburg	Vermittlungskonzeption u. Gestaltung d. Ausstellung	
Erich Grolitsch	Felsenhof A-9210 Pörtschach	Unternehmer	
Walter Manoschek	Reindorfg. 42/5 A-1150 Wien	Urheber	
Hans-Jochen Vogel	Stollbergstr. 20/2 80539 München	Pensionist	
Ignatz Bubis	Schumannstr. 65, 60325 Frankfurt	Präsident des ZR d. Juden in D	
Winfried Vogel	Seb.-Kneipp-Str. 31, 53498 Bad Breisig	Brig. Gen. a.D. d. Bundesw.	
[illegible]	Jungfrauenthal 2, 20149 HH	—	
Tom Koenigs	Jügelstr. 18, 60486 Frankfurt	Landesvorst. Die Grünen Hessen	
Nikolaus Hansen	Isestr. 121 20149 HH	Verleger Rowohlt Vg	
Bernd Rall	Jean-Monnet-Str. 27, 79111 FR	Historiker; [illegible]	
Jens Hommel	Böhmische Str. 16, 01099 Dresden	Heinrich-Böll-Stiftung Sachsen	
Gernot Erler MdB	Joelkestr. 15, 79100 Freiburg	MdB	

Aus: Pressespiegel für die Deutschland-Bewegung 23/1999

Aus: Der Spiegel 29/1999

Hintermänner und Fußvolk: Während die Förderer von Reemtsmas Anti-Wehrmachtausstellung offiziell in einem Verein Schulterschluß zeigen (Unterschriftenliste oben), um zu retten, was im Grunde nicht mehr zu retten ist, zeigen die Linksradikalen das wahre Gesicht der Deutschenhasser auf andere Weise – wie etwa auf ihrer Demonstration gegen rechts am 1. März 1997 in München (unten).

Untrennbar verbunden mit der Unterstellung, bestimmte Themenbereiche seien vernachlässigt worden, ist folgende schwerwiegende Bezichtigung: Nicht nur Oberflächlichkeit oder Desinteresse hätten dazu geführt, daß über bestimmte Dinge nicht oder ungenügend gesprochen werde, sondern es handele sich um bewußtes Verschweigen von Schuld und Verbrechen aus der Zeit des Dritten Reiches. Spätestens seit Alexander und Margarete Mitscherlich 1967 *Die Unfähigkeit zu trauern* veröffentlicht haben, wird dieser Vorwurf immer und immer wieder in vielfältiger Ausprägung artikuliert und von zahlreichen, nicht nur jüngeren Menschen bereitwillig rezipiert. Man darf spekulieren, welches der Zweck dieser offenkundig der Realität widersprechenden Darstellung ist; die endgültige Verankerung eines kollektiven Schuldkomplexes läge als Motiv nahe.

Mit den Thesen der Anti-Wehrmachtausstellung ist im Buch der Schuldgefühle nunmehr eine neue Seite aufgeschlagen worden. Heer rühmt sich, mit der Ausstellung sei es gelungen, „den Vernichtungskrieg in die Familien zu kippen"[31], also Konflikte zwischen Vätern und Kindern, Großvätern und Enkeln zu entfachen – nach einem kollektiven Schuldbekenntnis nun die Schuldverteilung innerhalb der Familie, die masochistisch anmutende Befriedigung, im eigenen Vater den Angehörigen einer verbrecherischen Organisation sehen zu können.

Es sind Fälle bekannt, in denen sich Söhne prominenter NS-Größen oder Militärs mit ihren Vätern außerordentlich scharf auseinandergesetzt haben: zum Beispiel der Sohn von Hans Frank, des ehemaligen, als Kriegsverbrecher hingerichteten Generalgouverneurs von Polen, oder der Sohn des Hitler-Stellvertreters Martin Bormann. Dies soll sich jetzt auch in jeder beliebigen Familie abspielen, Tribunale am häuslichen Eßtisch, Rechtfertigungsversuche alter Männer, die den Krieg physisch oder psychisch verletzt überstanden haben, vor Kindern und Enkeln, deren möglicherweise mangelndes historisches Wissen durch den Besuch der Ausstellung und die Berichterstattung darüber noch weiter verengt worden ist.

Wenn auch die Ausstellung nichts zur historischen Aufklärung beiträgt, aufgrund ihrer denunziatorischen Ausgangsthese dies auch gar nicht leisten kann, so hat sie doch einen neuen Graben zwischen den Generationen aufgerissen. Sofern das tatsächlich die Absicht von Reemtsmas Hamburger Institut für Sozialforschung war, muß man ihm ungeachtet des Ausstellungsdesasters leider einen gewissen Erfolg bescheinigen.

Naturgemäß hat es seit dem Beginn der Schau Proteste verschiedenster Art gegeben. Bereits erwähnt wurden die unmittelbar Betroffenen, die Soldaten der ehemaligen Wehrmacht, deren Einwendungen aus der Erregung heraus gelegentlich überpointiert gewesen sein mögen. Aber kann man Menschen, für die der Krieg das einschneidendste Erlebnis ihres Lebens gewesen sein dürfte, die zum Teil nur körperlich oder seelisch versehrt überlebt, vielleicht noch zusätzlich in der Sowjetunion Jahre unmenschlicher Gefangenschaft ertragen haben, das Recht auf Empörung absprechen, wenn sie sich gegen Verleumdungen wehren? Der ungarische Historiker Krisztián Ungváry hat angemerkt, es gebe noch keine wirklich gesicherten Zahlen über in Verbrechen verwickelte Wehrmachtsoldaten, im Osten könnten es etwa fünf von hundert gewesen sein. Selbst wenn man von dieser – wahrscheinlich weit überhöhten – Zahl ausginge, würde das immer noch bedeuten, daß 95 Prozent zwar an einem grausamen Krieg teilgenommen, aber keine Verbrechen zu verantworten hätten. Diese aber sind es gewesen, die in aller Öffentlichkeit gegen die Ausstellung protestierten, sicherlich nicht jene, die etwas zu verbergen haben.

Obgleich Wissenschaftlern diese Größenverhältnisse – auch ohne genaue Zahlenangaben – bekannt sein dürften, wurde nicht von der pauschalen Diffamierung einer ganzen Generation abgelassen. Vielmehr wurde ihr emotionales Abgestumpftsein und bewußtes Wegschauen unterstellt sowie ohne Ansehen der Person Glaubwürdigkeit und das Recht zur Einrede abgesprochen. Welche Arroganz, wenn nicht Menschenverachtung muß hinter dieser Haltung stehen? Zudem darf gefragt werden, wie es um eine Gesellschaft bestellt ist, die derlei Verhalten mehr oder weniger widerspruchslos hinnimmt.

Es kommt vor, daß Verbände, die sich um sachliche Auseinandersetzung mit der Ausstellung bemühen, der Stammtischargumentation verdächtigt und in eine Reihe mit Rechtsextremisten gestellt werden. So die Staats- und wirtschaftspolitische Gesellschaft (SWG), ein konservativer Verein für staatsbürgerliche Bildung, der, während die Ausstellung in Kiel gezeigt wurde, eine Podiumsdiskussion zum aktuellen Thema veranstaltete. Zu den prominenten Teilnehmern gehörten zum Beispiel der Historiker Dr. Walter Post, der ehemalige Chef des TV-Magazins Panorama und Journalist Rüdiger Proske sowie der Direktor des Instituts für Archivauswertung, Dr. Günter Wagenlehner. Die auf hohem Niveau geführte Veranstaltung erfreute sich aber keineswegs der Billigung der linken Kieler Szene – dennoch oder gerade deshalb waren deren Vertreter präsent. Mitarbeiter der häufig im „Offenen Kanal" Kiels auftretenden Gruppierung „Gegenwind" filmten – mit Erlaubnis der SWG – während der Veranstaltung. Just dieser Filmausschnitt wurde am 19. August 2000 in der Sendung „Schleswig-Holstein-Magazin" des NDR 3 als wichtige Illustrierung der Behauptung gezeigt, die SWG gehöre zu einem Umfeld der rechtsextremen Bewegung, das von „erzreaktionären Bürgerlichen bis hin zu nationalistischen und antisemitischen Organisationen, Vereinigungen und Einzelpersonen reicht".[32]

Die Bewertung ist ein vorzügliches Beispiel für die Willkür, mit der politisch mißliebige Meinungen denunziert werden. Der Vorgang verfügt aber noch über zusätzliche Brisanz: Die „Gegenwind"-Redaktion, deren Beitrag der öffentlich-rechtliche Sender verwendete, ist identisch mit der Redaktion des Szene-Blattes *enough is enough*, das in gleicher Weise gegen die SWG agitiert. Im schleswig-holsteinischen Verfassungsschutzbericht des Jahres 1999 wiederum wird *enough is enough* als Antifa-Zeitung der linken autonomen Szene beschrieben, mit der versucht werde, gutwillige bürgerliche Kräfte über den Weg des Antifaschismus zu beeinflussen. Dem TV-Bericht liegt also eine Allianz aus Autonomen und Öffentlich-Rechtlichen zugrunde, die sich zum Richter über eine nicht genehme Einstellung zur Anti-Wehrmachtschau aufwirft.

Eine hierauf bezogene Beschwerde der SWG beim Landesrundfunkrat erbrachte eine briefliche Antwort, wie sie lapidarer nicht ausfallen kann: „Ein Verstoß gegen diese Grundsätze [der Programmgestaltung des NDR-Staatsvertrages] konnte nicht festgestellt werden. Diese Entscheidung wurde einstimmig gefällt. Die von Ihnen erhobenen Vorwürfe sind unberechtigt. Der Beitrag erfüllt alles, was von einem Landesprogramm gemäß § 3 Abs. 3 NDR-Staatsvertrag gefordert wird. Die Grundsätze der journalistischen Sorgfalt sind gewahrt."[33] Der Fall ist vielleicht nicht die Regel in der politischen Auseinandersetzung um die Ausstellung, aber ihm ähnlich geartete Koalitionen sind auch andernorts bekannt.

Wenn sich gewalttätige Auseinandersetzungen um die Ausstellung ereigneten, vollzog sich die Berichterstattung meist nach demselben Muster. Mißbilligend, im Zweifelsfall empört wurde berichtet, daß rechtsradikale Gruppen Jugendlicher, eventuell die NPD oder andere Rechtsparteien, demonstriert hätten, oder daß „Ewiggestrige", die alten Soldaten also, erregt ihre Proteste vorgetragen hätten. Die Polizei habe eingreifen müssen, und es sei „auch" zu Auseinandersetzungen mit linken Protestlern gekommen. Gelegentlich folgt die Information, daß Polizisten und Demonstranten verletzt worden seien und die Polizei Demonstranten festgenommen habe. Was allerdings bei der Berichterstattung meist untergeht, ist die Tatsache, daß es zu Gewalttätigkeiten erst dann kommt, wenn Demonstranten der linksradikalen oder autonomen Szene Teilnehmer rechter Demonstrationen angreifen. Dann ist nicht nur Sachbeschädigung, sondern auch Gewalt gegen Menschen zu beklagen. Polizeibeamte vor Ort könnten viel darüber berichten. Die Öffentlichkeit erfährt über diese Abläufe allerdings wenig, meist gar nichts. Es scheint mit politisch korrekten Denkschablonen nicht vereinbar zu sein, daß Demonstranten, die für die Ausstellung eintreten, gleichzeitig erprobte Gewalttäter sein können. Möglicherweise ist es manchem Berichterstatter auch gleichgültig, daß die Linken mit teils exzessiver Gewalt vorgehen, weil sie als Ausstellungssympathisanten ja auf der „richtigen" Seite stehen. Und Zweifel an einer solch tendenziösen Berichterstattung wiederum wären natürlich politisch unkorrekt.

Folglich ist auch nicht Gegenstand der Berichterstattung, daß in den jeweiligen Rahmenprogrammen zur Ausstellung neben Vertretern demokratischer Parteien und Verbände sowie Wissenschaftlern auch linksradikale Vereinigungen ein Podium erhalten. Im Hamburger Begleitprogramm zum Beispiel findet sich eine Reihe von Gruppen, für die sich seit längerem der Verfassungsschutz interessiert. Dazu zählen die „Antifaschistische Gruppe Hamburg", ein besonders gewalttätiger Ableger der unter staatlicher Beobachtung stehenden und bundesweit operierenden „Antifaschistischen Aktion", die DKP und ihre Jugendorganisation SDAJ, das DKP-dominierte „Kuratorium Gedenkstätte Ernst Thälmann", die trotzkistische Gruppe „Linksruck", die „Hochschul-Antifa", die „Vereinigung der Verfolgten des Naziregimes/Bund der Antifaschisten", die „Antifaschistischen Nachrichten" und die „Rote Flora".

Die *Hamburger Morgenpost* berichtete Ende Mai 1999 unter der Überschrift „Die Liste der linken Anschläge" über eine ganze Reihe von Gewalttätigkeiten aus der linksradikalen Szene: brennende Reisebusse in Schenefeld, eingeschlagene Scheiben beim *Ostpreußenblatt*, durch Hammerschläge beschädigte, mit Farbe und Bitumen verunstaltete Kriegerdenkmäler überall in Hamburg. Dazu Bekennerschreiben und anonyme Briefe, in denen bereits die Anstöße zur Diskussion über die Ausstellung als Verherrlichung der „faschistischen Wehrmacht" diffamiert werden.[34] In einem Aufruf gegen eine später verbotene Demonstration gegen die Ausstellung am 5. Juni wird gar gefordert: „Für eine gemeinsame Grenze von Polen und Frankreich".[35]

Hamburg ist nur ein Beispiel für die Beteiligung linksextremer, teils als gewalttätig bekannter Gruppen, aber weder in der Berichterstattung über Hamburg noch anderswo findet dieser Tatbestand besondere Beachtung.

Denkanstöße unabhängiger Historiker

Bogdan Musial

Wurde im Sommer 1999 zumindest nach außen noch die in den vier Jahren seit der Eröffnung der Anti-Wehrmachtschau immer satter gewordene Selbstgerechtigkeit der Ausstellungsmacher hervorgekehrt, bringt der Herbst überraschend eine Veränderung der Lage. Obwohl bis zu diesem Zeitpunkt mit Unterstützung eines großen Teils der Medien, dem Zeitgeist verpflichteter Politiker und sonstiger Persönlichkeiten, die das öffentliche Leben dominieren, jede Form der ernsthaften Kritik desavouiert und mundtot gemacht werden konnte, gelingt nun einem Kritiker unversehens der Schritt in die Öffentlichkeit. Andere folgen, auch viele derjenigen Professoren, die zuvor die Unterstützung der „Schweigespirale" für opportun hielten, melden sich jetzt zu Wort.

Was bewirkt die neue Situation? Ist die aktuelle Kritik anders strukturiert als die bisherige? Haben sich die Verantwortlichen eines gründlicheren Nachdenkens befleißigt? Jeder dieser Aspekte mag wohl das seinige dazu beitragen, eines aber fällt zusätzlich ins Gewicht: Der neue Kritiker ist kein Deutscher, zudem ist er erst nach dem Krieg geboren. Das allein würde zwar nicht ausreichen, um die Aufmerksamkeit auf sich zu lenken – schließlich hat Heer unmißverständlich entschieden, es gebe keine „Gnade der späten Geburt", sie sei von „Schlußstrichmachern" erfunden worden[36] –, aber an der Tatsache, daß es ausgerechnet ein Pole ist, der gewaltige Geschütze gegen Teilbereiche der Ausstellung auffährt, kann offensichtlich selbst das Reemtsma-Institut nicht vorbeiargumentieren.

Die Rede ist von Dr. Bogdan Musial, der im Oktober 1999 überaus scharfe Kritik an der Ausstellung übt. Seine „Kritischen Anmerkungen zur Wanderausstellung", das heißt zu ausgewählten Bildern und Bildlegenden, erregen schnell Aufsehen. Nach der Veröffentlichung seiner Thesen in den Münchner *Vierteljahresheften für Zeitgeschichte*[37] nehmen sich nun plötzlich auch die Massenmedien des Themas von einer anderen Warte an.

Es liegt in der Natur der Sache, daß deren Reaktionen nicht homogen sind. Die einen geben sich überrascht und vorsichtig aufgeschlossen, andere bleiben zunächst zurückhaltend. Gebührende Aufmerksamkeit für die neue Entwicklung kommt zunächst nur aus der kleinen Gruppe derjenigen Journalisten, die – basierend auf längst bekannten Forschungsergebnissen – von Beginn an vor der pauschalierenden Diffamierung der Ausstellung gewarnt hatten. Wie dem auch sei, die wachsende Einsicht in die Berechtigung der Kritik zeigt kurioserweise, daß die Verächter der mit „Deutschtümelei" abgetanen deutschen Wesensart zwar Kritik aus den eigenen Reihen getrost als vernachlässigbare Größe einstufen, sofern die angemahnten Punkte nicht genehm sind. Nimmt aber ein Ausländer in ähnlicher Weise Stellung, ist ihm freundlich-beflissene Aufmerksamkeit sicher.

Bogdan Musial hat in verschiedenen Stellungnahmen zu seiner Untersuchung vorausgeschickt, daß er zunächst Bedenken gehabt habe, seine Erkenntnisse zu veröffentlichen. Eigenen Aussagen zufolge hatte er Furcht vor „Beifall aus der rechten Ecke".[38] Zwar mag es unangenehm sein, Zustimmung von einer Seite zu erhalten, deren Ansichten man nicht nur nicht teilt, sondern sogar für gefährlich hält, dennoch berührt es ein wenig eigentümlich, wenn ein Wissenschaftler Überlegungen darüber anstellt, ob es aus bestimmten Gründen opportun sei, die Wahrheit zu sagen. Musial ist gewiß nicht der einzige, der diesbezüglich unsicher war. Was die deutsche Geschichte anbelangt, scheinen zeithistorische Arbeiten generell unter diesen Gesichtpunkten beurteilt zu werden.

Doch Musial entscheidet sich der wissenschaftlichen Redlichkeit wegen für die Wahrheit – und zwar auf den dringenden Rat des Direktors der Hauptkommission zur Aufklärung sowjetischer Verbrechen in Polen, Prof. Richard Kuslesza, wie er selbst sagt. Immerhin ist er sich in gewisser Weise auch selbst verpflichtet: Schließlich hatte er bereits 1997 Hannes Heer über seine Arbeit informiert.[39]

Musial merkt zu Beginn seiner Untersuchung an, es sei nicht seine Absicht zu überprüfen, wie es sich mit den generellen Vorwürfen gegenüber der Wehrmacht verhalte. Seine Aufgabe sehe er allein darin, möglichst exakt festzustellen, ob bestimmte Fotos, die nach Ansicht der Ausstellungsmacher Wehrmachtsverbrechen zeigen, nicht eher Dokumente sowjetischer Verbrechen sind. So merkt er auf eine Gruppe von Fotografien bezogen mit einem Anflug von Sarkasmus an, es gäbe eine Reihe von Indizien, wonach es sich bei den abgebildeten Körpern um exhumierte Leichen handelt: „Folgt man den Angaben der Ausstellungsmacher, dann hätten Wehrmachtssoldaten diese Menschen zunächst getötet, sodann vergraben und danach wieder ausgegraben, um anschließend die fraglichen Aufnahmen machen zu können. Ein solch paradoxes Vorgehen ist in der Geschichte der deutschen Verbrechen während der Jahre 1939 bis 1945 indes nirgends belegt." Auf anderen Fotos seien deutsche Soldaten zusammen mit Zivilisten offensichtlich als unbewaffnete Zuschauer abgebildet, die sich in einigen Fällen Taschentücher vor Mund und Nase halten – ein untrügliches Zeichen dafür, daß sich die Leichen bereits im Zustand der Verwesung befinden.[40]

In seiner Einleitung versucht Musial also klarzumachen, daß bereits bei oberflächlicher Betrachtung Zweifel an der Einordnung von Bildern hätten aufkommen müssen. Von dieser Ausgangsbasis begibt er sich in die Tiefe und geht auf einzelne Fotos ein, deren tatsächliche Herkunft er sorgfältig überprüft. Eine der fraglichen Bildquellen befindet sich in der Rubrik „Genickschüsse" und ist unterschrieben mit: „Borislaw, Gebiet Drogobyć, südwestlich von Lemberg, Westukraine, Mai 1942."[41] Es zeigt Männer und Frauen in Zivil sowie einen deutschen Soldaten mit Fahrrad vor Leichen. Aussagen über Täter oder Opfer werden nicht gemacht, aber die Einordnung unter „Genickschüsse" legt nach Musial ein Verbrechen der Wehrmacht nahe. Musial hat sich der Mühe unterzogen, dieses Bild mit einer Serie von acht Fotos, die sich in dem polnischen Archiv AGK (Hauptkommission zur Untersuchung der Verbrechen am polnischen Volk) in Warschau befinden, zu vergleichen. Demnach handelt es sich um die Exhumierung von NKWD-Opfern, ukrainischen Jugendlichen und Polen, die 1941 in den NKWD-Kellern zurückgelassen worden waren. Die Augenzeugin Irene Horowitz, deren Vater damals auf Befehl der Deutschen die Leichen bergen mußte, bestätigt diesen Sachverhalt. Musial macht nun der Ausstellung den Vorwurf, die Angabe „Mai 1942" suggeriere, es liege ein deutsches Verbrechen vor, da in dieser Zeit das Gebiet durch die Wehrmacht besetzt gewesen sei.[42]

Ähnlich wie mit dem Boryslaw-Foto verhält es sich mit den Zloczów-Bildern. Auch diese zeigen nach Ansicht des Experten Musial nicht von der Wehrmacht zu verantwortende Exekutionen, sondern die Spuren von Massakern des NKWD. Zwei der Fotografien tragen die Bildunterschrift: „Unbekannte Orte, gefunden im Juli 1944 bei einem gefallenen deutschen Soldaten in Brest, Weißrußland."[43] Konkrete Angaben zu Opfern und Tätern gibt es nicht. Ein weiteres Foto ist mit der Unterschrift „Unbe-

62: Borislaw, Gebiet Drogobyć, südwestlich von Lemberg, Westukraine, Mai 1942.

20–21: Unbekannte Orte, gefunden im Juli 1944 bei einem gefallenen deutschen Soldaten in Brest, Weißrußland.

21

22: Unbekannter Ort, UdSSR. Tote Kriegsgefangene.

Aus: Ausstellungskatalog

So wird aus der deutschen Geschichte ein Verbrecheralbum gemacht – wenn auch mit falsch zugeordneten Bildern und Texten. Doch darum scheint es Reemtsma und Heer nicht zu gehen, denn die Kritik prallt nahezu unbeachtet von ihnen ab. Hauptsache, die Wirkung stimmt: Die Nachfolgegenerationen werden emotional aufgewühlt, und wer zu jung ist, um zu den Achtundsechzigern gerechnet zu werden, bricht aufgrund der schockierenden Bilder eben jetzt – noch 30 Jahre nach den Studentenrevolten der neuen Linken – mit den Großvätern. Peinlich, daß es allen voran gerade ein Pole ist, der einzelne Fallbeispiele minutiös nachrecherchiert und immer wieder feststellen muß, daß die Hamburger Ausstellungsmacher ihre Hausaufgaben denkbar schlecht erledigt haben. Sind die Deutschen nicht selber Mannes genug, sich zu artikulieren? Oder wollen sie nicht sehen, daß die Fotos (oben) nicht Verbrechen der deutschen Wehrmacht dokumentieren, sondern in Wirklichkeit exhumierte Opfer des NKWD zeigen? Am naheliegendsten ist die Vermutung: Sie dürfen es nicht, schließlich verbietet sich aufgrund der „belasteten deutschen Vergangenheit“ eine Umwertung von selbst. Insofern ist den couragierten Historikern aus dem Ausland zu danken, daß sie ihren deutschen Kollegen, denen lediglich ein Medienauftritt versagt bleibt, mutig den Weg bahnen. Denn vor Anschuldigungen, die das Argument vom „Beifall aus der rechten Ecke“ bemühen, sind auch sie nicht gefeit.

kannter Ort, UdSSR. Tote Kriegsgefangene"[44] versehen. Drei weitere Fotos tragen die Bildunterschrift: „Gebiet Kiew, Ukraine. Januar 1944 bei dem gefallenen deutschen Unteroffizier Richard Worbs (Feldpostnummer p/p 31102) in der Nähe des Dorfes Winograd gefunden."[45] Nach Musial sind auf jedem dieser Fotos – deren Falschzuordnung bereits Meinrad von Ow moniert hatte – Opfer des NKWD dargestellt: ermordete Polen, Ukrainer und Juden, die von der Wehrmacht exhumiert wurden. Hierbei bezieht er sich auf mehrere Quellen und verweist darauf, daß die Aufnahmen in verschiedenen Publikationen unterschiedlich verwendet worden seien – selbst innerhalb der Veröffentlichungen des Reemtsma-Instituts.[46] So erscheint etwa die Aufnahme, die im Katalog mit „Unbekannter Ort, UdSSR. Tote Kriegsgefangene" bezeichnet wird, auch im Begleitband zur Ausstellung, hier aber mit dem Text: „Amateurfoto eines deutschen Soldaten, aufgenommen im Juli 1944 westlich von Brest bei Biala Podlaska".[47] Nicht nur daß hier zwei verschiedene Angaben zu ein und demselben Foto vorliegen, auch die Ortsangabe „Brest bei Biala Podlaska" ist falsch. Biala Podlaska liegt nämlich in Polen und gehörte nie zur UdSSR.

Die im Verlauf von Musials Recherchen ausgewerteten Dokumente verschiedener Ausstellungen sowie Zeugenaussagen unterstreichen, daß einige in der Ausstellung bzw. in dem Katalog verwendete Bilder tatsächlich exhumierte Leichen zeigen. Der NKWD hatte seine Häftlinge, die in die Zehntausende gingen, offenbar zunächst vor der anrückenden Wehrmacht ins Hinterland evakuiert, wobei nicht bekannt ist, ob und in welcher Zahl diese die Verlegung überlebten. Bald war deren Weitertransport aber nicht mehr möglich, und es wurde kurzer Prozeß gemacht: Die verbliebenen Männer und Frauen wurden erschossen und im Bereich der Zitadelle Zloczów in Massengräbern verscharrt. Als wenig später die Wehrmacht in diese Gebiete einrückte, wurden die NKWD-Opfer unter großer Anteilnahme der Bevölkerung wieder ausgegraben, soweit möglich identifiziert und anschließend bestattet.

Musial hat viel Mühe darauf verwendet, die den verschiedenen Quellen entnommenen Aufnahmen im Detail zu vergleichen. Hierzu zog er Fotografien des Zitadellenmuseums von Zloczów und des Zloczówer Klubs in Krakau, eine Privataufnahme aus dem Besitz eines in Posen lebenden Polen, die aus der Propagandaabteilung der Regierung des Generalgouvernements stammt, ein Foto aus dem Archiwum Wschodnie sowie ein Vergleichsbild aus dem Archiv der AGK heran. Außerdem befragte er Zeitzeugen der Vorgänge, prüfte Ermittlungsakten der OK Lòdz sowie den von ihm aufgeführten Bericht des NKWD-Offiziers Hauptmann Filipow. Dessen Angaben vom 12. Juli 1941 zufolge sind „nach der ersten Kategorie abgegangene Gefängnisinsassen (Tarnbezeichnung für ermordete NKWD-Häftlinge im Sommer 1941) in Zloczòw im Garten vergraben worden."[48]

Nach gründlicher Analyse des vorhandenen Materials und der Aussagen kommt Bogdan Musial zu dem Schluß, bei sachgerechter Würdigung aller Details könne nur davon ausgegangen werden, daß es sich bei den fraglichen Bildern tatsächlich um Darstellungen exhumierter Leichen von NKWD-Opfern in der Zitadelle Zloczów handelt. Keinesfalls aber um von der Wehrmacht erschossene Personen, so wie es die Ausstellung des Hamburger Instituts für Sozialforschung glauben machen will – das aber, wie Musial herausstreicht, mit der Falschzuordnung solcher Bilder nicht alleinstehe, vielmehr seien auch anderen Autoren gravierende Fehler unterlaufen. So wurden die Leichen etwa für Holocaust-Opfer gehalten, oder es war von ermordeten Volksdeutschen und Ukrainern die Rede.

Aufgrund der allgemeinen Anerkennung, die die Reemtsma-Heer-Schau über Jahre hinweg genießt, fallen die ihr unterlaufenen Nachlässigkeiten aber besonders ins Gewicht. Entsprechend heftig fallen die Reaktionen der Ausstellungsmacher auf die von Musial vorgebrachte Kritik aus. Der SWR berichtet im Juni 2000 in seinem Film *Der Skandal und die Wehrmachtsfotos*[49] unter anderem über Musials Versuche, Ende 1997 das Hamburger Institut über die Ergebnisse seiner Recherchen zu informieren. Am 5. Februar 1998 erhält er aus Hamburg ein Antwortschreiben, in dem es bezüglich der Zloczów-Fotos heißt: „Es besteht kein Grund, die Bilder aus der Ausstellung zu entfernen. Wir wären sehr interessiert zu erfahren, was Ihnen für die Recherchen angeboten wurde. Es geht darum, Netzwerke zu erkennen." Die Filmemacher sprechen in ihrem Kommentar von einem „Verdacht, Musial sei von Gegnern der Ausstellung gekauft" worden.

In dem Film nimmt auch ein Historiker namens Nikita Petrow, Mitarbeiter der Gesellschaft Memorial Moskau, Stellung zur Beweiskraft von Fotos aus sowjetischen Archiven: „Niemand bestreitet, daß es jede Menge Fotos über Verbrechen der Deutschen in den besetzten Gebieten gibt." Er räumt aber ein: „Ein Teil davon können aber auch Fotos sein, die mit deutschen Verbrechen nichts zu tun haben, sondern sowjetische Verbrechen zeigen. Es ist schwer, das heute noch zu unterscheiden." Interessanterweise findet sich auch unter den Angestellten des Hamburger Instituts ein als Mitarbeiter des Memorial Moskau ausgewiesener Nikita Petrov.[50] Trotz der unterschiedlichen Schreibweise darf wohl davon ausgegangen werden, daß es sich um ein und dieselbe Person handelt. Hat man in Hamburg die vorsichtige Stellungnahme des russischen Experten unberücksichtigt gelassen?

Musial selbst resümiert: „Als die Aussteller im Herbst 1997 darauf hingewiesen wurden, daß die Aufnahmen Nr. 29–31 des Katalogs die Exhumierung von NKWD-Opfern darstellen, weigerten sie sich, die fraglichen Fotografien zu entfernen. Diese Haltung begründete Bernd Boll, Mitarbeiter des HIS, in einem Schreiben an mich vom 5. Februar 1998 wie folgt: ‚Ich habe den Sachverhalt sofort recherchiert und herausgefunden, daß sich unter den Leichen auf den Fotos mit großer Wahrscheinlichkeit auch die mit Billigung, wenn nicht gar indirekter (Absperrungen) Unterstützung der Wehrmachtseinheiten von ukrainischen Nationalisten erschlagenen Juden befinden […] Es besteht somit kein Grund, die Bilder aus der Ausstellung zu entfernen.'

Diese Interpretation wird aber den Besuchern der Ausstellung aus unerklärlichen Gründen vorenthalten. Die Aussteller hielten es offenbar nicht einmal für nötig, den Begleittext zu ändern, und nannten als Tatort weiterhin ‚Gebiet Kiew, Ukraine'. Erst im Mai 1999, nach zahlreichen Pressepublikationen, änderte man die Tatortangaben auf ‚Zloczów'.

Für die These einer indirekten Mittäterschaft der Wehrmacht in Zloczów nennen die Aussteller keine konkreten Belege. Im Widerspruch dazu stehen Augenzeugenberichte von Überlebenden des Holocausts, die freilich noch zu verifizieren wären. Chaim Schoeps berichtete am 14. April 1945, daß das Pogrom in Zloczów und das Massaker auf der Zitadelle ukrainische Nationalisten selbständig organisiert und durchgeführt hätten. Erst deutsche Soldaten hätten das Massaker beendet. Ähnlich schildert diese Ereignisse Shlomo Wolkowicz, ein Überlebender des Massakers auf der Zitadelle in Zloczów Anfang Juli 1941. Er berichtet, daß das Massaker von ukrainischen Nationalisten und SS-Männern durchgeführt und von der Wehrmacht unterbunden worden sei. Der Bericht von Wolkowicz muß den Ausstellungsmachern bekannt sein, da sie sich auf ihn berufen."[51]

Musial setzt sich außerdem mit der These der Ausstellungsveranstalter auseinander, es habe zwei Opfergruppen gegeben, und zwar neben den exhumierten NKWD-Opfern die Leichen der nach der Exhumierung ermordeten Juden. Das Reemtsma-Institut beruft sich dabei auf den bereits erwähnten Shlomo Wolkowicz sowie auf Fotos aus dem Nachlaß des Generals Korfes. Bei diesen handelt es sich um Aufnahmen, die einer Biographie entnommen sind, die die Tochter Korfes' etwa 30 Jahre nach dem Tod ihres Vaters schrieb. Sie sind beschriftet mit „Massenmord an Juden" und „Von SS ermordete Juden", der Ort Zloczów bleibt unerwähnt. Auch diese Fotos hat Musial sorgfältig analysiert und kommt zu dem Ergebnis, daß es sich gleichfalls um die NKWD-Opfer aus der Zitadelle handele. Gestützt auf eindeutig identifizierbare Aufnahmen und die Tatsache, daß ermordete Juden damals weder exhumiert noch in Reihen niedergelegt wurden, lehnt Musial die Zwei-Opfergruppen-These also überzeugend ab. Die schließlich Anfang der neunziger Jahre erfolgte Exhumierung der letzteren bestätigt dies endgültig.

Neben den bisher genannten Aufnahmen überführt der polnische Historiker noch weitere der fälschlichen Zuordnung. Hierzu zählen die vier Tarnopol-Fotos, auch diese suggerieren Verbrechen der Wehrmacht. Im Katalog sind sie mit dem Text „Beim Pogrom in Tarnopol" versehen.[52] Den Aussagen von Zeitzeugen und eines Staatsanwalts der OK Lodz zufolge zeigen die Bilder 1, 2 und 4 jedoch ebenfalls die Exhumierung von NKWD-Opfern. Auch hier halten sich Soldaten Taschentücher vor die Nase, um sich vor dem Verwesungsgeruch zu schützen; das erste Foto zeigt sogar einen Sarg mit einem Kreuz, was auf Vorbereitungen für christliche Bestattungen hindeutet. Nur die Aufnahme Nr. 3 zeige bei einem Pogrom im Juli 1941 erschlagene Juden vor dem Gerichtsgebäude von Tarnopol. Musial verweist auf ein Vergleichsfoto des deutschen Historikerkollegen Dieter Schmidt-Neuhaus, auf dessen Kritik an der Anti-Wehrmachtausstellung später eingegangen werden soll.[53]

Des weiteren deckt Musial die Falschzuordnung eines Fotos durch die Aussteller auf, das in eine Serie über Massenerschießungen der Wehrmacht in Kraljewo in Serbien eingefügt ist. Deren Angaben zufolge zeigt es „Opfer des Massakers in Kraljewo, Oktober 1941".[54] Es hebt sich schon insofern von den vier anderen Fotos dieser Serie ab, als diese das genaue Datum „16.10.1941" tragen.[55] Musial hat in zwei polnischen Archiven und dem Holocaust Memorial Museum in Washington Vergleichsaufnahmen gefunden, die seiner Meinung nach unzweifelhaft denselben Vorgang aus geringfügig anderen Blickwinkeln dokumentieren. Das ist aber auch schon die einzige Gemeinsamkeit, denn die in den polnischen Archiven aufbewahrten Bilder haben vom Ausstellungskatalog völlig abweichende Sachangaben, in sich stimmen sie aber überein. Demnach handelt es sich in Wirklichkeit um Fotos von Gefängnisinsassen, die Ende Juni 1941 im Gefängnis Brygidki vom NKWD ermordet wurden. Es ist bekannt, daß zu diesem Zeitpunkt die Sowjets kurz vor ihrer Flucht aus Lemberg standen und 3.000 bis 4.000 vor allem aus dem Gefängnis Brygidki stammende Häftlinge – Ukrainer, Polen, Juden und sogar sowjetische und gefangengenommene deutsche Soldaten – ermordeten. Auch die deutsche Wochenschau hatte damals über dieses Massaker berichtet. Aus sämtlichen Vergleichsquellen geht also hervor, daß der im Katalog angegebene Zeitpunkt „Oktober 1941" unkorrekt ist.[56]

In seiner fundierten Analyse geht Musial abschließend davon aus, daß noch etwa 22 weitere Aufnahmen falsch zugeordnet bzw. mit falschen Texten versehen sein könnten, räumt zugleich aber ein, daß für eine endgültige Aussage gesonderte Recherchen nötig wären. Als Anhaltspunkte liegen ihm ähnliche oder die gleichen Indizien vor, die ihn bereits bei den nachweisbar falsch zugeordneten Aufnahmen aufmerksam gemacht haben: die Haltung der auf den Fotos abgebildeten Soldaten oder Zivilisten oder die Tatsache, daß abgebildete Soldaten unbewaffnet sind, Fahrräder mit sich führen oder Tücher vor Mund und Nase halten, um sich vor Verwesungsgeruch zu schützen. Auch daß es in den Begleittexten häufig „Unbekannter Ort, un-

1: Die Männer von Kraljevo werden in die Waggonfabrik getrieben, 16.10.1941.

2: Die Erschießungsopfer werden in Gruppen aus der Waggonfabrik an den Erschießungsort gebracht, 16.10.1941.

3: Nach der Exekution gibt ein Gefreiter der Wehrmacht Fangschüsse ab, 16.10.1941.

4: Wehrmachtsangehörige bewachen die erschossenen Opfer, 16.10.1941.

Im Gegensatz zu Reemtsmas Institut nimmt der polnische Historiker Bogdan Musial in verschiedenen Archiven akribische Vergleichsstudien vor. Dabei stellt er fest, daß die im Ausstellungskatalog gemachten Angaben häufig von denen der Originalfundstellen abweichen – wie etwa bei den Fotografien, die Massenerschießungen zeigen: Hier stimmen weder Ort und Zeit noch Zuordnung überein. In Wirklichkeit sind Häftlinge des Gefängnisses Brygidki zu sehen, die Ende Juni 1941 vom NKWD umgebracht wurden. Darunter befanden sich neben Polen, Ukrainern und Juden auch sowjetische und deutsche Soldaten.

5: Opfer des Massakers in Kraljevo, Oktober 1941.

Aus: Ausstellungskatalog

bekanntes Datum" heißt, weist nach Musial nicht den von Reemtsmas Institut gewollten Kontext nach, der die Wehrmacht als Täterorganisation voraussetzt.

Vielmehr konnte eine ganze Anzahl der Bilder von Massakern und Exhumierungen entstehen, weil die Sowjets bei ihrem überstürzten Abzug vor der heranrückenden deutschen Wehrmacht ihre Gefangenen, soweit sie sie nicht mehr verlegen konnten, einfach ermordeten. Den Angaben des polnischen Historikers Popinski zufolge wurden in den ersten Kriegstagen 20.000 bis 24.000 Gefängnisinsassen allein in den ehemals ostpolnischen Gebieten getötet. Auf Todesmärschen in Weißrußland sollen von 20.000 Häftlingen rund 18.000 umgekommen sein. Und im Frühjahr 1940 seien 14.700 polnische Kriegsgefangene und 11.000 Zivilisten ermordet worden. Auch in den ersten Kriegstagen und -wochen gemachte deutsche Kriegsgefangene wurden teilweise zusammen mit Häftlingen erschossen. Neben den NKWD-Morden verübte zudem die Rote Armee Verbrechen: Geiseln wurden ermordet, verdächtige Zivilpersonen erschossen, Häuser und Dörfer niedergebrannt.

Die Kunde von dem Einmarsch deutscher Truppen und den Exhumierungen verbreitete sich rasch. Da sich zahlreiche Soldaten ein Bild von den Vorgängen machen wollten, wurde das Schreckensszenario vielerorts abgelichtet. So fertigte in Zloczów beispielsweise die Berufsfotografin Leontyna Terlecka im Auftrag eines deutschen Offiziers Aufnahmen an. Auch von „normalen" Kriegsereignissen entstanden zahlreiche Soldatenfotos. Bei den aufgenommenen brennenden Häusern oder Dörfern konnte es sich jedoch ebensogut auch um Dokumente für die von seiten der Roten Armee angewandte Taktik der verbrannten Erde handeln. Was sich im übrigen auch bezüglich der Fotos von Leichenbergen oder Erhängten sagen ließe. Auch diese könnten Taten von Sowjetsoldaten, aber auch anderen Gruppen als ausgerechnet gerade der Wehrmacht dokumentieren.

Wie Bogdan Musial aufzeigt, sind derartige Fotos, die gefallenen Soldaten oder Kriegsgefangenen abgenommen wurden, schließlich in die Hände der bereits erwähnten „Außerordentlichen Staatskommission für die Feststellung und Untersuchung der Verbrechen der faschistischen deutschen Eindringlinge" gelangt. In diesem Zusammenhang verweist er darauf, daß bekannt sei, daß die „Außerordentliche Kommission" in Zusammenarbeit mit dem NKWD aus dem erlangten Bildmaterial umfangreiche Fälschungen hergestellt habe. Musial warnt davor, diese Quellen als aussagekräftiges Beweismaterial heranzuziehen. Er verweist auf den polnischen Historiker Pjotr Mitzner, der ebenfalls zu besonderer Sorgfalt bei der Prüfung des Wahrheitsgehalts des manipulierten Bildmaterials rät. Aus seinen Untersuchungsergebnissen bezüglich der Ausstellungsbilder schließt Musial, daß eben diese Sorgfalt bei den Ausstellungsmachern zu vermissen sei.[57]

Zudem wirft er ihnen vor, es sich mit der „Nachrecherche" allzu leicht gemacht zu haben. Heer habe sich darauf berufen, daß dies häufig nicht mehr zu leisten gewesen wäre. Musials eigene umfangreiche Überprüfungen beweisen aber gerade das Gegenteil.[58] Auch den Hinweis darauf, daß, gemessen an der Gesamtzahl, ja nur ein geringer Teil der Fotos falsch zugeordnet sei, läßt der polnische Historiker nicht gelten. Denn gerade diese Fotos seien vor dem Hintergrund der zahlreichen Aufnahmen, die keine expliziten Verbrechen, sondern „nur" den Kriegsalltag darstellten, von gravierender Bedeutung und hätten eine besonders prägende Wirkung auf die Zuschauer, zumal auch die psychologisierenden Bildtexte der Aussteller, die Haßgefühle und Sadismus unterstellen, entsprechend wirkten.[59] Abschließend kündigt Musial an, daß er eine umfangreichere Arbeit plane, die sich mit den zahlreichen sonstigen Mängeln der Ausstellung über die falsche Zuordnung hinaus beschäftigen werde.[60]

Krisztián Ungváry

Im Oktober 1999, im selben Monat wie Bogdan Musial, veröffentlicht ein weiterer Nichtdeutscher eine umfangreiche kritische Stellungnahme zu Jan Philipp Reemtsmas und Hannes Heers Anti-Wehrmachtausstellung. Es ist der ungarische Militärhistoriker Dr. Krisztián Ungváry, der in der ebenfalls in München herausgegebenen Zeitschrift *Geschichte in Wissenschaft und Unterricht* sogar noch einen Schritt weiter geht als sein polnischer Forscherkollege. Er thematisiert nicht nur einzelne Vorfälle, sondern wagt sich unter der Überschrift „Echte Bilder – problematische Aussagen" an „eine quantitative und qualitative Fotoanalyse der Ausstellung" insgesamt heran.[61] Ein Echo auch auf seine Veröffentlichung ist zu vernehmen, es fällt allerdings nicht ganz so stark aus wie das auf Musials Kritik.

Ungvárys Einstellung zur Wehrmacht erweist sich im Grundsatz als ablehnend. Er spricht von zahlreichen Exzessen und Verbrechen, die begangen worden seien. Er betont indes auch, daß sich an der Ostfront zwei Armeen totalitärer Staaten gegenüber gestanden hätten, so daß die Barbarisierung des Krieges beide Seiten zu verantworten hätten. Gerade deswegen aber sei es notwendig, Bildmaterial und Texte, die Fakten überhaupt äußerst sorgfältig unter die Lupe zu nehmen. Dies gelte besonders deshalb, weil der Gegenstand der Ausstellung schließlich die Ermordung von Menschen sei. Daher „kann noch mehr erwartet werden, daß die Quellen, also die verschiedenen Bilder und Texte gründlich überprüft werden. Alles andere wird zur Pietätlosigkeit den Opfern gegenüber – denn kein Mensch darf mißbraucht werden, erst recht nicht nach seinem Tod. Wenn aber unüberprüfbare Bilder und Zahlen als Beweismittel für bestimmte Absichten verwendet werden, dann werden die Opfer mißbraucht – und die Toten können sich nicht einmal dagegen wehren."[62] Ungváry fährt fort, die Ausstellung habe zum Ziel, zu beweisen, daß die deutschen Soldaten einen „Vernichtungskrieg" gegen die einheimische Bevölkerung geführt hätten. Der sorgfältige Umgang mit Bildern sei deshalb hochgradig bedeutsam, denn „mehr als die Texte sind gerade die Bilder in der Öffentlichkeit als Beweisstücke zur Kenntnis genommen worden". Die Meinung der Aussteller, die Texte seien für den Wert der Ausstellung erheblich höher anzusetzen als die Bilder, weist er entschieden zurück. Als Argument führt er zu Recht an, daß die mehr als 800.000 Besucher wohl kaum allein aufgrund der Texte zusammengekommen sein werden – deren absichtsvolle Formulierung und Zuordnung die emotionale Schockwirkung freilich verstärkt.[63]

Ungváry unterscheidet bei seiner Kritik an der Ausstellung vier Hauptpunkte: Erstens Bilder, die nicht in die Ausstellung gehören, zweitens Bilder in falschem Kontext und mit falschen Angaben, drittens unzureichende Angaben zu Bildern und viertens verzerrte, falsche und unzureichende Begleittexte.[64] In der Auflistung der verschiedenen Unzulänglichkeiten und Fehler der Ausstellung ergeben sich natürlich Überschneidungen mit den Untersuchungen anderer Kritiker – auf die teilweise verwiesen wird. Ungvárys Untersuchung hebt sich aber insofern von allen weiteren Analysen ab, als er erstmals auch eine quantitative Beurteilung vornimmt, also genau auszählt, wie viele Bilder der Ausstellung überhaupt als Beweis für deren Thesen gelten können.

Um es gleich vorwegzunehmen, das Resultat ist verhehrend: Ungváry beziffert die Anzahl der für die Thesen und die Aussage der Ausstellung wesentlichen Aufnahmen auf insgesamt 801 und gliedert sie wie folgt auf:

„Bilder, die weder Verbrechen noch Kriegshandlungen zeigen	405
Bilder, die nur Kriegshandlungen zeigen	63
Bilder mit Todesopfern ohne bekannte Täter	185
Bilder mit Todesopfern, Täter nachweislich keine Wehrmachtsangehörigen	71
Täter Wehrmachtsangehörige (Erhängung, Erschießung oder Erniedrigung des Feindes)	80
Sachliche Fehler bei Bildbeschriftungen insgesamt	62
Bilder, die Leichen oder Verbrechen zeigen insgesamt	333"

Aus dieser Tabelle ergibt sich, daß insgesamt nur 80 Aufnahmen – also gerade einmal knapp zehn Prozent – Wehrmachtsangehörige überhaupt als Täter zeigen. Ein erschreckend klägliches Ergebnis, und zwar nicht nur auf dem Hintergrund des ungeheuren publizistischen Aufwands, mit dem Verbrechen der Wehrmacht als Gesamtorganisation bewiesen werden sollten. Ungváry merkt zu dem an sich schon niedrigen Prozentsatz an, daß auch diese kleine Anzahl von Fotos keineswegs Verbrechen im juristischen Sinne zeige. So sei ein erheblicher Anteil an Exekutionen von Partisanen darunter, was bekanntlich nicht gegen das in der Haager Landkriegsordnung von 1907 verankerte internationale Recht verstoßen hätte.

In einer weiteren Tabelle führt Ungváry die Bilder an, die allgemein auf tatsächliche Verbrechen schließen lassen:

„Bilder mit Todesopfern ohne bekannte Täter	182
davon Bilder, auf denen weder Täter noch zuschauende Soldaten zu sehen sind	66
davon Bilder mit Todesopfern und Soldaten als Zuschauern	32
davon Täter deutsch, aber nicht eindeutig der Wehrmacht zuzuordnen	84
Bilder mit Todesopfern und bekannten Tätern	151
Täter Wehrmachtssoldaten	80
Täter Polizei, Geheime Feldpolizei, Feldgendarmerie	13
Täter SS und SD	24
Täter litauische, lettische, ukrainische, russische Hilfswillige	12
Täter sowjetisch	8
Finnische, ungarische, kroatische Soldaten	14
Bilder, die Verbrechen oder Leichen zeigen insgesamt	333
Sachliche Fehler bei Bildbeschriftungen, die Verbrechen zeigen	44
Bilder über dasselbe Ereignis mit verschiedenen Orts-, Zeit- und Täterangaben, oder verstreut	28"[65]

Aufgrund der Überschneidungen gibt es in beiden Tabellen Doppelzählungen. Zu den Bildern, die Verbrechen und Leichen insgesamt zeigen, merkt Ungváry an, daß die Einstufung nach den Angaben der Aussteller vorgenommen worden sei. Es befänden sich in dieser Rubrik demnach auch Aufnahmen, die keine Verbrechen dokumentieren, aber beispielsweise zu Hinrichtungen marschierende Gruppen. Ungváry fügt hinzu, es sei zu vermuten, daß viele Bilder dieser Art überhaupt nichts mit Wehrmachtsverbrechen zu tun haben. Zudem ergibt sich für die zweite Tabelle aus der Zahl 80 unter „Täter Wehrmachtssoldaten" ein Prozentsatz von 24

Prozent, wobei auch hier darauf hinzuweisen ist, daß Partisanenexekutionen im völkerrechtlichen Sinne keine Verbrechen darstellen.

Das Fazit der quantitativen Analyse Krisztián Ungvárys lautet also, daß lediglich auf einem Zehntel der relevanten Aufnahmen „Verbrechen" deutscher Soldaten zu sehen sind. Vielleicht sollte es weniger polemisch besser „Gewalttaten" heißen – nicht nur weil deren Anteil unter Berücksichtigung internationaler Maßstäbe noch geringer ausfällt, auch wenn dieser von ihm nicht beziffert wird. An anderer Stalle verweist Ungváry zudem darauf, daß Polizeieinheiten, Feldgendarmerie und Geheime Feldpolizei, die für Exekutionen allein zuständig waren, zwar formal zur Wehrmacht gehörten, sich jedoch aus anderen Schichten zusammensetzten. Vor allem aber hätten sie nur ein Prozent der normalen Truppen ausgemacht.

Um seine Angaben exakt nachprüfbar zu machen, listet der Historiker sämtliche in der Analyse ausgewerteten Fotos präzise nach Katalognummern auf und gibt an, um welche Katalogausgaben es sich handelt. Auch die Errata-Liste des Instituts von 1998 bezieht er ein. Die von ihm vorgelegten Zahlen illustriert er anhand ausgewählter Fallbeispiele rund um die Ausstellung. So setzt er sich zunächst mit der Behauptung der Macher auseinander, sämtliche Bilder seien durch einen kundigen Uniformexperten mit der Lupe untersucht worden. Er weist – unter Berücksichtigung der Errata-Liste – nach, daß es dabei zu gravierenden Fehlschlüssen gekommen ist, und nennt als Beispiele die deutlich von deutschen Uniformen zu unterscheidenden Uniformen ungarischer und finnischer Soldaten.

Auch die „Sühnemaßnahme Stari Becej" zeigt, daß sich die Aussteller auf nachlässig recherchierte Fakten stützen. Ihnen zufolge seien hier elf Jugendliche als „Sühne" erschossen worden. Der Ort gehörte damals aber zum Königreich Ungarn, und in dem Gebiet gab es in den Jahren zwischen 1941 und 1944 keine deutschen Truppen. Ungváry stellt außerdem klar, daß es sich in besagtem Fall um insgesamt zwölf Menschen handelte, wovon drei im jugendlichen Alter gewesen seien, die wegen Landesverrats, Mordes, unerlaubten Waffenbesitzes und Sabotage vor ein ungarisches Kriegsgericht gestellt wurden. Alle Angeklagten waren ungarische Staatsbürger und Mitglieder der kommunistischen Partei, ihr Anführer hatte einen ungarischen Gendarmen erschossen. Ursprünglich waren 22 Personen angeklagt gewesen, 16 wurden zum Tode verurteilt, vier vom ungarischen Generalstab begnadigt. Ungváry bezeichnet es als völlig unverständlich, daß im Zusammenhang mit diesem Verfahren eine Bekanntmachung des deutschen Stadtkommandanten von Kragujewak – 200 Kilometer südlich von Stari Becej – als Beweis und Illustration für die „Sühne"-Erschießung dort herangezogen wird.[66]

Als nächstes schildert er den Fall Senta. Hierbei habe es sich um die Einteilung von Juden zur Zwangsarbeit gehandelt, aber auch dort waren zu dem fraglichen Zeitpunkt keine deutschen Truppen stationiert. Ungváry zeigt, daß vielmehr Ungarn den Arbeitseinsatz zu verantworten hatten.[67] Weiter geht es mit den „Massenerschießungen in Serbien", die nach Angaben des Museums der Revolution in Belgrad in Wirklichkeit völkerrechtlich zulässige Exekutionen von Partisanen in Zombor in der Vojvodina/Vajdasàg waren, also nicht in Serbien stattfanden und schon gar nicht Beispiel für Wehrmachtsverbrechen sind. Zum selben Ergebnis kommt Ungváry auch hinsichtlich der bereits von Musial ausführlich dargestellten Fälle Zloczów und Tarnopol. Schließlich zeigt er anhand eines konkreten Fotos, das die Durchführung von Erhängungen darstellt, auf, daß hier keine Wehrmachtsangehörigen beteiligt sind, sondern Angehörige der Einsatztruppen, was an der oben offenen Uniformjacke und dem fehlenden Hoheitsadler auf der Brust erkennbar ist.[68]

Bilder in falschem Kontext und mit falschen Angaben finden sich etwa auch auf Seite 149 des Ausstellungskataloges.[69] Die hier abgebildeten Soldaten sollen zum SS-Bataillon „Dirlewanger" gehören, tatsächlich sind hier jedoch Angehörige der Wehrmacht zu sehen. Laut Ungváry handelt es sich bei der zweiten der fünf Reproduktionen um eine PK-Aufnahme[70] des Fotografen Cusian vom 20. Juli 1941, einem Zeitpunkt, zu dem es dieses Sonderbataillon noch gar nicht gab. Die Originalfotografie befindet sich im Fotoarchiv des Ungarischen Nationalmuseums. Der Originaltext zu dem Bild lautet: „Bei dem raschen Vormarsch unserer Truppen verbargen sich oft Trupps von Bolschewisten in den Wäldern und in dem umliegenden Hinterland. Hier hat sich ein ganzes Rudel freiwillig gestellt." Die Ausstellungsmacher haben daraus einfach „Sonderbataillon ‚Dirlewanger' im Einsatz" gemacht. Ungváry kritisiert zu Recht, „daß eine SS-Einheit in einer Ausstellung über Wehrmachtsverbrechen nichts zu suchen hat".[71] Zudem ist die Beweiskraft der beiden letzten Fotos, die lediglich brennende Hütten zeigen, in diesem Zusammenhang fraglich.

Als aus dem Kontext gerissen und mit falschen Angaben versehen werden auch hier noch einmal die vier Tarnopol-Fotos[72] aufgeführt, diesmal unter dem Aspekt, daß die 6. Armee nie auf weniger als 100 Kilometer an diesen Ort herangekommen sei. Zudem zeigten die Aufnahmen 1, 2 und 4 Exhumierungen, also Opfer des NKWD. Die Ungenauigkeit der Zuordnung zeigt sich des weiteren anhand eines der mit „Unbekannter Ort, UdSSR oder Polen" betexteten Fotos, das drei Erhängte zeigt. Diese Aufnahme wurde erstmals 1964 in einem Beitrag von Hans Adolf Jacobsen veröffentlicht. Damals war die Beschriftung der Schilder, die die Hingerichteten um den Hals trugen, gut lesbar: „Ich bin ein Feigling."[73] Es handelt sich also um Deserteure, die sich in der letzten Kriegsphase dem Kampf entzogen hatten und, wahrscheinlich in Deutschland, dafür exekutiert worden waren.

Außerdem deckt Ungváry ein weiteres Beispiel für die Wiederholung ein und desselben Bildes mit unterschiedlichen Angaben auf. Das fragliche Foto zeigt eine Gruppe Wehrmachtsangehöriger vor einer Art überdachtem Schober, unter dem ein Galgen aufgebaut ist. In einem Fall wird es als „Exekution von Dorfbewohnern" bezeichnet, in dem anderen ist es mit dem Text „Ukraine, Februar 1944" versehen.[74] Die unterschiedliche Beschriftung ist geeignet, dem Betrachter zu suggerieren, es handele sich hier um zwei verschiedene Vorgänge.

Nach Ungváry können auch unzureichende Angaben den wissenschaftlichen Wert von Bildern einschränken. So bemängelt er bei der Präsentation einer Exekution aus verschiedenen Perspektiven ohne Hinweise auf den Zusammenhang, daß auf diese Weise nicht die Beweiskraft verstärkt würde, sondern nur ein „visueller Maximalschock". Ebensowenig nachvollziehbar sei die Anordnung thematisch zusammengehörender Aufnahmen an verschiedenen Stellen[75] oder die Wiederholung derselben Szene mit verschiedenen Angaben aus unterschiedlichen Blickwinkeln, als ob das eine mit dem anderen nichts zu tun habe. Zwölf solcher Fälle listet der Autor in einer Fußnote auf. Exemplarisch für die ganze Ausstellung nennt er zwei Bilderpaare, die in dem einen Fall die Unterschrift „SD und Waffen-SS bei einer Exekution", in dem anderen aber „SD und Wehrmacht bei einer Exekution" tragen.[76] „Da es offensichtlich ist, daß beide Bilder dieselbe Szene darstellen, muß eine der Angaben falsch sein", konstatiert Ungváry. Dieser Lapsus ist um so augenscheinlicher, als die vier fraglichen Aufnahmen im Katalog auf zwei gegenüberliegenden Seiten angeordnet sind. Hinzu kommt, daß nur SD- und SS-Leute zu sehen sind, was die Hoheitszeichen an den Ärmeln und die SS-Runen an den Stahlhelmen eindeutig unter Beweis stellen. Vor allem aber ist die genaue Herkunft der Bilder bekannt: Sie zeigen eine

1941 von der Einsatzgruppe A im Baltikum durchgeführte Exekution. Die Aufnahmen mit dem entsprechend korrekten Text sind im deutsch-russischen Museum in Berlin-Karlshorst ausgestellt und öffentlich zugänglich.

Krisztián Ungváry bemängelt grundsätzlich, daß Quellenangaben für die einzelnen Aufnahmen von den Ausstellern nur sehr unzureichend vorgenommen wurden und damit letztlich irreführend seien. Erst ab der vierten Auflage des Kataloges könne der Hinweisapparat als einigermaßen ausreichend bewertet werden. Wobei allerdings auch quellenkritische Anmerkungen notwendig gewesen wären, da ein Großteil der Bilder schließlich aus östlichen Archiven stamme, die mit in kommunistischen Strafverfahren oder Schauprozessen erpreßten Aussagen gekoppelt seien und daher als zweifelhafte Belege gelten müßten.[77]

Die Problematik der falschen oder unzureichenden bzw. verzerrten Begleittexte zeigt sich auch anhand der Fälle Bjelaja Zerkow und Babij Jar, wo Exekutionen an Juden vorgenommen wurden. War bei ersterem durch Wehrmachtsangehörige vergeblich versucht worden, ein Massaker an jüdischen Kindern zu verhindern, das Generaloberst von Reichenau angeordnet hatte, waren bei letzterem keine Wehrmachtsangehörigen beteiligt, aber einige Offiziere wußten davon, und eine Heeresdruckerei hatte den Versammlungsbefehl für Juden gedruckt. Daß beide Fälle dennoch der Wehrmacht angelastet werden, zeigt nach Ungváry, daß die Aussteller den Begriff „Verbrechen" nicht ausreichend zu konturieren wissen. Hieraus zieht der Kritiker den Schluß, daß ohne diesen Mangel an der erforderlichen Differenzierung die Thesen über die aktive Teilnahme der „verbrecherischen Organisation Wehrmacht" nie hätten aufkommen können.[78]

Auch im Hinblick auf den Fall Pančevo sind seiner Aussage zufolge die meisten Angaben der Aussteller unzutreffend. So habe es sich hierbei weder um „wahllos zusammengetriebene" Menschen noch um eine „Sühnemaßnahme" für ermordete SS-Leute gehandelt, weder waren es 36 Personen, noch befand sich ein 14jähriger unter den Exekutierten. Ungváry stellt klar, daß deutsche Einheiten den Friedhof von Pančevo durchkämmt hatten, da von dort aus auf deutsche Soldaten geschossen worden war. Dabei wurde ein Tunnel entdeckt, der zu einem Partisanenversteck in einem Gasthaus führte. Insgesamt wurden 18 Personen verhaftet, unter denen sich, wie Ungváry anmerkt, möglicherweise auch Unschuldige befunden haben könnten. Bei mehreren von ihnen wurden Waffen gefunden. Die Verurteilung erfolgte auf der Grundlage eines ordnungsgemäßen Standgerichtsverfahrens mit Verteidiger. Die Zivilisten wurden von einem Ungarn und einem Volksdeutschen gehenkt, die ehemaligen Angehörigen der serbischen Armee wurden erschossen. Wehrmachtsangehörige waren nicht beteiligt.

Ungváry verweist auf den Juristen Wolf Stoecker, der angibt, sogar ein serbisches Geschichtsinstitut spreche in diesem Zusammenhang von einem Standgerichtsverfahren. Zudem geht er auf die diesbezügliche Kontroverse zwischen Stoecker und Manoschek ein, wonach letzterer in einem 1999 in der *Zeit* erschienenen Aufsatz mittlerweile eingestehe, es habe sich formell um ein Standgericht gehandelt – was ihn aber nicht daran hindert, die Vorgänge weiterhin entstellt wiederzugeben. Laut Ungváry wurde das Verfahren angestrengt, weil Serben neun Donauschwaben und zwei Wehrmachtsangehörige, und nicht wie vielfach behauptet Angehörige der SS, ermordet hätten. Schließlich stellt er klar, daß auch die Geschichte von dem 14jährigen, der umgebracht worden sei, weil er den Paradesäbel seines Vaters versteckt habe, nicht zutreffe. Unter den Exekutierten habe sich kein 14jähriger befunden.[79]

76: Unbekannter Ort, UdSSR oder Polen.

Aus: Ausstellungskatalog

Erschütternde Fotos, nichtssagende Fotos – und alles am Thema vorbei. So ist das Hängen der drei abgebildeten Männer (links) zwar möglicherweise auf die deutsche Wehrmacht zurückzuführen, da es sich jedoch um Deserteure aus den eigenen Reihen handelt, kein Verbrechen, und schon gar keines am Kriegsgegner. „Ich bin ein Feigling", lautete die jetzt wegretuschierte Schildaufschrift. Wie konnte solch eine Fotografie in Reemtsmas Bilderschau gelangen?

Aus: Sojka

Aus: Ausstellungskatalog

Genausowenig sind die vor einem Galgen angetretenen Wehrmachtsoldaten Beweis für ein Verbrechen der Wehrmacht. Fragwürdig ist darüber hinaus die doppelte Verwendung der Abbildung in verschiedenen Kontexten: zum einen um eine „Exekution von Dorfbewohnern" zu dokumentieren, zum anderen mit der expliziteren Bildunterschrift „Ukraine, Februar 1944". Diese und andere Einzelfälle, die der ungarische Experte Krisztián Ungváry eindeutig als Falschzuordnungen entlarvt, reihen sich ein in die von ihm erarbeitete Liste der zahlreichen Bilder, die für eine Beweisführung im Sinne von Reemtsmas Thesen zweifelhaft sind oder dafür überhaupt nicht in Frage kommen: 90 Prozent und mehr schließt Ungváry bei seiner quantitativen Fotoanalyse aus.

6: Erschießungsopfer werden in Gruben verscharrt, Šabac, Herbst 1941.

68: Nach einer Erschießung im Lager Šabac, Serbien.

Aus: Ausstellungskatalog

Geht es den Ausstellungsmachern um wissenschaftliche Arbeitsweise oder darum, einen „visuellen Maximalschock“ zu erzeugen? Die an verschiedenen Stellen der Bildersammlung präsentierten Exekutionsfotos (oben) jedenfalls lassen eher letzteres vermuten, wie Ungváry herausstreicht.

1 – 2: SD und Waffen-SS bei einer Exekution

2

4 – 5: SD und Wehrmacht bei einer Exekution.

5

Aus: Ausstellungskatalog

Dem ungarischen Historiker zufolge lassen die Quellenangaben überhaupt zu wünschen übrig: Auch die Erschießungsbilder mit der Betextung „SD und Waffen-SS“ bzw. „SD und Wehrmacht“, die thematisch aber zusammengehören (oben), lassen Zweifel an den Angaben zu – um so mehr, als sich herausstellt, daß es sich tatsächlich um eine von der Einsatzgruppe A durchgeführte Aktion handelt.

Abschließend geht der Historiker auf Fälle ein, die die Aussteller unter „Die Wehrmacht mordet mit" subsummieren. Unter anderem schildert er den Fall Lachowicze, bei dem die Aussteller als Quelle Ermittlungsverfahren bei der Zentralen Stelle der Landesjustizverwaltung in Ludwigsburg angeben. Gerade diese Unterlagen beweisen aber, daß es sich nicht um Wehrmachtseinheiten, sondern um SS oder Polizei handelte. Insgesamt gebe es 37 Beispiele, die das Hamburger Institut für Sozialforschung als Aktionen der Wehrmacht ausgibt, obwohl nachweislich SS, SD oder andere Einheiten beteiligt waren. Warum selbst Fälle, bei denen nicht einmal eine indirekte Beteiligung der Wehrmacht festzustellen ist, als „Wehrmachtsverbrechen" deklariert werden, bleibt fraglich. Und auch bei mittelbarer Beteiligung trägt die ideologisch eingeengte Sichtweise der Aussteller dazu bei, die tatsächlichen Verantwortlichkeiten zu verwischen.[80]

Dieter Schmidt-Neuhaus

In derselben Ausgabe der Fachzeitschift *Geschichte in Wissenschaft und Unterricht* wie Krisztián Ungváry veröffentlicht auch Dr. Dieter Schmidt-Neuhaus im Oktober 1999 eine kritische Bewertung der Anti-Wehrmachtschau, genauer: eine Fallstudie zu den Fotos einer der 104 Stellwände. Aus besagten Gründen befindet sich der deutsche Experte jedoch erheblich weiter unten in der Aufmerksamkeitsskala, was allein der Umstand deutlich macht, daß nur Ungváry auf der Titelseite Erwähnung findet. Daran vermag auch sein zwar etwas weniger umfangreicher, aber ebenso bedeutsamer Beitrag „Die Tarnopol-Stellwand der Wanderausstellung" nichts zu ändern.[81] Schmidt-Neuhaus weist nach, daß die Aussteller sich nicht gescheut haben, sogar die Leichen der vom NKWD ermordeten deutschen Kriegsgefangenen als jüdische Mordopfer der Wehrmacht zu präsentieren. Schon in seiner „Fallstudie zur Verwendung von Bildquellen" wies er darauf hin, daß anhand der von den Ausstellern präsentierten „Dokumente" zu Tarnopol ein Massenmord an jüdischen Zivilisten durch deutsche Soldaten nicht bewiesen werden kann.

Wie Musial und Ungváry stellt auch Schmidt-Neuhaus eine Untersuchung über die vier Tarnopol-Fotos vor. Seine Angaben sind sogar noch sehr viel umfassender als die Musials, er kommt jedoch zu denselben Ergebnissen. Schmidt-Neuhaus hatte seit Anfang 1997 die gesamte Tarnopol-Stellwand untersucht und dem Hamburger Institut für Sozialforschung im Januar 1999 dazu drei Untersuchungen mit der Bitte um Prüfung und gegebenenfalls Berücksichtigung übermittelt. Ungváry und Musial, denen diese Ergebnisse ebenfalls vorlagen, folgten der Auffassung von Schmidt-Neuhaus bzw. ergänzten und bestätigten sie. Eines der Details seiner Arbeit, auf das Musial nicht eingegangen ist, erweist sich als besonders anmerkenswert. Die auf der Tarnopol-Stellwand gemachten Angaben erscheinen im Ausstellungskatalog in dem Abschnitt „6. Armee und SD beim Judenmord".[82] Tarnopol wird hier anhand von drei Textblöcken und vier Bildern abgehandelt[83], das Begleitbuch zur Ausstellung widmet sich dem Thema ohne Abbildungen.[84] Durch die Anordnung der Bilder und Texte, so Schmidt-Neuhaus, erhält der Besucher den Eindruck, daß Soldaten der 6. Armee – angestiftet durch das Sonderkommando 4b der Einsatzgruppe C – Anfang Juli 1941 600 bis 1.000 Juden ermordet hätten. Als Motiv für das Massaker wird die Entdeckung von zehn ermordeten deutschen Kriegsgefangenen unter getöteten Ukrainern unterstellt.

„Erschießungen an der Friedhofsmauer von Pančevo, 22.4.1941", so der Titel des Fotos, das konkret eine standrechtliche Erschießung von serbischen Partisanen zeigt. Der Spiegel sitzt 1997 der Falschzuordnung auf und bringt das – veränderte – Foto in seiner Titelstory über „Verbrechen der Wehrmacht".

Daneben ist folgende historische Tatsache noch erheblich bedeutsamer: Tarnopol wurde am 2. Juli 1941 zwar in der Tat von deutschen Truppen eingenommen, aber von der 9. Panzerdivision, der die Waffen-SS-Division „Wiking" nachfolgte. Und beide gehörten zum XIV. Armeekorps der 1. Panzerarmee, also nicht zur 6. Armee. Da einer der drei Themenschwerpunkte der Ausstellung jedoch die 6. Armee in der Zeit zwischen 1941 und 1942 beleuchten soll, gehört der Vorgang Tarnopol nicht in diesen Zusammenhang, denn die 6. Armee war zu dem angegebenen Zeitpunkt nicht vor Ort. Schmidt-Neuhaus merkt an, daß dies sogar aus dem Kartenmaterial in der Ausstellung hervorgehe[85] – abgesehen davon, daß bereits 1996 eine Veröffentlichung von Dieter Pohl hierzu Stellung nimmt. Der Autor zeigt gleichfalls auf, daß Tarnopol nicht im Einsatzgebiet der 6. Armee lag. Man kommt nicht umhin, erneut allein die ideologischen Scheuklappen der Aussteller zu bemühen, um zu erklären, weshalb sie weder die Hinweise Pohls noch die eigenen Unterlagen zum Anlaß nehmen, ihren Fehler auszumerzen.

Vielmehr führen sie sogar noch Belege für die Richtigkeit ihrer Annahmen an, die allerdings sehr zweifelhafter Natur sind. Zum einen handelt es sich um den Feldpostbrief eines nicht näher bezeichneten „Franzl" aus dem Bundesarchiv-Militärarchiv, der sich selbst bezichtigt, in Tarnopol an der Ermordung von 1.000 Juden beteiligt gewesen zu sein. Der Brief ist nicht authentisch, sondern die Abschrift eines nicht mehr existierenden Aushangs eines nicht mehr vorhandenen Propagandatextes eines NSDAP-Kreisleiters in Wien. Schmidt-Neuhaus kritisiert, daß die wichtige oberste Zeile des Dokuments in allen Veröffentlichungen der Aussteller bis dato fehlt, sie lautet „Abschrift". Zum anderen verwenden die Aussteller selektiv eine „Ereignismeldung" des Reichssicherheitshauptamtes (RSHA) in Berlin über 600 „von durchziehenden Truppen" getötete Juden. Andere Ereignismeldungen des RSHA nennen als Täter die Bevölkerung, und die erste Meldung ist nach Kriegsende weder durch alliierte noch durch deutsche Gerichte bestätigt worden. Das hindert die Aussteller offensichtlich nicht daran, eine winzige textliche Manipulation vorzunehmen: Aus der vagen Bezeichnung „durchziehende Truppen" wird, zunächst in runden, später in eckigen Klammern, „[Wehrmachts-]Truppen" – ohne daß diese völlig willkürliche Ergänzung in irgendeiner Weise kommentiert würde.[86]

Wie Musial und Ungváry identifiziert auch Schmidt-Neuhaus die auf den Bildern erkennbaren Leichen als Opfer des NKWD. Darüber hinaus verweist er auf die zehn ermordeten deutschen Kriegsgefangenen, von denen mindestens einer gefoltert und verstümmelt wurde – ein überlebender Kamerad hatte ihn nur daran erkennen können, daß er ein Nachthemd als Unterhemd trug. Zu dem nicht eindeutig zuzuordnenden Foto Nr. 3, das wahrscheinlich erst Stunden zuvor getötete Menschen zeigt, stellt Schmidt-Neuhaus die Frage, ob es sich wirklich um ein Pogrom-Foto handele. Er verweist aber gleichzeitig darauf, daß es nach den im Juni erfolgten NKWD-Massakern Anfang Juli Racheaktionen aus der Bevölkerung gegeben habe. Für diesen Sachverhalt gebe es andere gleichlautende Quellen.[87] Der Grund für die Rachemorde läge darin, daß von der ukrainischen Bevölkerung und Miliz Juden kollektiv für die NKWD-Massaker mitverantwortlich gemacht worden seien, weil man ihnen Mittäterschaft, Spitzeldienste oder Funktionärstum unter den Russen vorgeworfen habe. In der 21 Monate währenden Besatzungszeit der Russen waren mehr als 2.000 Einwohner Tarnopols deportiert worden, in der Endphase kam es zu den beschriebenen Erschießungen. Schmidt-Neuhaus verweist bezüglich des Fotos Nr. 3 auf eine nicht zu klärende Einzelheit: Der Soldat auf der Treppe trägt eine leichte Feldbluse der Roten Armee, ansonsten aber deutsche Uniformteile.[88]

1–4: Beim Pogrom in Tarnopol.

2

3

Bereits Musial hatte darauf hingewiesen, daß drei der Tarnopol-Fotos (1,2 und 4) die Exhumierung von NKWD-Opfern zeigen, aufgrund des falschen Kontextes aber ein Wehrmachtsverbrechen suggerieren. Ungváry vertritt dieselbe These, zudem führt er aus, die 6. Armee, um die es in diesem Abschnitt geht, sei nie bis zu diesem Ort vorgestoßen. Der deutsche Naturwissenschaftler Dieter Schmidt-Neuhaus geht noch einen Schritt weiter: Er merkt an, daß auch das Foto Nr. 3 mit dem merkwürdig Uniformierten auf der Treppe keine Beteiligung von Wehrmachtsoldaten an Tötungsverbrechen beweisen kann.

4

Aus: Ausstellungskatalog

Aus all dem schließt Dieter Schmidt-Neuhaus, daß keines der vier Fotos „beim Pogrom" aufgenommen worden sei, bei drei der Bilder wäre eindeutig das Gegenteil der Fall, das vierte könne auch nach einer Racheaktion entstanden sein. „Alle vier Bilder können Verbrechen durch Wehrmachtsangehörige im Juli 1941 in Tarnopol weder beweisen noch illustrieren."[89] Ein aussagekräftiges Untersuchungsergebnis, über das der Kritiker, ähnlich wie Musial, die Aussteller bereits am 13. Januar 1999 unverzüglich in Kenntnis setzt. Heer und Reemtsma halten es beide nicht für nötig zu antworten. Statt dessen gibt es Monate später von dem Mitautoren der Ausstellung Bernd Boll die lapidare Mitteilung, die Bedenken seien geprüft worden. Für Änderungen bestehe indes kein Anlaß. Das Hamburger Institut für Sozialforschung betrachte die Angelegenheit als erledigt.

Wolf Stoecker

Noch weniger Beachtung als Dieter Schmidt-Neuhaus wird einem weiteren deutschen Experten gezollt, dem Juristen Dr. Wolf Stoecker. Dieser hatte bereits im Jahre 1997 einen wichtigen Beitrag zur Anti-Wehrmachtausstellung veröffentlicht, der in dem Buch *Armee im Kreuzfeuer* abgedruckt wurde.[90]

Stoecker schickt seiner Untersuchung voraus, daß an eine Quelle stets bestimmte grundsätzliche Forderungen geknüpft sind, damit diese als Beweismittel für einen bestimmten historischen Sachverhalt herangezogen werden kann. In Bezug auf die in der Ausstellung von Reemtsmas Hamburger Institut für Sozialforschung verwendeten Fotos heißen die Bedingungen konkret: Um Verbrechen der Wehrmacht zweifelsfrei als solche dokumentieren zu können, müssen neben Ort und Zeit des Geschehens eindeutige Angaben über die beteiligten Wehrmachtseinheiten und die Art der Rechtswidrigkeit der dargestellten Maßnahmen erfolgen.

Diese Kriterien zieht der Autor für die Bewertung der Bilder auf den Katalogseiten 183 bis 218 heran und kommt zu folgendem haarsträubenden Ergebnis: 208 Bilder tragen die Bezeichnung „unbekannter Ort", zehn beziehen sich nicht auf Wehrmachtseinheiten, sondern auf andere Verbände wie SS oder Arbeitsdienst, 62 weitere lassen überhaupt keine Beteiligung von soldatischen Einheiten erkennen, 19 der Fotos beziehen sich auf Polen vor 1941, und 15 Bilder zeigen allgemeine Kriegsszenen wie brennende Häuser usw. Stoecker fügt hinzu, daß ein großer Teil der Aufnahmen zudem aus der Sowjetunion stamme, und zieht die Verstöße gegen die Bestimmungskriterien für die Fotos zu folgender Wertung zusammen: „Insgesamt ist überdeutlich, daß elementare Gebote wissenschaftlichen Arbeitens wie auch moralische Wahrhaftigkeit durch die Veranstalter der Ausstellung durchgehend verletzt werden."[91]

Anschließend schildert der Kritiker zehn Einzelfälle aus der Ausstellung bzw. dem Katalog und dem Begleitband zur Ausstellung, die verdeutlichen, daß den Machern gravierende Fehler unterlaufen sind – Stoecker spricht von Fälschungen und bewußten Verfälschungen. Bei allen diesen Beispielen greift Stoecker nicht nur auf die in der Ausstellung angegebenen Quellen zurück, sondern er unterzieht sich der Mühe, die Basis des Quellenmaterials durch zusätzliches Akten-, Archivalien- und Literaturstudium immens zu erweitern. Dadurch kommt er zu Ergebnissen, die sich von denen der Ausstellungsmacher deutlich abheben, sie sind wesentlich fundierter und daher auch weitaus überzeugender. In fünf Fällen weist er nach, daß an Aktionen nicht Wehrmachtseinheiten, sondern zum Beispiel SS-Sonderkommandos, Letten, litauische Exekutionskommandos und SD- oder Polizeieinheiten beteiligt waren.

In einem der Fälle kann Stoecker unter Heranziehung weiterer Literatur nachweisen, daß weder die Zeit- noch die Ortsangabe der historischen Wahrheit entspricht und daß der Begleittext „Juden werden exekutiert" mit dem tatsächlichen Bildinhalt nichts zu tun hat. Immerhin wurde das fragliche Bild aus der Ausstellung entfernt, und zwar nachdem *Focus* im April 1997 auf diesen Sachverhalt hingewiesen hatte.

In drei weiteren Fällen, so Stoecker, kommt es zu einer derart radikalen Verkürzung von Zitaten, daß sie zwar in den Kontext der gewünschten Beschuldigungen passen, die tatsächliche Situation allerdings drastisch verfälschen. In einem dieser Fälle wird die – anhand der allgemeinen Aktenlage eindeutig als Einzelaktion nachweisbare – Erschießung von zehn Personen, die als kommunistische Funktionäre und sonstige verdächtige Elemente bezeichnet werden, als „Massenerschießung durch die Wehrmacht" bezeichnet. Bezogen auf einen anderen Fall, bei dem ohnehin lediglich eine SS-Einheit beteiligt war, wird anhand des von Stoecker vorgenommenen Quellenvergleichs zudem deutlich, daß für bestimmte Angaben überhaupt keine verläßliche Quelle vorhanden ist.

Überhaupt fußen Stoeckers Angaben auf einer äußerst akribisch durchgeführten Recherchearbeit. Jeder noch so kleine Einzelaspekt, der sich nicht absolut zweifelsfrei zurückverfolgen läßt, wird in Frage gestellt. Daher kann er es sich auch ohne weiteres leisten, den Ausstellungsmachern vorzuwerfen, daß sie es genau hieran haben fehlen lassen. Darüber hinaus moniert er völlig zu Recht die offensichtliche Feindseligkeit der Texte, die lediglich auf die ideologisch eingeengte Sicht der Ausstellungsmacher hindeute – und damit auf den eklatanten Mangel an Objektivität und Wissenschaftlichkeit.[92]

Abgesehen von seinem in *Armee im Kreuzfeuer* abgedruckten Aufsatz lieferte sich Wolf Stoecker des öfteren mit dem Institutsmitarbeiter Bernd Boll in verschiedenen Zeitungen Leserbriefduelle. Insgesamt gesehen wären allein die von ihm veröffentlichten Untersuchungsergebnisse Anlaß genug gewesen, die Ausstellung einer gründlichen Überarbeitung zu unterziehen. Auch wenn seine Kritik, wie die von Dieter Schmidt-Neuhaus, nur Teilbereiche der Anti-Wehrmachtschau abdeckt, so ist sie doch aussagekräftig und fachlich fundiert genug, als daß sie bedenkenlos ignoriert werden könnte. Daß sie darüber hinaus zusammen mit Bogdan Musials und Krisztián Ungvárys umfassenden Analysen einem begrenzten, aber entscheidenden Publikum – den Journalisten und natürlich auch den Ausstellungsmachern – bereits erheblich länger bekannt ist als der deutschen Öffentlichkeit, läßt einmal mehr fragen, weshalb die Reaktion des Reemtsma-Instituts ausblieb.

Es sei an Heers Bemerkung erinnert, wonach die Kritik ihn nicht treffe, da sie keine Fachkritik sei – denn für die Fälschungen „ist kein Nachweis erbracht worden".[93] Diese arrogante und den Tatsachen widersprechende Haltung meint er an den Tag legen zu können, weil der die öffentliche Meinung dominierende Teil der Medien deutlich auf seiner Seite steht. Daher ist es also kein Wunder, daß die auf objektiver Würdigung der Fakten beruhenden massiven Angriffe von seiten der politisch unabhängigen Fachkritiker die Unantastbarkeit und Selbstsicherheit der politisch korrekten – und damit eindeutig abhängigen – Ausstellungsverantwortlichen nicht erschüttern können.

Da können die Aussagen noch so detailliert und zahlreich, die Urteile über die wissenschaftliche Güte und die Seriosität der Ausstellung noch so verheerend sein. Für jeden unvoreingenommenen Leser läßt sich aus dem Material der beiden ausländischen Historiker und der deutschen Experten ableiten, daß die Macher der Schau Fehler über Fehler begangen haben – so daß nicht nur „einige Fotos" entfernt werden müßten, wie es in den Medien vielfach verharmlosend heißt, sondern die Kritik stellt die Thesen der Ausstellung schließlich an sich in Frage. Wie kann eine fachlich so unzulängliche Präsentation auf Dauer Aushängeschild für ein Institut sein, das sich selbst auf seine Reputation so viel zugute hält?

Daß sich Stoecker, Musial und Schmidt-Neuhaus auf ganz spezielle Teilaspekte der Ausstellung beziehen, verleiht ihrer Kritik im übrigen noch zusätzliches Gewicht. Selbst Ungváry bezieht sich bei seinen Fallbeispielen überwiegend auf Aktionen, die auf ungarischem Territorium erfolgten. Fachleute für andere Teilgebiete würden eventuell noch weitere Mängel zutage fördern können. So ist von den Kritikern zum Beispiel bislang nur erwähnt worden, welche bzw. wie viele der angeblichen Verbrechensbilder auf das sowjetische Fälschungssystem zurückzuführen sind. Dieser Umstand harrt auf jeden Fall noch einer gesonderten präzisen Untersuchung.

Mögen sich Jan Philipp Reemtsma, Hannes Heer, Bernd Boll, Walter Manoschek und wie sie alle heißen auch winden und nach Ausflüchten suchen: Die Beharrlichkeit einiger weniger Mutiger hat der Wahrheit neues Leben eingehaucht. Weder mit Spitzfindigkeiten noch mit der „Faschismuskeule" kann sie nun noch mundtot gemacht, wegdiskutiert oder unter den Tisch gekehrt werden. Zudem hat die wissenschaftlich exakte Kritik gezeigt, daß die vielen ehemaligen Soldaten, die von Beginn an gegen die Aussagen der Ausstellung protestierten, im Recht sind. Wer also entschuldigt sich heute bei den Männern, die sich im Bewußtsein ihrer Erfahrungen von damals entschieden dagegen wehren, pauschal als Verbrecher bezeichnet zu werden? Wer nimmt sich der Jüngeren an, die Angehörige auf Fotos erkannt zu haben meinen und jetzt mit der Überzeugung leben, Väter, Großväter und Onkel hätten ungesühnte Schuld auf sich geladen, wo diese doch in den meisten Fällen lediglich zufällig Zeuge von Exhumierungen wurden, Routinekontrollen durchführten oder sich allenfalls an der Bestrafung von Partisanen beteiligten? Wer schließlich würdigt Politiker wie Peter Gauweiler oder auch Alfred Dregger, die gegen den Strom der fatalen politischen Korrektheit anschwammen und sich beschimpfen, diffamieren und verhöhnen lassen mußten, weil sie sich nicht dem opportunistischen Zeitgeist verschrieben?

Franz W. Seidler

Es ist indes nur eine Facette des Umgangs mit Persönlichkeiten, die die Schau nicht bejubeln, daß die Ausstellungsmacher Kritik an ihrer Schau grundsätzlich ablehnen oder ins Lächerliche ziehen, sie jedenfalls lange Zeit ignorieren. Auch Wissenschaftler, die gänzlich andere Bereiche des Zweiten Weltkrieges beleuchten, geraten in den Fokus der Gegenkritik. Meinungsprägende Vorreiter, bewußte Multiplikatoren und beflissen-opportunistische Rezipienten sind wie ein Bollwerk gegen jede Art der Information, die geeignet sein könnte, das von der Ausstellung geschaffene Bild in irgendeiner Weise zu beeinträchtigen.

Mittelbar beschäftigt sich auch der Münchner Historiker Prof. Dr. Franz W. Seidler mit den Aussagen der Hamburger Anti-Wehrmachtschau. Zumindest dürfte sein 1997 veröffentlichtes Buch *Verbrechen an der Wehrmacht. Kriegsgreuel der Roten Armee 1941/42*[94] unter deren Eindruck entstanden sein. Da es sich auf Gesichtspunkte des Zweiten Weltkrieges konzentriert, die die offizielle Geschichtsschreibung für gewöhnlich ausklammert, wird auch die Meinung des renommierten Wissenschaftlers so gut wie nicht wahrgenommen.

Anhand von Unterlagen der „Wehrmacht-Untersuchungsstelle für Verletzungen des Völkerrechts" dokumentiert Seidler Kriegsgreuel der Roten Armee an der deutschen Wehrmacht vom Beginn des Krieges mit der Sowjetunion an. Er listet auf, was Soldaten der kämpfenden Truppe an brutalen und grausamen Übergriffen erleiden mußten. Die Beispiele für Folterung oder Ermordung von Verwundeten oder Kriegsgefangenen, gräßliche Verstümmelungen von Soldaten, die im Hin und Her des Kampfes kurzfristig hinter sowjetische Linien gerieten oder als Vorausabteilungen in die Hände von Soldaten der Roten Armee fielen und bestialisch ermordet wurden, sind durch zahlreiche Bilddokumente ergänzt. Hinzu kommen die in nüchternem Bürokratendeutsch verfaßten, aber keineswegs verharmlosenden Texte der jeweils zuständigen Militärgerichtsvertreter.

Die von Seidler dokumentierten Fälle der Grausamkeit beginnen mit dem Juni 1941. Der erste ereignete sich bereits am 22. Juni, einen Tag nach dem deutschen Angriff. Zwei aus ihrem brennenden Flugzeug abgesprungene deutsche Flieger, von denen der eine verletzt war, wurden von sowjetischen Soldaten geschlagen und auf andere Weise mißhandelt. Als sie bei einem ersten Verhör Angaben über ihre Truppe verweigerten, wurde der eine durch einen Schuß in den Oberschenkel verwundet, der andere erschossen. Unter deutschem Beschuß setzten sich die sowjetischen Kräfte schließlich ab. Der Überlebende konnte am nächsten Tag zu seiner Truppe zurückkehren.[95] Auch die nächsten Fälle beziehen sich noch auf den 22. Juni und die unmittelbar darauffolgenden Tage: Kriegsgefangene und Verwundete wurden kaltblütig ermordet; ein Soldat kam davon, weil er von der einheimischen Bevölkerung versteckt wurde. Die geschilderten Einzelheiten zeugen zum Teil von erheblicher Brutalität, ja Bestialität sowie dem grundsätzlichen Verstoß gegen international geltendes Kriegsrecht.[96]

Franz W. Seidler geht es darum aufzuzeigen, daß der sowjetische Gegner quasi vom ersten Kriegstag an im Bereich des Frontgebietes nahezu flächendeckend gegen die Haager Landkriegsordnung und die Genfer Konventionen über die Behandlung Kriegsgefangener sowie Verwundeter und Kranker verstieß. Daß die Sowjetunion noch unter Lenin aus der Haager Konvention ausgetreten war und dem Genfer Abkommen gar nicht erst beitrat, rechtfertigt die Methoden in keiner Weise. Im Gegenteil zeichnet sich hier ab, daß die Grausamkeit des bolschewistischen Systems, das ja auch mit den eigenen Leuten nicht eben zimperlich umzugehen pflegte, in gewisser Weise eingeplant war. Stalins Befehle, die die Grundlage der Vergehen bildeten, sprechen eine eindeutige Sprache. Vor diesem Hintergrund weist Seidler nach, daß die Kriegführung der deutschen Seite auch im Zusammenhang mit der der Sowjets zu sehen ist, daß deutsche Befehle und deutsches Verhalten die Reaktion auf die von sowjetischen Soldaten und Partisanen geschaffenen Umstände waren.[97]

Dem Einwand, den Berichten der Wehrmacht-Untersuchungsstelle läge propagandistisch aufbereitetes Material zugrunde, kann folgendes entgegnet werden: Zum einen widerspricht die sachliche und nüchterne Diktion der kurzen Berichte angesichts der dargestellten entsetzlichen Vorgänge jedem Vorwurf emotional begründeter Verwendung. Zum anderen werden für fast alle Vorgänge Zeugen verschiedenster Art gehört: Militärpfarrer, Ärzte, natürlich Kameraden der Toten, Vertreter der Militärjustiz, und es gibt sogar gleichlautende Aussagen aus der russischen Zivilbevölkerung sowie von Kriegsgefangenen. Die Berichte und die dazugehörigen Bilddokumente wirken allein aufgrund der Fakten überzeugend und somit nicht wenig abschreckend.

Angesichts des Gewichts der von Seidler zusammengetragenenen Informationen, die die Seite des Krieges beleuchten, die von der Anti-Wehrmachtschau ausgeblendet wird, ist die Reaktion auf seine Dokumentation prognostizierbar: Ablehnung. Diese könnte etwa in Form von sachkritischen Stellungnahmen zu den historischen Sachverhalten erfolgen. Denn selbst eindeutige Tatsachen bleiben bis zu einem gewissen Grade immer strittig, weil über sie hinaus verschiedene Interpretationen der Kausalketten möglich sind, die zu bestimmten Ereignissen führen. Nicht die Fakten aber sind es, die angezweifelt werden, auch die zeitliche Einordnung wird nicht in Frage gestellt. Vielmehr scheint dem Wissenschaftler vorgeworfen zu werden, daß er bestimmte Aspekte der Geschichte überhaupt thematisiert – sich also politisch unkorrekt verhält.

Im Vorwort zum im Jahr 2000 herausgekommemen zweiten Band seiner Darstellung, *Kriegsgreuel der Roten Armee. Verbrechen an der Wehrmacht 1942/43*, schildert Seidler unter der Überschrift „Bemerkungen zum Zeitgeist" Vorgänge, die einen für unseren durch das Grundrecht – auf Meinungsfreiheit etwa – geschützten Staat eher beunruhigenden Zustand illustrieren. Zur Verdeutlichung sei ein Beispiel herausgegriffen: Auf Einladung der Burschenschaft „AFV! Rugia Karlsbad" hatte sich Franz W. Seidler bereit erklärt, am 28. Februar 1998 an der Technischen Universität Dresden zum Thema „Die Wehrmacht im Partisanenkrieg des Ostens – militärische und völkerrechtliche Darlegungen" zu sprechen. Da an den Ausführungen und der sich anschließenden Diskussion selbst unter den Kriterien politischer Korrektheit sachlich nichts auszusetzen war, richtete sich die veröffentlichte Mißbilligung gegen einzelne Personen im Publikum: Man hatte angeblich den einen oder anderen Rechtsextremisten geortet. Es entwickelte sich ein für Deutschland anscheinend unverzichtbares Szenario. Am 2. März 1998 wird vom *Stern* folgende Vorabmeldung zur sofortigen Veröffentlichung freigegeben: „Neuer Nazi-Skandal um die Bundeswehr. Franz W. Seidler, Professor für Geschichte an der Bundeswehrhochschule München, hat vor Neonazis und rechten Burschenschaftern in Dresden einen Vortrag über ‚Die Wehrmacht im Partisanenkrieg des Ostens' gehalten. Wie das Hamburger Magazin ‚Stern' in seiner neuen, am Donnerstag erscheinenden Ausgabe berichtet, trat der Historiker am vergangenen Wochenende auf einem von Rechtsextremisten organisierten ‚Winterkolleg' der Burschenschaft ‚AFV! Rugia Karlsbad' und der rechtsextremen ‚Freien Deutschen Sommerakademie' auf. Thema der Veranstaltung im Hörsaal der Technischen Universität Dresden, bei der ‚Stern'-Reporter anwesend waren: ‚Erkenntnisse der Militärgeschichte'. Professor Seidler, der seit längerem gegen die Wehrmachtausstellung polemisiert, die derzeit in Dresden zu sehen ist, berichtete über angebliche Kriegsgreuel der Roten Armee an deutschen Soldaten."[98]

Nicht einmal linke Historiker bestreiten, daß die Rote Armee Kriegsverbrechen begangen hat – auch wenn diese teilweise versuchen, dies ausschließlich als Reaktion auf deutsches Vorgehen darzustellen. Um so befremdlicher, daß der *Stern* die Tatsache vollkommen in Abrede stellt. Eine skandalträchtige Vorabmeldung, die selbst ohne den avisierten *Stern*-Artikel in den Medien nicht ohne Reaktion bleibt: „Wirbel um Bundeswehr-Professor", „Neuer Nazi-Skandal in den deutschen Streitkräften" „Nazi-Skandal in München", „Rechtes Treffen in einem Hörsaal der TU Dresden", „Militärhistoriker sprach vor Rechtsradikalen", „Einzeltäter Seidler und die Freiheit der Wissenschaft" – so und ähnlich lauten die tendenziösen Schlagzeilen.[99]

Ohne den Text des Ursprungsberichts zu kennen, bekunden der Präsident der Universität der Bundeswehr München und einige Kollegen beflissen vorauseilenden Gehorsam: Sie stellen sich geschlossen gegen Seidler. Der Präsident droht mit beamten- und hochschulrechtlichen Sanktionen, Seidlers gesamte Arbeit müsse einer Prüfung unterzogen werden. „Es kann nicht toleriert werden, wenn jemand in verfassungsfeindlichen Kreisen als Vertreter einer demokratischen Institution auftritt"[100], heißt es zur Begründung.

Am 5. März erscheint schließlich der Bericht unter der Überschrift „Braune Kameraden". Über den Vorwurf der Polemik gegen die Reemtsma-Ausstellung hinaus bringt er im Grunde nichts Neues. Aber auch dieser Artikel zeitigt Reaktionen. Dr. Klaus Weidenmann etwa, ein Kollege Seidlers, formuliert in einem Leserbrief an den

Stern „seine kuriose Auffassung von Wissenschaftlichkeit" folgendermaßen: „Es ist bitter, wenn ein Historiker an einer Universität der Bundeswehr unter dem Privileg der Freiheit von Lehre und Forschung Bücher nicht über ‚Verbrechen der Wehrmacht', sondern über ‚Verbrechen an der Wehrmacht' verfaßt und seltsame Vorträge vor seltsamen Auditorien hält."[101] Der Dekan einer anderen Fakultät fordert seine Fakultätskollegen auf, Seidlers Abschiedsvorlesung zu boykottieren, weitere Kollegen distanzieren sich von ihm, da ihnen der Präsident der Universität mitgeteilt hatte, Seidler habe gewußt, daß in Dresden im Publikum zahlreiche Extremisten anwesend sein würden. Prof. Seidler bezeichnet das ausdrücklich als Falschinformation. Ein Vertreter des Militärischen Abschirmdienstes (MAD) hatte ihm lediglich mitgeteilt, es würde möglicherweise ein Mitarbeiter der Wochenzeitung *Junge Freiheit* über die Veranstaltung berichten, das Blatt habe bereits Auszüge aus seinem Buch abgedruckt.[102]

Noch im selben Monat, am 31. März, hält Prof. Dr. Franz W. Seidler wegen Erreichung der Altersgrenze vor einem überfüllten Hörsaal seine Abschiedsvorlesung über das Thema „Wahrheit und Unwahrheit in der Geschichte. Fälschungen, Lügen, Legenden". Von Prof. Dr. Paul Roth, Prof. Dr. Christiane Busch-Lüty und Prof. Dr. Sigrid Rotering-Steinberg werden sehr wohlwollende Laudationes sowie von dem Studentenvertreter eine ebenso geartete Ansprache gehalten. Der *Stern* hingegen bringt dazu in seiner Ausgabe 13/1998 folgende Meldung, die die Universitätsleitung lanciert hatte: „Vergangene Woche hielt Seidler seine Abschiedsvorlesung an der Hochschule – vor fast leeren Rängen. Die meisten seiner Professoren-Kollegen waren ferngeblieben. Wenn ein langjähriger Kollege emiritiert werde, sei dies ‚wohl nicht üblich', so Uni-Präsident Hans Georg Lößl, ‚aber in diesem Fall einfach angebracht'."[103]

Auch in der Folgezeit gibt es von verschiedensten Seiten allerlei Schikanen gegen den Münchner Historiker – so vom Verteidigungsministerium und von Bundeswehrstellen. Der Lehrstuhl für Militärgeschichte wird nach seiner Emeritierung nicht wieder besetzt. Kommentar von Seidler: „Während Frauenforschung und Kinderpsychologie gepflegt werden, wurde das Fach Militärgeschichte aus der Bundeswehruniversität eliminiert."[104] So irrational es auch erscheinen mag, es kann als Folgeerscheinung von Seidlers Vortrag gewertet werden, daß Deutschland seither nur noch in Potsdam einen Lehrstuhl für dieses Fach hat. Es braucht wohl nicht gefragt zu werden, welche Entwicklung Seidlers Wagnis, das Bild des Krieges im Osten durch Hinzufügung einer wesentlichen Facette zu vervollständigen, nach sich gezogen hätte, wenn der Experte nicht kurz nach seinem Auftritt in Dresden in den Ruhestand getreten wäre.

Gegen lästige Abweichler läßt sich am wirksamsten vorgehen, wenn ihnen vorgeworfen werden kann, sie riefen mit ihrer Darstellung rechtsradikale Reaktionen hervor und schürten bereits vorhandene. Auf diese diffamatorische Weise beschäftigt sich auch Reemtsmas Hamburger Institut für Sozialforschung mit Prof. Franz W. Seidler. In der Literaturbeilage des Januarheftes 2000 der Institutszeitschrift *Mittelweg 36* rezensiert Hans-Ludger Borgert dessen zweiten Band zum Thema „Verbrechen an der Wehrmacht". [105] Die auf fast drei Seiten vorgenommene Bewertung kulminiert in dem Fazit: „Es bleibt zu hoffen, daß dieser Versuch Seidlers, mit einer geschickten Komposition von Fakten und Halbwahrheiten, den Beitrag der Wehrmacht in diesem Partisanenkrieg zu verharmlosen und damit die Wehrmacht ‚reiner' zu waschen, sein Ziel verfehlt. Das Beispiel der Rezension in der *Frankfurter Allgemeinen Zeitung* gibt jedoch keinen Anlaß für Euphorie."[106]

Eine intellektuelle Brunnenvergiftung, gegen die anzugehen auch über ein halbes Jahrhundert nach Beendigung des schrecklichsten Krieges der Menschheitsgeschichte noch immer eine kaum zu meisternde Schwierigkeit darstellt.

Der Countdown läuft

Aussteller und Ausstellungssympathisanten „reagieren"

Wer glaubte, Richtigstellungen seien nach der von verschiedenen Seiten erfolgten Kritik nunmehr eine Selbstverständlichkeit, sieht sich also extrem getäuscht. Abgesehen von der recht kleinen Zahl von Journalisten und Fachleuten, die schon immer vor der verallgemeinernden Tendenz der Ausstellung gewarnt hatten, verhält sich ein großer Teil der Öffentlichkeit nach wie vor dem Urteilsschema gemäß: „...weil nicht sein kann, was nicht sein darf". Die meisten Pressepublikationen verweisen immer wieder auf die bloße Handvoll Bilder, die zu der – wie man zähneknirschend eingesteht – berechtigten Kritik geführt habe. Dabei beeilt man sich indes, mehr oder weniger pointiert sein Bedauern darüber zu beteuern, daß die Reputation der Aussteller dadurch ins Zwielicht geraten sei. Und selbstverständlich vergißt man auch nicht, immer wieder vor dem „Beifall von der falschen Seite" zu warnen.

Eine Bestätigung hierfür scheint am 9. März 1999 der Anschlag auf die Ausstellung in Saarbrücken zu liefern, bei dem eine vor dem Ausstellungslokal explodierte, ferngezündete Bombe Schaden in Höhe von einigen hunderttausend Mark an dem Gebäude und in der Umgebung verursacht. Der mediale Aufschrei aus allen Teilen Deutschlands kommt wie aus einem Munde: Der Anschlag markiere den Gipfel der Kritik aus der konservativen Ecke. Die Nachrichtenagenturen dpa und afp kommen noch am selben Tag zu dem Schluß: „Bisher hatte sich die Auseinandersetzung um die angeblich einseitige Darstellung der Wehrmacht im Zweiten Weltkrieg meist auf Diskussionen und Demonstrationen beschränkt. Dienstag in Saarbrücken mündete sie in einem Bombenanschlag." Über die Schautafeln und Bilder, die kaum Schaden davontragen, heißt es polemisierend: „Einige Bilder zeigen Soldaten der Wehrmacht, die unschuldige Menschen erschießen. An diesen Belegen deutscher Armee-Untaten hatte sich die Kritik entzündet. Noch am Montag vor dem Anschlag forderte die Landes-CDU den saarländischen Ministerpräsidenten Reinhard Klimmt (SPD) auf, die Schau wegen angeblicher Einseitigkeit zu schließen."[107] Obwohl die Täter nicht bekannt sind – und seltsamerweise bis heute nicht dingfest gemacht wurden –, nimmt niemand Anstoß daran, daß der Anschlag wie selbstverständlich in Verbindung mit der Diskussion um die „angebliche Einseitigkeit" der Anti-Wehrmachtausstellung gebracht und damit automatisch in „die rechte Ecke" gestellt wird.

In welche Ecke wird dann aber der Anschlag auf den Journalisten Rüdiger Proske gestellt? In überhaupt keine. Auch wenn es eindeutig im Zusammenhang mit der Ausstellung steht, wird es weitgehend übergangen. Rüdiger Proske, langjähriges SPD-Mitglied und ehemaliger Chef des TV-Magazins Panorama, hatte von Beginn an öffentlich seine Kritik an der pauschalen Diffamierung der deutschen Wehrmacht artikuliert. Bereits 1996 richtete er sich mit einer Veröffentlichung energisch *Wider den Mißbrauch der Geschichte deutscher Soldaten zu politischen Zwecken*[108], ein Jahr darauf folgte ein zweites Buch zu demselben Thema.[109] Zudem tat der Publizist seine nonkonformistische Meinung immer wieder bei Diskussionsveranstaltungen kund.

Als im Juni und Juli 1999 die Anti-Wehrmachtausstellung zum zweiten Mal in Hamburg gezeigt wird, werden eines Nachts von Unbekannten durch ein Fenster des Hauses der Proskes Farbbeutel und Behälter mit Buttersäure geschleudert. Der Sachschaden ist beträchtlich, auch Autos der Familie werden beschädigt. Menschen kommen glücklicherweise nicht zu Schaden. Das Medienecho zu diesem Vorfall ist weder laut noch lange zu vernehmen, nach der aktuellen Berichterstattung ist Schluß. Immerhin lädt Jan Philipp Reemtsma den prominenten Kritiker zu einer Diskussion ein. Proske sagt zu, wird aber von der Hamburger Polizei, die sich mit ihren Pappenheimern aus der linksradikalen Gewaltszene auskennt und deren Gefährlichkeit im Gegensatz zu den Medien und Politikern als einzige ernstzunehmen scheint, dringend dazu aufgefordert, die Veranstaltung nur unter Polizeischutz wahrzunehmen. Proske lehnt Personenschutz zunächst ab, beugt sich aber schließlich doch den aus der Erfahrung der Beamten abgeleiteten Erfordernissen und läßt sich in einem Streifenwagen zu der Diskussion und auch wieder nach Hause bringen.

Auch das ist Einseitigkeit: Während der Anschlag auf die Ausstellung in Saarbrücken zum Anlaß für weitschweifende Interpretationen genommen wurde, fällt den Kommentatoren nichts ein zu dem Attentat auf einen Historiker, der die Stirn hatte, die Ausstellung des Hamburger Mäzens aufs Korn zu nehmen. Nirgendwo wird darüber nachgedacht, ob nicht vielleicht die aggressive Zurückweisung jeglicher Kritik an der Ausstellung sowie die umfassende öffentliche Diffamierung ihrer Vertreter linksradikale Wirrköpfe zu dem Anschlag animiert haben könnte. Vielmehr wird das altbekannte Lied von meuchelnden Wehrmachtseinheiten und starrsinnigen Kritikern um so lauter erneut angestimmt.

Die *Frankfurter Allgemeine Zeitung* bringt in der Reihe ihrer Berichte zu dem umstrittenen Thema am 21. Oktober ein Interview mit Winfried Vogel.[110] Dieser ist neben Persönlichkeiten wie Hans-Jochen Vogel oder Ignatz Bubis als Vorstandsmitglied des Trägervereins zur Förderung der Ausstellung natürlich von besonderem Interesse. Die Fragen der Interviewerin Franziska Augstein im Feuilleton der Zeitung beantwortet Vogel in verharmlosender Manier – wie man es von ihm gewohnt ist und daher fast schon erwartet. Ausgangsbasis der Fragen sind in erster Linie Bogdan Musials „Kritische Anmerkungen zur Wanderausstellung“ in den *Vierteljahresheften für Zeitgeschichte*. Das zum selben Zeitpunkt erschienene Fachjournal *Geschichte in Wissenschaft und Unterricht* mit Schmidt-Neuhaus' Beitrag und der quantitativen Analyse Ungvárys bleibt unberücksichtigt. Folglich spricht Vogel fortwährend von „einigen“ Fotos, die möglicherweise korrigiert werden müßten, von „dem einen oder anderen“ Bild, das eine neue Beschriftung brauche, daß man aber nicht „aufgrund von drei oder neun Fotos der Ausstellung dauernd Fälschung unterstellen“ könne. Er moniert, daß es seit Beginn der Ausstellung immer wieder ungerechtfertigte Kampagnen gegen sie gegeben habe, ist indes nicht imstande, hierfür Beweise anzuführen. Zwar schließt er einen politischen Hintergrund aus, spricht aber gleichzeitig von einer „politischen Frontstellung“, „wo die Ausstellung mit Parteibuch bewertet wurde“. Gemeint ist das Saarland.

Insgesamt hinterlassen die zwiespältigen Antworten des Brigadegenerals einen unangenehmen Nachklang: Vogel beschränkt sich selbst und die allenfalls mäßig drängende Interviewerin auf einen Minimalausschnitt der Kritik, ignoriert, daß diese bereits seit Monaten – teilweise seit Jahren – in der Öffentlichkeit bekannt ist, und rettet sich in Allgemeinplätze über „die Auseinandersetzung mit Verbrechen des Nationalsozialismus“.

Die *FAZ* gehört zu den wenigen Blättern, die halbwegs Rückgrat beweisen. Am Tag nach dem Gespräch mit Winfried Vogel faßt sie in ihrem Leitartikel das Desaster der Ausstellung in wenigen Sätzen prägnant zusammen: „Die Fülle von Irrtümern, Fehlern und Nachlässigkeiten, welche die Forscher den Ausstellungsmachern nachweisen, ist für sich genommen schon niederschmetternd. In Verbindung mit dem so ernsten Gegenstand fehlen einem die Worte. Vergleichbares kannte man bisher nur aus staatlich gelenkten Desinformationskampagnen."[111]

Unbeeindruckt von solch klaren Bekenntnissen bezeichnet Cathrin Kahlweit Ende des Monats in der *Süddeutschen Zeitung* die kritischen Stellungnahmen als „heftige Tiraden". Dabei bezieht sie sich sowohl auf den polnischen Historiker Bogdan Musial als auch auf Horst Möller, den Leiter des in Sachen Umerziehung äußerst umtriebigen Münchner Instituts für Zeitgeschichte und Mitherausgeber der *Vierteljahreshefte für Zeitgeschichte*, der den Ausstellungsmachern jetzt klipp und klar Suggestion und Agitation vorwirft. Gleichzeitig bedauert sie Hannes Heer, weil dieser angesichts der Kritik mittlerweile „dünnhäutig" geworden sei. Jetzt gehe es um seine Ehre als Historiker. „Um die wird er ringen, Foto um Foto, Komma um Komma, Punkt für Punkt."[112]

Immerhin ist Kahlweits Beobachtungsgabe nicht von schlechten Eltern. Denn Hannes Heer scheint in der Tat noch immer nicht allzu weit von seinen bisherigen Thesen abgerückt zu sein. Konfrontiert mit Musials Kritik, die ihm lückenhafte fotografische Dokumentation vorwirft, nicht aber Wehrmachtsverbrechen in Abrede stellt, hält er im *Hamburger Abendblatt* wirr dagegen: „Es gibt eine Masse von Fotos, die die Verbrechen der Wehrmacht nachweisen. Wir haben zu Textdokumenten Fotos ausgewählt, die die nachgewiesenen Verbrechen der Wehrmacht belegen – und nicht umgekehrt."[113]

Ebenso kurz angebunden weist er einige Tage später im *Spiegel* Musials wissenschaftlich fundierten Kritikpunkt hinsichtlich der Zloczów-Bilder zurück: „Im Fall Zloczów können wir Musial nicht ganz folgen." Als „Beweis" führt er eine Mordaktion der SS an Juden an – „von der Wehrmacht geduldet", wie er hinzufügt. Weiterhin spricht er von „beiden Opfergruppen", exhumierten NKWD-Toten und Juden, und ignoriert damit beharrlich, daß auch diese These von Musial bereits überzeugend widerlegt worden ist.[114]

Gegenüber Ungváry, dessen „quantitative und qualitative Fotoanalyse der Ausstellung" um einiges weitergeht, wird Heer noch rüder. Aufgrund der Tatsache, daß der ungarische Experte von maximal zehn Prozent Fotos ausgehe, die zudem allgemein Verbrechen zeigten, greift er zu erprobten Diffamierungsmethoden: „Das ist absurd. Da übernimmt Ungváry – ohne den Versuch eines Beweises – eine alte Rechnung von rechtsextremen Pamphletisten." Ein noch härteres Urteil fällt er mit Blick auf das von Ungváry angeführte Originalfoto dreier Erhängter, auf dem die Aufschrift auf den Schildern „Ich bin ein Feigling"[115] noch nicht wegretuschiert war: „Möglicherweise ist das Exemplar, das Ungváry vorlegen will, retuschiert."[116]

Eine Entschuldigung für Heers grobschlächtige Verbalattacken könnte allenfalls sein, wenn er sich über Musials und Ungvárys Beiträge nicht ausreichend kundig gemacht hätte. Das allerdings wäre nicht gerade eine Empfehlung für den wissenschaftlichen Anspruch, den er für sich und seine Ausstellung reklamiert. Einzig in einem Punkt nimmt sich der Ausstellungsleiter ein wenig zurück, wenn er nämlich einräumt, die Schau spiegele den Forschungsstand von 1995 wider.[117] Ob diese Einsicht Erklärung genug für die zahlreichen Mängel der Ausstellung ist, darf indes füglich bezweifelt werden.

Doch die Kritiker, allen voran Musial und Ungváry, lassen sich nicht einschüchtern. Musial versucht in der *Welt* nochmals mit dem Einwand aufzuräumen, es seien „nur" neun Bilder, die er zu beanstanden habe. Vielmehr habe er eine ganze Reihe von falschen Zuordnungen aufgedeckt, aber nur 20 Seiten für die Präsentation zur Verfügung gehabt und sich deshalb selbst beschränken müssen. Seiner Meinung nach kämpfe man in Hamburg deshalb so verbissen um die Ausstellung, weil das Ansehen des Instituts mit ihr stehe und falle. Neben den wissenschaftlichen Mängeln der Schau kritisiert er aber auch deren Gegner: „Die Stärke dieser Ausstellung lag in der Schwäche der Kritiker. Ich denke, daß die Ausstellung jetzt in dieser Form nicht mehr zu halten ist. Was die Ausstellungsmacher, die sich als Wissenschaftler ausgeben, im Ergebnis da vorgelegt haben, hat meiner Auffassung zufolge sehr wenig mit Wissenschaft zu tun. Wenn ich so arbeiten würde, könnte ich genauso gut nachweisen, daß die Wehrmacht mit Verbrechen überhaupt nichts zu tun hatte, ohne dabei Quellen manipulieren zu müssen – einfach nur durch das Weglassen belastenden Materials.“ Auf die Frage nach der Instrumentalisierung von Wehrmachtsverbrechen durch die Ausstellung antwortet er unverblümt: „Ja, eindeutig. Die Methode ist mir nicht fremd. So wurden im kommunistischen Polen Ausstellungen gemacht.“ Das Echo auf die Ausstellung kommentiert er ebenso eindeutig: „Ich habe den Eindruck, daß die Deutschen Schwierigkeiten haben, an gewisse Wirklichkeiten heranzugehen. Es herrscht ein Betroffenheitsklima, und dies ist eben günstig für Leute wie Hannes Heer oder Daniel Goldhagen. Man wagt nicht so recht, deren Thesen nach wissenschaftlichen Kriterien zu hinterfragen. Wer sich, wie ich es versuche, ohne Vorbehalte an die Dinge heranwagt, läuft Gefahr, als Revisionist abgestempelt zu werden. Andererseits gibt mir die große Resonanz auf meine Arbeit die Hoffnung, daß in Deutschland endlich einmal angefangen wird, inhaltlich und unbefangen über diesen Abschnitt der Zeitgeschichte zu diskutieren.“[118]

Auch für Ungváry ist die Ausstellung ein kläglicher Versuch, die eigene deutsche Geschichte zu bewältigen: „Sie scheint mir aber eher eine Vergewaltigung der Geschichte zu sein. Hier sollen einfach vorgefaßte Urteile durch Material gestützt werden. Das ganze ist einfach unmöglich. Und was ganz schlimm ist, daß diese Ausstellung ins Ausland gehen soll. Dann ist natürlich für jede Nation ein Freibrief da. Jeder kann sich bequem zurücklehnen und mit dem moralischen Zeigefinger auf die bösen Deutschen zeigen, die so anders waren als wir selber. Als Ungar muß ich sagen – ich glaube, daß ich dazu berechtigt bin, weil ich meine eigene Nation in diesem Fall zu untersuchen habe –, daß wir auch nicht besser waren als die Deutschen.“[119]

Seiner Beurteilung ist wenig hinzuzufügen, und von der gleichen Klarheit ist auch sein Ratschlag an die Aussteller, wie sie mit ihrem Werk in Zukunft verfahren sollten: „Ich würde den Ausstellern empfehlen, daß sie sich von der egoistischen Konzentration auf die Verbrechen ihrer Vätergeneration loslösen und sich dem Studium der neuesten wissenschaftlichen Literatur widmen, die ihre Thesen widerlegt. Als Beispiel sei hier nur der Sammelband ‚Die Wehrmacht, Mythos und Realität‘ von Rolf-Dieter Müller, Oldenburg 1998, erwähnt.“[120]

Rolf-Dieter Müller vom Militärgeschichtlichen Forschungsamt in Potsdam hatte im Frühjahr im *Spiegel* Sachkritik an der Ausstellung geübt. Seine Wertung trifft gesellschaftspolitisch voll ins Schwarze: „Der Eklat in München, als Peter Gauweiler 1997 gegen die Entscheidung des Stadtparlaments agitierte, die Ausstellung im Rathaus zu zeigen, weckte den antifaschistischen Grundreflex in dieser Gesellschaft; die Ausstellung wurde deshalb gegen jede Kritik immunisiert. Die Bundestagsdebatte im März 1997, übrigens eine Sternstunde des Parlaments, sprach die Ausstellung endgültig heilig. Jeder Kritiker riskierte danach, an den rechtsradikalen Rand gedrückt zu werden. Zudem verklagen die Ausstellungsmacher gern ihre Kritiker.“[121] Später fügt Ungváry hinzu: „Nach den mir bekannten Presseberichten versuchen sich die Aussteller damit herauszureden, daß ihre Fehler den Forschungsstand von 1995 widerspiegeln. Das ist Unfug. Wer von Uniformen und Geographie nur die leiseste Ahnung hat, konnte schon mehrere gravierende Irrtümer entdecken. Sicher werden sie auch versuchen, ihren Kritikern rechtsextreme Sympathien vorzuwerfen. Ich kann nur hoffen, daß die weitere Debatte zeigen wird, daß solche infamen Unterstellungen die Lage nicht mehr retten können. Die Ausstellung ist nur zu retten, wenn die Aussteller ihre Thesen grundsätzlich verändern. Wehrmacht und Hitler sind keine identischen Begriffe, wie die Ausstellung suggeriert. Man könnte eine Ausstellung über deutsche Kriegsverbrechen machen – in diesem Falle müßte man aber auch den Begriff der Schuld präzise definieren sowie nicht nur die Verbrechen, sondern auch ihre Hintergründe erklären. Und zuletzt muß die ganze Ausstellung in einen historischen Rahmen gesetzt werden. Das ist der Punkt, den ich beim Hamburger Institut für Sozialforschung am meisten vermisse."[122]

Ende Oktober 1999 scheint noch immer niemandem aus dem Sympathisantenkreis zu vollem Bewußtsein gelangt zu sein, daß sich die über Jahre weitgehend vergeblich vorgebrachte Kritik schlußendlich so sehr verdichtet, daß auch die Herren Sozialforscher aus der obersten Etage des Elfenbeinturms sie im Grunde nicht mehr unberücksichtigt lassen können. Heers und Reemtsmas grenzenlose Verbohrtheit und das gebetsmühlenartige Gebaren der bundesdeutschen Journalisten scheinen sich dabei gegenseitig zu begünstigen. Eine der Leitfiguren ist ohne Zweifel der Zeitgeschichtler Omer Bartov, der an der Rutgers University in New Jersey arbeitet und Mitglied eines Organisationskomitees ist, das 1999 die Ausstellung in New York sowie ein dazugehöriges Fachsymposium vorbereiten sollte.

Bartov stellt noch Ende Oktober 1999 in der *Welt* fest, er bleibe bei seiner Auffassung, daß die Vorwürfe von extrem geringer historischer Bedeutung seien: „Die Beweise sind absurd. Es wird so getan, als sei ein Meteor eingeschlagen. Viel aufschlußreicher ist die skandalöse Debatte selbst." Er prangert an, daß es in Deutschland eine starke Neigung zu geben scheine, nach Belegen zu suchen, die einzelne Wehrmachtsverbände in ein gutes Licht rücken könnten. „Es ist nicht schwer nachzuvollziehen, warum das Thema Wehrmachtsverbrechen so schmerzhaft ist. Das Eingeständnis bedeutet, daß 80 Prozent von den Abermillionen deutschen Soldaten an den Massentötungen im Osten beteiligt waren oder davon gewußt haben." So seine selbstgefällige Erklärung. Zur Untermauerung führt er unter anderem das fadenscheinige Argument ins Feld, daß die Wehrmacht die meisten Zwangsarbeiter rekrutiert habe.[123]

Omer Bartovs aggressive Verteidigung entbehrt nicht einer gewissen Kuriosität. Indem er die Debatte über die Hamburger Fotosammlung einen Skandal nennt, unterstellt er im Prinzip auch Reemtsma, Heer und deren Zuarbeitern eine eklatante Argumentationsweise. Nichtsdestoweniger hatte die Nachdenklichkeit der Ausstellungsmacher in den letzten Wochen, besonders zum Ende Oktober hin, erheblich zugenommen. Und eine knappe Woche nach Bartovs Artikel in der *Welt* führt die unermüdliche und immer lauter werdende Kritik schließlich doch zur Schließung der Hamburger Diffamierungsveranstaltung.

Vorläufiges Ende einer Desinformationsschau

Am 31. Oktober 1999 endet die Schau planmäßig in Osnabrück, und für den 4. November 1999 laden das Hamburger Institut für Sozialforschung und der Förderverein der Ausstellung überraschend zu einer Pressekonferenz ein. Hans-Jochen Vogel,

Winfried Vogel und Wolfram Wette vom Verein sowie der Ausstellungsleiter Hannes Heer und der Institutsvorstand Jan Philipp Reemtsma verkünden, „daß die Ausstellung ‚Vernichtungskrieg. Verbrechen der Wehrmacht 1941 bis 1944' für die Dauer von wenigstens drei Monaten nicht mehr gezeigt wird. Dieses Moratorium bedeutet, daß die Ausstellung nicht – wie angekündigt – am 10.11.1999 in Braunschweig eröffnet wird und auch nicht am 2.12.1999 in New York."[124] In der Zwischenzeit soll die Schau überarbeitet werden, wofür ein wissenschaftliches Gremium gebildet wird, das sich wie folgt zusammensetzt: Prof. Dr. Omer Bartov aus New Brunswick, Dr. Cornelia Brink und Prof. Dr. Manfred Messerschmidt aus Freiburg, Prof. Dr. Gerhard Hirschfeld aus Stuttgart, Prof. Dr. Friedrich Kahlenberg aus Koblenz, Prof. Dr. Reinhard Rürup aus Berlin sowie Prof. Dr. Hans-Ulrich Thamer aus Münster.[125]

Nach dem immer stärker gewordenen Druck der letzten Wochen und Monate ist diese Entscheidung nicht verwunderlich. Im Gegenteil war es höchste Zeit, daß die Konsequenz aus der Unsumme an wissenschaftlichen Unzulänglichkeiten, die die Macher über Jahre so steif und fest verteidigten, endlich gezogen wurde. Für viele der Befürworter, allen voran wiederum die Medien, ist dies indes noch lange kein Grund umzudenken. Der Historiker Wolfgang Benz, Leiter des Berliner Zentrums für Antisemitismusforschung, etwa bemüht sich zwar um ein differenzierteres Urteil, bei näherem Hinsehen unterstützt er die Grundaussage der Anti-Wehrmachtschau aber noch immer. Einen Tag nach Beginn des Moratoriums sagt er in der *Süddeutschen Zeitung*, die Ausstellung sei „an einigen Stellen über das Ziel hinausgeschossen", und das gäben auch die Initiatoren zu. Fälschungen gäbe es auch in anderen Veröffentlichungen (wie etwa in Eberhard Jäckels Hitler-Publikationen), das mache sie nicht wertlos. Die Ausstellung möchte er daher als „politisches Lernprogramm" verstanden wissen: „Wenn man sagt, wir begreifen [...] das als Lernprogramm und gehen damit auf die Straße, dann muß das Risiko steigen. Dann sind auch die Reaktionen viel emotionaler, viel stärker politisiert. Das halte ich für gut, legitim und richtig. Man soll über die Verbrechen der Wehrmacht streiten. Ich halte es aber für falsch, wenn man statt dessen über Details der Ausstellung streitet. Es besteht ja überhaupt gar kein Zweifel, daß auch die Wehrmacht Verbrechen begangen hat. Da ist das Geschrei: ‚Damit werden 20 Millionen Soldaten kriminalisiert' völlig falsch. Die Wehrmacht wird nicht zu einer verbrecherischen Organisation, wenn man zeigt, daß es Einheiten gab, die über den Rahmen des in der Kriegsordnung Erlaubten hinausgegangen sind." Auf die Frage, ob er den Besuch einer wiedereröffneten Ausstellung empfehlen würde, heißt es kategorisch: „Unbedingt."[126]

Diese Empfehlung kommt, nachdem Benz die Schau ausnehmend gewürdigt hat, nicht überraschend. Ein wenig eigentümlich berührt es indes, daß er sich als immerhin relativ prominenter Historiker nicht mit den Thesen der Aussteller auseinandergesetzt zu haben scheint. Denn zahlreiche Zitate belegen, daß es diesen sehr wohl um die Diffamierung und Kriminalisierung der Wehrmacht schlechthin bestellt ist.[127] Darüber hinaus beschäftigt sich Benz – wie die meisten Ausstellungssympathisanten – nur mit der auf wenige Bilder bezogenen Kritik Musials. Die weitergehenden Anmerkungen der übrigen Kritiker, insbesondere die Ungvárys, läßt er unberücksichtigt. Befremdlich, daß ein Historiker publizistische Wirkung anscheinend über historische Fakten setzt.

Mit seiner Haltung steht er beileibe nicht allein da. Auch sein Historikerkollege Prof. Karl Heinrich Pohl, der die Ausstellung an ihrer Station Kiel wissenschaftlich begleitet hatte, beschuldigt „konservative Kollegen", mit Kritik an den Mängeln die Gesamtaussage der Schau zu diskreditieren: „Es bleibt dabei: Die Wehrmacht als Institution hat einen Vernichtungsfeldzug geführt und mußte dazu nicht von Nationalsozialisten gezwungen werden."[128]

Der eine oder andere Beitrag hebt sich von der verlegen-zurückhaltenden Attitüde des Großteils der Medienmacher ab. So bekennt Heribert Prantl in der *Süddeutschen Zeitung* auch jetzt die Farbe, zu der er schon immer gestanden hat, indem er angestrengt ironisiert: „Jan Philipp Reemtsma, Hannes Heer und andere haben falsche Fotos als echt in Verkehr gebracht und dabei als Mitglieder einer Bande gehandelt, die sich zur fortgesetzten Begehung einer Fotofälschung verbunden hat. Die Angeklagten haben sich daher schuldig gemacht eines Verbrechens der Fotofälschung gemäß Paragraph 146 Strafgesetzbuch Absatz 2 und werden zu einer Freiheitsstrafe von zwei Jahren verurteilt – Abführen! Die Ausstellung wird entschädigungslos eingezogen! So hätten es interessierte Kreise gerne. Sie werden nun so tun, als hätten Reemtsma & Co. sich in letzter Sekunde durch eine Art strafbefreienden Rücktritts vor einem solchen Urteil eines öffentlichen Tribunals gerettet. Diese interessierten Kreise werden das am Donnerstag verkündete Moratorium für die Anti-Wehrmachtausstellung als Schuld- und Irrtumseingeständnis der Ausstellungsmacher werten. Manche werden so tun, als sei diese Ausstellung allein zu dem Zweck gemacht, eine im Kern ehrenwerte Armee zu besudeln, und als sei die vorübergehende Schließung der Ausstellung der Beleg dafür. Sie werden so tun, als sei die von den Veranstaltern angekündigte gründliche Überprüfung der Kritik an der Anti-Wehrmachtausstellung eine Rehabilitierung der Wehrmacht."[129]

Es ist kaum zu glauben, daß die Gegenkritik jetzt, nachdem die Aussteller die weiße Fahne gehißt haben, noch zu Steigerungen fähig ist. Heribert Prantls Radikalargumentation richtet sich nicht nur gegen die unmittelbar von den Thesen der Ausstellung betroffenen alten Soldaten, die sich gegen die pauschale Diffamierung wehren, jetzt stehen sogar „interessierte Kreise" dahinter, eine Art Mafia also. Prantl nennt sogar deren Vertreter: Horst Möller und Bogdan Musial. Diese erwiesen sich „als Selbstdarsteller, als Kritiker um der Karriere willen. Sie pauschalierten, um groß herauszukommen". Möller wirft er vor, von einem „Einhämmerungseffekt" gesprochen zu haben, Musial habe sich „dazu verstiegen", endlich unbefangen über diesen Abschnitt der Geschichte diskutieren zu wollen. Mit dieser Einschätzung rückt Prantl also keinen Deut ab von dem, was Cathrin Kahlweit noch wenige Tage zuvor, vor Bekanntwerden des Moratoriums, in demselben Blatt verkündet hatte.[130]

Sogar die Hauptverantwortlichen, Heer und Reemtsma, äußern sich über die Pressekonferenz hinaus noch einmal zu den Vorwürfen. Am 8. November räumt der Leiter der Ausstellung gegenüber dem *Spiegel* ein, man hätte gegenüber Kritik offener sein und mit dem Material sorgfältiger umgehen müssen.[131] Der Finanzier der Schau wiederum zeigt sich bereits zwei Tage nach Inkrafttreten des Moratoriums in einem Interview mit der *Frankfurter Allgemeinen Zeitung* bereit, nunmehr auf die Kritik Bogdan Musials einzugehen. Reemtsma bedauert das anfänglich rigide Vorgehen seines Hauses gegen den polnischen Historiker, hat aber auch gleich eine Erklärung zur Hand: Die Kritik an der Ausstellung und ihren Machern sei derart übel gewesen, daß sie allesamt eine Art „Wagenburgmentalität" entwickelt hätten. Reemtsma bedauert auch dies, beteuert, es habe keine Kampagne gegen Musial gegeben, und verspricht, er werde alles in Ordnung bringen. Allerdings kann er es sich nicht verkneifen, „regelmäßige kritische bis polemische Kommentare" zu monieren, wobei er freilich übergeht, daß es gerade die *FAZ* war, die stets sehr differenzierte und streitbare Beiträge zum Thema Wehrmachtausstellung brachte.

DEUTSCHLAND

WEHRMACHTSAUSSTELLUNG

Demontage der Dilettanten

Flasko für die angeblichen Volksaufklärer Reemtsma und Heer: Die Bilderschau wird wegen schwerer Fehler gestoppt

Aus dem Glaubensbekenntnis eines Hochstaplers: Nur *der* Betrug habe Aussicht auf „Erfolg und lebendige Wirkung in den Menschen", der eine „nicht völlig in die Wirklichkeit eingetretene Wahrheit" so mit angeblichen Fakten ausstaffiere, dass diese „von der Welt anerkannt und gewürdigt" werde. Mit diesem Credo rechtfertigte der Briefträger Gert Postel seine legendären Umtriebe als „Amtsarzt Dr. Dr. Bartholdy".

Auf Postels frivole Weisheit könnten sich auch die gebeutelten Veranstalter der Wehrmachtsausstellung berufen. Man habe doch, beteuern sie, nur der historischen Wahrheit, dass deutsche Soldaten für Kriegsverbrechen mitverantwortlich seien, auf die Sprünge geholfen. Bei den angeblichen Fakten, den Fotos und Dokumenten der Schau, habe es zwar hie und da gehapert – aber Betrug sei das nun wirklich nicht. Jan Philipp Reemtsma, Chef des Hamburger Instituts für Sozialforschung und Finanzier der Wehrmachtsausstellung: „Ich wehre mich entschieden ▶

...nkenheil („Stuttgarter Zeitung") und der inzwischen ...akteur Otto Merk (r.) in der Ausstellung. Merk, ...uftwaffe, erkannte Fehler in den Bildlegenden

GROSSEREIGNIS

Die Wehrmachtsausstellung war über vier Jahre Topthema in Deutschland.

- In **32 Städten** gastierte die Schau seit 1995.
- Nahezu **900 000** Besucher sahen die umstrittene Bildersammlung.

BANKROTT ERKLÄRT
Jan Philipp Reemtsma entschied, die Wehrmachtsausstellung zu stoppen. Endlich sollen Bilder und Texte geprüft werden

FEHLER GESTANDEN
Ausstellungsleiter Hannes Heer übernahm Bilder aus Archiven, ohne die Bildzeilen ernsthaft zu überprüfen

20 21

Aus: *Focus* 45/1999

Maßgeblich durch die Initiative ausländischer Historiker wurde die Anti-Wehrmachtausstellung des Hamburger Instituts für Sozialforschung als unseriöse Veranstaltung entlarvt. Hunderttausende hatte sie in ganz Deutschland und darüber hinaus in den Bann ihrer Exponate gezogen, und alle hatten sie auf deren Wahrheitsgehalt vertraut. Doch auch wenn die Medien trotz der Kritik noch lange beharrlich Front für die umstrittene Bilderschau machen – der öffentliche Druck wird schließlich so groß, daß sich der Institutsleiter Jan Philipp Reemtsma gezwungen sieht, seine Kampagne zu stoppen, um die gröbsten Fehler zu überarbeiten. Immerhin konnte nicht mehr länger verheimlicht werden, daß unter der Oberaufsicht des Ausstellungsleiters Hannes Heer Archivmaterial übernommen worden war, ohne die – zum Teil von den Sowjets propagandistisch aufpolierten – Bildbeschriftungen wirklich zu überprüfen. Nun, nachdem die Macher vorerst das Handtuch geworfen haben, schwenken auch die Medien auf den neuen Kurs ein und helfen mit, das Geflecht aus Irreführungen mit voller Breitseite zu entwirren. Das Nachrichtenmagazin Focus *hatte zu den wenigen Medien gehört, die immer wieder Kritik an der Ausstellung geäußert hatten. In seiner Ausgabe 45/1999 faßt es das gesamte Ausmaß der Misere prägnant zusammen: „Heer und Reemtsma, zwei unerschrockene Heroen der Volksaufklärung, sind entzaubert als Schlamper und Stümper."*

Im Gegensatz zur Kritik Musials zeigt sich Jan Philipp Reemtsma bezogen auf die Krisztián Ungvárys indes uneinsichtig – wohl weil sie grundsätzlicher ist als Musials auf Einzelheiten begrenzte Einwände. Er unterstellt dem Ungarn sogar, er halte ein Wehrmachtsverbrechen nur dann für belegt, wenn es ein Foto dafür gebe. Derlei hat Ungváry aber nie geäußert, daran ändert auch Reemtsmas zivilisiertere Rhetorik nichts. Reemtsma möchte auch weiterhin alle Aktionen als Wehrmachtsverbrechen verstanden wissen, die selbst im weitesten Sinne mit logistischer Unterstützung der Wehrmacht möglich waren oder die von Hilfstruppen durchgeführt wurden. Dies mag bis zu einem gewissen Grad eine Definitionsfrage sein. Daß Reemtsma aber für sich in Anspruch nimmt, seine heutige Auffassung von Straf- und Völkerrecht rechtfertige automatisch seine historische Sichtweise, ist ein selbstgeschaffenes Axiom, das jeglicher wissenschaftlicher Grundlage entbehrt.

Im übrigen will er seine Ausstellung deshalb für drei Monate schließen, weil es einen Vertrauensverlust gegeben habe – die Grundthesen seien von der Kritik nicht getroffen. Dementsprechend weist er nahezu jeden Einwand zurück und meint sogar allen Ernstes, die Ausstellung habe nie eine Legende zerstören wollen.[132] Genau dies aber hatte Hannes Heer – wie bereits an anderer Stelle zitiert – explizit in der Einleitung zum Katalog postuliert: „1945, kaum daß Nazi-Deutschland besiegt war, begannen die ehemaligen Generäle mit der Fabrikation einer Legende – der Legende von der ‚sauberen Wehrmacht' […] 1995, fünfzig Jahre später, ist es an der Zeit, sich von dieser Lüge endgültig zu verabschieden und die Realität eines großen Verbrechens zu akzeptieren […] Die Ausstellung will genau diesen Beweis führen."[133] Genau das bestätigt Reemtsma am Ende seiner widersprüchlichen Stellungnahme, wenn er darauf beharrt, die Grausamkeiten des Krieges an der Ostfront seien keine Abfolge von Eskalationen gewesen, sondern Teil einer Planung.[134] Damit bleibt er also in der Tat bei der in der Anti-Wehrmachtschau verbreiteten Grundaussage seines Hamburger Instituts für Sozialforschung: Der deutsche Soldat sei als Verbrecher an der Ostfront eingeplant gewesen und habe dieser Planung entsprechend auch funktioniert.

Daß die Kritik nicht schon viel früher zur Schließung der Ausstellung geführt hat, lasten die Printmedien zu einem nicht unerheblichen Teil und auf unglaublich schamlose Weise den Kritikern selbst an: In zahlreichen Beiträgen wird angemerkt, daß sich bis zu dem durch Musials und Ungvárys Stellungnahmen herbeigeführten Eklat kaum ein deutscher Historiker von Rang deutlich genug gegen die Ausstellung ausgesprochen habe. Höchstens Eberhard Jäckel und Lothar Gall werden als Ausnahmen genannt. In den Reihen der so erneut diffamierten Ausstellungskritiker macht sich grimmiger Zorn breit. Selbstverständlich hatten seit Jahren auch deutsche Kritiker, unter ihnen Dieter Schmidt-Neuhaus und Wolf Stoecker, zahlreiche wissenschaftliche Unzulänglichkeiten der Schau aufgedeckt und in diesem Zusammenhang vor der suggestiven Wirkung der Bilder in Kombination mit den emotionalisierenden Texten gewarnt, jedoch kaum Gehör gefunden. Im Gegenteil mußten sie sich häufig harsche Kommentare gefallen lassen, weil sie sich dem Trend der veröffentlichten Meinung widersetzten. Und nun sollen sie, denen von seiten der Medien das Wasser abgegraben wurde, plötzlich selbst schuld daran sein, daß ihre Mühlen nicht laut genug klapperten?

Nichtsdestoweniger ist mit dem Moratorium endlich ein Teilsieg errungen, daran ändert kein Herumdeuteln zugunsten der Verlierer etwas. Der Historiker Jörg Friedrich ist einer der Ausstellungsgegner, die sich vor dem 4. November 1999 weitgehend vergeblich um die Möglichkeit zu einem öffentlichen Votum bemüht hatten. Um so entschiedener prangert er in der *Welt* nun rückblickend an, daß Zigtausenden Vertretern der Nachkriegsgenerationen das Bild einer Schlächterhorde geboten wurde, die den Krieg inszeniert habe, um niedere Instinkte auszuleben. Die speziellen Bild-Text-Arrangements assoziierten pure Mordlust der ehemaligen deutschen Wehrmacht, die von einem unbeleckten und weitgehend unkritischen Publikum für bare Münze genommen werde. Und aus demselben Grund hätte das gleiche Publikum dagegengesetzte Bilder blumenstreuender Litauer, die die deutsche Armee als Befreier empfangen, dankbarer Ukrainer, denen die Besatzer Kirchen öffneten, Sportfeste organisierten und Kanalisationsanlagen bauten, allenfalls als Goebbels'sche Propaganda eingestuft.

Jörg Friedrich konstatiert, daß mit absichtsvoll ausgewählten und zugeordneten Bildern so gut wie jede Behauptung plausibel gemacht werden könne. Die Aufgabe der Wissenschaft sei es jedoch, Signifikantes wiederzugeben, und hieran mangelte es der von Jan Philipp Reemtsma initiierten Schau, woraus Friedrich schließt: „Das heißt, es geht Anbietern und Nachfragern der Anti-Wehrmachtausstellung weder um historische Kenntnisse noch um ein abgewogenes Rechtsurteil. Vom Kriegsrecht verlautbart die Schau über Kriegsverbrecher sowieso keinen Satz. Das gesunde Volksempfinden findet sich auch ohne zurecht. Die Ausstellung widerspiegelt nämlich eine Einstellung, und die steckt tiefer." Nach dem Hinweis auf frühere, nicht sonderlich erfolgreiche Ausstellungen heißt es weiter: „Zwischen 1995 und 1999 erst kam die Massennachfrage auf nach den Hamburger Horrorclips. Sie brachten nichts Neues, erneuerten aber einen alten Argwohn. Der Rekordbesuch, die Pressehymnen, die Hofknickse der Wissenschaft fügten sich zu einer Sakralaura zusammen, die ohne Beispiel ist. Was immer hier einer macht, wird sonst von irgendwem madig gemacht. Allein die Wehrmachtsausstellung schritt unangefochten, als Tabernakel der Vergangenheitsbewältigung, durch die Städte. Die armseligen Krawalle der Glatzen gehörten, als SA-Aktivitäten vom Dienst, zum Event. Nun sind über Nacht bisherige Herolde der Ausstellung zu ihrer Reparatur herangezogen worden. Wer aber repariert die Einstellung dahinter, die der wahre Schaden ist?"[135]

Die befangene Überprüfungskommission

Nach der schnellen Bekanntgabe der Namen derjenigen Historiker, die die Ausstellung auf Herz und Nieren prüfen sollen, ist im Grunde davon auszugehen, daß Hannes Heer deren Auswahl mit beeinflußt hat – und zwar nach Auswahlkriterien, die sicherstellen, daß ihm und der Ausstellung kein nennenswerter Schaden zugefügt wird. Daß sich die Zusammensetzung des Historikergremiums auch nicht mehr ändert, unterstreicht diese These; es kommt lediglich im Januar 2000 ein weiteres Mitglied hinzu.

Der Münchner Publizist Meinrad von Ow hat sich der Mühe unterzogen, unter der rhetorisierenden Fragestellung „Können acht Gutachter ihr [der Ausstellung] Glaubwürdigkeit verleihen?" zu analysieren, inwieweit die Mitglieder des Überarbeitungsgremiums für ihre verantwortungsvolle Aufgabe geeignet sind. Mit anderen Worten: Sind diese unabhängig genug, um ein objektives Urteil fällen zu können, der Schau des Reemtsma-Instituts aus ihrem wissenschaftlichen Abseits herauszuverhelfen und sie auf eine Basis des wissenschaftlich Diskutierbaren zu stellen? Meinrad von Ow widmet sich der Beantwortung dieser Fragen mit der nötigen Distanz: Er beleuchtet das jeweilige bisherige Tätigkeitsfeld der einzelnen Gutachter und läßt deren zeithistorische Arbeiten für sich sprechen.

Die Gutachter sind in alphabetischer Reihenfolge:

Omer Bartov, 1954 in Israel geboren und aufgewachsen, war Offizier der israelischen Armee und studierte anschließend in Tel Aviv und Oxford Geschichte mit dem Schwerpunkt Militärgeschichte. Er promovierte mit der Arbeit *The Barbarisation of Warfare. German Officers and Soldiers in Combat on the Eastern Front 1941–1945* und nahm eine Lehrtätigkeit in Princeton und Harvard auf. Er war Humboldt-Stipendiat am Militärgeschichtlichen Forschungsamt in Freiburg unter der Betreuung des dortigen Leiters, Prof. Manfred Messerschmidt, dessen Studie *Die Wehrmacht und der NS-Staat* Bartov zufolge wegweisend für die eigene Arbeit wurde. Heute lehrt er an der Rutgers University in New Jersey. 1995 erschien unter dem Titel *Hitlers Wehrmacht. Soldaten, Fanatismus und die Brutalisierung des Krieges* die deutsche Übersetzung seines 1992 in London erschienenen Buches.[136]

Das Vorwort macht bereits deutlich, mit welcher Einstellung der Wehrmachtsexperte aus den USA das Thema zu bearbeiten gedenkt: „Die Truppe wurde auf der einen Seite dazu angestachelt, mit außerordentlichem Einsatz zu kämpfen, auf der anderen beispiellose Verbrechen zu begehen […] Solange viele verbrecherische Maßnahmen des Heeres von oben angeordnet wurden, kamen Soldaten ungestraft davon, wenn sie trotz ausdrücklichen Verbots plünderten und wahllose Erschießungen durchführten […] Der Zusammenhalt der Truppe beruhte auf einer Pervertierung der moralischen und rechtlichen Grundlagen des Kriegsrechts."[137] Eine andere Anmerkung Bartovs zur Disziplin der Truppe lautet: „Es war leichter, die Brutalität der Offiziere zu ertragen, wenn man andere brutal behandeln durfte."[138] Daraus folgt für ihn, der Krieg im Osten habe „dem Landser zahllose Gelegenheiten [geboten], mit oder ohne Erlaubnis zu morden und zu zerstören, zu rauben und zu plündern, zu vergewaltigen und zu foltern, Vergehen, für die er selten bestraft und nicht selten von seinen Vorgesetzten gelobt wurde."[139] Im Gegensatz zu dieser maßlosen pauschalen Diffamierung der Wehrmacht steht Bartovs Beurteilung der Sowjets: „Selbst die Rote Armee hielt ihre Männer nach dem Einmarsch in Deutschland besser im Zaum, als es die Wehrmacht in Rußland tat."[140]

Wo die Tendenz für eine Beurteilung der zu überarbeitenden Anti-Wehrmachtausstellung hingeht, scheint allein anhand dieser Zitate glasklar. Seine radikale Verteidigungshaltung kam ja auch zum Ausdruck, als er in der *Welt* die Debatte um die Schau als „skandalös" und die Beweise der Kritiker als „absurd" bezeichnet hatte.[141] Über diese ideelle Abhängigkeit hinaus ist zudem eine persönliche erkennbar, und zwar daran, daß Bartov bereits in der Phase der Ausstellungsvorbereitung enge Kontakte zu Jan Philipp Reemtsmas Hamburger Institut für Sozialforschung pflegte. 1994 etwa veröffentlichte er in dessen Zeitschrift *Mittelweg 36* einen Beitrag unter dem Titel „Wem gehört die Geschichte? Wehrmacht und Geschichtswissenschaft" – in eben jenem Tenor, der auch seine Bücher auszeichnet. Zudem hielt er später an den Ausstellungsorten Stuttgart, Dresden und Salzburg Vorträge über „Hitlers Armee" und war – wie bereits an anderer Stelle erwähnt – Mitglied des Organisationskomitees, das die US-amerikanische Fassung der Reemtsma-Heer-Schau vorbereiten sollte. In dieser Funktion arbeitete er bereits in der ersten Jahreshälfte 1999 am Begleitbuch und dem Katalog – der noch vor dem Moratorium gedruckt und auch ausgeliefert wurde. In der New Yorker Zeitung emigrierter deutschsprachiger Juden *Der Aufbau* schließlich schrieb er am 9. Juli 1999, die millionenfach im Osten verübten Mordtaten seien „die Regel und der Alltag" gewesen,

„Millionen von Soldaten waren an Millionen von Morden beteiligt", von Soldaten aufgenommene Bilder zeigten Soldaten, „die fasziniert von Mordtaten sind", bei denen er „Genuß am Töten" zu erkennen glaubt.[142]

Cornelia Brink hat 1998 in der Schriftenreihe des Fritz-Bauer-Instituts, Studien- und Dokumentationszentrum zur Geschichte und Wirkung des Holocaust, ihre Promotionsarbeit unter dem Titel *Ikonen der Vernichtung. Öffentlicher Gebrauch von Fotografien aus nationalsozialistischen Konzentrationslagern nach 1945* veröffentlicht. Meinrad von Ow wertet diese Dissertation als „ganz wesentlichen Beitrag zur Rezeption zeitgeschichtlicher Dokumente in Deutschland" und fügt an, daß Jan Philipp Reemtsma gut daran getan hätte, die Analyse zur Vorbereitung seiner Ausstellung zu lesen. Daraus schließt von Ow: „Wenn Frau Brink den Maßstab, den sie in ihrem Buch fordert, auch bei der Überprüfung der Ausstellung anlegt, werden die Aussteller so manche liebgewonnene ‚Ikone' entfernen müssen, die inzwischen als Beleg für (die!) ‚Verbrechen der Wehrmacht' gilt."[143] Ob sich diese Hoffnung erfüllen wird, erscheint allerdings fraglich. Zum einen ist Cornelia Brinks Promotion von Reinhard Rürup betreut worden, auf den hier ebenfalls noch näher einzugehen sein wird. Nicht zuletzt läßt auch ihre Mitgliedschaft im wissenschaftlichen Beirat des Vereins zur Förderung der Ausstellung noch vor der Gründung des Gremiums Rückschlüsse über ihre Befangenheit zu.

Gerhard Hirschfeld, geboren 1946, studierte Geschichte, Politikwissenschaft und Germanistik. 1980 promovierte er in Düsseldorf mit dem Thema *Fremdherrschaft und Kollaboration. Die Niederlande unter deutscher Besatzung 1940–1945*; die Dissertation erschien 1984 als Buch. Hirschfeld war von 1974 bis 1976 Dozent für deutsche Literatur in Dublin und von 1978 bis 1989 wissenschaftlicher Mitarbeiter am Deutschen Historischen Institut in London. Seit 1989 leitet er die Bibliothek für Zeitgeschichte in Stuttgart. Hirschfeld betätigt sich auch als Publizist: 1981 veröffentlichte er *Der Führerstaat*, 1983 *Exil in Großbritannien*, und 1991 erschien sein Buch *Kollaboration in Frankreich*. 1995 gab er zusammen mit seiner Mitarbeiterin Irina Renz *Besiegt und befreit. Stimmen zum Kriegsende 1945* heraus, eine Sammlung von Aussagen aus dem Jahre 1945 zu Krieg und Kriegsende, „die dem Leser ein völlig eindimensionales Geschichtsbild vermittelt". Hirschfeld vertritt darin unter anderem die Auffassung, daß das brutale Vorgehen der Roten Armee sowie die westalliierte Bombardierung deutscher Städte wie Berlin, Dresden und Würzburg lediglich die Folge der brutalen Kriegführung der deutschen Wehrmacht im Osten gewesen sei, und kritisiert die fehlende Einsicht jener Deutschen, die dieser These nicht zustimmen. Daß der britische Premierminister Winston Churchill selbst ausdrücklich betont hatte, die Zerstörungen seien nicht als Repressalie gedacht, sondern Mittel einer konsequenten Kriegführung ohne Bezug zu deutschen Maßnahmen, scheint ihn nicht zu interessieren. Im übrigen widerspricht er hier sogar Manfred Messerschmidt, der die Luftangriffe auf die deutsche Zivilbevölkerung als eindeutig völkerrechtswidrig bezeichnet.

Im Januar 2000 schaltet sich Hirschfeld in die Auseinandersetzung zwischen den Grünen und dem württembergischen CDU-Landtagsabgeordneten Arnold Tölg ein. Letzterer hatte in einem Interview die Ansicht vertreten, die Oststaaten seien durch die deutschen Gebietsverluste im Osten, Reparationen, Zwangsarbeit und Milliardenzahlungen vollauf entschädigt worden. Hirschfeld besteht am 24. Januar 2000 in den *Stuttgarter Nachrichten* darauf, die Sklavenarbeit deutscher Kriegsgefangener in der Sowjetunion sei völkerrechtlich korrekt gewesen. Tölgs Aussage prangert er als „unausgegorene Melange auf gehobenem Stammtischniveau" an.[144]

Auch hier scheint Hirschfeld wesentliche Fakten zu ignorieren: etwa die in vielen Fällen übermäßig lang andauernde Gefangenschaft, die Urteile, die Kriegsgefangene willkürlich zu Kriegsverbrechern stempelten, sowie die Tatsache, daß sich unter den deutschen Zwangsarbeitern in Rußland zahlreiche wahllos verschleppte Frauen und Kinder aus den deutschen Ostgebieten befanden. Zudem darf nicht vergessen werden, daß selbst die von der russischen Justiz heute vorgenommenen Rehabilitationsverfahren im Grunde das Gegenteil aussagen.

Wie seine Kollegin Cornelia Brink ist auch Gerhard Hirschfeld bereits vor der Gründung der Kommission Mitglied im wissenschaftlichen Beirat des Vereins zur Förderung der Ausstellung gewesen, und die hieraus resultierende Befangenheit ist nirgends offengelegt worden.

Friedrich Kahlenberg, 1935 in Mainz geboren, studierte Geschichte, Literaturwissenschaft und evangelische Theologie. 1963 promovierte er über die kurmainzische Militärpolitik im 17. und 18. Jahrhundert, 1970 folgte die Habilitation. Seine Laufbahn begann er 1964 beim Bundesarchiv in Koblenz, dessen Präsident er 1989 wurde. Kahlenberg, seit 1999 im Ruhestand, ist Mitglied des Beirats des Fritz-Bauer-Instituts. Er hat zahlreiche Veröffentlichungen über das Archivwesen und zur Landesgeschichte vorgelegt.

Am 13. April 1997 hält Kahlenberg, später Mitglied des Vereins zur Förderung der Ausstellung, die Eröffnungsrede für die Ausstellung in der Frankfurter Paulskirche. Vor dem Hintergrund der Öffentlichkeitswirksamkeit, die alle Erwartungen übertroffen hätte, legt er den Besuchern nahe, sich von der Intensität der fotografischen Quellen selbst zu überzeugen, auch wenn die Konfrontation mit dem authentischen Material schmerzhaft sei. Dabei nimmt er die Kritiker ins Visier, für die dieser Erkenntnisprozeß um so schmerzhafter sei, je intensiver und unausweichlicher sich ihnen die Echtheit der gezeigten Aufnahmen offenbare. Kahlenberg weist jeden Zweifel an der Authentizität der Bildquellen aus dem Bundesarchiv als unbegründet zurück. Dasselbe gelte für die Aufnahmen aus den Archiven in Dserschinsk, Minsk und Kiew. Er räumt zwar ein, daß manche Information zu den Aufnahmen fehle, stellt aber gleichzeitig in Frage, ob diese für die Ausstellung unabdingbar seien.

Später ändert sich seine Haltung. Zur Ausstellungseröffnung in Koblenz am 12. Juli 1998 sowie 1999 in Zeitungsinterviews äußert er sich kritischer als in Frankfurt. Laut *Focus* vom 7. Juni 1999 etwa erwartet er nunmehr, daß nach Übernahme der Trägerschaft durch den Förderverein „die eine oder andere Sache verbessert und ergänzt wird. Es bedarf einer Nachbearbeitung, Präzisierung und genauer Quellenangaben, um die Aussage der Ausstellung als solche glaubwürdig zu machen." Wobei er sich aber als reiner Pragmatiker outet: Die entsprechenden Maßnahmen sind lediglich dazu gedacht, einen Teil der Kritik abzufangen. Am 4. Juli 1999 bestätigt er das in gewisser Weise in einem Interview mit der Zeitung *Super Sonntag*, in dem er die meisten Fälschungsvorwürfe als unberechtigt einstuft. Nur in Einzelfällen gäbe es pauschale Beschriftungen. Zu einer „Ruhepause" rät er, damit solche kleinen Korrekturen vorgenommen werden können.[145]

Manfred Messerschmidt, geboren 1926, wurde noch 1943 als gerade 17jähriger zu den Pionieren eingezogen. Nach dem Krieg studierte er Rechtswissenschaften und Geschichte. 1954 promovierte er mit der Arbeit *Die Wandlungen des Deutschlandbildes in der englischen Geschichte*. Seit 1962 war er Mitarbeiter des Freiburger Militärgeschichtlichen Forschungsamtes des Bundesministeriums für Verteidigung, von 1970 bis 1988 dort Leitender Historiker im Bereich II (Zweiter Weltkrieg). Dort scharte er mit der „Freiburger Schule" einen Kreis politisch gleichgesinnter Mitarbeiter um sich, zu dem unter anderen die Ausstellungssympathisanten Gerd Ueberschär, Wilhelm Deist und Jürgen Förster sowie Wolfram Wette gehörten.

1996 schreibt Wette im Vorwort zu Messerschmidts Buch *Was damals Recht war*, es sei bei dessen Einstellung folgerichtig gewesen, daß er sich der Rehabilitierung deutscher Deserteure gewidmet habe. Messerschmidt selbst sagt hierzu: „Die unterschiedlichen Standpunkte in der Deserteur-Diskussion hängen mit der Einstellung zur Geschichte des Dritten Reiches zusammen."[146] Womit er eine grobe ideologisierende Simplifizierung vornimmt.

Messerschmidt, der noch vor der Gründung der Gutachterkommission dem wissenschaftlichen Beirat des Vereins zur Förderung der Ausstellung angehörte, hat die Schau bis zu ihrer vorerst letzten Station Osnabrück auf zahlreichen Eröffnungsveranstaltungen und Podiumsdiskussionen stets überaus wohlwollend begleitet. In dem Begleitbuch zur Ausstellung finden sich zwei Beiträge aus seiner Feder. Der Band wird von seinem Schüler Wette uneingeschränkt in den Himmel gehoben: „In der Summe läßt sich feststellen, daß die Geschichte der deutschen Wehrmacht im Zweiten Weltkrieg niemals zuvor kenntnis- und facettenreicher beschrieben worden ist als in diesem Sammelwerk. Das Hamburger Institut für Sozialforschung hat damit einmal mehr unter Beweis gestellt, was eine unabhängige wissenschaftliche Institution in einer vergleichsweise kurzen Anlaufzeit zu leisten vermag. Es ist in der Öffentlichkeit nicht verborgen geblieben, daß das militärisch geführte Militärgeschichtliche Forschungsamt auch 1995 weder willens noch in der Lage war, seinerseits eine Bilanz der Wehrmachtgeschichte in der NS-Zeit vorzulegen. Der von Hannes Heer und Klaus Naumann herausgegebene Band muß [...] als das konkurrenzlos dastehende Werk gewürdigt werden, das den Forschungsstand repräsentiert, wie er sich fünfzig Jahre nach Kriegsende zu diesem bedeutenden historischen Thema darstellt."[147] Meinrad von Ow kommentiert diese kenntnisfreie Voreingenommenheit: „Jedem ernsthaften Historiker müssen bei dieser Aussage die Haare zu Berge stehen!"[148]

Reinhard Rürup, geboren 1934, promovierte 1962 in Göttingen und habilitierte sich 1970 an der Freien Universität Berlin, wo er bis 1975 tätig war. Von diesem Zeitpunkt bis zu seiner Emeritierung lehrte er neuere Geschichte an der Technischen Universität Berlin. Zudem war er Gastprofessor an verschiedenen Universitäten in den USA sowie an der Hebräischen Universität in Jerusalem. Rürup ist Mitglied des Fritz-Bauer-Instituts. In seinen Publikationen widmet er sich vor allem den Revolutionen des 18. und 19. Jahrhunderts und den Soldaten- und Arbeiterräten im 20. Jahrhundert, zudem der Geschichte des Judentums und des Nationalsozialismus sowie des Krieges gegen die Sowjetunion.

Auch in ihnen finden sich hinsichtlich Bilddokumentation in mindestens zwei Fällen ein fehlender Zusammenhang bzw. falsche Beschriftung: so in dem von ihm als wissenschaftlichem Direktor der Stiftung „Topographie des Terrors" herausgegebenen gleichnamigen Buch. Im Kapitel „Verfolgung, Vernichtung, Widerstand" über das Schicksal deutscher Juden und Zigeuner etwa wird ohne Bezug zum Text das aus der Anti-Wehrmachtausstellung mit dem Text „Erschießung jugoslawischer Geiseln in Pančevo bei Belgrad 1942" bekannte Foto abgebildet, das in Wirklichkeit die Erschießung serbischer Partisanen nach einem Standgerichtsverfahren zeigt.[149]

1989 war Rürup Leiter der Berliner Ausstellung „Der Krieg gegen die Sowjetunion 1941–1945. Eine Dokumentation zum 50. Jahrestag des Überfalls auf die Sowjetunion" und der Herausgeber des Begleitbuches. Folgt man der Aussage der Bilder und Texte, führte in Deutschland ab dem Jahre 1848 ein direkter Weg rußlandfeindlicher, antisowjetischer und antisemitischer Vorurteile zum Angriffskrieg gegen die Sowjetunion. Auch hier gibt es ein Bild mit falscher Betextung. Unter dem Foto Nr. 27, das eine Polizeieinheit bei einer Exekution zeigt, steht: „Erschießung polnischer Zivilisten durch ein Wehrmachtskommando".

Christian Streit, Mitte Januar 2000 „auf Bitte der bisherigen Mitglieder" dem Überprüfungsgremium beigetreten, wurde im Jahr 1942 geboren. Er studierte Geschichte und Anglistik in Heidelberg sowie am Dartmouth College in den USA und ist seit 1975 in Mannheim im Schuldienst tätig. 1977 promovierte er in Heidelberg mit dem Thema *Die sowjetischen Kriegsgefangenen als Opfer des nationalsozialistischen Vernichtungskrieges 1941–1945*. Als Buch erschien die Dissertation ein Jahr später unter dem Titel *Keine Kameraden. Die Wehrmacht und die sowjetischen Kriegsgefangenen 1941–1945*.

Meinrad von Ow merkt zu dem Titel an, daß es einer gewissen Logik entbehre, für Angehörige einer nicht nur theoretisch gegnerischen Armee den Begriff „Kamerad" zu reklamieren. „Soldaten, mit denen man auf Leben und Tod im Kampf steht", seien keine Kameraden, was aber sicherlich nicht ausschließe, daß man einem „tapfer und anständig kämpfenden Gegner seine Anerkennung" zolle. Nach Meinrad von Ow sind Streits Daten und Thesen über Anzahl, Verfassung und das weitere Schicksal sowjetischer Kriegsgefangener außerordentlich umstritten und anhand verschiedener anderer Quellen wie etwa der Zentralen Erfassungsstelle Ludwigsburg in Zweifel zu ziehen. In der Beurteilung der Rolle der Wehrmacht bei der Behandlung von Kriegsgefangenen berufe er sich auf Bartov. Er weise im übrigen ihm widersprechende Thesen nicht durch unstreitig nachvollziehbare Argumentation zurück, sondern versuche sie durch diffamierende Semantik zu desavouieren.[150]

Durch einen Beitrag im Begleitbuch und durch zahlreiche Vorträge an verschiedenen Stationen der Wanderschau zeigt Streit eine nicht zu übersehende Affinität zu der Anti-Wehrmachtausstellung – die sich allerdings sowieso bereits in der Tatsache seiner Mitgliedschaft im wissenschaftlichen Beirat des Vereins zur Förderung der Ausstellung noch vor der Gründung der Kommission widerspiegelt. Selbst nach der vorläufigen Schließung der Wanderschau macht er sich noch in anmerkenswerter Weise für sie stark. In der *Frankfurter Rundschau* vom 17. Dezember 1999 räumt er zwar gravierende Fehler ein, bemängelt aber, daß „die konservativen Kritiker der Ausstellung, die vorher kaum konkrete sachliche Einwände formulieren konnten, nun die Chance sehen, das ramponierte Bild der Wehrmacht zu restaurieren". Anschließend urteilt er: „Noch schlimmer ist freilich, daß die Thesen von Musial und Ungváry allenthalben als gesicherte Erkenntnis angesehen werden." Zudem beklagt er, daß beide Wissenschaftler fast uneingeschränkt die Möglichkeit hätten, die öffentliche Meinung zu prägen, da Reemtsma den Ausstellungsautoren und den zukünftigen Gutachtern Stillschweigen auferlegt habe. Er unterstellt Musial und Ungváry Klitterung, Fehleinschätzungen, Irrtümer und Überheblichkeit.[151] Ein Urteil, das vor dem Hintergrund der Zugeständnisse des Ausstellungsleiters Heer in bezug auf die beiden ausländischen Experten voll auf Streit selbst zurückfällt.

Hans-Ulrich Thamer, geboren 1943, studierte Geschichte. Er promovierte 1971 und habilitierte sich 1980 in Erlangen. Seit 1983 hat er einen Lehrstuhl für neuere und neueste Geschichte an der Universität in Münster inne. In zahlreichen Aufsätzen beschäftigt er sich mit der Geschichte des Nationalsozialismus und des europäischen Faschismus, setzt aber keinen Schwerpunkt in den Themenbereichen Wehrmacht und Krieg gegen die Sowjetunion. Das gilt insbesondere für seine bekannteste Veröffentlichung *Verführung und Gewalt in Deutschland 1933–1945*, in der einige durchaus differenzierte Aussagen zur Rolle der Wehrmacht im Zweiten Weltkrieg zu finden sind.[152]

Zur Anti-Wehrmachtausstellung merkte Thamer auf der hochkarätig besetzten Fachtagung im Bremer Rathaus am 20. Februar 1997 kritisch an: „Die strukturellen Probleme und Mängel des Mediums Ausstellung können zu einer Verzerrung der Darstellung führen und tragen dazu bei, den selbstgewählten Auftrag der historisch-politischen Aufklärung, der die Differenzierung wesenhaft ist, zu verfehlen. Die simplifizierende Wirkung einer Ausstellung wird zusätzlich verstärkt, wenn sie von vornherein mit pauschalisierenden Aussagen auf eine suggestive Weise verbunden wird."[153] Eine Warnung vor der vereinfachenden Konzentration auf Einzelfälle spricht er zwei Monate später, am 22. April 1997, auch in der *FAZ* aus. Zugleich bringt er hier aber Pauschalwertungen über die Wehrmacht, die ähnlich wie die seiner Kollegen im Gutachtergremium daherkommen, etwa, daß der Kommissar- und Barbarossabefehl im Ostfeldzug zur uneingeschränkten Handlungsgrundlage der Wehrmachteinheiten geworden sei.[154]

Mit diesen acht Gutachtern ist die Kommission zur Überprüfung der Anti-Wehrmachtschau komplett. Zu ihrer Unterstützung sind die Historiker Andrej Angrick und Peter Klein ausersehen, die kontinuierliche Zuarbeit leisten sollen. Klein ist Herausgeber des 6. Bandes der Publikationen der Gedenk- und Bildungsstätte der Wannsee-Konferenz *Die Einsatzgruppen in der besetzten Sowjetunion 1941/42. Die Tätigkeits- und Lageberichte des Chefs der Sicherheitspolizei und des SD*, der im Jahr 1997 veröffentlicht wurde. Drei Viertel dieses Buches machen Dokumente aus, ein Viertel besteht aus Beiträgen Kleins, Angricks und der Autoren Wolfgang Scheffler, Christian Gerlach und Dieter Pohl. Im Vorwort schreibt Norbert Kampe: „Erst jetzt, mehr als 50 Jahre nach Kriegsende, nimmt auch eine breitere deutsche Öffentlichkeit zur Kenntnis, daß die im Osten eingesetzte Wehrmacht als Institution die Durchführung der Mordaktionen der Einsatzgruppen erst ermöglichte [...]" Es gehe auch um „die Darstellung der Methode, mit der die Reichsführung das ungehinderte Morden beim Angriff auf die Sowjetunion 1941 sicherstellte und damit die Wehrmacht im Völkermordprogramm gleichschaltete".[155]

Die Verwandtschaft mit den einseitigen Aussagen der Ausstellung ist unverkennbar. Peter Kleins Einleitung wie auch die einzelnen Beiträge, so von Ow, „beruhen auf sachlicher Auswertung der Quellen, obgleich manche zweifelhafte Veröffentlichungen zitiert werden wie der Katalog und das Begleitbuch zur Ausstellung". Letzteres führt Klein als einzige Quelle dafür an, daß Verbrechen der Wehrmacht nach dem Kriege tabuisiert worden seien.[156] Mitautor Gerlach wiederum – der als ehemaliger Mitarbeiter bzw. Stipendiat des Reemtsma-Instituts 1997 die Arbeit *Die deutsche Wirtschafts- und Vernichtungspolitik in Weißrussland 1941–1944* zur Promotion einreichte – berichtigt in seinem Beitrag Heers Behauptung, die Morde an 12.000 Juden im Gebiet Glebkoje seien der Wehrmacht anzulasten; vielmehr habe es sich „entgegen früheren Annahmen" um das Einsatzkommando 9 gehandelt.[157]

Sämtliche Widersprüchlichkeiten in Betracht ziehend und auf der Basis eines strengen Wissenschaftsbegriffs kommt Meinrad von Ow am Ende seiner sachkompetenten Abhandlung zu einem vernichtenden Urteil: „Diese Analyse weist nach, daß die Mehrzahl der von Reemtsma berufenen Wissenschaftler die Ausstellung begrüßt, bejaht oder zumindest nicht grundsätzlich kritisiert hat. Einige haben sie von Anfang an unterstützt, mit Vorträgen begleitet, ihre Exponate beglaubigt und jede sachliche Kritik beharrlich ignoriert. Alle haben die Forderung Reemtsmas akzeptiert, daß für eine Neufassung der Ausstellung der ihr zugrunde liegende Verbrechensbegriff weiterhin thematisiert werden soll. Diese Verpflichtung auf die Vorwegnahme eines Ergebnisses widerspricht der Forderung nach der Neutralität und Unabhängigkeit eines Gutachters. Auch die Tatsache, daß Prof. Dr. Jan Philipp Reemtsma am 12. April [2000] der Gutachterkommission seinen ersten Entwurf für eine mögliche Transformation der Ausstellung vorgestellt hat, bevor deren Abschlußbericht bekannt ist, verrät keinen guten Stil."[158]

Mit der abschließend geäußerten Hoffnung „Auch die ‚Gutachterkommission' wird letztlich erkennen, daß eine glaubhafte Neufassung der Ausstellung unter diesen Voraussetzungen nicht wahrscheinlich ist."[159] hat sich von Ow allerdings getäuscht. Schließlich sind sechs der acht für die Beurteilung der Schau ausgewählten Wissenschaftler mit Reemtsmas Hamburger Institut für Sozialforschung durch Beiträge im Begleitbuch, Kontakte in der Vorbereitungsphase und Vorträge bzw. Eröffnungsreden in besonderer Weise verbunden: Bartov, Brink, Hirschfeld, Kahlenberg, Messerschmidt und Streit. Lediglich die Professoren Reinhard Rürup und Hans-Ulrich Thamer hatten vor ihrer Gutachtertätigkeit offenbar keine engeren Beziehungen zu den Ausstellungsmachern. Letzterer ist der einzige, der grundsätzliche Kritik geäußert hat. Rürup dagegen dürfte sich aufgrund seiner Einstellung zur deutschen Geschichte geistig nicht allzu weit von den sechs erheblich vorbelasteten Gutachtern einstufen lassen.

Hinzu kommt der Umstand, daß der für die zu begutachtende Ausstellung verantwortliche Jan Philipp Reemtsma an den meisten Sitzungen der Kommission selber teilnimmt, deren Diskussionen anfangs sogar leitet. Dies widerspricht dem Grundsatz der Wahrung der absoluten Neutralität des Prüfers, die allgemeine Interessenlage erscheint völlig verwischt. Äußerst seltsam mutet zudem an, daß hinsichtlich der von den Autoren und Rechercheuren vor dem Untersuchungsgremium vorgelegten Aussagen und Stellungnahmen Vertraulichkeit vereinbart wurde[160] – weshalb sich die Kommission, so Gerhard Hirschfeld in einem Schreiben an Meinrad von Ow, nicht in der Lage sieht, diese Stellungnahmen zugänglich zu machen.[161]

Hieraus erklärt sich, daß die drei Rechercheure, die die eigentliche Arbeit der Überprüfung in den Archiven vornehmen, bei der Vorstellung und Diskussion des Prüfungsberichts in Frankfurt am Main nicht zur Beantwortung von Fragen zur Verfügung stehen, was sich auch in Zukunft nicht ändern wird. Da der Kommissionsbericht vor allem bei der Wertung von Texten und Aussagen deutscher Kriegsgefangener größere Lücken aufweist, muß dies den Verdacht erwecken, daß die Gutachter nicht alle Ergebnisse der Rechercheure in Betracht gezogen haben. All dies läßt erheblich daran zweifeln, ob es den Ausstellungsmachern überhaupt um eine wissenschaftlich unangreifbare Prüfung und Bearbeitung ihrer Skandal-Schau geht.

Vielleicht steht auch die erhebliche zeitliche Verzögerung hiermit in direktem Zusammenhang. Das von Jan Philipp Reemtsma angekündigte dreimonatige Moratorium hätte im Frühjahr 2000 zu einer Erklärung über die Neufassung seiner Ausstellung führen müssen. Diese Erklärung aber läßt auf sich warten, wird von Monat zu Monat verschoben. Im April wird ein Abschluß der Arbeit bis zum Spätsommer angenommen, im Juli werden nach sieben Treffen der Überarbeitungskommission noch mindestens zwei weitere angekündigt und eine Präsentation des Gutachtens für Mitte November vorausgesagt. Am Ende wird die Kommission bis

Oktober 2000 in Frankfurt am Main und Hamburg insgesamt neunmal getagt und zweimal die Kritiker Bogdan Musial und Krisztián Ungváry gehört haben.

Von seiten der Kommission ist später zu hören, der Termin sei wegen der im Sommer üblichen Schließung russischer Archive nicht zu halten gewesen. Oder waren es vielleicht die ständigen Rücksprachen, die die Prüfer mit den Auftraggebern vorzunehmen hatten – um in allererster Linie deren Interessen gerecht zu werden? Eine Gratwanderung zwischen Kungelei und dem Anspruch, nach außen hin den Schein der Objektivität zu wahren, will schließlich mit Bedacht vorgenommen sein. Möglicherweise liegt das ständige Aufschieben der Ergebnispräsentation aber einfach darin begründet, daß es doch nicht mit der Überprüfung des einen oder anderen Bildes oder Textes getan ist, sondern sich die Revision notwendigerweise als grundsätzlich erweist.

Es darf wohl davon ausgegangen werden, daß das Hamburger Institut für Sozialforschung in der Lage ist, die Überarbeitung der Ausstellung sachlich und finanziell in großem Rahmen zu planen. Daß es seine eigenen Zeitvorgaben um 300 Prozent überzieht, aus einem Vierteljahr also mindestens ein Jahr werden läßt, ist im Hinblick auf die zwei Kriterien, die Hannes Heer für die Auswahl der Mitglieder der Überprüfungskommission ansetzt, ein weiteres Indiz für seine permanente Janusköpfigkeit. Der Ausstellungsleiter hatte einen Tag nach der Verkündung des Moratoriums eine Abhängigkeit der einzelnen Mitglieder des Gremiums regelrecht gefordert: „Es sind Historiker, die erstens die Grundthese der Ausstellung teilen und zweitens nicht eine Destruktivität in dieses sensible Ad-hoc-Instrument bringen, das ja ein schwieriges Unterfangen zu bewältigen hat."[162]

Es scheint sehr naheliegend, daß die hier zum Ausdruck kommende Naivität des wichtigsten Mitarbeiters Jan Philipp Reemtsmas zum späteren Bruch führt. Klare Anzeichen hierfür gibt es jedenfalls bereits wenige Tage nach dieser Offenbarung. Reemtsma läßt am 8. November 1999 mitteilen, Heer sei nicht mehr Leiter der Ausstellung, weil eine „Ausstellung, die in der Überarbeitung ist, keinen Leiter hat", und daß er „zu dem, was sein wird, wenn die überarbeitete Ausstellung wieder gezeigt wird [...] jetzt nichts sagen wird."[163]

Dies mag zu diesem Zeitpunkt immerhin als Hinweis auf eine gewisse Entfremdung zwischen dem Finanzier der Schau und ihrem nunmehr ehemaligen Leiter gelten. Ein Dreivierteljahr später, am 14. August 2000, erreicht eine Meldung die Öffentlichkeit, die der eine oder andere bereits erwartet hatte: Hannes Heer verläßt das Hamburger Institut für Sozialforschung, das Tischtuch zwischen Reemtsma und Heer scheint endgültig zerschnitten. Über die Gründe für diese Entscheidung halten sich die beiden Hauptbeteiligten bedeckt, am naheliegendsten erscheint jedoch die Annahme, daß Uneinigkeit über das Ausmaß der Veränderungen an der gemeinsamen Ausstellung zu der Trennung geführt hat.

Und das, obwohl, wie *Der Spiegel* schreibt, die Historikerkommission Heer inzwischen vom Manipulationsverdacht freigesprochen habe und auch der Kritik von Musial und Ungváry nur in einigen Fällen zustimme. Denn oft lasse es sich nicht zweifelsfrei klären, ob NKWD oder Wehrmacht den Tod der Menschen zu verantworten gehabt habe. Umstritten sei auch, unter welchen Umständen die Erschießung von Zivilisten als Kriegsverbrechen gelten müsse. Es wird also nicht recht klar, warum Heer eigentlich „gegangen wurde". Hans-Ulrich Thamer hält Heer und seinen Mitarbeitern zugute, sie seien möglicherweise „Opfer der Archive" geworden, da häufig bereits von diesen Bilder falsch zugeordnet worden seien.[164] Das Argument verliert aber allein dadurch an Überzeugungskraft, daß sich die Ausstellungsmacher immer wieder selbst einer wissenschaftlich absolut präzisen Arbeitsweise gerühmt haben. So habe man zum Beispiel die Uniformen der auf den Fotos abgebildeten Soldaten mit Lupen untersucht – mit wenig überzeugendem Ergebnis allerdings, wie die zahlreichen Fehldeutungen zeigen. Zudem wurden in der Betextung der Fotos Truppen für an einem bestimmten Ort zu einer bestimmten Zeit begangene Verbrechen verantwortlich gemacht, obwohl das ebenfalls in der Ausstellung verwendete Kartenmaterial teils nachweist, daß die entsprechende Truppe zu dieser Zeit gar nicht vor Ort war. Auch das läßt sich nicht mehr auf Archivierungsmängel schieben. Überhaupt sollte der Wert wissenschaftlicher Arbeit gerade darin bestehen, auch sozusagen „etablierte“ Informationen auf ihren tatsächlichen Wahrheitsgehalt zu überprüfen. Um so mehr, als die Ausstellungsmacher ihrerseits darauf bestehen, sie hätten historische Tabus gebrochen, um der Wahrheit zum Licht zu verhelfen.

Reinhard Rürup spricht schließlich klar aus, Heer habe wohl geglaubt, es hätte nur geringer Korrekturen bedurft, um die Schau zu neuer Reife zu führen.[165] Insgesamt gesehen scheint die Entlassung Heers, der nach Darstellung der *Welt* „von Beginn an mehr als ein normaler Ausstellungsleiter, lange *das* Gesicht der Ausstellung“[166] war, den Weg für eine tragbare Neukonzeption freizumachen. Ob sich die Lage mit seinem offiziellen Weggang allerdings tatsächlich grundsätzlich ändert, bleibt allein deshalb eine offene Frage, da er, wie aus der Liste der ehemaligen Mitarbeiter des Reemtsma-Instituts hervorgeht, noch bis einschließlich Dezember 2000 in seinem Arbeitsbereich „Theorie und Geschichte der Gewalt“ weiterbeschäftigt wird.[167]

Das Gutachten: Gnade vor Recht

Über den Stand der Arbeit der Überprüfungskommission ist die ganze Zeit über wenig an die Öffentlichkeit gedrungen. So wird etwa nur verlautbart, daß die Historiker Bogdan Musial und Krisztián Ungváry zeitweilig in die Beratungen einbezogen wurden – und zwar, wie bereits gesagt, von neun Sitzungen zweimal –, wobei es den Anschein hat, als habe sich eine etwas größere Nähe zu den Positionen Musials als zu denen Ungvárys entwickelt.

Am 15. November 2000, über ein Jahr nach Beginn des Moratoriums, ist es schließlich soweit: In einer ersten Stellungnahme zu dem in der Deutschen Bibliothek in Frankfurt am Main an Jan Philipp Reemtsma übergebenen Abschlußbericht bedankt sich der Institutsleiter ausdrücklich bei dem Gremium: „Die Überprüfung der Ausstellung hat von der Kommission mehr Zeit und Arbeit erfordert, als vor einem Jahr abzusehen war. Ich bedanke mich herzlich bei den Mitgliedern der Kommission und ihren Rechercheuren für ihre Gutachtertätigkeit zu den in der Ausstellung gezeigten Bildern und Texten.

Die von der Kommission heute vorgestellten Ergebnisse bestätigen die Entscheidung des Hamburger Instituts für Sozialforschung, die Ausstellung ‚Vernichtungskrieg. Verbrechen der Wehrmacht 1941 bis 1944‘ auszusetzen und nicht mehr in der Öffentlichkeit zu zeigen. Wir bedauern es sehr, daß wir eine Reihe von Kritikern, deren Einwände sich als berechtigt herausgestellt haben, nicht so ernst genommen haben, wie sie es verdient hätten und uns nicht früher zu einem Moratorium entschieden haben.

Gleichwohl bleibt festzuhalten, daß die Kernaussage der Ausstellung, daß die Wehrmacht einen Angriffs- und Vernichtungskrieg führte, richtig ist und bleibt.“[168]

Damit ist klar, in welchem Fahrwasser sich das Gutachten selbst bewegt. Vor dem Hintergrund der von Reemtsma vorgegebenen und offenbar akzeptierten Prämisse, daß auch die Neufassung der Ausstellung den zugrundeliegenden Verbrechensbegriff weiter thematisieren solle – in Heers Worten hieß das, die Gutachter hätten die Grundthese zu teilen und dürften keine Destruktivität hineinbringen[169] –, war zu erwarten, daß sich die Kommission auf einen einschränkenden Rahmen für ihre Arbeit einlassen würde. Bereits die dreiseitige Presseerklärung, in der das Ergebnis des achtköpfigen Gremiums mitgeteilt wird, erweist, daß diese Erwartung zu Recht bestand: „Aufgrund der archivalischen Aufbewahrungs- und Erschließungspraxis, des derzeitigen Forschungsstands und des zu vertretenden zeitlichen Aufwands hat es sich als unmöglich erwiesen, jedes einzelne der in der Ausstellung gezeigten 1433 Fotos zu überprüfen sowie dessen Entstehungs- und Überlieferungsgeschichte zu recherchieren. Die Kommission hat sich deshalb entschieden, in ihrem Gutachten exemplarisch vorzugehen und sich im Hinblick auf die Fotografien auf solche Einwände und Zweifel zu beschränken, die quellenkritisch, d.h. überprüfbar, belegt worden sind."[170]

Zudem heißt es, „die wichtigsten Kritiker der Ausstellung" seien gehört worden, was nichts anderes bedeutet, als daß lediglich Bogdan Musial und Krisztián Ungváry zu den Beratungen zugelassen wurden.[171] Die deutschen Experten wie Dieter Schmidt-Neuhaus und Wolf Stoecker wurden also wiederum ignoriert – was zumindest die in diese Richtung gehenden Befürchtungen bestätigte. Nicht nur die Aussteller, auch die von ihnen bestellten Gutachter scheinen hier wieder der bundesrepublikanisch typischen Auffassung anzuhängen, Kritik aus dem Inland dürfe beiseite geschoben werden; wenn überhaupt, sei allein Kritik aus dem Ausland zu berücksichtigen.

In diesem Licht betrachtet scheint in die selbstdarstellerische Pose der Kommission ein allzu aufgesetzt wirkender Gestus des Gutmenschentums geraten, als daß sie nicht mindestens lächerlich wirken müßte: „Die Kommission hat in intensiven Diskussionen die Ergebnisse der Recherchen sowie weiteres Material ausgewertet und gewichtet. Sie hat insbesondere die gegen die Ausstellung erhobenen Fälschungsvorwürfe sorgfältig geprüft. Sie hat sich darüber hinaus systematisch mit den Thesen der Ausstellung auseinandergesetzt und hat sich in diesem Zusammenhang auch mit der Frage beschäftigt, bis zu welchem Grade Verkürzungen und Zuspitzungen historischer Aussagen im Medium der Ausstellung zulässig oder sogar notwendig sind. Ohne sich auf Einzelheiten der Gestaltung einzulassen, hat die Kommission auch Grundfragen der Präsentation von Bild- und Textdokumenten diskutiert. Sie hat versucht, sich der Ausstellung ebenso wie der daran geübten Kritik ohne Vorbehalte und ohne Vorurteile zu nähern."[172]

Ein Versuch, immerhin – wenn auch ein mißglückter. Auch die neun Punkte, die das Ergebnis des Kommissionsberichts zusammenfassen, lesen sich entsprechend – wohlwollend-befangen, widersprüchlich, zynisch gar:

„1. Die Ausstellung ‚Vernichtungskrieg. Verbrechen der Wehrmacht 1941–1944' ist im Rahmen der anhaltenden öffentlichen Auseinandersetzungen und aufgrund des der Kommission erteilten Überprüfungsauftrags sowohl hinsichtlich ihrer inhaltlichen Aussagen als auch hinsichtlich des verwendeten Materials so intensiv durchleuchtet worden, wie das bisher mit keiner anderen zeitgeschichtlichen Ausstellung geschehen ist.

2. Die Überprüfung der Ausstellung hat zu der Erkenntnis geführt, daß die öffentlich geäußerte Kritik zumindest in Teilen berechtigt ist. Die Ausstellung enthält

1. sachliche Fehler, 2. Ungenauigkeiten und Flüchtigkeiten bei der Verwendung des Materials und 3. vor allem durch die Art der Präsentation allzu pauschale und suggestive Aussagen.

3. Die Ausstellung enthält jedoch keine Fälschungen im Sinne der leitenden Fragestellungen und Thesen. Die Überprüfung der verwendeten Bild- und Textdokumente in den benutzten Archiven hat zwar manche Ungenauigkeiten und in einigen Fällen auch falsche Zuschreibungen zutage gefördert, insgesamt aber die Intensität und Seriosität der von den Ausstellungsautoren geleisteten Quellenarbeit bestätigt.

4. Die Ausstellung argumentiert teilweise zu pauschal und unzulässig verallgemeinernd. Auf diese Weise und durch die Art der Präsentation hat sie wesentlich dazu beigetragen, daß sie nicht als eine Ausstellung über die Besonderheiten des in der Sowjetunion geführten Vernichtungskrieges, sondern als eine Ausstellung über ‚die' Wehrmacht – eben als ‚Wehrmachtsausstellung' – rezipiert worden ist.

5. Dessen ungeachtet bleiben die Grundaussagen der Ausstellung über die Wehrmacht und den im ‚Osten' geführten Vernichtungskrieg der Sache nach richtig. Es ist unbestreitbar, daß sich die Wehrmacht in der Sowjetunion in den an den Juden verübten Völkermord, in die Verbrechen an den sowjetischen Kriegsgefangenen und in den Kampf gegen die Zivilbevölkerung nicht nur ‚verstrickte', sondern daß sie an diesen Verbrechen teils führend, teils unterstützend beteiligt war. Dabei handelte es sich nicht um vereinzelte ‚Übergriffe' oder ‚Exzesse', sondern um Handlungen, die auf Entscheidungen der obersten militärischen Führung und der Truppenführer an der Front und hinter der Front beruhten.

6. Das Glaubwürdigkeitsproblem der Ausstellung resultiert weniger aus einzelnen nachweisbaren Fehlern und Flüchtigkeiten als vielmehr aus dem überheblichen und unprofessionellen Umgang der Ausstellungsmacher mit der an der Ausstellung geübten Kritik. Dabei ist einzuräumen, daß zwischen bloßer Polemik und seriöser Fachkritik nicht immer leicht zu unterscheiden war. Doch ist nicht zu erkennen, daß man sich um diese Unterscheidung rechtzeitig und ernsthaft genug bemüht hätte. Erst dadurch entstand eine Situation, in der die berechtigte Kritik an einigen Fotos eine so tiefgreifende Krise auslöste, daß ein ‚Moratorium' unvermeidlich wurde.

7. Aus den hier genannten Gründen empfiehlt die Kommission, die Ausstellung in einer gründlich überarbeiteten, ggf. auch neu zu gestaltenden, Form weiter zu präsentieren. Dabei müssen die Hauptaussagen über die Wehrmacht und den Vernichtungskrieg im ‚Osten' nicht verändert, wohl aber gegen Mißverständnisse geschützt werden. Erforderlich ist darüber hinaus ein sorgfältiger Umgang mit den überlieferten Dokumenten, und hier insbesondere mit den Fotos. Auch sollte die Argumentation der Ausstellung weniger durch den Gestus der Staatsanwaltschaft als durch die Theorie und Methodologie der Geschichtswissenschaft geprägt sein. Die Ausstellung sollte ihr Material präsentieren, aber die Schlußfolgerungen so weit wie möglich den Besuchern überlassen.

8. Wünschenswert ist, daß bei einer Neufassung der Ausstellung die vorherrschende Täterperspektive zumindest beispielhaft durch die Perspektive der Opfer ergänzt wird, so daß die Verbrechen auch aus der Sicht und Erfahrungswelt derjenigen, gegen die sie verübt wurden, sichtbar werden.

9. Die Ausstellung war, wie die öffentlichen Auseinandersetzungen gezeigt haben, sinnvoll und nötig. Sie kann auch in den kommenden Jahren – in einer Fassung, die der Kritik, neueren Forschungsergebnissen und den die Ausstellung begleitenden

Diskussionen Rechnung trägt – einen wesentlichen Beitrag zur Entwicklung der historisch-politischen Kultur der Bundesrepublik Deutschland leisten."[173]

Bereits hier zeigt sich, was ein Spagat zwischen Ablehnung zur Bestätigung der Gegner und eigentlicher Zustimmung zu leisten vermag: Wird einerseits immerhin konzediert, daß „die öffentlich geäußerte Kritik zumindest in Teilen berechtigt ist", so wird das Eingeständnis andererseits sofort wieder relativiert, um nicht zu sagen revidiert: „Dessen ungeachtet bleiben die Grundaussagen der Ausstellung über die Wehrmacht und den im ‚Osten' geführten Vernichtungskrieg der Sache nach richtig", um schließlich in einer überraschenden Grundsatzkritik zu empfehlen, „die Ausstellung in einer gründlich überarbeiteten, ggf. auch neu zu gestaltenden, Form weiter zu präsentieren", wobei „die Hauptaussagen über die Wehrmacht und den Vernichtungskrieg im ‚Osten' nicht verändert, wohl aber gegen Mißverständnisse geschützt werden" müssen. Die eigentümlich schizophrene Gesamtaussage gipfelt in dem kryptisch anmutenden Satz: „Die Ausstellung enthält jedoch keine Fälschungen im Sinne der leitenden Fragestellungen und Thesen." Was hat dies zu bedeuten? Etwa: Macht weiter so, werdet höchstens noch um vieles besser?

Dies ist sicherlich als die grundlegende Äußerung der Gutachterkommission anzusehen. Dabei bleibt sie jedoch die Erklärung dafür schuldig, in welcher Weise Fragestellungen oder Thesen überhaupt gefälscht werden können. Eine Fragestellung oder eine These mag unklar, abwegig oder absurd sein, aber sie kann für sich gesehen keine Fälschung darstellen. Dies wäre nur möglich, wenn eine von Dritten bereits formulierte Frage oder Behauptung in einer Weise mißinterpretiert, verkürzt dargestellt oder in abwegige Kontexte eingeordnet wird, daß sich der ursprüngliche Sinn verändert oder sogar ins Gegenteil verkehrt.

Bezogen auf die Ausstellung ist festzustellen, daß die Ausstellungsmacher ihre Thesen und Fragen als Ergebnis ihrer eigenen Überlegungen selbst formuliert und damit ihren eigenen Denkvorgang nicht gefälscht haben können. Der Begriff „Fälschung" ist in diesem Zusammenhang also vollständig sinnentleert. Sollten die Wissenschaftler der Kommission nicht erkannt haben, daß ihr Denkmodell in sich unlogisch ist? Gerade in Deutschland, einem Staat mit nahezu systemimmanentem Respekt vor akademischer Bildung, würde man diese Frage vermutlich strikt, möglicherweise sogar empört, zurückweisen. Was aber würde aus dieser Annahme folgen? Eigentlich nur, daß nicht Unfähigkeit zu klarem Denken die Beteiligten geleitet habe, sondern eine dezidierte Absicht: der Wunsch nämlich, einen schwerwiegenden Vorwurf zurückweisen zu können, den Vorwurf der Fälschung – der so aber nie erhoben wurde. Wozu also diese publikumsirreführende Apologetik? Hatte vielleicht ausgedrückt werden sollen, daß die Ausstellungsmacher das gefälschte Material nicht mutwillig als solches verwendeten, um mit ihm ihre Thesen zu verifizieren? Aber auch ein Vorwurf in diese Richtung ist von seiten der Kritiker so nicht formuliert worden.

Auch im Detail hantiert das wissenschaftliche Gremium mit der Zurückweisung von Fälschungsvorwürfen. So wird in dem 86 Seiten umfassenden *Bericht der Kommission zur Überprüfung der Ausstellung „Vernichtungskrieg. Verbrechen der Wehrmacht 1941 bis 1944"*, der sich streckenweise wie ein überzogenes Verteidigungsplädoyer liest, etwa darauf hingewiesen, daß Fotografien fallweise vergrößert oder verkleinert, an den Rändern beschnitten oder auch versehentlich seitenverkehrt präsentiert worden seien, daß aber „Manipulationen am Fotomaterial (Retuschen) [...] in keinem Falle festgestellt werden" konnten.[174] Auch diese Feststellungen gehen an dem Grundvorwurf gegen die Ausstellung vorbei. Die „wichtigsten Kritiker", Bogdan

Musial und Krisztián Ungváry, – deren quellenkritische Anmerkungen von den Gutachtern immerhin teilweise anerkannt werden – werfen den Ausstellungsmachern vor, Bilder falsch interpretiert, mit irreführenden Untertexten versehen, aus dem Zusammenhang gerissen oder retuschierte Aufnahmen verwendet zu haben. Sie beschuldigen sie also der Oberflächlichlichkeit oder Nachlässigkeit, nicht aber, Bilder und Vorgänge selbst manipuliert oder gefälscht zu haben.

Die verquaste Argumentationsweise wird insofern perfekt, als sogar selbst die Kommission einräumt: „Im Frühjahr 1997 meldeten sich in der überregionalen Presse einige angesehene Historiker kritisch zu Wort, ohne jedoch die ausgestellten Fotos und Dokumente konkret in Zweifel zu ziehen. Das geschah hinsichtlich eines einzelnen Fotos (‚Bild 26') erstmals durch das Magazin ‚Focus' im April 1997."[175] Leider erklärt die Kommission hier nicht, worum es sich bei dem „Bild 26" handelt: um die Übernahme eines bereits retuschierten Fotos nämlich, das die Bildunterschrift „Juden werden exekutiert" trägt. Der Leiter der Ludwigsburger Zentralstelle für NS-Verbrechen, Staatsanwalt Willi Dreßen, hatte festgestellt, daß es sich hier um vor einem Fluß stehende jüdische Männer handelt, die baden wollen, und nicht, wie das Wegretuschieren des Flusses suggeriert, um deren Exekution. Auch in diesem Zusammenhang ist den Ausstellungsmachern (die das Bild schließlich aufgrund der Kritik von *Focus* aus der Ausstellung entfernt haben) lediglich die Verwendung eines verfremdeten Bildes vorgeworfen worden.

Die folgenden von den Gutachtern angeführten Beispiele für zu beanstandende Text- oder Bildteile der Ausstellung zeigen, daß sich selbst bei wohlwollender Prüfung der Schau ohne Mühe Fehler und Fehlbeurteilungen auflisten lassen: „Offensichtlich haben die Ausstellungsmacher wiederholt Fotografien nicht als zum selben Tatkomplex gehörig identifiziert, weshalb sie an verschiedenen Stellen der Ausstellung auftauchen [...] Oft hätte bereits ein genauerer Blick auf die Bilder Hinweise auf Zusammenhänge liefern können, denen dann weiter nachzugehen gewesen wäre [...]"[176] „Die Opferzahlen der Massaker in Minsk (S. 120) sind lediglich geschätzt. Eine zweifelsfreie Festlegung ist kaum möglich. Die Schlußfolgerung aus ‚Beispiel Orscha', S. 122: der letzte Absatz ‚so wie in Orscha sind überall [...] Ghettos errichtet und ‚liquidiert' worden', unterstellt ein prinzipiell einheitliches Verfahren, was so nicht nachweisbar ist."[177] „Die Aussage des Lagerkommandanten im Minsker Prozeß, daß der Brand auf Weisung des OKW gelegt wurde, um die Gefangenen zu vernichten, erscheint hingegen aus mehreren Gründen zweifelhaft. Dieser Teil sollte wegfallen."[178] „Im Katalog (S. 150) wird von den Autoren im Anschluß an das Zitat des OKW-Befehls vom 16. Dezember 1942 gefolgert: ‚Die Wehrmacht war fortan auf Himmlers Kurs.' Diese Feststellung trifft nur mit Einschränkungen zu. Einschränkend ist auch zu sagen, daß sich Himmlers Zuständigkeit [...] nur auf die Reichskommissariate Ostland und Ukraine, nicht aber auf die Rückwärtigen Heeresgebiete erstreckte, wo das Heer weiterhin die alleinige Zuständigkeit behielt [...]"[179] „Die in der Ausstellung gezogene Folgerung, die Wehrmacht sei von Ende 1942 an ‚auf Himmlers Kurs' gewesen, ist in dieser Pauschalität, wie eingangs festgestellt, nicht haltbar."[180]

Es ließen sich zahlreiche weitere Fälle anführen, die außerhalb jener expliziter Fälschungsvorwürfe stehen, die, wie gezeigt, ohnehin irrelevant sind und demnach nicht in die Beurteilung einfließen dürften. Als schwammig erweist sich jedoch nicht nur die Argumentation selbst, sondern auch die Ausdrucksweise erscheint häufig äußerst diffus – in den meisten Fällen ein weiteres Indiz für die Haltung der Wissenschaftler, die mit „sympathisierend" kaum unzutreffend umschrieben sein dürfte. So heißt es im Kommissionsbericht mit Blick auf die Zloczów-Bilder: „Musial kritisiert zu Recht, daß es die Autoren unterlassen haben, auf die vorangegangenen Verbrechen des NKWD und darauf aufmerksam zu machen, daß auf den Bildern Opfer sowjetischer Verbrechen zu sehen sind. Er überzieht aber seine Kritik mit der Behauptung, es seien nur die Opfer des NKWD zu sehen."[181] Die Gutachter müßten sich hier entscheiden, ob Musials Kritik berechtigt ist oder nicht, gehen aber mit ihrer Wertung einer tatsächlichen Klärung aus dem Weg. Musials eigene Aussagen zu dem Fall sind hingegen absolut unzweideutig. Er weist nach, die Fotos von den exhumierten Leichen zeigten unzweifelhaft NKDW-Opfer, da nur diese Toten wieder ausgegraben, gesäubert und in Reihen niedergelegt worden seien. Die Exhumierung der Leichen dort später ermordeter Juden sei dagegen erst Anfang der neunziger Jahre vorgenommen worden.

In bezug auf einen anderen Sachverhalt lautet das seltsam ambivalente Urteil der Gutachter: „Nach dem jetzigen Stand der Recherchen ist die folgende Interpretation am plausibelsten [...]"[182] Für eine historische Tatsache nur eine „plausible Interpretation" anzubieten, würde beim kundigen Besucher einer Ausstellung, die sich einiges auf die Qualität ihrer Recherchearbeit und Materialpräsentation zugute hält, wahrscheinlich erhebliche Irritationen auslösen. Daß sich aber sogar das Gremium, das die in Kritik geratene Ausstellung auf ihre Schwächen untersuchen soll, einer solchen Hilfskonstruktion bedient, läßt ernsthaft nach der Objektivität seiner Bewertung fragen. Aufgabe der Kommission wäre es hier höchstens gewesen zu konstatieren, daß exakte Angaben nicht möglich seien, daß sich allenfalls eine mit Unsicherheit behaftete Auslegung anbiete – deren Fraglichkeit aber eindeutig gekennzeichnet werden müßte.

Eine in ähnlicher Weise unklare Formulierung ist die folgende: „Zum Problem ist der Ausstellung geworden, daß juristische Argumentationsweise einerseits und die Verwendung der Fotos andererseits auseinanderfallen. Die Fotos schwanken zwischen Beweis und Illustration."[183] Juristische Argumentationsweise findet üblicherweise immer unter Heranziehung von Bild- oder Textmaterial statt, dessen Herkunft eindeutig nachweisbar ist – sonst ist es keine. Wie also kann es zu einem Auseinanderfallen von juristischer Argumentationsweise und der Verwendung von Fotos kommen? Die Kommission bietet hierfür keine Erklärung an und öffnet auch damit ein weites Feld für Deutungen ihrer Arbeitsweise.

Auch im folgenden läßt sich das Gutachtergremium auf eine äußerst vage, anhand des Textes nicht nachprüfbare Qualifizierung ein: „In Zeugenaussagen wurden Polizeikräfte als Täter genannt. Es kann davon ausgegangen werden, daß die im Bereich der Ortskommandantur verübten Verbrechen von der Kompanie und Lechthaler abgesprochen waren."[184] Fakten, die zu der offenbar als wünschenswert angesehenen Auffassung führen könnten, werden nicht genannt. Statt dessen begnügt sich die Kommission mit der lapidaren Formulierung, es könne „davon ausgegangen werden".

Im Zusammenhang mit rigorosen Maßnahmen der „Bandenbekämpfung" in Weißrußland berichtet die Kommission: „Nach dem Zusatzbefehl vom 1. August 1943 (‚Freiwild-Befehl') sollte alles, was sich überhaupt zerstören ließ, vernichtet werden, die Menschen wollte man deportieren. Dieser Zusatzbefehl wurde, anders als dies in der Ausstellung dargestellt wird, erst nach dem Abzug der Heeresbataillone durchgeführt [...] Die Heeresbataillone sind hierbei in nicht näher zu erfassender Weise beteiligt gewesen."[185] Auch dies ist eine schwammige Aussage. Exakt hätte es heißen müssen, die Ausstellungsmacher hätten das Inkrafttreten des

Zusatzbefehls falsch datiert, über eine etwaige Beteiligung von Heeresbataillonen könnten keine gesicherten Angaben gemacht werden.

Schließlich räumt die Kommission ein, der Heeresbefehlshaber im Rückwärtigen Heeresgebiet Mitte, von Schenckendorff, habe zwar Härte gegenüber Partisanen gefordert, jedoch gleichzeitig postuliert: „Gegen die Bevölkerung sollten aber keine ungerechten Strafen verhängt werden, Kollektivmaßnahmen nur, ‚wenn die Bevölkerung die Banden freiwillig unterstützt hat'." Hieraus folgern die Gutachter kühn: „Die Weisung zeigt, daß diese Praxis vorher an der Tagesordnung gewesen war."[186] Da es die Kommission unterläßt, diese Deutung mit Fakten zu untermauern, liegt es durchaus nahe, sie als ideologisch determiniert einzustufen.

Auch die vorsichtige Kritik der Gutachter, die Ausstellungsmacher hätten „in ihrer Darstellung des ‚Partisanenkrieges' die Beschreibung und Bewertung des Handelns der Partisanen nicht deutlich genug vorgenommen"[187], erweist sich als Täuschungsmanöver. Denn richtig ist vielmehr, daß von ihnen die unglaubliche Grausamkeit sowjetischer Partisanen von Beginn des Krieges an praktisch vollständig ignoriert worden ist. Dies als nicht ausreichend deutliche Beschreibung zu qualifizieren, ist die vollendete Beschönigung einer nicht nachvollziehbaren Unterdrükkung von Fakten.

Gleichermaßen untertreibend beurteilt die Kommission Anspruch und Wirkung der Ausstellung: „Insgesamt bewirkt die Präsentation eine starke Emotionalisierung des Publikums und besitzt bereits durch ihren Duktus der Selbstsicherheit bzw. der mangelnden Offenheit im Urteil eine polarisierende Wirkung [...] Die prononcierte Emotionalität und die reduzierte Diskursbereitschaft als beherrschende Vermittlungsformen der Ausstellung stehen somit in einem gewissen Widerspruch zu dem selbst gewählten Anspruch auf historisch-politische Aufklärung."[188] In der Tat ist ohne Anstrengung ein Widerspruch zwischen dem Aufklärungsanspruch der Aussteller und der jahrelangen rigiden Haltung ihrer Initiatoren gegenüber jedweder Kritik zu erkennen, nur ist die weichzeichnende Wertung der Kommission schwerlich nachzuvollziehen.

Schließlich argumentiert die Kommission jedoch möglicherweise zutreffend: „Jenseits der inhaltlichen Brisanz und rhetorischen Provokation verdankt die Ausstellung ihre öffentliche Wirkung und damit ihren Erfolg nicht zuletzt auch einer veränderten Kultur der Erinnerung an die Verbrechen des Nationalsozialismus, wie sie sich in den beiden letzten Jahrzehnten in der Bundesrepublik Deutschland (aber auch in Österreich) herausgebildet hat. Wesentliche Impulse zog diese neue Erinnerungs*kultur* aus der gesellschaftlichen Auseinandersetzung mit einer staatlichen Erinnerungs*politik* (Jenninger-Rede, Bitburg, Debatte um eine zentrale Gedenkstätte)."[189] Die Wissenschaftler übergehen indes, daß es für diese sogenannte „gesellschaftliche Auseinandersetzung" zwischen „Erinnerungspolitik" und modifizierter „Erinnerungskultur" eines ganz konkreten Bindegliedes bedurfte, um letztere in der Öffentlichkeit zu etablieren: der vielfach gleichgerichteten Berichterstattung nämlich.

Ein Beispiel hierfür ist die im Zitat erwähnte Rede des ehemaligen Bundestagspräsidenten Philipp Jenninger zur Stimmung der deutschen Bevölkerung in der Anfangsphase des Dritten Reiches. Diese wurde in einer von seiten der Journaille entfachten Welle veröffentlichter Empörung als ein Versuch, nationalsozialistisches Gedankengut zu rechtfertigen, fehlinterpretiert. Jenninger, dem als CDU-Politiker gewiß nicht der Ruch eines Verfechters nationalsozialistischer Ideen anhaftete, wurde dennoch landauf, landab verleumdet, bis er im November 1988 schließlich von seinem Amt zurücktreten mußte. Erst Jahre später fanden sich vereinzelt Medienvertreter und andere Personen des öffentlichen Lebens bereit einzuräumen, daß Jenninger in seiner Rede zwar bestimmte Umstände des Dritten Reiches beschrieben, sie aber keineswegs gebilligt, sondern lediglich die zunächst unmerklichen gedanklichen Verstrickungen des kleinen Mannes aufzuzeigen versucht hatte. Jenninger, seit 1990 deutscher Botschafter in Wien, ist mittlerweile in aller Stille rehabilitiert worden, aber in die „Erinnerungskultur" ist die erste, die negative Interpretation eingegangen.

Vergleichbares vollzog sich im Fall Bitburg. Bundeskanzler Helmut Kohl hatte 1985 gemeinsam mit dem US-amerikanischen Präsidenten Ronald Reagan bei dessen Besuch in Deutschland den Soldatenfriedhof Bitburg besucht, auf dem vor allem gefallene Soldaten des Zweiten Weltkrieges bestattet sind. Was als Geste der Versöhnung zwischen ehemals verfeindeten, jetzt aber verbündeten Staaten gedacht war, wurde unversehens zur politischen Falle: Findige Reporter hatten entdeckt, daß unter den zahllosen Gefallenen auch eine Handvoll gerade 20jähriger Waffen-SS-Soldaten bestattet lagen. Diesmal stilisierte die wohlfeile Empörungswelle Bitburg quasi zur Nazi-Gedenkstätte und den Besuch dort zum Skandal. Die beanstandeten Gräber fielen zudem plötzlich durch frischen Blumenschmuck negativ auf, was die Aufregung neuerlich schürte. Dies änderte sich auch dann nicht, als bekannt wurde, daß die Blumen von anderen Gräbern entwendet worden waren, um reißerische Motive für eine entsprechende Illustrierung der Story zu kreieren.

Auch Bitburg ist zweifellos Teil dessen, was die Mitglieder der Untersuchungskommission „neue Erinnerungskultur" nennen, nur bleiben sie wie bei Jenninger die Erklärung schuldig, was „Erinnerungskultur" und „Auseinandersetzung mit einer staatlichen Erinnerungspolitik" im Zusammenhang mit dem Erfolg der Ausstellung „jenseits der inhaltlichen Brisanz und rhetorischen Provokation" bedeuten soll. Ihre Einlassung kann sicherlich kaum anders denn als positive Bewertung der Mißdeutung durch die Medien von damals verstanden werden. Heute aber wird den Medien die Schuld an der Polarisierung der Diskussion über die Ausstellung zugewiesen. Weil diese „in ihrer Berichterstattung die begrenzte Aussage zum ‚Vernichtungskrieg' allenfalls in Untertiteln erwähnten, statt dessen aber generell verkürzt von der ‚Wehrmachtsausstellung' sprachen [...] bahnten vor allem Presse wie Rundfunkmedien dem Mißverständnis den Weg, es handele sich bei der Ausstellung um eine Auseinandersetzung mit der Wehrmacht schlechthin. Ohne sich durch eigene Anschauung und unmittelbare Information ein Bild zu machen, schlossen sich zahlreiche Bürger dem Urteil an, das Andenken an alle ehemaligen Wehrmachtangehörigen werde verunglimpft."[190]

Angesichts des von Heer immer wieder dezidiert vertretenen Anspruchs, er wolle und werde Schluß machen mit der „Legende von der ‚sauberen Wehrmacht'"[191], wie auch seines Stolzes darauf, daß es ihm gelungen sei, „den Vernichtungskrieg in die Familien zu kippen"[192], wirkt es geradezu kurios, die polarisierende Wirkung der Ausstellung auf eine nicht sachgerechte Berichterstattung zurückführen zu wollen, um so mehr, als die Schuldzuweisung der Kommission an die Medien als weiteres Indiz für die Verengung des Blickwinkels bei der Bewertung der Anti-Wehrmachtausstellung gelten kann. Tatsächlich dürfte es wohl eher so sein, daß die umfangreichen Berichte über die angeblich grenzenlose Betroffenheit der jungen und alten Besucher sowie die allzu wohlwollend ausfallenden Beurteilungen der Schau als Ganzes zu der „Publizitätsspirale" geführt haben, durch die sich die Ausstellungsmacher aufgrund der „neuen Erinnerungskultur" über Jahre bestätigt fühlten und fühlen durften.

Weitere Verursacher polarisierender Wirkungen meint die Kommission in „Reaktionen aus nationaler und konservativer Sicht auf behauptete ‚Einseitigkeiten', ‚Verzerrungen' oder ‚Pauschalverurteilungen'" ausmachen zu können. Die Kritik aus dieser Richtung sei „teils emotional, teils politisch" gewesen.[193] Wie die Aussteller machen es sich auch die Gutachter sehr leicht, die in der Tat nicht aus linken Ideologie-Nischen kommende und von den verleumdeten Soldaten sicherlich auch emotional vorgetragene Kritik an der Reemtsmaschen Inszenierung in ihrer Bedeutung und Berechtigung herabzusetzen. Auch hier ist eine erkennbare Parteinahme für die Macher der Ausstellung zu konstatieren.

Anhand des Umgangs mit der Verurteilung von Partisanen scheint sich dies erneut zu bestätigen. So ist unter anderem zu lesen, daß „Armeeoberbefehlshaber die Maßnahmen gegen Juden als militärisch notwendig (Partisanengefahr) hinzustellen" suchten[194] oder man einen „beschleunigten Einsatz von SS- und Polizeikräften […] mit angeblicher Partisanengefahr" begründete.[195] Quellen wiesen jedoch angeblich aus, daß von „größeren Partisanenverbänden" oder „gehäuften Partisanenüberfällen" keine Rede sein könne: „In den ersten Wochen wurde trotz Stalins Aufruf zum Partisanenkrieg kein Einsatz organisierter Partisanenverbände festgestellt […] Wer verdächtig war, Partisanen oder Versprengte in irgendeiner Weise zu unterstützen, wurde als ‚Partisanenhelfer' exekutiert. Im Laufe des Sommers 1941 wurden die ‚Herumtreiber' als eine weitere Kategorie in die Vernichtung einbezogen. Dies waren zum großen Teil Menschen, die als Folge der deutschen Hungerpolitik das Land auf der Suche nach Lebensmitteln durchstreiften. Von diesen grundsätzlichen Entscheidungen her erscheint das Wort von der ‚Kriegserklärung gegen die gesamte Zivilbevölkerung' (Katalog S. 138) keineswegs aus der Luft gegriffen."[196] Im Gegensatz zu den bisherigen Einschätzungen wird jedoch überraschenderweise eingeräumt: „Die Masse der 1941 operierenden Partisanen und der Kern der 1942 entstehenden organisierten Partisanenverbände waren versprengte Rotarmisten und entflohene Kriegsgefangene, die aufgrund ihrer Erfahrungen im Partisanenkampf die einzige Überlebenschance sahen."[197]

Die mit den Ausstellern konform gehende Einstellung zur Partisanenfrage wird von den Gutachtern sozusagen unter eine Generalklausel gestellt. Unmittelbar unter der vielsagenden Zwischenüberschrift „Partisanenkampf ohne Partisanen" wird allen Ernstes behauptet: „In der Forschung ist unbestritten, daß es 1941 eine ernstzunehmende Partisanengefahr in Weißrußland nicht gegeben hat. Jeder Kenner der Abläufe in Weißrußland 1941 weiß, was gemeint ist, und wird die Aussage ‚Partisanenkampf ohne Partisanen' nicht wörtlich nehmen. Dennoch sollte man die Überschrift nicht beibehalten, da sie für den Laien irreführend ist. Die Darstellung des Partisanenkriegs in der Ausstellung entspricht in allen wichtigen Punkten den Ergebnissen der historischen Forschung. Zu betonen ist dabei, daß die Autoren bei der Darstellung der Partisanenbewegung des Jahres 1941 Neuland betreten haben, da es dazu bisher keine umfassende, verläßliche Untersuchung gibt."[198] Mit ihrem letzten Satz begibt sich die Kommission auf äußerst fragwürdiges Terrain. Die Behauptung, es habe bei der Vorbereitung der Ausstellung vor 1995 keine wissenschaftlichen Arbeiten über den sowjetischen Partisanenkrieg gegeben, ist zweifellos falsch und eine leicht durchschaubare Schutzbehauptung zugunsten von Heer. Wenn die Kommission allerdings mit dem Wort „gibt" – im Präsens – suggerieren will, daß solche Arbeiten Ende 2000 immer noch nicht vorlägen, dann versucht die Gutachtergruppe die Öffentlichkeit gezielt irrezuführen und begibt sich damit auf das Glaubwürdigkeitsniveau von Heer. Bereits seit 1999 ist nämlich das Standardwerk *Die Wehrmacht im Partisanenkrieg*[199] des renommierten Historikers Franz W. Seidler von der Universität der Bundeswehr in München auf dem Markt.

Die in sich deutlich widersprüchlichen Aussagen („in der Forschung ist unbestritten" versus „Neuland [...] da es dazu bisher keine umfassende, verläßliche Untersuchung gibt") stehen darüber hinaus in klarem Gegensatz zu den Forschungsergebnissen weiterer Wissenschaftler. So ist unter anderen der Münchner Historiker Dr. Walter Post zu nennen, der in seinem Buch *Die verleumdete Armee. Wehrmacht und Anti-Wehrmacht-Propaganda* auf der Basis sowjetischer Unterlagen und umfassender Sekundärliteratur die Umstände des 1941 begonnenen Partisanenkrieges schildert. In einem ganzen Kapitel berichtet Post über erste Aufrufe und Befehle der KPdSU und Stalins Ende Juni/Anfang Juli zum Partisanenkrieg, über Durchführungsanleitungen, Erfolgsmeldungen sowjetischer Stellen und deutsche Gegenmaßnahmen. Unter anderem verweist er auch auf den konkreten Widerstand der Truppe gegen den von Hitler bzw. durch den Chef des Oberkommandos der Wehrmacht, Keitel, gegebenen Befehl zur Verschärfung des Kampfes gegen Partisanen, sowie die Androhung von Strafen wegen etwaiger Übergriffe gegen die Zivilbevölkerung.[200]

Post, Seidler und andere Experten nehmen zudem zur Frage der Befolgung der Haager Landkriegsordnung in der deutschen Armee Stellung. Entgegen der Auffassung der Gutachter, die zumeist synchron mit den Ausstellern Verstöße gegen sie zu erkennen glauben, stellen sie heraus, daß sich auch gelegentlich sehr hartes Vorgehen gegen Partisanen und deren Helfershelfer durchaus in Übereinstimmung mit geltendem Kriegsrecht befand.

Die weitgehende Mißachtung der Kritiker erstreckt sich auch auf andere Bereiche. So ignorieren die Kommissionsmitglieder etwa bei der Bewertung der Exekutionen in Pančevo, daß es außer Ungváry – dessen Kritik schlichtweg für „nicht stichhaltig" befunden wird[201] – weitere Stimmen gibt, die in wohlbegründetem und auf weitreichendem Aktenstudium beruhenden Gegensatz zur Darstellung der Ausstellung stehen: zum Beispiel Walter Post und Wolf Stoecker.[202]

Andererseits beschränkt sich das Überprüfungsgremium nicht darauf, die Thesen der Aussteller gegen abweichende wissenschaftliche Auffassungen zu stützen, seine Mitglieder sparen zudem nicht mit teils scharfer Kritik an den wenigen Kritikern, die sie überhaupt wahrzunehmen bereit sind. So werden etwa die Aussagen Musials zu einigen der Zloczów-Bilder – desjenigen Experten, der jahrelang akribisch zu diesem Thema geforscht hatte – auf geradezu herablassende Weise angezweifelt: „Die einzigen Indizien, auf die man sich zur Zeit stützen kann – bildimmanente Hinweise und der Vergleich mit anderen Aufnahmen – sprechen eher dagegen, daß die zu einem Stapel aufgeschichteten Toten NKWD-Opfer sind."[203] Welcher Art diese Indizien sind, erklärt die Kommission allerdings nicht. Es nützt auch nichts, daß Musial in seinen Ausführungen außer auf die Untersuchung der Bilder selbst auch auf die polnische Aktenlage, auf ukrainische und vor allem damalige und aktuelle jüdische Zeugenaussagen verwiesen hatte.

Die Gutachter bleiben auch hinsichtlich der Tarnopol-Fotos unbelehrbar: „Auch die Identität der Toten auf den Fotografien aus Tarnopol ist bislang nicht eindeutig zu klären, weil außer bildimmanenten Details und weiteren Fotos keine Hinweise vorliegen."[204] Es wird zwar eingeräumt, daß auf Aufnahmen auch Särge mit Kreuzen zu sehen seien, aber schließlich heißt es doch: „Der wiederholt vorgebrachte Einwand, einige der abgebildeten Uniformierten hielten sich Taschentücher vor Nase und Mund, um sich vor dem Verwesungsgeruch der zu ihren Füßen liegenden

Toten zu schützen, weshalb es sich nur um NKWD-Opfer handeln könne, trägt allein nicht. Die Geste muß nicht zwangsläufig bedeuten, daß der Verwesungsgeruch von jenen Leichen ausgeht, die auf dem Foto zu sehen sind. Ebensogut können sich die exhumierten Toten an anderer Stelle des Hofes befinden, die aber auf diesen Fotos nicht zu sehen sind [...] Wenig stichhaltig sind auch andere Indizien, die gegen die Identifizierung der Toten als Juden vorgebracht wurden: Ob sich, wie ein Kritiker behauptet, fünfzig Jahre nach der Tat exhumierte Leichen als Opfer des NKWD oder als Opfer der nachfolgenden Pogrome identifizieren lassen, ist ebenso zweifelhaft wie die Annahme, ein Denkmal für die NKWD-Opfer am Ort des Geschehens schließe aus, daß an dieser Stelle auch Juden umgekommen seien."[205]

Möglicherweise ist die hier geäußerte Spekulation über die Zuordnung der Opfer ironisch gemeint, ihre Wirkung jedoch eher makaber. Schließlich stellt das von den Gutachtern als lediglich „bildimmanentes Detail" abgetane Faktum, daß Särge mit Kreuzen auf dem Foto zu sehen sind, einen unstrittigen Beweis dafür dar, daß es sich bei den exhumierten Leichen nicht um Juden handelt. Zu argumentieren, die auf die Toten schauenden Soldaten hielten sich möglicherweise Tücher vors Gesicht, weil Verwesungsgeruch ebensogut auch von woanders her kommen könne, ist zu abwegig, als daß darauf eingegangen werden müßte. Vor allem aber ignorieren die Kommissionsmitglieder die übrigen detaillierten Angaben zu den Vorgängen, einschließlich des Hinweises auf das Bild, das kurz zuvor Ermordete zeigt. Wenn sie die Forschungen von Dr. Schmidt-Neuhaus aus ihrer Arbeit in der Öffentlichkeit auch ausblenden, können sie in diesem Fall eigentlich nicht an ihm vorbei: Musial verweist in dem Fachjournal *Geschichte in Wissenschaft und Unterricht* 10/1999 ausdrücklich auf ihn, und seine Angaben sind sehr detailliert, bringen exakte Zeitangaben, führen verschiedene Zeugen an usw.[206]

Die Argumentation der Kommission erscheint insgesamt äußerst oberflächlich. Nach dem relativierenden Eingeständnis, die Kritik habe auf „zahlreiche Ungenauigkeiten" bei der Präsentation von Fotos aufmerksam gemacht, fährt der Bericht ungehemmt vorwurfsvoll fort: „Gleichzeitig hat die Debatte eine bemerkenswerte Inkompetenz auch der wissenschaftlichen Kritiker im Umgang mit Fotografien im Kontext von Forschung und Ausstellungen offenbart. So blieb völlig unreflektiert, daß sich die Zuschreibungen der Kritiker in weiten Teilen allein auf die Interpretation des Abgebildeten gestützt haben." Bedarf es hier noch eines Kommentars zur Interessenlage des Untersuchungsgremiums? Ihm Kompetenz abzusprechen, scheint jedenfalls nur bedingt möglich, wenn es selbst anfügt: „Das ist zwar eine zentrale Voraussetzung jeder Fotoanalyse, reicht zur Verifizierung dessen, was zu sehen ist, allein aber nicht aus."[207]

Was die Kommissionsmitglieder immer wieder neu unter Beweis stellen, ist ihre mangelnde Bereitschaft zu erkennen – bzw. ihre Gabe zu ignorieren –, worum es den Kritikern in Wirklichkeit geht. Auf den bisher unerwähnt gebliebenen Fall Bjelaja Zerkow bezogen heißt es: „Die Darstellung dieses Falles kritisiert Ungváry, weil ‚nicht ausreichend zwischen Nichtbehindern oder aktivem Begehen eines Verbrechens' unterschieden werde. Der Oberbefehlshaber der 6. Armee, Feldmarschall von Reichenau, und der dortige Feldkommandant, Oberstleutnant Riedl, hätten nicht die Ausrottung der Juden angeordnet, ihre Schuld sei eine andere als die der Täter [GWU, S. 590]. In der Ausstellung wird nicht behauptet, daß Wehrmachtstellen den Befehl zum Mord an den Juden von Bjelaja Zerkow gegeben hätten. Ungvárys Kritik zeigt, daß er nicht erkannt hat, welche Bedeutung dieser Fall hat."[208]

Krisztián Ungváry unterscheidet grundsätzlich zwischen direkter Täterschaft und wie auch immer gearteter Unterstützung. Über diese Differenzierung läßt sich sicherlich verschiedener Meinung sein, seine Ansicht aber wiederum als einen Mangel an Verständnis für gewisse zeithistorische Prioriäten zu disqualifizieren, zeigt, daß es zur Taktik der Kommission gehört, auch mit moralischen Einwänden von der eigentlichen Kritik abzulenken. Das unterstreichen auch die folgenden Sätze: „Im Grundsätzlichen aber überziehen die Kritiker ihre Kritik. Sie ignorieren vor allem die sehr wesentliche Rolle, die die Wehrmacht in der Entwicklung des Genozids an den Juden im Osten spielte. Sie isolieren ihre Sichtweise auf die konkreten Täter, ohne danach zu fragen, unter welchen Voraussetzungen diese morden konnten und wie diese Voraussetzungen geschaffen wurden. Sie tun dies nicht zuletzt deswegen, weil sie Ausmaß und Entwicklung der Kooperation zwischen Wehrmachtstellen und SS-Stellen nicht richtig einzuschätzen vermögen."[209]

Zudem geht der Bericht auf den Reichenau-Befehl vom 10. Oktober 1941 ein. Dieser zeige „nicht nur, wie in der Ausstellung dokumentiert wird, mit welchem Nachdruck der Oberbefehlshaber der 6. Armee von seinen Soldaten ,Verständnis' für die Judenmorde forderte (S. 80), sondern auch, daß die Morde in der Armee weiterhin auch auf Ablehnung stießen. Es wäre allerdings falsch, daraus zu folgern – wie dies Kritiker der Ausstellung häufig taten –, daß dies die Haltung der Mehrheit der Soldaten war. Zwar ist es unmöglich, auch nur einigermaßen konkrete Aussagen über den Anteil derjenigen Soldaten zu machen, die den Mord an den Juden verurteilten. Die in den ,Ereignismeldungen UdSSR' zusammengefaßten Meldungen der vier Einsatzgruppen zeigen mit großer Deutlichkeit, daß dies nicht eine Mehrheit oder auch nur ein großer Teil der Soldaten gewesen sein kann. Alle Einsatzgruppen bewerten das Verhältnis zur Wehrmacht äußerst positiv."[210]

Angesichts der Tatsache, daß die Kommissionsmitglieder selbst eingestehen, daß genaue Angaben zur Einstellung der Soldaten nicht möglich seien, unterscheidet sich ihre hier zum Ausdruck kommende Unterstellung gegenüber der Gesamtheit der Soldaten in nichts von der ursprünglichen pauschalen Diffamierung der Wehrmacht durch die Ausstellungsmacher.

Am Rand geht der Bericht auf die Exekutionen in Charkow ein, die als Vergeltung für mehrere Sprengstoff- bzw. Minenanschläge mit Todesopfern vorgenommen wurden. Ungváry hatte in diesem Zusammenhang auf eine Zahl von Toten verwiesen, die, obwohl den Angaben der sowjetischen Ankläger in den Nürnberger Prozessen entnommen, sogar unter der aus den Kriegstagebüchern der 6. Armee liege. Die Gutachter merken dazu etwas hämisch an: „Weshalb im Fall Charkow nun wiederum die Aussage des sowjetischen Anklägers verläßlicher sein soll als die dienstlichen Meldungen deutscher Generalstabsoffiziere, ist nicht einsichtig."[211]

Kritik an der Presse und an den Ausstellungsgegnern gibt es auch im Zusammenhang mit der Auswertung der Bilder: „,Gesetze der Quellenkritik' für Fotografien, an denen sich die Wissenschaftlichkeit und Seriosität der Ausstellung ,Vernichtungskrieg. Verbrechen der Wehrmacht 1941–1944' messen ließe, sind nach derzeitigem Forschungsstand keinesfalls so eindeutig definiert, wie es in der wissenschaftlichen Kritik an der Ausstellung und der sich darauf beziehenden Presseberichterstattung dargestellt wurde."[212] Nun haben sich sowohl die Kritiker als auch die über sie berichtenden Journalisten weniger grundsätzlich über „Gesetze der Quellenkritik" geäußert, als daß sie konkrete Kritik an Zuschreibung, Einordnung oder Betextung einzelner Aufnahmen geübt bzw. über die dezidierte Kritik daran berichtet hätten.

Was die Herkunft des in der Ausstellung verwendeten Fotomaterials anbelangt, so hat es zunächst den Anschein, als gehe die Kommission mit ihm beinahe noch härter ins Gericht als jeder Kritiker oder Pressevertreter vor ihr: „Die Tatsache, daß verbindliche, allgemein anerkannte und angewandte Methoden der Quellenkritik von Fotografien fehlen, hat Folgen für die praktische Arbeit von Fotoarchiven bzw. Archiven mit Fotosammlungen. Nur im Ausnahmefall bieten die Archive ausreichend Begleitinformationen zu fotografischen Quellen. Für Ausstellungsprojekte folgt daraus, daß Archivangaben allein als Informationsbasis nicht ausreichen, sondern zusätzliche Recherchen notwendig sind."[213] So die vielversprechende Einleitung. Auf Reemtsmas Ausstellung bezogen gilt das aber natürlich nur in eingeschränktem Maße: „In der überwiegenden Zahl haben die Autoren Fotografien präsentiert, die in den konsultierten Archiven dem Thema ‚Deutsche Wehrmacht' zugeordnet waren. Allerdings hat die Praxis, Archivzuschreibungen ungeprüft zu übernehmen, zu ungenauen oder auch falschen Zuschreibungen geführt. Umgekehrt haben die Ausstellungsautoren auch von den Archivbeschriftungen abweichende Legenden gewählt, ohne daß ihre Gründe in jedem Falle nachvollziehbar waren. Selbstverständlich gibt es keine Regel, wonach die Bildlegende eines Archivs zwingend in einer Ausstellung zu übernehmen wäre. Einmal muß das nicht die richtige sein, nicht einmal die zeitgenössische Legende vermittelt notwendig ‚objektive' Informationen, zum anderen wäre es unsinnig, zusätzliches, aus weiteren Dokumenten und Bildern gewonnenes Wissen zu einzelnen Fotografien nicht anzugeben. Als problematisch hat sich hier erwiesen, daß sich die uneinheitlichen Auswahlkriterien für die Beschriftungen (bzw. die Gründe für fehlende Beschriftungen) nicht erschließen.

Die Autoren haben Beschriftungen der Archive übernommen, jedoch ohne zu klären, ob es sich um eine zeitgenössische Beschriftung – des Fotografen, eines Redakteurs – oder um die nachträgliche Beschriftung durch einen Archivmitarbeiter oder den Überbringer der Aufnahme handelt."[214]

Immerhin erweist sich die Diktion dieser kritischen Anmerkungen als äußerst zurückhaltend, jegliche Polemik oder auch nur Ausdrücke, die geeignet sein könnten, Emotionalität zu erzeugen, werden vermieden. Wenigstens insofern erfüllt die Beurteilung die Ansprüche, die an eine wissenschaftliche Begutachtung geknüpft werden können. Das fällt insbesondere deshalb auf, weil eben diese sachliche und verbale Distanz der Kommissionsmitglieder gegenüber den Kritikern der Ausstellung allzu oft zu wünschen übrig läßt. Dennoch kann auch die Zurückhaltung im Ton nicht überspielen, daß sehr grundsätzliche Kritik an der Verwendung von Bildern in der Ausstellung geäußert wird. Um so erstaunlicher ist, daß die Gutachter ihre Aussage im wesentlichen darauf reduzieren, daß „von den 1433 Fotografien der Ausstellung weniger als 20 Fotos nicht in eine Ausstellung über die Wehrmacht gehören".[215]

Der Satz enthält zwei Ungereimtheiten. Zum einen sind von den 1433 Abbildungen der Ausstellung allein 735 Paßbilder. Nur 698 Aufnahmen könnten also theoretisch Aktionen der Wehrmacht zeigen. Zum anderen ist die ehemalige Reemtsma-Heer-Schau keine bloße „Ausstellung über die Wehrmacht", sondern sie soll – dem Titel zufolge – „*Verbrechen* der Wehrmacht", d.h. deren „Vernichtungskrieg" dokumentieren, was demzufolge anhand des Großteils der Bilder möglich sein müßte. Auch diese Voraussetzung wird nach Krisztián Ungváry jedoch nicht erfüllt. Seine statistische Analyse (bei der er von der Anzahl der Bilder im Katalog ausgeht – 801 inklusive der Paßbilder) weist aus, daß nur auf 80 Aufnahmen Wehrmachtsoldaten als Täter zu sehen sind. Und auch diese Aufnahmen zeigten „in erheblichem Umfang nicht Verbrechen im juristischen Sinn", wie Ungváry anmerkt, da die Exekution von Partisanen nicht gegen internationales Recht verstößt.[216]

Und selbst wenn man Ungvárys Auffassung nicht teilt, sondern auch Fotos von Polizeieinheiten, Geheimer Feldpolizei, Feldgendarmerie, SS/SD sowie litauischen, lettischen, ukrainischen oder russischen Hilfswilligen zur Beweisführung mit heranzieht, kämen zu den 80 Aufnahmen nur 49 hinzu – so daß von den 1433 Bildern sich lediglich 129 für die laut Titel beabsichtigte Darstellung von „Verbrechen der Wehrmacht" heranziehen lassen. Aber, wie gesagt, die Kommission scheint diesen Teil von Ungvárys Kritik auszublenden und nennt unbekümmert die ihr wohl genehmere imposante Zahl 1433.

Das Fazit der Gutachter mutet nicht zuletzt vor dem Hintergrund der weitreichenden und umfassenden kritischen Anmerkungen zur Verwendung der Bilder durch die Aussteller höchst widersprüchlich an. Eigentlich wäre zu erwarten gewesen, daß die Gutachterkommission zu einem durch und durch kritischen Gesamturteil käme. Die abschließende zusammenfassende Bewertung bestätigt diesen Eindruck zunächst auch:

„1. Die Ausstellung ist als eine Thesenausstellung konzipiert. Dokumente werden im Vergleich zur Dominanz der Fotos eher sparsam und überdies teilweise verkürzt eingesetzt. Dies führt an einigen Stellen zu unzulässigen inhaltlichen Auslassungen, die sich nicht allein mit didaktischen Überlegungen rechtfertigen lassen.

2. Die erläuternden Texte sind oft thesenhaft zugespitzt und besitzen einen appellativen Charakter. Dadurch wird ihre erklärende Funktion jedoch eher eingeschränkt. Weder diese Texte noch das Arrangement von Fotos und Texten lassen die Existenz von historischen Handlungsalternativen noch die Möglichkeit von abweichenden Deutungen erkennen.

3. Der Eindruck einer fehlenden Offenheit in der Argumentation und im Ausstellungsduktus wird durch die Dominanz der Fotos unterstrichen. Die Fotos sollen die eigentliche Botschaft der Ausstellung vermitteln und als Beweis für die Massenhaftigkeit der darzustellenden Vorgänge dienen, obwohl sie allenfalls Belege für Einzelaktionen liefern können. Verstärkt wird diese Problematik noch dadurch, daß einzelne Bilder oder Bildreihen nicht oder nur bedingt für den Zusammenhang stehen, den zu dokumentieren sie beanspruchen. Solche Unstimmigkeiten zwischen Text- und Bildaussagen führen angesichts der großen Beweislast, den gerade die Fotos im Verständnis der Ausstellungsautoren wie des Publikums angenommen haben, zu einem Verlust an Glaubwürdigkeit.

4. Insgesamt bewirkt die Präsentation eine starke Emotionalisierung des Publikums und besitzt bereits durch ihren Duktus der Selbstsicherheit bzw. der mangelnden Offenheit im Urteil eine polarisierende Wirkung. Die Ausstellung ist nicht diskursiv angelegt. Nicht die Präsentation der Ausstellung, sondern erst die heftigen öffentlichen Kontroversen, die die Ausstellung ausgelöst hat, haben zu einer Diskussion der verschiedenen historischen Erfahrungen und Wahrnehmungen bzw. der Deutungsmöglichkeiten geführt. Die prononcierte Emotionalität und die reduzierte Diskursbereitschaft als beherrschende Vermittlungsformen der Ausstellung stehen somit in einem gewissen Widerspruch zu dem selbst gewählten Anspruch auf historisch-politische Aufklärung."[217]

Vor dem Hintergrund der häufig ambivalenten bis wohlwollenden Einzeleinwendungen des Berichts klingt diese Bewertung beinahe wie das Todesurteil für die Schau – um so mehr, als in der Vergangenheit die Ausstellungsmacher selbst, ebenso wie ihre Gönner in Politik und Medien, ihrer Arbeit ein Höchstmaß an historischer und aufklärerischer Qualität zuschrieben. Schließlich haben die Gutachter den Ausstellern nicht von ungefähr vorgeworfen, sie hätten auf die vorgebrachte Sachkritik unangemessen reagiert.

Warum sich die Gutachterkommission nun aber von den selbst erarbeiteten Aussagen abkehrt und etwa die statistische Komponente bei der im Detail zutreffenden Fotoanalyse ignoriert, ist einfach nicht zu erklären. Nachdem sie die Sachkritik von außen bereits auf die Anhörung von nur zwei Experten (Musial und Ungváry) an nur zwei Terminen reduziert hatten, entscheiden die Gutachter gar, daß überhaupt nur ein Teil der Kritik berechtigt sei, wobei aber wesentliche Details einfach übergangen werden, um so ohne weiteres Generalisierungen wie „keine Fälschungen im Sinne der leitenden Fragestellungen und Thesen"[218] ableiten zu können. Als „Verdienst der Ausstellung wie der Begleitveranstaltungen" wird schließlich sogar herausgestellt, daß „sie einige der von der zeit- und militärgeschichtlichen Forschung seit langem erarbeiteten und gesicherten Erkenntnisse über die Wehrmacht im ‚Vernichtungskrieg' nun auch einer weiteren Öffentlichkeit zugänglich machten. Damit hat sich die Schere zwischen einer zunehmend differenziert (und damit auch immer unübersichtlicher) werdenden wissenschaftlichen Erforschung der nationalsozialistischen Verbrechen und dem Verlangen der Öffentlichkeit nach eindeutigen Aussagen und einfachen Formulierungen zumindest ein wenig geschlossen."[219]

Die den gesamten Untersuchungsbericht durchziehende Widersprüchlichkeit wird hier noch einmal besonders deutlich: Nach der grundsätzlichen Würdigung, die Ausstellung habe einen guten Beitrag geleistet, das „Verlangen der Öffentlichkeit nach eindeutigen Aussagen und einfachen Formulierungen" zu befriedigen, steht am Ende dennoch die Empfehlung, das Werk „gründlich [zu] überarbeiten, ggf. auch neu zu gestalten", damit seine Hauptaussagen „gegen Mißverständnisse geschützt werden".[220] Die Uneinheitlichkeit im Urteil deutet darauf hin, daß Divergenzen auch zwischen den einzelnen Kommissionsmitgliedern bestanden haben müssen. Offensichtlich ist das Gesamtgutachten aus diversen Einzelteilen zusammengepuzzelt worden. Kritische Textpassagen durften anscheinend nur dann Aufnahme in das Gutachten finden, wenn diesen zusammenfassende Bewertungen entgegengestellt wurden, die den kritischen Ton wieder konterkarierten. Man kann sich das Feilschen der Gutachter um „Ausgewogenheit" von Kritik und Gegenkritik lebhaft vorstellen. Warum sonst werden einerseits Kritikpunkte immer wieder ausgeblendet, allenfalls in beschönigende, der eigentlichen Kritik ausweichende Formulierungen weich gebettet und statt dessen Ergebnisse der Aussteller übernommen, obwohl ihnen entgegengesetzte Forschungsergebnisse in der Literatur vorliegen, andererseits aber wiederum grundsätzliche Schwachstellen der Ausstellung klar aufgezeigt? Warum werden die Kritiker mit teils harschen Ausdrücken attackiert, während der Ton gegenüber den Fehlern der Aussteller moderat bleibt? Und warum kommt es dennoch zu zusammenfassenden Wertungen, die deutliche Kritik enthalten?

Wie dem auch sei, das wissenschaftliche Gremium ließ bei der Prüfung der vieldiskutierten Schau des Hamburger Instituts für Sozialforschung offensichtlich Gnade vor Recht ergehen. Darüber, ob sich die Gutachter von diesem Grundprinzip leiten ließen, um etwaige spätere Angriffe von seiten zeitgeistiger Konformisten von vornherein auszuschließen, läßt sich nur spekulieren. In jedem Falle aber ist die Widersprüchlichkeit, die beinahe den gesamten Untersuchungsbericht durchzieht, vermutlich einer der Gründe dafür, warum ein Teil der Öffentlichkeit in ihm eine klare Disqualifizierung der Ausstellung und ihrer Macher sieht, während der andere sich auf die beschwichtigend-zustimmenden Aussagen bezieht und hoffnungsvoll der Neuauflage entgegensieht.

Das Comeback

„Die Ausstellung hat ihren Sinn nicht verloren“[221], „In der Kernaussage richtig“[222], „Keine Manipulation, aber Fehler“[223], „Bei aller Kritik an der Konzeption wird den Ausstellungsmachern um Hannes Heer Seriosität im Umgang mit den historischen Quellen bescheinigt“[224], „An der Grundintention sollte festgehalten werden“[225] – so oder ähnlich lauten am 16. November 2000, einen Tag nach Veröffentlichung des *Berichts der Komission zur Überprüfung der Ausstellung*, die Schlagzeilen in den Tageszeitungen. Sie stammen von jenen Medienvertretern, denen das ein Jahr zuvor von Jan Philipp Reemtsma unter dem Druck der Fakten verkündete Moratorium ohnehin nur die unnötige Unterbrechung eines als politisch korrekt empfundenen und deshalb rundweg „guten“ Ereignisses war. Folglich wird in den verschiedensten Formulierungen lediglich das reproduziert, was die Gutachter am Ende ihrer Kritik dann doch in Wohlwollen ummünzten: Der Fälschungsvorwurf sei aus der Diskussion, weniger als 20 Aufnahmen seien ungerechtfertigt in die Ausstellung geraten, und die ganze Kontroverse habe das Thema letztlich vorangebracht. „Eine geringe (gemessen an der gesamten) Zahl von Fotodokumenten war falsch zugeordnet worden“[226], heißt es im Vorgriff auf das Gutachten am 11. November 2000 oberflächlich in der linken *Jungen Welt*.

Ist den Ausstellungsgutachtern vorzuhalten, ihre Beurteilung zeichne einen unübersehbaren Zickzackkurs, so müssen sich die Ausstellungsunterstützer den Vorwurf gefallen lassen, daß sie nur die eine Seite der Ausschläge wahrnehmen. Anderslautendes wird ausgeblendet. Die – im Gutachten bereits minimierte – umfassende Kritik Ungvárys zum Beispiel hat im Kanon der Ausstellungsunterstützer überhaupt keine Stimme. Wenn die Sympathisanten Kritik üben, kommt sie aus einer anderen Richtung. Im Feuilleton der *Frankfurter Allgemeinen Zeitung* vom 24. November 2000 merkt Franziska Augstein an: „Die Kritiker der Ausstellung, Krisztián Ungváry und Bogdan Musial vorneweg, haben sich sagen lassen müssen, daß sie nicht minder schlampig gearbeitet haben als die Ausstellungsmacher. So fanden die Gutachter unter den insgesamt 1433 Fotos ‚weniger als zwanzig‘, ‚die nicht in die Ausstellung gehören‘.“[227]

So der einmütig rauschende Blätterwald in Deutschland. Dem steht, im benachbarten deutschsprachigen Ausland, in der Schweiz, vor allem die *Neue Zürcher Zeitung* gegenüber. In ihr ergreift Heribert Seifert, der schon früher durch weniger konforme, dafür aber kundigere Aussagen als das Gros seiner Berufskollegen und studierten Historiker zur kurzen, aber heftigen Erfolgsgeschichte der Ausstellung auf sich aufmerksam gemacht hat, am 17. November 2000 erneut das Wort. Seine Stellungnahme zum Kommissionsgutachten ist ebenso treffend wie ernüchternd: „Der Streit um die Ausstellung ‚Vernichtungskrieg. Verbrechen der Wehrmacht 1941 bis 1944‘ geht weiter. Denn der Bericht der Kommission zur Überprüfung der Ausstellung, der am vergangenen Mittwoch in der Deutschen Bibliothek in Frankfurt am Main vorgestellt wurde, ist kaum geeignet, die kritischen Fragen zu beantworten, die die seit März 1995 unter großer öffentlicher Anteilnahme in zahlreichen Städten gezeigte Geschichtsschau aus Jan Philipp Reemtsmas Hamburger Institut für Sozialforschung provoziert hat.“[228] Zu der Einlassung des Kommissionssprechers Gerhard Hirschfeld, die Ausstellung habe der Aufklärung gedient, merkt Seifert an: „Dieses Urteil ist ein Kunststück, das nur mit einiger Anstrengung zustande gekommen ist. Zu deutlich treten im Bericht die Widersprüche zwischen der substantiellen Kritik am Detail und dem beruhigenden Tenor der zusammenfassenden Würdigung hervor, als daß sich diese Spannung mit dem Pas de deux eines Eiertanzes lösen ließe, der die Ausstellungsmacher weitgehend rehabilitieren und zugleich die Kritiker ruhigstellen soll. Prüft man die Mängelliste Punkt für Punkt, so wird deutlich, daß es eben nicht nur um den laxen Umgang mit ‚ein paar Fotos' geht, sondern darum, daß der Hamburger Ausstellung jede methodische Reflexion ihrer Arbeit gefehlt hat."[229]

Nach dem Aufzeigen der einzelnen Schwachstellen, die auch von der Kommission erkannt worden sind, nennt Seifert einzelne Unzulänglichkeiten der Kommissionsarbeit: Sie habe Bedeutung und Wirkung des Kriegsrechts nicht ausreichend behandelt, und „sehr unklar ist, was denn die nur ‚exemplarische Prüfung' der Validität der Bildquellen bedeuten soll".[230] Seine vernichtende Kritik kulminiert schließlich in der rhetorischen Frage: „Wie bescheiden sind die Mitglieder der Kommission in ihren fachwissenschaftlichen Ansprüchen, wenn sie bei solchen Defekten den Ausstellungsmachern ‚Seriosität der Quellenarbeit' bestätigen?" Sein Fazit lautet demzufolge: „Es bleibt der unbehagliche Eindruck, daß auch diese Kommission sich von dem unter deutschen Zeithistorikern verbreiteten Zynismus leiten ließ, der davon ausgeht, man könne in Zeiten der ‚Krawallkommunikation' Geschichtsbilder nur mit den Techniken der Propaganda an ein großes Publikum herantragen."[231]

In der *Welt* fügt am 24. November 2000 Berthold Seewald der Sachkritik noch einen wichtigen Punkt hinzu. Er verweist auf eine Veröffentlichung des Militärgeschichtlichen Forschungsamtes (MGFA) von 1993, *Grundzüge der deutschen Militärgeschichte*[232], in der es heißt: „Es hat Millionen von Soldaten gegeben, die persönlich nicht verstrickt waren." Seewald kommentiert: „Diese Seite der Geschichte aber war keine ‚leitende Fragestellung der Wehrmachtsausstellung'."[233] Sie war es weder in der Ausstellung noch für die Kommission, die die Defizite der Ausstellung bewerten sollte. Es hätte wohl auch nicht in das erwünschte Bild gepaßt, sich mit derartigen Zahlen auseinanderzusetzen. Quellen dafür gäbe es indes. So hat sich Walter Post in seinem Aufsatz „Die Proportion der sogenannten ‚Täter' in der Millionenarmee. Versuch einer Quantifizierung am Beispiel der 6. Armee im Rußland-Feldzug 1941"[234] intensiv mit diesem Thema befaßt. Die 6. Armee hat er deshalb als Untersuchungsgegenstand herangezogen, weil sie in der Ausstellung als besonders belastete Truppe dargestellt wird. Auf der Basis umfangreicher Literaturrecherche und den Ergebnissen des US-Militärgerichtshofes V in einem der Nürnberger Nachfolgeprozesse kommt er auf die Zahl von maximal eineinhalb Prozent der Armeeangehörigen, die in irgendeiner Weise in Verbrechen verwickelt waren – eine Zahl, die die Ausstellungsmacher sicherlich gern ignoriert haben, aber spätestens die Gutachter hätten sie einbeziehen müssen.

Auch Bogdan Musial, Dieter Schmidt-Neuhaus und Krisztián Ungváry melden sich in der letzten Novemberwoche zu Wort. In der *Woche* stellen alle drei und in der *Welt* Musial zudem in einem Einzelbeitrag wiederholt klar, was bei aufmerksamer Lektüre bereits aus dem Bericht der Kommission selbst zu entnehmen war: Die Gutachter haben wesentliche Aspekte der Kritiker zumindest überaus oberflächlich behandelt, mißachtet oder sogar „ausgeblendet" – so Musial in der *Welt*.[235] Nichtsdestotrotz sichert Krisztián Ungváry aus wissenschaftlicher Loyalität, die seitens der Ausstellungsmacher, Begutachter und Unterstützer hingegen kaum zu erkennen ist, der neukonzipierten Ausstellung Unterstützung zu.

In welchem Ausmaß sich zumindest einige der Gutachter als Gegner der Kritiker sehen mögen, macht Gerhard Hirschfeld deutlich. In der *FAZ* setzt er sich am

11. Dezember 2000 in einer Weise mit Musials Kritik auseinander, die eher feindselige Emotionalität als den Wunsch nach sachlicher Auseinandersetzung zur Grundlage zu haben scheint. So weist er dessen durchaus nicht abwegigen Eindruck von der Befangenheit oder Parteilichkeit der Ausstellungsgutachter brüsk zurück: „Dieser haltlose Vorwurf findet sich ansonsten nur noch in einigen Gazetten und elektronischen Verlautbarungen der politischen Rechten." Im weiteren verwendet er Vokabeln wie „absurd" und „unsinnig", spricht vom „Kampf gegen selbst errichtete Windmühlen" und läßt seine Verbalentgleisung in dem Satz gipfeln: „Mit seinem publizistischen Kreuzzug und seinen polemischen Attacken auf den Kommissionsbericht ist Bogdan Musial jedoch dabei, seinen verdienten Kredit in Sachen ‚Wehrmachtsausstellung' zu verspielen." Nach dieser im Grunde überraschend positiven Wertung fährt er gallig fort: „Musial sollte seine unbezweifelbaren Fähigkeiten und Energien auf die notwendige Überarbeitung seiner jüngst publizierten, von den Fachkollegen erheblich kritisierten Studie zur Erklärung der Brutalisierung des Ostkrieges angesichts der deutschen und sowjetischen Verbrechen konzentrieren."[236]

Hirschfelds Ansinnen, seinen Standpunkt wie auch den der Kollegen seiner geistigen Fraktion in den Stand einer allgemeinen wissenschaftlichen Verbindlichkeit zu erheben, könnte kaum arroganter vorgetragen werden. In der Tat befindet er sich in Übereinstimmung mit nicht wenigen Historikerkollegen, wenn es um die Beurteilung von Bogdan Musials im Jahre 2000 erschienenem Buch *„Konterrevolutionäre Elemente sind zu erschießen". Die Brutalisierung des deutsch-sowjetischen Krieges im Sommer 1941* geht, einer Arbeit, die herausfinden will, ob zwischen der Unterdrückung der Bevölkerung durch die Sowjets und anschließend erfolgten Judenpogromen ein kausaler Zusammenhang besteht. Die Frage nach einem solchen Zusammenhang, und sei es zum Zweck der Erklärungsfindung, gewiß nicht als Billigung, scheint zu den Tabus zu gehören, an denen nicht einmal ein polnischer Historiker rühren darf. Daß sich bereits im August 2000 *Der Spiegel* dieses Themas wegweisend angenommen hatte[237], vermag gewisse Denkschablonen allerdings kaum aufzubrechen. Spätestens anhand des vier Monate hinterherhinkenden *FAZ*-Beitrags von Hirschfeld erweist es sich als fraglich, ob er der Kritik Musials jemals offen gegenüber gestanden hat – was um so eklatanter erscheint, als er ja immerhin in der Funktion des Sprechers der Gutachterkommission in Erscheinung getreten ist.

Noch am Tage nach der Vorstellung des Kommissionsberichts ist in der *Welt* zu lesen, Hannes Heer sei sichtlich erleichtert gewesen, er habe dessen wohlwollende Botschaft gleich verstanden: „‚Ich bin bescheidener geworden', sagt er am Ende, inzwischen zopflos und entspannt aussehend. Und er stellt sich schon wieder in die Nähe seines ehemaligen Chefs Jan Philipp Reemtsma." Vor der Antwort, ob er Heer jetzt rehabilitieren werde, habe sich Reemtsma aber „gedrückt", immerhin aber habe es einen festen Händedruck zwischen den Männern gegeben.[238]

Die Hoffnung, dies könne eine eventuelle Wiedereinsetzung des ehemaligen Leiters der Schau in einen vergleichbaren Posten der nächsten Ausstellung oder auch nur eine Beteiligung am neuen Projekt bedeuten, erweist sich, falls sie überhaupt je bestanden hat, als illusorisch. Schließlich sollen die Auseinandersetzungen zwischen Reemtsma und Heer über das Ausmaß der Überarbeitung und die Notwendigkeit einer Neukonzeption dem Vernehmen nach nicht unerheblich gewesen sein.

Mittlerweile ist noch eine weitere „personelle" Konsequenz gezogen worden: Jan Philipp Reemtsma trennt sich von dem Trägerverein, der die alte Ausstellung ursprünglich hätte weiter betreuen sollen. In der diesbezüglichen Pressemeldung des Instituts heißt es am 20. Dezember 2000: „Der Vorstand des Vereins zur Förderung der Ausstellung ‚Vernichtungskrieg. Verbrechen der Wehrmacht 1941 bis 1944' hat dem Hamburger Institut für Sozialforschung mitgeteilt, daß er sich auf seiner Mitgliederversammlung am 9. Dezember nicht darüber hat einigen können, ob er sich um die Trägerschaft der neuen Ausstellung bewerben möchte. Daraufhin hat das Institut beschlossen, daß keine Entscheidung eben doch eine Entscheidung sei, denn: ohne diesen Entschluß kann der Verein keine Kontakte zu potentiellen Ausstellungsnehmern pflegen oder aufbauen. Die Zusammenarbeit des Hamburger Instituts für Sozialforschung mit dem Verein ist damit zu Ende Dezember 2000 beendet."[239]

Zwischen den Vorstandsmitgliedern muß erhebliche Uneinigkeit über die Neukonzeption der Ausstellung bestanden haben. Denn hätte man sich wenigstens mehrheitlich dafür ausgesprochen, wäre es zu einer Entscheidung zugunsten einer neuerlichen Trägerschaft gekommen. Wer letztlich mit Erfolg gegen die neue Ausstellung interveniert hat, ist dabei unerheblich: Ob Brigadegeneral a.D. Winfried Vogel oder der ehemalige SPD-Parteivorsitzende Hans-Jochen Vogel Meinungsdruck auf den Vorstand ausgeübt hat, oder vielleicht sogar Innenminister Otto Schily? Als sicher dürfte eines gelten: Kommissionsmitglied Friedrich Kahlenberg, der schon 1999 vehement die Nachbearbeitung der Ausstellung gefordert hatte, wird es jedenfalls kaum gewesen sein.[240]

Jan Philipp Reemtsma dürfte die Entschlußlosigkeit des Vereins nicht ungelegen gekommen sein. Hatte sich schon die als rasche Alibiveranstaltung erhoffte „Gutachterei" im Grunde als quälendes Ärgernis erwiesen, so wäre vom Vereinsvorstand womöglich ein Mitwirkungsrecht an der neuen Ausstellungskonzeption – oder gar ein Vetorecht – eingefordert worden. Da war die aktive Aufkündigung der Zusammenarbeit durch Reemtsma der befreiende Schnitt: Der Mohr hatte seine Schuldigkeit getan. Und ohne Verein ließ sich die Neuausstellung zügig und ohne lästige Besserwisser in bewährter Manier mit einem neuen, von Reemtsma eingeschworenen Team im Hause Mittelweg 36 realisieren. Man war wieder unter sich.

Eine Woche nach der Veröffentlichung des Kommissionsberichts kommt es schließlich auch zur Präsentation der „Prinzipien der Neukonzeption der Ausstellung über den Vernichtungskrieg".[241] In der hierfür anberaumten Pressekonferenz am 23. November 2000 wird schließlich deutlich, daß sich Jan Philipp Reemtsma von der vormals vehement verteidigten alten Ausstellung endgültig abgewendet hat – entschiedener als Heer ohnehin, aber selbst radikaler als ein Teil der Medien und anscheinend sogar deutlicher als die Gutachterkommission: „Die Überlegungen zu einer Neukonzeption müssen auch aus den Erfahrungen mit den Debatten um die alte Ausstellung gewonnen werden. Ich habe darum die Entscheidung zum Moratorium bereits im letzten Jahr als Chance bezeichnet, bestimmte Fragen grundsätzlich neu zu überdenken. Ein besonders wichtiger Diskussionspunkt und Ort des Mißverständnisses war die Frage nach der Bedeutung des Wortes ‚Verbrechen'. Es entstand immer wieder der Eindruck, die Ausstellung stelle sich gleichsam auf ein Plateau avancierter Zivilität und blicke hinab in eine archaische Zeit, in der keine Regeln gegolten hätten. Die Neufassung der Ausstellung muß darlegen, wie die zeitgenössischen Gesetze und Gewohnheiten waren und sie mit den Befehlen und Verordnungen konfrontieren, die diese außer Kraft setzten und so Befehlssituationen und Handlungsspielräume eröffneten, in denen jene Destruktivität freigesetzt wurde, die für den Vernichtungskrieg kennzeichnend war.

Die Neufassung der Ausstellung wird an Stelle der Präsentation einzelner Großschauplätze die Dimensionen der unterschiedlichen Verbrechen zeigen. Das gibt Raum zu der nötigen Differenzierung, mit der die Interdependenz von Intentionalität und situativer Dynamik dargestellt werden sollte. Es werden den einzelnen Verbrechenstypen einzelne Kapitel bzw. Räume gewidmet werden: Völkermord, Hungerpolitik, Partisanenkrieg, Kriegsgefangene, Repressalien, Deportationen. Thematische Überschneidungen zeigen die Gesamtdynamik des Vernichtungskrieges.

Die Diskussion um einzelne Tatorte nötigt dazu, Einzelfallgeschichten sehr genau zu rekonstruieren und die Komplexität des Geschehens darzustellen. Die Einzelfallrekonstruktion geht damit sehr in die Tiefe. Sie darf darüber aber nicht die tatortübergreifenden Zusammenhänge vernachlässigen. Die jeweiligen Räume werden daher zweigeteilt. Der erste Teil zeigt die Dimensionen des Verbrechens anhand von Karten, Befehlsstrukturen, allgemeinen Befehlen und Durchführungsbestimmungen, Abbildungen von Kommandeuren (evtl. mit Kurzbiographien), und, soweit möglich, Opferzahlen. Der zweite konkretisiert die Verbrechensdimensionen anhand exemplarischer Tatorte.

Die Diskussion über ‚Fotos als Quelle' ist im Laufe der Debatten um die Ausstellung aus der Fachöffentlichkeit in die allgemeine Öffentlichkeit gelangt. Dieses Thema wird einen eigenen Ort in der Ausstellung haben, um diesbezügliches Problembewußtsein zu schaffen. – Was die Verwendung von Fotos in den einzelnen Räumen angeht, so wird es keine unkommentierten oder zusammengefügten Bildsequenzen mehr geben, da die Erfahrung gezeigt hat, daß dies die Besucher zu allzu freien Assoziationen verleitet, Bildunterschriften und Quellennachweise werden für den Besucher eindeutig nachvollziehbar sein, so daß es nicht der Interpretation überlassen bleibt, ob ein Foto Beleg- oder illustrativen Charakter hat. Dort, wo Überlieferung und Aussagewert von Fotos uneindeutig ist, wird dies dargestellt werden.

Die alte Ausstellung ist zu einem zeitgeschichtlichen Dokument geworden. Als solches ist sie schon vor der Krise des Jahres 1999 Gegenstand der Analyse geworden. Die Neukonzeption wird daher ihre wechselvolle Vorgeschichte thematisieren.

Verlassen wird man die Ausstellung durch einen Raum ‚Handlungsspielräume'. Hier soll die Spannbreite möglichen Verhaltens anhand von Beispielen tatsächlichen Verhaltens (vom Widerstand bis zum freiwilligen Erfüllen des Übersolls an Mord und Vernichtung) demonstriert werden, damit nicht vergessen wird, daß der Vernichtungskrieg kein Ort blinder Dynamik, sondern unterschiedlich gestaffelter Entscheidungen und Verantwortlichkeiten war."[242]

Einen Tag nach der Pressekonferenz bemerkt *Die Welt* in einem Interview mit dem Vorstand des Hamburger Instituts für Sozialforschung: „Herr Reemtsma, Ihre Kritik an der alten Ausstellung wirkte noch deutlicher als die teilweise verklausulierten Vorwürfe des Kommissionsberichts vor einer Woche." Reemtsma führt aus: „Meine Aufgabe war, aus dem Kommissionsbericht Konsequenzen zu ziehen. Angesichts der Vorgeschichte hat es gar keinen Sinn, sich lange mit dem aufzuhalten, was der Bericht auch Freundliches zu sagen hatte. Das Kritisierte ist das, was ausgeräumt werden muß. Ich wollte sehr deutlich machen: Man kann der Kritik der Kommission nicht dadurch gerecht werden, daß man die alte Ausstellung überarbeitet. Das funktioniert nicht. Das ist eine Illusion." Auf die Frage, warum es erst so spät zu der Einsicht mindestens von Korrekturnotwendigkeiten gekommen sei, erfolgt die aufschlußreiche Antwort: „Ich habe zu lange geglaubt, daß an der Kritik nichts dran sei. Ich hatte zuviel Vertrauen, zu wenig Kontrolle."[243] Glauben, nicht Überzeugung, daß Kritik unberechtigt sei, ist für einen Wissenschaftler, auch wenn er selbst nicht als Historiker arbeitet, im fachlichen Diskurs ein sehr fragwürdiges Argument. Und auf die Frage nach einer eventuellen Entlastung der Wehrmacht dreht er die Sache schließlich doch wieder ganz um: „Hans Mommsen hat mal gesagt: Je genauer man hinguckt, desto schlimmer sieht die Sache aus. Die Hoffnung der Kritiker, eine differenziertere Darstellung des Geschehens ergäbe eine für die Wehrmacht schönere Darstellung des Geschehens, ist auch eine Illusion."[244]

Demnach scheint Jan Philipp Reemtsma auch jetzt noch nicht einzusehen, daß kein ernstzunehmender Historiker und auch nicht die ehemaligen Angehörigen der Wehrmacht ein geschöntes Bild verlangen. Aber sie können eine den Tatsachen entsprechende und sie nicht verzerrende Darstellung erwarten: ein Bild, in dem die Soldaten ihr eigenes Erleben wiederfinden, Informationen darüber, wie viele Soldaten tatsächlich in Verbrechen verstrickt waren – und wie viele nicht.

Immerhin hatte das Kommissionsmitglied Hans-Ulrich Thamer im November 2000 in einem Interview mit der *Welt* eingeräumt: „Eines ist klar: Sie [die Ausstellung] hat ihre Wirkung durch diese provozierende Zuspitzung erfahren. Das mag in jeder Thesenausstellung angelegt sein. Ich glaube aber, daß es da einen schmalen Grat gibt, jenseits dessen es nicht mehr um Aufklärung durch Vorstellung von Argumenten geht, sondern nur noch um emotionalisierende Überzeichnung. Das Problem unserer politischen Kultur ist es allerdings, daß der, der eine Krawallstimmung bietet, einen ungleich größeren Erfolg hat als eine Schau, die kühl und sachlich daherkommt."[245]

Dem ist wenig hinzuzufügen. Wirkung und Wert der alten Ausstellung sind damit hinlänglich charakterisiert. Auf einen weiteren Aspekt macht Heribert Seifert aufmerksam, wenn er zwei Tage nach der Vorstellung des neuen Konzepts in der *Neuen Zürcher Zeitung* ebenso kritisch wie ironisch anmerkt: „Wer Fehler macht, dem bleibt immer noch der Trost, dabei einen ‚Lernprozeß' durchlebt zu haben. Und so stand auch die Präsentation der Neukonzeption der ‚Wehrmachtsausstellung' am letzten Donnerstag im Hamburger Institut für Sozialforschung durchaus im Zeichen jener Einsicht, die Bußfertigkeit mit dem trotzigen Beharren auf der öffentlichen Bedeutung der eigenen Mißgriffe verbindet. Das ist nicht immer ganz einfach, wie man an der Erklärung von Jan Philipp Reemtsma sehen kann, mit der der Gründer und Leiter des Instituts Abwicklung und Neubeginn begründete: Denn wenn die Historikerkommission zur Überprüfung der Ausstellung ‚Vernichtungskrieg. Verbrechen der Wehrmacht 1941 bis 1944' die Autoren und das Institut ‚gegen überzogene Kritik eindeutig verteidigt' und die ‚Grundthesen der Ausstellung' für richtig befunden hat, dann leuchtet die Konsequenz nicht ganz ein, die Reemtsma jetzt zieht: ‚Es muß von der Vorstellung einer bloßen Überarbeitung der alten Ausstellung Abschied genommen werden.' Wenn aber, umgekehrt, die alte Ausstellung Versäumnisse enthielt, ‚die nicht nachträglich durch Korrekturen zu beheben' sind, dann können ihre Fehler wohl doch nicht nur im Detail gelegen haben."[246]

Das neue Konzept bewertet Seifert als „Gegenmodell zum Unternehmen des Hannes Heer und seiner Mitarbeiter". Seinem Urteil zufolge zeige es zwar den Willen zur Differenzierung, erscheine aber ergänzungsbedürftig: „So verwundert es, daß eine Ausstellung zum Kriegsgeschehen keinen Raum für den Gegner und seine Kriegsführung vorsieht. Hier wirkt offenbar immer noch die alte Sorge fort, daß jeder Hinweis auf Verbrechen der Gegenseite deutsche Untaten entschuldigen könnte, während es in Wirklichkeit doch darum gehen muß, die Dynamik der Dehumanisierung in diesem Krieg durch Einbeziehung von möglichst vielen Aspekten annähernd verständlich zu machen. So wünschte man sich auch eine Darstellung der existenziellen Kriegssituation, wie sie der einzelne Soldat erlebte und die oft erst sein Verhalten erklärt."[247]

Dieser Punkt ist keineswegs neu – schließlich zielte die Kritik der Historiker und betroffenen Soldaten genau hierauf. Daher trifft das Resümee den Nagel auf den Kopf: Ohne die Berücksichtigung der Aktionen des Gegners ist es nicht möglich, Abläufe kriegerischer Auseinandersetzungen in objektiver Weise darzustellen. Wird die Neuauflage der Ausstellung diesen wichtigen Aspekt thematisieren? Und wird die Debatte über das „zeitgeschichtliche Dokument" alte Wehrmachtausstellung künftig Hinweise auf linksradikale und autonome Krawallmacher sowie auf linksextreme Begleitprogramme enthalten? Wird darauf eingegangen werden, daß berechtigte Kritik lange pauschal als Protest Ewiggestriger oder inkompetenter Neurechter stigmatisiert wurde, daß Bogdan Musial weiterhin üblen Anfeindungen ausgesetzt ist? Und auf die Details des Konzepts bezogen: Wie wird hier thematisch gewichtet werden? Wie wird etwa der als „Handlungsspielräume" bezeichnete Raum konzipiert sein, in dem laut Reemtsma „vom Widerstand bis zum freiwilligen Erfüllen des Übersolls an Mord und Vernichtung" ein breites Handlungsspektrum zur Sprache kommen soll?

Solange nicht bekannt ist, welche konkreten Inhalte die neue Ausstellung auf welche Weise präsentieren wird, ist Skepsis angezeigt. Daß Reemtsmas Neukonzeption durchaus den Eindruck erweckt, der Erbe von Tabakkonzern und zwiespältiger Familiengeschichte habe tatsächlich dazugelernt, daß sogar die gesamte Mitarbeiterbelegschaft des Arbeitsbereiches „Vernichtungskrieg" ausgewechselt worden ist, nimmt Heribert Seifert zum Anlaß, sich einigermaßen hoffnungsvoll zu zeigen: „Wer die Provokation für das zentrale Erkenntnismittel im Umgang mit der deutschen Geschichte hält, wird die neue Ausstellung nicht mögen. Das neue Team der Ausstellungsmacher scheint von der Frontkämpfer-Mentalität, mit der in manchen Feuilletons jeder Kritiker der alten Ausstellung gleich zum ‚Gegner' oder ‚Widersacher' erklärt wurde, weit entfernt zu sein."[248]

Das neue Ausstellungsteam, dessen Namen zur Pressekonferenz bekanntgegeben werden, setzt sich aus folgenden 15 Wissenschaftlern zusammen:

„*Angrick, Andrej, Dr. des.*, geb. 1962, Historiker, Berater und Rechercheur für diverse Dokumentarserien, zuletzt BBC ‚War of the Century', 2000 Promotion an der Technischen Universität Berlin, seit 1997 wissenschaftlicher Mitarbeiter bei der Hamburger Stiftung zur Förderung von Wissenschaft und Kultur für das Projekt ‚Geschichte des Rigaer Ghettos', 1999–2000 Rechercheur der Kommission zur Überprüfung der Ausstellung ‚Vernichtungskrieg. Verbrechen der Wehrmacht 1941 bis 1944' bis zur Erstellung des Abschlußberichts, seit dem 16.11.2000 Mitarbeiter des Ausstellungsteams [...]

Bitterberg, Christoph, M.A., geb. 1964, Historiker, seit 1996 Lehrbeauftragter der Universität Hamburg (Arbeitsstelle für wissenschaftliche Weiterbildung) zur Betreuung der Studenten der Fernuniversität Hagen, seit Dezember 1999 Mitarbeiter und Sprecher des Ausstellungsteams [...]

Dierl, Florian, M.A., geb. 1969, Historiker, Promotionsprojekt bei Prof. Dr. Peter Longerich über ‚Die Ordnungspolizei als politische Institution im Dritten Reich, 1936–41', historische Recherchetätigkeit für das ZDF, 1999–2000 Rechercheur der Kommission zur Überprüfung der Ausstellung ‚Vernichtungskrieg. Verbrechen der

Wehrmacht 1941 bis 1944' bis zur Erstellung des Abschlußberichts, seit dem 16.11.2000 Mitarbeiter des Ausstellungsteams [...]

Gryglewski, Marcus, Dipl.-Politologe, geb. 1965, Politologe und Historiker, Projekte zur Geschichte der Deportation der deutschen Juden von 1939 bis 1945, des Rigaer Ghettos und der Juden in Dresden von 1933 bis 1945, seit Juli 2000 Mitarbeiter des Ausstellungsteams [...]

Hankel, Gerd, Ass. Jur., geb. 1957, Jurist und Sprachwissenschaftler, seit 1993 freier Mitarbeiter des Hamburger Instituts für Sozialforschung, seit 1998 wissenschaftlicher Mitarbeiter der Hamburger Stiftung zur Förderung von Wissenschaft und Kultur, Promotionsprojekt über ‚Die Leipziger Prozesse – Zum Versuch einer strafrechtlichen Ahndung deutscher Kriegsverbrechen im Ersten Weltkrieg', seit Dezember 1999 Mitarbeiter des Ausstellungsteams [...]

Jureit, Ulrike, Dr. phil., geb. 1964, Historikerin, 1991–1995 Wissenschaftliche Mitarbeiterin der KZ-Gedenkstätte Neuengamme in einem oral-history-Projekt und bei der Neukonzeption der Dauerausstellung, 1998 Postdoktorandin an der Universität Bielefeld, 1998-2000 Habilitationsförderung im Rahmen des Hochschulsonderprogramms an der Universität Hamburg, seit April 2000 Mitarbeiterin und Sprecherin des Ausstellungsteams [...]

Klein, Peter, M.A., geb. 1962, Historiker, Promotionsprojekt über ‚Judenverfolgung im Reichsgau Wartheland. Das Ghetto in Lodz', freier wissenschaftlicher Mitarbeiter bei der Gedenk- und Bildungsstätte Haus der Wannsee-Konferenz u.a. Betreuung der Sonderausstellung ‚Spuren aus dem Ghetto Lodz', historische Recherchetätigkeit für ZDF und BBC, seit 1997 wissenschaftlicher Mitarbeiter bei der Hamburger Stiftung zur Förderung von Wissenschaft und Kultur für das Projekt ‚Geschichte des Rigaer Ghettos', 1999–2000 Rechercheur der Kommission zur Überprüfung der Ausstellung ‚Vernichtungskrieg. Verbrechen der Wehrmacht 1941 bis 1944' bis zur Erstellung des Abschlußberichts, seit dem 16.11.2000 Mitarbeiter des Ausstellungsteams [...]

Koch, Magnus, M.A., geb. 1967, Historiker, Promotionsprojekt über ‚Ungehorsame Soldaten: Desertion und eigensinniges Verhalten in der deutschen Wehrmacht aus männergeschichtlicher Perspektive', 1999–2000 wissenschaftlicher Mitarbeiter an der Arbeitsstelle für Historische Anthropologie an der Universität Erfurt, Lehrstuhl Prof. Dr. Alf Lüdtke, seit Oktober 2000 Mitarbeiter des Ausstellungsteams [...]

Kunz, Norbert, M.A., geb. 1971, Osteuropa-Historiker, Promotionsprojekt an der Johannes-Gutenberg-Universität/Mainz am Lehrstuhl für Osteuropäische Geschichte (Prof. Dr. Erwin Oberländer) zu dem Thema ‚Nationalsozialistische Germanisierungsutopie und Besatzungsrealität auf der Halbinsel Krim, 1941–1944', seit Juni 2000 Mitarbeiter des Ausstellungsteams [...]

Linne, Karsten, Dipl.-Sozialwirt, geb. 1961, Historiker, wissenschaftlicher Mitarbeiter der Hamburger Stiftung für Sozialgeschichte des 20. Jahrhunderts an den Editionsprojekten ‚Sozialstrategien der Deutschen Arbeitsfront' und ‚Der Nürnberger Ärzteprozeß 1946/47', seit Juni 2000 Mitarbeiter des Ausstellungsteams [...]

Müller, Sven Oliver, M.A., geb. 1968, Historiker, Promotionsprojekt bei Prof. Dr. Hans-Ulrich Wehler zu dem Thema ‚Die Nation als Waffe und Vorstellung. Nationalismus in Deutschland und Großbritannien im Ersten Weltkrieg', Organisation der Konferenz ‚Entstehung und Entwicklung des deutschen Nationalismus. Kontroversen und Ergebnisse der historischen Nationalismusforschung im europäischen Vergleich' in Potsdam, seit Oktober 2000 Mitarbeiter des Ausstellungsteams [...]

Oldenburg, Manfred, M.A., geb. 1967, Promotionsprojekt bei Prof. Hans-Ulrich Thamer über ‚Deutsche Besatzungspolitik der Heeresgruppe 1942: 11. und 17. Armee auf der Krim, dem Donez-Becken und Nordwestkaukasus', 1999–2000 redaktionelle Mitarbeit bei der BBC und beim ZDF bei der Erstellung von Dokumentationen zum Zweiten Weltkrieg und Holocaust, seit Juni 2000 Mitarbeiter des Ausstellungsteams.

Schmid, Harald, Dipl.-Politologe, geb. 1964, Politologe, Diplomarbeit über ‚Auschwitz und die Moderne. Deutungen zum Rationalitätsgehalt der nationalsozialistischen Massenvernichtung', 1995-1999 Promotion in Politischer Wissenschaft, seit Mai 2000 Mitarbeiter des Ausstellungsteams [...]

Wrochem, Oliver von, M.A., geb. 1968, Historiker, 1997–1998 wissenschaftlicher Mitarbeiter der Forschungsstelle für Zeitgeschichte in Hamburg, 1998–1999 Aufbau der Dauerausstellung ‚Grenzgänge – Leben an der ehem. deutsch-deutschen Grenze' für die Gemeinde Amt Neuhaus, 1999–2000 wissenschaftlicher Mitarbeiter am Institut für Politische Wissenschaft der Universität Hamburg, seit September 2000 Mitarbeiter des Ausstellungsteams [...]

Wrocklage, Ute, M.A., geb. 1953, Kunsthistorikerin, Promotionsprojekt über ‚Die Geschichte der SS-Fotografie in den Konzentrationslagern 1933 bis 1944/45', 1993 Stipendiatin im Staatlichen Museum Auschwitz-Birkenau, 1995 Mitarbeit an der Ausstellung ‚Representations auf Auschwitz' in Krakau, 1996–1997 Mitarbeiterin beim Museumsdienst Hamburg, seit Juli 2000 Mitarbeiterin des Ausstellungsteams."[249]

Alle Mitarbeiter der zukünftigen Ausstellung sind in ihrem universitären Bildungsgang mit Forschungsprojekten über die Zeit des Nationalsozialismus befaßt oder befaßt gewesen. Mit einer Ausnahme – Manfred Oldenburg – haben alle bereits zu diesem Themenschwerpunkt veröffentlicht; bei einigen handelt es sich sogar um eine recht umfangreiche Zahl von Arbeiten. In der weit überwiegenden Mehrzahl beschäftigen sich die Veröffentlichungen mit Verbrechen während des Dritten Reiches bzw. den Organisationen und Personen, denen Verbrechen zugeordnet werden: Deportation und Ermordung von Juden, Heinrich Himmler und die SS/Gestapo, Aktionen der Einsatzgruppen; aber auch Deutsche Arbeitsfront, Desertation, kolonialpolitische Überlegungen während der NS-Zeit, Jugendstrafrecht im Nationalsozialismus, methodische Überlegungen zu biographischen Sinnkonstruktionen, deutsche Generalstabsplanung 1891–1914 usw. gehören dazu.[250]

Die erkennbare Konzentration auf Themen des Dritten Reiches könnte auf ein vertieftes Wissen über dessen Gegebenheiten schließen lassen, es könnte jedoch auch erneut eine Verengung des Blickwinkels bedeuten. Ein weiterer Gesichtspunkt ist der Altersabstand zu denen, die das Dritte Reich als bereits Erwachsene erlebt haben, wie auch zur unmittelbaren Nachkriegsgeneration. Dies könnte einerseits als Indiz für eine differenzierte Sichtweise – etwa die Abkehr von der „Frontkämpfer-Mentalität", wie Seifert es ausgedrückt hat – genommen werden. Andererseits ist es aber auch denkbar, hier von einer konformen geistigen und später auch wissenschaftlichen Sozialisation zu sprechen, einer Vorprägung, die die Mitglieder der Wissenschaftlergruppe in jener Zeit erfahren haben, da nach dem Bruch der Achtundsechziger mit der Elterngeneration und durch Filme wie „Holocaust" im Umgang mit dem Nationalsozialismus und dem Zweiten Weltkrieg eine verstärkte Emotionalisierung zu verzeichnen war.

Nach dem Desaster der Anti-Wehrmachtausstellung wird der Grad der wissenschaftlichen Offenheit der neuen Mitarbeiter jedenfalls zur wichtigen Voraussetzung für ein in jeglicher Hinsicht verbessertes – in erster Linie aber objektiveres –

Ausstellungskonzept. Ob und inwieweit die neugefaßten Kriterien im übrigen auch für die in den USA geplante Ausgabe Gültigkeit haben, findet nur am Rand Erwähnung: Als am 4. November 1999 das Moratorium für die Reemtsma-Heer-Schau verkündet wurde, war damit zugleich auch die Entscheidung gefallen, die Ausstellung nicht nach Amerika zu exportieren, wo sie ursprünglich am 2. Dezember 1999 in New York ihren Premiereauftritt haben sollte. Ein Jahr später merkt die Kommission in ihrem Bericht jedoch an, sie sehe „keine Notwendigkeit, die für die USA geplanten Änderungen und Ergänzungen in ihre Expertise einzubeziehen".[251] Vorerst besteht also Unklarheit darüber, ob Komponenten der alten Ausstellung für die Verwendung in den USA noch Bestandteil des neuen Konzepts sind: ob sie zum Beispiel unverändert bleiben sollen oder ob sich die Kommission nur deshalb nicht damit beschäftigt hat, weil sie sich nicht an der Neuplanung beteiligt.[252]

Welcher Art die Ausstellung auch sein mag, die in den USA gezeigt werden soll, der Boden ist ihr seit langem bereitet. Das ehemalige Mitglied der Gutachtergruppe Omer Bartov ist auch Mitglied des Komitees gewesen, das die alte Ausstellung in den USA vorbereiten sollte. Er arbeitete an der amerikanischen Fassung von Begleitbuch und Katalog, die bereits vor dem Moratorium an das Publikum ausgeliefert wurden. Und der US-Historiker stimmte seine Landsleute in Zeitungen wie etwa dem New Yorker *Aufbau* auf die Ausstellung ein. Daß er, „der bis zuletzt mit grober Polemik die alte Ausstellung verteidigt hatte"[253], wie Heribert Seifert in der *NZZ* vom 17. November 2000 schreibt, der Präsentation des Kommissionsberichts nicht beiwohnt, unterstreicht seine unverbesserliche Haltung.

Diese war nicht zuletzt im Dezember 1999 deutlich geworden, als Bartov in New York auf einem gemeinsam vom Goethe-Institut und der Cooper Union University veranstalteten, ursprünglich als Begleitprogramm für die Ausstellung gedachten Symposium auftrat. Die *Süddeutsche Zeitung* berichtete am 7. Dezember, Bartov habe zu Beginn seines Vortrags gesagt, es sei ein Fehler, die Ausstellung zurückzuziehen, und viele Zuschauer hätten es unglaublich gefunden, daß eine erfolgreiche und weitgehend fundierte Ausstellung aus dem Verkehr gezogen werde, weil ein Dutzend Bilder falsch beschriftet sei. Für ihn sei die Auseinandersetzung eine neue Form des Revisionismus, der „eine neue Schlacht, wenn nicht den Krieg gewonnen hat".[254]

Mit dieser Meinung steht Bartov gewiß nicht allein. Die positive Bewertung der alten Ausstellung und die Polemik gegen ihre Schließung scheinen Teil des Fundaments zu sein, auf dem auch die veränderte Neuauflage wiederzufinden sein wird. Denn auch wenn es letztlich doch zu einem unrühmlichen Ende gekommen ist, hat die Anti-Wehrmachtausstellung des von Jan Philip Reemtsma geleiteten Hamburger Instituts für Sozialforschung Spuren hinterlassen – und zwar maßgeblich hervorgerufen durch die weitestgehend affirmative Haltung desjenigen Teils der Öffentlichkeit, der kompetent genug sein sollte, ihre Qualität jenseits aller politischen Befindlichkeiten zu beurteilen.

Doch die Medien schienen ihre Allmacht über eine lange Zeit hinweg nur zu dem Zwecke auszuspielen, damit sich neben den Protesten der betroffenen Generation kein wesentlicher Widerstand gegen die Ausstellung erheben konnte. So war es nicht verwunderlich, daß sich die Historiker und Politiker, die sich ideologisch auf der Linie Heers befanden, nicht nur nicht gegen auch für sie erkennbare Schwächen der Ausstellung vorgingen, sondern sie als extraordinäres Aufklärungswerk priesen. Ihnen ist nicht vorzuwerfen, daß der Ruhm der Schau von Station zu Station wuchs, denn sie wollten diesen Erfolg. Vielleicht sind nicht einmal jene Opportunisten zu kritisieren, die sich aus tages- und geschichtspolitischen Gründen, jedoch ohne tiefere historische Kenntnisse oder wenigstens aus Interesse, aber mit viel Gespür für öffentliche Stimmungen auf der richtigen, der politisch korrekten, Seite befinden wollen.

Fragwürdig indes ist das Verhalten der nicht ideologieverhafteten Historiker, die aus ihrer profunden Kenntnis der Fakten hätten reagieren müssen, es aber nicht getan haben. Jeder Fachmann für Fragen zu den Ereignissen des Krieges im Osten konnte nach dem Besuch der Ausstellung und der Lektüre des Begleitmaterials mühelos deren propagandistische Grundlinie erkennen. Davon ausgehend hätte eine Prüfung der Fakten schnell den Blick für die zahlreichen Mängel geschärft. Ähnliches gilt für diejenigen Politiker, die die genauen historischen Zusammenhänge möglicherweise zwar nicht aus eigener Kenntnis überschauen konnten, sich die Möglichkeiten ihrer Profession jedoch spielend leicht hätten zunutze machen können, um sich mit dem nötigen Hintergrundwissen zu rüsten.

Beide Gruppen haben sich zu lange still verhalten, ja einige von ihnen haben unter dem Druck der in der Öffentlichkeit allgegenwärtigen „political correctness" sogar damit begonnen, die Ausstellung halbherzig zu unterstützen. Universitätsprofessoren haben zugelassen und zum Teil aktiv daran mitgewirkt, daß sich Fachkollegen, die auf die gravierenden Unzulänglichkeiten der Ausstellung hingewiesen hatten, als Revisionisten beschimpfen lassen mußten.

Ihr Schicksal teilten immerhin die inzwischen mindestens 70-, häufig über 80jährigen ehemaligen Wehrmachtsoldaten, denen keine andere Möglichkeit zu reagieren gegeben war, als Weib und Kind gegenüber zu beteuern: „So etwas haben wir nicht erlebt..." Das Recht, sich öffentlich zu äußern, wurde ihnen abgesprochen. Und außer der Diffamierung waren sie auch noch der Lächerlichkeit preisgegeben.

Ob die neue Anti-Wehrmachtausstellung, die seit Herbst 2001 erneut durch die Lande zieht, solchen Entwicklungen diesmal vorzubeugen wissen wird, ohne daß sich erst wieder ausländische – osteuropäische – Historiker in die Debatte einzuschalten haben, muß vorerst dahingestellt bleiben. Dem Text zur Neukonzeption zufolge wird auch sie wieder nur Teilaspekte der Kriegführung im Osten herausfiltern – die Darstellung des Vorgehens von sowjetischer Seite etwa scheint erneut ausgeklammert zu bleiben – und so wieder nur Teilwahrheiten vermitteln können, statt ein umfassendes, ein vollständiges Bild des Geschehens zu zeichnen.

Am Ende bleibt die Frage, warum der Millionenerbe Jan Philipp Reemtsma sein Projekt über das bittere, vorläufige Ende hinaus am Leben zu erhalten versucht. Ist es das Verlangen, eine Aura aus geschäftlichem Erfolg und persönlicher Zurückgezogenheit, politischer Courage und schmählichem Verkanntsein, mit der ihn die Umtriebigkeit seines Hamburger Instituts für Sozialforschung ab 1995 ausstattete, zu konservieren, obwohl ihm doch klar sein müßte, daß diese längst in Stücke fiel? Oder ist auch ihm schließlich bewußt geworden, daß die Aussage: „Ich habe zu lange geglaubt, daß an der Kritik nichts dran sei. Ich hatte zuviel Vertrauen, zu wenig Kontrolle."[255] nicht ausreicht, um damit den wissenschaftlichen GAU seiner Ausstellung fünf Minuten *nach* zwölf noch zu verhindern?

Spekulationen sind müßig. Eine Antwort darauf, welche – persönliche oder gesellschaftliche – Intention tatsächlich hinter der Anti-Wehrmachtausstellung, in welcher Auflage auch immer, steckt, könnte ihr Macher Jan Philipp Reemtsma nur selbst geben. Die Pressemitteilung seines Instituts vom 3. Mai 2001 aber scheint nur

Anlaß für ernüchternde Prognosen zu geben und mithin die düstersten Vorahnungen zu bestätigen: „Die Ausstellung des Hamburger Instituts für Sozialforschung über die Verbrechen der Wehrmacht wird im November 2001 in Berlin eröffnet und anschließend im Januar 2002 in Bielefeld zu sehen sein.

Ausgangspunkt der Ausstellung sind Fragen zum Kriegs- und Völkerrecht: Welche Gesetze und Gewohnheiten galten zu Beginn des Zweiten Weltkrieges; mit welchen Befehlen und Verordnungen wurden sie außer Kraft gesetzt? Darüber hinaus werden die Dimensionen des Vernichtungskrieges gegen die Sowjetunion anhand von sechs Themenkomplexen verdeutlicht: Völkermord, Hungerpolitik, Partisanenkrieg, Kriegsgefangene, Repressalien und Deportationen. In den einzelnen Kapiteln bzw. Räumen sollen die Zusammenhänge von Intentionalität und situativer Dynamik gezeigt werden.

In zwei weiteren Räumen wird die öffentliche Diskussion um die Rolle der Verbrechen der Wehrmacht in der Bundesrepublik dokumentiert sowie die Spannbreite möglicher Handlungsspielräume thematisiert, die zeigt, daß der Vernichtungskrieg kein Ort abstrakter Dynamik, sondern unterschiedlich gestaffelter Entscheidungen und Verantwortlichkeiten war.

Die Ausstellung ‚Verbrechen der Wehrmacht. Dimensionen des Vernichtungskrieges 1941–1944' ist keine Überarbeitung oder Korrektur der von 1995 bis 1999 in 33 Städten in der Bundesrepublik und Österreich gezeigten Ausstellung ‚Vernichtungskrieg. Verbrechen der Wehrmacht 1941 bis 1944', sondern folgt einem neuen Konzept. Auch die neue Ausstellung hält an der Grundthese fest, daß die Wehrmacht als Organisation am Vernichtungskrieg beteiligt war.

Die Recherchen für die Ausstellung ‚Verbrechen der Wehrmacht. Dimensionen des Vernichtungskrieges 1941–1944' werden von einem 15köpfigen Wissenschaftlerteam durchgeführt, dessen Sprecher Christoph Bitterberg und Dr. Ulrike Jureit sind."[256]

Falls sich die unter dem neuen Titel „Verbrechen der Wehrmacht. Dimensionen des Vernichtungskrieges 1941–1944" firmierende Neuauflage, die insbesondere durch eine Präsentation in den USA eine noch größere Außenwirkung erzielen würde als die bisherige, allen Hoffnungen zum Trotz erneut als eine nicht nur die deutsche Wehrmacht, sondern damit auch Deutschland diffamierende Kraft entpuppen sollte, wäre es sicherlich nicht allzu weit hergeholt, sich an Jan Philipp Reemtsmas einst geäußerte Haßtiraden zu erinnern: „Die einzig ernsthafte Reaktion auf die Frage, ob man Deutschland liebe, wäre zweifellos die Gegenfrage: Halten Sie mich für nekrophil?"[257] Dies drückt die wohl größtmögliche Aversion aus, die ein Mensch gegenüber demjenigen Land äußern kann, welchem er durch seine Herkunft angehört.

Anmerkungen

Vorwort (S. 5–10)

1 Wiggershaus, S. 28
2 *Kölner Rundschau*, 12.5.2000
3 Reemtsma (2001), S. 15
4 Ebd.
5 *FAZ*, 31.7.1980
6 Reemtsma (2001), S. 19
7 http://www.his-online.de/texte/ueber.htm
8 *SZ*, 26.11.2001. S. 11

Teil I (S. 11–128)

1 Vgl. *Tabago*, S. 1
2 Vgl. Weisser, S. 15
3 Vgl. u.a. *Tabago*, S. 111
4 Vgl. *Geschäftsbericht 1975*, S. 62
5 Reemtsma ist ein alter friesischer Name und bedeutet Ratsmann. Bernhard Reemtsma (1857–1925) stammte aus Silmöken in Friesland. Hermann F. Reemtsma wurde 1892 in Sanderbekerbruch bei Bremen, Philipp F. Reemtsma 1893 in Osterholz-Scharmbeck geboren.
6 1988 überarbeitete der Hamburger Designer Peter Schmidt das Logo. Der in Weiß gehaltene Bugsteven erscheint seither vor einer gelben Sonne, darüber steht in blauer Schrift der Name Reemtsma. Vgl. http://www.reemtsma.com/reemtsma/company/com_logo
7 Vgl. *Geschäftsbericht 1975*, S. 62
8 http://www.reemtsma.com/reemtsma/company/com_logo
9 Vgl. Rien/Dorén, S. 122
10 Vgl. Tetens, S. 8
11 Vgl. *Geschäftsbericht 1976*, S. 54
12 Vgl. Tetens, S. 9
13 Vgl. *Tabago*, S. 142, 145
14 Vgl. *Der Spiegel* 2/1947, S. 2
15 Neuerburg hat sich später wieder von Reemtsma gelöst.
16 Vgl. u.a. Weisser, S. 16 f.
17 Vgl. Weisser, S. 23 f.
18 Vgl. *Geschäftsbericht 1978*, S. 62
19 Vgl. z.B. Tetens, S. 9
20 Vgl. Tetens, S. 9
21 Vgl. z.B. Tetens, S. 10
22 Tetens, S. 1
23 Ebd., S. 6
24 Ebd., S. 25
25 Ebd., S. 10 ff.
26 Vgl. ebd., S. 10
27 Vgl. Meyer, S. 34 f.
28 Tetens, S. 5
29 Ebd.
30 Ebd.
31 Ebd.
32 Vgl. hierzu ebd., S. 27 ff.
33 Vgl. die bei Tetens auf S. 30 aufgeführten Schriften: Arnstadt, A.: *Die wahre Bedeutung der Zigaretten-Kontingentierung für Staat und Wirtschaft*, Berlin 1931; Beese, Wilhelm F.: *Zuckerbrot und Peitsche*, o.O. o.J.; Flügler, Adolf: *Tabakindustrie und Tabaksteuer*, Jena 1931; Küntzel, Ulrich: *Die Vertrustung der deutschen Zigarettenindustrie und die Politik des Reichsfinanzministeriums seit 1925*, unveröffentlichte Dissertation; Sturm, Hans: *S.O.S. Zigarettenindustrie in Not*, o.O. 1926; Zentz, Max: *Die Konzentration der Zigarettenindustrie und die Zigarettensteuer*, München 1927; Levita, Harry: *Weißbuch der deutschen Zigarettenindustrie*, o.O. o.J.; Levita, Harry: *Das große A.B.C. Der Batschari-Skandal*, o.O. o.J.; Levita, Harry: *Generalstaatsanwälte an die Front!*, o.O. o.J. Zu den drei letztgenannten Schriften gibt Tetens in Klammern den vielsagenden Hinweis: „Levita-Schriften sind nicht erhältlich, die Verlagsrechte hat Reemtsma aufgekauft."
34 Vgl. Tetens, S. 6
35 Vgl. ebd.
36 Vgl. ebd., S. 17. Auch aus der Nachkriegszeit ist ein ähnlicher Fall bekannt: Anfang der sechziger Jahre verfaßte Gerhard Kramer, ein Hamburger Senator, ein Buch mit dem Titel *Die Zigarette*, das die Entwicklungen auf diesem Geschäftssektor beschrieb und das die Firma Reemtsma kritisch beleuchtete. Eigentümlicherweise ist heute kein Exemplar dieser Veröffentlichung mehr aufzutreiben, nicht einmal in Bibliotheken. Es geht das Gerücht, die Firma habe die gesamte Auflage restlos aufgekauft – was an die Vorgänge in der Weimarer Zeit erinnert.
37 Vgl. ebd., S. 18
38 Vgl. ebd., S. 18 f.
39 Vgl. *Geschäftsbericht 1975*, S. 64
40 Vgl. Tetens, S. 24 f.
41 Vgl. z.B. Meyer, S. 35
42 Vgl. Irving: Goebbels, S. 62
43 Tetens, S. 15 ff.
44 Vgl. ebd., S. 22 f.
45 Vgl. Anm. 33
46 Tetens, S. 17
47 *Tabak-Tage-Buch*, 24.4.1932

[48] Zur folgenden Darstellung vgl. Tetens, S. 19 ff.
[49] Zit. nach ebd., S. 23
[50] Ebd., S. 22
[51] Aufruf von Kuno Brombacher und Viktor Rauch, in: Tetens, S. 31
[52] *Tabak-Tage-Buch*, 1.5.1932
[53] Vgl. *Tabago*, S. 191 f.
[54] Voigt, S. 8
[55] Dirk, S. 81
[56] Ebd., S. 87 f.
[57] Ebd., S. 96 ff.
[58] Ebd., S. 94
[59] Ebd., S. 89 ff.
[60] Ebd., S. 101 f.
[61] Voigt, S. 71
[62] Ebd., S. 73
[63] Vgl. ebd., S. 78 ff.
[64] Ebd., S. 80
[65] Reemtsma, H.F./Reemtsma, Ph.F.: *Sozialbericht 1937*, S. 1
[66] Reemtsma, H.F./Reemtsma, Ph.F.: *Sozialbericht 1938*, S. 1
[67] Ebd.
[68] Vgl. ebd., S. 1 f.
[69] Vgl. Brockhaus 1938, S. 675
[70] Vgl. Reemtsma, H.F./Reemtsma, Ph.F.: *Sozialbericht 1938*, S. 6
[71] Ebd., S. 7
[72] *FAZ*, 9.4.1997
[73] Ebd.
[74] Ebd.
[75] Barendt, S. 117 f.
[76] *Der Spiegel* 18/1995, S. 60
[77] Vgl. Meyer, S. 35
[78] Keynes, Baron John Maynard (1883–1946): *The General Theory of Employment, Interest and Money*, o.O. 1936, dt. *Die allgemeine Theorie der Beschäftigung, des Zinses und des Geldes*, o.O. 1936, Neudr. 1955
[79] Anfänglich umstritten, wurde Keynes Theorie Grundlage der Wirtschaftspolitik in Marktwirtschaften nach dem Zweiten Weltkrieg. Jedoch ließen zunehmende Inflationserscheinungen seit Ende der sechziger Jahre, die unter anderem auf eine zu hohe staatliche Nachfrage zurückzuführen sind, den „Keynesianismus" gegenüber dem Monetarismus etwas in den Hintergrund treten, obgleich die Fragestellung nach den Hauptursachen von Unterbeschäftigung nichts an Aktualität eingebüßt hat.
[80] Vgl. Meyer, S. 35 f.
[81] Zit. nach Maser, S. 267
[82] Vgl. Meyer, S. 68
[83] Vgl. Picker, S. 141
[84] Vgl. Meyer, S. 35 f., S. 39
[85] Vgl. Meyer, S. 37
[86] Vgl. Turner, S. 287
[87] Vgl. Irving: *Göring*, S. 116
[88] Haase, S. 23
[89] Vgl. Maser, S. 267
[90] Vgl. Irving: *Goebbels*, S. 111
[91] Vgl. Irving: *Göring*, S. 116 f.
[92] Vgl. Haase, S. 65
[93] Vgl. ebd., S. 65 f.
[94] Vgl. Irving: *Göring*, S. 465
[95] Vgl. Haase, S. 199
[96] Vgl. ebd., S. 137 ff.
[97] Vgl. ebd., S. 140 f.
[98] Vgl. ebd., S. 127, 140
[99] Vgl. Irving: *Göring*, S. 146
[100] Vgl. Haase, S. 146 ff. Vgl. hierzu auch: Kubin: *Sonderauftrag Linz*. Ab S. 39 findet sich eine ausführliche Darstellung der Verwicklungen um das 120 x 100 cm große Gemälde „Der Maler im Atelier" von Jan Vermeer van Delft (1632–1675). Vgl. außerdem: Kurz: *Kunstraub in Europa 1938–1945*, S. 58 ff. Göring wie auch Philipp F. Reemtsma bleiben hier allerdings unerwähnt.
[101] Vgl. u.a. Frischauer, S. 230
[102] Vgl. Irving: *Göring*, S. 145
[103] Vgl. Haase, S. 199
[104] Vgl. Irving: *Göring*, S. 146; vgl. hierzu auch: Maser, S. 267; Kittler, S. 81
[105] Vgl. Haase, S. 138
[106] Vgl. Irving: *Göring*, S. 145 f.
[107] *FAZ*, 9.4.1997
[108] Zit. nach Longerich, S. 135
[109] Vgl. Fischer, S. 128 f.
[110] Vgl. Werner, S. 415 ff.
[111] Vgl. Longerich, S. 135 f.
[112] Vgl. Mielke, S. 162
[113] *Der Spiegel* 27/1949, S. 20
[114] Vgl. *Der Spiegel* 2/1947, S. 2
[115] Vgl. Irving: *Göring*, S. 145
[116] Vgl. *Der Spiegel* 24/1949, S. 26
[117] Vgl. *JF*, 9.1.1998
[118] Vgl. Anm. 75
[119] *FAZ*, 9.4.1997; vgl. hierzu Anm. 117
[120] Vgl. *FAZ*, 9.4.1997
[121] *Der Spiegel* 18/1995, S. 60
[122] Vgl. Mielke, S. 120 f., S. 128 f.
[123] Vgl. ebd., S. 137
[124] Zit. nach ebd., S. 284
[125] Vgl. ebd., S. 221
[126] Vgl. *FAZ*, 9.4.1997
[127] Cigaretten-Bilderdienst Hamburg-Bahrenfeld: *Adolf Hitler*, S. 7 f.
[128] Ebd., S. 8
[129] Ebd., S. 4
[130] Ebd., S. 5
[131] Ebd., S. 19

132 *Die Wahrheit über die Wehrmacht*, S. 23
133 Vgl. ebd., S. 23
134 Ebd., S. 23
135 Ebd., S. 23
136 Vgl. *FAZ*, 9.4.1997
137 Vgl. Tabago, S. 191 f.
138 *Saarländische Volkszeitung*, 26.5.1948
139 *Der Spiegel* 2/1947, S. 2
140 Das Geschäftszeichen der Akte lautet: Amtsgericht Hamburg 157 Gs. 1/47 – III
141 Dies widerspricht den laut Irving und Maser von Paul Körner, aber auch von Hermann Göring gemachten Angaben: Während Philipp F. Reemtsma 1948 in Hamburg von 12,25 Mio RM spricht, hatte Göring 1946 in Nürnberg 15 Mio RM angegeben, was darauf hindeuten könnte, daß Reemtsma die tatsächliche, höher anzusetzende Summe später abgerundet hat. Da zudem aber auch ein Widerspruch zwischen laut verschiedenen Quellen anderslautenden Angaben von Reemtsma selbst besteht, wäre eine weitere Erklärung die, daß jüngere Reemtsma-Biographen die Zahl gefälscht haben könnten. Vgl. hierzu Anm. 104
142 Vgl. *JF*, 5.11.1999
143 *Der Spiegel* 18/1995, S. 60
144 Vgl. *Der Spiegel* 18/1996, S. 33
145 *FAZ*, 9.4.1997
146 Vgl. *Geschäftsbericht 1979*, S. 53
147 Vgl. Anm. 1
148 Vgl. *Geschäftsbericht 1976*, S. 56 f.
149 Vgl. *Geschäftsbericht 1979*, S. 58
150 Vgl. ebd., S. 53
151 Vgl. *Geschäftsbericht 1978*, S. 49
152 Vgl. *Tabago*, S. 117. „Straight" ist in der Sprache des Tabakkenners zunächst der Fachterminus für die regelmäßige Maserung des Bruyèreholzes und bezeichnete erst später die Mischung, die aus in England bevorzugten „geraden", d.h. aus reinen Virginia-Tabaken bestand.
153 Vgl. *Tabago*, S. 117
154 Vgl. *Geschäftsbericht 1979*, S. 54 ff.
155 Vgl. *Geschäftsbericht 1975*, S. 66
156 Vgl. Anm. 6
157 Vgl. *Geschäftsbericht 1972*, S. 17
158 Vgl. *Geschäftsbericht 1991*, S. 10
159 Vgl. ebd.
160 Vgl. Anm. 55
161 Rien/Dorén, S. 130
162 Vgl. *Geschäftsbericht 1993*, S. 26
163 http://www.reemtsma.com/reemtsma/company/com_ausblic
164 Vgl. http://www.reemtsma.com
165 Vgl. http://www.reemtsma.com/reemtsma/brands/br_r1
166 Vgl. *Steuer und Wirtschaft*, S. 164 ff.
167 Vgl. Liedtke, S. 466
168 Vorurteile und Fakten, in: *Geschäftsbericht 1985*, S. 2
169 *Bild am Sonntag*, 1.12.1985
170 Vorurteile und Fakten, in: *Geschäftsbericht 1985*, S. 3
171 Vgl. die von Reemtsma herausgegebenen Geschäftsberichte, Hamburg ab 1987
172 Wissenschaft zwischen Wahrheitssuche und politischer Vereinnahmung, in: *Geschäftsbericht 1995*, S. 1
173 Im Focus: Tabakwerbung. Weg in den europäischen Verbotsstaat?, in: *Geschäftsbericht 1997*, S. 10
174 *Geschäftsbericht 1974*, S. 42
175 Vgl. *Geschäftsbericht 1975*, S. 64 ff.
176 Vgl. ebd., S. 64
177 Vgl. *Geschäftsbericht 1976*, S. 55 f.
178 Vgl. *Geschäftsbericht 1977*, S. 61 ff.
179 Vgl. *Geschäftsbericht 1978*, S. 49 ff.; *Geschäftsbericht 1979*, S. 53 ff.
180 Vgl. *Geschäftsbericht 1973*, S. 36
181 Weisser, S. 2
182 Vgl. Rien/Dorén, S. 130
183 Vgl. *Geschäftsbericht 1989*, S. 27
184 Vgl. ebd., S. 16
185 Tabak – Motor wirtschaftlicher Entwicklung, in: *Geschäftsbericht 1994*, S. 1
186 Geschäftsbericht 1989, S. 16
187 Zit. nach *Geschäftsbericht 1990*, S. 26
188 Zit. nach ebd., S. 27
189 *Geschäftsbericht 1997*, S. 38
190 Ebd.
191 Keith Haring: geb. am 4.5.1958 in Kutztown, Pennsylvania, gest. am 16.2.1990 in New York
192 Vgl. *Geschäftsbericht 1997*, S. 38
193 Ebd., S. 38 f.
194 Das englische Wort „the" kann neben der Artikelbedeutung „der", „die" oder „das" zudem „je" oder auch „desto" heißen. Das ist in dem Satzfragment „the more you know" der Fall. Es läßt sich also beispielsweise als „Je mehr man weiß..." oder auch als „...desto mehr weiß man" übersetzen. Wie hier zu ergänzen ist, bleibt der Fantasie des Lesers überlassen. Das Satzgefüge „The more you know the less you smoke" heißt: Je mehr man weiß, desto weniger raucht man.
195 Vgl. http://www.reemtsma.com/reemtsma/brands/br_davidoff
196 Vgl. *Geschäftsbericht 1997*, S. 39; vgl. außerdem http://www.reemtsma.com/reemtsma/brands/br_davidoff
197 Vgl. *LVZ*, 7./8.4.2001
198 Vgl. http://www.reemtsma.com/reemtsma/company/com_mitarbeiter

Teil 2 (S. 129–209)

1 Vgl. http://www.archiv.zeit.de/zeit-archiv/daten/pages/reemtsma.txt.19960503.html
2 Vgl. *Der Spiegel* 18/1996, S. 33
3 Vgl. Ogger, S. 18 f.
4 Ebd., S. 19
5 Vgl. ebd.
6 Vgl. ebd.
7 Vgl. http://www.archiv.zeit.de/zeit-archiv/daten/pages/reemtsma.txt.19960503.html
8 Vgl. http://www.archiv.zeit.de/zeit-archiv/daten/pages/reemtsma.txt.19960503.html
9 Vgl. ebd.
10 Ebd.
11 Ebd.
12 Vgl. ebd.
13 Ebd.
14 *Der Spiegel* 18/1996, S. 29
15 Ebd., S. 32 f.
16 Ebd., S. 33
17 Ebd., S. 29
18 Reemtsma, J.Ph.: *Mord am Strand*, S. 397
19 Ebd.
20 Ebd., S. 397 f.
21 *Der Spiegel* 18/1996, S. 32
22 Ebd.
23 Vgl. ebd., S. 33
24 *FAZ*, 9.4.1997; vgl. auch Teil 1, Anm. 107
25 Ebd.
26 Ebd.
27 Ebd.
28 Ebd.
29 Vgl. Tetens, S. 6; vgl. auch Teil 1, Anm. 35
30 http://www.archiv.zeit.de/zeit-archiv/daten/pages/reemtsma.txt.19960503.html
31 Ebd.
32 Vgl. *Der Spiegel* 18/1996, S. 23
33 Zit. nach Reemtsma, J.Ph.: *Im Keller*, S. 22 f.
34 Vgl. *Der Spiegel* 18/1996, S. 25
35 Zit. nach ebd.
36 Zit. nach ebd., S. 27
37 Vgl. ebd.
38 Zit. nach ebd.
39 Zit. nach ebd.
40 Zit. nach ebd.
41 Zit. nach ebd.
42 Vgl. ebd., S. 28
43 Vgl. Anm. 76
44 Zit. nach *Der Spiegel* 18/1996, S. 29
45 Vgl. Reemtsma, J.Ph.: *Im Keller*, S. 147
46 Vgl. ebd., S. 151 f.
47 Vgl. *Der Spiegel* 24/1987, S. 114
48 Vgl. http://www.nzz.ch/folio/archiv/1998/07/articles/willenbrock.html
49 http://www.stern.de/themadestages/1999/08/25/reemtsma.html
50 Zit. nach ebd.
51 Vgl. ebd.
52 Vgl. *SZ*, 24./25.2.2001, S. 16
53 Zit. nach ebd.
54 Zit. nach ebd.
55 Zit. nach ebd.
56 Vgl. http://www.focus.de/G/GA/GAA/gaa.htm?snr=83367
57 Zit. nach *FAZ*, 9.3.2001, S. 9
58 Ebd.
59 Zit. nach ebd.
60 Zit. nach ebd., S. 11
61 Zit. nach ebd.
62 Zit. nach ebd.
63 Ebd.
64 *Der Spiegel* 1/1997, S. 38
65 *Die Zeit*, 17.1.1997
66 Vgl. z.B. Böddeker, G.; Kopelew, L.; Kreutz, A.; Morgenstern, E.; Nawratil, H.; Schön, H.; Solschenizyn, A.; Zayas, A.M. de: *Zeugnisse der Vertreibung*
67 *Der Spiegel* 1/1997, S. 38
68 Reemtsma, J.Ph.: *Im Keller*, S. 17
69 *Der Spiegel* 1/1997, S. 39
70 Reemtsma, J.Ph.: *Im Keller*, S. 47
71 Ebd., S. 46
72 Ebd., S. 80
73 Ebd., S. 58
74 Ebd., S. 216
75 Ebd., S. 62 f.
76 Ebd., S. 117
77 Ebd., S. 136
78 Reemtsma, J.Ph.: *„Wie hätte ich mich verhalten?" Und andere nicht nur deutsche Fragen. Reden und Aufsätze*, München 2001
79 Vgl. Reemtsma, J.Ph.: *Mord am Strand*, S. 316 ff.
80 Ebd., S. 326
81 Ebd., S. 175 ff.
82 Vgl. ebd., S. 254 ff.
83 Vgl. ebd., S. 285 ff.
84 Vgl. ebd., S. 301
85 Vgl. ebd., S. 306
86 http://www.archiv.zeit.de/zeit-archiv/daten/pages/reemtsma.txt.19960503.html
87 Friedländer/Reemtsma, J.Ph.: *Gebt der Erinnerung Namen*, S. 16
88 http://www.archiv.zeit.de/zeit-archiv/daten/pages/reemtsma.txt.19960503.html
89 Zit. nach ebd.
90 Vgl. ebd.
91 Zit. nach *Die Welt*, 30.7.1997
92 Zit. nach http://www.his-online.de/edition/programm/002.htm
93 Vgl. Janssen-Jurreit, S. 2
94 Ebd., S. 9

95 Reemtsma, J.Ph.: Nein, in: Janssen-Jurreit, S. 29
96 Ebd.
97 Vgl. ebd., S. 30
98 Ebd.
99 Ebd., S. 31
100 Vgl. *Der Spiegel* 18/1996, S. 32
101 Ebd.
102 Vgl. hierzu *Börsenblatt* 78/2000, S. A 569 ff.
103 *Der Spiegel* 22/1972, S. 130
104 Vgl. hierzu *Der Spiegel* 24/1979, S. 177 ff.
105 Zit. nach *Der Spiegel* 20/1959, S. 45
106 Zit. nach ebd.
107 Vgl. ebd.
108 Ebd., S. 46
109 Zit. nach ebd.
110 Zit. nach ebd.
111 Zit. nach *Der Spiegel* 24/1979, S. 180
112 Zit. nach *Der Spiegel* 20/1959, S. 48
113 Zit. nach ebd.
114 Vgl. ebd.
115 Ebd.
116 Zit. nach ebd.
117 Pocahontas war eine indianische Prinzessin, die 1617 in England starb.
118 Zit. nach *Der Spiegel* 20/1959, S. 49
119 Zit. nach ebd.
120 Zit. nach ebd.
121 Zit. nach ebd., S. 53
122 Zit. nach ebd., S. 56
123 Vgl. *Der Spiegel* 45/1985, S. 264
124 *Börsenblatt* 78/2000, S. A 572
125 Ebd., S. A 574
126 Zit. nach *Der Spiegel* 45/1985, S. 266
127 Vgl. Reemtsma, J.Ph.: Nein, in: Janssen-Jurreit, S. 29
128 Zit. nach *Der Spiegel* 45/1985, S. 266
129 Henkel, S. 10 f.
130 Ebd., S. 12
131 Vgl. Reemtsma, J.Ph./Rauschenbach, B.: *„Wu Hi?" Arno Schmidt in Görlitz Lauban Greiffenberg*, Zürich 1986
132 Henkel, S. 15 f.
133 Ebd., S. 17
134 Ebd., S. 65
135 Zit. nach *Konkret*, April 1964, S. 17
136 Zit. nach ebd., S. 18
137 Ebd., S. 17
138 Ebd.
139 Henkel, S. 67
140 Vgl. ebd., S. 94
141 Ebd., S. 39 f.
142 Vgl. ebd., S. 59
143 Vgl. *Der Spiegel* 22/1986, S. 185
144 Zit. nach ebd.
145 Vgl. ebd.
146 Ebd.
147 Ebd., S. 188 f.
148 Zit. nach ebd., S. 192
149 Zit. nach *Der Spiegel* 11/1983, S. 198
150 Vgl. ebd., S. 200
151 Zit. nach *Der Spiegel* 22/1986, S. 192
152 Vgl. ebd., S. 192 f.
153 Vgl. ebd., S. 193
154 Vgl. ebd., S. 196
155 Vgl. ebd.
156 Zit. nach ebd., S. 197
157 *Der Spiegel* 18/1996, S. 32
158 Vgl. ebd.
159 Vgl. Lehne, S. 69
160 Vgl. http://www.nadir.org/nadir/archiv/Haeuserkampf/Hafenstrasse/doku.html
161 Vgl. Lehne, S. 89
162 *Hamburger Abendblatt*, 28.2.1983
163 Vgl. http://www.nadir.org/nadir/archiv/Haeuserkampf/Hafenstrasse/doku.html
164 Vgl. Lehne, S. 91
165 Vgl. http://www.nadir.org/nadir/archiv/Haeuserkampf/Hafenstrasse/doku.html
166 Vgl. ebd.
167 *Der Spiegel* 24/1987, S. 114
168 Zit. nach Lehne, S. 100
169 Vgl. http://www.nadir.org/nadir/archiv/Haeuserkampf/Hafenstrasse/doku.html
170 Vgl. Lehne, S. 104
171 *Die Welt*, 7.2.1985
172 *Hamburger Abendblatt*, 8.6.1984
173 Zit. nach Lehne, S. 103 ff.
174 Vgl. http://www.nadir.org/nadir/archiv/Haeuserkampf/Hafenstrasse/doku.html
175 Vgl. Lehne, S. 109 f.
176 Vgl. ebd., S. 113
177 Zit. nach ebd., S. 114
178 Zit. nach ebd., S. 115
179 Vgl. ebd., S. 117 f.
180 Zit. nach ebd., S. 119
181 Zit. nach ebd., S. 120
182 Vgl. *Der Spiegel* 29/1987, S. 69
183 Vgl. Lehne, S. 121; vgl. auch http://www.nadir.org/nadir/archiv/Haeuserkampf/Hafenstrasse/doku.html
184 Vgl. Lehne, S. 124
185 Vgl. http://www.nadir.org/nadir/archiv/Haeuserkampf/Hafenstrasse/doku.html
186 Vgl. Lehne, S. 125 f.
187 Zit. nach http://www.nadir.org/nadir/archiv/Haeuserkampf/Hafenstrasse/doku.html
188 Vgl. Lehne, S. 127
189 Vgl. *Der Spiegel* 29/1987, S. 67, 69
190 *Der Spiegel* 24/1987, S. 114
191 Zit. nach Lehne, S. 131
192 Vgl. ebd., S. 132
193 Zit. nach http://www.nadir.org/nadir/archiv/Haeuserkampf/Hafenstrasse/doku.html

194 Zit. nach ebd.
195 Vgl. *Der Spiegel* 29/1987, S. 67
196 *Der Spiegel* 24/1987, S. 114
197 Vgl. *Der Spiegel* 29/1987, S. 67
198 *Der Spiegel* 24/1987, S. 114
199 Vgl. *Der Spiegel* 29/1987, S. 69
200 Zit. nach Lehne, S. 134
201 Zit. nach *Der Spiegel* 29/1987, S. 68
202 Vgl. ebd., S. 69
203 Ebd., S. 68
204 Vgl. http://www.nadir.org/nadir/archiv/Haeuserkampf/Hafenstrasse/doku.html
205 Vgl. *Der Spiegel* 29/1987, S. 67
206 Ebd., S. 69
207 Ebd., S. 67
208 Ebd., S. 68
209 Vgl. Lehne, S. 135
210 Vgl. Anm. 157
211 *Der Spiegel* 29/1987, S. 69
212 http://www.his-online.de
213 http://www.archiv.zeit.de/zeit-archiv/daten/pages/reemtsma.txt.19960503.html; vgl. auch Kosiek, S. 87
214 Vgl. *Der Spiegel* 18/1996, S. 32
215 Mitscherlich, A./Mitscherlich, M.: *Die Unfähigkeit, zu trauern. Grundlagen kollektiven Verhaltens*, München 1967
216 Zit. nach *Natur* 7/1984
217 Vgl. ebd.
218 Vgl. *Focus* 19/1996, S. 22 f.
219 Vgl. *Focus* 23/1997, S. 32
220 Vgl. Otto, S. 7
221 Vgl. Dombrowsky, S. 5
222 Vgl. Otto, S. 12
223 Roth: *Erklärung zur Person*, S. 10
224 Roth/Kanzow: *Unwissen als Ohnmacht*, S. 406 f.
225 Roth u.a.: *Invasionsziel: DDR*, S. 15
226 Ebd., S. 276
227 Roth: *Die „andere" Arbeiterbewegung*, S. 267 f.
228 Zahl u.a.: *„Sie würden uns gern im Knast begraben…"*, S. 64
229 Vgl. *Der Baader Meinhof Report*, S. 141 f.
230 Roth/Teufel: *Klaut sie!*, S. 77
231 Vgl. ebd., S. 81
232 Ebd., S. 80 ff.
233 Ebd., S. 81
234 Kollektiv Rote Hilfe München: *Der nächste Schritt*, S. 66
235 Knabe, S. 202 f.
236 http://hsozkult.geschichte.hu-berlin.de/beitrag/essays/roka1299.htm
237 Vgl. Roth: *Anschließen, angleichen, abwickeln*, S. 10
238 Ebd., S. 79 f.
239 Ebd., S. 80
240 Ebd., S. 7
241 Vgl. http://www.jungefreiheit.de/archiv99/459yy12.htm
242 http://www.his-online.de/ueber.htm
243 http://www.archiv.zeit.de/zeit-archiv/daten/pages/reemtsma.txt.19960503.html
244 Vgl. http://www.his-online.de/arbeitsb/gewalt/index.htm
245 http://www.archiv.zeit.de/zeit-archiv/daten/pages/reemtsma.txt.19960503.html
246 Vgl. *Mittelweg 36* 2/2000, S. 39
247 Ebd., S. 32
248 Vgl. ebd.
249 Ebd., S. 34
250 Vgl. ebd.
251 Vgl. ebd.
252 http://www.his-online.de/arbeitsb/brd/einf.htm
253 Heer, H.: *Ernst Thälmann in Selbstzeugnissen und Bilddokumenten*, hrsg. v. Kurt Kusenberg, Reinbek 1975
254 Heer, H. (Hrsg.): *Als ich neun Jahre alt war, kam der Krieg. Schüleraufsätze 1946. Ein Lesebuch gegen den Krieg*, Köln 1980
255 Heer, H./Ullrich, V. (Hrsg.): *Geschichte entdecken. Erfahrungen und Projekte der neuen Geschichtsbewegung*, Hamburg 1985
256 Heer, H.: *Burgfrieden oder Klassenkampf. Zur Politik der sozialdemokratischen Gewerkschaften 1930–1933*, München 1971
257 Zit. nach *Die Wahrheit über die Wehrmacht*, S. 28
258 Zit. nach ebd.
259 Heer: *Ernst Thälmann*, S. 41
260 Ebd.
261 Ebd., S. 97
262 Ebd., S. 80
263 Ebd., S. 103
264 Ebd., S. 109
265 Ebd., S. 113
266 Vgl. ebd., S. 109 f.
267 Heer, H.: *Stets zu erschießen sind Frauen, die in der Roten Armee dienen*, Hamburg 1995
268 Zit. nach http://www.his-online.de/edition/programm/006.htm
269 Vgl. Hoffmann, J.: *Stalins Vernichtungskrieg 1941–1945*, München 1995
270 Epifanow/Peter, S. 302, 305
271 Zit. nach *Die Wahrheit über die Wehrmacht*, S. 32
272 Zit. nach ebd.
273 Vgl. ebd.
274 Vgl. ebd., S. 33 f.
275 Heer, H.: *Tote Zonen. Die deutsche Wehrmacht an der Ostfront*, Hamburg 1999
276 Zit. nach http://www.his-online.de/edition/programm/051.htm
277 Kosiek, S. 87

Teil 3 (S. 210–298)

1 *Ausstellungskatalog*, S. 7
2 *JF*, 5.11.1999
3 Vgl. http://www.his-online.de/presse/index.htm
4 *Sozialdemokratischer Informationsbrief* Nr. 061/1997, 26.2.1997
5 Vgl. *Ausstellungskatalog*, S. 205, Fotos Nr. 29–31. Diese sind unschwer als Bilder der sowjetischen Massaker in Zloczów Anfang Juli 1941 identifizierbar. Vgl. hierzu Zayas Alfred M. de: *Die Wehrmacht-Untersuchungsstelle*, S. 337
6 Vgl. z.B. *Rheinischer Merkur*, 19.9.1997; *Marburger Neue Zeitung*, 12.10.1997
7 Vgl. ebd.
8 Zit. nach *Das Parlament*, 21.3.1997
9 Vgl. ebd.
10 *Welt am Sonntag*, 21.12.1997
11 *Hamburger Abendblatt*, 1.6.1999
12 Heer, Hannes: Bittere Pflicht; in: *Mittelweg 36* 6/1995
13 *Frankfurter Rundschau*, 14.4.1997
14 Vgl. *Der Spiegel* 29/1999, S. 49
15 Vgl. ebd., S. 52
16 Vgl. ebd., S. 48
17 *Hamburger Abendblatt*, 6.3.1995
18 *Ausstellungskatalog*, S. 7
19 Zit. nach *Hamburger Abendblatt*, 1.6.1999
20 *Hamburger Abendblatt*, 29./30.5.1999
21 Ebd.
22 Benedikt Erenz in *Die Zeit*, 31.1.1992
23 Karl-Heinz Janßen in *Die Zeit*, 17.3.1995
24 *Die Zeit*, 27.5.1999
25 Ebd.
26 Ebd.
27 Ebd.
28 Vgl. *Focus* 23/1999, S. 86
29 Zit. nach *MAX* 4/2001
30 Vgl. Post, S. 285 f.
31 Zit. nach *Kölner Rundschau*, 12.5.2000
32 „Schleswig-Holstein-Magazin", Sendung des NDR 3, 19.8.2000
33 Schreiben des Schleswig-Holsteinischen Landesrundfunkrates an die SWG, 10.11.2000
34 Vgl. *Hamburger Morgenpost*, 29.5.1999
35 Zit. nach ebd.
36 Vgl. *Hamburger Abendblatt*, 1.6.1999
37 Vgl. Musial, in: *Vierteljahreshefte für Zeitgeschichte* 4/1999, S. 563 ff.
38 *Lübecker Nachrichten*, 28.1.1999
39 Vgl. ebd.
40 Vgl. Musial, in: *Vierteljahreshefte für Zeitgeschichte* 4/1999, S. 564
41 *Ausstellungskatalog*, S. 208, Foto Nr. 62
42 Vgl. Musial, in: *Vierteljahreshefte für Zeitgeschichte* 4/1999, S. 565 f.
43 *Ausstellungskatalog*, S. 204, Fotos Nr. 20, 21
44 Ebd., Foto Nr. 22
45 Vgl. Anm. 5
46 Vgl. Musial, in: *Vierteljahreshefte für Zeitgeschichte* 4/1999, S. 567, 575
47 Heer/Naumann: *Begleitband zur Ausstellung*, S. 501
48 Musial, in: *Vierteljahreshefte für Zeitgeschichte* 4/1999, S. 570
49 Mendelsohn, T./Trauptmann, J.: „Der Skandal und die Wehrmachtsfotos", Sendung des SWR, 19.6.2000
50 Vgl. http://www.his-online.de/mitarb/index.htm
51 Vgl. Musial, in: *Vierteljahreshefte für Zeitgeschichte* 4/1999, S. 576 f.
52 *Ausstellungskatalog*, S. 69
53 Vgl. Musial, in: *Vierteljahreshefte für Zeitgeschichte* 4/1999, S. 578
54 *Ausstellungskatalog*, S. 53, Foto Nr. 5
55 Vgl. ebd., S. 52 f., Fotos Nr. 1-4
56 Vgl. Musial, in: *Vierteljahreshefte für Zeitgeschichte* 4/1999, S. 579
57 Vgl. ebd., S. 587
58 Vgl. ebd., S. 588
59 Vgl. ebd., S. 589
60 Vgl. ebd., S. 590
61 Vgl. Ungváry, in: *Geschichte in Wissenschaft und Unterricht* 10/1999, S. 584 ff.
62 Ebd., S. 585
63 Ebd., S. 585 f.
64 Vgl. ebd., S. 586 ff.
65 Vgl. ebd., S. 593 f.
66 Vgl. ebd., S. 586
67 Vgl. ebd., S. 587
68 Vgl. ebd., S. 588
69 Vgl. *Ausstellungskatalog*, S. 149
70 Die Propaganda-Kompanie (PK) war eine reine Berichterstattereinheit der deutschen Wehrmacht. Ihre Aufgabe bestand darin, in Bild und Ton so unmittelbar wie möglich von den Kämpfen an der Front zu berichten.
71 Vgl. Ungváry, in: *Geschichte in Wissenschaft und Unterricht* 10/1999, S. 588
72 Vgl. *Ausstellungskatalog*, S. 69
73 Vgl. ebd., S. 195, Foto Nr. 76
74 Ebd., S. 95, Foto Nr. 9 u. S. 187, Foto Nr. 6
75 Vgl. z.B. *Ausstellungskatalog*, S. 45, Foto Nr. 6 u. S. 209, Foto Nr. 68
76 *Ausstellungskatalog*, S. 116, Fotos Nr. 1-2 u. S. 117, Fotos Nr. 4-5
77 Vgl. Ungváry, in: *Geschichte in Wissenschaft und Unterricht* 10/1999, S. 589
78 Vgl. ebd., S. 590

[79] Vgl. ebd., S. 591 f.
[80] Vgl. ebd., S. 592
[81] Vgl. Schmidt-Neuhaus, in: *Geschichte in Wissenschaft und Unterricht* 10/1999, S. 596 ff.
[82] Vgl. *Ausstellungskatalog*, S. 65 ff.
[83] Ebd., S. 68 f.
[84] Heer/Naumann: *Begleitband zur Ausstellung*, S. 271 f., 292
[85] Vgl. *Ausstellungskatalog*, S. 64; Heer/Naumann: *Begleitband zur Ausstellung*, S. 708
[86] Vgl. Schmidt-Neuhaus, in: *Geschichte in Wissenschaft und Unterricht* 10/1999, S. 597
[87] Vgl. etwa Musial, B.: *„Konterrevolutionäre Elemente sind zu erschießen". Die Brutalisierung des deutsch-sowjetischen Krieges im Sommer 1941*, Berlin 2000
[88] Vgl. Schmidt-Neuhaus, in: *Geschichte in Wissenschaft und Unterricht* 10/1999, S. 602
[89] Ebd., S. 603
[90] Vgl. Weber, S. 79 ff.
[91] Ebd., S. 79
[92] Vgl. ebd., S. 79 ff.
[93] Vgl. Anm. 13
[94] Seidler, Franz W. (Hrsg.): *Verbrechen an der Wehrmacht. Kriegsgreuel der Roten Armee 1941/42*, Selent 1997. Drei Jahre später kommt der Folgeband zum selben Thema heraus: Seidler, Franz W.: *Kriegsgreuel der Roten Armee. Verbrechen an der Wehrmacht*, Bd. 2: 1942/43, Selent 2000
[95] Vgl. Seidler: *Verbrechen an der Wehrmacht*, S. 71 f.
[96] Vgl. ebd., S. 72 ff.
[97] Vgl. ebd., S. 24 ff.
[98] Zit. nach Seidler: *Kriegsgreuel der Roten Armee*, S. 20 f.
[99] Zit. nach ebd., S. 21
[100] Zit. nach ebd.
[101] Zit. nach ebd., S. 22
[102] Vgl. ebd., S. 23
[103] Zit. nach ebd., S. 25
[104] Ebd., S. 26
[105] Vgl. *Mittelweg 36* 1/2000, S. 54 ff.
[106] Ebd., S. 57
[107] dpa/afp, 9.3.1999
[108] Proske, R.: *Wider den Mißbrauch der Geschichte deutscher Soldaten zu politischen Zwecken. Eine Streitschrift*, Mainz 1996
[109] Proske, R.: *Vom Marsch durch die Institutionen zum Krieg gegen die Wehrmacht. Zweite Streitschrift wider den Mißbrauch der Geschichte deutscher Soldaten zu politischen Zwecken*, Mainz 1997
[110] Vgl. *FAZ*, 21.10.1999
[111] Vgl. *FAZ*, 22.10.1999
[112] *SZ*, 30.10./1.11.1999
[113] *Hamburger Abendblatt*, 22.10.1999
[114] Vgl. *Der Spiegel* 43/1999, S. 112
[115] Vgl. Anm. 72
[116] *Der Spiegel* 43/1999, S. 112
[117] Vgl. ebd.
[118] *Die Welt*, 24.10.1999
[119] *JF*, 29.10.1999
[120] Ebd.
[121] *Der Spiegel* 23/1999, S. 62
[122] *JF*, 29.10.1999
[123] Vgl. *Die Welt*, 29.10.1999
[124] http://www.his-online.de/presse/pm041199.htm
[125] Vgl. ebd.
[126] Vgl. *SZ*, 5.11.1999
[127] Vgl. z.B. Anm. 18
[128] *Flensburger Tageblatt*, 11.11.1999
[129] *SZ*, 5.11.1999
[130] Vgl. Anm. 111
[131] Vgl. *Der Spiegel* 45/1999, S. 107
[132] Vgl. *FAZ*, 6.11.1999
[133] Vgl. Anm. 1 u. 18
[134] Vgl. *FAZ*, 6.11.1999
[135] *Die Welt*, 10.11.1999
[136] Vgl. Ow, S. 6
[137] Bartov, S. 21
[138] Ebd., S. 112
[139] Ebd., S. 143
[140] Ebd., S. 134
[141] Vgl. Anm. 122
[142] Zit. nach Ow, S. 7 f.
[143] Ebd., S. 9
[144] Zit. nach ebd., S. 10
[145] Vgl. ebd., S. 10 f.
[146] Zit. nach ebd., S. 12
[147] *Die Zeit*, 5.5.1995
[148] Ow, S. 13
[149] Vgl. Rürup: *Topographie des Terrors*, S. 154
[150] Vgl. Ow, S. 19
[151] Vgl. ebd., S. 21
[152] Vgl. Thamer, H.-U.: *Verführung und Gewalt in Deutschland 1933–1945*, München 2000
[153] Zit. nach Ow, S. 21
[154] Vgl. ebd.
[155] Klein, S. 5
[156] Vgl. Ow, S. 22
[157] Vgl. Klein, S. 60; vgl. auch Fußnote dort auf S. 65
[158] Ow, S. 23
[159] Ebd.
[160] Vgl. Anm. 150
[161] Gerhard Hirschfeld in seinem Schreiben an Meinrad von Ow, 19.12.2000
[162] Zit. nach *FAZ*, 5.11.1999
[163] *Kieler Nachrichten*, 8.11.1999
[164] Vgl. *Der Spiegel* 46/2000, S. 104
[165] Vgl. *Die Welt*, 15.8.2000
[166] Ebd.

167 Vgl. http://www.his-online.de/mitarb/index.htm
168 Zit. nach http://www.his-online.de/presse/stellungnahme.htm
169 Vgl. Anm. 161
170 http://www.his-online.de/presse/pm15112000.htm
171 Vgl. ebd.
172 Ebd.
173 http://www.his-online.de/presse/Presseerklaerung_Kommission.pdf; Bartov u.a.: *Bericht der Kommission*, S. 75 f. (http:// www.his-online.de/presse/Bericht_der_Kommission.pdf)
174 Vgl. *Bericht der Kommission*, z.B. S. 32 f., S. 70
175 Ebd., S. 6
176 Ebd., S. 30
177 Ebd., S. 56
178 Ebd., S. 57
179 Ebd., S. 61 f.
180 Ebd., S. 64
181 Ebd., S. 40
182 Ebd., S. 53
183 Ebd., S. 30
184 Ebd., S. 55
185 Ebd., S. 62
186 Ebd., S. 63
187 Ebd., S. 69
188 Ebd., S. 73
189 Ebd.
190 Ebd., S. 5 f.
191 Vgl. Anm. 18
192 Vgl. Anm. 30
193 Vgl. *Bericht der Kommission*, S. 5
194 Ebd., S. 52
195 Ebd., S. 54
196 Ebd., S. 58 ff.
197 Ebd., S. 61
198 Ebd., S. 57
199 Seidler, Franz W.: *Die Wehrmacht im Partisanenkrieg*, Selent 1999
200 Vgl. Post: *Die verleumdete Armee*, S. 108 ff.
201 Vgl. *Bericht der Kommission*, S. 37
202 Vgl. Post: *Die verleumdete Armee*, S. 226 ff.; vgl. zu Wolf Stoecker z.B. *Bonner Generalanzeiger*, 28.10.1998 u. 3.11.1998; *Das Ostpreußenblatt*, 6.2.1999
203 *Bericht der Kommission*, S. 28
204 Ebd.
205 Ebd., S. 29
206 Vgl. Schmidt-Neuhaus, in: *Geschichte in Wissenschaft und Unterricht* 10/1999, S. 596 ff.
207 *Bericht der Kommission*, S. 71
208 Ebd., S. 41
209 Ebd., S. 68 f.
210 Ebd., S. 43
211 Ebd., S. 48
212 Ebd., S. 17
213 Ebd.
214 Ebd., S. 23
215 Ebd., S. 70
216 Vgl. Ungváry, in: *Geschichte in Wissenschaft und Unterricht* 10/1999, S. 593 f.
217 *Bericht der Kommission*, S. 72 f.
218 Vgl. Anm. 173
219 *Bericht der Kommission*, S. 74
220 Vgl. Anm. 173
221 *Neue Osnabrücker Zeitung*, 16.11.2000
222 *Hamburger Abendblatt*, 16.11.2000
223 *Schleswig-Holsteinische Landeszeitung*, 16.11.2000
224 *taz*, 16.11.2000
225 Ebd.
226 *Junge Welt*, 11.11.2000
227 *FAZ*, 24.11.2000
228 *NZZ*, 17.11.2000
229 Ebd.
230 Ebd.
231 Ebd.
232 Neugebauer, K.-V. (Hrsg.): *Grundzüge der deutschen Militärgeschichte*, Freiburg 1993
233 *Die Welt*, 24.11.2000
234 Post: Die Proportion der sogenannten „Täter", in: Poeppel u.a.: *Die Soldaten der Wehrmacht*, S. 500 ff.
235 Vgl. *Die Woche*, 23./24.11.2000; *Die Welt*, 24.11.2000
236 Vgl. *FAZ*, 11.12.2000
237 Vgl. *Der Spiegel* 32/2000, S. 39 ff.
238 Vgl. *Die Welt*, 16.11.2000
239 http://www.his-online.de/presse/pm20122000.htm
240 Vgl. Anm. 28
241 http://www.his-online.de/presse/pm23112000.htm
242 http://www.his-online.de/presse/zur_neukonzeption.pdf
243 *Die Welt*, 24.11.2000
244 Ebd.
245 *Die Welt*, 18.11.2000
246 *NZZ*, 25.11.2000
247 Ebd.
248 Ebd.
249 http://www.his-online.de/presse/ausstellungsteam_bio.pdf
250 Vgl. ebd.
251 *Bericht der Kommission*, S. 10
252 Vgl. ebd., S. 7
253 *NZZ*, 17.11.2000
254 Vgl. *SZ*, 7.12.1999
255 *Die Welt*, 24.11.2000; vgl. Anm. 246
256 http://www.his-online.de/presse/index.htm
257 Reemtsma, J.Ph.: Nein, in: Janssen-Jurreit, S. 29; vgl. auch Teil 2, Anm. 95

Literaturverzeichnis

Monographien

Barendt, Lisa: *Danziger Jahre. Aus dem Leben einer jungen Frau bis 1945/46*, Oldenburg 1994
Bartov, Omer: *Hitlers Wehrmacht. Soldaten, Fanatismus und die Brutalisierung des Krieges*, Reinbek 1995
Bartov, Omer/Brink, Cornelia/Hirschfeld, Gerhard/Kahlenberg, Friedrich P./Messerschmidt, Manfred/Rürup, Reinhard/Streit, Christian/Thamer, Hans-Ulrich: *Bericht der Kommission zur Überprüfung der Ausstellung „Vernichtungskrieg. Verbrechen der Wehrmacht 1941 bis 1944"*, o.O. 2000
Böddeker, Günter: *Die Flüchtlinge. Die Vertreibung der Deutschen im Osten*, München 1980
Carell, Paul: *Unternehmen Barbarossa im Bild. Der Rußlandkrieg fotografiert von Soldaten*, Berlin 1998
Cigaretten-Bilderdienst Hamburg-Bahrenfeld (Hrsg.): *Adolf Hitler. Bilder aus dem Leben des Führers*, Hamburg 1936
Der Baader Meinhof Report, Mainz 1972
Der Neue Brockhaus. Allbuch in vier Bänden und einem Atlas, Bd. 3: L–R, Leipzig 1938
Die Wahrheit über die Wehrmacht. Reemtsmas Fälschungen widerlegt, München 2000
Dirk, Stephan: *Die Cigarette. Ein Vademecum für Raucher*, Leipzig 1924
Dombrowsky, Kristine: *Daß du untergehst, wenn du dich nicht wehrst, das wirst du noch einsehen. Nachrichten aus einem westdeutschen Gefängnis. Ein Bericht über Gertraud Will*, München 1976
Epifanow, Alexander/Peter, Erwin: *Stalins Kriegsgefangene*, Graz/Stuttgart 1997
Fischer, Conan: *Stormtroopers. A Social, Economic and Ideological Analysis*, 1929–35, London usw. 1983
Friedländer, Saul/Reemtsma, Jan Philipp: *Gebt der Erinnerung Namen*, München 1999
Frischauer, Willi: *Ein Marschallstab zerbrach*, Ulm 1951
Haase, Günther: *Die Kunstsammlung des Reichsmarschalls Hermann Göring. Eine Dokumentation*, Berlin 2000
Hamburger Institut für Sozialforschung (Hrsg.), *Vernichtungskrieg. Verbrechen der Wehrmacht 1941 bis 1944. Ausstellungskatalog*, Hamburg [3]1997
Heer, Hannes (Hrsg.): *Als ich neun Jahre alt war, kam der Krieg. Schüleraufsätze 1946. Ein Lesebuch gegen den Krieg*, Köln 1980
Heer, Hannes: *Burgfrieden oder Klassenkampf. Zur Politik der sozialdemokratischen Gewerkschaften 1930–1933*, München 1971
Heer, Hannes: *Ernst Thälmann in Selbstzeugnissen und Bilddokumenten*, hrsg. v. Kurt Kusenberg, Reinbek 1975
Heer, Hannes: *Stets zu erschießen sind Frauen, die in der Roten Armee dienen*, Hamburg 1995
Heer, Hannes: *Tote Zonen. Die deutsche Wehrmacht an der Ostfront*, Hamburg 1999
Heer, Hannes/Naumann, Klaus (Hrsg.): *Begleitband zur Ausstellung „Vernichtungskrieg. Verbrechen der Wehrmacht 1941 bis 1944"*, Hamburg 1995
Heer, Hannes/Ullrich, Volker (Hrsg.): *Geschichte entdecken. Erfahrungen und Projekte der neuen Geschichtsbewegung*, Hamburg 1985
Henkel, Martin: *BLUFF auch Mare ignorantiae, oder: Des king ! s neue Kleider. Eine Studie zu Wesen, Werk und Wirkung Arno Schmidts*, Hamburg 1992
Hoffmann, Joachim: *Stalins Vernichtungskrieg 1941– 1945*, München 1995
Irving, David: *Goebbels. Macht und Magie*, Kiel 1997
Irving, David: *Göring. Eine Biographie*, Kiel 1999
Janssen-Jurreit, Marielouise (Hrsg.): *Lieben Sie Deutschland? Gefühle zur Lage der Nation*, München/Zürich 1985
Keynes, Baron John Maynard (1883–1946): *The General Theory of Employment, Interest and Money*, o.O. 1936, dt. *Die allgemeine Theorie der Beschäftigung, des Zinses und des Geldes*, o.O. 1936, Neudr. 1955

Kittler, Andreas: *Hermann Görings Carinhall. Der Waldhof in der Schorfheide*, Berg 1997
Klein, Peter (Hrsg.): *Die Einsatzgruppen in der besetzten Sowjetunion 1941/42. Die Tätigkeits- und Lageberichte des Chefs der Sicherheitspolizei und des SD*, Bd. 6 der Publikationen der Gedenk- und Bildungsstätte der Wannseekonferenz, Berlin 1997
Knabe, Hubertus: *Die unterwanderte Republik. Stasi im Westen*, Berlin 1999
Kollektiv Rote Hilfe München (Hrsg.): *Der nächste Schritt. Beiträge Berichte und Briefe zur MAGNA CHARTA*, o.O. o.J.
Kopelew, Lew: *Aufbewahren für alle Zeit*, München 1982
Kosiek, Rolf: *Die Frankfurter Schule und ihre zersetzenden Auswirkungen*, Tübingen 2001
Kubin, Ernst: *Sonderauftrag Linz. Die Kunstsammlung Adolf Hitler. Aufbau, Vernichtungsplan, Rettung. Ein Thriller der Kulturgeschichte*, Wien 1989
Kurz, Jakob: *Kunstraub in Europa 1938–1945*, Hamburg 1989
Kreutz, Anneliese: *Das große Sterben in Königsberg 1945–47*, Kiel 2001
Liedtke, Rüdiger: *Wem gehört die Republik? Die Konzerne und ihre Verflechtungen. Namen, Zahlen, Fakten 2001*, Frankfurt a.M. 2000
Lehne, Werner: *Der Konflikt um die Hafenstraße. Kriminalitätsdiskurse im Kontext symbolischer Politik*, Diss., Pfaffenweiler 1994
Longerich, Peter: *Die braunen Bataillone. Geschichte der SA*, München 1989
Maser, Werner: *Hermann Göring. Hitlers janusköpfiger Paladin. Die politische Biographie*, Berlin 2000
Meyer, August: *Hitlers Holding. Die Reichswerke „Hermann Göring"*, München/Wien 1999
Mielke, Heinz-Peter: *Vom Bilderbuch des kleinen Mannes. Über Sammelmarken, Sammelbilder und Sammelalben*, Köln 1982
Mitscherlich, Alexander/Mitscherlich, Margarete: *Die Unfähigkeit zu trauern. Grundlagen kollektiven Verhaltens*, München 1967
Morgenstern, Erika: *Überleben war schwerer als Sterben. Ostpreußen 1944–1948*, Kiel 1992
Musial, Bogdan: *„Konterrevolutionäre Elemente sind zu erschießen". Die Brutalisierung des deutsch-sowjetischen Krieges im Sommer 1941*, Berlin 2000
Nawratil, Heinz: *Schwarzbuch der Vertreibung 1945 bis 1948. Das letzte Kapitel unbewältigter Vergangenheit*, München 2001
Neugebauer, Karl-Volker (Hrsg.): *Grundzüge der deutschen Militärgeschichte*, Freiburg 1993
Ogger, Günter: *Das Kartell der Kassierer. Die Finanzbranche macht Jagd auf unser Geld*, München 1994
Otto, Roland: *Erklärung zur Person*, o.O. o.J.
Ow, Meinrad von: *Zur Ausstellung „Vernichtungskrieg. Verbrechen der Wehrmacht 1941–1944". Können 8 Gutachter ihr Glaubwürdigkeit verleihen? Eine Studie über wissenschaftliches Fehlverhalten*, München 2000
Picker, Henry: *Hitlers Tischgespräche im Führerhauptquartier. Hitler, wie er wirklich war*, Stuttgart [3]1976
Pimlott, John: *Die Wehrmacht. Die Geschichte der deutschen Wehrmacht im Zweiten Weltkrieg*, Klagenfurt 1997
Poeppel, Hans/Preußen, Wilh.-K. von /Hase, K.-G. von (Hrsg.): *Die Soldaten der Wehrmacht*, München 1998
Post, Walter: *Die verleumdete Armee. Wehrmacht und Anti-Wehrmacht-Propaganda*, Selent 1999
Proske, Rüdiger: *Vom Marsch durch die Institutionen zum Krieg gegen die Wehrmacht. Zweite Streitschrift wider den Mißbrauch der Geschichte deutscher Soldaten zu politischen Zwecken*, Mainz 1997
Proske, Rüdiger: *Wider den Mißbrauch der Geschichte deutscher Soldaten zu politischen Zwecken. Eine Streitschrift*, Mainz 1996
Reemtsma Cigarettenfabriken GmbH (Hrsg.): *Geschäftsbericht 1972*, Hamburg 1973
Reemtsma Cigarettenfabriken GmbH (Hrsg.): *Geschäftsbericht 1973*, Hamburg 1974
Reemtsma Cigarettenfabriken GmbH (Hrsg.): *Geschäftsbericht 1974*, Hamburg 1975
Reemtsma Cigarettenfabriken GmbH (Hrsg.): *Geschäftsbericht 1975*, Hamburg 1976
Reemtsma Cigarettenfabriken GmbH (Hrsg.): *Geschäftsbericht 1976*, Hamburg 1977
Reemtsma Cigarettenfabriken GmbH (Hrsg.): *Geschäftsbericht 1977*, Hamburg 1978
Reemtsma Cigarettenfabriken GmbH (Hrsg.): *Geschäftsbericht 1978*, Hamburg 1979
Reemtsma Cigarettenfabriken GmbH (Hrsg.): *Geschäftsbericht 1979*, Hamburg 1980

Reemtsma Cigarettenfabriken GmbH (Hrsg.): *Geschäftsbericht 1985*, Hamburg 1986
Reemtsma Cigarettenfabriken GmbH (Hrsg.): *Geschäftsbericht 1986*, Hamburg 1987
Reemtsma Cigarettenfabriken GmbH (Hrsg.): *Geschäftsbericht 1987*, Hamburg 1988
Reemtsma Cigarettenfabriken GmbH (Hrsg.): *Geschäftsbericht 1988*, Hamburg 1989
Reemtsma Cigarettenfabriken GmbH (Hrsg.): *Geschäftsbericht 1989*, Hamburg 1990
Reemtsma Cigarettenfabriken GmbH (Hrsg.): *Geschäftsbericht 1990*, Hamburg 1991
Reemtsma Cigarettenfabriken GmbH (Hrsg.): *Geschäftsbericht 1991*, Hamburg 1992
Reemtsma Cigarettenfabriken GmbH (Hrsg.): *Geschäftsbericht 1992*, Hamburg 1993
Reemtsma Cigarettenfabriken GmbH (Hrsg.): *Geschäftsbericht 1993*, Hamburg 1994
Reemtsma Cigarettenfabriken GmbH (Hrsg.): *Geschäftsbericht 1994*, Hamburg 1995
Reemtsma Cigarettenfabriken GmbH (Hrsg.): *Geschäftsbericht 1995*, Hamburg 1996
Reemtsma Cigarettenfabriken GmbH (Hrsg.): *Geschäftsbericht 1996*, Hamburg 1997
Reemtsma Cigarettenfabriken GmbH (Hrsg.): *Geschäftsbericht 1997*, Hamburg 1998
Reemtsma Cigarettenfabriken GmbH (Hrsg.): *Geschäftsbericht 1998*, Hamburg 1999
Reemtsma, Hermann Fürchtegott/Reemtsma, Philipp Fürchtegott: *Die Fermentation der Tabakmischung „R 6"*, Altona-Bahrenfeld 1935
Reemtsma, Hermann Fürchtegott/Reemtsma, Philipp Fürchtegott: *Sozialbericht über das Geschäftsjahr 1937*, Hamburg 1938
Reemtsma, Hermann Fürchtegott/Reemtsma, Philipp Fürchtegott: *Sozialbericht über das Geschäftsjahr 1938*, Hamburg 1939
Reemtsma, Jan Philipp: *Im Keller*, Reinbek 1998, S. 22 f.
Reemtsma, Jan Philipp: *„Wie hätte ich mich verhalten?" Und andere nicht nur deutsche Fragen. Reden und Aufsätze*, München 2001
Reemtsma, Jan Philipp/Rauschenbach, Bernd: *„Wu Hi?" Arno Schmidt in Görlitz Lauban Greiffenberg*, Zürich 1986
Rien, Mark W./Dorén, Gustaf Nils: *Das neue Tabago Buch. Ein Buch vom Tabak und der Kulturgeschichte des Rauchens. Herausgegeben im 75. Jahr des Bestehens der H.F. & Ph.F. Reemtsma GmbH & Co.*, Hamburg 1985
Roth, Karl Heinz: *Anschließen, angleichen, abwickeln. Die westdeutschen Planungen zur Übernahme der DDR 1952–1990*, Hamburg 2000
Roth, Karl Heinz: *Die „andere" Arbeiterbewegung und die Entwicklung der kapitalistischen Repression von 1880 bis zur Gegenwart. Ein Beitrag zum Neuverständnis der Klassengeschichte in Deutschland*, München 1974
Roth, Karl Heinz: *Erklärung zur Person*, o.O. o.J.
Roth, Karl Heinz/Kanzow, Eckard: *Unwissen als Ohnmacht. Zum Wechselverhältnis von Kapital und Wissenschaft*, o.O. o.J.
Roth, Karl Heinz/Neumann, Nicolaus/Leib, Hajo: *Invasionsziel: DDR. Psychologische Kampfführung – Vom Kalten Krieg zur Neuen Ostpolitik*, Hamburg 1971
Roth, Karl Heinz/Teufel, Fritz: *Klaut sie! (Selbst-)Kritische Beiträge zur Krise der Linken und der Guerilla*, Tübingen 1979
Rürup, Reinhard (Hrsg.): *Topographie des Terrors. Gestapo, SS und Reichssicherheitshaupt auf dem Prinz-Albrecht-Gelände*, Berlin 1987
Schikkus, Wilhelm (Hrsg.): *Das Gesicht der Hansestadt Hamburg im Wandel der Jahre 1939–1945. Bilder aus Vorkriegs- und Kriegszeit*, Hamburg 1945
Schön, Heinz: *Im Heimatland in Feindeshand. Schicksale ostpreußischer Frauen unter Russen und Polen 1945–1948*, Kiel 1998
Seidler, Franz W.: *Die Wehrmacht im Partisanenkrieg. Militärische und völkerrechtliche Darlegungen zur Kriegführung im Osten*, Selent 1999
Seidler, Franz W.: *Kriegsgreuel der Roten Armee. Verbrechen an der Wehrmacht*, Bd. 2: 1942/43, Selent 2000
Seidler, Franz W. (Hrsg.): *Verbrechen an der Wehrmacht. Kriegsgreuel der Roten Armee 1941/42*, Selent 1997
Sojka, Klaus (Hrsg.): *Bilder, die fälschen. Dubiose „Dokumente" zur Zeitgeschichte*, München 1999

Tabago. Ein Bilderbuch vom Tabak und den Freuden des Rauchens. Herausgegeben und gedruckt aus Anlaß des 50jährigen Bestehens der Cigarettenfabriken H.F. & Ph.F. Reemtsma, o.O. 1960
Solschenizyn, Alexander: *Ostpreußische Nächte*, Darmstadt 1976
Tetens, Tete Harens: *Der Reemtsma-Skandal. Die Korruption im deutschen Zigarettengewerbe und ihre volkswirtschaftlichen Folgen*, o.O. o.J. (ca. 1932/1933)
Thamer, Hans-Ulrich: *Verführung und Gewalt in Deutschland 1933–1945*, München 2000
Turner, Jr., H.A. (Hrsg.): *Hitler aus nächster Nähe. Aufzeichnungen eines Vertrauten 1929–1932*, Frankfurt a.M./Berlin/Wien 1978
Voigt, Martin: *Das Werk Altona-Bahrenfeld der Reemtsma Cigarettenfabriken*, aus der Reihe: Musterbetriebe deutscher Wirtschaft, Bd. 2: *Die Cigarettenindustrie*, Berlin 1928
Weber, Joachim F. (Hrsg.): *Armee im Kreuzfeuer*, München 1997
Weisser, Michael: *Cigaretten-Reklame. Über die Kunst, blauen Dunst zu verkaufen. Die Geschichte der Zigarette, ihrer Industrie und ihrer Werbung, von 1860 bis 1930*, München 1985
Werner, Andreas: *SA und NSDAP. SA: „Wehrverband", „Parteigruppe" oder „Revolutionsarmee"? Studien zur Geschichte der SA und der NSDAP 1920–1933*, Diss., Erlangen/Nürnberg 1964
Wiggershaus, Rolf: *Die Frankfurter Schule*, München/Wien, 1987
Zahl, Peter-Paul/Roth, Karl Heinz/Mahler, Horst/Ströbele, Hans-Christian/Spangenberg, Henning/Arnold, Jürgen/Moßmann, Walter/Fried, Erich: *„Sie würden uns gern im Knast begraben…"*, Berlin 1977
Zayas, Alfred M. de: *Die Wehrmacht-Untersuchungsstelle. Dokumentation alliierter Kriegsverbrechen im Zweiten Weltkrieg*, München 7 2001
Zayas, Alfred M. de: *Zeugnisse der Vertreibung*, Krefeld 1983

Unselbständige Beiträge

Angenommen, die Cigarettenwerbung würde verboten…, in: *Geschäftsbericht 1988*, hrsg. v. Reemtsma Cigarettenfabriken GmbH, Hamburg 1989
Das Cigarettenplakat im Laufe der Firmengeschichte, in: *Geschäftsbericht 1974*, hrsg. v. Reemtsma Cigarettenfabriken GmbH, Hamburg 1975
Der Tabak als Arbeitgeber und Steuerzahler in der EG, in: *Geschäftsbericht 1989*, hrsg. v. Reemtsma Cigarettenfabriken GmbH, Hamburg 1999
Die Cigarettenanzeige im Laufe der Reemtsma-Firmengeschichte, in: *Geschäftsbericht 1976*, hrsg. v. Reemtsma Cigarettenfabriken GmbH, Hamburg 1977
Die Cigarettenpackung im Laufe der Firmengeschichte, in: *Geschäftsbericht 1975*, hrsg. v. Reemtsma Cigarettenfabriken GmbH, Hamburg 1976
Die Herstellung der Cigarette (1) im Laufe der Reemtsma-Firmengeschichte, in: *Geschäftsbericht 1978*, hrsg. v. Reemtsma Cigarettenfabriken GmbH, Hamburg 1979
Die Herstellung der Cigarette (2) im Laufe der Reemtsma-Firmengeschichte, in: *Geschäftsbericht 1979*, hrsg. v. Reemtsma Cigarettenfabriken GmbH, Hamburg 1980
Die Tabaksteuer, in: *Geschäftsbericht 1986*, hrsg. v. Reemtsma Cigarettenfabriken GmbH, Hamburg 1987
Die WHO-Studie zum Passivrauchen, in: *Geschäftsbericht 1998*, hrsg. v. Reemtsma Cigarettenfabriken GmbH, Hamburg 1999
Europa und der Tabak, in: *Geschäftsbericht 1993*, hrsg. v. Reemtsma Cigarettenfabriken GmbH, Hamburg 1994
500 Jahre Tabak, 500 Jahre Genuß, in: *Geschäftsbericht 1991*, hrsg. v. Reemtsma Cigarettenfabriken GmbH, Hamburg 1992
„Healthismus" im Namen der Gesundheit, in: *Geschäftsbericht 1996*, hrsg. v. Reemtsma Cigarettenfabriken GmbH, Hamburg 1997
Heer, Hannes: Bittere Pflicht; in: *Mittelweg 36* 6/1995
Im Fokus: Tabakwerbung – Weg in den europäischen Verbotsstaat?, in: *Geschäftsbericht 1997*, hrsg. v. Reemtsma Cigarettenfabriken GmbH, Hamburg 1998

Musial, Bogdan: Bilder einer Ausstellung. Kritische Anmerkungen zur Wanderausstellung „Vernichtungskrieg. Verbrechen der Wehrmacht 1941 bis 1944"; in: *Vierteljahreshefte für Zeitgeschichte* 4/1999, hrsg. v. Karl Dietrich Bracher, Hans-Peter Schwarz u. Horst Möller, S. 563 ff.

Passivrauchen – Gefahr für Nichtraucher oder „Viel Lärm um nichts Konkretes"?, in: *Geschäftsbericht 1987*, hrsg. v. Reemtsma Cigarettenfabriken GmbH, Hamburg 1988

Post, Walter: Die Proportion der sogenannten „Täter" in der Millionenarmee. Versuch einer Quantifizierung am Beispiel der 6. Armee im Rußland-Feldzug 1941; in: *Die Soldaten der Wehrmacht*, hrsg. v. Hans Poeppel, Wilh.-K. von Preußen u. K.-G. von Hase, München 1998

Rauchen am Arbeitsplatz, in: *Geschäftsbericht 1992*, hrsg. v. Reemtsma Cigarettenfabriken GmbH, Hamburg 1993

Reemtsma, Jan Philipp: Nein, in: Janssen-Jurreit, Marielouise (Hrsg.): *Lieben Sie Deutschland? Gefühle zur Lage der Nation*, München/Zürich 1985, S. 29 ff.

Reemtsma, Jan Philipp: Rede zur Eröffnung der Ausstellung „Vernichtungskrieg. Verbrechen der Wehrmacht 1941 bis 1944" in Frankfurt; in: Reemtsma, Jan Philipp: *Mord am Strand. Allianzen von Zivilisation und Barbarei. Aufsätze und Reden*, Hamburg 1998

Reemtsma, Jan Philipp: Das Prinzip der Anschließbarkeit. Laudatio auf Jürgen Habermas; in: *Börsenblatt für den Deutschen Buchhandel* 83/2001, S. 12 ff.

Reemtsma-Werkbauten verkörpern Firmengeschichte, in: *Geschäftsbericht 1973*, hrsg. v. Reemtsma Cigarettenfabriken GmbH, Hamburg 1974

Schmidt-Neuhaus, Dieter: Die Tarnopol-Stellwand der Wanderausstellung Vernichtungskrieg – Verbrechen der Wehrmacht 1941 bis 1944; in: *Geschichte in Wissenschaft und Unterricht. Zeitschrift des Verbandes der Geschichtslehrer Deutschlands* 10/1999, hrsg. v. H. Boockmann, J. Rohlfes u. W. Schulze

Tabak – Motor wirtschaftlicher Entwicklung, in: *Geschäftsbericht 1994*, hrsg. v. Reemtsma Cigarettenfabriken GmbH, Hamburg 1995

Ungváry, Krisztián: Echte Bilder – problematische Aussagen. Eine quantitative und qualitative Fotoanalyse der Ausstellung „Vernichtungskrieg – Verbrechen der Wehrmacht 1941–1944"; in: *Geschichte in Wissenschaft und Unterricht. Zeitschrift des Verbandes der Geschichtslehrer Deutschlands* 10/1999, hrsg. v. H. Boockmann, J. Rohlfes u. W. Schulze

Vorurteile und Fakten, in: *Geschäftsbericht 1985*, hrsg. v. Reemtsma Cigarettenfabriken GmbH, Hamburg 1986

Werbung im Tabak-Fachgeschäft im Laufe der Reemtsma-Firmengeschichte, in: *Geschäftsbericht 1977*, hrsg. v. Reemtsma Cigarettenfabriken GmbH, Hamburg 1978

Wissenschaft zwischen Wahrheitssuche und politischer Vereinnahmung, in: *Geschäftsbericht 1995*, hrsg. v. Reemtsma Cigarettenfabriken GmbH, Hamburg 1996

Zeitungen und Zeitschriften

Bild am Sonntag: 1.12.1985

Börsenblatt für den Deutschen Buchhandel: 78/2000, 83/2001

Bonner Generalanzeiger: 28.10.1998, 3.11.1998

Das Ostpreußenblatt: 6.2.1999

Das Parlament: 21.3.1997

Der Spiegel: 2/1947, 24/1949, 27/1949, 20/1959, 22/1972, 24/1979, 11/1983, 45/1985, 22/1986, 24/1987, 29/1987, 18/1995, 18/1996, 46/1996, 1/1997, 23/1999, 29/1999, 43/1999, 45/1999, 32/2000, 33/2000, 46/2000

Die Welt: 7.2.1985, 5.5.1995, 30.7.1997, 24.10.1999, 29.10.1999, 10.11.1999, 15.8.2000, 16.11.2000, 18.11.2000, 24.11.2000

Die Woche: 23./24.11.2000

Die Zeit: 31.1.1992, 17.3.1995, 17.1.1997, 27.5.1999

Flensburger Tageblatt: 11.11.1999

Focus: 19/1996, 23/1997, 23/1999, 45/1999

Frankfurter Allgemeine Zeitung (FAZ): 9.4.1997, 21.10.1999, 22.10.1999, 5.11.1999, 6.11.1999, 24.11.2000, 30.11.2000, 11.12.2000, 9.3.2001
Frankfurter Rundschau: 14.4.1997
Geschichte in Wissenschaft und Unterricht. Zeitschrift des Verbandes der Geschichtslehrer Deutschlands, hrsg. v. H. Boockmann, J. Rohlfes u. W. Schulze: 10/1999
Hamburger Abendblatt: 28.2.1983, 8.6.1984, 6.3.1995, 29./30.5.1999, 1.6.1999, 22.10.1999, 16.11.2000
Hamburger Morgenpost: 29.5.1999
Junge Freiheit (JF): 9.1.1998, 29.10.1999, 5.11.1999
Junge Welt: 11.11.2000
Kieler Nachrichten: 8.11.1999
Kölner Rundschau: 12.5.2000
Konkret: April 1964
Leipziger Volkszeitung (LVZ): 7./8.4.2001
Lübecker Nachrichten: 28.1.1999
Marburger Neue Zeitung: 12.10.1997
MAX: 4/2001
Mittelweg 36: 6/1995, 1/2000, 2/2000
Natur: 7/1984
Neue Osnabrücker Zeitung: 16.11.2000
Neue Zürcher Zeitung (NZZ): 17.11.2000, 25.11.2000
Pressespiegel für die Deutschland-Bewegung: 23/1999
Rheinischer Merkur: 19.9.1997
Saarländische Volkszeitung: 26.5.1948
Schleswig-Holsteinische Landeszeitung: 16.11.2000
Steuer und Wirtschaft. Zeitschrift für die gesamten Steuerwissenschaften: Bd. 64, Köln 1987
Süddeutsche Zeitung (SZ): 30.10./1.11.1999, 5.11.1999, 7.12.1999, 24./25.2.2001, 26.11.2001
Tabak-Tage-Buch, hrsg. v. Paul Zimmermann, Berlin-Grunewald: 24.4.1932, 1.5.1932
tageszeitung (taz): 17.8.2000, 16.11.2000
Vierteljahreshefte für Zeitgeschichte, hrsg. v. Karl Dietrich Bracher, Hans-Peter Schwarz u. Horst Möller: 4/1999
Welt am Sonntag: 21.12.1997

Internetseiten (Stand: 15.5.2001)

http://hsozkult.geschichte.hu-berlin.de
http://www.archiv.zeit.de
http://www.focus.de
http://www.his-online.de
http://www.jungefreiheit.de
http://www.nadir.org
http://www.reemtsma.com
http://www.stern.de
http://www.nzz.ch

Sonstiges

dpa/afp, 9.3.1999
Mendelsohn, Tina/Trauptmann, Jochen: *Der Skandal und die Wehrmachtsfotos*, Sendung des SWR, 19.6.2000
Munzinger-Archiv (Internationales biographisches Archiv)
Schleswig-Holstein-Magazin, Sendung des NDR 3, 19.8.2000
Sozialdemokratischer Informationsbrief Nr. 061/1997, 26.2.1997

Register

Inhaltsverzeichnis

BONUS *...der kritische Blick zur Politik*

NEU!

Ulf Urban: ***Rita Süssmuth. Affären und Skandale***

Eine Skandalchronik der Sonderklasse: Vom AIDS-Bluter-Skandal, mit dem die abgedankte Bundestagspräsidentin Rita Süssmuth Leid über Tausende betroffene Familien brachte, über Flugbereitschafts-, Diäten- und Dienstwagenskandal, das Kunsthappening der Reichstagsverhüllung bis hin zu ihrem Wirken in der Unabhängigen Kommission „Zuwanderung" deckt dieses Enthüllungsbuch schonungslos auf, was Frau Süssmuth lieber unter ihrem roten Teppich beließe.

16,80

Buchdienst NATION EUROPA
Postfach 25 54
D-96414 Coburg
Telefon 0 95 61 / 8 07 80
Telefax 0 95 61 / 80 78 20

BONU ***elent***

Erster Weltkrieg
Nachkriegszeit
80
75
70
65
60
55
50
45
40
35
30
25
20
15
10
5
0
1910
1910
1914
1916
1918
1920
1922
1924
1926
1928
1930
1932
Erhöhung der Tabaksteuer auf 30%
Erhöhung der Tabaksteuer auf 38%
Zigarettenumsatz in Deutschland (gesamt)
Umsatz-Kurve des Reemtsma-Konzern